U0864537

海曙年鑑

HAISHU ALMANAC

2018

宁波市海曙区人民政府地方志办公室 编

方志出版社
Publishing House of Local Records

图书在版编目（CIP）数据

海曙年鉴. 2018 / 宁波市海曙区人民政府地方志办公室编.--北京：方志出版社，2019.1
ISBN 978-7-5144-3576-4

Ⅰ.①海… Ⅱ. ①宁…Ⅲ. ①区（城市）—宁波—2018—年鉴Ⅳ.①Z525.54

中国版本图书馆CIP数据核字（2019）第035328号

海曙年鉴（2018）

编　　者：宁波市海曙区人民政府地方志办公室
责任编辑：梅中英
出 版 人：冀祥德
出 版 者：方 志 出 版 社
　　　　地址　北京市朝阳区潘家园东里9号（国家方志馆四层）
　　　　邮编　100021
　　　　网址　http://www.fzph.org
发　　行：方志出版社图书经销中心
　　　　（010）67110500
经　　销：各地新华书店
印　　刷：南京凯德印刷有限公司
开　　本：889×1194　1/16
印　　张：22.5
字　　数：572千字
版　　次：2019年1月第1版　2019年1月第1次印刷
印　　数：0001~1000册
ISBN 978-7-5144-3576-4　定价：200.00元
·版权所有　翻印必究·

编辑说明

一、《海曙年鉴(2018)》是自2014年创刊以来连续出版的第六册年鉴,是一部系统记述全区自然、政治、经济、文化和社会等方面基本情况的年度资料性文献。《海曙年鉴》以马克思列宁主义、毛泽东思想、邓小平理论、“三个代表”重要思想、科学发展观、习近平新时代中国特色社会主义思想为指导,坚持辩证唯物主义和历史唯物主义的立场、观点和方法。如实记录、全面贯彻中共十九大精神,统筹推进“五位一体”总体布局,协调推进“四个全面”战略布局,扎实推进五大发展理念和省委“八八战略”在海曙的实践。

二、本部年鉴记述时限为2017年1月1日至12月31日,为保持事物的完整性、连续性和可比较性,部分内容、数据作上溯处理。

三、《海曙年鉴(2018)》采用分类编辑法。基本结构为类目、分目(部分栏目设次分目)、条目,其中条目为主要的信息载体,条目标题加“【 】”。体裁有述、记、图、表、录。卷首设“特载”“专记”“大事记”“海曙概览”;百科设“中共宁波市海曙区委员会”等32个类目;卷末设“附录”“索引”。

四、由于2016年9月宁波市行政区划调整,海曙区区域面积、发展规模、产业经济、资源人口发生了显著变化,大量职能部门新建、调整,相关工作从2016年10月延续至2017年下半年。年鉴正文根据实际情况,在2017卷改版基础上继续调整纲目结构,发生较大变动。

正文把“民主党派·工商联”“人民团体·社会组织”类目合并成“民主党派·群众团体”;“商贸·商务”类目改为“商贸·经济合作”类目,增加“供销合作”“粮食流通”等4个分目;“交通”类目更趋完善,增加“交通建设”“汽车南站”“宁波栎社国际机场”等5个分目;把“科技·教育”类目拆分成“科技”“教育”类目,“文化·旅游·体育”类目拆分成“文化·新闻”“旅游”“体育”类目,扩充相关分目,完善各个类目的组成;把“城区建设”改为“城乡建设与管理”,设置11个分目,涉及城区、乡村的建设和管理;扩充“卫生·计划生育”类目,由3个分目增至10个分目;首次增设“农业·农村·水利”类目;增设“邮电·信息”类目,增加邮政、电信、移动、联通等企业在海曙区发展的基本情况;在“金融”类目中增设“月湖金汇小镇”分目。年鉴的栏目设计和编排次序是根据年鉴基本体例和行业分类特点设置,与每个具体部门行政级别高低无关。

五、根据行文实际需要,文中配置了“机构全称与简称对照表”,列于目录前。“缩略语”随文注释,简短的在文中扩注,较长的在篇末注释,多次出现不重复注释。

六、本年鉴所采用的稿件由全区各机关单位、镇(乡)街道、产业园区提供,经《海曙年鉴》编辑部整理编辑,并经相关单位领导审核。文中所列数据采用法定计量单位,原则上依据《海曙区统计年鉴(2018)》,统计年鉴中没有的以主管部门统计为准,有部分数据因统计口径不同或有所差异,请读者在应用时加以注意。

七、本部年鉴设置目录(中文、英文)和索引双重检索系统。正文索引采用主题分析法,按主题词首字汉语拼音字母顺序排列,另附图照表索引和缩略语。

宁波市海曙区地方志编纂委员会

主　　任　　褚孟形

副 主 任　　张启表　　张宁辉　　何慧刚　　陈早挺

《海曙年鉴（2018）》编辑部

主　　编　　王培良

责任主编　　汪鹤飞　　崔丹娜　　孙焕青

编　　辑　　郑世晟　　董剑锋　　周丽娅　　胡东斌

　　　　　　秦　威　　林祖望　　林微霞　　毛周莹

《海曙年鉴（2018）》主要纂稿人

（按姓氏笔画排序）

丁红艳	刁　奕	于　骏	马中龙	马囡囡	马　路	王　扬	王伟忠
王　冰	王好洁	王　易	王佳媛	王　诚	王彦禛	王　倩	王高昕
王　祯	王　婧	王超亚	王谢雪	王　婷	王颖芳	毛静娜	仇璐娜
卢江丽	叶立航	史俊杰	史微微	白琼烨	冯　珊	冯汝洁	司徒碧波
吕美红	朱　杰	朱　斌	任　宁	任芳靓	任　凯	华骋珅	刘　飞
刘妍珣	刘青松	刘洋洋	孙伊琼	孙　颖	孙　赟	李玉飞	李丽红
李　菲	李　勤	李鹏展	杨宏云	杨智慧	杨燕芬	吴安娜	吴　君
吴　超	岑亦波	何佳媛	余　力	邹　挺	沈　彦	沈霞波	张一明
张妙君	张　征	张　波	张春燕	张虹霞	张　晴	陆　骥	陈飞永
陈华章	陈　侃	陈　亮	陈　娜	陈海云	陈　颖	陈嘉伟	陈　燕
范平海	林英魁	林桂玲	竺志军	金杭潮	周文娟	周光耀	周盛杰
周　薨	周　曦	郑永红	郑　怡	郑铁文	郑　凌	郑　豪	孟令震
项　成	郝　燕	胡丹丹	胡东斌	胡皓鹏	俞　琼	姜　波	费晓春
姚焕杰	袁浩杰	袁德超	耿晨璐	桂　凌	夏成甬	夏　静	徐凡芝
徐王健	徐孟雷	徐　璐	高　承	唐旭盼	唐徐娜	唐　锋	陶晓颖
陶　琳	黄建荣	黄驿雯	黄　雁	黄颖萍	曹晓岚	龚牡丹	盛泳杰
章之润	梁　君	董力军	董单弘	傅　展	舒　力	舒　沁	童若飞
童绍数	童思梦	谢家东	谢　魁	楼　强	雷　军	虞　洋	鲍黎光
满　政	褚婷婷	蔡　哲	潘岱玲	潘梦婷	潘斌九		

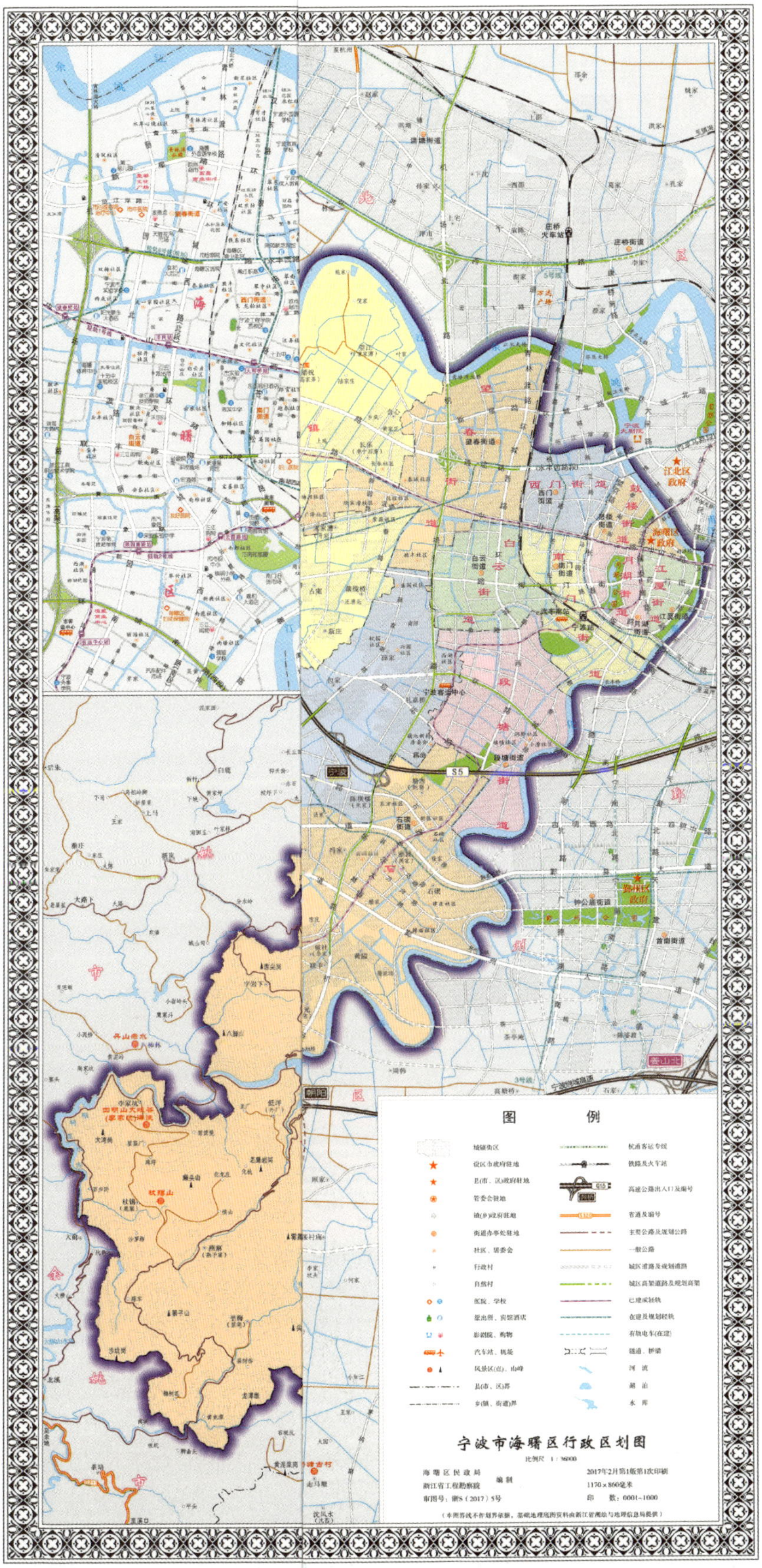

宁波市海曙区行政区划图

比例尺 1∶36000

海曙区民政局
浙江省工程勘察院
编制

审图号：浙S（2017）5号
2017年2月第1版第1次印刷
1170×860毫米
印 数：0001-1000

（本图界线不作划界依据，基础地理底图资料由浙江省测绘与地理信息局提供）

旅游节庆 Tourist Festival

地点	时间	节庆主题
鄞江镇	农历三月三	鄞江三月三庙会（主题："寻茶记"）
	农历六月六	鄞江六月六庙会（主题：夜游、夜宴）
	农历十月十	鄞江十月十庙会
古林镇	每年4月	席乡文体艺术节
	每年12月	米食节
横街镇	全年	"竹农下山"竹生活文旅节
章水镇	每年4月	四明山（杖锡）樱花节
	每年6月底7月初	李家坑漂流节
	每年10月	李家坑吊红采摘节
洞桥镇	每年9月到10月	全祖望文化节
龙观乡	每年4月底5月初	五龙潭山水文化旅游节
	每年农历二月二	"二月二龙抬头"民俗文化节
	每年9月底10月初	桂花旅游文化节
高桥镇	每年3月	梁祝"花朝节"
	每年4月	高桥会
	每年8月	梁祝爱情文化节
南塘老街	元宵、清明、立夏、端午、七夕、中秋	传统节日风俗会
鼓楼沿	清明、端午、七夕、中秋	文化风俗活动
	元旦、春节	喜迎新年系列旅游文化活动
	每年9月到10月	鼓楼沿 · 少儿开蒙礼
月湖盛园	腊八、元宵、七夕、中秋	传统民俗活动
	元旦、春节	新年音乐会
	清明前后	盛园春茶文化节
	每年9月到10月	游园会和创意市集活动
	圣诞期间	圣诞音乐派对

农家乐 Agritainment

单位	地址	电话
明凤墅庄	高桥镇民乐村	13003773393
金丰农业园	高桥镇民乐村	13003773393
耕泽院	高桥镇岐阳村	15906579555
蜃蛟庄园	古林镇蜃蛟村	18067243236
明月农庄	龙观乡大路村	13806661555
赛德山庄	龙观乡后隆村	13736091079
半山人家	龙观乡龙峰村	15168182169
铭岗农家乐	龙观乡龙峰村	15058267677
阿明农家乐	龙观乡龙谷村	13586519238
农家饭庄	龙观乡龙谷村	13906619197
东升楼菜馆	龙观乡龙谷村	13777001306
平安农家乐	龙观乡龙谷村	13567483373
老潘溪农家乐	龙观乡龙溪村	13857895935
鸿溪森林农庄	鄞江镇晖峰村	13306612688
鑫龙渔庄	鄞江镇悬慈村	13805885159
天胜农牧	章水镇郑家村	13399557807

古道 Ancient Path

大岙岭古道

章水镇樟村 → 横街镇毛岙村 5km

宁波乘 637、661 到章水镇徐家公交车站下车，往东走 10 米左右，往左进徐家村后，至大岙岭步行约八百米，按入口指示牌进入。

大雷岗古道

章水镇朱梅村 → 横街镇板仓村 5km

宁波乘 637、661 到章水镇朱梅许岩公交车站下车，往北进村到梅岙银杏古树，往北水坑直进，按入口指示牌进入。

晴江岸古道

鄞江镇鄞江村晴江岸 → 横街镇板仓村 2.5km

宁波乘 627、637、635、661 路公交车到鄞江村（钟家潭）下车，向南步行 100 米，按指示牌入口进入。

上化山古道

鄞江镇鄞江村周家 → 鄞江村上化山南岩洞 1.5km

宁波乘 627、637、635、661 路公交车到鄞江村（周家）下车，向北往村里步行 200 米，按入口指示牌进入。

晶鲳岩古道

章水镇崔岙村 → 龙观乡古村古山头 5km

宁波乘 637、661 到樟村崔岙村公交车站下车，往西 20 米，过马路即加油站边往南 60 米过崔岙大桥，往东 20 米至崔岙村弄口，按入口指示牌进入。

寻芝岭古道

鄞江镇建岙村→章水镇章溪村岭下 2.5km

公交古林站乘 604 路公交车到建岙村终点站；公交鄞江站乘 642 路公交车到建岙村终点站；公交横街站乘 608 路公交车至建岙村（红卫桥），再转乘区间车 604、642 路到建岙村终点站下车，按入口指示牌进入。

指如岭古道 低坪 → 化桃 4km

红色古道

横街镇惠民村 → 惠民村村委会 2km

宁波乘 631 公交车到朱敏村；或乘 631-1 路到横街菜场，再转乘区间车 615 路到惠民村，见入口指示牌进入。

大松湾古道

龙观乡龙峰村外牌楼水库 → 观顶湖 4.5km

宁波市区乘 635 公交到龙观乡中心学校站，向南步行 3.5 公里至外牌楼水库，按入口指示牌进入。或乘 637、661 路到马头门转乘 616-1。

阳堂古道

龙观乡龙峰村大庄 → 阳堂寺 3.5km

宁波市区乘 635 到龙观乡中心学校站，向西步行 3 公里至甬联民爆器材有限公司，按入口指示牌进入。或乘 637、661 路到马头门转乘 616-1。

茶园岭古道

雪岙村 → 龙溪村玄坛殿 2km

宁波市区乘 635 公交到龙观乡中心学校站，转乘 627 到雪岙村，步行至雪岙漂流售票处，按入口指示牌进入。

龙观环线古道

龙观乡龙峰村外牌楼水库 → 磡溪 → 铜坑、大松湾 → 上古山 25km

宁波市区乘 635 公交到龙观乡中心学校站，向南步行 3.5 公里至外牌楼水库，按入口指示牌进入。或乘 637、661 路到马头门转乘 616-1。

茅垟山古道

董岩村 → 共大旧址天竺庵 → 大皎村下塘 5km

分水岭古道

梅龙村半坑 → 分水岭 → 李岩下村 4.5km

唐姑岭古道

李家坑 → 余姚棉林村 1.5km

百步阶古道

李家坑 → 百步阶 → 杖锡鹿窠 2km

蟹坑岭古道 杖锡鹿窠 → 李家坑 3km

水利工程之一，位于鄞江镇光溪河旁，始建于唐代。堰坝全长……，高 5 余米，由 150 余块小溪石条石砌筑而成，是国家级文……（公元 833 年）建堰起，历代均有修筑，至今仍在发挥着阻咸、……作用，2015 年被评为世界灌溉工程遗产。

李家坑古村

李家坑古村地处浙江宁波四明山心，距市区 65 公里，毗邻余姚、奉化，海拔 500 米，四面环山，溪水绕村，风光绮旎、钟灵毓秀，以李姓为主，建村自宋、徐至李家坑历经 400 余年的变迁。李氏家族乃大唐之后裔，始祖静一公明末清初从永康长恬迁此下筑定居，垦荒开基，生息繁衍，丁旺逾千，足迹四海，村庄建筑以清朝期间的四合院民居为主，保存完好，为四明山之最。李家坑古村不仅自然风光秀美，还是李唐文化传承之地。"承祖业克勤克俭，示子孙唯耕唯读"的传家格言，"农耕之余，读书不止"的文化氛围，催生了众多的文化名人及教育先驱。李家坑村先后获得国家级美丽宜居示范村、浙江省特色旅游村、浙江省历史文化名村等诸多荣誉。

鼓楼沿

宁波鼓楼沿历史文化街区地处海曙心脏，是传统历史街区腹地，占地面积 3.65 公顷，建筑面积 6.8 万平方米，是宁波人流最密集，商业设施最完善的城市中心街区，15 年的商业繁华步行街将聚集万千精粹资源，焕发崛起。宁波鼓楼始建于唐长庆元年（821 年），至今已有 1100 多年的历史。从望海楼到奉国军楼，由四明伟观到海曙楼，它历经千载，阅历沧桑，记录一个城市发展的印记。体现一个城市的文化程度，在点滴中散发着浓浓的古韵风。

"实业 + 金融"双核驱动的现代企业集团。2012 年，集团正……宁波最为繁华的和义路，坐拥三江口的核心区位，成功打造……业、文化、艺术、旅游于一体的半开放式生活空间 1844 和义……全程完善专业的商业开发为目标客群提供更具品质的生活方……牌的同时，以宁波当代艺术馆、宁波教育博物馆、上海三联书……，深入打造多元化文化产业布局和闭环式商业模式，全方位整……容输出，构建 1844 品牌城市会客厅，带动区域内与全球的文……文化创意产业园标识和城市文化地标。

浙东大竹海

宁波浙东大竹海旅游区位于宁波海曙区横街镇大雷村，西距宁波市区约 20 公里。景区属于四明山东北的低山丘陵区，以 5.2 万亩的竹林自然风光独领风骚，是全国单体面积最大的竹林集地。据检测，景区内负氧离子含量 9500 个每立方厘米，是名符其实的天然氧吧。景区以时尚体验旅游为主，1.2 公里的山间滑道是华东地区最长的滑道；来回 800 米，落差 150 米的悬空滑索也是宁波特色户外运动；还有军事拓展区；农田采摘区；百花园区；野炊土灶区；烧烤基地；露营基地等。

绿谷龙观

整合龙观全境 70% 山区资源开发以户外运动为主题的原生态"郊野公园"，因境内山地峡谷众多，景色迷人，故名绿谷龙观。绿谷龙观首期按照国家级标准开发了全长 50 公里登山健身步道，配备自主首创的定位系统和高品质的导览标识系统，构筑起纵横交错的山地步行环线，串联众多自然山水景观和历史人文景观。目前串线境内一条市级——大松湾古道，阳堂、茶园岭、百步脚、南峰岗、八字岩、牌楼岭、蚂蟥岭、鸬鹚岭等多条区级文化古道。

海曙的一天

指标名称	计量单位	新海曙一年	海曙的一天
工业增加值	万元	3857888	10569.6
规模以上工业增加值	万元	2078606	5694.8
规模以上工业利润总额	万元	361906	991.5
固定资产投资	万元	4088125	11200.3
社会消费品零售总额	万元	7969351	21833.8
财政总收入	万元	1638448	4488.9
其中：一般公共预算收入	万元	930238	2548.6
实际利用外资	万美元	30095	82.5
货物进出口总额	万元	6529582	17889.3
其中：货物出口额	万元	5529518	15149.4
全社会用电量	万千瓦时	585714	1604.7

2017 年海曙区主要经济指标占宁波市比重

指标名称	计量单位	宁波市	海曙区	占宁波市比重 %
地区生产总值	亿元	9846.9	1164.5	11.82
工业增加值	亿元	4607.3	385.8	8.37
规模以上工业增加值	亿元	3266.7	207.9	6.36
规模以上工业利润总额	万元	12641362.8	361906.0	2.86
固定资产投资	万元	50095812	4088125	8.16
社会消费品零售总额	万元	40478094	7969351	19.69
财政总收入	万元	24158286	1638448	6.78
其中：一般公共预算收入	万元	12452880	930238	7.47
实际利用外资	万美元	402995	30095	7.47
货物进出口总额	万元	76001300	6529582	8.59
其中：货物出口额	万元	49841500	5529518	11.09
全社会用电量	万千瓦时	7092306	585714	8.26
其中：工业用电	万千瓦时	5254029	358492	6.82
银行业本外币存款余额	万元	212648615	69318670	32.60
银行业本外币贷款余额	万元	196066790	73898004	37.69

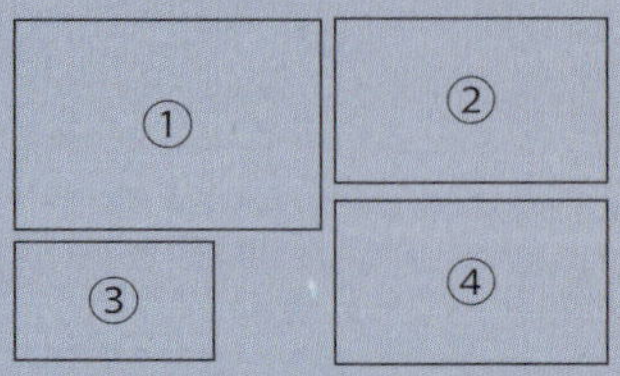

① 四明山秋景（章水镇）

② 四明山中坡森林公园（龙观乡）

③ 四明山竹乡冬韵（横街镇）

④ 四明山雪景（章水镇）

友邦家居广场

① 繁华的东门口

② 中山路

③ 宁波三江口

（甬江、姚江、奉化江三江交汇）

南國書城

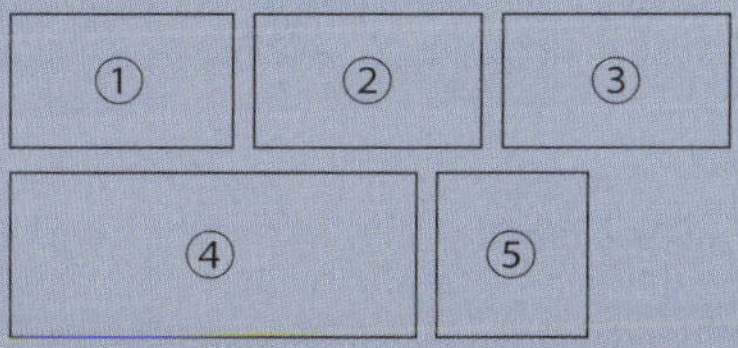

① 天一阁

② 鼓楼

③ 南塘老街

④ 月湖

⑤ 天封塔

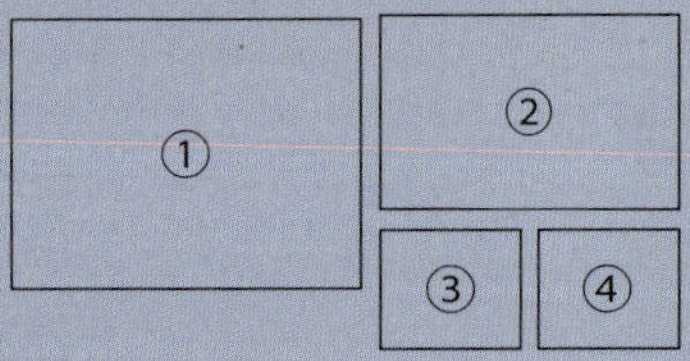

① 它山堰 ③ 五龙潭
② 李家坑古村 ④ 梁祝文化园

① ② ③ ④

① 天一广场
② 杉井奥特莱斯广场
③ 和义大道购物广场
④ 1844•和义艺术生活中心

杉井奥特莱斯广场·宁波

和义大道
HEYI AVENUE
GUCCI

①

② ③

① 1月17日，中国共产党宁波市海曙区第九次代表大会召开

② 1月19日，中共宁波市海曙区第九届委员会第一次全体会议选举产生11名中共宁波市海曙区第九届常务委员会委员：孙黎明、褚孟彤、张启表、李晓东、谭国洪、叶警青、李冠杰、严仕恩、张宁辉、王煦、何[illegible]刚。会议选举孙黎明为中共宁波市海曙区委书记，选举褚孟彤、张启表为区委副书记

③ 1月23日，海曙区农民合作经济组织联合会成立暨第一次会员(代表)大会召开，全区首个农民合作经济组织成立

④ 1月8日，“宁波市十大最美湖泊”名单公布，月湖名列其中

⑤ 2月27日，区国税局、海曙地税局联合共建办税服务厅投入使用

⑥ 2月，市级挂牌社会治安整治区域——江厦街道老庙区域摘牌

中国人民政治协商会议第五届宁波市海曙区委员会第一次会议

宁波市海

海曙新韵 美丽巾帼
2017海曙区庆祝“三八”国际劳动妇女节主题活动

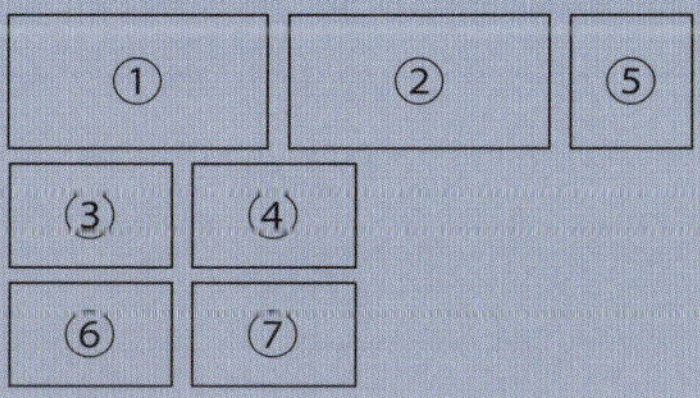

① 3月2日，中国人民政治协商会议第五届宁波市海曙区委员会第一次会议召开

② 3月3日，宁波市海曙区第十一届人民代表大会第一次会议召开

③ 3月7日，“海曙新韵 美丽巾帼”——庆祝三八国际劳动妇女节主题活动在集士港镇广德湖剧院举行，表彰区“十佳海尚最美家庭”提名奖47户和“十佳海尚最美家庭”10户

④ 3月20—22日，芬兰萨塔昆塔大区代表团到海曙区访问，中芬双方举行合作洽谈会

⑤ 3月31日，省委、省政府颁发首批浙江省“平安金鼎”，海曙区成为全省47个获评的县(市、区)之一

⑥⑦ 3月，全省首个湖泊治理PPP项目——月湖水生态综合整治启动，全湖累计排水40万立方米，清淤面积10万平方米，淤泥总量5万余立方米。7月，治理完成，月湖水质总体达到Ⅳ类水标准

海曙区行政服务分中心

海曙区庆祝"五一"国际劳动节暨先进表彰大

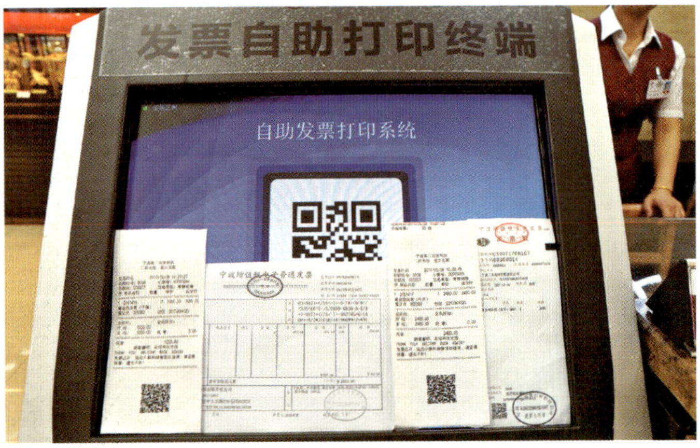
发票自助打印终端
自助发票打印系统

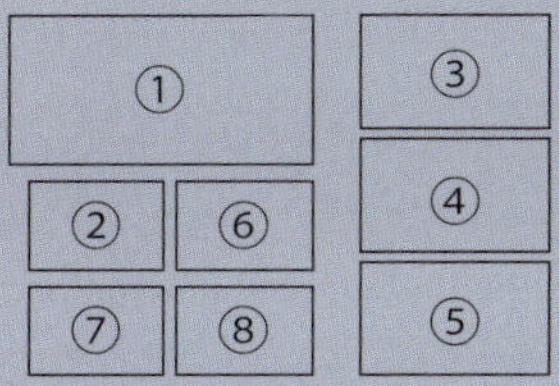

4月10日，农业部数字农业建设试点项
—优质高效水稻大田种植数字农业技术集
示范项目落户海曙区，海曙区成为华东地区
一入选该类试点的地区。项目位于古林镇蜃
├现代生态农业综合区内

4月18日，海曙区行政服务中心集士港分
心揭牌成立

④⑤ 4月23日，“图书馆之夜”——2017
“书香海曙”全民阅读季启动仪式暨“世界
书日”宁波读书人分享大会在鼓楼永丰库遗
举行。阅读季以“我读书、我快乐、我智慧”
主题，开展包括真人图书馆“开卷8分钟”、
火虫”换书大会、第二届“小海狸”亲子阅
嘉年华、“图书馆之夜”、“世界读书日”宁波
书人分享大会等18项100余场活动，持续近
F

4月28日，海曙区举行庆祝五一国际劳动
暨先进表彰大会。表彰2017年各级“五一
动奖章”“工人先锋号”，首批市“港城工匠”
市“和谐企业”先进单位获得者

5月8日，宁波第二百货商贸有限责任公司
具增值税电子普通发票和增值税普通发票
式)，成为全国首家同时推行增值税电子普
发票和增值税普通发票(卷式)的商场

5月26日，上海三联书店·筑蹊生活在
44·和义艺术生活中心开业

海曙区重大项目签约仪式
HAISHU KEY PROJECTS SIGNING CEREMONY
卓影士佳长城影视基金项目]
[丰图金融产业项目]
签约形式：投资合作协议
总投资：5亿人民币
海曙方：金汇小镇（区金融办）
投资方：北京丰图投资有限责任公司
[年产1亿瓦时锂电池项目]
签约形式：投资合作协议
总投资：2.5亿人民币
海曙方：洞桥镇
投资方：宁波新思创机电科技股份有限公司
[七巧国维科项目]
签约形式：投资合作协议
总投资：3.5亿人民币
海曙方：白云街道
投资方：七巧国教育科技有限公司
海曙区投资合作推介会暨重大项目签约
AISHU INVESTMENT COOPERATION PROMOTION MEETING & KEY PROJECTS SIGNING C

MOR
MORAVA

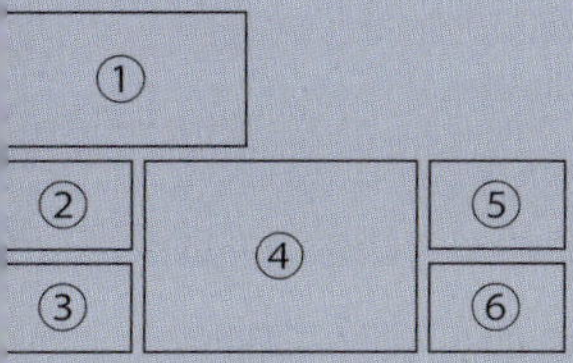

① 6月8日，中国浙江投资贸易洽谈会海曙分团活动——海曙区投资合作推介会暨重大项目签约仪式举行。场内外共签约30个项目，总投资超百亿元，涵盖智能制造、信息人才、现代农业、金融文创等领域

②③ 6月9日，第16届消博会、第三届中国—中东欧博览会海曙分团活动

④ 6月9日，五龙潭山水文化旅游节开幕仪式暨青云峡漂流开漂仪式在龙观乡举行

⑤ 6月10日，宁波中星中东欧新材料研究院和宁波市中东欧国家引智工作站揭牌（授牌）仪式在宁波星箭航天机械有限公司举行

⑥ 6月16日，海曙区启动2017年度“慈善一日捐”活动

玻璃
金属
塑料

宁波国际邮件处理中心
中国
CHINA

宁波市首届休闲皮划艇邀请赛暨海曙区古林镇助力“五水共治”启动仪式

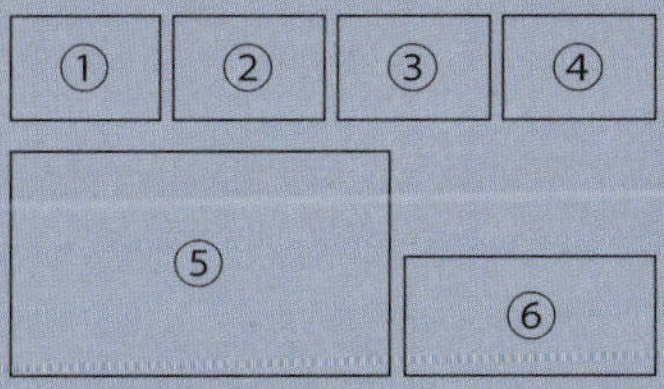

① 6月23日，白云街道安丰社区启动全市首个垃圾分类智能化社会化运作试点

②③ 6月28日，宁波国际邮件交换站开通，宁波往来海外的部分国际邮件可经互换局、交换站，通过宁波栎社国际机场国际航线直运出境。②为邮件交换站，③为邮件互换局

④ 7月，雅戈尔大道修复提升项目由鄞州区交通运输局移交至海曙区，并于8月重新开工

⑤ 7月8日，2017宁波市首届休闲皮划艇邀请赛暨古林镇助力"五水共治"启动仪式在古林镇举行

⑥ 7月11日，载有近百吨美国车厘子的包机从美国洛杉矶飞抵宁波栎社国际机场。成为全省首架来自美国的水果包机，也是宁波空港物流园区取得"进境水果指定口岸"资质后引进的首架进境水果包机

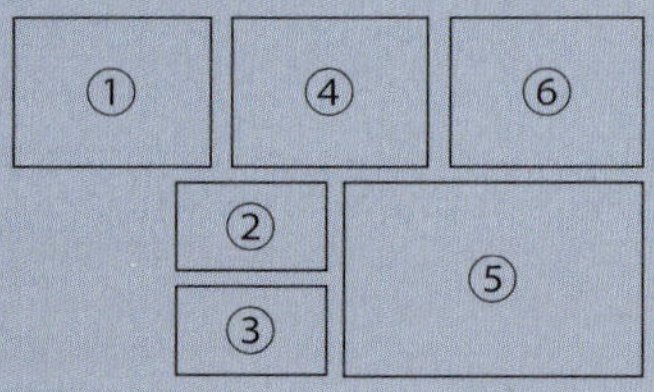

① 7月25日，“铭记历史，不忘初心，继续前进”浙东抗日根据地金融货币展在宁波金融史馆开展，谭启龙、何克希的子女等100余名嘉宾参观展览

②③ 8月9日，“2017年宁波百强企业榜单”公布，区属企业雅戈尔集团、维科集团、太平鸟集团、博洋集团等15家企业入围。②为雅戈尔集团，③为博洋集团

④ 8月15日，位于解放北路86号的区档案馆新馆竣工

⑤ 8月15日，洞桥生活垃圾焚烧发电项目3号炉点火试运行

⑥ 8月21日，全省首个地铁地下商业街区——东鼓道开业

东鼓道
D·G Line
肯德基
KFC

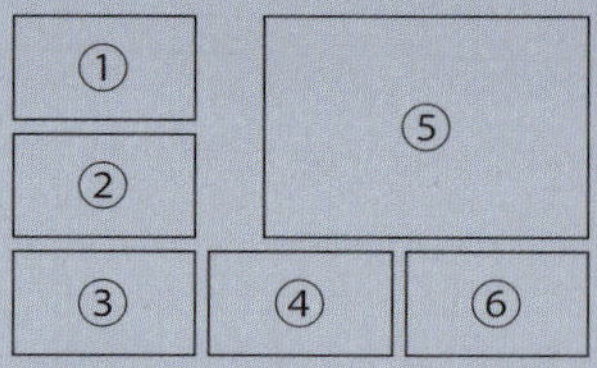

① 9月1日，宁波市海曙外国语学校五江口校区启用

② 9月19日，横街至章水公路（毛家岙至樟村段）工程动土开建，工程总概算2.28亿元

③④ 9月27日，第二届全祖望文化节开幕式暨“史学大柱全祖望”中秋诗词会在洞桥镇沙港村全祖望祖居举行

⑤ 9月30日，中山路照明提升和沿线绿化提升工程完工，工程从东门口至机场路

⑥ 10月，高桥镇芦港村获得2017年全国“书香社区”称号

紧跟领路人 奋进新时代
不忘初心 牢记使命
文化礼堂
芦港村文化礼堂

① 10月19日，全区"大脚板走一线、小分队破难题"抓落实专项行动暨重大项目攻坚行动工作推进会召开，逐一协调解决区内攻坚难题，推进项目落实

② 10月28日，"2017海曙旅游惠民月"活动在南塘老街启动，现场发布海曙区旅游宣传口号——"一城山水、千年书香"

③ 11月4日，纪念沈光文诞辰405周年祭祀活动在沈光文纪念馆举行

④ 11月5日，全区首个"智慧粮库"——古林粮库建成投

⑤ 11月17日，集士港镇通过全国"文明镇"复评，获得连冠"，图为集士港卫星城夜景

⑥ 11月25日，为期3天的鄞江镇"十月十"庙会举行，庙以"重逢"为主题，分成"观鄞江""绎鄞江""竞鄞江"3板块

游惠民月启动仪式
游宣传口号发布
宁波市海曙区人民政府、宁波市旅游局
宁波市海曙区文化广电新闻出版局（旅游局）
海曙区文化馆

沈光文纪念馆
2017年纪念沈公光文诞辰405周年“开台先师 魂兮归来”祭祀仪式

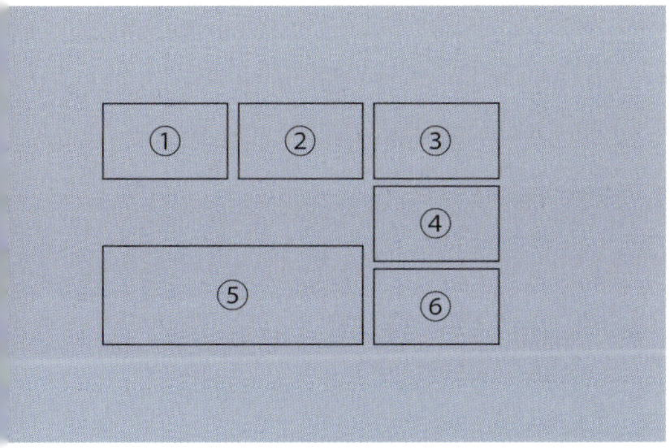
①
②
③
④
⑤
⑥

古林粮库

鄞江

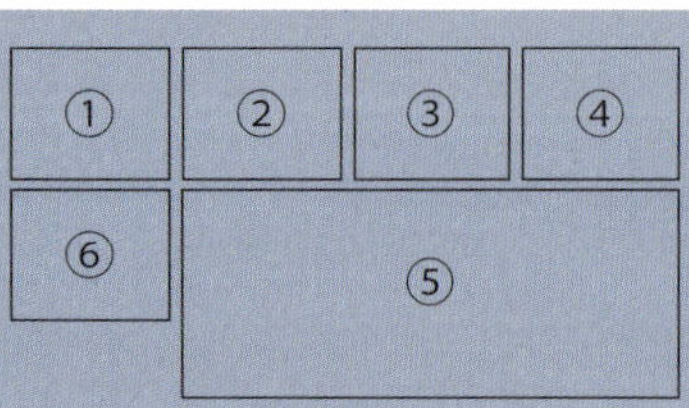

① 12月11日，宁波（国际）电子商务产业园投资环境推介会在上海举办

② 12月19日，宁波市话剧团(海曙区话剧中心)在白云实验剧院成立，现场举行揭牌仪式

③ 12月26日，海曙区首家区级综合性公立医院海曙区第二医院（宁波市第一医院海曙分院）在石碶街道益智中路52号挂牌运营

④ 12月26日，位于月湖街道白果巷1号的海曙区图书馆分馆——筑香书馆开馆，成为全市首家24小时开放无人值守的公益图书馆

⑤ 12月28日，金汇小镇核心启动区——诗情湖西开园

⑥ 12月29日，海曙区全媒体中心揭牌，全区新闻宣传工作实现媒体融合发展

宁波市海曙区第二医院
NINGBO HAISHU NO.2 HOSPITAL
门诊部

有关组织机构全称、简称对照表

全 称	简 称
浙江省全省	全省
浙江省	省
中共浙江省委员会	省委
浙江省人民政府	省政府
中共宁波市委员会	市委
宁波市人民政府	市政府
宁波市全市	全市
宁波市	市
宁波市海曙区全区	全区
宁波市海曙区	海曙区或区
中共宁波市海曙区委员会	区委
中共宁波市海曙区委办公室	区委办
宁波市海曙区人民代表大会常务委员会	区人大常委会
宁波市海曙区人民代表大会常务委员会办公室	区人大办
宁波市海曙区人民政府	区政府
宁波市海曙区人民政府办公室	区府办
宁波市海曙区人民政府法制办公室	区法制办
宁波市海曙区流动人口服务管理领导小组办公室	区流口办
中国人民政治协商会议宁波市海曙区委员会	区政协
中国人民政治协商会议宁波市海曙区委员会办公室	区政协办
中共宁波市海曙区纪律检查委员会	区纪委
宁波市海曙区监察委员会	区监委
中共宁波市海曙区委组织部	区委组织部
中共宁波市海曙区委宣传部	区委宣传部
宁波市海曙区精神文明建设委员会	区文明委
宁波市海曙区全媒体中心	区全媒体中心
中共宁波市海曙区委统一战线工作部（宁波市海曙区民族宗教事务局）	区委统战部（区民宗局）
宁波市海曙区委台湾工作办公室（宁波市海曙区人民政府台湾事务办公室）	区台办
宁波市海曙区人民政府侨务办公室	区侨办
中共宁波市海曙区委政法委员会	区委政法委
宁波市海曙区机构编制委员会办公室	区编委办
中共宁波市海曙区委政策研究室（中共宁波市海曙区委农村工作办公室、宁波市海曙区人民政府农村工作办公室）	区委政研室（区农办）
中共宁波市海曙区直属机关工作委员会	区直属机关党工委
中共宁波市海曙区委、宁波市海曙区人民政府信访局	区信访局
宁波市海曙区档案局	区档案局
中共宁波市海曙区委老干部局	区委老干部局

有关组织机构全称、简称对照表

全 称	简 称
中国共产党宁波市海曙区委员会党史研究室（宁波市海曙区人民政府地方志办公室）	区委党史研究室（区地方志办公室）
中国共产党宁波市海曙区委员会党校	区委党校
宁波市海曙区发展和改革局	区发改局
宁波市海曙区经济和信息化局	区经信局
宁波市海曙区教育局	区教育局
宁波市海曙区科学技术局	区科技局
宁波市海曙区民政局	区民政局
宁波市海曙区老龄工作委员会办公室	区老龄办
宁波市海曙区司法局	区司法局
宁波市海曙区财政局	区财政局
宁波市海曙区人力资源和社会保障局	区人社局
宁波市海曙区住房和城乡建设局	区住建局
宁波市海曙区公共项目建设管理中心	区公建中心
宁波市海曙区房地产管理处	区房管处
宁波市海曙区人民防空办公室	区人防办
宁波市海曙区交通拥堵治理工作领导小组办公室	区治堵办
宁波市海曙区综合行政执法局（宁波市海曙区城市管理局）	区综合行政执法局（区城管局）
宁波市海曙区交通运输局	区交通局
宁波市海曙区农林水利局	区农林水利局
海曙区防汛防旱指挥部办公室	区防指办
宁波市海曙区商务局（粮食局）	区商务局（粮食局）
宁波市海曙区文化广电新闻出版局（旅游局、体育局）	区文广新闻出版局（旅游局、体育局）
宁波市海曙区卫生和计划生育局	区卫生计生局
宁波市海曙区审计局	区审计局
宁波市海曙区统计局	区统计局
宁波市海曙区市场监督管理局	区市场监管局
宁波市海曙区安全生产监督管理局	区安监局
宁波市海曙区安全生产委员会	区安委会
宁波市海曙区经济合作局	区经合局
宁波市公安局海曙分局	海曙公安分局
宁波市海曙区人民法院	区人民法院
宁波市海曙区人民检察院	区人民检察院
宁波市海曙区总工会	区总工会
共青团宁波市海曙区委员会	团区委
宁波市海曙区妇女联合会	区妇联
宁波市海曙区残疾人联合会	区残联
宁波市海曙区红十字会	区红十字会

有关组织机构全称、简称对照表

全 称	简 称
宁波市海曙区工商业联合会	区工商联
宁波市海曙区关心下一代工作委员会	区关工委
宁波市海曙区文学艺术界联合会	区文联
宁波市海曙区慈善总会	区慈善总会
宁波市天一阁·月湖景区管理委员会	天一阁·月湖景区管委会
宁波望春工业园区管理委员会	望春工业园区管委会
宁波市海曙区行政审批管理办公室（宁波市海曙区公共资源交易管理办公室）	区审管办（交管办）
宁波市海曙区机关事务管理局	区机关事务管理局
宁波市海曙区金融工作办公室	区金融办
宁波（国际）电子商务产业园管理中心	电子商务产业园管理中心
宁波市海曙区供销合作社联合社	区供销社
宁波市海曙 81890 救助服务中心	81890 求助服务中心
宁波市海曙区南站广场区域综合管理办公室	区南站综管办
宁波市海曙区人民政府房屋征收办公室（区重点工程建设指挥部）	区征收办（区重点工程建设指挥部）
宁波市石碶市场区管委会	石碶市场区管委会
宁波市客运中心站区域综合管理办公室	客运中心综管办
宁波市海曙区桃源湾休闲度假区开发建设指挥部	桃源湾开发建设指挥部
宁波市海曙区南站区域开发建设指挥部	南站区域开发建设指挥部
宁波市海曙区旧村改造办公室	区旧村办
宁波市海曙区轨道交通工程建设办公室	区轨道办
宁波市国土资源局海曙分局	海曙国土资源分局
宁波市海曙区国家税务局	区国税局
宁波市海曙地方税务局	海曙地税局
宁波市规划局海曙分局	海曙规划分局
宁波市环境保护局海曙分局	海曙环保分局
宁波市海曙区气象局	区气象局
中国人民解放军浙江省宁波市海曙区人民武装部	区人武部
宁波市公安局交通警察支队海曙大队	海曙交警大队
宁波市公安消防支队海曙区大队	海曙消防大队
宁波市邮政局海曙分局	邮政海曙分局
宁波电业局海曙供电局	海曙供电局
宁波市电信局海曙分局	海曙电信局
宁波市海曙区“三改一拆”行动领导小组办公室	区“三改一拆”办
宁波市海曙区“五水共治”工作领导小组办公室	区“五水共治”办

目 录

特 载

专 记

大 事 记

海曙概览

中国共产党海曙区委员会

海曙区人民代表大会常务委员会

海曙区人民政府

中国人民政治协商会议海曙区委员会

纪检・监察

民主党派・群众团体

法治·军事

农业·农村·水利

工业·建筑业

商贸·经济合作

交　通

邮电・信息

金　融

旅 游

城乡建设与管理

国土资源管理·生态环境保护

综合经济管理

人力资源和社会保障

科 技

教　育

文化・新闻

体 育

卫生·计划生育

社会生活

乡镇·街道

人　物

附　录

索　引

Main Contents

Haishu District Committee of the Chinese people' s Political Consultative Conference

Discipline Inspection & Supervise

Democratic Parties & People's Groups

Rule of law & Military Affairs

Agricultural & Rural & Water Conservancy

Industries & Construction

Commerce & Economic Cooperation

Traffic

Post and Telecommunications & Information

Tourism

Urban Construction & Management

Land and Resources Management & Conservation of Ecosystem

Comprehensive Economic Administration

Human Resources & Social Security

Science and Technology

Education

Culture & Journalism

Sports

Health & Birth Control

Social Livelihood

Towns and Townships & Subdistricts

Character

Appendix

Index

特　　载

坚定信心谋发展　全面发力求突破
切实迈好高质量建设国内一流强区新步伐

——在区委九届三次全体（扩大）会议上的报告

区委书记　孙黎明

（2017年12月29日）

一、坚持融合提升发展主题，各项工作取得新成绩

即将过去的2017年，对新海曙来说，是极不平凡的开局之年。一年来，区委常委会团结带领全区广大党员干部群众，认真贯彻落实中央和省委、市委决策部署，面对比预期更多的矛盾和问题，铆足干劲，奋力拼搏，全面推进融合提升发展，新海曙各项工作在艰辛中取得良好成效，为长远发展奠定坚实基础。

（一）围绕承接使命、把握机遇，全力以赴抓融合

面对前所未有的历史机遇，全区上下强化政治自觉，担起应负责任，切实抓好行政区划调整后关乎全局的大事要事，赢得全年工作主动，集聚支撑发展红利。

坚持谋划在前。主动应对新海曙面临的新形势和新变化，着眼浙江历史方位，聚焦宁波发展坐标，紧紧围绕“两个高水平”和“名城名都”建设，通过深入调查研究，广泛征求意见建议，举全区之力，集各方之智，下好谋篇布局先手棋。在区第九次党代会上确定今后五年的发展目标和争当“五个排头兵”的战略部署，找准新海曙发展的定位和站位。完成“十三五”规划纲要和15个专项规划修编，确定“一心两带三圈”的空间布局和“东商西绿中高新”经济发展格局，发展思路进一步厘清、发展路径进一步明晰，真正实现谋定而后动。

强化担当实干。始终把发展作为第一要务，认真贯彻新发展理念，做到集中精力抓发展、争分夺秒抓落实。按照尊重历史、逐步过渡、统筹兼顾原则，衔接理顺新旧体制，妥善解决难点问题，研究出台相关发展政策，进一步健全工作推进机制。认真贯彻市“大脚板走一线、小分队破难题”抓落实专项行动，大力开展“重大项目攻坚、招商选资突破、作风建设提升”三大行动，以任务项目化带动工作具体化，以点上突破带动面上推进。新开工省、市、区重点项目61个，有力突破一批重大项目的关键节点，固定资产投资保持较快增长，引进市外内资、“浙商回归”资金、实际利用外资分别完成118亿元、52.9亿元、3亿美元，一批优质总部企业先后落地，发展后劲不断增强。

推进队伍融合。坚持把队伍建设作为事业发展关键来抓，完成区、镇（乡）、村（社）三级换届，加快推进新职能部门和区属国有企业组建，完成党政机关、事业单位职能调整扩容和机关事业人员划转，深化干部融合，切实加强交流、优化结构、增进合力。坚持党管人才，制定“百创汇海计划”引才政策，深入开展精准服务企业行动，广大企业家和各类人才对新海曙的向心力、凝聚力不断增强，为融合发展奠定有力基础。通过一年努力，基本达到区域统合、资源整合、工作聚合目标，全区上下呈现出人心思进、干劲倍增、生机勃勃新气象。

（二）围绕创出新局、干出实绩，攻坚克难求提升

我们努力克服行政区划调整磨合阶段各种困难，迎难而上，奋力进取，全力筑牢发展根基、提升发展水平，经济社会保持平稳健康发展。

*提升都市经济规模能级。*现代服务业加快发展，扎实推进省服务业强区试点。实体商业持续转型，泛天一商圈建设加快推进，省内首个轨道交通地下商业街区东鼓道建成运营。跨境电商综试区建设卓有成效，宁波国际邮件交换站成功开通，互换局二期提前完成选址，跨境邮件数量和园区产出呈现双倍增态势。现代金融业发展势头良好，保险创新持续深化，月湖金汇小镇入选省第三批特色小镇创建名单。全力打响历史文化、休闲旅游品牌，天一阁•月湖“国家AAAAA级旅游景区”创建工作取得实质性进展。持续做大都市工业，深化“中国制造2025”试点，成为省级服装制造业改造提升试点区，战略性新兴产业、高新技术产业和装备制造业增加值保持较快增长，建筑业发展保持全市前列。加快国家级数字农业项目建设，获评省级首批“放心粮油示范县”试点。企业实力不断增强，雅戈尔集团股份有限公司（简称“雅戈尔集团”）列入市“千亿级龙头企业”培育名单，宁波帅特龙集团有限公司（简称“帅特龙集团”）、宁波博洋控股集团有限公司（简称“博洋集团”）、广博集团股份有限公司（简称“广博集团”）3家企业入围中国自主品牌“浙江百佳”名单，杉井奥特莱斯广场、宁波狮丹努集团有限公司（简称“狮丹努集团”）等行业领军企业发展势头良好，“太平鸟”“君禾股份”成功在主板上市。扎实做好“山海协作”、对口支援帮扶等工作。

*统筹推进城市建设管理。*重点区块建设稳步推进，集士港卫星城、望春工业园区等集聚效应明显，14个地块完成挂牌出让。基础设施建设加快步伐，S214省道改建、横街至章水公路等重点工程重新启动，解放路综合整治工程基本完成，洞桥生活垃圾焚烧厂成功点火并有序运行。治水工作成效显著，通过市对区全域剿劣综合验收，全省首个湖泊治理PPP项目——月湖水环境综合整治取得明显成效，月湖街道、江厦街道、鼓楼街道通过“污水零直排区”创建验收，段塘碶闸站等全面完工。治危拆违全力突破，“三改一拆”提前超额完成年度目标任务，西河街项目完成签约，高塘二村、四村地块启动征收。小城镇环境综合整治持续发力，首批3个镇（乡）47个项目基本完工。深化综合行政执法体制改革，“道路清爽行动”“亮颜”行动持续推进，城乡面貌得到较大改观。强化大气、土壤污染防治，全力配合做好环保督察工作，健全环境治理长效机制。

*加大民生事业保障力度。*精准扶贫稳步推进，四明山区域高山移民工作进展顺利。户籍人口养老保险和医疗保险参保率居全市前列，入选全省首批“无欠薪试点区”。住房保障力度加大，蒲家三期等竣工验收。教育事业均衡发展，樟村中学等8所校（园）交付使用，成功组建一批教育集团，入围首批“中国新样态学校联盟实验区”。区第二医院投入使用，完善分级诊疗体系，推动医联体向基层延伸，家庭医生签约服务指标居全市首位。文化事业繁荣发展，举办第二届宁波国际微电影节，区话剧中心挂牌成立。深入推进文明创建，为宁波荣获全国文明城市“五连冠”做出应有贡献。深化智慧养老，居家养老服务中心建设提速，户籍人口养老率全市领先。残联、档案、史志工作稳步推进，老龄、关心下一代、慈善事业进一步发展。基层自治不断深化，社区建设持续加强，“村（居）民说事”制度全面推广。全力维护社会和谐稳定，完成“平安护航十九大”等重大维稳安保任务，公共安全形势和社会治安状况总体良好。矛盾纠纷化解有力有效，调处成功率达98.4%，初信初访化解成效明显。“四个平台”建设稳步推进，三级综合信息指挥体系有效运转，事件办结率超过99%，连续12年获评省级“平安县（市、区）”，成功捧得“平安金鼎”。

（三）围绕增强动力、强化保障，多措并举促发展

面对多重瓶颈制约，我们着力推进全面深化改革、全面依法治区、全面从严治党，为经济社会健康发展提供强有力支撑和保障。

*提升改革创新实效。*积极稳妥推进重点领域和关键环节改革，“三融三建”项目取得明显成效。持续深化政府职能转变，“最多跑一次”改革取得突破，行政服务分中心成立运行，全域实现“一窗受理”，群众满意率居全市前列。加快经济体制领域改革，制定新一轮区与镇（乡）、街道、园区财政管理体制，农合联工作体系基本建立。强化创新驱动发展，中东欧新材料研究院、宁波智能制造技术研究院等一批创新平台相继成立，首个国家级科技企业孵化器创建成功，限上科技服务业增加值居全市首位，信息经济在全省综合评价中名列全市第一。

*深化民主法治建设。*支持人大及其常委会依法行使职权，强化财政跟踪监督、民生事业监督和司法监督，加强代表联系群众平台建设，充分发挥代表主体作用，切实增强人大工作实效。坚持党政领导与政协开展重点课题专题协商，深化与界别委员面对面协商，支持政协开展形式多样的民主监督活动，推动协商议政成果转化运用。支持法院、检察院依法独立公正行使职权，优化司法职能配置，稳步推进司法体制改革，提高司法公信力。切实做好统战、工商联、民族、宗教、侨务、对台工作，加强新形势下党外代表人士队伍建设。积极引导工会、共青团、妇联做好“暖人心、聚人心、稳人心”工作，群团改革稳步推进。党管武装工作进一步加强。法治社会建设不断深化。

*认真抓好党的建设。*精心组织、周密部署，开展多形式、分层次、全覆盖宣传活动，掀起学习贯彻中共十九大精神的高潮，切实把思想和行动统一到中共十九大精神上来。

集士港镇新后屠桥村党建宣传廊

以党的政治建设为统领，大力推进“两学一做”学习教育常态化制度化。强化对意识形态工作的领导，全媒体中心建设稳步推进，探索农村文化礼堂“建管用育”一体化。切实加强领导班子和干部队伍建设，坚持实绩实干导向，在一线“赛马”、在基层培养干部，全力打造“海曙铁军”。完成老干部工作“三位一体工程”建设。不断夯实基层基础，修订实施“双整”工作规划，推动党建引领基层治理创新，深入开展“党建在一线、书记带头干”锋领行动，完善“甬·志愿”党员志愿服务网络体系。严格落实全面从严治党主体责任和监督责任，扎实有序推进监察体制改革试点工作，区监察委员会（简称“区监委”）成立运行。扎实开展作风建设提升行动，强化正风肃纪专项检查，驰而不息纠正“四风”。用好监督执纪问责“四种形态”，加大执纪审查力度，严肃查处违纪违法党员干部71人。坚持问题导向，发挥“利剑”作用，完成三轮20家单位党组织的巡察工作。

区委常委会高度重视自身建设。保持一以贯之的政治定力，自觉用习近平新时代中国特色社会主义思想武装头脑、指导实践、推动工作，坚决维护总书记习近平的核心地位和党中央集中统一领导。坚持总揽全局、协调各方，发挥好区委在全区的领导核心作用。认真贯彻执行民主集中制，严格按照规定议事决策，在工作中密切协作、相互支持，建设坚强有力的领导班子。把学习摆在更加重要的位置，不断提高思想政治素质和领导水平。注重求真务实、真抓实干，以“钉钉子”精神抓好各项工作的落地生根。带头改进作风，密切联系服务群众，强化廉洁自律，自觉接受各方面监督。

回顾今年以来的工作，我们深深感到，新海曙所取得的每一点进步和每一份成绩都非常来之不易，充分展现新海曙在积极应对各种挑战、承受多重考验中砥砺前行的奋进历程，生动展现了全区党员干部群众在攻坚破难中激发出的强大凝聚力和战斗力。这一年所走过的不平凡历程、所积累的宝贵经验、所凝聚的强大合力，为新海曙今后的发展打下了坚实基础，也更加坚定了我们奋勇争先、跨越发展的信心和决心。借此机会，我代表区委常委会，向大家表示衷心的感谢并致以崇高的敬意！

在总结工作的同时，区委常委会也认真分析区域发展中存在问题和不足。主要是发展不平衡不充分的问题还比较明显，具体表现在：对照海曙目标定位，都市经济规模还不够大、能级还不够高，产业升级迫切需要加快步伐，城乡统筹任务还很艰巨，城市功能形象还需进一步提升；对照加快发展需要，要素保障瓶颈明显，改革红利需要加快释放；对照群众期盼，优质公共服务供给仍然不足，影响平安稳定的风险点还不少；对照总书记习近平关于进一步纠正“四风”重要指示精神，一些党员干部的作风还需持续改进，担当意识和能力有待强化，等等。对这些问题，我们一定要高度重视，在今后工作中认真加以解决。

二、深入学习贯彻中共十九大精神，谱写海曙发展新篇章

新时代要有新气象，新征程要有新作为。摆在海曙面前的一个重大命题，就是深入学习贯彻中共十九大精神，深刻把握新时代新使命，全面落实新思想新战略，努力完成新目标新任务。近期，省委、市委相继出台了关于学习贯彻习近平新时代中国特色社会主义思想的决定。区委认真贯彻中央和省委、市委精神，紧密结合海曙实际，提议这次全会作出《中共宁波市海曙区委关于高举习近平新时代中国特色社会主义思想伟大旗帜，高质量建设国内一流强区的决定》（以下简称《决定》）。这既是立足全局的责任担当，也是自身发展的迫切需要。全区上下一定要把思想和行动统一起来，把意志和力量凝聚起来，不辱使命、不负重托，努力争当“五个排头兵”，谱写海曙发展新篇章。

（一）要把讲政治放在首位，高举旗帜、拥护核心。习近平新时代中国特色社会主义思想，深刻揭示新时代中国特色社会主义的本质特征、发展规律和建设路径，实现马克思主义基本原理和中国具体实际相结合的又一次飞跃，是我们党必须长期坚持的指导思想。我们要把这一思想作为引领事业发展的思想灯塔、精神火炬和行动指南，按照学懂弄通做实的要求，原原本本学、解放思想学、学用相长学，做到学深悟透、入脑入心。要牢固树立“四个意识”，忠诚核心、维护核心、看齐核心，更加自觉地在思想上政治上行动上同以习近平同志为核心的党中央保持高度一致。要不忘初心、牢记使命，自觉贯彻好新发展理念，在全省、全市发展格局中找准海曙发展定位，推动中共十九大确定的各项任务、中央大政方针和省委、市委决策部署在海曙落地生根。

（二）要把讲大局作为关键，拉高标杆、展现作为。要沿着历史轴线，以新的标杆高点定位，以新的要求推动发展，奋勇争先，走在前列，更好展现新海曙实绩和作为。当前和今后一个时期，海曙大局就是全力打造跨越发展的现代化示范中心城区，为高质量建设国内一流强区而努力奋斗。《决定》提出新时代海曙高质量建设国内一流强区的主

要阶段安排，到2020年率先全面建成小康社会，基本建成跨越发展的现代化示范中心城区，综合实力跻身国内一流强区。这个目标实现之后，分两个阶段提升现代化示范中心城区能级，打造更高水平的国内一流强区，在全面建设社会主义现代化的进程中争先进位、追求卓越。我们要切实增强紧迫感、责任感和使命感，以勇往直前的信心和决心，积小胜为大胜，久久为功，奋力跨越，努力把高质量建设国内一流强区的宏伟蓝图变成美好现实。

（三）要把讲担当作为重点，聚焦矛盾、扬长补短。破解我区目前发展不平衡不充分的难题，既是政治担当，也是责任担当，必须积极回应、主动作为。要树立质量导向，坚持把发展作为第一要务，紧紧抓住战略机遇，强化精明增长理念，做优平台、做大产业、做强企业，切实做好构筑现代化经济体系的文章，推动高质量发展。要树立统筹导向，落实区域协同发展、乡村振兴战略，把融合向纵深推进，用“两融合”解决发展不平衡问题，用“两提升”应对发展不充分问题，全力促进空间布局一体化、开发建设区块化、城市管理精细化、生态环境绿色化。要树立民本导向，加快健全公共服务供给体系，不断满足人民群众日益增长的美好生活需要。

三、紧紧抓牢重点关键，全面发力高质量建设国内一流强区新征程

2018年是全面贯彻中共十九大精神的开局之年，是改革开放40周年，是深入实施“十三五”规划承上启下的关键一年。做好明年工作意义十分重大。纵观全局，既有难得机遇，又面临严峻挑战。一方面，国内经济社会发展呈现稳中有进的良好态势，基本面长期向好，自身基础条件不断夯实，为加快发展创造了有利条件。另一方面，区域竞争日趋激烈，保持平稳增长的难度较大，各项攻坚任务还比较繁重。对此，我们要主动把握发展的新机遇，始终坚定对未来的信心，保持定力，精准发力，以更大的决心和勇气解决发展中的困难和问题，不断开创工作新局面。

2018年全区工作总体思路是：高举习近平新时代中国特色社会主义思想伟大旗帜，全面贯彻落实中共十九大、中央经济工作会议精神和省委、市委决策部署，认真开展“不忘初心、牢记使命”主题教育，围绕争当“五个排头兵”战略部署，扎实推进“项目攻坚提速年”“转型升级提质年”“作风建设提效年”活动，全力以赴稳增长、促改革、调结构、惠民生、防风险，聚焦重点、发力突破，加快打造跨越发展的现代化示范中心城区，切实迈好高质量建设国内一流强区新步伐。

2018年全区经济社会发展的主要预期目标建议为：地区生产总值增长7%左右，一般公共预算收入增长7%，城乡居民人均可支配收入基本与经济增长同步，全社会研发经费投入增长10%，投资结构优化、投资效益提高，节能减排完成市下达任务。

重点要抓好六个方面的工作

（一）狠抓转型升级，推进更高质量的经济发展

做强主导产业。坚持稳中求进总基调，加强监测预警分析，打好“稳增长”组合拳，千方百计保持经济平稳健康发展。围绕“调整存量、优化增量、提升质量”，加大供给侧结构性改革力度，精准推进主导产业行动计划，强化抓手、政策和服务的统筹，以智能经济为引领，加快构筑现代化经济体系。推动服务业高端发展，深入开展新一轮国家服务业综合试点和省“服务业强区”创建，细分行业门类，优化培育抓手，加快商贸业提档升级，推动传统商圈向体验式、智慧化转型，促进现代金融、专业服务等现代服务业集群成链发展，培育大数据、“云计算”等新兴产业。着力振兴实体经济，推动工业转型升级，深化工业评价体系，启动纺织服装、汽车配件等重点传统行业转型升级三年行动计划，引导传统产业向价值链高端攀升，有序布局先进装备制造、新能源等战略性新兴产业。积极推广建筑工业化，加快建筑业走出去步伐。完善服务企业的长效机制，倾力打造企业发展优质环境。坚持底线思维，切实防范化解各类风险。

做实平台支撑。聚焦打造更多牵引型平台，强化顶层设计，明确功能布局和产业定位，健全产业平台建设运营机制，有效承载产业发展和动能培育。承接“中国制造2025”试点红利，突出望春工业园区、宁波智能制造技术研究院“一区一院”核心载体作用，加快引进培育高端智能制造业，探索“园中园”模式，推动工业园区向智能制造园区转型，争创省级“智能制造创新中心”。促进电商园区资源统筹、能级提升，在龙头电商企业集聚上下功夫，推进国际邮件互换局建设，打造跨境电商供应链运营中心。围绕保险创新综合示范区建设，着力提高月湖金汇小镇效益，启动月湖西区二期建设，打造私募基金、产业基金等新金融发展高地，鼓励金融支持实体经济发展。依托中东欧新材料研究院等载体，谋划启动军民融合产业园建设，推动“临空经济示范

望春工业园区

区”创建。启动实施楼宇经济、总部经济三年行动计划，强化专业特色楼宇打造，加快引进培育区域性总部，提高贡献产出。

做优创新体系。全面深化重点领域改革，把“最多跑一次”推向纵深，探索实施多部门一件事全流程办理，进一步提高审批效能。实施企业上市“凤凰行动”计划，支持企业在多层次资本市场挂牌上市。优化区域创新体系，加强与国内外知名高校、科研院所合作，着力引进名院名所，吸引更多创新创业要素加快集聚。实施“科技领航”计划，培育壮大创新型企业集群，构建“众创空间+孵化器+加速器+产业园”全链条孵化体系，新增1家国家级创新创业平台。加强人才队伍梯队建设，设立人才项目创投引导基金，促进人才、项目和资本有效对接，努力引进更多高层次人才及创新创业团队。

集士港镇广昇村新改造公共厕所

（二）狠抓项目攻坚，厚植更加坚实的发展后劲

强势推进重大项目。把项目建设作为拉动投资、推进发展的有效抓手，开足马力，全面提速，定目标、定责任、定时序、定举措，推进“十三五”规划项目落地，力争全年新开工项目40个，完成重点项目投资300亿元。全面形成项目攻坚之势，强化目标意识和节点管理，完善项目推进机制，确保项目快开工、快建设、快竣工、快出效益。深化征迁体制调整，加快机场三期扩建等项目征迁，大力开展“清零拔钉行”动，以征迁的突破带动项目快速推进，完成征迁90万平方米以上。强化土地、资金等要素保障，注重空间整理，盘活存量建设用地，做好土地收储出让，发挥各类融资平台功能，助力项目建设。

优化空间功能布局。强化规划先导作用，统筹做好多规融合，深入开展“城市双修”工作，进一步拉开城区框架，切实提高城区发展宜居性和可持续性。坚持放大优势，着力打造更加精致繁荣的三江片城市核心区，以泛天一商圈打造为龙头，力促传统业态升级，加快城隍庙区域改造、铁路宁波站周边等项目建设，推进高塘片区等棚户区和段塘片区等城中村改造攻坚，打造商贸、商务、金融、文化、旅游功能高度集聚的核心区域。加快推动沿江两带区域项目落地，高起点推进丁家、五江口等区块开发建设。着力构筑分片开发、组团联动的格局，加快中心镇错位发展，因地制宜培育特色产业，集聚要素资源，促进产城融合，提高区块的综合承载力。

提升对外开放水平。主动服务和融入宁波“一带一路”建设综合试验区等战略布局，抢抓宁波“16+1”经贸合作示范区机遇，深挖“一带一路”活化石的海曙元素，植入新金融、跨境电商等产业，推动中芬人才技术交流合作平台发挥功能，着力打造国际名品交易中心、中东欧科技合作产业园和“海上丝绸之路”文明体验基地，进一步提升城区国际化水平，增创对外开放新优势。树立精准招商意识，更加注重引进项目的产业导向和效益贡献，突出引资引技引智相结合，千方百计引进高端产业和行业龙头企业。优化招商体制机制，强化招商资源统筹，创新招商形式，拓宽运营商招商、以商引商、名录招商等渠道，全力推动重大招商项目落实落地。加快对外贸易优化升级，实施外贸实力企业培育工程，努力实现进出口回稳向好。扎实做好对口支援帮扶工作。

（三）狠抓深度融合，展现更具魅力的城乡新貌

加快城市有机更新。注重交通先行，深入实施畅通提速工程，加快推进荷梁线、S214省道改建等工程，实施农村联网公路加密提升行动，启动100千米“美丽经济交通走廊”建设，做好轨道交通4号线征迁工作和5号线建设保障，促进互联互通，完善路网框架和配套功能。推进农村危旧房治理改造，启动老旧小区有机更新试点工作，加快实施第三批老小区停车位改造工程。打好小城镇环境综合整治攻坚战，启动6个镇（乡）街道的综合整治。

深化“三改一拆”工作，坚持以拆促控、以改带拆、改拆结合，健全控违拆违长效机制，加大存量违建拆除力度，坚决杜绝新增违建。按照“宜耕则耕、宜建则建、宜绿则绿”的原则，积极开展拆后利用。着力夯实水利设施基础，加快推进姚江堤防加固、奉化江堤防整治等重点水利工程建设，提高抗洪排涝防旱能力。

提高城市管理水平。积极探索城市管理新机制，进一步提升综合行政执法水平，推动“小城管”向“大城管”、城区管理向全域管理转变。立足“城区精美、城镇整洁、中心带动、协同提升”目标，注重分域分级分类推进，让中心城区保持精致、精细、精美，让城郊区域保持整洁、干净、有序。全面深化清爽行动，拓展“智慧城管”功能，提高城市管理问题的发现率和处置率，努力打造最清爽城区。集中开展农村环境卫生大整治，坚持环境顽疾整治和长效机制建设并举，切实提升农村环境品质。坚决打赢垃圾治理攻坚战，注重分类投放、分类收集、分类运输和分类处理，力争实现生活垃圾分类覆盖率走在前列。推进“厕所革命”，创新建管手段，提升形象品质。坚持城乡物业管理一体化、乡村住宅物业化，着力提高小区物业管理覆盖率和服务水平。

加大乡村振兴力度。以新村建设为主抓手，科学编制村庄建设规划，因地制宜推进整体改建、联户联建和梳理式改造。加快农业现代化步伐，全面深化“五大乡村”建设。推进农业供给侧结构性改革，增加绿色优质农产品供给，提升农业品牌，不断拓展农业产业链，推广“互联网+农业”、农旅结合等模式，打造田园综合体。努力壮大村级集体经济，稳妥深化农村集体经济股份合作制改革。着眼山乡特色，全面抓好美丽乡村精品特色区块、重点村建设，完成鄞江“美丽乡村示范镇”“美丽乡村风景线”和4个示范村创建验收工作，培育一批示范创建典型。

持续改善生态环境。打好大气、土壤污染防治攻坚战，强化环境执法，着力解决一批群众反映突出的环境问题。巩固提升“五水共治”成果，严格落实“河长制”，强化反向倒逼和正向牵引，扎实推进截污纳管、农村生活污水治理、清淤疏浚，深化“污水零直排区”创建，促进水环境改善，晳夺“大禹鼎”。推动四明山区域生态发展，着力培育生态休闲旅游产业。加强沿江、沿路绿化景观建设，不断提升绿化环境品质。创新全民参与机制，共同保护绿色生态家园。积极发展低碳经济、循环经济，实施产业能效提升行动，确保完成节能减排任务。

（四）狠抓民生福祉，打造更加美好的幸福生活

全力加强民生保障。立足一手抓兜底、一手抓提升，促进社会保障更加普惠更可持续。围绕高校毕业生、就业困难人员等重点群体，深化“海曙就业创业帮”品牌建设，切实做好就业创业帮扶工作，努力促进城乡居民收入稳步增长。推进全民参保，实施长期护理保险制度等改革试点，做好慈善、助残、救助等工作，实现对各类困难群众的分类精准帮扶。完善养老服务体系，新建3家区域性居家养老服务中心，创新家庭社区适老化改造和老年宜居社区建设，提高城乡养老院服务质量，进一步提升智慧养老服务品牌。健全多层次住房供应体系，创新拆迁安置模式，提高居民住房保障水平。

协调发展社会事业。坚持教育优先发展，进一步优化教育资源布局，加快推进姚丰地块学校、段塘学校等建设，深化名校集团化办学，扩大优质教育覆盖面，促进民办教育健康发展，积极打造品牌学校，持续提升教育总体质量。强化“名师”“名校长”队伍培育，加大城乡教师校长交流力度，办好第12届中国名校长高峰会议。优化医疗资源配置，积极推进区内大型综合性医院、区中医院等项目建设。坚持“六医”统筹，深化医联体建设，完善分级诊疗体系，加大中医适宜技术推广，进一步提升公共卫生和医疗服务品质。做好人口计划生育工作，提高计划生育服务管理水平。广泛开展全民健身运动，加快推进体育基础设施建设。

打造文化发展高地。着眼全域化、高水平，深化文明创建，弘扬文明和谐新风尚。抓好“15分钟文化圈”建设，优化公共文化服务供给，启动实施“家门口文化”共享、新农村文化乐享、经典艺术美享计划。围绕东方文明之都核心区定位，发挥深厚的文化底蕴优势，传承历史文脉，做好文化遗存的活化利用，积极打造“千年海曙”“书香海曙”等文化品牌，扩大天一阁·月湖景区影响，推动秀水、永寿等历史文化街区改造。加大文艺名家引进力度，实施文艺精品创作和文艺人才培育工程，创作出更多海曙题材的优秀文艺作品。培育壮大文化产业园区和企业，引导文化产业加快集聚、特色发展。

（五）狠抓社会治理，营造更加和谐的发展环境

维护社会稳定。强化源头防范，严格落实决策咨询、风险评估等各项制度。巩固完善“平安护航十九大”维稳安保成果，坚持关口前移，及早谋划部署，认真做好重大活动和敏感节点的维稳安保工作，坚决打赢反恐、反邪和意识形态领域斗争的主动仗。探索建立大数据分析平台，加强社会矛盾风险预测预警和重点人员动态研判，强化属地稳控。持续巩固初信初访化解良好成效，在维护群众合法权益、加大帮扶解困力度的同时，依法打击各类违法行为，确保社会大局和谐稳定。

深化基层治理。完善党委领导、政府负责、社会协同、公众参与、法治保障的社会治理体制，提高社会治理社会化、法治化、智能化、专业化水平。夯实基层基础，持续推动重心下移、力量下沉、资源下投，深入推进“四个平台”和全科网格建设，强化协调处理事件和为民服务功能，更加注重群防群治，进一步打通基层治理神经末梢，更加有效地将各类问题和矛盾发现并化解在基层一线。突出品牌社区建设，全面落实“村（居）民说事”制度，推进社区治理和服务创新，加强“全能社工”培养，争创全国“和谐社区建设示范区”。坚持社会组织规范管理与培育扶持并重，着力建设区域性社会组织服务平台，更好发挥社会组织在基层治理中的作用。

强化平安建设。坚决落实平安建设责任制，持续巩固提升人民群众安全感，争创省级“平安县（市、区）”十三连冠，冲刺“星级平安金鼎”。坚持问题联治、工作联动、平安联创，推动科技信息化在平安建设中的深度应用，进一步完善社会治安动态防控体系。更加注重专业能力建设，依法严厉打击各类违法犯罪活动，营造良好有序的社会治安环境。牢固树立安全发展理念，持续加强安全生产、消防安全、食品药品安全和道路交通安全等领域监管，不断加大排查整治和处罚力度，坚决遏制重特大安全事故，有效提升防灾减灾救灾能力。

推进民主法治。充分发挥区委总揽全局、协调各方的领导核心作用，进一步健全党委领导体制和工作机制。坚持和完善人民代表大会制度，强化代表工作，加强组织建设，不断丰富人大工作的实践经验和时代特色。支持政协深化协商民主、议政建言等履职活动，发挥政协委员主体作用，增强协商议政实效。努力夯实基础，做好统战工作，不断巩固和发展最广泛的爱国统一战线。支持人民法院、人民检察院依法独立公正行使职权，着力维护社会公平正义。坚持党管武装，加强国防动员和后备力量建设，推动军民深度融合发展。加强和改进群团工作，进一步扩大组织覆盖、增强基层活力、提升工作实效。深入开展法治宣传教育，加快完善基层法律服务供给机制，形成覆盖城乡、惠及全民的公共法律服务体系。

（六）狠抓党的建设，构建更加坚强的政治保证

建设一流队伍。突出政治建设，深入学习贯彻中共十九大提出的重大战略思想、重大理论观点、重大工作部署，扎实开展"不忘初心、牢记使命"主题教育，强化理想信念，引导广大党员干部时刻牢记初心和使命，时刻保持永不懈怠的精神状态和一往无前的奋斗姿态。推动各级党委（党组）切实履行意识形态主体责任，践行社会主义核心价值观，加强基层思想文化阵地建设，推进媒体融合工作，牢牢把握舆论引导主动权，汇聚积极向上、团结奋进的党员干部思想正能量。健全党委（党组）理论学习中心组制度，大力弘扬理论联系实际的学风，努力做到学以致用、用以促学，提高领导干部的理论素养和知识水平。更加注重绩效导向来选人用人，突出政治标准，建设高素质、专业化干部人才队伍。加大干部分类培训力度，加快推进党校建设。强化年轻干部培养锻炼，注重在一线锻炼、检验和发现干部，坚持严管和厚爱结合、激励和约束并重，强化执行抓落实，让干事创业、争优创先成为一种自觉。落实从严管理干部要求，健全党员干部考核评价机制，把干部的政治素养考察放在重要位置，提升干部监督实效。进一步加强镇（乡）街道队伍建设，探索实施村（社区）后备干部队伍培育"青苗工程"，深化"锋领头雁"计划，优化基层党建工作力量配置。

打造一流组织。强化组织力建设，制定基层党建工作规划，实施"拓面提质"活动，突出城乡一体，充分整合全区党建资源，建设各领域党建品牌集群，全面构建全景党建示范区。牢固树立"一切工作到支部"的鲜明导向，依托"锋领e家"推进支部建设标准化、工作规范化，建强支部堡垒。实施"两新"党建组织力提升三年行动计划，加强组织全覆盖，开展现代都市产业党建示范群建设，做深社会组织党建品牌，不断发挥"两新"党建实质作用。健全基层党建工作责任制，进一步落实镇（乡）街道党（工）委书记抓基层党建工作的责任，完善四级基层党组织书记联述联评联考制度，制定各级党组织书记年度党建工作责任清单、任务清单和书记领衔项目。深化"党建在一线、书记带头干"的"锋领行动"，提升基层党组织书记能力水平。

树立一流作风。以建设"清廉海曙"目标为引领，进一步健全平台运行管理机制，压紧压实全面从严治党"两个责任"。深入贯彻落实中央八项规定实施细则，坚决纠正"四风"突出问题。坚持重遏制、强高压、长震慑，深化标本兼治，坚定不移惩治腐败。深化政治巡察，创新方式方法，增强针对性，保持震慑力。加强基层党风廉政建设，严肃查处群众身边的作风和腐败问题。进一步拓宽监察范围，规范运用监察留置措施，深入推进派驻纪检监察机构改革，健全派驻机构领导体制和工作机制，构建党统一指挥、全面覆盖、权威高效的监督体系。深入挖掘环天一阁等历史文化资源，打造独具特色的"清廉文化"品牌。

（区委办公室）

政府工作报告

——在海曙区第十一届人民代表大会第二次会议上的报告

区长　褚孟形

（2018年2月7日）

一、2017年工作回顾

2017年是本届政府开局之年。一年来，面对错综复杂的国内外形势和艰巨繁重的改革发展稳定任务，我们认真学习贯彻习近平新时代中国特色社会主义思想，深入贯彻落实中共十八大、十八届历次全会和十九大精神，按照省市区党代会的决策部署，在区委坚强领导下，在区人大、区政协监督支持下，团结依靠全区人民，紧扣"融合提升发展"主题，开拓创新，攻坚克难，统筹推进各项工作，实现高质量建设国内一流强区的良好开局。

（一）融合发展平稳推进。行政区划调整有序开展，体制机制加快理顺，新组建农办、农林水利局、交通运输局等区级单位，成立交投、水投、旅投等区属国有企业，完成党政机关、事业单位职能扩容调整和人员划转。规划政策加快完善，"十三五"规划纲要和交通、水利、工业、商贸、教育、卫生等重点专项规划发布实施，一大批政策差异事项及重大难点问题得到解决，经济发展、民生保障、涉农领域等系列政策出台。融合项目加快建设，雅戈尔大道、S214省道、横街至章水公路等项目重启建设，洞桥生活垃圾焚烧

厂、生活垃圾填埋场移交管理，义务段五大教育集团、幼儿园四大教育集团组建运行，区级医院挂牌运营，区行政服务中心集士港分中心、不动产登记交易机构设立运作。“大脚板走一线、小分队破难题”“精准服务企业”等专项行动扎实开展，34个市级重大项目进展良好，56个区级项目提速推进，248个镇（乡）街道项目全面铺开。在努力克服行政区划调整磨合阶段的各种困难中，经济社会实现平稳健康发展，全年完成地区生产总值1164.48亿元，同比增长6.3%；财政总收入163.84亿元，增长6.5%，其中一般公共预算收入93.02亿元，增长0.9%；城乡居民人均可支配收入分别达到59482元、32743元，同比增长均为7.9%。

（二）增长后劲积极培育。重大项目攻坚行动稳步推进，鄞奉片区二期、月湖西区二期、机场三期扩建等项目加快征迁清零进度，新开工省、市、区重点项目61个，14个地块完成挂牌出让，2幢总部大楼竣工投用，固定资产投资增长11.7%，居全市第一。招商选资突破行动成效明显，首次专题举办投资合作推介会暨重大项目签约仪式，“浙商回归”资金、实际利用外资超额完成市对区考核任务，引进大市外内资完成率居全市第一。消费热点加快培育，实体商业持续转型，泛天一商圈启动改造，省内首个地铁地下商业街区——东鼓道建成运营，和义大道购物中心、杉井奥特莱斯广场等“智慧商圈”建设有序推进，高鑫广场创建市级“特色夜市街区”，社会消费品零售总额达796.94亿元，居全市第二。外贸综合服务不断加强，中国跨境电子商务综合试验区建设深入推进，宁波国际邮件交换站开通运营，跨境贸易便利化、电子化进程加快，外贸进出口总额增长13.8%。人才发展环境持续优化，中芬人才技术交流合作平台成功落地，全市首届“技能之星”出口跨境电商职业技能大赛等活动顺利举办，全市首个技能人才培养服务联盟组建成立，区人才开发广场基本建成，新增市“3315计划”创业团队2个、院士工作站2家。

（三）转型升级深入实施。工业经济转型发展，“中国制造2025”政策全市率先出台，“365”产业投资导向目录及时发布，时尚纺织服装业三年攻坚计划编制实施，列入省级“服装制造业改造提升试点区”和全国“产业集群区域品牌试点区”，获评全国消费品工业“三品”战略示范区、规模以上工业总产值上台阶县，信息经济综合评价居全市第一。探索开展企业分类综合评价，科技信贷风险池规模持续扩大，“四换三名”“两化融合”和“个转企、小升规、规改股、股上市”工作扎实推进，新增各类市场主体17282家，雅戈尔集团列入市“千亿级龙头企业”培育名单，帅特龙集团、博洋集团、广博集团上榜中国自主品牌“浙江百佳”，维科控股集团股份有限公司（简称“维科集团”）入围“中国民营企业500强”，狮丹努集团、富邦控股集团有限公司（简称“富邦集团”）获评省“成长性最快百强企业”，宁波星箭航天机械有限公司（简称“星箭航天公司”）获批省首批“军民融合示范企业”，“太平鸟”“君禾股份”在主板上市，新增省、市级名牌4个。平台支撑不断增强，宁波智能制造技术研究院创建市级创新中心，全国首个军民融合高端制造产业孵化平台——中东欧新材料研究院有效运行，华茂军用新型材料国家级重点实验室顺利推进，首个国家级科技企业孵化器创建成功。建筑业提升发展，总产值居全市第三，华恒建设集团有限公司、宁波市政工程建设集团股份有限公司、宁波市建设集团股份有限公司成功晋级，建筑工程施工总承包特级资质实现“零突破”。服务业提质发展，限上科技服务业增加值居全市首位，月湖金汇小镇列入省第三批特色小镇创建名单，宁波电子商务产业园、栎社保税物流中心、空港物流园区等联动发展。都市农业稳步发展，构建区、镇两级农合联组织体系，推进农村土地承包经营权确权登记颁证工作，优质高效水稻集成示范项目获批国家级数字农业项目，蔺草、茶叶等农业品牌影响力不断扩大，获评省首批“放心景区”创建取得实质性进展，五龙潭景区、梁祝文化公园等旅游景区吸引力稳步提升，创建“中国美丽休闲乡村”1个、“AAA级旅游景区村庄”3个。

（四）城乡环境不断改善。治水攻坚持续加强，全面开展截污纳管、河道清淤、农业农村面源治理等攻坚行动，完成治水剿劣项目269个，3个市控、区控断面和96个劣Ⅴ类小微水体顺利销号，全省首个湖泊治理PPP项目——月湖水环境综合整治成效明显，月湖街道、江厦街道、鼓楼街道通过“污水零直排区”创建验收，23个村农村生活污水治理实现改造提升。治危拆违有序推进，“三改一拆”提前超额完成年度目标任务，2429户危房完成治理，西河街、高塘二村12弄项目顺利签约，高塘四村地块启动签约。小城镇环境综合整治扎实开展，编制实施9个镇（乡）街道综合整治规划方案，集士港镇、章水镇、龙观乡等首批创建镇（乡）47个项目基本完工。“美丽镇村”建设稳步推进，拆除农村旧房12万平方米、新建60万平方米，创建示范乡镇1个、风景线1条、示范村合格村20个。严守生态保护红线，做好中央环保督察整改工作，大气、土壤污染防治进一步加强，四明山区域生态保护开发有序推进，完成高山移民556户。基础设施加快完善，环城南路西延、机场路南延、甬梁线二期等开工建设，龙兴路、长春路等建成投用，解放路综合整治完成，建成农村联网

龙观乡龙兴路

4月，江厦街道郡庙社区启动全市首个居民自治住宅乘客电梯改造项目，工程于8月完工

公路20千米，开通调整公交线路34条，新增停车位1.09万个；段塘碶闸站、剡江堤防维修加固工程全面竣工，姚江、奉化江堤防整治和风棚碶、五江口等泵闸工程稳步推进，16座山塘水库通过标准化验收；110千伏岐阳变电站、35千伏龙观变电站顺利投产。"智慧城区"加快建设，网络设施布局持续优化。综合行政执法不断加强，深入实施"道路清爽行动"和"亮颜"行动，积极开展垃圾分类处理，103座公厕完成改造提升，中山路、宁波栎社国际机场、铁路宁波站等重点路段、重点区域强化常态化管理，城乡面貌得到较大改观。

（五）民生保障持续加强。教育事业均衡发展，城乡教育一体化"五大工程"全面实施，樟村中学等8所校（园）交付使用，入围首批"中国新样态学校联盟实验区"。健康海曙积极推进，区妇幼保健院迁入新址，区中医院迁建项目开工建设，推动医联体向基层延伸，家庭医生签约率居全市首位，计生服务管理持续提升。公共文化供给不断丰富，区全媒体中心高效运行，区话剧中心挂牌成立，镇（乡）街道文联组织实现全覆盖，第二届国际微电影节成功举办，"黄古林草席编织技艺"入选国家级非遗项目后备库，新增10家农村文化礼堂，15件文艺作品荣获国家级奖项。体育事业持续发展，章水镇文体中心建成投用，老年人柔力球项目荣获全国"集体全能优胜奖"，获评全国"健身球操之乡"和省"体育强区"。社会保障体系不断健全，户籍人口养老保险和医疗保险参保率居全市前列，完成保障性安居工程2个，新增公租房家庭1004户。就业创业帮扶体系加快完善，城镇新增就业2.61万人，实现城镇失业人员再就业1.37万人，扶持大学生创业实体2055家。养老事业稳步发展，创新智慧养老和医养结合模式，18个区域性居家养老服务中心和基层站点建成投用。基层治理不断强化，"村（居）民说事"制度全面推广，254个村委会（居委会）完成换届选举，社会组织培育力度持续加大，81890志愿服务中心荣获全国"最佳志愿服务组织"称号。平安建设深入推进，"七五"普法扎实开展，"四个平台"和三级综合信息指挥体系有效运转，新型居住证制度稳步实施，流动人口量化积分全程网上申报平台率先运行。公共安全和社会治安形势保持稳定，圆满完成中共十九大维稳安保任务，加大各类社会风险隐患和信访突出问题化解力度，重大自然灾害和突发事件应对能力稳步提升，连续12年获评"省级平安区"，成功捧得"平安金鼎"。

（六）政府服务创新提升。深入推进"两学一做"学习教育常态化制度化，政府自身建设不断加强。自觉接受人大法律监督和政协民主监督，建立区人大与区政府工作对接制度，重大事项及时向人大报告、向政协通报，371件建议提案顺利办结。强化依法行政，完善政府法律顾问制度、重大决策合法性审查机制，三级公共法律服务体系不断健全，行政执法责任制有效落实。大力推进"最多跑一次"改革，全省率先推出"受办分离、考级上岗"模式，创新开展国税地税联合办理、银行代办工商登记、网格员代跑服务等模式，全域实现"一窗受理"服务。坚持"阳光政务"，政务公开范围不断扩大，行政复议体制改革持续深化。认真落实党风廉政建设主体责任，加强预算绩效管理和审计监督，新一轮财政管理体制、债务管理和风险化解机制启动实施，行业协会商会与行政机构脱钩基本完成。同时，人民武装、国防动员、双拥工作不断深化，民族宗教、外事侨台工作进一步加强，档案、史志、老龄、工青妇、残联、红十字、工商联、科普、关工委、慈善等工作实现新的发展。

各位代表，过去的一年，我们在积极应对各种挑战、承受多重考验中砥砺前行，取得的每一点进步和每一份成绩，都不容易、不简单。这是市委、市政府和区委正确领导的结果，是区人大、区政协监督支持的结果，是全区上下同心协力、团结拼搏的结果。在此，我谨代表海曙区人民政府，向全区人民，向全体人大代表、政协委员，向各民主党派、工商联、人民团体和社会各界人士，向所有关心支持参与海曙发展的同志们、朋友们，表示衷心的感谢！

同时，我们也清醒地看到，发展中还存在一些不平衡不充分的问题：改革创新力度还不够大，部分体制和政策有待进一步调整理顺，做好行政区划调整后续工作任务艰巨；经济发展后劲仍显不足，传统产业转型升级不够快，战略性新兴产业占比不够高，要素保障制约明显，现代化经济体系建设任务艰巨；城乡发展还不够平衡，镇村建设仍需加强，基础设施和环境保护还有不少短板，高品质经营城市任务艰巨；优质公共服务供给仍不充分，精细化管理水平有待提升，社会治理面临不少新情况新问题，推动基层治理现代化任务艰巨；一些干部担当意识和服务能力还不够强，形式主义、官僚主义等"四风"问题仍一定程度存在，建设人民满意政府任务艰巨。由于计划安排科学性不够及受宏观经济形势、行政区划调整等因素影响，地区生产总值、一般公共预算收入等没有达到预期目标，雅戈尔大道修复提升、横街至章水公路新建工程没有完成2016年度民生实事项目任务。对此，我们一定高度重视，采取更加有力的措施，认真加以解决。

宁波飞扬旅行社

二、2018年主要目标任务

今年是贯彻中共十九大精神的开局之年，是改革开放40周年，也是决胜高水平全面建成小康社会、实施“十三五”规划承上启下的关键之年，做好今年工作意义重大。

今年政府工作的总体要求是：高举习近平新时代中国特色社会主义思想伟大旗帜，全面贯彻中共十九大、中央经济工作会议精神，按照省委省政府、市委市政府和区委的决策部署，坚持稳中求进工作总基调，坚持新发展理念，紧扣社会主要矛盾变化，按照高质量发展的要求，以争当“五个排头兵”的勇气和决心，大力推动质量变革、效率变革、动力变革，扎实开展“项目攻坚提速年”“转型升级提质年”“作风建设提效年”活动，着力提升经济发展后劲、现代产业能级、城乡统筹水平、区域环境魅力、人民群众福祉，加快打造跨越发展的现代化示范中心城区，切实迈好高质量建设国内一流强区新步伐，为宁波“名城名都”建设作出更大贡献。

综合考虑发展趋势和工作导向，建议今年经济社会发展的主要预期目标是：地区生产总值增长7%左右；一般公共预算收入增长7%左右；商品销售额增长10%左右；城乡居民人均可支配收入与经济增长基本同步；投资结构优化、投资效益提高；节能减排完成市确定的目标任务。

围绕上述总体要求和预期目标，重点将做好五方面工作：

（一）突出质量效益，着力提升经济发展后劲。围绕高质量发展，抢抓宁波“一带一路”建设综合试验区、“16+1”经贸合作示范区等机遇，坚持先行先试，突出抢干实干，厚植发展基础。

强化平台建设。谋划启动军民融合产业园建设，推动宁波智能制造技术研究院创建省级创新中心，加快中东欧新材料研究院、海蓝宝众创空间等创新载体建设，构建“众创空间+孵化器+加速器+产业园”全链条孵化体系。发挥功能平台的联动作用，积极创建临空经济示范区，推动望春工业园区向智能制造园区转型，不断提升宁波电子商务产业园等平台能级。完善特色小镇培育发展机制，增强月湖金汇小镇虹吸效应，推进海蓝宝互联网小镇建设，加强谋划航空航天制造等特色小镇。

强化内外联动。统筹招商资源，完善招商机制，创新招商模式，强化总部招商、平台招商、产业链招商，发挥以商引商、以企引企乘数效应，引进一批技术含量高、经济效益好、产业链条长的大项目好项目，力争大市外内资、“浙商回归”资金、实际利用外资达120亿元、60亿元、3.6亿美元。优化招商环境，狠抓项目落地，确保环球广电等签约项目早日投产。实施外贸实力效益工程，支持企业加快境外营销网络、公共服务平台建设，拓展欧、美、日主要传统市场和“一带一路”等新兴市场，创建全国“外贸转型升级示范基地”。扎实开展“山海协作”，继续做好对口支援帮扶工作。

强化主体培育。深化企业梯度培育计划，完善企业分类综合评价制度，培育千亿级龙头企业，增强企业综合竞争力。实施“凤凰行动”计划，推进企业上市和并购重组，加强“飞扬旅游”“华缘新材料”“旷世智源”“培源电器”主板上市辅导，实现“杉杉服装”在香港上市。实施“科技领航”计划，新增创新型领军企业2家、高新技术企业15家、创新型初创企业100家。实施优质建筑企业培育计划，加快装配式建筑发展，形成一批规模大、竞争力强的龙头企业。深化小微企业三年成长计划，培育一批“隐形冠军”“单打冠军”。

强化要素保障。抢抓人才第一资源，实施“百创汇海”人才新政，发挥中芬人才技术交流合作平台和人才开发广场作用，开展“甬籍学子回归”工程，举办省级专家服务企业海曙行等活动，努力引进更多高层次人才和创新创业团队。强化“亩产论英雄”导向，注重土地节约集约利用，盘活土地资源，加大开发造地力度，加强耕地占补平衡保障，完善新增建设用地调节机制，做好土地收储出让工作，“批而未供”土地总量下降20%、闲置土地占比降至1%以下。加大金融支持实体经济力度，深化投融资体制机制创新，发挥科技信贷风险池、政策性融资担保等功能，民间投资增长10%以上。

（二）突出创新驱动，着力提升现代产业能级。坚持科技创新第一动力，深化供给侧结构性改革，统筹改造提升传统产业和培育壮大新兴产业，构筑现代化经济体系。

做大智能产业集群。高标准推进“中国制造2025”建设，以智能经济为主攻方向，狠抓数字经济“一号工程”，做深做实“互联网+”“机器人+”，加大新材料、新能源等新兴产业引进培育力度，加快电气机械、汽车配件等传统优势产业改造提升，推动杉杉新能源产业、雅戈尔成衣定制化柔性制造等项目建设。以时尚经济为突破口，深化时尚纺织服装业三年攻坚计划，积极创建全省“纺织服装业改造提升示范区”。实施工业投资三年行动计划，完善工业投资项目库建设，规模以上工业企业技改投资项目和企业管理咨询覆盖率达33%，工业投资增长8%以上。

做优现代服务经济。以新一轮国家服务业综合试点和省服务业强区创建为引领，创新发展平台经济、分享经济、体验经济、创意经济，促进服务业跨界融合。实施总部经济、楼宇经济三年行动计划，加强老旧楼宇改造提升，培育现代物流、专业服务等特色楼宇。加快金融服务业发展，建立多元化金融组织体系，打造新金融产业发展高地。深化省批发零售业改造提升试点建设，推动天一广场、和义大道购物中心、杉井奥特莱斯广场等商圈联动发展，加快高桥商业综合体等项目建设，“第六空间”、新天地广场等项目开业运营。提升芝士公园、麦中林文创园等平台能级，努力培育文化消费品牌。推进全域旅游发展，创建天一阁·月湖景区为“国家AAAAA级旅游景区”、浙东大竹海景区为“国家AAA级旅游景区”，培育鄞江、横街省级“旅游风情小镇”。

做强科技创新引擎。优化区域创新体系，积极引进名院名所，加快企业研发机构建设，新增市级以上企业研发机构10家，全社会研究与试验发展经费支出增长10%以上。扶持发展科技服务业，实施政府购买科技服务模式，扩大“创新券”使用规模和范围。加强质量强区、标准强区、品牌强区建设，提升行业标准制定话语权，新增“浙江制造”团体标准2个、认证产品1个、市级以上名牌4个。深化知识产权优势企业培育和发明专利增量提质工程，实行重点企业知识产权保护联系制度，发明专利授权量增长10%。弘扬劳模精神和“工匠精神”，激发和保护企业家精神，努力营造崇尚创新、宽容失败的创业创新氛围。

（三）突出全域联动，着力提升城乡统筹水平。围绕“大湾区、大花园、大通道、大都市区”建设，统筹实施新型城市化和乡村振兴战略，健全城乡融合发展体制机制和政策体系，构建“以城带乡、以乡促城、城乡融合”的发展格局。

加快区块组团开发。突出规划先导作用，主动对接新一轮城市总规修编，深化重大区块专项规划。强化重大项目攻坚，新开工项目40个，完成项目投资300亿元。完善征迁体制机制，大力开展“清零拔钉”行动，完成征迁90万平方米。推进功能区块开发建设，优化提升三江口片区，强化泛天一商圈辐射功能，加快铁路宁波站周边、月湖西区二期等区块建设，谋划丁家、五江口等区块开发建设。深入开展“城市双修”，促进住宅片区有机更新，加快城隍庙等区域改造，深化西塘河、南塘河沿岸整治提升项目前期。积极推进城镇协调发展，放大集士港卫星城优势，加快高桥镇、古林镇、石碶街道融入中心城区，推动洞桥镇产城融合，加大鄞江古镇保护开发力度，强化横街镇、章水镇、龙观乡生态保护利用。

加大惠农富农力度。有序推进新村建设，编制全域“美丽乡村”建设规划，因地制宜实施整体改建、联户联建，开展农村环境整治大会战，强化“美丽庭院”建设，创建示范乡镇1个、风景线1条、示范村合格村22个。坚持质量兴农、绿色兴农，加快“三区块六项目”建设，创建省级现代农业示范区1个、特色农业强镇1个、精品农业风景线1条，农村一、二、三产有机融合，推进都市农业发展。强化农业品牌建设，狠抓农业规模化标准化生产，培育市级以上农业龙头企业2家、示范性农业专业合作社5家，创建市级以上农业品牌2个。全面落实粮食安全责任制，完善粮食调控和储备管理机制，建成古林、洞桥粮库（站）。深化农村产权制度、“三位一体”农合联等改革，扩大农业农村保险和信贷覆盖面，土地流转率、规模经营率分别达80%、50%。实施村级集体经济“造血”工程，深化村经济合作社股份合作制改革，所有村集体经济收入达20万元以上。

加强基础设施建设。开展交通治堵工程，推进夏禹路等主干道综合整治，建成福德路等市政道路，加快S214省道、环城南路西延、荷梁线等项目建设，启动100千米“美丽经济交通走廊”建设，优化公交线路布局，改造提升农村联网公路25千米，新增停车位5000个。加强“海绵城市”建设，姚江、奉化江堤防工程竣工，开工建设鄞江堤防整治等工程，加大积水点改造力度，深化调蓄池、风棚碶河和沿山干河整治工程前期。实施西片电网补强三年行动计划，建设220千伏望春变电站，110千伏白岳变电站投产。强化“智慧城区”建设，加快高速通信网络延伸覆盖和5G试点进度。

（四）突出综合治理，着力提升区域环境魅力。牢固树立社会主义生态文明观，始终将“两山”理论贯穿于“美丽海曙”建设，聚焦生态保护，狠抓环境整治、城市管理、社会治理，努力做优核心城区、做美城郊区域。

深化环境整治。巩固提升治水成果，不断深化“河长制”，扎实推进截污纳管、清淤疏浚、农村生活污水治理，7个镇（乡）街道完成“污水零直排区”创建，誓夺“大禹鼎”。持续推进“三改一拆”，完善长效管理机制，切实加强拆后利用，完成“三改”103万平方米、拆违146万平方米。狠抓小城镇环境综合整治，大力开展“线乱拉”“道乱占”等

获评市级“文明村”的章水镇茅镬村

专项整治，5个镇、街道创建达标。稳步推进棚户区改造，完成高塘四村等项目征迁，推进西河街等地块开发利用。加大房屋使用安全管理力度，落实房屋使用安全网格化监管，完成农村危旧房治理改造1510户。强化大气、土壤污染防治，开展废弃矿山分类整治、地质灾害综合治理，推进四明山区域生态修复，抓好中央环保督察问题整改，严厉惩处破坏生态环境行为。强化节能减排，有效处置“僵尸企业”，加快淘汰落后产能，促进绿色、低碳、可持续发展。

深化城市管理。发挥综合行政执法体制改革优势，探索城市管理新机制，扩大“智慧城管”覆盖面，着力提升城市管理科学化、精细化、智能化水平。立足“城区精美、城镇整洁、中心带动、协同提升”目标，注重分域分级分类推进，开展“围挡”专项整治，深化“道路清爽行动”和“亮颜”行动，强化违章停车、违章设摊等城市顽疾治理，打造一批精品路段和特色区块。深入实施“厕所革命”三年行动计划，大力开展生活垃圾分类“五大专项行动”，改造提升公厕100座，城区、农村生活垃圾分类收集覆盖率分别达85%、50%以上。

深化社会治理。规范基层自治机制，健全多元参与的基层治理体系，推动“村（居）民说事”等制度落地见效。深入实施“三社联动”，强化品牌社区建设，打造8个区级品牌社区，培育2个市级以上品牌社区，争创全国“和谐社区建设示范区”；加强社区社会工作站、“全能社工”培育，推动镇（乡）街道社会组织服务平台建设，提升公益一条街品牌，引导社会组织集群发展。不断扩大物业服务覆盖面，积极探索“村民自治”物业管理模式，规范业主委员会有效运作。

（五）突出民生优先，着力提升人民群众福祉。坚持以人民为中心，统筹社会事业发展和风险防范，强化保基本、兜底线、促公平，全力办好民生实事项目，在发展中保障和改善民生。

推动文化事业繁荣兴盛。深化“文明城市”创建，大力宣传习近平新时代中国特色社会主义思想，培育和践行社会主义核心价值观，提升城乡居民文明素养。深化“千年海曙”“书香海曙”“山水海曙”建设，加强文化传承创新，合理利用历史文化资源，提升天一阁、桃源书院等文化影响力，挖掘四明山、它山堰、“三塘六岸”等山水资源，努力打造“文化强区”。加大文艺名家引进力度，加快区话剧中心有效运作，推出一批原创文艺精品剧目。深化“15分钟公共文化圈”建设，实施文化惠民“百川工程”，广泛开展民俗文化活动，新建一批农村文化礼堂，实现各镇（乡）街道图书馆全覆盖。

推动公共服务均衡发展。坚持教育优先发展，促进集团化办学高效运作，新建改建5所校（园）；强化“名师”“名校长”队伍培育，开展城乡教师校长交流轮岗，推进乡村教师支持计划，探索“区管校聘”教师管理制度；加强社会培训机构治理，尽力破解婴幼儿照护和儿童早期教育服务等问题。加强健康海曙建设，深化“六医”统筹，推进大型综合性医院、区中医院等项目建设，优化社区卫生服务站（村卫生室）布局，基层医疗机构签约预约门诊实现全覆盖。做好人口计生工作，提升计生优质服务水平。广泛开展全民健身活动，举办“一带一路”国际攀岩大师赛，高桥文体中心开工建设，鄞江文体中心投入使用。

推动社会保障统筹提升。持续推进全民参保，开展长期护理保险制度试点工作，完善被征地人员养老保险政策，户籍人口养老保险和医疗保险参保率继续居全市前列。强化就业创业帮扶，培训中高端技能人才3000人，城镇新增就业1.82万人。构建和谐劳动关系，提升群体性欠薪预警信息系统功能，创建全省首批“无欠薪”区。健全多层次住房供给体系，创新征迁安置模式，提高公租房管理水平，新推出公租房600套，望春桥二期安置房竣工投用。推动养老机构向医养结合转型，新建区域性居家养老服务中心3家，60%以上城市社区居家养老服务机构实现社会化运营。完善社会救助体系，做好低收入、残疾人等群体精准帮扶工作，大力发展慈善和红十字事业。

推动基层基础和谐稳定。狠抓安全主体责任落实，强化综合治理、标本兼治，不断深化安全风险分级管控与隐患排查治理双重预防控制体系，全面防范化解金融、网络、安全生产、道路交通、食品药品等各类风险。加强治安防控和应急处置能力建设，严厉打击各类违法犯罪活动，争创“省级平安区”十三连冠。深入推进“四个平台”和全科网格建设，提升81890服务平台供给能力，完善流动人口服务管理机制，推动公共法律服务中心、社区矫正中心有效运作。推进“七五”普法，预防和化解社会矛盾，压实信访工作责任，把牢初信初访关口，加大化解积案力度，不断提高信访法治化水平。

4月25日，白云街道白云庄社区举行老年人智能手机培训

三、切实加强政府自身建设

新时代、新思想、新使命、新征程，对政府工作和自身建设提出了新的更高要求。我们将尽心尽力、尽职尽责，扎实推进“两强三提高”，努力建设人民满意政府。

10月25日，区总工会在月湖盛园开展职工普法宣传

（一）坚定政治立场，提高政治站位。牢固树立“四个意识”，切实增强“四个自信”，始终在思想上政治上行动上同以习近平同志为核心的党中央保持高度一致，坚决维护以习近平同志为核心的党中央权威和集中统一领导。深入学习贯彻中共十九大精神，持续推进“两学一做”学习教育常态化制度化，认真开展“不忘初心、牢记使命”专题教育活动，坚决把中央大政方针、省委省政府、市委市政府和区委的决策部署不折不扣落到实处。

（二）强化法治引领，提高履职能力。坚持将法治思维和法治方式贯穿于工作全过程，强化法治政府建设，不断提升政府依法履职能力。严格执行区人大及其常委会的决议决定，自觉接受区人大的法律监督和工作监督，主动接受区政协的民主监督，认真办理人大代表议案、建议和政协委员提案。全面落实行政执法责任制，加快行政复议体制改革，健全重大行政行为合法性审查工作机制。坚持民主科学决策，完善重大行政决策公众参与、专家论证、风险评估等机制，加快政务服务网平台建设，实现行政权力网上运行。广泛听取民主党派、工商联、无党派人士和工会、共青团、妇联等人民团体意见，高度重视社会监督和新闻舆论监督。

（三）崇尚实干担当，提高服务水平。强化理念转变，坚持实干当先、敢为人先、奋勇争先，培育专业素养、专业能力、专业精神，切实推动资源整合、工作磨合、人心聚合。深化“最多跑一次”改革，优化流程，创新模式，提升“受办分离、考级上岗”绩效，加强审批事项标准化规范化建设，实现“快速办、就近办、网上办、移动办、全域通办”。深入开展“大脚板走一线、小分队破难题”“精准服务企业”等专项行动，全面推行重点工程“提前介入、主动服务、绿色通道”相衔接的服务模式，一般企业投资项目开工前全流程审批100天内完成。稳步开展事业单位分类改革，有效落实新一轮区对镇（乡）街道、园区财政管理体制。整合信息系统，推动部门信息资源共享、工作协同联动，探索完善督察考核、正向激励和容错纠错机制，营造“想干事、能干事、干成事”的良好氛围。

（四）坚持从严治政，提高廉政素养。深入贯彻中央八项规定及实施细则精神，查摆整改形式主义、官僚主义的“十种表现”，坚持不懈纠“四风”、正作风。严格落实党风廉政建设责任制，全面推进惩治和预防腐败体系建设，严厉查处违法违纪行为。强化财政预算绩效、国有资产和政府性债务管理，调整优化财政支出结构，完善集中支付动态监控运行机制，健全区属国有企业监管机制，探索建立公共资源交易责任追究制度。狠抓廉政风险防控，加强经济责任审计，强化重点领域和关键环节监管，严控“三公”经费支出。大力整治不作为、慢作为、乱作为，坚决打通“中梗阻”，不断提升执行力。

（区政府办公室）

资料链接：

“365”产业投资导向：“3”指智能经济、数字经济、时尚经济三大产业集群；“6”指新材料、新能源、高端装备、生物医药、节能环保、新一代信息技术六大战略性新兴产业；“5”指纺织服装、电气机械、文教文具、汽车配件、电子信息五大传统优势产业。

三品：指消费品工业“增品种、提品质、创品牌”。

“凤凰行动”计划：指以企业上市和并购重组为核心的计划方案。

隐形冠军、单打冠军：“隐形冠军”指所创造的产品成果与销售业绩一直领跑，但未被公众广泛熟知的产值在3亿元以下的中小微企业；“单打冠军”指长期专注于某些特定细分产品市场，生产技术或工艺国际领先，单项产品市场占有率居全球前列的企业。

创新券：指以政府购买服务的方式支持科技型中小微企业和创客（或创客团队）开展创新活动的一种手段，是推动科技服务需求方和供给方有效对接的一种途径。

城市双修：指用再生态的理念，修复城市中被破坏的自然环境和地形地貌，改善生态环境质量；用更新织补的理念，修复城市设施、空间环境、景观风貌，提升城市特色和活力。

三区块六项目：“三区块”指都市农业生态休闲区、现代农林特精品区、现代生态产业示范区；“六项目”指以古林为核心的现代都市农业集成区项目、集士港镇湖泊河现代农业园区项目、鄞江四明山区域产业科技转型示范区项目、洞桥镇龙虾生态套养基地项目、章水镇杖锡樱花种植基地为核心的观光产业园区项目、龙观乡和章水镇的中药材生产基地项目。

生活垃圾分类“五大专项行动”：指省政府大力推进的垃圾分类源头减量、回收利用、处置能力提升、标准和制度建设、文明风尚五大专项行动。

“六医”统筹：指统筹医保、医疗、医药、医院、中医、医生的改革发展。

两强三提高：指省政府提出的“强谋划、强执行，切实提高行政质量、行政效率和政府公信力”。

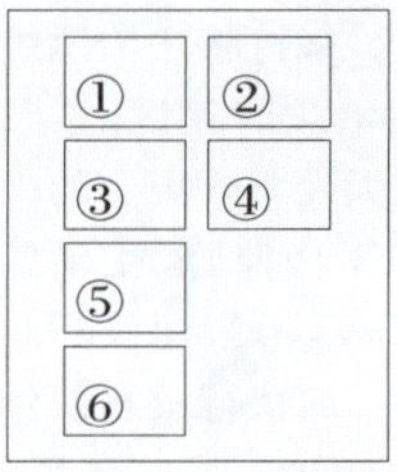

① 古林镇同春小区
② 龙观乡山下新村
③ 洞桥镇张家垫新村
④ 章水镇箭峰村
⑤ 集士港镇岳童村
⑥ 古林镇茂新村

专 记

“中共十九大精神”海曙区委学习活动

2017年10月18日，海曙区委组织区级领导集中观看中共十九大开幕会。

10月27日，全区领导干部会议召开，会议强调全区上下要紧密团结在以习近平同志为核心的党中央周围，以高度的政治责任感认真学习宣传贯彻中共十九大精神，把广大党员干部群众的思想和行动统一到中共十九大精神上来，把各方面力量凝聚到实现中共十九大提出的各项目标任务上来，为建设跨越发展的现代化示范中心城区、高质量建设国内一流强区作出新的更大贡献。区委书记孙黎明传达十九大精神并讲话。

11月10日，区委常委会召开，区委常委，区人大、政协主要领导参加，会议审议《中共海曙区委关于认真学习宣传贯彻中共十九大精神的通知》和《关于组织开展全区中共十九大精神宣讲活动的方案》。

11月11日，区委书记孙黎明到集士港镇宣讲中共十九大精神。孙黎明从中共十九大会议概况、主要内容和如何学懂、弄通、做实中共十九大精神3个方面为基层干部群众宣讲会议精神。强调学习宣传贯彻中共十九大精神是当前和今后一个时期全党全国的首要政治任务和头等大事，全区上下、各行各业要按照上级统一部署，迅速开展传达学习和宣传贯彻，把学习贯彻中共十九大精神引向深入。

11月17日，区委理论学习中心组（扩大）学习会召开，专题学习中共十九大精神，中央党校党史教研部主任、中国民生研究院特约研究员罗平汉作“新时代新使命新思想新征程——学习十九大精神的体会”报告，区委中心组全体成员，各镇（乡）街道和部门主要负责人、区纪委各派驻机构主要负责人参加。

12月22—23日，区委召开读书会，区委书记孙黎明主持并讲话。强调要全面深入地贯彻中共十九大精神和省、市委重大决策，全面客观审视内外环境多重挑战，把握好“新论断”“新思想”“新矛盾”“新要求”，把贯彻中共十九大精神转化为一项项具体举措，把人民群众对美好生活的向往变为一件件实事好事，承前启后、继往开来，谱写好海曙更加辉煌的未来。区党政班子成员、人大和政协主要领导作交流发言。

12月29日，海曙召开区委九届三次全体（扩大）会议，深入学习贯彻中共十九大精神和省委十四届二次全会、市委十三届三次全会精神，审议通过《中共宁波市海曙区委关于高举习近平新时代中国特色社会主义思想伟

11月11日，区委书记孙黎明到集士港镇宣讲中共十九大精神

大旗帜，高质量建设国内一流强区的决定》。区委书记孙黎明代表区委常委会向全会作报告。区委、区人大、区政府、区政协、区纪委领导班子成员及其他区级领导参加会议。

（区委办公室）

“最多跑一次”改革

【概况】 2017年，海曙区成立以区长为组长，区府办、区编委办、区审管办等部门为成员的“最多跑一次”专项改革领导小组，下设综合协调组、业务推进组、信息保障组3个专项工作组。建立部门定期协商会商例会制度，3次组织召开全区改革动员部署会和推进会，研究制定加快推进“最多跑一次”改革实施意见，推进改革重点工作任务分解方案等相关文件的出台。梳理和公布权力事项部门1075项。其中，镇（乡）街道339项，占权力事项总数的90%；公共服务事项842项，占相应总数90.3%。133项部门事项实现“零次跑”，16个部门实现办理事项“最多跑一次”。

区行政服务中心、分中心及各镇（乡）街道全面实行“一窗受理”。区行政服务中心在全市率先推出“受办分离”，实现“前台综合受理、后台分类审批、统一窗口出件”。镇（乡）街道“一窗受理”改革按“3+X”模式，设置综合办事窗口，简化办事流程。

在全省首推“审批考级制”，破解“一窗受理”“通才”短缺难题，此做法得到省领导批示肯定。在全区范围内推广民生服务事项“全域通办”模式，各镇（乡）街道共梳理“全域通办”事项190余条。全区25个部门800余项行政审批事项完成与“统一受理平台”的配置和对接，累计录入事项2.24万件。“最多跑一次”服务事项向村（社区）延伸覆盖，形成区—镇（乡）街道—村（社区）三级联动的基层服务体系。通过张贴宣传海报、分发宣传册、宣传用品等方式，向镇（乡）街道、村（社区）、办事大厅窗口等宣传推广“最多跑一次”改革，发放宣传海报800余份，推送宣传短信145万余条。

【宗教场所赋码换证“最多跑一次”改革】 2017年，区民宗局将宗教活动场所统一社会信用代码证赋码换证工作纳入民宗领域“最多跑一次”改革项目。从多部门分头办理转变为行政服务窗口“一站式”办理，从“最多跑一次”升级为“就近最多跑一次”，在全市率先实现宗教场所赋码换证工作“最多跑一次”。53个宗教活动场所完成统一社会信用代码赋码换证。

8月1日，海曙区召开“最多跑一次”改革工作推进会

【城管行政审批“最多跑一次”改革】 2017年，区综合行政执法局（城管局）梳理审批事项，删减重复及可通过日常监管解决的事项，原有62项事项压缩至30项，市局下放14项权力事项，共有“最多跑一次”审批事项44项。窗口受理件提速40%以上，平均承诺时限列全市前列，行政审批件办结率达100%，承诺件平均提前办结率超过90%。实现工程红线范围内“承诺制”审批，在轨道交通4号线翠柏路、苍松路站点、“三江六岸”改造等城市改造工程上多次应用。通过提前介入、上门服务方式，助推轨道交通4号线、环城南路西延、“剿灭劣V类水”等重点项目，前期审批节约近一半时间。

【不动产登记“最多跑一次”改革】 2017年，海曙地税局设立房地产交易征管分局，统筹新海曙区房地产交易征管。5月31日在亚细亚大厦设办理点，10月23日在集士港镇成立分中心，均实现登记、契税、交易三部门同步进驻，实现“一站式”办理不动产产权登记、网签备案及不动产抵押登记业务、档案查询等。基本实现房地产交易征管业务“一区统办”，镇（乡）街道不动产登记“最多跑一次”。

【工商管理“最多跑一次”改革】 2017年，区市场监管局梳理公布事项目录清单并实行动态管理，公布事项清单145项，办理3.39万件。采取同城通办、“互联网+政务”、政银合作等办理模式，“先照后证双告知”认领率超过99%。梳理质监“同城通办”事项7类32件。在集士港镇设立行政服务分中心，构建区市场监管局、集士港分局、市场监管所“三级联动”行政审批服务体系，集士港分中心与区行政服务中心同权，实现部分商事登记事项“全域通办”。通过省工商全程电子化登记平台办理网上核准名称3.1万户，占总量的82.26%。

【教育审批“最多跑一次”改革】 2017年3月，区教育局编制行政审批办事指南和流程图，梳理办理事项、时限、受理材料、流程等内容，编制成册，实现审批材料之外无材料。以浙江政务服务网、区行政服务中心微信公众号为依托，开通现有行政审批事项网上审批、微信审批，实现线上线下一体化。市民可通过网上申请、后台流转审批、快递送达等完成审批流程。

【“最多跑一次”改革专项督察培训会议】 2017年7月11日，海曙区组织召开“最多跑一次”改革专项督察培训会，迎检“最多跑一次”改革专项督察工作。区委组织部副部长、区编委办主任吕超苏对专项督察责任分解进行部署，17个镇（乡）街道33家单位近100名分管领导、牵头科室长参会。

【“最多跑一次”改革推进会】 2017年8月1日，海曙区召开“最多跑一次”改革推进会。区编委办、区审管办分别通报海曙区“最多跑一次”改革进展情况。区委副书记、区长褚孟形出席会议并讲话，区委常委、常务副区长谭国洪主持会议。11月13日，召开进一步深化“最多跑一次”改革推进会。总结回顾全区改革进展情况及下步工作部署，对贯彻落实市委深化“最多跑一次”改革专题学习讨论会和市政府推进会精神提出相关要求。

【区政协“最多跑一次”改革落实情况专项集体民主监督】 2017年8月10日，区政协召开“最多跑一次”改革举措落实情况专项集体民主监督动员部署会暨区有关部门情况汇报会。委员工作委员会介绍关于开展“最多跑一次”改革举措落实情况专项集体民主监督的实施方案，区编委办等单位介绍相关工作开展情况。会议部署2017年区政协“最多跑一次”专项集体民主监督工作安排。

【“最多跑一次”改革考核部署工作会】 2017年12月29日，海曙区召开“最多跑一次”改革考核部署工作会，由区“最多跑一次”改革领导小组办公室通报省、市考核的主要内容、考核方式、时间安排等，对海曙区做好考核考评工作进行动员部署。

（高 承）

“小城镇环境综合整治”专项行动

【概况】 为推进“两美浙江”建设，根据省、市部署，海曙区小城镇环境综合整治自2016年11月始启动，区委、区政府主要领导担任“双组长”，与各镇（乡）街道签订目标责任书，12月底召开工作部署会，全面启动9个镇（乡）街道城镇环境综合整治工作。

2017年，将集士港镇、章水镇、龙观乡作为首批达标创建试点乡镇。投资5.19亿元，在3个乡镇实施规划设计引领、整治环境卫生、整治城镇秩序、整治乡容镇貌镇貌四大类47项整治。5月，完成9个镇（乡）街道综合整治规划方案编制和审批。其中，龙观乡整治方案获评省“小城镇环境综合整治”优秀规划方案，石碶街道、洞桥镇获评市级优秀规划方案。8月，编制备案9个镇（乡）街道“线乱拉”专项规划。建立“驻镇规划师”“驻镇设计师”服务制度，提高规划整治质量，保障整治规划顺利实施。9个镇（乡）街道全面实施市场化保洁模式。横街镇、洞桥镇、石碶街道创建为省级“卫生乡镇（街道）”，章水镇、集士港镇通过省级“卫生镇”复评。

俯瞰章水镇

【“低小散”块状行业整治】 参见“国土资源•生态环境保护”类目“节能降耗”分目。

【“车乱开”治理】 2017年，海曙区开展小城镇道路区域性专项整治行动20余次，查处机动车违停行为3.5万余起。合理进行“三改一拆”拆后利用，在轻轨沿线地块、镇中心区域等处新增停车场26个，增设停车位2600余个。提升智能化交通管理水平，在镇（乡）街道道路增设违停电子自动抓拍设备40套；推进“两站两员”（乡镇交管站、农村交通安全劝导站；乡镇专职交通管理员、农村交通安全协管员）建设，建成乡镇交管站8个，交通安全劝导站12个。

【环境卫生“百日攻坚”整治行动】 2017年2月，海曙区完成环境卫生整治“百日攻坚”行动，清理卫生死角387处、乱堆放447处、乱搭建93处，消灭病媒生物滋生地162处，清除垃圾4.2万余吨，举办健康知识讲座125场，印发宣传资料4.6万余份。

【“道乱占”治理】 2017年3月，海曙区完成穿镇公路“道乱占、车乱开”百日攻坚行动，重点整治22条穿镇公路，共72千米，涉及95个点位。随后，继续开展“六乱”整治，全区22条穿镇公路和28条城镇道路的367个“道乱占”点位完成整治，涉及路段逾160公里；处理违规设摊2500余起，整改跨门占道1300余家。建立“街（路）长”制长效管理机制，9个镇（乡）街道完成“街（路）长”制挂牌公示。

【“线乱拉”治理】 2017年7月，海曙区出台《关于加快推进海曙区小城镇“线乱拉”治理工作的若干意见》，全面推进“线乱拉”治理。龙观乡龙兴路、章水镇通远路2条主要穿镇公路完成线路“上改下”整治，集士港镇完成联丰路（春华路）电力线路整治，其余乡镇街道线路“上改下”工程的地下排管建设开工。

（童若飞）

“五水共治”专项行动

【概况】 2017年，海曙行政区划调整后，区域河道长度、水域面积大幅提升。“五水共治”专项行动提出“奋战200天、剿灭劣Ⅴ类”目标，重点解决河道清淤、河道治理、截污纳管、河道美化和农业面源污染等问题。落实专项资金6216.5万元，完成第一批“污水零直排区”建设的3个街道（江厦街道、月湖街道、鼓楼街道）28个老小区310幢房屋的雨污分流改造和管道管网疏通改造。全面攻坚“1+2+96”（1个市控断面、2个区控断面、96个小微水体），市控南新塘河断面达到Ⅴ类水质标准（可以适用于农业灌溉和一般景观要求），通过省级验收销号；区控护城河马园桥断面和中塘河庙桥头断面达到Ⅴ类水质标准，96条劣Ⅴ类小微水体全部剿灭，通过市级验收销号。

组织115名督导员赴基层助力剿灭劣Ⅴ类水质，区人大、区政协组织代表、委员参与全员治水，团区委“河小二”活动、区委老干部局“老干部河长”等都在“剿灭劣Ⅴ类水质”行动和“污水零直排区”创建中发挥作用。通过群众举报、督察组现场督察等手段，发现并解决涉水问题56个，涉及河道49条。建立常态化志愿者队伍，累计培训治水员、社会监督员1700余人次，发放“五水共治”入户宣传资料近20万份、张贴告知书5万余份，制作环保雨伞1万余把、公益气球1万余个。在全区130余个商务楼宇LED点位及政府大楼、医院、学校、部分地铁站等投放公益广告。开展“邻里治水”“青春治水”“今天我来当河长”及南塘老街集中宣传等公益活动9场，参与群众1.57万人次。

5月11日，白云街道安丰社区各治水队开展巡河活动

【截污治污】 2017年，海曙区全面排查并设置入河排污（水）口标识4558个，封堵混排口、排污口477个；实施水质提升项目73个，安装水质提升设备732台，种植河面植物带43千米，投放鱼苗480万尾；完成6宗10万余平方米沿河地块农作物种植专项整治；清淤河道59万立方米，拆除涉水违建1200平方米。累计完成项目269个，完成年度投资11.3亿元。

【重大水利项目攻坚行动】 2017年，海曙区开展重大水利项目攻坚行动。启动和推进五江口闸及上游配套河道工程、五江河（西塘河至五江口段）河道整治工程、风棚碶泵闸工程、奉化江堤防整治工程农村段、姚江堤防加固工程、鄞江堤防整治工程，完成投资额7.25亿元，对照年度目标6.08亿元，完成率达119%。其中，五江口闸及上游配套河道工程是全区年度最大防汛工程，位于机场路高架西侧30米姚江南岸，东至青林湾大桥，北至余姚江，西南与高桥镇合心村接壤，总投资1.5亿元。工程由五江河闸站、上游配套河道改造、泗港河清淤及姚江侧两岸连接段堤防组成，被列入“宁波市治水强基重大项目三年行动计划”，是全省“五水共治”重点工程。风棚碶泵闸工程位于石碶街道北渡村，沈海高速奉化江大桥东侧，风棚碶河与奉化江汇合口。是海曙西片区防洪排涝体系重要组成部分，对减轻区域排涝压力、形成沿奉化江干流防洪封闭圈等具有重要意义，完成年度投资额1亿元。

【“河长制”管理】 2017年，海曙区所有河道实现区—镇（乡）街道—村（社区）三级河长管理。制定出台“河长制”实施方案，编制并下发《河长巡河工作手册》，健全日常巡查、动态监管、责任追究等河长履职管理制度，并开展全区各级河长轮训5批次632人次。完善“海曙河长制”App、“海曙五水共治”微信公众号和网站，落实各级河长“治、管、护”职责，区级“河长制”巡河到位率达100%。

【月湖水生态环境综合治理】 2017年3月25日，海曙区启动月湖水生态环境综合治理工程。此工程是全省首个湖泊治理PPP（政府和社会资本合作）项目，总投资7732万元，合同期为10年，其中整治期1年。在整治期内，通过对月湖实施“清淤及淤泥处置”“水质提升与水生态构建”“绿化提升”“海绵体修复”“智能化管理”等，使湖区水质主要指标由劣Ⅴ类逐步提升到Ⅲ类（适用于集中式生活饮用水地表水源地二级保护区，鱼虾类越冬场、洄游通到、水产养殖区等渔业水域及游泳区），浅水区可清澈见底。在其余9年的运营养护期，通过智能化管理系统，实时监控月湖水环境，保证水质长期优良与稳定。12月底，完成73.28%工程量，水质总体达到Ⅳ类水标准（适用于一般工业用水区及人体非直接接触的娱乐用水区）。工程清淤10万平方米，清除淤泥5万余立方米。清理后的湖底实施底质改良，基本完成活水管道铺设，生态拦截沟和水生态构建等工序，并开始蓄水。

（陶晓颖）

“三改一拆”专项行动

【概况】 2017年，海曙区出台《海曙区“除隐患、保安全、促转型”治危拆违攻坚战行动方案》，通过开展城乡危旧房治理、旧村改造和违法建筑拆除，实现城乡面貌提升。在“三改”（旧住宅区改造、旧厂区改造、城中村改造）工作中，完成改造面积141.15万平方米，其中旧住宅区52.10万平方米、旧厂区31.09万平方米、城中村57.96万平方米。在“一拆”（拆除违法建筑）工作中，完成拆违面积168.64万平方米。

完成6个省政协列举的“两路两侧”（公路、铁路两侧）“四边三化”（公路边、铁路边、河边、山边等区域）环境问题清单点位整改，完成19个“路长制”和市文明委和市“三改一拆”办通报的“两路两侧”“四边三化”环境问题点位整改。重点违法建筑拆除实施挂图作战、对账销号，完成重点难点违建处置100余处。组织开展连片搭建厂房专项整治，排查发现的面积3.77万平方米、占地3.48公顷的连片厂区违法建筑全部完成处置。针对新增违建开展专项治理，拆除宁波五洲星集团搭建的850平方米钢结构棚等新增违法建筑；对栎社国际机场征迁地块29户违建户进行拔钉攻坚，保障重点工程项目进度。

开展“无违建镇（乡）街道”创建工作。其中，章水镇、龙观乡、段塘街道以创建“无违建镇（乡）街道”为主；集士港镇、高桥镇、古林镇、洞桥镇、横街镇、鄞江镇、石碶街道以创建“无违建先进镇（乡）街道”为主，并完成市、区两级考核验收。

合并拆迁安置西成村、后孙村的澄波华庭小区

【旧住宅改造】 2017年，海曙区旧住宅改造以整治老小区停车综合项目为主，包括翠柏一里、柳锦花园、胜丰小区、钱东社区、天一家园和白云小区6个小区。工程分2个项目实施，内容包括小区内原道路拓宽、停车位改造及施划、交通设施新建及改造、生命通道疏通及局部绿化修复提升等。其中，翠柏一里、柳锦花园、胜丰小区和钱东社区等整治工程于5月27日竣工验收，涉及住户4873户，建筑面积36.68万平方米；天一家园和白云小区整治工程于4月5日开工，涉及住户

3062户，建筑面积32.85万平方米。

【旧厂区改造】 2017年，海曙区旧厂区改造涉及恒威老厂房、原姚丰工业园区等3个项目，均为2016年续建项目，完成改造面积31.09万平方米。其中，恒威老厂房改造项目（海华院小区）占地面积2.63公顷，总建筑面积8.16万平方米，年度新建6.19万平方米。姚丰工业区姚丰HS14-02-1a地块改造项目（金茂悦小区）占地面积5.21公顷，总建筑面积17.20万平方米，新建10.70万平方米；姚丰工业区姚丰HS14-02-3a地块改造项目（中梁一号小区）占地面积6.54公顷，总建筑面积21.02万平方米，新建14.20万平方米。

【城中村改造】 2017年，海曙区城中村改造继续实施拆迁清零工程，完成拆迁签约2354户，总建筑面积57.96万平方米。其中，栎社国际机场三期扩建工程拆迁签约37户，建筑面积1.73万平方米；桥弄（望春桥村二期）地块拆迁签约299户，建筑面积6.34万平方米；段塘学校地块拆迁签约374户，建筑面积4.90万平方米；段塘环城南路以北芝兰堰地块拆迁签约66户，建筑面积4.13万平方米；段塘苏家南地块拆迁签约174户，建筑面积7.33万平方米；其他包括集体和国有住宅非住宅拆迁1404户，建筑面积33.55万平方米。完成村民安置房交付2个小区，总建筑面积35.95万平方米。其中，西成村、后孙村合并安置于澄波华庭小区，建筑面积22.61万平方米，1月实施抽签定位，4月完成安置房交付1235套；震丰村、甬丰村合并安置于丽象佳苑小区，建筑面积27.56万平方米，8月实施抽签定位，11月完成安置房交付1341套。在建村民安置小区2个，总建筑面积37.62万平方米。其中，轨道交通1号线安置房建筑面积13.34万平方米，完成竣工验收；望春桥（望春路以北）安置房建筑面积24.28万平方米，完成合同工程量的93%。待建村民安置小区2个，总建筑面积50.79万平方米。其中，段塘村安置房（粮丰街以东地块）建筑面积37.79万平方米，完成工程量清单初稿编制，进入施工、监理招标阶段；姚丰村安置房建筑面积13万平方米，进入方案设计阶段。

【《海曙区新增违法建筑责任追究办法》出台】 2017年12月19日，海曙区出台《海曙区新增违法建筑责任追究办法》。文件明确新增违建管控的职责界定和管控、处置不到位的责任追究等内容，以加大对违法建筑的巡查、管控和处置力度，遏制新增违法建筑出现。

（华骋珅）

媒体看海曙

形成“东商西绿中高新”产业布局
——宁波打造城乡融合发展新标

落户洞桥镇的宁波智能制造技术研究院

浙江宁波海曙区经过行政区划调整，区域空间面积扩大了20倍，区域协调发展成为海曙区新的战略选择。最新统计显示，今年前三季度，海曙区实现地区生产总值819.3亿元，实现财政总收入137.4亿元，同比增长11.3%，完成固定资产投资323.1亿元，同比增长9.8%。在第二产业中，高新技术产业、装备制造业实现增加值均超过50亿元，同比实现两位数增长。

海曙区曾是宁波的城市中心，是单一的城市化空间。去年，宁波行政区划调整后，海曙区变成了集中心城区、郊区、山区三位一体的复合型城区，由原来的8个街道增加至17个镇（乡）、街道，辖区面积由原先的29.4平方千米扩大到近600平方千米，常住人口由38万增至90.5万。面积虽然扩大了近20倍，但扩大的区域大部分在农村地区。这次调整，给海曙的产业结构带来了新机遇。以前，海曙第三产业占比八成，工业和农业相对偏弱。调整后，一、二、三产比重调整至2:38:60。

为了破解城乡居民对日益增长的美好生活需要和发展不平衡不充分的矛盾，海曙区“十三五”规划纲要中把“打造城乡融合发展新标杆”作为发展第一要务，为全区城乡融合、均衡发展按下了“加速键”。海曙区委领导表示，海曙摆脱了空间掣肘，发展规模、产业经济等正发生显著变化，“东商西绿中高新”的产业布局，让人流、物流、信息流、资金流源源涌入。

区划调整给海曙的产业结构带来了新机遇。海曙区积极融入国家和省市重大发展战略，全面深化改革开放、加快产业转型升级、实施创新发展战略，推进城乡融合发展。今年以来，在洞桥镇成立了宁波智能制造技术研究院，成为宁波市“智造”产业发展新引擎；在革命老区章水镇，总投资6亿元的13个高山移民新村建设项目如期推进，旅游经济风生水起。今年，海曙出台三农“一号文件”，以深化农业供给侧结构性改革为主线，提出高质量建设实力乡村、宜居乡村、洁美乡村、人文乡村、活力乡村的发展目标，统筹城乡均衡发展。

前不久，宁波市海曙区幼儿园第一批教育集团成立。自此，海曙区实行教育集团化办学，在西片区9个镇（乡）街道中小学先行先试的基础上，让城区和农村学校资源共享，端平教育均衡这碗水。海曙不断完善城乡发展一体化体制机制，推进城乡要素合理配置和基本公共服务均等化，通过新建、改造、租赁、置换等方式，海曙力推村（社区）养老站点建设并在年内实现全覆盖。

让城乡群众在共建共享发展中有更多获得感，海曙以“全域景区化”为目标，推动“智慧城管”向镇乡覆盖，城市精细化管理向镇乡延伸，并依托老街镇、老村落，深度挖掘文化资源和乡土文化根脉，加快推进“文化+”融合发展。

（2017年11月30日《经济日报》）

潮涌三江启新程

——海曙区融合提升发展一年间

云霞出海曙，风正一帆悬。

行政区划调整一年间，地处三江口核心位置的海曙历经了一次华丽蝶变。

以“两融合”破解发展不平衡，以“两提升”应对发展不充分，“东商西绿中高新”的产业布局，吸引着人流、物流、信息流、资金流源源涌入。一、二、三产比重调整为2:38:60，产业结构优化迎来新机遇，商贸发展迈入新时代，新农村经济风生水起，城乡教育资源实现共享。最新统计显示，今年前三季度，海曙区实现地区生产总值819.3亿元，实现财政总收入137.4亿元，同比增长11.3%，完成固定资产投资323.1亿元，同比增长9.8%。在第二产业中，高新技术产业、装备制造业实现增加值均超过50亿元，同比实现两位数增长。

从“服务业独大”到“产业体系完备”

11月11日，全国机床行业领军研究机构北京机床研究所与海曙区战略合作，双方将以谭建荣院士挂帅的宁波智能制造技术研究院为依托筹建国家机床质量监督检验中心华东分中心。

“宁波是全国首个‘中国制造2025’试点示范城市，海曙围绕智能制造开展工业强区建设，智能制造核心区呼之欲出。”展望创业前景，谭建荣院士信心满满。

今年年初，宁波智能制造技术研究院落户海曙区洞桥镇，至今已引进院士、“国家千人计划”人才、教授等高端科研类人才13人，以及智能装备创新设计云平台、多机器人协同制造成套装备和并联机器人三维打印设备等重点项目，智造小镇雏形初现。6月，星箭航天公司联合中国兵器科学研究院宁波分院成立了中东欧新材料研究院，打造军民融合高端制造产业孵化平台。华茂军用新型材料国家级重点实验室等一批先进制造项目相继落地。海曙中部片区

3月，海曙区启动月湖水生态环境综合治理工程

龙观乡高山民宿——“龙观禅那”

正成为高新智造集聚之地。

天一商圈是宁波的城市商业中心，海曙区通过轨道交通1号线、2号线的连接，打造以天一广场、和义大道购物中心、东鼓道为中心，辐射月湖盛园、南塘老街等区域的“泛天一商圈”。去年10月，海曙成为实体商业转型升级试点城区，15家商贸企业成为试点企业。东门银泰店投资1.2亿元打造“黑科技百货”，塑造体验式购物场景。长760米、拥有19个直通地面出入口的东鼓道地下商业街亮相。

在革命老区章水镇，总投资6亿元的杖锡村等13个高山移民新村建设项目如期推进，高山民宿建设带动下的旅游经济风生水起。以蔺草加工驰名中外的“草席之乡”——古林镇，如今全力主攻纺织服装设计、制造全产业链，换上了“智尚小镇”的招牌。

“新海曙”创新应对“新挑战”

此次行政区划调整，给海曙各级政府部门的管理提出了更高的要求。

作为海曙城市“副中心”的集士港镇，近年来逐步从镇域经济体向城市经济体转变，从工业经济主导向服务经济主导转变。为适应集士港镇的跨越式发展，今年4月，海曙区行政服务分中心在该镇启用，极大地方便了西片区群众办事。

受城市东扩和区域位置的制约，海曙区重大产业项目引进培育相对滞后，科创型、旗舰型企业占比小，中心城区辐射带动功能较弱。为此，该区在区划调整后及时扩容市级科技信贷风险池规模，新建中国银行海曙区科技信贷风险池和杭州银行海曙区科技信贷风险池，放贷总规模达2.4亿元，并将服务范围扩展到辖区所有科技型中小企业。

行政区划调整后，海曙出台了“三农”工作“一号文件”，以深化农业供给侧结构性改革为主线，提出高质量建设实力乡村、宜居乡村、洁美乡村、人文乡村、活力乡村的发展目标，让“绿水青山”更好地成为“金山银山”。

一年来，海曙以“全域景区化”为抓手，系统整合城乡管理资源。章水镇将烈士陵园、启明小学、蓝碧轩烈士墓等红色资源串联起来，打造“红色信仰线”。龙观乡推出龙观禅那、向阳舍等精品民宿，充足的农家乐客源让当地农民的口袋鼓了起来。

与此同时，海曙积极推动“智慧城管”向镇乡覆盖，城市精细化管理向镇乡延伸，整体提高城市综合治理能力。

在区划调整后召开的区第九次党代会上，海曙确定了新的目标定位：按照争当“五个排头兵”的战略部署，全力促进产城高度融合、城乡高度融合，全力实现都市经济能级显著提升、城市功能品质显著提升，全力打造跨越发展的现代化示范中心城区，率先全面建成小康社会，高质量建设国内一流强区。

以人为本推动城乡一体化

“破除城乡二元结构，核心是以人为本，目的是造福百姓。”海曙区委主要领导说，一年来，海曙不断健全城乡发展一体化体制机制，推进城乡要素合理配置和基本公共服务均等化。

小城镇容易遭遇经济活力衰减、产业增长乏力、人口逐步流失的发展“陷阱”，转变传统粗放型发展方式迫在眉睫。一年来，“三改一拆”“五水共治”“四边三化”等一项项工作在海曙城乡落地。龙观乡按照“全拆全建、联户自建、异地迁建”模式，加速推进新村建设，累计拆旧15.1万平方米、建新18.5万平方米，惠及农民1525户。

一场“公厕革命”在农村铺开。集士港镇率先启动改造，计划用2年时间拆掉全镇“土茅房”，新建、改建和并建200余座农村公厕，为村民建设无害化洁净厕所，助力洁美村庄建设。

8月22日，起于海曙区高桥镇岐湖里大岙的643路公交线正式开通。今明两年，海曙将投资20余亿元，打造“美丽经济交通走廊”，实现“村村通、路路达”。

行政区划调整后，海曙组建五大教育集团，让城区和农村学校资源共享，参加城乡交流的校长、教师超百人，城乡校际差距逐步缩小。

在城乡生态品质、居住质量大幅改善的同时，海曙中心城区的品质提升也在同步展开。月湖开展水生态综合治理，湖底清淤10万立方米，实现水清岸绿，湖区美景初露；810公顷城市绿地、20个综合性公园实施精细化分类管理；素有“浙东第一街”美称的宁波“门面”中山路，经过综合整治面貌一新。

中共十九大报告提出，新时代我国社会主要矛盾已经转化为人民日益增长的美好生活需要和不平衡不充分的发展之间的矛盾。“新海曙要大跨越、大提升、大发展，融合是基础。”海曙区委主要领导表示，目前海曙已把“打造城乡融合发展新标杆”作为全区发展的第一要务，继续深入推进区域协调发展，高质量建设国内一流强区。

（《宁波日报》2017年11月16日头版头条）

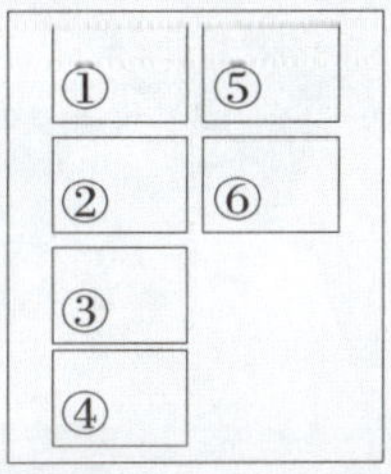

① 5月31日，海曙区登记、契税、交易三部门同步进驻亚细亚大厦，设立办理点，推动不动产登记"最多跑一次"改革

② 6月28日，市人大常委会到海曙区视察"最多跑一次"改革工作

③ 7月11日，区委副书记、区长褚孟形率队到区人力社保服务大厅体验"社会保障卡申领"事项办理流程，了解改革推进实施情况

④ 9月1日，区政协洞桥联委会到洞桥镇督查"最多跑一次"改革工作

⑤ 9月7日，区委书记孙黎明到区人社局调研"最多跑一次"改革工作

⑥ 10月11日，海曙区机关青年风采大赛复赛举行，其中一个比赛环节为以"让'最多跑一次'更有温度"为主题进行情景模拟

①

②

③

④

⑤

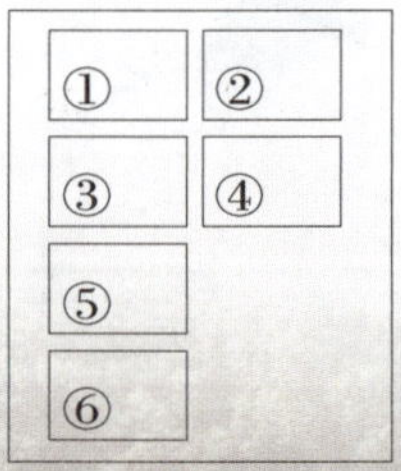

①3月，月湖清淤工程启动

②4月，鄞江镇芸峰新村前池塘进行小微水体整治

③5月，护城河清淤

④6月，北斗河河面清理

⑤7月，月湖街道梅园社区雨污分流改造

⑥护城河净水装置

⑥

大事记

1月

1月3日，国家税务局天一税务分局、石碶税务分局成立；集士港税务分局、鄞江税务分局机构隶属调整到位。

1月4日，原翰香小学改扩建工程竣工。原翰香小学调整为海曙区老年大学教学场地，供区老年大学、区委老干部局、老干部活动中心和党员服务中心4家单位使用。

1月6日，2017年全国基层卫生工作会议对“2015—2016年度群众满意的乡镇卫生院”表彰、授牌，古林镇卫生院入选。

1月8日，“宁波市十大最美湖泊”名单公布，月湖名列其中。

1月17日，中国共产党宁波市海曙区第九次代表大会开幕。区委书记孙黎明代表中共宁波市海曙区第八届委员会作“继往开来，团结奋进，全力开启高质量建设国内一流强区新征程”报告，区委副书记、区长褚孟形主持会议。

1月19日，中共宁波市海曙区第九届委员会第一次全体会议选举产生11名中共宁波市海曙区第九届常务委员会委员：孙黎明、褚孟形、张启表、李晓东、谭国洪、叶警青、李冠杰、严仕恩、张宁辉、王煦、何慧刚。会议选举孙黎明为中共宁波市海曙区委书记，选举褚孟形、张启表为区委副书记。

1月20日，海曙区2017年教育工作会议在古林镇中学召开，是行政区划调整后海曙区教育系统正校级领导干部召开的第一次大会。

1月21日至2月上旬，宁波栎社国际机场开通宁波往返美国塞班的包机航线。由美国动力航空执飞，每5天一班，共5班。美国动力航空成为首家加盟宁波航空市场的美国航空公司。

1月23日，海曙区农民合作经济组织联合会成立暨第一次会员（代表）大会召开，全区首个农民合作经济组织成立。

1月24日，全区反恐工作会议召开。

1月10日，海曙地税局集士港分局、石碶分局、鄞江分局揭牌。1月25日，海曙地税局天一分局揭牌

2月

2月11—12日，宁波市家庭服务人才就业创业集市暨海曙区“就业创业帮”众创汇在市人力资源大厦举办。

2月13日，海曙区召开深化镇（乡）街道行政体制改革暨“四个平台”建设部署推进会，探索新形势下基层社会治理新模式。

2月14日，区深化监察体制改革试点工作小组第二次会议召开。

2月21日，区纪委九届二次全体（扩大）会议召开。

2月22日，海曙区召开剿灭劣V类水体暨“污水零直排区”建设工作会议。区委书记孙黎明，区长褚孟形与各镇（乡）街道主要负责人签订目标责任书。

同日，海曙区镇（乡）街道、部门书记抓基层党建工作述职评议会召开。

2月27日，区国税地税联合共建办税服务厅投入使用。

2月，区教育局接收从原鄞州区划转的民办教育机构82家，其中民办全日制学校12家、幼儿园52家、培训机构18家。

同月，新版《宁波市海曙区行政区划图》出版，首次印制1000张。

同月，市级挂牌社会治安整治区域——江厦街道老庙区域实现摘牌。

3月

3月2—5日，中国人民政治协商会议第五届宁波市海曙区委员会第一次会议召开。会议收到以提案形式提出的意见建议241件。其中，政协委员提案228件，占总数的94.61%；界别、联委会等集体提案13件，占总数的5.39%。

3月3—7日，宁波市海曙区第十一届人民代表大会第一次会议召开。大会通过关于海曙区政府工作报告的决议、关于海曙区2016年国民经济和社会发展计划执行情况及2017年国民经济和社会发展计划的决议、关于海曙区2016年财政预算执行情况和2017年财政预算的决议、关于区人大常委会工作报告的决议、关于区人民法院工作报告的决议、关于区人民检察院工作报告的决议。选举产生新一届区人大常委会领导班子及委员、新一届区政府领导班子、区监察委员会主任、区人民法院院长、区人民检察院检察长，选举产生海曙区出席宁波市第十五届人民代表大会代表60人。选出2017年区政府民生实事项目。

3月4日，国际著名教育家、日本学习院大学教授、东京大学名誉教授佐藤学到海曙区作关于“学习共同体”专题报告，并走进海曙外国语学校课堂，了解“微共体”课堂改革实效。

3月7日，“海曙新韵 美丽巾帼”——庆祝三八国际劳动妇女节主题活动在集士港镇广德湖剧院举行，表彰区“十佳海尚最美家庭”提名奖47户和“十佳海尚最美家庭”10户。

3月9日，副省长孙景淼调研海曙区农业产业发展情况。

3月10日，市委副书记、代市长裘东耀调研81890求助服务中心。

3月13日，海曙区召开重大项目攻坚、招商选资突破、作风建设提升“三大行动”动员部署大会。

同日，海曙区造血干细胞志愿者崔涛磊在杭州省中医院捐献造血干细胞，成为全区第三例、宁波市第62例、浙江省第339例造血干细胞志愿捐献者。

3月16日，全区经济工作会议召开。

3月20日，全区领导干部会议暨村社换届动员会召开。

3月20—22日，芬兰萨塔昆塔大区代表团到海曙访问。中芬双方举行合作洽谈会，在上年合作框架上商谈有关合作平台落地具体实施事宜，并商讨互利合作推进形式、平台落地时间表及实施方式等事宜。

3月22日，区书法家协会创作基地在章水镇李家坑村挂牌成立，成为区文联设立在西片区镇（乡）街道的第一个创作基地。

3月10日，市委副书记、代市长裘东耀调研81890求助服务中心

3月23日，吉林省延边朝鲜族自治州珲春市成为海曙区对口帮扶协作地区，每年帮扶资金不少于200万元。

同日，海曙区在全区义务教育阶段学校组建海曙中心小学等首批五大教育集团，18所学校参与，涵盖西片区9个镇（乡）街道。

3月24日，国际能源署（IEA）能源数据中心主任邓肯•米勒德（Duncan Millard）到区属企业宁波中华纸业有限公司调研。

3月28日，宁波市老年体育活动中心建设工程启用。活动中心位于沁园街336号，总建筑面积1.17万平方米，集健身、比赛、培训、娱乐、休闲运动、健康研究等功能于一体。

3月31日，省委、省政府颁发首批浙江省“平安金鼎”，海曙区成为全省47个获评的县（市、区）之一。

3月，省教育厅公布“浙江省示范学习型城市”名单，海曙区成为全省首批19个城市之一。

同月始，海曙区根据省、市关于深化司法体制改革要求，实施法官、检察官、司法辅助人员、司法行政人员工资制度改革。

4月

4月5日，全区党建工作会议召开。

4月8日，国家农业普查办公室到海曙区调研全国第三次农业普查数据审核工作。

同日，横街镇“竹农下山”竹生活文旅节开幕。活动历时1个月，重点塑造当地竹笋品牌，推介优质“黄泥拱”毛笋及以竹类工艺品。

4月10日，农业部数字农业建设试点项目——优质高效水稻大田种植数字农业技术集成示范项目落户海曙区，成为华东地区唯一入选该类试点的地区。项目位于古林镇蜃蛟片现代生态农业综合区内，涉及5个村，总面积726.7公顷。

4月12日，中共中央政治局委员、国家副主席李源潮调研南塘河历史文化街区。

4月13日，作为全国首批“新样态学校联盟实验区”之一，海曙区启动“中国新样态学校联盟实验区”项目。

4月16日，2017四明山旅游节开幕式暨第11届四明山（杖锡）樱花节在章水镇举行。

同日，高桥镇时隔70年后，再次举办“浙东高桥会”，33支方队1200余名人员参加。“高桥会”始于南宋，上届活动举办于1947年。

4月18日，位于集士港镇的海曙区行政服务分中心揭牌成立。

4月21日，宁波最早、最大的教育遗存建筑——“崇本堂义学”在古林镇古林村新屋自然村被发现。比1844年设立的中国最早女子学校——“宁波女塾”早37年。

4月22日，由区委宣传部、区妇联等联合举办的2017“小海狸”亲子阅读嘉年华活动在区文体中心启动。

4月23日，“图书馆之夜”——2017年“书香海曙”全民阅读季启动仪式暨“世界读书日”宁波读书人分享大会在鼓楼举行。

4月24日始，根据市政府《关于保持和促进我市房地产市场平稳运行的通知》，海曙区机场路以东、鄞州大道以南区域内的住房交易实行限购限贷政策。

4月28日，海曙区举行庆祝五一国际劳动节暨先进表彰大会。表彰2017年各级“五一劳动奖章”“工人先锋号”、首批宁波市“港城工匠”和市“和谐企业”先进单位获得者。

4月，宁波市政集团总部大楼建成投用。

同月，古林镇中心小学“创意蘑菇团队”在中央电视台少儿节目“看我72变之创意少年”第四季获得全国总冠军。

5月

5月1日，春秋航空在宁波机场投放2架驻场飞机，正式设立宁波过夜基地。

5月3日，高桥镇凭借“梁祝传说”获评首批市级“非物质文化遗产特色小镇”。

5月4日，区委、区政府召开全区建设平安大区工作会议，现场签订2017年度平安综治暨维稳工作目标管理责任书。

同日，海曙区区级非遗项目——“药皇圣诞祭祀仪式”在宁波药皇殿举行，是时隔70余年的再次举办。

5月8日，宁波第二百货商贸有限责任公司开具增值税电子普通发票和增值税普通发票（卷式），成为全国首家同时推行增值税电子普通发票和增值税普通发票（卷式）的商场。

5月9日，区委全面深化改革领导小组召开第六次会议。

5月10日，区人防办联合段塘街道等举办“人民防空大舞台，有你参与更精彩”防空防灾文艺晚会。

5月10日，区人防办联合段塘街道等举办“人民防空大舞台，有你参与更精彩”防空防灾文艺晚会

5月13日，市委副书记、市长裘东耀到海曙区望春街道、古林镇、集士港镇，考察基层治理体系“四个平台”建设推进情况。

5月21日，2017年海曙区科技活动周暨“5·30”首个全国“科技工作者日”系列活动在银亿时代广场举行。

5月22日，海曙区达标创建乡镇小城镇环境综合整治规划汇报会召开，评审2018年、2019年进行达标验收的6个镇（乡）街道的小城镇环境综合整治规划。

5月26日，全区推进“两学一做”学习教育常态化制度化工作座谈会召开。

同日，上海三联书店·筑蹊生活在1844·和义艺术生活中心营业。

同日，海曙区最大的艺术创作基地——万盛文创园开园。

5月27日，类矩形盾构机“阳明号”在轨道交通4号线翠柏里站使用，是中国首台自主研发的类矩形盾构机首次应用在轨道交通正线建设中。

5月，翠柏一里、胜丰小区、钱东社区、柳锦花园4个老小区停车综合整治工程交付使用。

同月，位于鄞城大道1261号的宁波洞桥银城广场开业，成为海曙西南片区首个城市“一站式”购物综合体。

同月，海曙区启动镇（乡）街道主要道路环境整治“亮颜”行动。

6月

6月2日，海曙区村社党组织书记“头雁论坛”暨“党建在一线、书记带头干”锋领行动启动仪式在集士港镇广德湖剧院举行。

6月5日，“倡导公众治水，共创清洁世界”第46个“世界环境日”主题宣传活动启动仪式在鄞江镇百威英博（宁波）啤酒有限公司启动。

6月6日，国网宁波供电公司海曙

供电分公司揭牌。

6月8日，中国浙江投资贸易洽谈会（简称“浙洽会”）海曙分团活动——海曙区投资合作推介会暨重大项目签约仪式举行。场内外共签约30个项目，总投资超百亿元，涵盖智能制造、信息人才、现代农业、金融文创等领域。

6月9日，2017宁波五龙潭山水旅游节暨海曙区“全民健身月月赛”系列活动举行。

6月10日，宁波中星中东欧新材料研究院和宁波市中东欧国家引智工作站揭牌（授牌）仪式在宁波星箭航天机械有限公司举行。

6月14—15日，“中国股权投资论坛@宁波”活动在海曙区举行。

6月14—16日，2017年全国幼儿园课程建设高峰论坛在海曙区举办，600余名学前教育专家及幼教工作者参加，探讨适合儿童的学前教育课程模式。

6月17日，宁波至余姚的城际铁路（市域列车）运营。线路全长48.7千米，成为萧甬铁路中的一段。采用首次投入运营的CRH6F型城际动车组，每日开行8对16个班次，全程运行时间为35分钟。

同日，轨道交通4号线兴宁桥西站项目签约结束，签约157户，签约率达97.52%，基本完成征收任务。

6月21日，时任省委副书记、市委书记唐一军到章水镇开展省党代会精神宣讲暨七一慰问座谈活动。

6月23日，区委农村工作会议在集士港镇广德湖剧院召开，古林镇、龙观乡、集士港镇、高桥镇作交流发言。

同日，全市党员“锋领行动”志愿服务推进会暨“甬·志愿”推广培训会在海曙区举行。

同日，白云街道安丰社区启动全市首个垃圾分类智能化社会化运作试点。

6月25日，赵大有宁式糕点博物馆在宁波古玩城开馆。

6月26—29日，区委书记孙黎明、副区长薄慧敏率团赴深圳市参加2017年“深圳·宁波周”活动。海曙区“阳光100·它山文旅小镇”项目和石墨烯应用项目与深圳市企业签约，总投资60亿元。

同日始，海曙区开展为期4个月的“夏季市容专项整治”行动。

6月28日，宁波国际邮件交换站开通，宁波往来海外的部分国际邮件将经互换局、交换站，通过宁波栎社国际机场国际航线直运出境。

同日，以区内离休干部革命生涯为题材拍摄的专题纪录片《峥嵘岁月的记忆——记海曙区抗战老同志》在联谊宾馆首映。

6月29日，鼓楼沿历史文化街区“党章学堂”开展第十个“节能宣传月”系列活动。

6月30日，全区信访维稳工作会议召开，部署下阶段全区信访维稳工作。高桥镇、鄞江镇、段塘街道、海曙公安分局、区信访局作表态发言。

同日，宁波经烟台至延吉航线开航，每周安排4班（周一、三、五、日）。

6月，龙观乡确认与重庆市万州区太龙镇互结友好乡镇，拟定结对协议书。

同月，海曙区组织开展2017年“海曙旅游网络狂欢节”活动。

7月

7月5日，区委副书记、区长褚孟形召开“十三五”规划纲要编制情况汇报会。

7月6日，宁波市天一阁·月湖“国家AAAAA级旅游景区”创建工作迎检动员会召开。会议提出加快将景区建设成集藏书文化、创意文化、休闲娱乐为一体的国家AAAAA级旅游景区。

7月7日，天一阁举行国学夏令营活动，现场举行传统拜师仪式。

7月8日，2017宁波市首届休闲皮划艇邀请赛暨古林镇助力“五水共治”启动仪式在古林镇举行。

7月11日，和义大道购物中心国家级“绿色商场”创建通过初评考核。

同日，载有近百吨美国车厘子的包机从美国洛杉矶飞抵宁波栎社国际机场。这是全省首架来自美国的水果包机，也是宁波空港物流园区取得“进境水果指定口岸”资质后引进的首架进境水果包机。

7月12日，全区小城镇“线乱拉”治理工作会议召开，推进小城镇环境综合整治。

7月13日，海曙区首批8家“工匠创新工作室”在段塘街道集中开张，开启区域内制造业企业高级蓝领工匠“传帮带”模式。

7月14日，“大脚板走一线、小分队破难题”暨重大项目攻坚行动半年度工作推进会召开，逐一协调解决区内攻坚难题，推进项目落实。

7月17日，中国图们江区域（珲春）国际合作示范区宣传推介会在海曙区举行，区内近40家企业负责人参加。

修缮完成的范宅

7月20日，省民政厅厅长王剑侯到海曙区调研民政工作，走访望春街道清风社区、区社会组织服务中心、区社会组织孵化园和市“公益一条街”。

7月23—26日，第六届中国童声合唱节在广东省肇庆市举行，区学生合唱艺术团在45个参赛团队中获得冠军。

7月24日，区人民法院与中国人保海曙支公司签署保险服务合作协议，在全市率先引入执行悬赏保险机制。

7月24—28日，区台办、区侨办联合举办“天一有约·青春无界”——2017台湾、香港大学生海曙行活动。

7月25日，人社部副部长、国家外专局局长张建国调研宁波中东欧新材料研究院。

7月26日，宁波颐高数码市场搬迁。

7月31日，区文物保护单位——范宅修缮整治工程完工。

同日，省政府办公厅印发《关于深入开展“浙江无欠薪”行动的通知》，海曙区被列为全省17个“无欠薪县（市、区）”试点之一。

7月，全省首个湖泊治理PPP项目——月湖水生态环境综合治理工程完工。工程清淤10万平方米，清除淤泥5万余立方米，水质总体达到Ⅳ类水标准。

同月，天一阁博物馆征得全套完整的铜版画《平定两金川得胜图》。该图为清乾隆四十三年至四十七年（1778—1782年）内府印制的铜版画，与乾隆皇帝御赐给天一阁的《古今图书集成》《平定回部准部得胜图》构成“天一阁三宝”。

同月，雅戈尔大道修复提升项目由鄞州区交通运输局移交至海曙区，并于8月重新开工。

7月始，区市场监管局先后与中国银行海曙支行、工商银行海曙支行、建设银行海曙支行等6家银行建立合作关系，试行“银行待办工商营业执照”新模式。

7月底，海曙国有粮食收储企业累计收购粮食1600余吨，收购基本结束。

8月

8月1日，全区征兵工作会议召开。

同日，位于狮子街95弄、129弄的全市首个居民自治住宅乘客电梯改造项目完工。

同日，全区“最多跑一次”改革推进会召开。

8月2日，月湖金汇小镇入围浙江省级特色小镇第三批创建名单。

8月4日，西门街道“台之家”联谊会成立。18名台胞台属代表参加，选举产生第一届理事会成员，设理事7人。

8月7日至9月1日，区纪委抽调30余名纪检监察干部，开展扶贫领域问题专项督察。

8月9日，“2017年宁波百强企业榜单”公布，区属企业雅戈尔集团、维科集团、太平鸟集团、博洋集团等15家企业入围。

8月10日，宁波市首家无人智能便利店在海曙恒一广场开业。便利店使用精确度超过98%的人脸识别技术，独创行为轨迹分析系统。

8月11—27日“宁波购物节”期间，海曙区参与商家近800户，实现销售额23亿元，较上年购物节增长14%。

8月15日，洞桥生活垃圾焚烧发电项目3号炉点火试运行。

同日，区档案馆新馆竣工。

8月16日，海曙区召开“迎接十九大·全力保平安”安全生产工作会议。

8月16—17日，宁夏回族自治区吴忠市委常委、青铜峡市委书记石瑞林带领考察团到海曙区考察交流，考察月湖金汇小镇建设、天一阁·月湖“国家AAAAA级旅游景区”创建工作、南塘河历史文化街区等，并召开海曙区—青铜峡市经济社会发展情况交流座谈会及青铜峡市宣传推介会。

8月17日，市政协主席杨戌标率市政协主席会议成员到海曙区调研城市主干道综合整治工程，实地查看解放南路城隍庙改造、中山路天一广场段后退空间整治情况。

8月18日，全区旅游工作会议召开。

8月21日，全省首个地铁地下商业街区——东鼓道开业。东鼓道位于宁波城市商业中心鼓楼与东门口之间，是全国建筑面积最大的两站区间地铁综合体。

8月23日，市人大常委会主任余红艺到海曙区督察姚江（海曙段）治理工作，召开专题座谈会听取海曙区“五水共治”工作及姚江（海曙段）治理情况汇报。

同日，区人民法院联合区拘留所挂牌成立司法拘留社会矛盾化解工作室。

8月25日，海曙区率先全面建成开通蜂窝物联网（NB-IoT），为全区物联网大规模应用普及奠定网络基础。

同日，国际金融与银行学会（IFABS）2017亚洲年会在海曙区举行，200余位海内外专家学者与金融业从业者围绕“金融创新、稳定与可持续增长”进行专题研讨。

8月，海曙区梳理、公布3批“最多跑一次”事项。其中，权力事项1401项，占相应总数的89%；公共服务事项842项，占相应总数的90.3%，提前完成省委、省政府提出的到年底前“最多跑一次”事项实现80%以上目标。

同月，气象路3号地块丽象佳苑小区完成抽签定位，抽签率近99.6%。

9月

9月1日，由省司法厅、省关心桥教育公益基金会设立的“关心桥驿站”在海曙区社会组织服务中心挂牌成立。

同日，海曙区召开重大投资项目审批“最多跑一次”改革工作动员大会，推进“最多跑一次”改革进程。

同日，海曙外国语学校五江口校区启用。

同日始，区交通运管部门开展为期30天的“秋风一号”交通安全专项整治，重点整治道路客运市场“黑车”

等违章行为。

9月2—3日，“2016—2017年度中国杰出品牌营销奖”公布，区属企业宁波天港控股集团选送的“一抹橙色的公益之光——天港公益基金橙计划”案例获金奖。

9月3日，海曙区举办“拨动爱的心弦”大型慈善文艺专场演出。

9月4日，2017中国宁波青年大学生创业大赛互联网云生活行业赛决赛在海曙举办，16个项目参加总决赛。

9月7日，宁波市争创全国文明城市“五连冠”海曙区部署会召开。

同日，海曙区庆祝第33个教师节表彰大会召开，表彰市“十佳班主任”、首届市“名班主任”、市第七批“名教师”、市“王宽诚育才奖”、市“百优班主任”、第三届区“美德教师”、区“优秀班主任（德育导师）”、区“优秀教育工作者”、区“优秀教师”。

9月8日，宁波市智能制造业人力资源服务供需对接会在海曙区举行。现场达成45项合作意向。

9月9日，第三届“市民艺术季”系列活动——海曙区首届原创舞蹈会演在集士港镇广德湖剧院举行。

9月11日，市委常委、秘书长施惠芳到海曙调研信访工作，实地察看南门街道法治促进中心运行情况。

同日，由宁波市人民政府和复星集团主办、海曙区人民政府承办的2017年“星未来·Protechting”全球创业创新大赛总决赛在海曙区举行，来自国内外的13支创业团队参赛。

同日，宁波海曙项贝进出口有限公司在浙江省全程电子化平台上“自助”领取公司营业执照。海曙区企业登记营业执照步入“零跑腿”“零纸张”的全电子化阶段。

9月12日，中央电视台财经频道“经济信息联播”栏目以“‘认养农业’悄然走红，引领传统农业转型升级”为题，集中报道海曙区10余家“开心农场”推出的“认养农业”模式。

9月13日，宁波市妇儿医院获授国家级“出生缺陷干预救助基地”称号，是浙东地区唯一评定医院。

9月14—16日，“泰利”台风影响海曙区，全区过程面雨量为81毫米，全区未出现人员伤亡情况。

9月15—17日，首届中国（宁波）国际健康养老服务业博览会举行。海曙区2家养老院、1家区域性居家养老服务中心和5家相关养老服务机构参展。

9月19日，宁波市“党建引领城市基层治理创新”理论研讨会在海曙区举行。与会领导、专家实地考察宁波党建研究中心（城市党建智库）、海曙区社会组织党建服务中心、望春街道新星商圈等地。

同日，海曙区召开建设“无欠薪海曙”行动动员大会，具体部署防范处置企业拖欠工资工作，启动“十大无欠薪行动”。

同日，横街至章水（毛家岙至樟村段）公路工程开工建设。

9月20—21日，市“大脚板走一线，小分队破难题”抓落实专项行动市级重大项目属地推进情况专项督察第一督察组到海曙区，专项督察市级重大项目属地责任履职情况和项目推进情况。

9月21日，海曙区召开禁毒工作会议。通报表彰2016年市、区两级7个禁毒工作先进集体和21名先进个人。

同日，海曙召开“甬城智慧养老”服务平台发布会，成立全市首家“三位一体”智慧养老服务阵地。

9月22日，海曙区首个棚户区改造地块——原朝阳新村地块在宁波市公共资源交易中心挂牌出让，杭州天阳地产以4.97亿元总价竞拍取得地块国有建设用地使用权。

9月23日，宁波市“3315计划”创业创新团队和人才资助方案揭晓，中国科学院院士谭建荣“工业智能制造技术及智能装备研发设计”项目团队入选“B类创业团队”，获得经费资助1000万元。宁波君禾泵业股份有限公司（简称“君禾泵业公司”）博士后工作站获批成为省级博士后工作站，宁波金鸡强磁股份有限公司（简称“金鸡强磁公司”）、狮丹努集团设立院士工作站，海曙区新增2个市“3315计划”创业创新团队。

同日，“知名高校与海外高层次人才海曙行”活动在月湖金汇小镇举行，来自海内外的10余名博士带着各自项目进行“路演”。

同日，月湖群星展厅举办“老墙门”主题摄影展，展出记录月湖周边“老墙门”居民生活的摄影图片。

同日，“2017宁波科技人才周”活动之一——宁波纺织服装产业转型升级院士咨询会在海曙区举行，现场为狮丹努集团俞建勇院士工作站授牌。

同日，香港·海曙经贸合作暨乡贤交流座谈会在香港举行，20余名在港海曙乡贤代表和香港客商参加活动。

9月27日，第二届全祖望文化节开幕式暨“史学大柱全祖望”中秋诗词会在洞桥镇沙港村全祖望故居举行。

9月28日，央视网、中国网、《精神文明报》、《浙江日报》、“浙江在线”、《宁波日报》等20余家中央及省、市媒体实地采访杉井奥特莱斯广场母婴设施建设情况和集士港镇社会服务管理中心。

9月29日，海曙区各界人士国庆中秋茶话会举办。

9月30日，中山路照明提升和沿线绿化提升工程完工。工程从东门口至机场路，重点突出天一广场、东门口等核心商业街区夜景灯光效果。

9月始，海曙区集中开展“治堵治乱”专项行动，重点治理背街小巷、占道经营流动摊贩、车辆乱停乱放等情况问题。

9月，海曙区以鄞江镇梅园村为试点，启动首个村土地利用规划试点工作，落实土地用途管制措施，提高村域土地利用水平。

同月，区财政局对42家区属国有控股企业实施摸底清查。

10月

10月11日，省督导组、市验收检查组、市督导队检查验收海曙区剿灭劣V类水工作。

同日，时任省委副书记、市委书记唐一军和市政协主席杨戌标到海曙区专题调研城市主干道综合整治工作。

同日，“青春建功新海曙 先锋献礼十九大”区机关青年风采大赛在铁路宁波站区域党群服务中心举行。

10月12日，由区委组织部主办的以“喜迎十九大 永远跟党走”为主题的“红色旗手训练营”开营，成为全市首个为“两新”党务工作者开设的训练营。

10月14—15日，台风“卡努”影响海曙区，全区过程面雨量达148毫米，全区未出现人员伤亡情况。

10月15日，翁家桥、双楼桥危桥改造工程开工。

同日，博洋集团“创客157”创业创新园入选工信部公示的第二批纺织服装创意设计试点园区（平台）名单，成为全市首家入选的园区。

同日，海曙区召开“防孤独服务”专项行动工作会议，在20个社区组建“防孤独服务联盟”，开展“温馨铃声”“结伴聚团”互助服务活动。

10月19日，全区“大脚板走一线、小分队破难题”抓落实专项行动暨重大项目攻坚行动工作推进会召开。

10月21日，在第23届中国义乌国际小商品博览会（简称“义博会”）“浙江制造”标准发布会上，区属企业宁波市东海集团比利时工厂通过海外工厂“浙江制造”认证，工厂产品可在国内及欧洲多地实现贸易互通，在全省首开先河。

10月23日，海曙区不动产登记服务中心集士港受理点挂牌运营，把房产交易部门和地税部门一并纳入办证大厅，实现居民群众办理不动产交易、登记“最多跑一次”。

10月25日，省“剿灭劣Ⅴ类水”宁波验收组到海曙区调研月湖水生态治理工作。

同日，西河街危旧房地块棚户区改造项目签约截止，509户家庭完成签约，签约率达99.6%。

10月26日，海曙区“馨之园”社会助残服务中心举办“需求导向式”社会助残创新项目评审会，以残疾人需求为导向，设立针对性服务项目，提供量体裁衣式服务。16个项目进入评审会。

10月27日，全区领导干部会议召开，传达学习贯彻中共十九大精神。

10月28日，“2017海曙旅游惠民月”活动在南塘老街启动，发布海曙区旅游宣传口号——“一城山水、千年书香”。

10月29日，宁波至万州直航航线开通，每周一、三、五、日执飞。10月30日，全区农村文化礼堂建设工作现场会在集士港镇深溪村文化礼堂召开。

同日，S214省道（鄞州大道至奉化段）重启开工。

10月始，海曙区新增片区（原鄞州西片区）2.8万户自由职业者的社会保险、医疗保险征缴工作移交至海曙地税局。

10月21日，在第23届中国义乌国际小商品博览会“浙江制造”标准发布会上，区属企业宁波市东海集团比利时工厂通过海外工厂“浙江制造”认证。图为认证现场

同月，宁波市海曙区首批4个幼儿园教育集团成立。市第一幼儿园、市第二幼儿园、市闻裕顺幼儿园和区启文幼儿园4所省一级（市六星级）幼儿园作为首批教育集团龙头学校接受授牌。

同月，海曙区被省粮食局列入全省第一批“放心粮油示范县”试点。

同月，海曙区完成2016年土地变更调查。实地踏勘调查原海曙城区内5个监测内图斑、35个监测外图斑。

同月，高桥镇芦港村获得2017年全国“书香社区”称号。

同月，全区96个劣Ⅴ类小微水体均达到污水“零直排”要求，通过验收。

11月

11月1日，首批十大“海曙工匠”名单公布。

同日，“国家宪法日”活动在中山广场举行，区司法局、区委政法委、区总工会、区民政局、区市场监管局等16家单位参加。

同日始，海曙区面向出口退（免）税管理一、二、三类外贸出口企业开放“无纸化申报退税”新模式。

11月2日，海曙区对外宣传顾问团成立，新华社、《光明日报》、《经济日报》、中央人民广播电台、《浙江日报》、《宁波日报》等18名中央、省、市媒体新闻人受聘为宣传顾问团成员。

同日，海曙区下发《关于进一步加强城乡社区协商的实施意见》，首次对城乡社区协商作出制度化、规范化和程序化要求。

同日，海曙区社区学院获评全国首批“城乡社区教育特色学校”。

11月3日，“梦想开启新时代 青春建功新海曙”区机关青年风采大赛决赛暨“善走善破抓落实”海曙铁军练兵活动在高桥镇梁祝文化产业园举行。

11月4日，第十届中国义乌国际森林产品博览会闭幕，宁波市五龙潭茶业有限公司“明州红”茶叶、宁波哈罗食品科技有限公司“甬星”糖水杨梅、宁波建峰食品厂“建峰”油焖笋罐头等区属企业及产品在博览会上获金奖。

同日，纪念沈光文诞辰405周年

祭祀活动在海曙区沈光文纪念馆举行。

11月5日，全区首个“智慧粮库”——古林粮库建成投用。

11月6日，《千年海曙》文化丛书第一辑首发仪式在城南书院举行。

同日，区妇联举办改建换届后首次基层妇联改革培训班，各镇（乡）街道150余名妇女干部参加培训。

11月7日，第十届亚洲杯木球锦标赛暨2017年中国木球公开赛结束，海曙区木球选手获得一金、一铜，其中横街镇中学黎亿峰获得女子个人杆数赛冠军，创造中国女子单打最好成绩。

11月8日，海曙区举行老年体育协会成立30周年暨先进表彰会。

同日，宁波栎社国际机场年度旅客吞吐量突破800万人次。12月16日突破900万人次。

11月9日，全国第一批装配式建筑产业基地认定名单公布，区属企业宁波市建设集团股份有限公司上榜，成为海曙区首家入选企业。

11月10日，海曙区人民政府与宁波交通工程建设集团有限公司战略合作框架协议签约仪式举行。

11月11日，北京机床研究所到海曙区考察交流，与海曙区政府签订战略合作框架协议。

11月13日，区审管办联合81890求助服务中心，推出行政审批服务咨询热线“81890000”。

11月14日，省人厅发布第三批省级创业孵化示范基地名单，宁波工程学院海蓝宝众创社区成为全省26家大学生创业园之一，也是海曙区首个省级创业孵化示范基地。

同日，海曙区参加2017博鳌全民阅读高峰论坛，作为唯一一家县（市、区）级城市交流发言，推广“书香海曙”建设经验。

11月15日，副省长熊建平到海曙区考察调研。

11月17日，海曙区委和人民网宁波频道联合举办“贯彻落实十九大精神 红色组织力引领创新发展”——“两新”组织党建工作论坛。

同日，海曙区举行小城镇环境综合整治攻坚行动现场会。

同日，集士港镇通过全国“文明镇”复评，获得“两连冠”。

古林镇蜃蛟村文化礼堂

11月18日，浙江省文化新地标推选展示活动评选结果公布，洞桥镇沙港村文化礼堂入选全省50个“示范文化新地标”，高桥镇民乐村文化礼堂、古林镇蜃蛟村文化礼堂和集士港镇深溪村文化礼堂入选全省“100个优秀文化新地标”。

11月20日，由区红十字会购置的4台自动体外除颤器（AED）分别在区行政服务中心、集士港分中心、南塘老街游客服务中心和天一阁·月湖景区投入使用，是海曙区首次在公共场所投用AED设备。

11月21日，永丰库遗址环境整治工程启动。

11月22日，海曙区召开“科室齐亮相·基层大评议”活动部署会，启动对44个重点部门全体职能科室的评议活动。

同日，海曙特殊教育三十年暨达敏学校三十年办学成果展举办，全国16个省（直辖市）近300名特殊教育工作者参加活动。

同日，“浙江制造”媒体采风宁波行活动启动，新华社浙江分社、人民网、中国新闻社、《浙江日报》、浙江卫视、“浙江之声”、《宁波日报》等全国、省、市级媒体走进宁波东海集团有限公司，了解海曙区企业“浙江制造”品牌建设推进情况。

11月23日，2017年度全国“社区教育示范街道（乡镇）”评审结果公布，古林镇、江厦街道入选。

11月23—24日，在全国首届基础教育改革创新实验区课改优秀项目与课例展示活动上，海曙外国语学校“微共体协同学习”模式课改项目获得优秀创新奖。

11月25日，为期3天的鄞江镇“十月十”庙会举行，庙会以“重逢”为主题，分成“观鄞江”“绎鄞江”“竞鄞江”3个板块。

11月27日，省经信委发布《关于2016年度软件和信息服务产业基地综合评价结果公示》，海曙区获得浙江省软件和信息服务产业特色基地综合评价第一。

同日，由鼓楼街道与浙江随园养老发展有限公司合作建设的全市首家嵌入式养老服务中心——鼓楼随园智汇坊开业。

同日，海曙区单体量最大的房屋征收项目——高塘四村危旧房改造项目进入签约流程，高塘二村12弄危旧房改造项目同步启动。

同日，市律师协会、区司法局、区人民法院举行签约仪式，开展律师调解合作，成立律师驻法院调解工作室。

同日，农业部公布第五批全国“主食加工业示范企业”名单，宁波米氏实业有限公司上榜，系全区首家。

11月29日，海曙区举行“三场所两企业”安全风险分级辨识管控工作试点现场会，百威英博（宁波）啤酒有限公司、宁波中华纸业有限公司、宁波华晟轻工集团有限公司等10家典型试点单位参加会议。

11月底，鼓楼街道5个社区养老服务站建成，成为宁波市首家实现第三方养老全覆盖的街道。

11月，海曙区盲人诗人郑佩珍的散文诗歌《盲笔吟》在首届全国盲人诗歌大赛中获得三等奖。

同月，真和电子商务总部大楼（真和国际中心）建成投用。

同月，海曙区发放2016年度耕地保护激励资金1273.34万元，涉及西片区9个镇（乡）街道169个行政村。

12月

12月1日，法国卢浮宫艺术珍品中国巡展在高鑫广场展出，30幅2014年中法建交50周年纪念版版画、20幅卢浮宫版画工作室珍藏版画展出。

12月2日，2017年海曙区全民终身学习活动周开幕式暨“海之梦”中小学生社会实践活动闭幕式在广德湖剧院举行。全区17个镇（乡）街道展出各自教育特色项目和教育成果。

12月3日，海曙区纪念“12·5”国际志愿者日暨宁波爱心公园发布仪式在濠河公园举行。

同日，中国投资协会军民融合投资专业委员会暨美丽乡村工作部成立仪式在国骅集团举行。

12月4日，区人民检察院举办“浙江英模大讲堂”海曙专场活动，讲述身边的“道德楷模”陈伟东的故事。

同日，区行政服务中心商事登记区化学融合式“一窗受理”启动，窗口受理“通才”持证上岗，开启全省“审批考级制”先河。

同日，工信部公示全国9座“2017年消费品工业‘三品’战略示范城市”，海曙成为浙江省唯一入选的示范试点。

12月7日，宁波市第一块历史建筑标志牌在屠呦呦旧居挂牌。

同日，2017年中国（宁波）新材料产业化国际论坛暨首届中东欧新材料、新装备产业及人才发展论坛在海曙区举行，来自20余名中东欧科研院所及企业的院士、专家参加活动。

12月8日，高桥镇CX02—01—01a、CX02—01—09a、CX02—01—10a地块通过省土地使用权网上交易系统挂牌出让，成为全区首个实现网上交易出让国有建设用地使用权的地块。

12月8—10日，在2017年度中国散文年会上，横街镇中学教师易新琴的作品《乳名》获“十佳散文奖”。

12月9日，海曙区与芬兰萨塔昆塔大区合作洽谈会召开，关于人才技术交流合作平台双方委员会运行规则等具体事项进行洽谈。

12月13日，宁波天港控股集团董事长龚浩强凭借“天港公益基金橙计划”项目获“2017年度中国公益人物”奖。

12月19日，宁波市话剧团（海曙区话剧中心）在白云实验剧院成立，现场举行揭牌仪式。

12月20日，2017宁波（北京）投资合作洽谈会在北京举行，海曙区万科高桥综合体和奕多弗时尚智造产业园2个项目在会上签约。

12月21日，海曙区党外知识分子联谊会“关爱小香樟记者团”服务基地授牌仪式在章水镇中心小学举行，启动“编织绿色服务网”工程。

12月22日，海曙区残疾人联合会举行第六次代表大会。

12月26日，海曙区首家区级综合性公立医院海曙区第二医院（宁波市第一医院海曙分院）在石碶街道益智中路52号挂牌运营。

同日，海曙区“清新乡居”文明示范线开通。文明示范线位于四明山东入口的龙观乡，全长约6千米，沿线串联4个行政村。

同日，海曙区蔺草产业全产业链被认定为全省示范性农业全产业链。

同日，纪念“甬上名医”王宇高诞辰120周年系列活动在宁波药皇殿举行。

同日，位于月湖街道白果巷1号的海曙区图书馆分馆——筑香书馆开馆，成为全市首家24小时开放无人值守的公益图书馆。

12月28日，月湖金汇小镇核心启动区——“诗情湖西”开园。

12月29日，宁波望春工业园区V-03-1地块、轨道交通4号线翠柏里站地块通过省土地使用权网上交易系统挂牌成交。

同日，海曙召开区委九届三次全体（扩大）会议。

同日，海曙区全媒体中心揭牌，全区新闻宣传工作实现媒体融合发展。

12月，集士港镇四明山村安置小区工程竣工。

同月，段塘安置房（粮丰街以东地块）开工建设。项目设计安置房1068套，总建筑面积18.49万平方米。

（区委党史研究室）

12月26日，海曙区“清新乡居”文明示范线开通

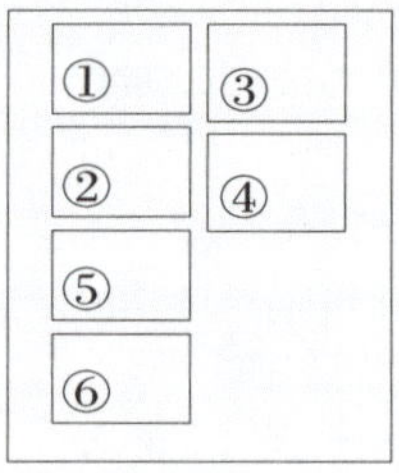

① 3月22日，区文联“文化下乡”暨海曙区书法协会创作基地挂牌仪式在李家坑村举行

② 5月11日，海曙区中小学合唱比赛举行

③ 7月22日，海曙区举行第三届“市民艺术季”系列活动——全区排舞大赛

④ 7月29日，海曙区举行电子商务师技能大赛

⑤ 11月3日，海曙区举行“梦想开启新时代 青春建功新海曙”区机关青年风采大赛决赛

⑥ 12月7日，2017年中国（宁波）新材料产业化国际论坛暨首届中东欧新材料、新装备产业及人才发展论坛在海曙区举行，20余名来自中东欧科研院所及企业的院士、专家参加活动

海曙概览

自然环境

【地理位置】 海曙区位于宁波市中心区域，东临奉化江，北濒余姚江，西与余姚市接壤，南与奉化区连接。全区面积595.5平方千米，是集中心城区、郊区、山区为一体的复合型城区。

【地形地貌】 区境属宁波平原，地势平坦，西靠四明山脉，最高峰为龙观乡与奉化区交界的奶部山，海拔915米。水网纵横，发源于四明山的余姚江和奉化江，流经海曙区的北边和东边。境内有月湖及南塘河、中塘河、后塘河等河流。

【气候】 海曙区属北亚热带季风气候，四季分明，春秋季稍短，冬夏季略长。冬季受西伯利亚冷高压控制，西北风冷而干燥；夏季在西太平洋副热带高压笼罩下，东南风暖热湿润；春秋季为季风转变期，多低温阴雨。常年平均气温16.9℃，1月最冷，平均气温5.4℃；7月最热，平均气温28.3℃，具有气温适中、酷暑时间短，严寒天数少的特点。全年无霜期241~270天。常年平均总日照1780小时，日照百分率达40%，地域分布北多南少，差异130小时左右。常年总降水量为1457毫米，雨日155天，3—5月多锋面或锋面气旋活动，常是春雨连绵，雨量、雨日分别占全年的25.1%和29.7%；6月中旬中期至7月上旬末为梅雨季，持续阴雨，间有大雨，雨量约占全年的15%；7—9月为台汛期，常有台风、东风系统或初秋冷暖空气交错影响而形成的强降雨，尤其是9月因冷空气与台风结合，成为一年中大到暴雨最多的月份，雨量约占全年的12.9%。

2017年，海曙区气温继续明显偏高，雨量偏多，月际间多寡变化剧烈，雨日偏少，日照时数正常，天气气候总体正常，气象灾害影响程度偏轻。主要气候特点：冬季，1—2月气温明显偏高，雨量雨日明显偏少，日照时数略偏多，暖冬燥冬明显，1月下旬初有阶段性冰冻，2月上旬末、下旬初沿海出现大风；春季，气温偏高，雨量、日照时数偏多，雨日明显偏少，3月中旬至下旬中期阴雨寡照，4—5月有4次强降水过程；夏季，气温偏高，雨量正常，雨日、日照时数略偏多，入梅、出梅早，梅雨量多且集中，梅后持续高温明显；秋季，气温偏高，雨量雨日偏多，日照时数偏少，台风、强降水、连阴雨影响大；12月气温略偏高，雨量偏少，雨日、日照时数持平，森林火险等级高。年平均气温17.6℃~18.3℃，比常年高0.9℃~1.5℃，除6月外各月平均气温均不同程度偏高，2、4、7、8月偏高2℃以上。城区极端最高气温

姚江湾

39.6℃，出现在7月24日；极端最低气温-2.2℃，出现在1月21日；日最高气温≥35℃的高温日数为45天，比常年多23天；日最低气温≤0℃的冰冻日数为10天，较常年少10天；日平均气温稳定通过10℃的初日出现在3月25日，较常年早4天；终霜期（日最低气温≤4℃）出现在3月9日，较常年早23天；12月6日出现初霜冻，比常年晚16天。年降水量1517~1757毫米，降水量在空间、时间上分布不均，1、2、7、8、12月偏少，其中2月异常偏少；3、5、9月接近常年；4、6、10、11月均偏多6成以上。年雨日142~161天，偏少3~10天；暴雨日数2~9天；最长连续降水日数13天，出现于6月19日至7月1日，累计降水量135.3毫米；最长连续无降水日数16天，出现于10月21日至11月5日。年日照时数1628~1937小时，接近常年，其中6、9、11月偏少，2、4、5、7月偏多，其余各月持平。

【灾害性天气及其影响】 2017年，海曙区主要气象灾害有强对流、高温干旱、台风、阴雨寡照等，影响程度总体较轻。

年内强对流天气主要出现在4、5、8月。4月19日夜部分地区出现短时暴雨，平均雨量为34毫米。4月25日傍晚起出现暴雨，全区平均雨量57毫米。5月1日夜至2日，普降中到大雨，局部暴雨。5月27日白天增温明显。8月16—20日多大风天气，其中19—20日出现强雷电，部分地区有8~10级雷雨大风和短时暴雨，局地出现小冰雹。

2016年12月至2017年2月出现有观测记录以来最暖冬天，全区平均气温8.6℃，比常年高2℃；日最低气温≤0℃平均天数仅7天，比常年少12天，为历史最少；雨量雨日明显偏少，降水总量仅121毫米，比常年少四成，降水日数27天，比常年少二成，燥冬明显。1月29日，大部分测站日最高气温超过25℃并打破1月历史同期最高纪录。1月下旬初出现阶段性寒冷，平原-1℃～-4℃，山区-3℃～-7℃，有冰冻或严重冰冻。受1月29—31日寒潮影响，48小时内日平均气温从16.6℃降至4.8℃，大部分测站最低气温从11℃左右降至3℃以下。

6月9日入梅，7月5日出梅，入出梅时间早于常年，梅期强降水过程集中，主要出现在6月11—13日、6月21日、6月23—25日和6月29日，至6月底，累积降水313毫米，较常年同期偏多8.8成，排名历史第四。

盛夏高温强度强，持续时间长，全区平均高温日数37天，比常年同期偏多22天，仅次于2013年。连续高温时段主要出现在7月18—29日、8月3—9日、8月16—21日，其中7月18—26日出现38℃以上持续高温。高温期间城市生活用水量迅速上升。

年内台风影响总体利多弊少。2017年第9号台风“纳沙”、第10号台风“海棠”7月底相继登陆福建福清，受外围环流影响，全区面雨量为44毫米，双台风缓解持续高温和旱情。第18号台风“泰利”9月9日生成后一直向西偏北方向移动直扑浙江沿海而来，后于15日在东经124度转向，在东海活动期间有40小时移速缓慢，14日有6趟列车停运，台风过程雨量为40毫米。第20号台风“卡努”在菲律宾生成后西行登陆广东，对海曙区产生较大影响，10月14—16日出现持续降水和大风过程，其中15日全区普降暴雨，部分地区大暴雨，局部特大暴雨，过程面雨量为128毫米。

春秋季连阴雨明显。3月中旬至下旬中期全区出现阴雨寡照天气，连阴雨时段主要有3月10—14日、18—20日、22—25日，平均日照时数仅28.3小时。秋季全区平均降水量为518.3毫米，较常年偏多53%。

（区委党史研究室）

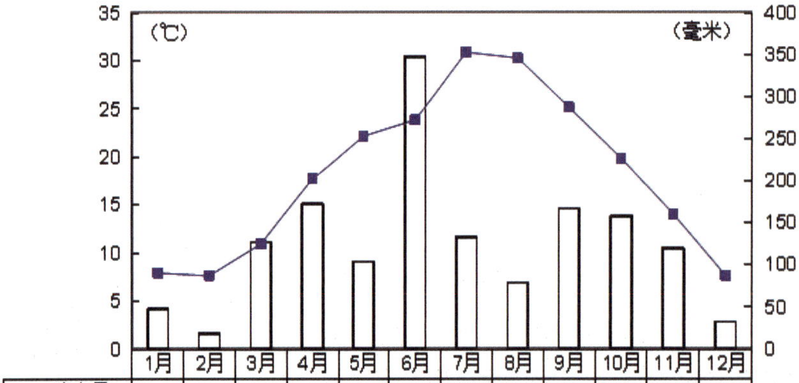

	1月	2月	3月	4月	5月	6月	7月	8月	9月	10月	11月	12月
降水量	48	18.4	127.1	172.4	103.7	347.2	133.4	78.8	167	157.9	119.9	32.6
平均气温	7.9	7.6	10.9	17.7	22.1	23.8	30.8	30.2	25.1	19.8	14	7.6

图1 海曙区2017年月平均气温和降水量变化示意图

历史文化

【历史沿革】 1949年以前，海曙境地从未单独建置。秦汉时属会稽郡，为鄮县属地。唐武德四年（621年），罢郡置州，以原句章、鄞、鄮三县地置鄞州，境内为鄞州属地。武德八年（625年），废鄞州复鄮县，为鄮县属地。开元二十六年（738年），析越州别置明州，区境属明州，为鄮县属地。天宝元年（742年），明州改为余姚郡，为余姚郡鄮县属地。乾元元年（758年），余姚郡复改明州，为明州鄮县属地。元和四年（809年），鄮县县治由小溪徙境内。长庆元年（821年），始建子城，为明州属地。中和三年（883年），升浙东道节度使为义胜军节度使。光启三年（887年），改义胜军为威胜军。乾宁二年（895年），董昌称帝，号“大越罗平国”。次年国灭，改威胜军为镇东军，明州均为上述建制下的属地，境内均为明州属地。五代十国时群雄割据，天平元年（907年），武肃王钱镠建吴越国，天平三年（909年）钱镠奄有明州，升明州为望海军，为避后梁太祖朱晃之祖朱茂琳（“茂”“鄮”同音）讳，改鄮县为鄞县，为鄞县属地。北宋建隆元年（960年），改望海军为奉国军，为奉国军鄞县属地。太平兴国三年

(978年)，吴越纳国归宋，奉国军隶两浙路。南宋淳化四年(993年)，明州隶两浙东路。宋宁宗登位改元庆元，升州为府，以次年改号的年号名府，称庆元府，为庆元府鄞县属地。元至元十四年(1277年)，改庆元府为庆元路，为庆元路鄞县属地。明洪武元年(1368年)，庆元路改明州府，为明州府鄞县属地。洪武十四年(1381年)，改明州府为宁波府，为宁波府鄞县属地。清朝建立后，仍沿用明朝的府县名称。中华民国成立后废府，境地属鄞县。1927—1931年，于鄞县城厢建立宁波市，境地属宁波市，后撤市复入县。

宁波解放后，1949年6月，中共浙江省第二地方委员会(简称"宁波地委")和宁波军管会派出军代表为主的民运工作团，接管城区海曙、灵塔、镇明、长春、西郊、北郊6镇镇公所，以镇设区，配备各区正、副区长。此为境域内最早的人民政权。1949年10月，宁波市人民政府调整市辖政区，海曙、灵塔、镇明、长春、西郊和北郊6区合并为海曙、镇明两区，设海曙区公所和镇明区公所。1950年6月，海曙区公所和镇明区公所撤销，两区政务由境内苍水、孝闻、西郊、江厦、湖西、县学、南郊7个派出所管理。1951年5月，恢复海曙区和镇明区，两区各设人民政府。同年8月，海曙、镇明两区分为海曙、望京、月湖、灵塔4区，建立各区人民政府。1952年8月，上述4区仍合并为海曙、镇明两区，重建海曙区人民政府和镇明区人民政府。1956年2月，海曙区、镇明区机构撤销，建立苍水、孝闻、鼓楼、西郊、江厦、仓桥、湖西、县学、药行、天封10个街道办事处。1958年9月，10个街道办事处合并为海曙和镇明两个街道办事处。1960年6月，撤销海曙、镇明两个街道办事处，成立海曙人民公社，设公社管理委员会，实行政社合一的管理体制。1963年，海曙人民公社分为海曙人民公社和镇明人民公社，公社管委会一分为二。1969年5月、8月，先后成立镇明人民公社革命委员会和海曙人民公社革命委员会。1970年，人民公社改为区。海曙、镇明两区仍设革命委员会。

南塘河历史文化街区(南塘老街)

1978年9月19日，浙江省革命委员会决定，宁波市海曙区、镇明区为市辖区一级政权建制。1984年1月，浙江省人民政府决定，并经国务院批准，海曙、镇明两区合并，组成宁波市海曙区，下辖湖西、县学、苍水、孝闻、仓桥、西郊、江厦、天封8个街道及西郊乡与段塘镇。同年8月，西郊街道改名为西门街道，新成立马园街道。1987年4月，西门街道拆分为西门和高塘两个街道。1992年10月调整街道区划，湖西、县学、仓桥(部分)合并为月湖街道，苍水、孝闻合并为鼓楼街道，仓桥、马园合并为南门街道，西门、高塘合并为西门街道，江厦、天封合并为灵塔街道。1996年8月，经宁波市人民政府批准，新成立白云街道。2002年4月，撤销西郊乡，建立望春街道；撤销段塘镇，建立段塘街道。2003年10月，灵塔街道更名为江厦街道。2016年9月，宁波市行政区划调整，原属鄞州区的集士港镇、古林镇、高桥镇、横街镇、鄞江镇、洞桥镇、章水镇、龙观乡、石碶街道划归海曙区管辖。

【名胜古迹】 天一阁位于月湖街道。始建于明朝中期，占地2.6公顷，由当时退隐的明朝兵部右侍郎范钦主持建造，至今有400余年历史，是中国现存最早的私家藏书楼，也是亚洲现有最古老的图书馆和世界最早的三大家族图书馆之一。现藏有各类古籍近30万卷，其中珍椠善本8万余卷，还收藏大量字画、碑帖及精美的地方工艺品。1982年，天一阁被国务院公布为全国重点文物保护单位，现为国家AAAAA级旅游景区。

天封塔位于大沙泥街西端与解放南路交汇处。始建于唐武则天"天册万岁"至"万岁登封"(695—696年)年间，因建塔年号始末"天""封"而得名。建成后塔高18丈，约51米，共14层，分七明、七暗(包括地宫)，呈六角形。现为国家级文物保护单位。

南塘河历史文化街区位于南塘河，占地6.5公顷，总长约1.2千米，完整保留300余米的江南传统街巷，再现百年来宁波人经商交易、日常生活氛围风貌。北街以传统文化为基调，展现宁波城市个性；南街主打"城市休闲"概念，突显休闲生活。

鼓楼沿历史文化街区地处海曙"心脏"，是传统历史街区腹地，占地3.65公顷，建筑面积约6.8万平方米，是宁波人流最密集、商业设施最完善的城市中心街区。宁波鼓楼始建于唐长庆元年(821年)，至今有1100余年历史。街区内有望海楼、奉国军楼、"四明伟观"、海曙楼等历史古迹。

梁祝文化公园地处高桥镇，是国家AAAA级旅游景区，以东晋梁山伯墓、梁山伯庙古遗址为基础，以"梁祝故里·爱情圣地"为主题，以经典的梁祝故事为情景线索，是一处集旅游度假、观光休闲、活动娱乐、业态参与于一体的荟萃胜景。梁祝文化园，占地面积42公顷，濒临宁波“母亲河”——余姚江畔，与河姆渡文化遗址隔江相望。

它山堰是中国四大古水利工程之一，位于鄞江镇光溪河旁，始建于唐代。堰坝全长113.7米，宽4.8米，高5余米，由150余块小溪石条石砌筑而成，是国家级文物保护单位。自唐代大和七年（833年）建堰起，历代均有修筑，至今仍在发挥着阻咸、蓄淡、泄洪、灌溉的作用，2015年被评为“世界灌溉工程遗产”。

五龙潭景区位于龙观乡境内，是国家AAAA级旅游景区、浙江省风景名胜区。区内幽谷叠翠、瀑布飞泻、风光秀美，拥有天门瀑布、青云峡漂流、青云梯等山水景观，因孚泽潭、昭泽潭、润泽潭、利泽潭、显泽潭5个水潭得名。传说潭内驻有灵性神龙而称“龙潭”，是宋、元以来浙东地区重要的祭龙之地，宋理宗、元惠宗都曾敕封五龙潭神为侯。景区至今仍保留着古祭龙坛、五龙神堂、摩崖石刻等景观，每年举行以游龙潭、观龙俗、祭龙祖为主题的“二月二龙抬头”民俗文化节。

李家坑古村地处四明山心章水镇，毗邻余姚市、奉化区，海拔500米，四面环山，溪水绕村，风光旖旎、钟灵毓秀，以李姓为主，建村达400余年历史。李氏家族乃大唐之后裔，始祖龄一公明末清初从永康长恬迁此定居，垦荒开基，生息繁衍。村庄建筑以清朝期间的四合院民居为主，保存完好，为四明山之最。李家坑古村不仅自然风光秀美，还是李唐文化传承之地。以“承祖业克勤克俭，示子孙唯耕唯读”为传家格言，“农耕之余，读书不止”，催生了众多文化名人及教育先驱。李家坑村先后获得国家级“美丽宜居示范村”、浙江省“特色旅游村”、浙江省“历史文化名村”等诸多荣誉。

【方言】 海曙区城区方言属于吴语浙北区明州片（也称“甬江片”），是宁波市区方言的代表，既有吴语的共性，也有自身特点，主要表现在语音上。新划入的原鄞州西片区与余姚市交界杖锡山区说余姚话，属于吴语太湖片临绍小片。除区域差异之外，还有老派、新派之分，语音、词汇、语法等方面皆有差异，老派方言中尽可能多地延续语言传统成分，新派方言积极吸收新词汇，有日趋与普通话同化倾向。

（区委党史研究室）

区划人口

【行政区划】 2017年，海曙区下辖集士港、古林、高桥、横街、鄞江、洞桥、章水7个镇及龙观乡，有石碶、月湖、西门、江厦、南门、鼓楼、白云、望春、段塘9个街道，共17个乡级政区，下辖167个行政村、98个社区、5个城镇居委会。区人民政府位于县前街61号。

【人口】 2017年，全区户籍总户数24.62万户，总人口62.64万人。男性30.67万人，占49.0%；女性31.96万人，占51%。全年出生人口6217人，死亡人口4339人。

（区委党史研究室）

名优特产

【席（藺）草】 宁波是全国席草主要产地之一，唐代草席出口朝鲜。20世纪70年代引入日本藺草（系古时鄞县席草流传日本后改良而成），主要分布在海曙西部平原地区，加工成榻榻米出口日本。席草制品以睡床草席为主，“黄古林草席”最闻名。中华人民共和国成立初期，总理周恩来出席日内瓦会议，以40条黄古林草席赠送给各国元首及国际友人。

【浙贝母】 浙贝母简称浙贝，是中药“浙八味”之一。章水镇是全国浙贝母主要产区，历来产量占全国总量的一半以上，2003年被中国特产之乡命名委员会命名为“中国浙贝之乡”。

【横街竹笋】 横街镇为“中国竹笋之乡”，有浙江省单片面积最大的竹山（3333.33公顷）资源，四季产笋，每年春笋、鞭笋、冬笋等产量可达1.2万余吨，其中大雷“黄泥拱”毛笋质量最佳，以株大肉厚、甜嫩可口驰名海内外。

【梅园石】 梅园石分布于鄞江镇梅园一带，色调红如枫叶，是高档建材，尤宜于大型雕刻，代表作有保国寺观音阁石雕大柱、800余年历史的日本国宝奈良东大寺石狮子、2007年宁波市赠送佛罗伦萨的文臣武将石像等。

【澄浪潭泉水】 澄浪潭地处鄞江镇，该潭深52米，直径8米，日出水量

6.5千克重的毛笋

3000余吨，是浙江省内最大的地下泉水。专家勘测，泉水从近百米深的地下岩缝喷涌而出，不受地表水和气候影响，水温常年恒温在18℃左右，且涝时不增，旱时不减，实属罕见。经化验分析，权威评价该潭水水质达到国家“地面一类水源”质量标准，属国家“一级地下（低钠）泉水”。

【洞桥“八戒”西瓜】 洞桥镇种植西瓜有较长历史，以“八戒”为注册商标的洞桥西瓜以其皮薄、质脆、味甜享誉宁波，被评为“浙江省十大优质名瓜”。

（区委党史研究室）

天一广场

经济和社会发展

【综合实力】 2017年，海曙区实现地区生产总值（GDP）1164.48亿元，按可比价计算，同比增长6.3%。其中，第一产业增加值16.06亿元，增长0.7%；第二产业增加值457.63 亿元，增长7.2%；第三产业增加值690.79亿元，增长5.9%，对经济增长的贡献率分别为0.1%、44.6%和55.3%；三次产业结构为1.4∶39.3∶59.3。GDP地均集约度为1.96亿元/平方千米，按户籍人口计算的人均GDP达18.62万元（按年平均汇率折算为2.76万美元），增长6.1%。完成财政总收入163.84亿元，增长6.5%。其中，一般公共预算收入93.02亿元，增长0.9%。完成一般公共预算支出74.19亿元，下降2.4%。一般公共服务、社会保障和就业、公共安全、教育支出分别增长68%、30.3%、7.4%和7%。城镇新增就业人数2.61万人，保持公益性岗位1200个，城镇失业人员再就业1.37万人，就业困难人员实现就业3468人。新增大学生创业600人，发放自主创业小额担保贷款8131万元，扶持大学生创业实体2055家。举办6场市级职业技能大赛，培训高技能人才4216人。居民消费价格上涨1.8%，涨幅回落0.3个百分点。八大类商品和服务项目价格“七升一平”：居住类上涨4.6%，医疗保健类上涨3.5%，教育文化和娱乐类上涨2.5%，交通和通信类上涨1%，其他用品和服务类上涨0.7%，食品烟酒类上涨0.3%，衣着类上涨0.2%，生活用品类及服务类与上年持平。年末工业生产者出厂价格上涨6.7%，工业生产者购进价格上涨13%。

【农业】 2017年，海曙区实现农林牧渔业增加值16.48亿元，同比增长0.9%，占地区生产总值的比重为1.4%。实现农林牧渔业总产值22.77亿元，其中农业产值19.11亿元、林业产值1.04亿元、畜牧业产值1.13亿元、渔业产值0.79亿元、农林牧渔服务业产值0.70亿元。实现粮食作物播种面积1.19万公顷，粮食总产量达7.6万吨。

【工业】 2017年，海曙区实现工业增加值385.79亿元，同比增长8.4%，占地区生产总值的比重为33.1%。规模以上工业企业实现增加值207.86 亿元，增长9.9%，其中制造业增加值增长9.5%。实现主营业务收入705.58亿元，增长3.2%；实现利润总额36.19亿元，利税总额达58.48亿元，分别增长4.8%和4.6%。

【建筑业】 2017年，海曙区实现建筑业增加值71.86亿元，同比增长1.2%，占地区生产总值的比重为6.2%。注册在区内的资质建筑业企业138家，其中二级及以上资质企业有94家。总承包和专业承包建筑业企业实现产值720.45亿元，增长16.1%，其中省外产值363.59亿元，增长18.9%；房屋施工面积4361.5万平方米，增长1.6%。实现主营业务收入485.11亿元，实现利润总额19.89亿元。全年建筑业平均从业人员18.4万人，增长10.1%。

【固定资产投资】 2017年，海曙区新开工项目188项，计划总投资425.23亿元。年末各类在建工程369项，其中计划投资5亿元及以上项目71项。全年实现固定资产投资408.81亿元，同比增长11.7%。分行业看，第二产业投资68.71亿元，增长11.9%；第三产业投资340.11亿元，增长11.6%，三次产业投资之比为0∶16.8∶83.2。分领域看，基础设施投资和公共服务投资75.81亿元，下降8.3%；民间投资186.24亿元，增长46.5%；工业投资68.66亿元，增长12.1%，其中工业技改投资48.69亿元，下降4.6%。

【房地产】 2017年，海曙区实现房地产开发投资159.98亿元，同比增长21.1%。其中，住宅开发投资108.51亿元，办公楼开发投资9.32亿元，商业营业用房开发投资12.65亿元。实现商品房销售面积123.4万平方米，增长14.8%，其中住宅销售99.2万平方米，办公楼销售8.7万平方米。

【贸易业】 2017年，海曙区批发和零售业实现商品销售额3232.91亿元，同比增长15.5%。其中，限额以上批发和零售业实现商品销售额1927.32亿元，增长10.7%。实现社会消费品零售总额796.94亿元，增长6.2%。在限额以上批发和零售企业商品零售额中，通信器材类增长211.4%；金银珠宝类增长108.4%；中西药品类增长16.5%；文化办公用品类增长9.9%；石油及制品类增长8.7%；汽车类增长8.5%；家用电器和音像器材类增长8.4%；日用品类增长6.4%；粮油食品类增长4.4%；服装、鞋帽、针纺织品类增长1.7%。

【旅游业】 2017年，海曙区规模以上旅行社实现营业收入9.59亿元，同比增长8.9%。限额以上住宿餐饮业实现营业额20.01亿元，增长8.3%。全年接待国内外游客1499.8万人次，增长18.0%；旅游收入216.23亿元，增长15.6%。拥有星级宾馆19家，其中五星级宾馆5家、四星级宾馆4家。天一阁·月湖“国家AAAAA级旅游景区”创建通过专家评审，3个村被评为“AAA级旅游景区村庄”。

【对外经济、招商引资】 2017年，海曙区实现货物进出口总额652.96亿元，同比增长13.8%。其中，出口总额552.95亿元，增长8.2%；进口总额100.01亿元，增长58.5%。

全年新增境外投资企业20家，完成核准中方投资额2.51亿美元，增长12.6%；完成实际中方投资额1.20亿美元，增长193.3%。实现境外工程承包和劳务合作营业额3.05亿美元，增长6%。

合同利用外资48375万美元；实际利用外资30095万美元。

新设立内资企业7228户，增长21.5%；新增注册资本（金）506.86亿元，下降9.8%。新设立个体工商户9926户，增长28.3%；资金数额为7.44亿元，增长35.3%。办理“个转企”175户，其中120家为有限公司。引进大市外内资资金111.6亿元，“浙商回归”到位资金54.4亿元。

【交通运输业】 2017年，海曙区实现交通运输、仓储和邮政业增加值48.27亿元，同比增长9.8%，占地区生产总值的比重为4.1%。规模以上交通运输企业实现营业收入223.26亿元，增长28.9%；营业利润2.87亿元。其中，规模以上货运代理企业营业收入增长36.3%，营业利润下降2.1%。

位于龙观乡的四明山水门瀑布

【金融】 2017年，海曙区实现金融业增加值108.04亿元，同比增长2.5%，占地区生产总值的比重9.3%。

12家银行实现人民币存款余额6931.87亿元，增长4.6%；实现人民币贷款余额7389.80亿元，增长5.3%。年末银行不良贷款率为1.91%，下降1.44个百分点。

18家保险业企业实现保险业务收入217.43亿元，增长18.5%，其中，财产险和人寿险分别实现保险业务收入106.25亿元和111.18亿元，增长8.6%和29.8%。各类赔款给付82.85亿元，下降3.7%。

【教育、科技、人才】 2017年，海曙区有中小学64所，其中小学41所、初中12所、九年一贯制学校10所、特殊学校1所；在校中小学生7.49万人，其中小学5.39万人、初中2.1万人。有幼儿园119所，在园幼儿3.28万人，普惠性幼儿园招生覆盖率达86.6%，等级幼儿园招生覆盖率为95.1%。有在编教职工4695人，其中专任教师4608人。中小学、幼儿园专任教师合格学历均达100%，其中高一层学历分别达到94.7%、87.1%和96%。拥有享受国务院特殊津贴专家1人、正高级职称6人、省“特级教师”10人，市“名教师”、市“学科骨干”68人。

有院士工作站5家、国家级高新技术企业115家、创新型初创企业793家、市级企业研究院5家、省级研究院7家。全年专利授权量3298件，其中发明专利授权量469件。实现技术交易额4.8亿元。科技产业稳步发展，规模以上工业高新技术产业增加值为18.6%。首个国家级科技企业孵化器创建成功。

组建全国首个“军民融合高端制造产业孵化平台”，成立“中国—芬兰人才技术交流合作平台”和全市首家“技能人才培养服务联盟”，引进市“3315计划”创业团队2个，获评市级“海外工程师”10人、市领军拔尖人才22人。新增省级企业博士后工作站3个、校企共建实习基地25家、企业技能人才评价示范基地9家。引进博士22人、硕士213人。年末人才总量近11万人。

【文化、卫生、计划生育、体育】 2017年，海曙区推进“幸福海曙·幸福演出”“免费观影季”“优秀阅读季”三大文化惠民工程，举办各类文化活动2500余场。区图书馆接待读者近64万人次。15件文艺作品获评全国级奖项。“黄古林草席编织技能”入选国家级非物质文化遗产项目后备库。10家

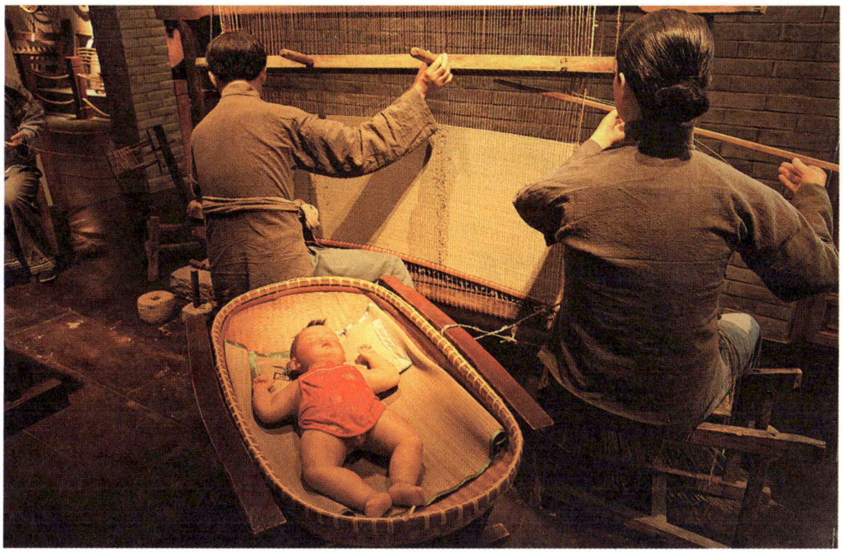

黄古林草席制作工艺

农村文化礼堂完成建设。举办第二届国际微电影节。

海曙区第二医院开业，妇幼保健院迁入新址。家庭医生签约服务指标居全市首位。拥有直属医疗卫生机构22个，拥有床位673张，全年门诊量720.2万人次。平稳、扎实、有序、实施“全面二孩”政策，实行生育登记4522例，其中再生育审批87例。发放计划生育奖励扶助金3428.2万元，2.04万人受惠。2459对待孕夫妇享受免费孕前优生健康检查。

举办各类比赛（活动）50项，参与者1.2万余人次。有社会体育指导员1838人，其中国家级9人。4所小学、1所中学获评为国家级“足球特色学校”。获全国老年人柔力球项目集体“全能优胜奖”、省老运会乒乓球比赛金奖。

【人口、人民生活、社会保障】2017年末，海曙区有户籍人口62.64万人，比上年末增长0.3%。其中，出生人口为6217人，死亡人口为4339人。人口自然增长率为1.91‰。

市区城镇居民人均可支配收入59482元，同比增长7.9%，扣除物价因素，实际增长6%；市区农村居民人均可支配收入32743元，增长7.9%，扣除物价因素，实际增长6%。市区城镇居民人均生活消费支出36036元，增长4.8%；市区农村居民人均生活消费支出21163元，增长5.3%。

深入实施全民参保登记计划，户籍人口养老保险和医疗保险参保率分别达96.4%和99.3%，居全市前列。推进异地就医联网直接结算工作，录入异地居住和转诊参保3651人。发放社会保障卡4.27万张，累计发卡量42.6万张。18个区域性居家养老服务中心和基层站点建成投用。

752家单位和3.66万人次参与捐款，募集善款4261.3万元，其中慈善“一日捐”1356.1万元、“书画拍卖”募集善款39.8万元。救助困难群众2.42万人次，救助支出达2871.6万元。发展慈善示范基地6个，新增23家社区“爱心基金”、101家村基金。红十字会接受社会捐助62.1万元。开展“暖巢行动”志愿服务项目，1260名空巢老人受惠。培训执证救护2551人，普及培训2.15万人。实现造血干细胞捐献1例、人体器官捐献5例、角膜捐献4例、遗体捐献2例。

【生态建设、社会安全】2017年，海曙区淘汰老旧车辆2408辆，生活垃圾分类在238个小区推广。“三改一拆”“五水共治”深化推进，改造旧住宅、旧厂区、城中村累计141.2万平方米，处置违法建筑168.6万平方米，完成8条内河清淤疏浚和14条内河水质提升。完成25个老小区雨污分流改造工程，提标改造20条路段管网。“美丽镇村”建设加快推进，拆除农村旧房11.8万平方米，建成新房60.2万平方米，新创建示范乡镇1个、风景线1条。全年新增1.09万个停车位。

连续12年获评省级“平安区”，捧得“平安金鼎”。开展“除毒瘤·净土壤”“云端2017”“打击恶意逃废债”“打侵财、肃毒害”等专项行动。破获刑事案件2301起，其中命案及严重暴力案件破案率均达100%。办理法律援助案件1203件，成功调解矛盾纠纷8473起。成立首个“律师调解工作室”，实现公共法律服务全覆盖。食品药品安全监管力度持续加大，全区15家大型商场、超市实现“透明监管”。

（区统计局）

说明：

（1）该部分各项数据来源于《宁波市海曙区国民经济和社会发展统计公报》，所列各项数据为初步统计数，正式数据以《宁波市海曙区统计年鉴（2018）》为准。

地区生产总值及各产业、行业的增加值绝对数按当年价格计算，增长速度按可比价格计算，即扣除物价变化的实际增长。

规模以上工业指年主营业务收入2000万元及以上的工业企业。

限额以上批发和零售业指年主营业务收入2000万元及以上的批发业、年主营业务收入500万元及以上的零售业。

限额以上住宿和餐饮业指年主营业务收入200万元及以上的住宿和餐饮业。

规模以上交通运输业指铁路运输业，年营业收入1000万元及以上的公路旅客运输业，年营业收入500万元及以上的道路货物运输业、客运汽车站、其他水上运输辅助活动业、运输代理服务业，年营业收入200万元及以上的装卸搬运业。

固定资产项目统计范围为计划总投资500万元及以上的固定资产投资项目。

资质建筑业企业主要包括施工总承包、专业承包和劳务分包企业。

因市统计局对行政区划调整后社会消费品零售总额进行重新核定，增速做同口径调整。

组织机构及其领导人

【区四套班子领导机构】

中共海曙区委员会

书　　记：孙黎明
副 书 记：褚孟形
　　　　　张启表
区委常委：李晓东
　　　　　石贤义（1月止）
　　　　　谭国洪
　　　　　叶警青
　　　　　李冠杰
　　　　　严仕恩
　　　　　张宁辉
　　　　　汪大胜（1月止）
　　　　　王　煦
　　　　　何慧刚（1月始）

海曙区人民代表大会常务委员会

主　　任：陈志国
副 主 任：童经纬
　　　　　金　波
　　　　　林　兵
　　　　　孙铭龙
　　　　　陈小春
　　　　　舒建国（2月始）
　　　　　陈　奋（2月止）
党组书记：陈志国
党组副书记：童经纬（9月始）
党组成员：金　波
　　　　　林　兵
　　　　　孙铭龙
　　　　　陈小春
　　　　　舒建国（1月始）
　　　　　陈　奋（2月止）
　　　　　俞国平

海曙区人民政府

区　　长：褚孟形（3月始）
代 区 长：褚孟形（3月止）
常务副区长：谭国洪
副 区 长：国　宇（3月止）
　　　　　薄慧敏
　　　　　陈早挺
　　　　　史卫东（3月始）
　　　　　毛孟军
　　　　　金　昕
　　　　　杜锦锦（挂职，7月止）
　　　　　孙　伟（挂职）
　　　　　凯赛尔•吐尔逊（挂职，3月止）
　　　　　金　赟（挂职，7月始）
　　　　　褚孟形（3月止）
区长助理：杨　荔（挂职，7月始，9月止）
党组书记：褚孟形
党组成员：谭国洪
　　　　　薄慧敏
　　　　　史卫东（4月始）
　　　　　毛孟军
　　　　　金　昕
　　　　　杜锦锦（挂职，7月止）
　　　　　孙　伟（挂职）
　　　　　凯赛尔•吐尔逊（挂职，3月止）
　　　　　王六芳（挂职，7月始）
　　　　　何慧刚（4月止）
　　　　　蔡　宁（4月始）
　　　　　王　飞

政协海曙区委员会

主　　席：毕东华
副 主 席：吴军良（3月始）
　　　　　袁建树（3月始）
　　　　　国　宇（3月始）
　　　　　刘良飞（3月始）
　　　　　郁利祥
　　　　　池　逊（3月始）
　　　　　赵剑光（3月止）
　　　　　舒建国（3月止）
　　　　　徐德荣（3月止）
秘 书 长：曾垂华（3月止）
　　　　　戴亚珍（3月始）
党组书记：毕东华
党组副书记：赵剑光（4月止）
　　　　　　吴军良（9月始）
党组成员：舒建国（4月止）
　　　　　刘良飞
　　　　　郁利祥
　　　　　戴亚珍

【区纪委　区监委】

中共海曙区纪律检查委员会
海曙区监察委员会①

书　　记：李晓东
副 书 记：李栽正（1月止）
　　　　　史亚培（1月止）
　　　　　汪锡超（1月始）
　　　　　贺海宁（1月始）
常　　委：邱坚明
　　　　　段谟法（1月止）
　　　　　夏年立（兼，1月止）
　　　　　蔡军波（1月始）
　　　　　陈建国（1月始）
　　　　　葛荣伟（1月始）
主　　任：李晓东（3月始）
副 主 任：汪锡超（3月始）
　　　　　贺海宁（3月始）
委　　员：邱坚明（3月始）
　　　　　蔡军波（3月始）
　　　　　陈建国（3月始）
办公室主任：单丽君（11月始）
干部室主任：叶志斌
党风政风监督室主任：戚圣爱
案件监督管理室主任：
　　　　　蔡军波（4月止）
第一纪检监察室主任：
　　　　　曹秉军（4月始）
第二纪检监察室主任：
　　　　　葛荣伟（2月止）
　　　　　金一波（2月始）
第三纪检监察室主任：
　　　　　孙斌辉（4月始）
第四纪检监察室主任：
　　　　　邹宁俊（4月始）
案件审理室主任：庄立敏
区纪委区监委派驻第一纪检监察组②组长：
　　　　　忻慧义
区纪委区监委派驻第二纪检监察组组长：
　　　　　王海洲
区纪委区监委派驻第二纪检监察组副组长：
　　　　　周　真
区纪委区监委派驻第三纪检监察组副组长：
　　　　　方　轶
区纪委区监委派驻第四纪检监察组组长：
　　　　　戎爱武

---

① 2017年3月，海曙区监察委员会成立，海曙区监察局撤销。
② 2017年9月，海曙区纪委派驻纪检组更名为海曙区纪委区监委派驻纪检监察组。

区纪委区监委派驻第五纪检监察组组长：
朱朝兴
区纪委区监委派驻第六纪检监察组组长：
王庭华
区纪委区监委派驻第七纪检监察组组长：
崔茂华
区纪委区监委派驻第八纪检监察组副组长：
范季宇
区纪委区监委派驻第九纪检监察组组长：
李绍智（2月始）
区直机关纪工委书记：余莉英
区纪委区监委驻区教育局纪检监察组组长：
费春华
区纪委区监委驻区卫生计生局纪检监察组组长：王延斌（11月止）
顾继红（11月始）
区纪委区监委驻海曙公安分局纪检监察组[1]组长：朱小明（4月始）
区纪委区监委驻区法院纪检监察组组长：
陈建国（1月止）
陈章君（2月始）
区纪委区监委驻区检察院纪检监察组组长：
张红红（4月止）
宋培国（4月始）

区监察局
局　　长：李栽正（2月止）
副 局 长：邱坚明（3月止）

区委巡察办
区委巡察办副 主 任：葛荣伟
区委巡察组副组长：张红红（4月始）

【公安、检察、审判机构】
区人民检察院
检 察 长：李　钟（3月始）
副检察长：杨建平
夏年立
王焰明（挂职，8月止）
李志雄（4月始）
杨文珍（4月始）
政治处主任：许文瑾
检委会专职委员：岑剑平
沈慧红
范静娟（4月始）
反贪局局长：曹秉军（3月止）
反渎局局长：孙斌辉（3月止）
党组书记：李　钟
党组成员：杨建平
夏年立
许文瑾
张红红（4月止）
王焰明（挂职，8月止）
李志雄（4月始）
杨文珍（4月始）
范静娟（4月始）
宋培国（4月始）

区人民法院
院　　长：傅　勇（3月始）
副 院 长：王惠珍
任啸雷（4月始）
周家骥
曹建波（4月始）
张丹丹
政治处主任：檀丹霞
审判委员会专职委员：蒲巧俊
戎　波
执行局局长：沙　军（4月始）
党组书记：傅　勇
党组副书记：王惠珍
党组成员：任啸雷（4月始）
周家骥
陈章君（2月始）
曹建波（4月始）
张丹丹
檀丹霞
沙　军（4月始）
陈建国（1月止）

区人民武装部
部　　长：刘　宁（6月始）
副 部 长：付　强（6月始）
政治委员：汪大胜

宁波市公安局海曙分局
局　　长：叶警青
政　　委：徐联达
副 局 长：邬明汉
潘元龙
徐建龙（10月止）
任建明
严立新（9月始）
李晓明（挂职，11月始）
政治处主任：励　栋（11月始）
闻　彬（11月止）
党委书记：叶警青
党委副书记：徐联达
邬明汉（11月始）
党委委员：潘元龙
徐建龙（10月止）
任建明
严立新
李晓明（挂职，11月始）
朱小明
闻　彬（11月止）
励　栋（11月始）
唐明堂
史　强（11月始）

宁波市公安局交通警察局海曙大队
大 队 长：王　伟
副大队长：俞一波
胡　杰（11月止）
周浩峰（12月始）
汪　涛（12月始）
教 导 员：张凯军（11月始）
副教导员：方妙文

宁波市公安消防支队海曙区大队
大 队 长：胡　凯
教 导 员：高诚洪
副大队长：应于波
路　庄

【区委工作机构及党群各部门】
区委办公室
主　　任：史卫东（4月止）
何慧刚（4月始）
副 主 任：周建军（兼，10月始）
张　硕（兼）
童红琴（兼）
应　彬
蔡　宁（4月止）
李栽正（兼，2月止）
谢宇川
俞小群（兼）

区委组织部
部　　长：严仕恩
副 部 长：丁松江

[1] 2017年4月，中共宁波市海曙区纪律检查委员会驻宁波市公安局海曙分局纪检组成立。

曹　蕾
王　翔（11月始）
吕超苏（兼）
朱彩娟（兼）
陶　宁（兼，5月止）
余　解（兼，5月始）
部务会议成员：崔茂华
许　晟
杨亦权（2月始，6月止）
区委两新工委副 书 记：曹　蕾
陈　翔（兼）
周建军（兼，10月止）
宋文夫（兼，10月始）
杨亦权（2月始，6月止）
区委人才办主任：丁松江
区委人才办副主任：许　晟

区委宣传部
部　　长：石贤义（2月止）
张宁辉（2月始）
常务副部长：郭　波
副 部 长：邱少军（10月止）
刘　燕
汪光辉
周照宇（11月始）
部务会议成员：周照宇（11月止）
文明办主任：周照宇（11月止）
文明办副主任：周照宇（11月始）
区新闻中心主任：许玉芬

区委统一战线工作部
部　　长：李冠杰
副 部 长：陈　翔
范建杰（4月止）
陆　颖（10月始）
部务会议成员：周国平
范卫东（10月始）

区民族宗教事务局
副 局 长：周国平

区委台湾工作办公室
副 主 任：范卫东（2月始）

区人民政府侨务办公室
主　　任：陆　颖（11月始）

区侨联
主　　席：钱　军（2月止）
范建杰（2月始，11月止）
陆　颖（11月始）

区委政法委员会
书　　记：张启表
副 书 记：谭国洪（兼）
叶警青（兼）
宋亦农
石建强
周红萍
政治处主任：周红萍（兼，2月止）
汪志佩（2月始）
委　　员：傅　勇（兼）
李　钟（兼）
徐联达
史亚培（兼）
汪志佩（2月始）
赵　一
朱灵勇（兼，11月始）
叶夏凯
陈　明
朱伟军（兼，11月止）
钟宏朝（兼，11月止）
严　波

区社会治安综合治理委员会办公室[①]
主　　任：宋亦农
副 主 任：汪志佩（11月始）

区委维护稳定工作领导小组办公室
主　　任：石建强
副 主 任：赵　一

区委防范和处理邪教问题领导小组办公室
主　　任：石建强
副 主 任：周红萍

区机构编制委员会办公室
主　　任：吕超苏
副 主 任：王宇峰

区委政策研究室（农村工作办公室）
主　　任：钟金龙

副 主 任：忻　忠（2月始）
虞明富（挂职，5月始）
室务会议成员：张忠汉（2月始）

区直属机关工作委员会
书　　记：张　硕
副 书 记：王海敏
纪工委书记：余莉英
委　　员：纪亚峰（2月始）
余莉英
陆　颖（兼，10月止）
陈肇俊（兼，10月始）
贺海宁（兼，1月止）

区委区政府信访局
局　　长：童红琴
副 局 长：陈敏龙
宋坚勇（3月始）
高秀峰
党组书记：童红琴
党组副书记：陈敏龙
党组成员：宋坚勇（2月始）

区档案局
局　　长：陈　蕾（4月始）
副 局 长：钟亦鸣（3月始）
张琳琳

区委老干部局
局　　长：朱彩娟
副 局 长：殷丽健（2月始）
蓝永清（11月始）

区委党史研究室（区地方志办公室）
副 主 任：汪鹤飞

区委党校
校　　长：严仕恩（兼，4月始）
常务副校长：李栽正（2月始）
副 校 长：朱德伟（2月始）

区总工会
主　　席：林　兵
副 主 席：吕维共
何建林
顾妮妮

① 2017年1月，海曙区社会管理综合治理委员会办公室更名为海曙区社会治安综合治理委员会办公室。

汪丛健
党组书记:吕维共
党组副书记:何建林
党组成员:顾妮妮
汪丛健

共青团海曙区委员会
书　　记:吴　君
副 书 记:曹小波
尹　滔(挂职,10月止)
揭春香(挂职,10月止)
向玉婷(挂职,9月始)
党组书记:吴　君
党组成员:曹小波
尹　滔(挂职,10月止)
揭春香(挂职,10月止)
向玉婷(挂职,9月始)

区妇女联合会
主　　席:葛巧英
副 主 席:鲍科臻
党组书记:葛巧英
党组成员:鲍科臻(11月止)
许曹弘

区残疾人联合会
理 事 长:王培良(12月止)
邱少军(12月始)
副理事长:董一斌
党组书记:邱少军(10月始)
党组成员:董一斌

区红十字会
副 会 长:陆　颖
裘建浩
张学军

区工商业联合会
主　　席:张江平
副 主 席:陈　翔
郭路群(5月止)
王万兴(6月始)
施剑萍(5月止)
蔡水华(6月始)
毛国兴(5月止)
沈宏伟(5月止)
项先球(5月止)
吴忠宝(5月止)
梅迪华(5月止)
周赛方(5月止)
郑士灶(5月止)
马林霞(5月止)
吴希良(5月止)
曹小明(5月止)
蒋伟平(5月止)
杨　剑
马坚挺
张阿华(6月始)
徐立勋(6月始)
张宵华(6月始)
张龙棋(6月始)
吴志光(6月始)
金建新(6月始)
庄　巍(6月始)
钱　平(6月始)
王君平(6月始)
黄金宝(6月始)
徐建昌(6月始)
安　刚(6月始)
朱复员(6月始)
何耀光(6月始)
骆士龙(6月始)
龚浩强(6月始)
陈春明(6月始)
党组书记:陈　翔
党组成员:王万兴(2月始)

区关心下一代工作委员会
主　　任:方佳闰
常务副主任:尹　萍(5月止)
蔡赛珍(6月始)

区文学艺术界联合会
主　　席:陈建东(12月止)
国　宇(12月始)
副 主 席:陈建东(12月始)
陈　鸿(12月始)
党组书记:陈建东
党组成员:陈　鸿

区慈善总会
会　　长:王黎明
常务副会长:赵剑光(5月始)
副 会 长:管存根
黄尚征
徐友国(5月止)
秘 书 长:徐孟雷

【区人大常委会、区政协机关】

区人大常委会办公室
主　　任:俞国平
副 主 任:田艳晖(11月始)
邹有武

区人大常委会法制与内务司法工作委员会
主　　任:郁明标
副 主 任:王肖刚(11月始)

区人大常委会财政经济工作委员会
主　　任:许瑾瑾
副 主 任:史召其(11月始)

区人大常委会农业与农村工作委员会
主　　任:冯惠锋

区人大常委会城乡建设环境保护工作委员会
主　　任:林军华

区人大常委会教科文卫民侨工作委员会
主　　任:汪则康
副 主 任:张学军(11月始)

区人大常委会代表工作委员会
主　　任:钱　军
副 主 任:田艳晖(11月止)
张洪良(11月始)

区政协机关党组
党组书记:戴亚珍
党组副书记:陈绍旗
党组成员:王培良
梁德明
孙逸群
杨爱萍
金昌卿

区政协办公室
秘 书 长:曾垂华(3月止)
副秘书长:叶　卫(3月止)
主　　任:曾垂华(1月止)
陈绍旗(1月始)
副 主 任:柳竹青(1月止)

朱　宁（1月始）

区政协提案委员会
主　　任：王己夏（1月止）
柳竹青（1月始）

区政协经济科技和城建资源环境委员会
主　　任：孙耀波（1月止）
王培良（1月始）
副 主 任：孙颖莹（3月始）

区政协教文卫体和文史资料委员会
主　　任：殷　明（1月止）
梁德明（1月始）
副 主 任：金昌卿（1月始）

区政协社会法制和民宗台侨委员会
主　　任：钱　辉（1月止）
孙逸群（1月始）

区政协委员工作委员会①
主　　任：杨爱萍（1月始）

【区政府工作部门】
区政府办公室
主　　任：何慧刚（4月止）
蔡　宁（4月始）
副 主 任：沈君达（3月始）
陆　颖（兼，11月止）
王萍锋
曹新平
徐琦雄
蔡　锐
庞勤峰（4月始）
张小飞（11月始）
陈肇俊（兼，11月始）
崔　宏（兼，11月始）
金　莹
党组书记：何慧刚（4月止）
蔡　宁（4月始）
党组成员：沈君达（2月始）
王海洲
陆　颖（兼，10月止）
王萍锋
曹新平
徐琦雄
蔡　锐
庞勤峰（4月始）
张小飞（11月始）
陈肇俊（兼，10月始）
崔　宏（兼，10月始）
金　莹

流动人口管理办公室副主任：
张小飞（11月止）
督查室主任：周春莉（11月始）

区发展和改革局
局　　长：庄　宏
副 局 长：王田荣（3月始）
葛石松
王家栋（3月始）
欧益民（11月止）
总经济师：毛坚芬（3月始）
党组书记：庄　宏
党组副书记：王田荣（2月始）
葛石松
党组成员：戎爱武
王家栋（2月始）
欧益民（11月止）

区经济和信息化局
局　　长：吴汉元
副 局 长：张国龙（3月始）
徐　勇
郑利庆
总工程师：夏焕文
党组书记：吴汉元
党组成员：张国龙（2月始）
徐　勇
郑利庆

区教育局
局　　长：裘建浩（7月止）
郁建军（7月始）
副 局 长：朱子凡（3月始）
陈　臣
於宏华
党委书记：裘建浩（6月止）
郁建军（6月始）
党委副书记：朱子凡（2月始）
党委委员：费春华
陈　臣
於宏华

区科学技术局
局　　长：谢晓东
副 局 长：杨安妮
李文斌
林　勇（3月始）
何国挺（11月始）
王月忠（11月止）
党组书记：谢晓东
党组成员：李文斌
何国挺（10月始）
王月忠（10月止）

区科协
主　　席：谢晓东（2月止）
杨安妮（2月始）
副 主 席：杨剑云（2月止）
王月忠（10月止）

区民政局
局　　长：周建军（11月止）
宋文夫（11月始）
副 局 长：毛文辉
韦晓阳
吴鹤立
严国苗（3月始）
党组书记：周建军（10月止）
宋文夫（10月始）
党组成员：毛文辉
吴鹤立
严国苗（2月始）

区司法局
局　　长：史亚培
副 局 长：管恩田（3月始）
贺贤文
狄立新
过世荣
党组书记：史亚培
党组副书记：管恩田（2月始）
党组成员：贺贤文
狄立新

区财政局
局　　长：舒建国（4月止）
曹　杰（4月始）
副 局 长：金群辉
童　霞（3月始）

① 2017年5月，海曙区政协委员工作委员会成立。

朱裕高（3月始）
总会计师：邱顺年
国资中心主任：王　海
党组书记：舒建国（4月止）
曹　杰（4月始）
党组成员：金群辉
童　霞（2月始）
朱裕高（2月始）
邱顺年
王　海

区人力资源和社会保障局
局　　长：陶　宁（4月止）
余　解（4月始）
副 局 长：李建召
贺海宁（1月止）
李苏苗（11月始）
赵开宏
党组书记：余　解
党组副书记：陶　宁（4月止）
贺海宁（1月止）
李苏苗（10月始）
党组成员：李建召
赵开宏

区住房和城乡建设局
局　　长：王甬明
副 局 长：王晨涛
孙建强（11月止）
屈　庆（3月始）
丁迪辉（11月始）
房管处处长：王晨涛
公共项目建设管理中心主任：
孙建强（兼，11月止）
朱海伦（11月始）
总工程师：王　云
党委书记：路德峰
党委副书记：王甬明
王晨涛
孙建强（10月止）
党委委员：王　云
朱朝兴
丁迪辉（10月始）
朱海伦（11月始）

区综合行政执法局（区城管局）
局　　长：王志刚
副 局 长：傅　丹
谢跃伟（3月始）
樊华钢
童　威（3月始）
袁卫东
李苏苗（挂职，5月始）
徐　峰
党委书记：王志刚
党委副书记：傅　丹
党委委员：谢跃伟（2月始）
樊华钢
童　威（2月始）
袁卫东
王庭华
徐　峰
李苏苗（挂职，5月始）

区交通运输局
局　　长：张朝晖（4月止）
虞　挺（4月始）
副 局 长：周　里
张　锋（3月始）
钟宏朝（11月始）
党组书记：张朝晖（4月止）
虞　挺（4月始）
党组成员：周　里
张　锋（2月始）
钟宏朝（11月始）
宋立刚（11月始）
总工程师：吴祖峰（11月始）

区农林水利局
局　　长：吴永华（4月始）
副 局 长：朱建元（3月始）
姚明华
周斌朝（3月始）
黄　伟（3月始）
潘宁霞（3月始）
党组书记：张春波（10月止）
吴永华（10月始）
党组副书记：吴永华（9月止）
朱建元（2月始）
党组成员：姚明华
周斌朝（2月始）
黄　伟（2月始）
俞伟军（12月始）
李绍智（2月始）

区商务局
局　　长：方卓毅（6月止）
副 局 长：王宗成（3月始，6月止）
竹　琰（3月始，6月止）
卢其能（6月止）
应　君（6月止）
华　天（挂职，4月止）
党组书记：方卓毅（6月止）
党组副书记：王宗成（2月始，6月止）
党组成员：竹　琰（2月始，6月止）
卢其能（6月止）
应　君（6月止）

区商务局（粮食局）①
局　　长：方卓毅（6月始）
副 局 长：王宗成（6月始，11月止）
竹　琰（6月始）
柳晓波（11月始）
卢其能（6月始）
应　君（6月始）
党组书记：方卓毅（6月始）
党组副书记：王宗成（6月始，11月止）
党组成员：竹　琰（6月始）
柳晓波（10月始）
卢其能（6月始）
应　君（6月始）

区文化广电新闻出版局（旅游局、体育局）
局　　长：郭　波
副 局 长：郑国芳（3月始）
俞　峰（3月始）
齐海峰（3月始）
程　旭（挂职，5月始）
党组书记：郭　波
党组成员：郑国芳（2月始）
齐海峰（2月始）
程　旭（挂职，5月始）

区卫生和计划生育局
局　　长：张文莲
副 局 长：陈东平
顾继红（11月止）
柴筱燕
张学军（11月止）
刘文虎（3月始）

① 2017年6月，中共宁波市海曙区商务局党组更名为中共宁波市海曙区商务局（粮食局）党组。

周祎阳
党委书记：张文莲
党委副书记：王延斌（11月止）
党委委员：陈东平
顾继红（11月止）
柴筱燕
张学军（10月止）
刘文虎（2月始）
周祎阳

区审计局
局　　长：严关忠
副 局 长：卞　燕
沈海江（3月始）
周学军
总审计师：范　颖
党组书记：严关忠（12月止）
卢纳新（12月始）
党组成员：卞　燕
沈海江（2月始）
周学军
范　颖
魏雷顺（12月始）

区统计局
局　　长：王　数
副 局 长：竺　青（11月始）
党组书记：陈肇俊（10月止）
张春波（10月始）
党组成员：竺　青（10月始）
总统计师：戴飞挺（3月始）

区市场监督管理局
局　　长：张承骏
副 局 长：张传泉（3月始）
洪　煜（3月始）
蔡水华
蔡逸平
柳晓波（11月止）
方晓东
蔡红辉（兼，3月始）
董　斌（3月始）
陈　亮
党委书记：张承骏
党委副书记：张传泉（2月始）
党委委员：蔡水华
蔡逸平
柳晓波（10月止）
方晓东
蔡红辉（2月始）
董　斌（2月始）
陈　亮

区安全生产监督管理局
局　　长：吴兵云
副 局 长：张政一（3月始）
童祖洪（3月始）
李华国
陈　刚
党组书记：吴兵云
党组副书记：张政一（2月始）
党组成员：童祖洪（2月始）
李华国
陈　刚

区经济合作局
局　　长：曹　磊（4月始）
副 局 长：张越男
倪耀夫
邵　辉（3月始）
党组书记：曹　磊（4月始）
党组副书记：张越男
党组成员：邵　辉（2月始）

天一阁·月湖景区管理委员会
市旅游局副巡视员：李　平
综合办公室副主任：吕大元
景区与文化旅游管理部副部长：
唐震毅（11月始）
天一阁·月湖景区管理服务中心
副 主 任：裘燕萍（11月始）

望春工业园区管理委员会[①]
主　　任：朱　波（11月止）
蔡文质（11月始）
副 主 任：陈晓伟
黄贤波
党工委书记：王　煦
党工委副书记：朱　波（10月止）
蔡文质（11月始）
党工委委员：陈晓伟
黄贤波
丁良洪

区行政审批管理办公室
主　　任：王明波
副 主 任：王民源
赵建根
鲁亚炜（挂职，3月止）
史　乐（3月始）
陈明传（11月始）
党组书记：王明波（10月止）
谭国洪（兼，10月始）
党组副书记：王明波（10月始）
王民源
党组成员：赵建根
鲁亚炜（挂职，3月止）
史　乐（2月始）
陈明传（11月始）

区机关事务管理局
局　　长：陆　颖（11月止）
陈肇俊（11月始）
副 局 长：郑朝晖
接待办主任：李中杰（11月始）
党组书记：陆　颖（10月止）
陈肇俊（10月始）
党组成员：郑朝晖

金融工作办公室[①]
主　　任：王宗成（11月始）
副 主 任：欧益民（11月始）
党组书记：王宗成（11月始）
党组成员：欧益民（11月始）

宁波（国际）电子商务产业园管理中心
主　　任：柴惠群
副 主 任：俞建江
李中杰（11月止）
党组书记：柴惠群
党组副书记：俞建江
党组成员：李中杰（10月止）
陈　峰（10月止）

区供销合作社联合社
主　　任：张忠浩
副 主 任：潘信伟（3月始）
党组书记：张忠浩

① 2017年6月，中共宁波望春工业园区管理委员会成立。
② 2017年11月，中共宁波市海曙区金融工作办公室党组成立。

党组成员:潘信伟(2月始)

81890求助服务中心
主　　任:金　莹
副 主 任:叶央儿
　　　　张坤(挂职,3月止)
党组书记:金　莹
党组成员:叶央儿

区南站广场区域综合管理办公室
主　　任:卢洪波
副 主 任:郑　伟(3月始)
　　　　华　凯(11月止)
党组书记:卢洪波
党组成员:郑　伟(2月始)
　　　　华　凯(11月止)

区房屋征收办公室(区重点工程建设指挥部)
总指挥:谭国洪
主　　任:崔　宏(11月止)
　　　　陆云峰(11月始)
常务副总指挥:崔　宏(11月止)
　　　　陆云峰(11月始)
副 主 任:陆海红
　　　　楼力力
　　　　王　旭(11月始)
党组书记:崔　宏(10月止)
　　　　陆云峰(10月始)
党组成员:陆海红
　　　　楼力力
　　　　王　旭(10月始)

石碶市场区管理委员会[①]
主　　任:陆勇敢
副 主 任:张明伦
党委书记:陆勇敢
党委委员:张明伦

客运中心综管办
主　　任:俞小群

桃源湾休闲度假区开发建设指挥部[②]
总 指 挥:王　煦(兼)
副总指挥:卢纳新(12月止)
　　　　鲁朝晖
　　　　谢飞红
　　　　朱灵勇(兼,11月止)
　　　　许晓彤(兼)
党组书记:卢纳新(12月止)
党组成员:鲁朝晖
　　　　张　峰

南站区域开发建设指挥部
总 指 挥:谭国洪
常务副总指挥:卢洪波
副总指挥:王保学
　　　　史　鸿
　　　　张　明(兼)
党组书记:卢洪波
党组成员:王保学
　　　　史　鸿

区旧村改造办公室
主　　任:葛　晖
副 主 任:陈小勇
　　　　陈华峰
党组书记:葛　晖
党组成员:陈小勇

区轨道交通工程建设办公室
主　　任:王甬明
副 主 任:伍卫国
　　　　宋立刚(11月始)

【市直属管理单位】

宁波市国土资源局海曙分局
局　　长:葛　晖
副 局 长:蔡　洁
　　　　汪天富(12月止)
　　　　杨幼堂
党组书记:葛　晖
党组副书记:孙国耀(6月止)
党组成员:孙国耀(6月始,12月止)
　　　　蔡　洁
　　　　汪天富(12月止)
　　　　杨幼堂
　　　　尚玉辉(12月始)
纪检组组长:孙国耀(12月止)

区国家税务局
局　　长:周水涌
副 局 长:余建平
　　　　叶华龙
　　　　汪文浩(2月始)
　　　　邬国菊
党组书记:周水涌
党组成员:余建平
　　　　叶华龙
　　　　汪文浩(2月始)
　　　　邬国菊
　　　　胡　展
纪检组组长:胡　展

海曙地方税务局
局　　长:周一伦
副 局 长:汪光明
　　　　林　萍
　　　　薛建新
　　　　朱识华
　　　　顾明杰
党组书记:周一伦
党组副书记:汪光明
党组成员:林　萍
　　　　薛建新
　　　　朱识华
纪检组组长:薛建新

宁波市规划局海曙分局
局　　长:林　峰
副 局 长:王爱民(5月止)
　　　　苏敏敏
　　　　邓　勇
　　　　刘　纲
党组书记:林　峰
党组副书记:苏敏敏(6月始)
党组成员:王爱民
　　　　邓　勇
　　　　刘　纲

宁波市环境保护局海曙分局
局　　长:江立生
副 局 长:王渊高
　　　　汪元富
　　　　吴雪峰

海曙供电局
局　　长:林日安(5月始)
副 局 长:蒋激勇
　　　　凌荣光
　　　　周仁才(5月始)

① 2017年6月,中共宁波市海曙区石碶市场区委员会成立。
② 2017年6月,中共宁波市海曙区桃源湾休闲度假区开发建设指挥部党组成立。

党委书记：蒋激勇（5月始）
工会主席：沈显伟（11月始）

【镇（乡）街道机构】

集士港镇
党委书记：王　煦
党委副书记：俞鹏宏（4月止）
　　范建杰（4月始）
　　王　翔（11月止）
　　鲍科臻（11月始）
　　朱伟军（11月止）
　　朱灵勇（11月始）
党委委员：章朝阳
　　成科峰
　　虞晓晓
　　汪莉萍
　　马苏君
　　任建明（10月止）
　　严立新（兼，10月始）
人大主席：朱伟军（1月始）
人大副主席：葛亚萍
镇　　长：俞鹏宏（5月止）
　　范建杰（5月始）
副 镇 长：姚　杰
　　陈明芳
　　朱灵勇（12月止）
　　胡雨红（12月始）
　　虞晓晓
纪委书记：章朝阳
妇联主席：汪莉萍
财政局局长：史召其（11月止）
资源配置和审批服务中心主任：
　　王益明
执法局局长：胡雨红（11月止）
　　胡持恒（11月始）
工会主席：励成静

古林镇
党委书记：周　高
党委副书记：周小波
　　应鹏辉
党委委员：吴春波
　　何　舜
　　李晓明
　　蒋　琳
　　毛乾伦
　　戴金旭
人大主席：凌旭涛
人大副主席：王剑芳
镇　　长：周小波
副 镇 长：张　亮
　　周　开
　　汪渊群（11月止）
　　袁晓芳（11月始）
　　崔凯业
纪委书记：吴春波
工会主席：王南鹤（11月始）

高桥镇
党委书记：张盈军
党委副书记：陈明珉
　　钱帅华
　　叶夏凯（11月始）
党委委员：叶夏凯（11月止）
　　何国挺（10月止）
　　何云峰（11月始）
　　施鹤峰
　　周　波
　　姚存通
　　崔　磊
人大主席：毛雪光
人大副主席：钱　光
　　施志明（12月始）
镇（乡）长：陈明珉
副镇（乡）长：陈　聪（12月止）
　　徐　辉（12月始）
　　陆从武
　　叶　华
　　严邵辉
纪委书记：何国挺（10月止）
　　何云峰（11月始）
总工会主席：施志明（11月止）
　　毛科杰（11月始）

横街镇
党委书记：陈晓虎
党委副书记：李博古
　　林小红（4月止）
党委委员：钟宏朝（11月止）
　　许继忠
　　毛亚君
　　胡永世
　　陈　辉
　　王　慧
人大主席：章红霞
人大副主席：严红杰
镇　　长：李博古
副镇（乡）长：竺　青（11月止）
　　许晓彤
　　毛亚君
　　胡　波
　　华　军（11月始）
纪委书记：王　慧
工会主席：周燕娜

鄞江镇
党委书记：黄　列
党委副书记：王贤勇
　　许　骥
党委委员：陈　明
　　周风云
　　吕　莲
　　陈松苗
　　邱玉良
　　胡意伟（11月始）
人大主席：陈坚平
人大副主席：童盈国（1月始）
镇　　长：王贤勇
副 镇 长：陈松苗
　　崔川良
　　陈　波
　　王　旭（10月止）
纪委书记：周风云
工会主席：陈文烈（12月始）

洞桥镇
党委书记：戚燕枫
党委副书记：陈学芳
　　李苏苗（10月止）
　　林丹枫（11月始）
党委委员：陈　洪
　　林丹枫
　　贝春芬
　　胡　杰
　　吴建军
　　龚安君
人大主席：沈功海
人大副主席：俞国军
镇　　长：陈学芳
副 镇 长：贝春芬
　　杨武军
　　全立伟
　　应功明
纪委书记：龚安君
工会主席：李　霞

章水镇
党委书记：周宏杉
党委副书记：宋文夫（10月止）
　　胡小峰

党委委员：严　波
任明海
王　杰
陈旭亚
陈峥嵘
人大主席：崔锡朋
人大副主席：李红伟（1月始）
镇　　长：宋文夫（12月止）
胡小峰（12月始）
副 镇 长：陈旭亚
严炳君
陈国军
丁迪辉（11月止）
纪委书记：任明海
工会主席：郑宏国（12月始）

龙观乡
党委书记：陈健雄
党委副书记：曹　磊（4月止）
林小红（4月始）
黎炜华
党委委员：毛　磊
刘建华
陈朋豪
徐华儿
陈国钦
人大主席：周　阳（1月止）
王良峰（1月始）
人大副 主 席：蒋召君
乡　　长：曹　磊（5月止）
林小红（5月始）
副 乡 长：徐华儿
李春梅
钱剑锐
王秩林（12月止）
胡瀚杰（12月始）
纪委书记：毛　磊
工会主席：胡瀚杰（11月止）
虞盈浩（11月始）
妇联主席：曾　徐

五龙潭风景名胜区管委会①
党工委书记：陈健雄（兼）
党工委副书记：曹　磊（兼，4月止）
林小红（6月始）
主　　任：曹　磊（兼，4月止）
林小红（兼，4月始）
副 主 任：李春梅（兼）

石碶街道
党工委书记：朱良华（4月止）
张朝晖（4月始）
党工委副书记：李　高（11月止）
孙妙芳（11月始）
陈　锋（11月始）
王光阳（11月止）
党工委委员：谢鸣鸣
王军义
朱华鑫
陈　云
李健宏
马　能
陈　锋（11月止）
人大工委主任：戴利光
人大工委副主任：许惠苏
办事处主任：李　高（11月止）
孙妙芳（11月始）
办事处副主任：高红伟
徐　钢
蔡幼琴
钟明荣
纪工委书记：马　能
总工会主席：袁晓芳（11月止）
董　郑（11月始）

月湖街道
党工委书记：金凌峰
党工委副书记：宋林权
沈东晓
党工委委员：谢恒翀
王　燕
黄　江
刘光红
李　虎
李胜泓
张燕青
人大工委主任：金凌峰
人大工委副主任：余金莲
办事处主任：宋林权
办事处副主任：黄　江
刘光红
张燕青
徐佩娜
纪工委书记：李胜泓
派出所所长：张燕青
人武部部长：李　虎
总工会主席：王　昶

西门街道
党工委书记：章　静
党工委副书记：计　锋
杨剑云
党工委委员：郭路群
邬钢环
林　锦
王　亮（11月始）
张多国
汪文虎（11月止）
唐善斌
施建新
虞　刚（挂职，4月止）
路朝晖
（挂职，3月始，9月止）
人大工委主任：沈　健
人大工委副主任：盛福林
办事处主任：计　锋
办事处副主任：张多国
汪文虎（11月止）
姜文善（11月始）
孙　琴
唐善斌
虞　刚（挂职，4月止）
路朝晖
（挂职，3月始，9月止）
纪工委书记：郭路群
派出所所长：唐善斌
人武部部长：施建新
总工会主席：徐孝军

江厦街道
党工委书记：曹　杰（4月止）
陶　宁（4月始）
党工委副书记：郭文光
刘　鸣
党工委委员：张莉珠
陈盛杰
汪渊群（11月始）
丁　宇（11月止）
潘玲玲
赵　枫
张齐文

① 2017年6月，中共宁波市海曙区五龙潭风景名胜区管委会成立。

任志军
罗　滨（挂职，4月止）
人大工委主任：劳玉莹
办事处主任：郭文光
办事处副主任：潘玲玲
赵　枫
张齐文
罗　滨（挂职，4月止）
纪工委书记：张莉珠
派出所所长：张齐文
人武部部长：任志军
总工会主席：陈盛杰（1月止）
郑　斌（1月始）

南门街道
党工委书记：张　明
党工委副书记：孙妙芳（11月止）
王光阳（11月始）
董共茂
齐杨成（挂职，4月止）
党工委委员：王海波
朱　克
胡宁军
陈小意（2月始）
屠德良
林忠华
邓想轩
人大工委主任：张　明
人大工委副主任：叶　华
办事处主任：孙妙芳（11月止）
王光阳（11月始）
办事处副主任：屠德良
林忠华
商满邦
王　斐
纪工委书记：王海波
派出所所长：林忠华
人武部部长：邓想轩
总工会主席：张　萍

鼓楼街道
党工委书记：汪锡超（1月止）
朱　波（10月始）
党工委副书记：陈有海
朱飞龙
党工委委员：曹建萍
孟浩军
邬燕萍（6月止）
黄　伟
林江波
余伟曙
徐海平
朱　颖（挂职，5月始）
人大工委主任：金郁康
办事处主任：陈有海
办事处副主任：黄　伟
林江波
余伟曙
王芳芳
朱　颖（挂职，5月始）
纪工委书记：曹建萍
派出所所长：余伟曙
人武部部长：徐海平
总工会主席：韩善明（1月始）

白云街道
党工委书记：郁建军（6月止）
李　高（11月始）
党工委副书记：段谟法
刘　锋
王　丹
（挂职，3月始，9月止）
党工委委员：梁伟建
张东波
邵黎颖
陆子凯
沈明华
蓝永清（11月止）
邵　强（12月始）
人大工委主任：赵宏桢
办事处主任：段谟法
办事处副主任：陆子凯
沈明华
王慧兰
纪工委书记：梁伟建
派出所所长：沈明华
人武部部长：蓝永清（11月止）
邵　强（12月始）
总工会主席：张兴丁（1月始）

望春街道
党工委书记：俞鹏宏（4月始）
党工委副书记：陆云峰（10月止）
羊文远
庞勤峰（4月止）
党工委委员：崔　昱
陶伟儿
叶建洋
徐科静（11月始）
余万儿
周海君
徐朝坤
何云峰（11月止）
徐鹏飞（11月始）
人大工委主任：林华伟
人大工委副主任：徐有富
办事处主任：陆云峰（11月止）
办事处副主任：余万儿
周海君
徐朝坤
贺　峰
胡　超（3月始）
纪工委书记：崔　昱
派出所所长：徐朝坤
人武部部长：何云峰（11月止）
徐鹏飞（12月始）
总工会主席：池跃平（1月止）
姚利桥（1月始）

段塘街道
党工委书记：裘　骥
党工委副书记：柴　炜
蔡文质（11月止）
陈　聪（11月始）
党工委委员：邹月萍
虞建东
陈宏虹
金俊飞
林舜文
周俊军（挂职，4月止）
人大工委主任：施剑萍
人大工委副主任：杨夫昌
办事处主任：柴　炜
办事处副主任：金俊飞
李　迪
舒群贤（11月始）
倪　容
周俊军（挂职，4月止）
纪工委书记：邹月萍
纪工委副书记：林舜文
派出所所长：金俊飞
人武部部长：林舜文
总工会主席：缪君玉

中国共产党海曙区委员会

综　述

【概况】 2017年，海曙区完成地区生产总值1164.48亿元，同比增长6.3%；财政总收入163.84亿元，增长6.5%，其中一般公共预算收入93.02亿元，增长0.9%。城镇、乡村居民人均可支配收入分别达到59482元、32743元，增长均为7.9%。引进市外内资、"浙商回归"资金、实际利用外资分别为118亿元、52.9亿元、3亿美元。

完成"十三五"规划纲要和15个专项规划修编，确定海曙区"一心两带三圈"的空间布局和"东商西绿中高新"经济发展格局。贯彻市"大脚板走一线、小分队破难题"抓落实专项行动，开展"重大项目攻坚、招商选资突破、作风建设提升"三大行动，省内首个轨道交通地下商业街区——东鼓道运营。加强跨境电商综试区建设，宁波国际邮件交换站开通，互换局二期提前完成选址。月湖金汇小镇入选省第三批特色小镇创建名单。深化"中国制造2025"试点，海曙区成为省级"服装制造业改造提升试点区"。获评省级首批"放心粮油示范县"试点。

14个地块完成挂牌出让。S214省道改建、横街至章水公路等重点工程重新启动，解放路综合整治工程基本完成，洞桥生活垃圾焚烧厂点火运行。通过市对区"全域剿灭劣V类水"综合验收，完成全省首个湖泊治理PPP项目——月湖水环境综合整治，月湖街道、江厦街道、鼓楼街道通过"污水零直排区"创建验收，段塘碶闸站完工。"三改一拆"提前超额完成年度任务，西河街项目完成签约，高塘二村、四村地块启动征收。首批3个镇（乡）47个项目基本完工。

推进精准扶贫，做好四明山区域高山移民工作。户籍人口养老保险和医疗保险参保率居全市前列，入选全省首批"无欠薪试点区"。蒲家三期等保障性住房竣工验收。樟村中学等8所校（园）交付使用，组建海曙区教育集团，入围首批"中国新样态学校联盟实验区"。海曙区第二医院投入使用，完善分级诊疗体系，推动医联体（区域医疗联合体）向基层延伸，家庭医生签约服务率居全市首位。举办第二届宁波国际微电影节，区话剧中心挂牌成立。

推进重点领域和关键环节改革，区行政服务分中心成立运行，实现"一窗受理"。制定新一轮区与镇（乡）街道、园区财政管理体制，农合联（农民合作经济组织联合会）工作体系基本建立。中东欧新材料研究院、宁波智能制造技术研究院等一批创新平台相继成立，创建首个国家级科技企业孵化器，限额以上科技服务业增加值居全市首位，信息经济在全省综合评价中名列全市第一。

推进队伍融合建设，完成区、镇（乡）街道、村（社区）三级换届，推进

12月，集士港镇四明山村拆迁安置小区竣工

新职能部门和区属国有企业组建，完成党政机关、事业单位职能调整扩容和机关事业人员划转。通过一年努力，基本达到“区域统合、资源整合、工作聚合”目标。

深化民主法治建设，开展多形式、分层次、全覆盖的“学习中共十九大”宣传活动，推进“两学一做”学习教育常态化制度化。加强领导班子和干部队伍建设，落实全面从严治党主体责任和监督责任，推进监察体制改革试点，区监察委员会成立。开展“党建在一线、书记带头干”锋领行动，完善“甬·志愿”党员志愿服务网络体系。开展作风建设提升行动，查处违纪违法党员干部71人，完成三轮20家单位党组织巡察。

维护社会和谐稳定，完成“平安护航十九大”等重大维稳安保任务。矛盾纠纷调处成功率达98.4%，初信初访化解成效明显。“四个平台”（综治工作平台、市场监管平台、综合执法平台、便民服务平台）建设稳步推进，三级综合信息指挥体系有效运转，事件办结率超过99%，连续12年获评省级“平安县（市、区）”，获得“平安金鼎”。

【区“十三五”规划纲要修编完成】 2017年8月29日，区十一届人大常委会第五次会议审议通过《海曙区国民经济和社会发展第十三个五年规划纲要（修编）》，是行政区划调整后全市首个修编完成的区级“十三五”规划纲要。根据规划，“十三五”期间海曙区将提速建设国内一流强区，率先全面建成更高水平的小康社会，推动海曙区新一轮跨越式发展。至2020年，地区生产总值达到1400亿元，年均增长7.5%。一般公共预算收入达到128亿元，固定资产投资累计完成2200亿元，综合经济实力在国内同类城区中实现争先进位。

（袁德超）

重要决策和重大活动

【中共宁波市海曙区第九次代表大会】 2017年1月17—19日，中国共产党宁波市海曙区第九次代表大会召开。孙黎明代表中共宁波市海曙区第八届委员会向大会作“继往开来，团结奋进，全力开启高质量建设国内一流强区新征程”报告。大会由区委副书记、区长褚孟形主持。大会总结回顾海曙区第八次党代会以来的主要成绩和基本经验，分析面临的机遇、形势和挑战，要求以行政区划调整为契机，以更高站位、更宽视野、更大格局研究部署海曙区今后五年奋斗目标和主要任务。大会选举产生中国共产党宁波市海曙区第九届委员会和第九届纪律检查委员会及出席市第十三次党代会代表。书面审查中共宁波市海曙区第八届纪律检查委员会工作报告，通过《关于中国共产党宁波市海曙区第八届委员会工作报告的决议》《关于中国共产党宁波市海曙区第八届纪律检查委员会工作报告的决议》，宣布中共宁波市海曙区第九届委员会第一次全体会议和中共宁波市海曙区第九届纪律检查委员会第一次全体会议选举结果，孙黎明当选为新任海曙区委书记。

3月20日，全区领导干部会议暨村和社区组织换届工作动员培训会召开

【“三大行动”动员部署大会】 2017年3月13日，海曙区“三大行动”动员部署大会召开。“三大行动”即重大项目攻坚行动、招商选资突破行动、作风建设提升行动。区委书记孙黎明出席会议并讲话，区委副书记、区长褚孟形主持会议，区委常委、常务副区长谭国洪作“重大项目攻坚行动”部署，区委常委、组织部部长严仕恩作“作风建设提升行动”部署，副区长薄慧敏作“招商选资突破行动”部署。

【全区村和社区组织换届】 2017年3月始，海曙区筹备村、社区组织换届工作。3月20日，全区村和社区组织换届工作动员培训会召开。4月11日，启动村（居）委会换届选举。至5月21日，167个村、87个社区换届选举完成。村委会换届登记选民23.5万余人，投票率达95.8%，选举产生504名村委会成员，平均年龄45岁，其中新进村委160人；选举产生村委会主任167人，平均年龄48.5岁，其中新任主任47人，村委会自荐直选率达1%。居委会登记选民27.7万余人，投票率达86.25%，选举产生615名居委会成员，其中专职社区工作者174人，平均年龄46.3岁，新进居委会人数298人；选举产生居委会主任87人，其中新任主任34人，居委会直接选举率达100%。

【全区党建工作会议】 2017年4月5日，全区党建工作会议召开。会议学习贯彻中央和省、市委关于全面从严治党新要求、新精神，研究部署今后一个时期海曙区党的建设各项工作。区委组织部、区委宣传部、区委统战部分别对2017年工作任务进行具体部署。

【全区推进“两学一做”学习教育常态化制度化工作座谈会】 2017年5月26日，全区推进“两学一做”学习教育常态化制度化工作座谈会召开。会议学习总书记习近平关于推进“两学一做”学习教育常态化制度化重要指示精神，贯彻中央和市委工作座谈会精神，要求抓实、抓细、抓严海曙区“两学一做”学习教育，并部署相关工作。区委书记孙黎明出席座谈会并讲话。

【唐一军到海曙区调研】 2017年6月21日，时任省委副书记、市委书记唐一军到章水镇开展省党代会精神宣讲暨七一慰问座谈活动。走访慰问邵锡燕、张永根等老党员，考察章水镇李家坑村新村建设、基层党建和古村保护开发等情况。

【区委九届二次全体（扩大）会议】 2017年8月11日，区委召开九届二次全体（扩大）会议。区委书记孙黎明代表区委常委会向全会作报告。会议贯彻中共十八届六中全会精神，贯彻总书记习近平系列重要讲话精神和治国理政新理念、新思想、新战略，回顾总结2017年上半年各项工作，明确下半年经济社会发展目标任务，动员全区上下坚定方向、奋力攻坚。

（袁德超）

区委办公室工作

【概况】 2017年，区委办公室做好区划调整牵头抓总工作，制定方案，推进落实。5357名机关事业人员划转，90%以上机构扩容、调整或新建，全区行政机构从50家增至63家，事业单位从184家增至380家，实现区划调整平稳过渡。

承办全区性会议活动66个，加大区委、区人大、区政府、区政协、区纪委间主任会议协调力度，从每月一次调整到每周一次召开。组织参与区领导调研活动85次，接待上级领导调研督察及兄弟县（市、区）到访85批次。

起草区委全委会报告等各类文稿50余篇，共30余万字。起草领导讲话稿110余篇，共40余万字；形成调研报告10余篇，其中5篇被录用或获奖。办理省、市明传电报277份、密码电报829份，发文183件。

强化本级重要信息24小时不间断报送和重要会议半小时响应机制。上报省、市各类信息1600余条。其中，中共中央办公厅录用20条，省委办公厅录用96条，市委办公厅录用233条。编发《海曙通信》187期，召开各类信息培训14场，培训167人次。

基于区划调整实际情况，承担对全区行政事业单位的目标考核任务。重新梳理、调整、优化考核办法，制定涉及全区76家单位、涵盖112项内容考核体系的考核细则。

赴重庆、深圳、苏州等地学习考察，编制新海曙“十三五”规划纲要；部署新海曙战略，提出争当“五个排头兵”要求和“高质量建设国内一流强区”思路建议。针对区划调整中鄞州区、海曙区政策机制差异，梳理财政体制、新村建设、行政审批等22类204项政策差异事项，明确重大资产划分、机场三期征迁、垃圾焚烧场点火等96个疑难复杂问题。至是年底，行政服务、执法管理、民生保障、联企服务在新划入的区域实现全覆盖，基本实现“同城同规划、同城同标准、同城同保障”。

开展“大脚板走一线、小分队破难题”抓落实专项行动，起草区委“三大行动”的“1+3+X”行动方案，将具体项目落实与区划调整、转型升级、改革创新相结合，确保市、区、镇（乡）街道338个项目定人定责、有序推进，实现全时段跟进。按照“一个重点区块、一名责任领导、一组工作专班、一套工作机制”原则，构建“三级联抓”协调配合机制。开展“进百村、联千企、破万难”攻坚破难行动，区委办对接上级部门，联动推动环球广电扩产项目等一批重点项目，实现全过程督察。

【督察工作】 2017年，区委办联合区纪委、区委组织部、区委宣传部，利用机关党政责任清单、平台检索、对账制度功能开展督察22次，重点督察“大脚板走一线、小分队破难题”抓落实行动，“五水共治”“三改一拆”“重大项目攻坚，招商选资突破，作风建设提升”三大行动，经济指标完成情况，村（社区）换届工作，新海曙规划纲要修编，全区深化改革推进，小城镇环境综合整治，镇（乡）街道行政体制改革暨基层治理“四个平台”建设，信访工作等。办理各级领导批示件368件，形成月报12次，市委办公厅《宁波督察（通报）》录用上报信息2条。

【保密工作】 2017年，海曙区制定出台《机关单位保密自查自评工作规则》《2017年度海曙区保密工作目标管理考核细则》、《关于规范全区机关单位保密自查自评工作台账的通知》和《保密工作提示单》等保密文件。组织开展全区性保密培训3次，参训370余人。对18家单位开展保密检查，建立覆盖全区84家单位的保密联络员队伍，形成日常联络、常态教育、交叉检查、自查自评的保密工作网络。

【“海曙行动”微信指挥平台上线】 2017年6月，“大脚板走一线、小分队破难题”抓落实专项行动的微信指挥平台——“海曙行动”上线。平台设“重大项目攻坚图”“招商选资竞技台”“作风建设展示厅”“双线考核排行榜”“实时信息发布窗”5个栏目，汇集区四套班子、各镇（乡）街道、各部门负责人，以图表、照片、文字等形式，实时通报行动进展，实行“对账销号、亮灯管理”的绩效管理模式。平台启用后，336个攻坚项目全线提速，其中月湖金汇小镇、鄞奉路片区二期、环球广电项目、棚户区改造、小城镇环境综合整治、月湖水生态综合整治等重难点项目实现突破性进展。

（袁德超）

组织工作

【概况】 2017年，海曙区有基层党组织2396个，有党员4.63万人。区委组织部开展“两学一做”学习教育常态化制度化工作，推进“四铁”干部队伍建设，建设城乡一体“全景党建示范区”，营造人才发展生态最优区。

有序推进干部划转，通过需求排摸、政策备忘研究、接收干部谈话等，确保人心稳定，实现工作无缝对接。

至10月31日，接收划转人员5357人，其中公务员、参公人员1222人，事业人员4135人。组织开展干部调配，选优配强班子队伍，调配干部200余人次。举办“携手同行 共筑梦想”区情专题培训班等23次，选派59名优秀干部到新成立单位和重点项目、中心工作岗位挂职锻炼。推进“作风建设提升行动”，设计开展“百千万”攻坚破难行动、“科长争先锋”“海曙你最美”先进典型评选等活动。加大干部监督管理力度，修订完善《宁波市海曙区国家工作人员因私出国（境）管理办法》，开展批评教育20人次，函询领导干部30余人次，抽查、查核领导干部个人有关事项报告100余人次。

推进基层党建城乡融合，修订全区“双整”工作规划，协办全市“党建引领城市基层治理创新”研讨会，举办“红色组织力引领创新发展”两新党建论坛，举办全市首个“两新”党务工作者培训班——“红色旗手训练营”，开展“党建在一线、书记带头干”锋领行动，村社书记领办“党建+发展”项目265个，以党建助推基层治理、城乡发展。完成村（社区）组织换届工作，全区256个村（社区）党组织、254个村（居）委会、254个村（居）监会、167个农村股份经济合作社换届。完善“甬·志愿”党员志愿服务网络体系，开展“党员我先行”系列锋领行动，举办全市党员锋领行动志愿服务推进会暨“甬·志愿”推广培训会，党员志愿服务经验在全市推广。推进“两学一做”学习教育常态化制度化，设计开发“海曙新红图”，建立28个开放式组织生活基地，丰富支部主题党日活动载体。

围绕新海曙产业体系，扩大“百创汇海计划”人才引育力度。2名中国科学院院士领衔项目入围“3315计划”，中科院（宁波）联动创新中心、中芬人才技术交流合作平台、宁波智能制造研究院、中东欧新材料研究院等重大项目落地。出台《人才初创企业成长指数评价体系》《关于投资创业、引进人才、有特殊技能、有特殊贡献者和我区经济社会发展急需人才申领居住证的暂行规定》和《关于加强社会工作专业人才队伍建设的实施意见》，强化人才项目监督管理。举办首期“百创汇海”创新人才工作专题培训班，组织45名镇（乡）街道、区级机关人才工作分管领导赴上海交通大学集中培训，提升人才工作专业能力。

【人才初创企业成长评价体系出台】 2017年，海曙区创新人才评价机制，出台《海曙区人才初创企业成长指数管理办法（试行）》。通过对企业当前和潜在发展能力进行细化量化、对比分析和研判，构建人才初创企业成长指数评价体系，并将评价结果与政策兑现、调整、后续奖励支持和清理劝退等环节挂钩。至是年底，46个高层次人才项目纳入评价体系，对7个不符合评定条件且发展不理想的人才项目予以清退。

【“海曙新红图”上线】 2017年，海曙区开放式组织生活基地线上平台——“海曙新红图”上线，丰富“两学一做”学习教育载体。28家基地涵盖农村、社区、机关、企业等各领域，包括“红色洗礼”“党性拓展”“区情展示”等多个主题，每个基地除党章学习、重温入党誓词等必选科目外，还根据不同党员群体实际，添加“微心愿”认领、素质拓展、志愿服务、文化体验项目等附加课程。

【“党建在一线、书记带头干”锋领行动】 2017年6月2日，海曙区举行村社党组织书记“头雁论坛”暨“党建在一线、书记带头干”锋领行动启动仪式，全面启动“锋领头雁计划”，优化干部“选、育、管、留”工作，对全区机关、村（社区）等基层党组织书记进行全方位、多素质培训。至是年底，开展10余次活动，培养一支素质过硬的书记队伍，全区20名书记获评省“千名好支书”。

【首届“科长争先锋”活动】 2017年6月22日，海曙区启动首届“科长争先锋”活动，创新干部评价考核传统模式。通过组织推荐、实绩展示、实力亮相、综合评定等环节，综合运用“实绩争先”、“实力争锋”、组织评荐、群众评选等方式面向基层评价干部，作为干部综合考评的重要依据，甄选两区合并后新海曙内实绩突出、素质全面、群众公认的优秀中层干部。

【全市锋领行动志愿服务推进会暨“甬·志愿”推广培训会】 2017年6月23日，全市党员锋领行动志愿服务推进会暨“甬·志愿”推广培训会在海曙举行。海曙区向全市推广党员志愿服务工作经验，展现海曙区党员志愿服务“一联盟、双中心、十基地、百站点、千队伍”的新体系。现场宣布市“甬·志愿”服务联盟成立，并启动全市“微呼百应”爱心圆梦行动。

【“海曙你最美”先进典型评选】 2017年8月30日，海曙区启动“海曙你最

6月2日，海曙区举行村社党组织书记“头雁论坛”暨“党建在一线、书记带头干”锋领行动启动仪式

美——作风建设提升行动先进典型选树”活动，推荐先进典型团队和个人。优先推荐能为加速新海曙思想文化融合、经济社会发展作出突出贡献的组织；能辐射带动周围干部群众，围绕党政中心工作贡献自己力量的干部。11月，通过基层推荐、初核筛选、网上投票、责任单位综合评定等环节，评选出区“五水共治”办等5个“海曙你最美”团队，区殡仪馆副主任崔建杰等5名“海曙你最美”个人。

【“红色旗手训练营”开营】 2017年10月12日，全市首个“两新”党组织工作者专题训练营——“红色旗手训练营”开营，首批19名区内重点企业和商圈“两新”党务工作者参加培训。训练营以“喜迎十九大 永远跟党走”为主题，聘请市党建名师工作室董国福为首席导师，与来自各级党校、组织部门、优秀基层党组织的专家、学者、书记组成导师团。采用长期办班、分期开班、系统教学、建档培养的管理方式，线上线下同步，培养“两新”党务工作人才。

【“科室齐亮相·基层大评议”活动】 2017年11月22日，区委组织部联合区纪委、区委宣传部、区直属机关党工委启动“科室齐亮相·基层大评议”活动，镇（乡）街道机关干部、干部监督员、“两代表一委员”（党代表、人大代表、政协委员）、村社党组织负责人、社会工作者等3854人通过网络投票方式，对全区机关6类44家单位270个科室开展评议。区委组织部联合相关部门督促各单位查核、整改评议活动中暴露的问题，对分数落后的7家单位7个落后科室进行跟踪整改。

【“红色组织力引领创新发展”两新党建论坛】 2017年11月18日，海曙区举办“贯彻落实十九大精神红色组织力引领创新发展”两新组织党建工作论坛，中央党校、省委党校专家、省市区各级组织部领导、省内知名“两新”组织出资人（负责人）和党组织负责人等百余人参加。中央党校哲学部战略室主任、教授任俊华，浙江省委党校教研部副主任、教授邱巍分别作专题讲座，参会人员关于如何建强“两新”党组织，引领“两新”企业发展进行探讨。

（邹　挺）

宣传思想工作和精神文明建设

【概况】 2017年，区委宣传部以学习习近平新时代中国特色社会主义思想为重点，组织开展区委理论学习中心组扩大学习会15次。落实领导干部“讲学、评学、述学、考学”制度，组织全体区级领导赴基层宣讲中共十九大精神，连续5年开展区管干部理论考学。创建“学在海曙”理论学习微信平台，增强理论学习内容供给服务，建立“学前准备—学中评价—学后反馈”体系。

依托“民间名嘴”、老教授协会及各相关高校师资组成区级讲师团，通过课堂讲学、文艺宣讲和“微宣讲”等多种形式，组织开展基层宣讲4500余场次。开展以“勇立潮头话担当”为主题的微型党课授课比赛300余场次，覆盖干部群众2万余人次，在市级微型党课比赛中获优秀组织奖及若干单项奖。承办宁波市“我最喜爱的习总书记一句话”宣讲决赛活动，获二等奖2项、优秀组织奖1项。

入选“宁波好人”7人、“浙江好人”1人，获市级“道德模范提名奖”1人，新创市级“文明家庭”10户，建成区级道德模范工作室1个，开明街建成“道德模范街”。在月湖公园、铁路宁波站增设造型公益广告5个，印发文明宣传入户手册27万余册、文明系列宣传海报3000余套。制定《海曙区家庭文明建设三年行动计划（2017—2019）》，联合开展“见字如面 家书抵万金”活动。

制定《海曙区“文明校园”建设管理办法》，启动首批区级“文明校园”评选活动，区级“文明校园”创建率达68%。围绕“我的中国梦”实践活动，开展市级道德模范进校园、中华经典诵读吟唱进校园、“同心向党”歌咏比赛、清明网上祭英烈、向国旗敬礼等活动。组织未成年人心理健康教育进学校课堂、进“假日学校”、进家长学校、进网络的“四进”活动36场次，增建省级“心理健康教育特色示范学校”1所。

增加注册志愿者23.18万人、志愿服务组织267个，增建“志愿服务驿站”6个，完成志愿信息对接3.9万人次，在新疆建立“宁波库车志愿服务站”。联合开展“甬·志愿”大篷车城西行系列活动9场。举办“12·5”国际志愿者日暨2017优秀志愿服务表彰活动。

【文明创建工作】 2017年，海曙区建立区级文明行为促进工作联席会议制度，与镇（乡）街道、重点部门签订精神文明创建工作目标管理责任书。实施“六项整治提升行动”，在人口集中区域增加机动车停车位3770个，增设施划非机动车点位1431个，施划长度20.3千米。开展“阿拉好社区”评比活动。创建省级“文明单位”6家、市级“文明单位”5家。

制发《海曙区小城镇文明提质行动三年实施意见》。海曙区“清新乡居”首条文明示范线开通，龙观乡李岙村获评第三批宁波市“最洁美村庄”，新增茂新村、翁家桥村、董家桥村、桓村村、龙溪村5个省级“文明村”，新增茅镬村、杜岙村、新后屠桥村、深溪村、元禾村5个市级“文明村”。

【农村文化礼堂建设】 2017年，海曙区拓展农村思想政治工作平台，推进农村文化礼堂“建、管、用、育”一体化工作，成立区农村文化礼堂建设工作领导小组，出台《关于推进全区农村文化礼堂建设的意见方案》，建立《海曙区农村文化礼堂“建管用育”奖补办法（试行）》《海曙区农村文化礼堂星级管理实施细则（试行）》等工作制度。增建石碶街道车何渡村文化礼堂、高桥镇梁祝村文化礼堂等10家文化礼堂，全区农村文化礼堂数累计78家，覆盖率达46.4%。海曙区获评“2017年度全省农村文

4月，海曙区启动2017年"书香海曙"全民阅读季活动

化礼堂建设先进县（市、区）"。

【"书香海曙"全民阅读季活动】 2017年4月23日，"图书馆之夜"——2017年"书香海曙"全民阅读季启动仪式暨"世界读书日"宁波读书人分享大会在鼓楼永丰库遗址举行。此次阅读季以"我读书、我快乐、我智慧"为主题，活动包括真人图书馆"开卷8分钟"、"萤火虫"换书大会、第二届"小海狸"亲子阅读嘉年华、"图书馆之夜"、"世界读书日"宁波读书人分享大会等18项100余场活动，持续近半年。启动仪式当天，通过海选产生的8名阅读候选人现场分享读书心得、成长感悟。举行的"萤火虫"换书大会有2000余人参与，交换书籍1500余本。著名童话作家郑渊洁、诗人马叙、《阿拉讲大道》主持人王坚等作为嘉宾参与部分活动。

【《布袋小和尚》第二季获奖】 2017年6月，电视动画片《布袋小和尚》第二季获宁波市第13届精神文明建设"五个一工程"奖。动画片以雪窦山、岳林寺、长汀村为故事背景，讲述布袋和尚和小伙伴努力重建平和、有序、和谐生活的故事，生动易懂，老少皆宜，让观众在笑声中体会道德的光芒，感悟人生的真谛。

【鼓楼沿获评省级文创街区】 2017年12月，省委宣传部公布"2017年度浙江省文化创意街区"名单，海曙区鼓楼沿历史文化街区入选。鼓楼沿街区占地5公顷，2013年2月进行"有机更新"，硬件改造投入超过5000万元，其中文化项目建设投入超过1000万元，通过业态转型、文化推动等举措，构建具有鼓楼沿特色的"文商旅"融合发展模式。相继获评省"特色商业示范街"、省"AAAAA级旅游购物点"。

【"12·5"国际志愿者日活动】 2017年12月3日，2017海曙区纪念"12·5"国际志愿者日暨宁波"爱心公园"发布仪式在濠河公园举行，活动表彰"81890志愿之星"、区优秀志愿者、最佳志愿服务工作者、最佳志愿服务团队和最佳志愿服务项目，中共十九大代表陈霞娜向81890志愿服务中心捐赠《中国共产党第十九次全国代表大会》首日封。

【首条文明示范线开通】 2017年12月26日，海曙区"清新乡居"文明示范线开通。"清新乡居"文明示范线位于四明山东入口——龙观乡，全长约6千米，沿线串联李岙村、山下村、大路村与桓村村4个行政村，结合桂花观光园、村文化礼堂、双节坊等12处景观，挖掘"红色""宜居""慈孝"等元素，形成一个宜居宜游、内涵丰富的乡村文明综合体。

（胡皓鹏）

统一战线工作

【概况】 2017年，区委统战部在章水镇启动全区民主党派"同心实践基地"建设，实施智力帮扶、惠民帮促、结对帮教等三大系列8个"同心服务"项目。组建党外代表人士治水专家智库，开展全区统一战线助力"剿劣攻坚"系列活动，参与巡河300人次，河道30余条、行程150余千米。引导民主党派、无党派人士实地走访海曙西片区，围绕推进新海曙融合、统筹城乡发展、优化生态环境等主题开展调查研究，形成专题调研报告8篇。

把新的社会阶层人士统战工作列入区委年度深化改革项目，制定出台《海曙区新的社会阶层人士统战工作联席会议制度和成员单位职责分工》，建立由580人组成的新的社会阶层代表人士数据库，成立洞桥镇新的社会阶层人士创新创业中心。组织党外代表人士赴重庆开展教"不忘合作初心，继续携手前进"教育主题培训。区党外知识分子联谊会完成换届，成立知联服务"小香樟"公益基金，完成年度区级无党派人士登记。

突出"守法诚信，坚定信心"教育主题，举办非公企业家深圳访学研修班。建立区工商联（商会）主席会长行业结对访学制度，提升服务区域非公经济行业发展水平。完成区工商联（商会）和区光彩事业促进会换届工作。

推荐郑家小学为全省民族团结进步宣传教育基地，与丽水少数民族地区结对帮扶工作获省级表彰。实现伊斯兰教古尔邦节定点宰牲，完成宗教领域公共视频监控安装联网工作，开展宗教活动场所统一社会信用代码赋码和宗教活动场所登记证换发。加强民族宗教团体建设，成立区基督教三自爱国运动委员会、区基督教协会，区佛教协会、区民族团结促进会完成增补和换届。突出"坚持宗教中国化方向"教育主题，举办全区宗教界人士培训班、首届国法与教规"微讲堂"、首届汉传佛教讲经交流会。完成姚丰地块福德禅寺迁建前期工作。

组织4批次赴台基层交流活动，举办海峡两岸沈光文文化节。赴港开展工作4批次，举办海曙（香港）联谊会成立五周年庆典活动、香港海曙经贸合作暨乡贤交流座谈会。联系、接待海外侨领5批次。排摸乡贤名人资源，建立海曙籍重点侨台乡贤数据库。协助引进6个港澳台投资意向项目，其中4个项目成功落地。

【民主党派“智力帮扶”章水镇行动】2017年，海曙区各民主党派开展“智力帮扶”系列行动，推进章水旅游经济发展。实施“惠民帮促”行动，为章水镇10名白内障患者免费开展复明手术；多次举办“同心助医，义诊下乡”活动，累计诊断各类患者300余人次；实施“结对帮教”系列行动，推动11名区级骨干教师与章水镇15名中小学教师结成师徒，引导企业家结对帮扶9名章水镇贫困学生。

【宗教场所赋码换证“最多跑一次”改革】 参见“专记”类目“‘最多跑一次’改革”分目。

【党外代表人士培训班】 2017年9月18—22日，2017年海曙区党外代表人士培训班在重庆市南岸区社会主义学院举办，区各民主党派、区党外知识分子联谊会、区“创二代”企业家联谊会、区网络界人士联谊会共35人参加培训。培训班安排政治、经济、社会、国学等培训讲座，提高党外代表人士政治把握、参政议政、组织领导、合作共事等能力。区委常委、统战部部长李冠杰参加培训班并在结业仪式讲话。

【各界人士国庆中秋茶话会】 2017年9月29日，区政协、区委统战部联合举办海曙区各界人士国庆中秋茶话会。区政协委员、各民主党派、工商联、无党派人士和民宗侨台等全区统一战线各界人士代表300余人出席茶话会，观看“喜迎十九大·同心同梦 情聚海曙”主题文艺演出。区委书记孙黎明出席并讲话，区人大常委会主任陈志国、区政协主席毕东华等出席活动。

【民盟中央美术院宁波分院落户海曙】 2017年10月14日，民盟中央美术院宁波分院落户海曙天港禧悦酒店。全国人大常委、民盟中央副主席、民盟中央美术院院长张平出席活动，市委统战部常务副部长叶苗到会祝贺。现场举行民盟中央美术院宁波分院揭牌仪式。随后举行纪念笔会，民盟中央美术院的书画艺术家与宁波民盟书画院的艺术家开展交流活动。民盟中央美术院宁波分院是盟内美术人才开展美术工作的平台，服务参与宁波文化建设。

【区党外知识分子联谊会换届】 2017年10月20日，海曙区党外知识分子联谊会三届一次理事大会召开。大会审议通过工作报告、联谊会章程修正案和联谊会选举办法，选举产生新一届会长、副会长、秘书长和常务理事，曹小明连任第三届区党外知识分子联谊会会长。区委常委、区委统战部部长李冠杰出席会议并讲话。

【非公企业家深圳访学研修班】 2017年11月1—4日，区委统战部、区工商联联合组织的非公企业家访学研修班在深圳举行，区工商联（商会）和“创二代”联谊会近40名企业家参加。研修班考察高新技术企业和产业园区，听取全国人大原常委会财经委法案主任、著名经济学家朱少平教授“十九大后经济形势分析与企业布局”专题讲座，并与深圳宁波商会座谈交流。

【区基督教三自爱国运动委员会、区基督教协会成立】 2017年12月14日，海曙区基督教三自爱国运动委员会、海曙区基督教协会成立暨第一次代表会议召开。会议审议通过委员会、协会章程，选举产生第一届区基督教三自爱国运动委员会和区基督教协会领导班子，高建伟、李静德分别当选委员会主席、协会会长。全区91名基督教界代表参加成立大会，市民宗局党组副书记、副局长周悦德、海曙区副区长孙伟出席会议并讲话。

【“关爱小香樟记者团”服务基地成立】 2017年12月21日，区党外知识分子联谊会“关爱小香樟记者团”服务基地授牌仪式在章水镇中心小学举行。“小香樟记者团”成立于11月，是以新闻教育、阅读写作教育为切入点，专门为农村学生关注课外世界、拓宽视野、历练能力而创建的平台，首批小记者有88人。

【区民族团结促进会第二次代表会议】 2017年12月26日，海曙区民族团结促进会第二次代表会议召开。会议审议通过第一届理事会工作报告，选举产生第二届区民族团结促进会领导班子，马富强当选会长。全区88名各民族代表参加会议，副区长王六芳

12月26日，海曙区民族团结促进会第二次代表会议召开，马富强当选会长

出席会议并讲话。

（郑　凌）

信访工作

【概况】 2017年，区信访局受理群众来信、来访、来电和网上信访总量4.07万件，同比增加398.1%。其中，来访609批2230人次，批次、人次增加153.8%和47.6%；来信（含网上信访）1039件，增加255.8%；来电3.9万次，增加411.3%。完成全国“两会”、市第十三次党代会、“一带一路”峰会、省党代会、省人代会、金砖国家峰会、中共十九大、互联网大会等重大活动或重要会议期间信访保障任务。信访态势整体平稳。

【信访首办首接制实施】 2017年，海曙区针对区域调整后成倍增加的信访体量，全面实施信访首办首接制。畅通来信、来访、来电和互联网初信初访“四个渠道”，把好接待、疏导、告知“三个关”，落实初信初访跟踪监督、责任追究“两个制度”，有效控制初信初访。初信初访转重比分别从原来的32.5%、36.6%下降到13.3%和4%。完善初信初访台账资料，分类落实，将回访做在问题复发前，将问题调解处置在矛盾激化前。

【区统一政务咨询投诉举报平台管理办公室成立】 2017年12月15日，区机构编制委员会同意设立区统一政务咨询投诉举报平台管理办公室，为区信访局下属事业单位，其主要职责是：统一承担非紧急类政务服务热线的受理工作，负责受理群众通过电话、网络、短信、传真等形式反映的举报投诉、政务咨询、意见建议等事项，通过直接答复、按责专班、限时办结、统一督办、评价反馈、行政问责等方式为群众提供服务和帮助；负责收集和整理社情民意和社会动态，广泛征集人民意见建议，为经济社会发展提供服务，为区领导和有关部门决策提供信息参考和依据。

（郑　怡）

机构编制管理

【概况】 2017年，区编委办严格规范机构编制管理。分批分类审批编制使用情况，核定公务员招考指标69名（党政群9名、乡镇8名、专项编制25名、参公编制27名），分配营级及以下军转安置指标36名（行政29名、事业7名）；重点保障民生领域用编，分别同意教育、卫生用编84名、85名。落实《宁波市海曙区严格机构编制管理暂行办法》相关规定，区划调整期间严格遵守区委、区政府相关组织人事纪律。根据上级要求，落实编制消化工作，行政编制和事业编制控制在省下达总量内，2013年以来新增事业编制全部消化，党、政、群行政编制空编33名，后勤服务人员编制完成年度消化指标9名。加快推进文化、幼教、景区广场管理等领域政府购买服务。探索事业编制报备员额经费管理，测算海曙区第二医院报备员额，报市编委办审核备案。建立健全“四位一体”实名制管理协作机制，开展小班化和上门培训6次，覆盖75家单位。落实机构编制违纪违规问题整改要求，形成问题清单，提出整改意见31项。将6家单位7名领导干部经济责任审计工作同步纳入机构编制管理和执行情况检查内容，对2个镇（乡）街道的机构编制管理和执行情况进行专项审计。

进行2016年度事业单位法人年度报告公示，128家事业单位通过审查并在市编委办网站上给予。综合评定五星级单位33家、四星半63家、四星19家、三星半4家。办理事业单位法人设立登记14家、法人变更登记159家、法人注销登记1家、法人补领证书2家。选定海曙区启文幼儿园为试点单位，实施全区各类事业单位统一登记管理。结合区划调整完成机关群团及事业单位设立、更名、赋码换证工作，其中赋码换证75家、赋码设立28家、变更登记26家。开展事业单位法人公示信息“双随机一公开”实地核查，抽查区图书馆、宁波市实验学校等7家单位。对全区120余名事业单位法定代表人进行培训。全区有政务和公益中文域名341个，机关事业单位中文域名续费273家。

“最多跑一次”改革、基层治理“四个平台”建设、机构编制管理创新等工作宣传信息被中央编委办门户网站录用12篇，省编办门户网站、《浙江机构与编制》杂志、省编委办简报等录用19篇。上报的《基于G2C模式下的公共服务“三化”改革路径探索——以海曙区为例》调研报告获全市编委办系统调研成果一等奖。

【行政区划调整机构编制保障】 2017年，区编委办调研、论证与原鄞州区机构设置及运作模式差别，综合考虑区域面积、常住人口、GDP、一般财政收入等因素，制定海曙区部门机构编制设置方案，按照“现有编制基本不变、重点保障新建机构、明确比例合理分配、统筹考虑适当平衡”原则，制定并落实编制分配方案。根据区划调整后各部门职责调整情况，重新梳理和调整全区各部门及内设科室职责。沟通了解部门间交叉职责和市级下放的职责事项，根据职责划转和下放情况，统筹做好事业机构整合设置工作。分批做好相关机关事业单位“三定”规定，其中部门机关及部分区直属事业单位53家、事业单位120余家，为114家成建制划入事业性质的单位做好机构隶属关系调整等保障工作。重点梳理镇乡与街道在主要职责、规模大小、机构设置等方面差异，分类制定印发17个镇（乡）街道“三定”规定。

【基层治理“四个平台”建设】 2017年，海曙区把基层治理“四个平台”建设写入海曙区第九次代表大会报告、2017年政府工作报告，并落实在“大脚板走一线、小分队破难题”抓落实行动中。成立全区推进“四个平台”建设领导小组，区委副书记、区长褚孟形任组长，常务副区长谭国洪任副组长，区编委办、区委政法委、区委组织部、区人社局、区经信局、81890求助服务中心等单位为成员，建立联席会议制度。制定并落实职能部门职责下沉、镇（乡）街道准入管理、职能部门派驻镇（乡）街道机构属地管理等配套制度，将市场监管、综合执法、司法、国土资源、卫生监督等机构和人员纳入镇（乡）街道日常管理和考核，实现人事任免、考核权重、评优权限、待遇奖金等向基层倾斜。统筹整合组织、综合治理、民政等条线标准和协辅人员，统一划分网格1564个，配置专兼职网格员7000余人，组织全科网格员业务培训百余次，制定全科网格“以奖代补”奖励办法。按照省、市关于指挥协调体系建设要求，落实人员场地、建立健全管理制度，区、镇（乡）街道、村（社区）三级指挥体系建成并有效运转。至是年底，全区通过系统平台上报事件8.5万件，办结率超过99%。

【“最多跑一次”改革和“四个平台”建设专项督察情况反馈会】 2017年7月28日，市政府副秘书长杨小平到海曙区参加“最多跑一次”改革和“四个平台”建设专项督察情况反馈会。区编委办、区审管办汇报全区“最多跑一次”改革和“四个平台”建设推进情况，市督察组对督察情况进行反馈。区委常委、常务副区长谭国洪、区编委办主任吕超苏、区审管办主任王明波及相关单位分管领导参加会议。

（高　承）

区直属机关党建工作

【概况】 2017年，区直属机关党工委下辖机关党委8个、党总支7个、支部141个，有党员2283人。有妇委会组织8个、机关联合工会1个。审批31个党组织换届选举，建立党总支2个，考察党员发展对象3人，吸收预备党员4人，批准党员转正2人，培训入党积极分子18人。

下发《关于认真学习宣传贯彻中共十九大精神的通知》，分层次解读中共十九大基本观点和精神实质。利用“双休日课堂”、党员干部培训班等载体，举办各类培训班10次，培训1300余人次。组织机关党组织和党员参加“百千万”讲党课、微型党课比赛、“育家风立家规严家教”活动，观看廉政教育片，参观红色教育基地。开展“学党章党规、学系列讲话，做合格党员”学习教育。引导机关党员干部注重家庭、注重家教、注重家风，深化家庭助廉保廉。落实党员思想汇报、党员思想状况分析和谈心谈话等制度，探索人文关怀和心理疏导结合的谈话方法。

完成141个党支部和2283名党员基本信息采集。组建机关党建工作检查组，分组检查机关基层党组织落实组织生活制度情况。指导区农林水利局、区交通运输局等单位成立机关党组织，指导新成立的11家单位成立基层党组织，指导27家机关基层党组织完成换届和届中调整工作。实地走访调研摸清机关单位党建工作情况。规范党工委领导基层党建工作联系点制度，通过指导制定党日活动计划、党课教育计划、参加组织生活会等形式促进组织生活各项制度落实。创建具有机关特点的岗位技能竞赛、心理健康服务、困难职工帮扶等品牌工程，推进“巾帼建功”“和谐家庭”等系列活动。指导机关联合工会工作，通过组织培训、讲座，提高机关联合工会工作水平。

【党建“中梗阻”作风专项督察】 2017年，区直属机关党工委不定期要求涉及重大项目的17个镇（乡）街道和52个区属单位（部门）开展自查自纠，摸排党建工作“中梗阻”问题。实地检查单位197次，梳理问题建议50个，发放整改通知单8份。全区机关中层干部对照各自岗位职责和涉及“中梗阻”问题的思想言行，梳理排查可能存在的风险点，形成“中梗阻”风险点清单，查摆个人自查问题4256条，整改率实现达98.5%；单位自查问题196条，整改率达99.5%。深入项目、企业、群众及基层第一线，开展“中梗阻”专项作风督察活动，助推各项重大工作实施，开展各类督察630次，实地检查单位266次，梳理问题50余条。

【“好家风好家规好家训”征集活动】 2017年6月，区直属机关党工委在下属基层党组织中部署开展“好家风好家规好家训”征集活动，共征集“我的家风”小故事198个、“给家庭成员的一封信”467件、家规家训诵读音频82个，集中宣传党员干部家庭教育的好经验、好故事。

【组织生活日展示活动】 2017年7月，区直属机关党工委在区直属机关党组织中开展“筑强堡垒、锋领示范，让党旗飘起来”组织生活日展示活动，区委组织部、区委宣传部、区纪委等15家机关党组织重走“红色路”、重温入党誓言、参加公益活动、进村入社开展志愿活动等展示活动。

（陆　骥）

党校工作

【概况】 2017年，区委党校以“中心城区一流党校”为目标，履行干部教育培训、理论宣传、科研资政职能。把“两学一做”纳入党校基础性工作，通过“作风建设提升”“打通中梗阻、提升执行力”“微约束·大家谈”等活动，组织学习最新修改的《中国共产党章程》等党内法规和中共十九大等重要会议精神。上报省委党校系统理论研讨会论文2篇，获批省委党校第19批规划课题立项1个。

以外出办班和区内培训结合方式组织干部教育培训，举办计划内主体班20期次，包括区管干部综合素质提升班、中青年干部培训班、村（社区）党组织书记“头雁论坛”培训班、“知我海曙·共筑梦想”科级干部专题培训班等，培训学员2000余人次。

组织教师参加区委中共十九大精神宣讲团，赴区级机关、企事业单位、镇（乡）街道、村（社区）宣讲中共十九大精神，开展宣讲14次，受训人数1500余人。组织2名专职教师参加在中国人民大学举办的首期中共十九大精神培训班。

【区委党校机构组建】 2017年，区委党校重点做好初建阶段各项工作。区委党校于2016年12月成立，为区委直属事业单位，挂牌“海曙区行政学院”“海曙区社会主义学院”，下设4个职能科室。与鄞州区委党校对接，落实3名划转人员到位到岗。制订《中

9月13日，区委党校揭牌

共宁波市海曙区委党校教学管理制度》《中共宁波市海曙区委党校教（科）研管理制度》《中共宁波市海曙区委党校财务管理制度》等制度。落实党校临时过渡办公用房，与区委办、区委组织部、区规划分局、海曙国土资源分局等部门沟通，党校规划选址初步完成。

（陈飞永）

档案工作

【概况】 2017年，海曙区出台《海曙区档案事业发展十三五规划》。转发《〈浙江省村级组织换届档案管理暂行规定〉的通知》，服务海曙区村和社区组织换届选举工作。召开全区档案史志工作会议，部署区划调整后的全区档案工作。

征集到“宁波帮”人士闻儒根先生个人档案，整理第一批照片27册近800张进馆。中国青年文物鉴赏家、收藏家蒋兆悦再次将个人档案近100件捐赠给区档案馆。征集入库《鄞西石马塘闻氏家乘》和宁波市政协原副主席常敏毅撰写的《日华子本草辑注》。按新的管理要求整理库房全宗卷，确保馆藏资源建设规范化。重新调查全区民生档案，梳理出60余家单位110类民生档案信息报省、市档案部门。

接待档案利用883人次，调阅档案2796卷（件），复制1818页，提供咨询服务382人次。完成全区行政许可事项归档范围和档案保管期限审核工作及“最多跑一次”电子化归档培训工作，完成预归档事项5507件。与区婚姻登记处合作，开发“e档通”远程协同查档平台，为补办结婚证的居民提供“一站式”查档服务。提供“异地查档、跨馆服务”72人次，方便全省居民就近查阅档案。10月20日，根据衢州市民的申请，利用新上线的浙江档案服务网完成宁波市首例网上跨市婚姻档案查询。

组织各类档案业务培训4次，受训人员近300人次。在全市档案系统率先实施“双随机”档案执法检查，8家单位被抽检，对93家单位实施网上年检。推进档案规范化建设，区人民法院、81890求助服务中心等4家单位开展档案工作目标管理认定和数字档案室创建工作。通过市对区档案安全工作专项检查。

选送5名干部参加市档案局在浙江大学举办的干部培训班。选拔3名业务尖子代表海曙参加市档案局组织的“兰台杯”档案技能大比武活动，获得一等奖。选派1名干部参加全市档案系统“提升档案服务，迎接十九大”演讲比赛获三等奖。

区档案局（馆）新“三定”方案获批，实现机构独立，领导职数增至一正两副，科室增至4个，人员编制增至12名。

【档案文化建设】 2017年，区档案局根据宁波城隍庙修缮进度，推进《宁波城隍庙》的编纂，完成城隍庙历史文化部分初稿和城隍庙历史照片、宁波各地城隍庙照片的收集工作。

“6·9”国际档案日期间，与区文管所、它山堰旅游文化发展有限公司等单位联合发出“保护水文化资源”倡议。组织全体档案员开展“走进它山堰——寻找共同的记忆”档案知识竞赛活动。与洞桥镇联合举办“家庭档案进农村文化礼堂”活动，在全祖望故居举办家庭档案展，在沙港村为村民举办“家谱与家风家训”讲座，分发家庭建档宣传资料和家庭档案册。组织开展“档案——我们共同的记忆”主题征文活动，选出15篇优秀征文报送市档案局，《奔跑吧，档案员！》入选中国档案工作者摄影研究会“我为十九大添光彩”——档案工作者时代风采摄影展。全年有13篇报道在《中国档案报》《浙江档案》《宁波日报》等刊登。开展《中华人民共和国档案法》颁布30周年、《宁波市档案工作条例》施行20周年纪念宣传活动。组织机关干部参加国家档案局“宝葫芦杯”档案法规知识竞赛活动。向区属各部门、镇（乡）街道分发“以案说法”档案法制宣传读本。“法制宣传月”期间，精选“以案说法”漫画文章在区档案史志信息网上开设专栏进行宣传。组织“《档案法》颁布30周年浙江档案工作十件大事”评选投票活动。

【全区档案工作会议】 2017年5月27日，全区档案工作会议召开。区档案局汇报档案工作，部署下阶段重点工作。区委副书记、政法委书记张启表参加会议并讲话，各级、各部门档案工作分管负责人、办公室主任、档案员近210人参加会议。

【档案法规知识竞赛】 2017年6月8日，为纪念第十个“国际档案日”和首个“中国文化和自然遗产日”，区档案局组织全区档案工作者走进“世界灌溉工程遗产”——它山堰，集体发出“保护水文化遗迹”倡议，并围绕《中华人民共和国档案法》颁布30周年、《宁波市档案工作条例》施行20周年

6月8日，区档案局组织全区档案工作者走进它山堰，集体发出“保护水文化遗迹”倡议

举行“走进它山堰——寻找共同的记忆”档案法规知识竞赛趣味定向活动。活动发放档案法规宣传册200本、竞赛答题350份，吸引周边居民参加活动。

【区档案馆新馆竣工】 2017年8月，区档案馆新馆项目竣工，12月交付使用。新馆地址为县前街61号海曙区行政服务中心西侧，占地4.7公顷，总建筑面积1.21万平方米，投资3.7亿元。档案新馆按照爱国主义教育基地、档案安全保管基地、档案利用服务中心、政府信息公开中心、电子文件管理中心五位一体要求建设。新馆为一幢单体，其中地下室1层、地上6层。设有查档大厅、陈列室、报告厅、智能化机房、消毒室等功能用房，档案库房总面积2000平方米，能容纳档案50万卷，配备恒温恒湿系统。

【“双随机”档案行政执法检查】 2017年11月27日至12月1日，区档案局执法人员分成两组，开展“双随机、一公开”档案行政执法检查，对通过软件随机抽取的区统计局、区妇联、区人民检察院等8家单位进行检查。检查采取“听取汇报、实地查看、抽检档案、集中评议、反馈意见”的方式，解答抽检单位提出的疑问，现场反馈检查意见，检查结果在区档案史志网站公布。

（周文娟）

史志工作

【概况】 2017年，中共海曙区委党史研究室和区人民政府地方志办公室正式成立，为区委直属的正局级单位，内设综合科（党史科）和方志科两个科室。

召开全区史志工作会议，各镇（乡）街道、部门200余人参加。开展改革开放新时期党史专题撰写、编辑，编印完成《曙霞华章——海曙区改革开放新时期党史专题集（一）》。在全区范围内征求《海曙党史三卷》纲目意见，收到修改意见和建议13条，逐一分析并采纳。编写《执政海曙实录》，收录主要领导讲话、重要文件、党政大事记，使年度执政纪事成为服务党委政府重要载体。开展新“海曙红色精神”研究，提炼海曙区红色精神——“启明火、樟溪魂”。

城区8个街道全部启动街道志编修，《章水镇志》启动编纂，《鄞江镇志》进入总纂阶段。《海曙区人民法院志》《海曙区卫生志》2部本门志启动编纂。推进中心村、历史文化名村村志编修，古林镇蜃蛟村《蜃蛟史话》出版发行。在全市部门（行业）志和家（族）谱志优秀成果评比中，《海曙区教育志》《海曙区建设志》分别获得县级部门（行业）志类二等奖、三等奖，其中《海曙区教育志》获县级“部门（行业）志十佳”；《桓溪全氏宗谱》《鄞西石马塘闻氏家乘》分别获得家（族）谱志类一等奖、三等奖，其中《桓溪全氏宗谱》获评“家（族）谱志十佳”。《海曙年鉴（2017）》全面改版，从结构形式、规范标准、图表插页、装帧设计各方面提升年鉴质量。继续开展史志资料年报工作，向全区各单位征集2016年度史料。

开展专题宣教活动，与区委组织部、月湖街道、宁波金融史馆联合举办浙东抗日根据地金融货币展；开展“不能忘却的记忆——浙东革命精神”学术研讨会征文活动，上报论文2篇。加强基层革命遗址保护、利用和指导，以市财政对革命遗址维修资金补助为契机，普查全区17个镇（乡）街道范围内的100余个遗址，了解遗址现状。龙观乡投资40余万元，用于后隆村李敏被捕地旧址修缮。

【全区史志工作会议】 2017年5月27日，全区史志工作会议召开，各级、各部门史志工作分管领导、办公室主任近210人参加。会议回顾、总结近两年来全区史志工作情况，部署2017年史志工作任务。会议强调，要统筹城乡发展、促进融合提升，整合农业、农村等领域职能，实现城乡史志工作协调均衡发展；加强史志基础规范工作，贯彻落实中央和省、市、区加强史志工作的意见，促进海曙区史志事业发展。

【改革开放新时期党史专题集编印】 2017年6月，由区委党史研究室组织编写的《曙霞华章——海曙区改革开放新时期党史专题集（一）》编印完成。全书收录党史专题28个，共计29.9万字，记录1978—2002年海曙区委领导全区人民进行改革开放和社会主义建设的历程和实践经验。

【浙东抗日根据地金融货币展】 2017年7月25日，为纪念中国共产党成立96周年和浙东抗日根据地建立75周年，“铭记历史，不忘初心，继续前进”浙东抗日根据地金融货币展在宁波金融史馆开展。浙东抗日根据地是抗日战争时期全国19个解放区之一，根据地党政军民在根据地逐步建立人民金融事业，颁布制定一系列财政金融货币政策，先后建立金库、发行金库兑换券、建立浙东银行、发行浙东银行币、发行地方抗币、建立浙东印钞厂。金融货币展以实物、史料、图片等形式，展现浙东根据地政权建设和金融理财成果。谭启龙、何克希的子女等100余位嘉宾参观展览。

【"提炼新海曙革命精神"研讨会】 2017年8月18日，区委组织部、区委党史研究室联合举办"提炼新海曙革命精神"研讨会，原区委宣传部部长石贤义、市中共党史学会副会长郑春牧等人参加。会议通过研究海曙区内革命先辈革命事迹，挖掘"海曙红色精神"内涵，总结出新海曙区的革命精神为"启明火、樟溪魂"。

（胡东斌）

老干部工作

【概况】 2017年，海曙区有离休干部75人，其中区直属离休干部40人（含民政局代管3人）、易地安置35人。有区级退休干部22人、区管退休干部311人。

建立每月10日老干部政治学习制度，组织学习中共十九大会议精神、习近平新时代中国特色社会主义思想及党章党规新要求。邀请老同志参加区"两会"及区委、区政府工作报告意见征求会、民主推荐区级领导干部会议。举办区级老领导读书会、专题报告会、区情通报会、主题宣讲会、纪录片首映式等，开展"翰香大讲堂"4次。面向全区离退休干部，征集"我身边的变化及我为十九大建言献策"的活动，向省委老干部局提交建言意见16份。为易地安置离休干部提供服务，落实"两费"（离休费和医疗费）催汇工作。组织老同志体检、疗（休）养及各类慰问、走访活动500余次。宁波"银辉"志愿者联合会海曙分会开展集体活动8次，助力"治水剿劣""美丽海曙"建设等中心工作，参与助老关爱、结对助学等活动。3月，完成区委老干部局、老干部活动中心、区老年大学整体搬迁工程，逐渐形成"怡情乐园""贴心学园""温馨家园"一体格局。全国"离退休干部先进集体"——龙观乡离退休干部党支部接待区内外10批次学习参观活动。南门街道万安社区"银辉"党支部接待市直单位离退休干部党支部书记80余人参观学习。

【老年大学建设】 2017年，海曙区老年大学完成改造和整体搬迁。新老年大学本部校舍建筑面积3930平方米，设班级73个，有教职工（含兼职）43人、学员2956余人次。在西门街道胜丰社区开设老年大学分校，设3门课程，招收学员134人。

新搬迁的老年大学教学楼

【中共十九大精神老干部学习活动】 2017年，区委老干部局成立"'两学一做'红色讲堂"，举办"翰香大讲堂"之全区离退休干部中共十九大精神学习会，开展送学上门活动。组织离退休干部党支部召开中共十九大精神专题学习座谈会，征集老干部学习心得文章。组织老同志赴奉化、象山等地开展"走看促"活动，开展"建党96周年，向十九大献礼"系列活动，组织老干部"银辉"志愿者开展"正能量短语征集"评选活动。

【"银辉"志愿者服务月活动】 2017年1月10日，由市委老干部局主办、区委老干部局承办第二个"银辉"志愿者服务月主题实践活动，到龙观乡开展"爱心助学，情暖校园"结对助学活动。15名困难学生与15名老同志们结对，以资金补助为主，每人补助资金约1000元。

【纪录片《峥嵘岁月的记忆》首映】 2017年6月28日，区委老干部局联合区科协，以区内离休干部革命生涯为题材拍摄的专题纪录片《峥嵘岁月的记忆——海曙区抗战及解放战争离休干部纪录片》在联谊宾馆首映。拍摄耗时6个月，讲述18位海曙离休干部革命岁月的回忆。区离休老干部代表、各机关代表及学生、军人代表观看影片，交流观影感受。区委副书记、政法委书记张启表出席首映式并讲话。

（孙伊琼、王高昕）

相关链接：

"两委"换届：指村级"两委"换届，即村党支部委员会和村民委员会换届选举。

新的社会阶层代表人士：指新经济组织、新社会组织等新兴业态及新的社会群体。

"四个平台"：对镇（乡）街道和部门派驻机构承担的职能相近、职责交叉和联系紧密的日常管理服务事项进行归类，形成综治工作、市场监管、综合执法、便民服务四个功能性工作平台。

"四铁"干部：是指具有铁一般信仰、铁一般信念、铁一般纪律、铁一般担当的干部。

海曙区人民代表大会常务委员会

综 述

【概况】 2017年，宁波市海曙区第十一届人民代表大会实有代表262人。其中，工人代表41人，占15.65%；党政干部代表66人，占25.19%；专业技术人员68人，占25.95%。非中共党员94人，占35.88%。妇女代表85人，占32.44%。具有大专以上文化程度代表228人，占87.02%。全年召开人大常委会会议7次、主任会议8次，听取和审议"一府两院"（人民政府及人民法院、人民检察院）工作报告20项，作出决议、决定13项。决定任免区政府及区监察委员会组成人员34人次，任免区人民法院审判人员27人次，任命人民陪审员30人次，任命区人民检察院检察人员24人次。

区十一届人大一次会议收到代表建议199件，均在规定时限内全部办结，代表对办理工作和办理结果满意率分别为93.47%和90.45%，建议解决和基本解决率为50.25%，督办闭会期间建议19件。市十五届人大一次会议期间，海曙代表团提出议案1件、建议137件，其中被列入市人大常委会重点督办件2件，获评全市唯一"优秀议案"1件、"优秀建议"5件。

建立区人大与区政府工作定期对接制度。首次召开区人大与区政府领导班子工作对接会，区政府重大政策出台前向区人大报告，民生实事项目票决及落实等重点工作与区政府沟通协商。出台《区人大常委会关于进一步加强和改进人大监督工作的实施意见（试行）》。健全区人大信息化工作机制，成立信息化建设工作小组，强化代表履职服务平台运用，拓展"海曙人大"微信公众号功能。

3月3日，宁波市海曙区第十一届人民代表大会第一次会议召开

新增加区人大常委会工作机构1个，新配备区人大常委会各工作机构副职3人，新成立代表联络服务中心。学习贯彻《浙江省乡镇人民代表大会工作条例》，落实区人大常委会主任联系各镇（乡）街道人大工作制度，完善区人大工作目标管理考核制度，建立区人大工作交流例会制度。制定《海曙区人大信息宣传调研工作管理办法》，编辑《海曙人大信息》23期、《海曙人大》刊物2期，《创新代表工作、激发履职活力》等通信稿在《浙江人大》刊登，完成调研报告29篇。定期举办区人大常委会读书会、党组专题学习会等，学习贯彻中共十九大精神，邀请政府部门负责人开展区情专题讲座。

【人大审议监督】 2017年，区人大常委会听取和审议2016年区本级财政决算报告、区级预算执行和其他财政收支情况审计工作报告。批准2016年财政决算及2017年政府债务限额和新增地方政府债券预算调整方案，要求区政府不断优化财政支出结构，提高财政资金使用绩效，推进基本公共服务均等化。深化部门预算审查监督，要求进一步细化部门预算编制，强化预算绩效管理。审议批准2017年预算调整方案。听取区政府2017年地方性政府债务情况报告，对有效控制政府债务规模、完善落实管理办法、防范化解债务风险等提出意见建议。加大对审计发现问题的督促整改力度，督促各级预算单位严格执行《中华人民共和国预算法》各项规定。审议区政府2017年上半年国民经济和社会发展计划执行情况报告，要求强化经济运行监测分析，发展战略性产业，增强自主创新能力，激发经济内生动力，提高经济运行质量。

参与“重大项目攻坚、招商选资突破、作风建设提升”三大行动和“大脚板走一线、小分队破难题”抓落实专项行动，调研重大项目36次，走访联系重点企业52次，提出意见建议135条，督促区政府及其职能部门解决各类问题58个。根据全区发展大局确定监督重点，注重强化监督与促进工作并重，对区政府落实审议意见情况“回头看”和满意度测评，促进审议意见落地落实，推动党委决策部署贯彻实施和“一府两院”依法履职。

区十一届人大一次会议关于2017年民生实事项目实行代表团票决，对10件民生实事项目分头开展调研督察，从加快工程进度、确保项目质量、强化后续管理等方面提出意见建议27条。针对新农村建设问题，多次深入乡镇开展专题调研，强调要注重规划引领，加强政策衔接，提高农村发展活力。针对食品安全问题，通过听取专项报告，开展视察监督，督促政府加强突出问题整治、完善监管机制，提高食品安全保障水平。针对小城镇环境问题，加强综合整治工作监督，要求区政府在做优整治规划、健全管理机制、完善功能品质等方面下功夫，改善小城镇发展面貌。专题调研《宁波市历史文化名城名镇名村保护条例》落实情况，支持政府做好长远规划，推动保障体系更加完善。督察《中华人民共和国食品安全法》贯彻执行，推动食品安全法律法规落实。专题视察海曙公安分局警务实战化建设，支持公安机关提升保障公共安全、维护和谐稳定能力。配合市人大完成对《宁波市城乡规划条例》《宁波市殡葬管理条例》立法后评估。审议医疗卫生事业均衡发展情况报告，视察调研医疗联合体建设，督促区政府更加注重优化资源配置，完善发展政策。专题调研区划调整后的民族工作，强调要顺应民族工作新形势，强化服务管理，促进少数民族人口更好融入全区发展大局。组织市人大代表对保丰碶闸站运行、风棚碶泵闸及五江口闸施工等开展实地视察。组织各级代表开展“剿灭劣V类水，人大代表在行动”主题监督活动，代表参加1567人次，提出相关意见建议353条。审议“剿灭劣V类水”暨“污水零直排区”创建工作情况报告，督促区政府及其职能部门理顺体制机制，加强治水规划，重视民间参与，落实长效管理，巩固水环境治理成果。助推月湖水生态治理、农村生活污水治理等工作，承接全市唯一的人大治水监督系统App试点运行工作。围绕推动“三位一体”（生产、供销、信用）农业服务体系建设开展审议监督，支持区政府健全农合联机制，提高为农服务水平。关注产业转型升级，专题审议宁波（国际）电子商务产业园运行情况报告，提出深入实施“电商换市”，促进电子商务与农业、工业和服务业相融合，发挥电子商务产业对经济增长拉动作用等审议意见。专题视察“最多跑一次”及“一窗式”行政审批改革情况，助推政府加快职能转变，优化公共服务供给。

1月8日，区人大常委会领导分赴各选区投票

听取和审议区人民法院立案登记制改革实施情况报告，督促区人民法院针对民商事案件增量较大的实际情况，构建多元纠纷化解机制，提高司法服务水平。专题听取区划调整后区人民法院、区人民检察院工作开展情况报告，支持区人民法院、区人民检察院理顺工作关系，强化融合发展。落实司法机关重要案件和重大事项备案规定，重要案件和重大事项备案341件。依法督办涉法涉诉信访，接待群众来访来电48人次，办理群众来信20件。依法做好规范性文件备案审查，审查政府规范性文件13件，对其中1件提出修改要求，推动提升政府依法行政水平。

【人大代表换届选举】 2017年，海曙区选举产生262名区级人大代表和486名乡镇级人大代表，选举产生出席市十五届人大一次会议海曙中心组代表60人。根据代表变动情况，补选市级人大代表4人、区级人大代表10人。具体部署代表工作和市代表活动，明确代表履职要求。开展代表履职培训，保障代表知情知政，加强代表联动履职。组织指导各级代表开展视察调研活动146次。

【区人大代表联络站建设】 2017年，海曙区坚持“两联系一发挥”制度，通过“主任接待日”、代表接待选民活动，密切区人大常委会与代表、代表与群众间联系，推行“站加点”“面联加网联”等代表接待群众模式，畅通民情民意表达反馈渠道。全区设置代表联络站17个、联络点44 个。根据代表履职实际需求，完善代表网上联络站功能，设置河道治理、民生实事等专题监督版块，强化数据积累、服务履职和信息共享功能。修改完善《宁波市居家养老服务条例（草案）》，开展市、区领导干部代表进站接待选民和网上主题接待活动，征集“弘扬慈孝文化”“配建居家养老服务设施”“加大对困难群体养老保障力度”等社情民意106条，其中针对法规本身的意见建议51条。全区各联络站点累计开展实体接待和网上接待397次，代表参加1002人次，接待群众1161人次，促进解决各类事项526件。

（楼　强）

重要会议

【区十一届人大一次会议】 2017年3月3—7日，海曙区召开第十一届人大一次会议。大会表决通过关于海曙区政府工作报告的决议、关于海曙区2016年国民经济和社会发展计划执行情况及2017年国民经济和社会发展计划的决议，通过关于海曙区2016年财政预算执行情况和2017年财政预算的决议、关于区人大常委会工作报告的决议、关于区人民法院工作报告的决议和关于区人民检察院工作报告的决议。

经大会投票，选举产生新一届区人大常委会领导班子及委员、新一届区政府领导班子、区监察委员会主任、区人民法院院长和区人民检察院检察长，选举产生海曙区出席市第十五届人民代表大会代表60人。经人大代表票决，选出2017年区政府民生实事项目。

【区十一届人大常委会会议】 2017年2月15日，区十届人大常委会举行第34次会议。会议决定2017年3月3日召开区第十一届人民代表大会第一次会议。会议听取和审议代表资格审查委员会关于区十一届人大代表资格的审查报告、区十一届人大一次会议筹备工作情况的说明。审议通过区人大常委会工作报告、区十一届人大一次会议议程（草案）、相关名单（草案）及区政府、区人民法院提交的人事任免事项。

3月6日，区十一届人大常委会举行第一次会议。会议向区十一届人大常委会委员颁发当选证书，通过区监委提请的人事任免案，并组织区人大常委会委员、区监委委员向宪法宣誓。区人大常委会主任陈志国，副主任金波、林兵、孙铭龙、陈小春、舒建国等34名区人大常委会组成人员出席会议；区委常委、区监委主任李晓东，区委组织部副部长丁松江列席会议。会议由孙铭龙主持。

4月27日，区十一届人大常委会举行第二次会议，听取和审议区十一届人大一次会议关于“两报告”（国民经济和社会发展计划报告、财政预算报告）的审议意见，作出关于设立区十一届人大常委会代表资格审查委员会决定，并通过有关人事任免事项。区人大常委会主任陈志国，副主任金波、林兵、孙铭龙、陈小春、舒建国等34名区人大常委会组成人员出席会议。区委常委、常务副区长谭国洪，区人民法院院长傅勇、区人民检察院检察长李钟列席会议。

6月16日，区十一届人大常委会举行第三次会议。会议听取《海曙区人大常委会主任会议关于补选宁波市第十五届人民代表大会代表的议案》，补选1名市第十五届人民代表大会代表，当选的市第十五届人民代表大会代表报市人大常委会代表资格审查委员会审查。区人大常委会主任陈志国，副主任金波、林兵、孙铭龙、陈小春出席会议。会议由童经纬主持。

7月21日，区十一届人大常委会举行第四次会议。会议听取并审议区政府关于要求将西河街危旧房改造等项目列入2017年度国民经济和社会发展计划的报告，并作出批准决议。通过区政府和区人民法院提请的人事任免案。区人大常委会主任陈志国向新任命人员颁发任命书。会议由林兵主持，区人大常委会主任陈志国，副主任童经纬、金波、林兵、孙铭龙、陈小春出席会议。副区长史卫东、区人民法院院长傅勇和区委组织部、区发改局、区人民检察院等单位负责人及各镇（乡）人大、街道人大工委负责人列席会议。

8月29日，区十一届人大常委会举行第五次会议。会议听取和审议区政府关于海曙区国民经济和社会发展第十三个五年规划纲要（修编）情况报告、关于2016年海曙区财政决算（草案）的报告、关于2016年度海曙区预算执行和其他财政收支情况的审计工作报告、关于2017年上半年国民经济和社会发展计划执行情况报告、关于“剿灭劣Ⅴ类水”暨“污水零直排区”创建工作报告、关于海曙区土地利用总体规划（2006—2020年）编制情况的报告及关于宁波（国际）电子商务产业园工作报告。会议表决通过区人大常委会关于批准海曙区国民经济和社会发展第十三个五年规划纲要（修编）的决议、关于批准宁波市海曙区土地利用总体规划（2006—2020年）的决议，审查批准2016年海曙区财政决算。区人大常委会主任陈志国，副主任金波、林兵、孙铭龙、陈小春、舒建国等32名区人大常委会组成人员出席会议。会议由孙铭龙主持。副区长孙伟、区政协副主席刘良飞、区人民检察院检察长李钟、区人民法院副院长王惠珍及区发改局、区审计局、区财政局、区“五水共治”办、宁波（国际）电子商务产业园管理中心、海曙国土资源分局等有关单位和部门负责人，有关镇（乡）人大主席及街道人大工委主任、副主任列席会议。

11月22日，区十一届人大常委会举行第六次会议。会议听取和审议区政府关于海曙区医疗卫生事业均衡发展情况的报告、关于2017年政府债务限额和新增地方政府债券预算调整方案的报告、区政府关于区十一届人大一次会议代表议案建议办理情况的报告及区人民法院关于立案登记制改革开展情况的报告。会议作出关于批准2017年政府债务限额和新增地方政府债券预算调整方案的决议，通过《海曙区人大常委会关于进一步加强和改进人大监督工作的实施意见（试行）》《海曙区人大常委会关于实施民生实事项目人大代表票决制工作的意见》。会议对代表辞职、补选等事项作出决定，通过区政府、区人大常委会主任会议

宁波（国际）电子商务产业园区内众创空间

提请的人事任免事项。区人大常委会主任陈志国，副主任童经纬、金波、林兵、孙铭龙、陈小春、舒建国等33名区人大常委会组成人员出席会议。副区长陈早挺，区人民法院院长傅勇、区人民检察院检察长李钟和区委组织部、区府办、区财政局、区卫生计生局、海曙公安分局等有关单位和部门负责人，相关镇（乡）人大主席及街道人大工委主任、副主任列席会议。

【区十届人大常委会主任会议】 2017年2月15日，区十届人大常委会召开第51次主任会议。会议对海曙区2016年国民经济和社会发展计划执行情况和2017年国民经济和社会发展计划（草案）的报告、海曙区2016年财政预算执行情况和2017年财政预算（草案）报告进行预审。区委组织部作区监委主任、副主任和委员人选的人事任职说明。讨论区十届人大常委会第34次会议有关事项，具体包括：研究区十一届人大一次会议有关事宜，研究2017年区政府民生实事项目人代会票决方案，审议代表资格审查委员会关于代表资格的审查报告，审议区人大常委会工作报告，审议人事任免事项。

3月6日，区十一届人大常委会召开第一次主任会议。会议讨论区十一届人大常委会第一次会议有关事项，即区监察委员会人事任免事项。

4月26日，区十一届人大常委会召开第二次主任会议。会议讨论海曙区剿灭劣V类水工作情况报告的实施方案和区十一届人大常委会第二次会议有关事项。

6月16日，区十一届人大常委会召开第三次主任会议。会议讨论十一届人大常委会第三次会议有关事项，即市人大代表补选事宜。

7月21日，区十一届人大常委会召开第四次主任会议。会议听取海曙区存量房源专项审计报告，讨论区十一届人大常委会第四次会议有关事项。

8月23日，区十一届人大常委会召开第五次主任会议。会议听取关于市“文化名村”保护规划相关情况汇报，讨论区十一届人大常委会第五次会议有关事项。

10月17日，区十一届人大常委会召开第六次主任会议。会议听取关于区划调整后区人民法院审判工作开展情况、区人民检察院检察工作开展情况、食品安全工作情况、小城镇环境综合整治工作情况的汇报，讨论区十一届人大常委会第五次会议审议意见、关于开展2017年区政府十大民生实事项目监督的责任分工，听取和审议农业服务体系建设发展情况的实施方案（草案）。讨论区十一届人大常委会第六次会议有关事项。

12月25日，区十一届人大常委会召开第七次主任会议。会议听取和审议海曙区2017年地方政府性债务情况的报告、区十一届人大常委会第六次会议的审议意见，讨论区十一届人大常委会第七次会议有关事项。

（楼　强）

重要活动与代表建议

【区人大代表议案建议】 2017年3月3—7日区十一届人大一次会议期间，区人大代表提出议案建议199件，其中转为建议处理的议案17件、建议182件。186件交由区政府有关职能部门办理，3件由区委宣传部办理，1件由区编委办办理，9件由区委政研室（区农办）办理。各承办单位均在规定办理时限内办结并答复代表。至是年底，区人大代表提出199件议案建议，解决或基本解决100件（A类），占总数的50.25%；计划解决85件（B类），占42.71%。代表对办理工作满意186件，占93.47%；基本满意13件，占6.53%。对办理结果满意180件，占90.45%；基本满意19件，占9.55%。

各承办单位按照《宁波市海曙区人民代表大会代表建议、批评和意见办理办法》规定，建立健全议案建议办理工作分级负责、会办协商与反馈、办理进展情况通报等各项工作制度，确定经办人员、办理方案、办理时间和答复期限。加强区人大常委会各工委对口督办，把议案建议按照各工委工作职能和联系单位分类，由各工委对口督办，督办结果及时反馈代表工委。继续运用议案建议网络办理系统平台，及时掌握议案建议从提交、立案、交办到确认、答复、反馈等各个办理环节，全程跟踪办理进程，指导督促承办单位。

区人大常委会主任会议专题研究事关经济社会发展重大事项、社会普遍关注和群众密切关心热点的问题，确定“培育和扶持个性化定制企业”“检修云霞路148弄段市政管网”“启动高塘干休所列入海曙区危旧房改造”“加速打造环月湖金融产业集聚区”“新建横街卫生院”“加快实施樟溪河、鄞江、南塘河综合治理”“完善村级公共服务中心功能”7件议案建议作为人大常委会领导重点督办件。区政府确定“加快编制海曙区整体规划”“加强对实体商贸企业扶持力度”“王应麟遗迹保护和申报《三字经》为国家非物质文化遗产”“加快推进高塘四村棚户区改造”“尽快实施鄞江流域洞桥镇水利防洪工程”5件建议作为区政府领导领办件，由区长褚孟形和4位副区长分别领办。对区人大代表反映初次办理结果不满意的“进一步优化宁波二院看病停车环境”建议，要求承办单位深入查找问题，加强与代表沟通交流。

【区人大常委会主任接待日活动】 2017年5月15日，区人大常委会主任陈志国到石碶街道办事处开展主任接待代表日活动，石碶街道党工委书记张朝晖、人大工委主任戴利光陪同接待。接待市级、区级代表7人，代表们关于“剿灭劣V类水”、新农村建设、内涝治理、公交出行、教育资源优化、医疗卫生条件改善、“中国制造·2025”工作推进、企业发展创新、政府服务水平提升等工作提出意见建议。

6月29日，区人大常委会副主任童经纬在白云街道人大代表联络站举行主任接待代表日活动。听取代表对参与区人大常委会活动、提升区人大常委会微信公众号功能、加大代表议案建议督办力度、强化代表培训、调研、视察等工作提出的意见建议。白云街道党工委书记郁建军、人大工委主任赵宏桢陪同接待。

7月13日，区人大常委会主任陈志国到石碶街道人大代表联络点冯家村参加代表接待选民活动，接待村（社区）、渔业社居（选）民代表8人。代表们关于棚户区改造、新农村建设、机场拆迁、民生工程、区域内涝治理、河道直排污水整治、道路提升、村社小区周边无证摊贩商铺整治等方面内容提出15条意见和建议。

同日，区人大常委会副主任金波开展主任接待日暨重点议案建议督办会，接待区人大代表彭朝晖，对其提出的“关于尽快启动高塘干休所列入海曙区危旧房改造的建议”进行督办。区人大城建环保工委、代表工委，白云街道、西门街道人大工委及区府办、区棚改办、区住建局、区征收办、区财政局、区综合执法局等单位负责人及部分区人大代表参加督办会。

8月23日，区人大常委会副主任陈小春到高桥镇长乐村人大代表联络站开展主任接待日活动，听取区、镇两级代表对区人大常委会工作及农业与农村工作意见建议，区人大常委会农业与农村工委主任冯惠锋、区人大常委会代表工委主任钱军、高桥镇人大主席及副主席等参加接待活动。

9月13日，区人大常委会副主任孙铭龙到洞桥镇罗家漕村人大代表联络站开展主任接待日活动，听取市、区两级人大代表关于新农村建设、固废处理中心维稳情况、工程延期等方面意见建议。区人大教科文卫工委主任汪则康，代表工委主任钱军，洞桥镇人大主席沈功海、副主席俞国军等参加接待活动。

美丽新农村——章水镇新陆村

【区人大交流接待活动】 2017年3月14日，绍兴市越城区人大常委会副主任鲍永强到海曙区考察代表联络站工作。区人大常委会副主任陈小春等陪同考察。

3月20日，温州市洞头区人大常委会副主任张孚标到海曙区考察广安养怡园医养融合及“智慧养老”工作。区人大常委会副主任舒建国等陪同考察。

5月11日，广东省汕尾市人大常委会副主任李汉流在宁波市人大农业与农村工委主任王乐年等陪同下，到高桥镇、古林镇等地参观考察河道生态治理、农村生活污水整治等工作。

7月13日，江苏省江阴市人大常委会副主任龚振东到海曙区考察“智慧医疗”建设工作。区人大常委会副主任孙铭龙及教科文卫工委和区卫生计生局负责人陪同考察。

8月11日，市人大常委会副主任王建社携上海市金山区人大考察团到海曙区实地考察助残服务公益街运营情况。市人大常委会内司工委主任何乐君、市残联理事长朱学峰、区人大常委会副主任舒建国、区残联副理事长董一斌陪同考察。

8月15日，绍兴市柯桥区人大常委会副主任胡国炜携柯桥区人大城建环保工委、柯桥古镇开发建设办公室人员考察海曙区历史文化街区保护利用情况。区人大常委会副主任金波陪同考察。

9月8日，区人大常委会副主任林兵接待江苏省泰州市姜堰区人大常委会考察团，调研海曙区民生实事项目代表票决制工作。区人大财经工委陪同接待。

9月22日，上海市崇明区人大常委会考察团到海曙区调研人大联络站及网上代表联络站建设工作。区人大常委会副主任童经纬接待。

10月16日，哈尔滨市道里区人大常委会考察团到海曙区调研代表网上联络站建设及法制工作运行情况。区人大常委会副主任童经纬接待。

10月19日，四川省自贡市人大领导参观考察白云街道人大代表联络站。市人大常委会代表工委副主任虞存斌、区人大常委会副主任童经纬、区人大代表工委主任钱军、白云街道人大工委主任赵宏桢等陪同。

10月31日，四川省自贡市龙泉驿区人大常委会党组成员、副主任卢河英一行10人参观考察白云街道人大代表联络站。区人大常委会副主任童经纬，区人大代表工委主任钱军，白云街道人大工委主任赵宏桢陪同。

11月1日，广东省佛山市顺德区人大常委会考察团到海曙区考察文化产业发展工作。区人大常委会副主任孙铭龙及教科文卫民侨工委、区文广新局负责人陪同。

11月2日，江苏省无锡市锡山区人大常委会考察团到海曙区考察医疗卫生工作。区人大常委会副主任孙铭龙及教科文卫民侨工委、区卫生计生局负责人陪同。

11月28日，上海市静安区人大工作研究会考察组到海曙区考察品牌餐饮协调发展工作。区人大常委会副主任林兵、教科文卫民侨工委副主任张学军及区市场监管局副局长董斌陪同。

11月30日，江苏省无锡市梁溪区人大常委会考察团到海曙区考察城市建设、更新、管理及监察体制改革工作。区人大常委会副主任孙铭龙接待，区人大城建环保工委、区住建局、区综合行政执法局、宁波城市广场开发经营有限公司等单位负责人陪同。

【省人大“剿灭劣Ⅴ类水”专项审议视频部署会】 2017年3月24日，省人大举行“剿灭劣Ⅴ类水”专项审议和“剿灭劣Ⅴ类水，人大代表在行动”主题活动视频部署会。区人大常委会主任陈志国，副主任金波、林兵等及区人大办各工委、区府办、区“五水共治”办等单位负责人参加海曙分会场会议。各镇（乡）街道设分会场，同步参加视频部署会。

【机关党员干部大会】 2017年6月8日，区人大举行机关党员干部大会。会议传达学习中央和省、市、区委关于

5月3日，市人大常委会党组书记、主任余红艺到海曙区调研

推进“两学一做”学习教育常态化制度化会议精神，动员部署全区“两学一做”学习教育常态化制度化工作。

【全区人大信息宣传工作会议】 2017年6月22日，区人大召开全区人大信息宣传工作会议。会议总结2016年人大信息宣传工作，研究部署2017年人大信息宣传工作任务，介绍海曙人大网联络站发展历史、平台功能及运行情况。会议邀请市人大常委会研究室王井才授课。各镇（乡）人大副主席、街道人大工委专职主任或副主任及信息员，区委办、区府办、区委宣传部、区人民法院、区人民检察院等10个部门信息员和区人大常委会各工委秘书参加会议。

【视察警务实战化建设工作】 2017年6月30日，区人大常委会到海曙公安分局巡特警大队视察警务实战化建设工作。视察组听取巡特警大队相关工作汇报，参观武器警械、营房建设、实战演练。对巡特警大队维稳安保、处突防暴、巡逻防控等各项工作表示肯定。

【区人大代表履职能力培训】 2017年8月，区人大常委会组织新一届区人大代表到上海交通大学进行代表履职能力培训，邀请专家学者进行授课。上海市人大常委会法工委副主任施凯教授解读《中华人民共和国各级人民代表大会常务委员会监督法》和新修改的《中华人民共和国全国人民代表大会和地方各级人民代表大会选举法》《中华人民共和国全国人民代表大会和地方各级人民代表大会组织法》《中华人民共和国全国人民代表大会和地方各级人民代表大会代表法》，上海市首席人民调解员裴蓁讲解“人大代表履职路径”，上海对外经贸大学教授张鸿、上海交通大学教授俞正樑讲解国际国内形势，区发改局局长庄宏作“新海曙新起点，新使命新征程”讲座。220余名区人大代表和区人大机关干部参加培训。

【半年度政府工作通报会】 2017年8月17日，区人大常委会召开2017年半年度政府工作通报会。区长褚孟形通报上半年政府主要工作情况和下半年重点工作安排，并对区人大代表关注支持政府重点工作、助推经济社会发展的方式举措提出建议。区人大常委会和区政府上半年工作报告在会上作书面通报。区人大常委会主任陈志国主持会议，全体区人大代表及部分省、市人大代表，各镇（乡）街道人大工作相关负责人参加会议。

【《浙江省乡镇人民代表大会工作条例》专题培训】 2017年8月22日，区人大常委会召开培训会，专题学习《浙江省乡镇人民代表大会工作条例》。会议邀请省人大常委会法工委副主任、省法制研究所所长任亦秋授课。区人大常委会副主任童经纬主持培训会，区人大常委会主任陈志国，副主任金波、林兵及区人大全体机关干部，各镇（乡）街道人大工作负责人、联络员等参加。

（楼　强）

海曙区人民政府

综　述

【概况】 2017年，海曙区完成地区生产总值1164.48亿元，同比增长6.3%；实现财政总收入163.84亿元，增长6.5%，其中一般公共预算收入93.02亿元，增长0.9%；实现固定资产投资408.81亿元，增长11.7%；实现社会消费品零售总额796.94亿元，增长6.2%；城乡居民人均可支配收入分别达到59482元、32743元，增长均为7.9%。

理顺区划调整后行政体制机制，新组建农办、农林水利局（以下简称“区农水局”）、交通运输局等区级单位，成立6家区属国有独资公司。加快完善规划政策，发布实施“十三五”规划纲要和交通、水利、工业、商贸、教育、卫生等重点领域专项规划。加快建设一批融合项目，重启建设雅戈尔大道、S214省道、横街至章水公路等项目，组建义务段五大教育集团、幼儿园四大教育集团，设立区级医院、区行政服务分中心、不动产登记交易机构。开展“大脚板走一线、小分队破难题”“精准服务企业”等专项行动，34个市级重大项目进展良好，56个区级项目提速推进，248个镇（乡）街道项目全面铺开。

加快鄞奉片区二期、月湖西区二期、机场三期扩建等重大项目征迁的清零进度。新开工省、市、区重点项目61个，挂牌出让14个地块，建成投用2幢总部大楼。“浙商回归”资金、实际利用外资超额完成市对区考核任务，引进大市外内资完成率居全市第一。加快培育消费热点，启动泛天一商圈改造，建成投用省内首个地铁地下商业街区——东鼓道。加强外贸综合服务，推进中国跨境电子商务综合试验区建设，开通运营宁波国际邮件交换站。优化人才发展环境，中芬人才技术交流合作平台落地，区人才开发广场基本建成，新增市“3315计划”创业团队2个、院士工作站2家。

在全市率先出台“中国制造2025”政策，发布“365”产业投资导向目录，编制实施时尚纺织服装业三年攻坚计划，列入省“服装制造业改造提升试点区”和全国“产业集群区域品牌试点区”，获评全国“消费品工业‘三品’战略示范区”“规模以上工业总产值上台阶县”，信息经济综合评价居全市第一。推进“个转企、小升规、规改股、股上市”工作，新增各类市场主体1.73万家，雅戈尔集团列入市级“千亿级龙头培育企业”，帅特龙集团、博洋集团、广博集团上榜中国自主品牌“浙江百佳”，维科集团入围“中国民营企业500强”，狮丹努集团、富邦集团等企业获评省“成长最快百强企业”，星箭航天公司获批省首批“军民融合示范企业”，“太平鸟”“君禾股份”在主板（沪深交易所）上市。全年新增省、市级名牌4个。平台支撑不断增强，宁波市智能制造技术研究院创建市级创新中心，全国首个军民融合高端制造产业孵化平台——中东欧新材料研究院运行，首个国家级科技企业孵化器创建成功，月湖金汇小镇列入省第三批特色小镇创建名单。发展都市农业，优质高效水稻集成示范项目获批国家级数字农业项目，获评省级首批“放心粮油示范县”试点。

加快推进“五水共治”，完成治水剿劣项目269个，3个市控、区控断面和96个劣Ⅴ类小微水体销号，全省首个湖泊治理PPP项目——月湖水环境综合整治成效明显，月湖街道、江厦街道、鼓楼街道通过“污水零直排区”创建验收。“三改一拆”工作提前超额完成年度目标任务。开展小城镇环境综合整治，基本完成集士港镇、章水镇、龙观乡等首批创建镇（乡）项目47个。推进“美丽镇村”建设，拆除农村旧房12万平方米、新建60万平方米。加强大气、土壤污染防治，推进四明山区域生态保护开发。加快完善基础设施，开工建设环城南路西延、机场路南延、甬梁线二期等项目，建成投用龙兴路、长春路等项目，完成解放路综合整治，建成农村联网公路20千米。推进姚江、奉化江堤防整治和风棚碶、五江口等泵闸工程，完成段塘碶闸站、剡江堤防维修加固，16座山塘水库通过标准化验收，110千伏岐阳变电站、35千伏龙观变电站投产。完成103座公厕改造提升工程。

教育事业均衡发展，全面实施城乡教育一体化“五大工程”，樟村中学等8所校（园）交付使用，海曙区入围首批“中国新样态学校联盟实验区”。推进“健康海曙”建设，开工建设海曙区中医院迁建项目，区妇幼保健院迁

章水镇“村民说事”场所——“大树底下说小事”亭

入新址，家庭医生签约率居全市首位，持续提升计划生育服务管理水平。成立区话剧中心，区全媒体中心运行，举办第二届国际微电影节，“黄古林草席编织技艺”入选国家级非物质遗产项目后备库，新增10家农村文化礼堂，15件文艺作品获评国家级奖项。建成投用章水文体中心，鄞江攀岩公园成为国家攀岩队训练基地，老年人柔力球项目获得全国集体全能优胜奖，海曙区被评为全国“健身球操之乡”和“浙江省体育强区”。不断健全社会保障体系，户籍人口养老保险和医疗保险参保率居全市前列，完成保障性安居工程2个，新增公租房家庭1004户，城镇新增就业2.61万人，实现城镇失业人员再就业1.37万人。建成投用18个区域性居家养老服务中心和基层站点。推广“村（居）民说事”制度，完成254个村（居）委会换届选举。开展“七五”普法，“四个平台”和三级综合信息指挥体系有效运转，连续12年获评省“平安区”，捧得“平安金鼎”。

推进“两学一做”学习教育常态化制度化，自觉接受区人大法律监督和区政协民主监督，建立区人大与区政府工作对接制度，办结371件建议提案。完善政府法律顾问制度、重大决策合法性审查机制，健全三级公共法律服务体系，落实行政执法责任制。推进“最多跑一次”改革，在全省率先推出“受办分离、考级上岗”模式，推出国税地税联合办理、银行代办工商登记、网格员代跑服务等模式，全区实现“一窗受理”服务。落实党风廉政建设主体责任，加强预算绩效管理和审计监督，新一轮财政管理体制、债务管理和风险化解机制启动实施，行业协会商会与行政机构脱钩基本完成。

（姜　波）

重要会议

【区政府常务会议】 2017年1月9日，区政府召开2017年第一次常务会议。会议审议并原则通过《海曙区2016年国民经济和社会发展计划执行情况与2017年国民经济和社会发展计划（草案）》《海曙区“十三五”规划修编工作方案》《海曙区全面构建“三位一体”农民合作经济组织体系的实施方案（草案）》和《政府工作报告（审议稿）》等。

2月14日，区政府召开2017年第二次常务会议。会议听取2017年全区经济工作会议筹备、海曙区2016年度“杰出贡献”“突出贡献”“特色优势”企业评选、2016年度“区长质量奖”评审、在集士港镇设立海曙区行政服务分中心等情况汇报，审议并原则通过《宁波市海曙区人民政府办公室关于推行新型居住证制度的通知》。

3月17日，区政府召开2017年第三次常务会议。会议听取关于西河街危旧房改造地块房屋征收、海曙区镇（乡）街道“三定”规定等情况汇报，审议并原则通过《2017年政府工作报告目标任务责任分解》《宁波市海曙区人民政府工作规则》《海曙区加快推进“最多跑一次”改革实施方案》。

4月6日，区政府召开2017年第四次常务会议。会议听取关于广泽路绿化工程、“三防”防御体系和2017年临时指挥平台筹建、区气象局筹建等情况汇报，审议并原则通过《海曙区党政机关安全生产工作职责规定》《海曙区开展标本兼治遏制较大以上事故工作方案》《海曙区党政机关消防安全工作职责规定》《海曙区关于推进“中国制造2025”工作的若干政策意见》等。

5月3日，区政府召开2017年第五次常务会议。会议听取关于区政府各部门“三定”规定、洞桥镇生活垃圾填埋场加固除险应急工程建设等情况汇报，审议并原则通过《海曙区突发地质灾害应急预案》《海曙区2017年度地质灾害防治方案》《2017年小城镇环境综合整治首批达标创建镇（乡）整治项目清单》《2017年海曙区商贸业政策》《2017年海曙区外经贸政策》《2017年海曙区电子商务政策》等。

5月10日，区政府召开2017年第六次常务会议。会议听取关于月湖街道、江厦街道、鼓楼街道“污水零直排”项目、望春街道联丰社区撤销、高桥镇古庵村名称变更和古林镇撤销戴家村建立戴家社区、2017年全区政府信息化项目等情况汇报，审议并原则通过《海曙区大型群众性活动安全管理暂行办法》《海曙区流动人口量化积分申评暂行办法》《海曙区推进“中国制造2025”工作实施方案》等。

6月6日，区政府召开2017年第七次常务会议。会议听取关于设立区属国有企业等情况汇报，审议并原则通过《海曙区国有企业监督管理办法（试行）》《关于进一步推进义务教育学校教师校长交流工作的实施意见》等。

6月22日，区政府召开2017年第八次常务会议。会议听取关于海曙区科技信贷风险池建设、2017年区政府领导建议提案领办等情况汇报，审议并原则通过《海曙区国有土地上房屋征收工作运行体制》《海曙区国有土地上房屋征收三级协调平台工作机制》，研究学习《关于加快推进法治政府建设的几个重要问题》。

7月12日，区政府召开2017年第九次常务会议。会议听取关于设置（更名）区级医院、海曙区与宁波交通工程建设集团有限公司战略合作、新建联丰路污水泵站等情况的汇报，审议并原则通过《海曙区工业企业综合评价实施办法》《海曙区危险化学品安全综合治理实施方案》等。

8月14日，区政府召开2017年第十次常务会议。会议听取关于2017—2018年海曙区重点交通项目、宁波市海曙区土地利用总体规划编制成果、委托第三方机构开展全区第一次海洋经济调查、成立宁波市海曙区供销资产经营公司（暂名）、设立宁波市海曙区国有资本投资控股有限公司、全区消防安全工作和安全生产工作等情况汇报，审议并原则通过《海曙区国民经济和社会发展第十三个五年规划纲要》《关于推进旧村改造新村建设的实施意见》《宁波市海曙区防汛防台应急预案》《海曙区盐业体制改革实施方案》等，研究学习《法治政府建设实施纲要（2015—2020）》。

9月30日，区政府召开2017年第11次常务会议。会议听取关于洞桥生活垃圾填埋场、S214省道（鄞州大道至奉化段）改建工程10千伏电力线迁改等情况汇报，审议并原则通过《海曙区土壤污染防治工作实施方案》《关于进一步加强和改进统计工作的意见》《海曙区政府购买居家养老服务实施办法》《海曙区临时救助实施办法》《海曙区医疗救助实施办法》《关于进一步构建和谐劳动关系的实施意见》等。

10月17日，区政府召开2017年第十二次常务会议。会议听取关于高塘四村危旧房改造地块、高塘二村12弄危旧房改造地块房屋征收、组建宁波市话剧团（海曙区话剧中心）等情况汇报，审议并原则通过《关于第一批纳入宁波市海曙区综合行政执法局行政执法职权的通告》等。

11月2日，区政府召开2017年第十三次常务会议。会议听取关于公益林生态效益补偿、河道水域渔业生产规范化整治等情况汇报，审议并原则通过《海曙区科学技术奖励办法（草案）》《关于促进金融业发展的若干政策意见》《海曙区关于扶持文化（体育）产业发展的若干意见》《海曙区关于进一步促进旅游业发展的若干政策意见》等。

11月14日，区政府召开2017年第十四次常务会议。会议听取关于2016年度工业企业综合评价工作等情况汇报，审议并原则通过《海曙区"十三五"农业农村发展规划》《海曙区"十三五"水利发展规划》《海曙区"十三五"文化事业发展规划（修编）》等。

12月1日，区政府召开2017年第十五次常务会议。会议审议并原则通过《海曙区"十三五"重大项目规划》《海曙区"十三五"工业发展规划》《海曙区"十三五"现代商贸业发展规划》《海曙区"十三五"综合交通发展规划》《海曙区"十三五"卫生计生事业发展规划（修编）》《海曙区深化行政复议体制改革工作实施方案》等。

12月8日，区政府召开2017年第十六次常务会议。会议听取海曙区第二医院筹备、海曙区粮食工作等情况汇报，审议并原则通过《关于建立农村工作指导员（科技特派员）制度的通知》《海曙农民学校筹建方案》《关于加强镇（乡）、街道农合联实体化运作的实施意见》等。

【全区经济工作会议】 2017年3月16日，海曙区召开2017年全区经济工作会议。会议总结回顾2016年经济工作，研究部署2017经济工作任务，表彰2016年度海曙区"杰出贡献企业""杰出贡献企业家""突出贡献企业""突出贡献企业家""特色优势企业""优秀企业家"及"区长质量奖"获奖企业、"资本市场突破奖"获奖企业等。

【全区建设"平安大区"工作会议】 2017年5月4日，海曙区召开全区建设"平安大区"工作会议。会议通报表彰先进，签订2017年度平安综治暨维稳工作目标管理责任书。区委书记孙黎明出席会议并讲话，区委副书记、区长褚孟形主持会议。

【全区安全生产工作会议】 2017年5月8日，海曙区召开全区安全生产工作会议。会议通报2016年全区安全生产工作和消防安全工作情况，部署2017年各项工作任务。区委副书记、区长褚孟形出席会议并讲话，副区长金昕等参加会议。

【全区建议提案办理工作会议】 2017年5月12日，海曙区召开全区建议提案办理工作会议。会议总结2016年建议提案办理工作，研究部署区第九次党代会提案、区十一届人大一次会议代表议案建议和区政协五届一次会议委员提案的办理。区委副书记、区长褚孟形出席会议并讲话，区委副书记、政法委书记张启表主持会议。

【全区农村工作会议】 2017年6月23日，海曙区召开全区农村工作会议，区委书记孙黎明出席会议并讲话，指出"三农"（农村、农业、农民）工作在全

3月16日，海曙区经济工作会议召开

区经济社会发展中居重要地位，需要深化“三农”工作改革创新，推进重心下移。副区长毛孟军部署具体工作，古林镇、龙观乡、集士港镇、高桥镇作交流发言。区委副书记、区长褚孟形主持会议，陈志国、毕东华、张启表等区领导参加。

【“大脚板走一线、小分队破难题”暨重大项目攻坚行动半年度工作推进会】 2017年7月14日，全区召开“大脚板走一线、小分队破难题”暨重大项目攻坚行动半年度工作推进会。区委书记孙黎明出席并讲话。区委常委、常务副区长谭国洪主持会议。孙黎明肯定海曙区“大脚板走一线、小分队破难题”抓落实专项行动取得成绩，强调要全力攻坚重大项目。会上，区发改局、区规划分局、海曙国土资源分局等相关部门及各镇（乡）街道作汇报交流，区领导逐一协调解决攻坚难题，推进项目落实。

【“最多跑一次”改革推进会】 参见“专记”类目“‘最多跑一次’改革”分目。

【区人大与区政府工作对接会】 2017年11月24日，海曙区召开区人大与区政府工作对接会。区人大常委会主任陈志国通报人大工作开展情况，区委副书记、区长褚孟形介绍海曙经济社会发展情况，区人大常委会、区政府相关领导围绕重点工作交流讨论。区人大常委会及区政府其他班子成员参加会议。

【海曙区和贞丰县东西部扶贫协作联席会】 2017年12月13日，海曙区和贞丰县东西部扶贫协作联席会召开。海曙区与贵州省黔西南州贞丰县签订框架合作协议，并关于产业转移、人才交流培训、劳务输出等事宜进行交流。贵州省黔西南州贞丰县委副书记、县长郑梦英，区委副书记、区长褚孟形，副区长毛孟军等参加会议。

（姜　波）

重要活动

【刘芸调研海曙档案工作】 2017年3月1日，省档案局局长刘芸到海曙区调研档案工作。刘芸实地察看区档案馆新馆建设情况，听取海曙区档案工作情况介绍。区委副书记、政法委书记张启表，副区长陈早挺等陪同调研。

【马毅督导海曙永久基本农田划定工作】 2017年4月9日，国家土地总督察办公室主任马毅到海曙区督导永久基本农田划定工作情况。督导组实地察看集士港镇山下庄村和岳童村永久基本农田及示范区，听取海曙区永久基本农田划定工作汇报。国家土地督察上海局副局长王钊、省国土资源厅副厅长马奇等陪同。

【“健康中国与中医药发展”论坛在海曙举行】 2017年6月3日，首届“健康中国与中医药发展”论坛在海曙区举行，全国500余名代表参加。论坛以“复兴传统医学，促进健康中国”为核心思想，分主论坛和2个分论坛，近20名权威专家、健康产业企业家进行交流演讲。原外交部部长、十一届全国人大外事委员会主任委员李肇星，副市长许亚南等出席论坛。

【宁波中星中东欧新材料研究院成立】 2017年6月10日，宁波中星中东欧新材料研究院和宁波市中东欧国家引智工作站揭牌（授牌）仪式在星箭航天公司举行。研究院是由中国兵器科学研究院宁波分院和民营企业星箭航天公司共同组建的民办非企业性质的研究机构，是全国首个军民融合高端制造产业孵化平台。研究院通过引进乌克兰、保加利亚等中东欧国家高精尖稀缺人才和项目，搭建务实高效的新材料领域研发合作平台，探索金属新材料及相关技术领域的新技术研发并实现产业化，助力宁波市“中国制造2025”试点示范城市建设。会议邀请乌克兰、俄罗斯、捷克、斯洛伐克、塞尔维亚、保加利亚、波兰等7个中东欧国家的29位专家，市委副书记、常务副市长宋越舜出席揭牌仪式并致辞。

【“2017中国股权投资论坛@宁波”活动在海曙举行】 2017年6月14—15日，“2017中国股权投资论坛@宁波”活动在海曙区举行。论坛聚集国内知名经济学家、顶级投资机构代表和优秀创业企业代表，对产业现状、国家政策、行业风口等进行重点讨论。论坛还设置“宁波特色产业项目show”分论坛，开辟宁波产业与机构对接快速通道，加快高新技术落地。副市长许亚南出席活动并致辞。

【张建国到海曙区调研】 2017年7月25日，人社部副部长、国家外国专家

7月14日，海曙区“大脚板走一线、小分队破难题”抓落实专项行动暨重大项目攻坚行动工作推进会召开

6月14—15日，“2017中国股权投资论坛@宁波”活动在海曙区举行

局局长张建国调研宁波中东欧新材料研究院。张建国参观星箭航天公司产品陈列室，听取宁波中东欧新材料研究院运行情况和海曙区外专引智工作相关情况汇报。省人社厅副厅长宓小峰、市政府副秘书长杨小平、北方材料科学与工程研究院董事兼宁波所所长（中国兵器科学研究院宁波分院副院长）王有祁等陪同。

【蜂窝物联网（NB-IoT）开通暨战略合作协议签约仪式】 2017年8月25日，海曙区举行蜂窝物联网（NB-IoT）开通暨战略合作协议签约仪式。海曙区政府与中国移动宁波分公司签订《关于共同推进“中国制造2025”试点示范城市建设战略合作协议》及区民政局“智慧养老”、东海集团物联网应用示范两个子项目合作协议，区委副书记、区长褚孟形，副区长金昕等出席签约仪式。海曙区率先全面建成开通蜂窝物联网，布局的115个NB-IoT基站初步构建起有本地特色的物联网生态系统，为全区物联网大规模应用普及提供网络基础。

【省“剿灭劣Ⅴ类水”验收组调研月湖水环境治理工作】 2017年10月25日，省治水办常务副主任、省环保厅厅长方敏带领省“剿灭劣Ⅴ类水”宁波验收组到海曙调研月湖水生态治理工作。验收组在月湖净化活水系统施工现场听取月湖水生态环境综合整治工程实施情况介绍。市委副书记陈奕君，副市长陈仲朝等陪同调研。

【项永丹到海曙区调研】 2017年10月31日，省建设厅厅长项永丹到海曙区调研。项永丹在明州垃圾焚烧发电厂实地察看垃圾博物馆、中央控制大厅，听取垃圾焚烧发电等相关情况汇报。省建设厅副厅长应柏平、副市长褚银良等陪同调研。

【海曙区与宁波交通工程建设集团签署战略合作协议】 2017年11月10日，海曙区人民政府与宁波交通工程建设集团有限公司战略合作签约仪式举行，集团总经理张旭东与海曙区副区长史卫东签署战略合作框架协议。宁波交通工程建设集团是立足海曙区的国有全资企业，协议签署旨在双方合作建设海曙区交通产业链，促进海曙区交通枢纽作用的发挥。副市长褚银良、市交通委主任张世方、市国资委主任徐红等出席签约仪式。

【熊建平到海曙区调研】 2017年11月15日，副省长熊建平到海曙调研城市建设工作。熊建平先后走访东鼓道和南塘老街，了解海曙区地下空间综合开发利用和历史文化街区保护开发相关做法。副市长褚银良，区委副书记、区长褚孟形等陪同。

【王文娟到海曙区调研】 2017年12月13日，省妇联主席王文娟带队到海曙区调研。王文娟一行实地考察“公益一条街”、81890志愿者服务驿站、慈善商店、宁静港湾婚姻家庭服务中心，听取海曙区女性社会组织建设和全区经济社会发展情况汇报。市妇联主席顾卫卫，区委副书记、区长褚孟形等陪同调研。

（姜　波）

区政府办公室工作

【概况】 2017年，区政府办公室围绕行政区划调整后海曙实际情况，加快衔接、理顺区域融合体制机制。协助落实行政审批职能权限、民生保障等22类204项政策差异事项和96个重大难点问题，配合开展经济社会各领域规划、政策等制定出台。组织开展调研信息，各类信息被各级政府办公厅录用287条次。围绕区委、区政府中心工作加强政务督察，完成市、区领导批示和政务督察732件，办结率达100%。加强应急管理，修编各类应急预案，组织开展各类应急演练。

发挥综合枢纽作用，协调推进“大脚板走一线、小分队破难题”“三大行动”“精准服务企业”等专项行动开展，稳步促进“660”攻坚行动等重大项目建设，配合做好国务院第四次督察、中央环保督察迎检等相关工作。做好各类重大会议和活动组织保障，办理各类文件5846件。按照“最多跑一次”要求推进“互联网+政务服务”，完成区政府门户网站集约化整合。推行流动人口服务管理新型居住证制度和量化积分管理，建立全市首个全程网上申评流动人口量化积分平台。规范出国（境）管理制度，做好出国（境）审批服务。

开展重大行政执法决定法制审核制度试点，明确报送区政府审批的行政执法决定事项目录及审核规程。履行合法性审查职责，审查规范性文件草案13件。推进行政复议体制改革，区行政复议局挂牌运行，新收行政复议案件45件，收案量同比增长375%。持续推行政务公开，办理政府信息依申请公开答复124件。加强议提案办理，完成市、区两级444件建议提案办理，增长71%。

（姜　波）

民生实事项目

【政府重点民生实事工程】 完善排洪设施。风棚碶泵闸工程完成泵闸水下部分工程建设，五江口闸及配套河道整治工程完成泵站水下部分工程建设；姚江、奉化江堤防工程实现全线封闭；改造启运路等3处易涝片区。

加强水体治理。实施护城河、长漕河等56千米河道清淤疏浚工程；实施卖鱼河、泗洲横河等11千米河道水质提升项目；月湖街道、江厦街道、鼓楼街道完成“污水零直排区”创建工作；启动鄞江等镇（乡）自来水管网与市级管网联通工程。

推进交通治堵。完成雅戈尔大道等7条道路改建及提升工程；新改建农村联网公路20千米。

完善南站路网。启动马园路改造项目（南站西路至柳汀街段）、月湖银座东侧道路拓宽工程，甬水桥（辅桥）工程完成施工；新增停车位3000个。

改善住房条件。新增公共租赁住房保障家庭200户，推出公租房600套；竣工保障性住房900套；启动新典路10弄11—12号等32处零星危旧房治理改造，完成13万处农房排查鉴定建档工作。

深化教育惠民。组建海曙中心小学、广济中心小学等5个教育集团，推进城乡教育一体化发展；后孙学校（暂名）、樟村中学、石碶实验小学、布政幼儿园等8所学校（幼儿园）交付使用；段塘学校（暂名）开工建设。

优化医疗服务。组建区级医院1家；区中医院迁建项目开工；推进家庭医生服务，对1万户重点、困难家庭提供连续完整的基本医疗服务和健康监护管理。

加大文化投入。新建集士港镇双银村、高桥镇梁祝村、横街镇毛岙村等农村文化礼堂10家；启动郡庙修缮工程，完成永丰库遗址公园改造提升工程。

风棚碶泵闸施工现场

健全养老机构。新建高桥镇蒲家村、龙观乡雪岙村、白云街道云丰社区等16个居家养老服务站点；完成横街镇敬老院、洞桥镇敬老院、望春敬老院等26个养老机构消防设施改造。

强化食品安全。在麦德龙海曙商场、华润万家石碶店等15家大型商超推广“透明商超”监管系统；完成雅戈尔中学、古林镇中心小学、孙文英小学气象路校区等50家学校（幼儿园）食堂快检室建设；创建省级“农村放心农贸市场”1家。

（姜　波）

外事工作

【概况】 2017年6月，海曙区人民政府办公室外事科成立。办理党政因公出国（境）审批26批63人次，其中党政人员因公出国21批51人次、因公赴港5批12人次。审批企业因公出访37批57人次，审批APEC商务旅行卡申请26批38人次。

【外事活动】 2017年3月13日，澳大利亚驻上海总领事梅耕瑞到海曙区访问，参观海曙区先峰新材料股份有限公司。

3月21日，法国鲁昂—宁波友好城市委员会主席樊尚·勒马尚到海曙区访问，参观海曙外国语学校。

5月22日，美国驻上海总领事史墨客到海曙区访问，参观海曙区社会组织服务中心。

6月12日，波兰前副总理、波兰亚洲商会会长扬努士·皮耶豪钦斯基带领波兰考察组10余人考察宁波栎社国际机场和宁波栎社保税物流中心。

【重要出访】 2017年8月2—9日，区委常委、组织部部长严仕恩率团6人赴芬兰和俄罗斯进行人才工作访问交流。

9月24—30日，区委常委、宣传部部长张宁辉率团6人赴德国、意大利，开展历史文化资源传承保护、文化产业多元化开发经营课题访问交流。

11月7—13日，区人大常委会副主任金波率团6人赴捷克、匈牙利，进行小城镇规划建设、历史文化遗留建筑保护、历史文化街区修复发展、城市生态平衡发展课题学习交流。

11月15—22日，区委常委、常务副区长谭国洪率团6人赴英国、瑞典开展国土资源开发利用和“智慧城镇社区”建设课题访问交流。

12月12—19日，副区长薄慧敏率团6人赴芬兰和德国开展经贸洽谈及招商工作。

（朱　杰）

对台工作

【概况】 2017年，海曙区加强对台基层交流，推动台湾南投县埔里镇房里里、牛眠里与海曙区万安社区、安丰社区签约缔结友好社区。区台办组织南投县民宿观光协会到章水镇、龙观乡参观访问，举办海峡两岸沈光文文化节，开展“天一有约·青春无界”——2017台湾香港大学生海曙行活动。建立完善台资企业数据库。走访区内台资企业20家，与台商交流60余人次。帮助台商协调解决开业、土地使用、被窃、转型升级等问题。7月，区政府召集相关单位专题讨论台资半山伴水度假村项目问题，以区政府会议纪要形式提出解决方案，安排相关部门落实。促进涉台人群服务，推荐台属胡莹、台湾省籍台胞李始扬为区政协委员、区人大代表。组织20名赴台学生参加暑期实践活动，组织34名赴台新生参加市政府组织的行前辅导会。在西门街道北郊社区开展“台胞台属之家”示范点创建。

【台湾南投县埔里镇考察万安社区】 2017年4月23日，台湾南投县埔里镇20余名里长到南门街道万安社区参观交流。参访团参观社区公共服务中心大厅、科普馆、文化宫，了解社区以科普馆为阵地的“科普文化”、由社区文联引领的“邻里文化”及以“邻里亲，万安情”为主线的“家门口文化”。双方关于社区文化建设、对残障人士和老年人关爱、社会治安、经费保障等进行交流探讨。参访团表示将社区建设经验带回台湾，通过互相学习为两岸社区服务做出贡献。

【2017台湾香港大学生海曙行活动】 2017年7月24—28日，区台办、区侨办联合举办“天一有约·青春无界”——2017台湾香港大学生海曙行活动。香港中文大学、台湾东海大学等8所港台知名院校的19名大学生参加活动。通过5天的参观考察，加深港台大学生们对祖国历史文化和人文风俗的认识，促进台湾、香港、宁波三地青年交流。

【沈光文诞辰405周年纪念活动】 2017年11月4日，纪念沈光文诞辰405周年祭祀活动在沈光文纪念馆举行，台北宁波同乡会、台南善化庆安宫、善化小学和两岸沈氏后裔代表70余人参加活动。市台办副主任顾海飞，区委常委、区委统战部部长李冠杰出席活动。同日下午，“华夏忠魂，辉耀两岸”　“光文故里说乡愁”沈光文纪念活动在天一阁博物馆举行，海峡两岸100余名嘉宾参加活动，缅怀沈光文文化拓荒台湾的历史功绩。

（郑　凌）

11月4日，纪念沈光文诞辰405周年祭祀活动在沈光文纪念馆举行

侨务和港澳事务

【概况】 2017年，区侨办完成招商引资项目5项，投资总额超过5.5亿元，其中“以侨引商”项目3项。开展乡贤知名人士排摸，整理上报中科院院士张明杰等20人。走访加拿大宁波同乡会会长郑国英等侨界代表人士20余人，走访宁波八方集团股份有限公司等留学生创业企业20余家。开展与海外侨胞联络联谊活动7次。组织侨界人士近20人赴宁波樟村四明山烈士陵园扫墓，选举陆颖为新一届区侨联主席。向71人次贫困归侨侨眷发放慰问金8.23万元，其中贫困归侨6人次。对区划调整后新海曙区域归侨侨眷情况开展新一轮排摸，排摸辖区内涉侨人士1.05万人，境外涉侨人士9000人。分别推荐2名侨界人士当选市政协委员、10人当选区政协委员，其中喻亚盈获评2016年度优秀政协委员。

区委统战部招商引资香港项目1项，投资总额超过0.5亿元。落实港澳捐款捐物5笔，折合163.67万元，主要用于教育卫生事业。开展港澳知名人士排摸，整理上报应圣瑞等9人。走访海曙（香港）联谊会会长陈正龙等港澳代表人士10余人，开展与香港乡贤联络联谊活动5次。对区划调整后新海曙区域港澳眷属代表人士等情况开展新一轮排摸，排摸辖区内港澳眷属2000人，境外港澳人士1000人。

【俞恒翀获iF设计大奖】 2017年3月10日，区海外归国留学人员创业创新促进会秘书长、英国归国留学人员俞恒翀出席在德国慕尼黑举行的iF设计大奖颁奖活动，他的宁波川合创意设计有限公司与宁波越凡医疗科技有限公司联合设计的可穿戴式缓解呕吐症状产品获2017年iF设计奖（iF DESIGN AWARD）。俞恒翀是宁波川合创意设计有限公司创始人、宁波诺丁汉大学外聘顾问讲师，毕业于英国伦敦艺术大学，其团队设计领域涵盖品牌、产品、空间设计。iF设计奖简称“iF”，有“产品设计界的奥斯卡奖”之称。

【"海燕集结"活动】2017年7月27日，区侨联在区众创空间举办"海燕集结"活动，来自美国普林斯顿大学、澳大利亚悉尼大学、英国拉夫堡大学等海外知名高校的海曙籍留学生代表与到甬参加2017港台大学生海曙行活动的香港、台湾大学生40余人参加。青年学生参观众创空间内宁波蓝宝互联网科技有限公司、宁波优可美电子商务有限公司等企业。在创业经验交流分享会上，宁波猎众网络科技有限公司、宁波盛世甬赢商务服务公司、台湾滚出趣创意生活悠闲公司相关负责人介绍各自创业经验，对年轻人的未来规划提供建议。"海燕集结"是市侨联"凤来雁归"系列活动的创新内容，旨在为海外学子回宁波创业创新提供平台。

【"送法律进侨台企业"法律讲座】2017年9月6日，区侨办、区台办联合组织的"送法律进侨台企业"法律讲座在区众创空间举行，区内近60名侨资企业、台资企业和留学生创业企业代表参加。区为侨（台）服务法律顾问团团长、浙江导司律师事务所副主任刘慧杰从资信调查、合同起草、注意事项三方面讲授"买卖合同风险防范之合同订立"。区为侨（台）服务法律顾问团自2016年4月建立，为侨台企业、群众提供无偿或低偿服务，并为侨（台）企业举行专场普法讲座，累计服务300余人次。

【海曙（香港）联谊会五周年庆祝大会】2017年11月24日，海曙（香港）联谊会五周年庆祝大会在香港举行。甬港联谊会香港会长徐鸣翔、永远名誉会长竺银康、忻元甫，香港宁波同乡会副会长乐嘉衍、蒙王蓓芬及各县（市、区）同乡社团代表、香港各界友好人士170余人参加活动，中央人民政府驻香港特别行政区联络办公室协调部处长徐小林，海曙区委常委、统战部部长李冠杰等出席。李冠杰介绍海曙行政区划调整后的经济社会发展情况及战略目标，希望在港的海曙乡贤支持区域建设，推动海曙经济发展。随后安排的海曙区投资合作推荐会，着重介绍海曙区优惠招商政策和优势产业平台。

（郑　凌）

区行政中心5号楼生态屋顶改造项目

机关事务管理

【概况】2017年，区机关事务局根据行政区划调整实际，做好新海曙区行政办公用房调配、公车管理、公务接待等工作。排摸、调配行政办公用房，形成行政服务"一核四片"分布模式。接收鄞州区调拨公车11辆，公务用车总数为64辆。

接待宾客142批7610人，其中外宾9批次194人、内宾133批次7416人，批次和人数同比分别上涨13.60%、69.11%。重点完成省"五水共治"督导组、"三改一拆"小城镇环境综合整治工作督察组等的接待任务，完成市、区"两会"及区党代会、区委中心组学习、宁波旅游节等重大活动、大型会议接待任务。

【行政办公用房调配】2017年，海曙区参考原鄞州区机构设置和机关干部人数配置，向各单位发放并收回"区划调整后办公用房需求情况调查表"53份。在全区范围内开展存量办公用房基本情况排摸，整理收集52处办公用房资料。实地调研走访23处可用作办公用房的办公楼。通过使用区域内自有用房、向市政府申请划拨市级机关闲置房产、集中租赁办公用房等方式，启用自有空置用房2.3万平方米，划拨办公用房面积4365平方米，租赁办公用房面积5.09万平方米，形成以海曙区行政中心片区（包括县前街61号、联谊宾馆、宁波房地产大厦、金穗大厦、基威大厦）为核心，附带灵桥路办公区、海光大厦办公区、集士港办公区和雅戈尔大道办公区四个片区的"一核四片"办公用房分布模式。

【公车管理】2017年，海曙区接收鄞州区调拨公车11辆，至年底，有公务用车64辆，其中56辆安装ETC，全部车辆安装GPS系统和行车记录仪，喷涂公务用车标识。按照全市"公务出行一张网"目标，在全大市建立公务用车平台化管理模式，34家用车单位通过网络平台系统和手机App申请用车。

【节能管理】2017年，海曙区行政中心和联谊宾馆完成变压器技术改造及LED照明改造。开展以"节能有我，绿色共享"为主题的"节能宣传月"活动，现场放置节能降耗、"五水共治"、垃圾分类3个主题节能宣传展板，发放1000把伞、1000个环保袋、125箱水等节能宣传品，800余名机关干部参加活动。对海曙区行政中心5号楼屋顶进行节能技术应用改造，通过装配式、景观化手法栽种绿色植物，建成结合菜园的田园生态节能型屋顶花园，工程总建筑面积1050平方米，其中草坪面积500平方米。30余个花池中种植各类蔬菜和观赏性植物，种植面积近300平方米。使用太阳能光伏发电技术每年生产3500千瓦时发电量，节能应用技术每年能收集回用雨水175吨，夏季平均降低建筑温度2℃，减少6%制冷能耗，并在极端天气缓冲、削弱极端温度对建筑的影响。

（耿晨露）

中国人民政治协商会议海曙区委员会

综　述

【概况】 2017年，中国人民政治协商会议第五届宁波市海曙区委员会第一次会议召开。大会选举产生五届区政协主席、副主席、秘书长和常务委员。会议期间，委员通过小组讨论、联组讨论等形式，围绕海曙区经济社会融合发展建言献策。邓伦吉等14名委员被评为年度优秀政协委员。常委会选择都市经济、社会化养老、城乡教育一体化3个主题开展调研，形成《关于加快发展都市经济的建议》、《关于海曙区社会化养老服务体系建设的建议》和《关于进一步加快城乡教育一体化的建议》调研报告，得到区委、区政府领导批示，并在具体工作中落实或作为工作参考。

区政协围绕新海曙发展战略规划编制开展主席（扩大）专题协商会，围绕镇（乡）街道“四个平台”建设、农村基层医疗卫生服务站管理运营情况、“五水共治”、小城镇综合整治举行主席（扩大）专题议政会，围绕梁祝爱情小镇建设运行情况、民宿经济发展情况开展主席（扩大）会议专题视察活动，分别形成协商、议政或视察建议书，送区委、区政府和相关部门，所提意见建议得到采纳落实。针对《关于进一步加快我区制造业转型升级发展的建议》提案开展区政协常委会提案办理协商，形成建议书送区委、区政府。组织区政协常委（扩大）读书会，举办全体委员培训学习会，召开政情通报会和监察体制改革情况通报会。发动辖区省、市、区政协委员开展“最多跑一次”和“五水共治”专项集体民主监督。深化双月协商恳谈制度，围绕推进历史文化名城核心区建设、推进宗教场所依法管理、以“最多跑一次”深化行政服务体系建设、农村社区物业管理等主题开展协商恳谈。根据区委统一部署，做好“大脚板走一线、小分队破难题”抓落实专项工作，参与“文明城市”创建等工作。

区政协五届一次会议以来，收到以提案形式提出的意见、建议243件，立案205件，全部提案按期办复。确定6件重点提案。其中，1件被区政协常委会作为提案办理协商件，5件被主席会议成员领衔督办。《关于进一步助力金汇小镇建设的提案》等7件提案被评为优秀提案，沈清等8名委员获评“提案撰写积极分子”，区府办等6家单位获评提案承办先进单位。出台《进一步做好反映社情民意信息的实施办法》，编印《社情民意专报》3期，向市政协、区委报送社情民意信息53条，录用32条。4名政协委员被评为“反映社情民意积极分子”。《力促城乡教育一体化发展》等文章在省《联谊报》上刊登报道。

确定政协第五届宁波市海曙区委员会专门委员会名单、联络委员会名单和委员民主监督小组名单。各界别、专委会、联委会开展协商议政、调研视察、民主监督等活动40余次，意见建议通过委员提案、社情民意信息、调研建议等形式反映给党政有关部门。农

3月1—5日，中国人民政治协商会议第五届宁波市海曙区委员会第一次会议召开

5月，区政协到农村、社区、山区、革命老区开展“五送”活动

业和农村、经济科技发展、教育文化卫生、民主法治、城市建设和管理5个委员民主监督小组分别围绕农产品质量安全、推进“660工程”产业化项目、乡镇文化中心和文化礼堂建设运行情况、区域交通秩序整治、住建系统监管职能下放落实情况开展专项监督。

出台《区政协领导走访联系委员制度》《政协宁波市海曙区委员会关于区政协委员履行职责的若干规定》等制度，实行委员履职积分制，新组建界别联络员队伍，加强对区政协委员日常服务管理。举办海曙区各界人士国庆中秋茶话会。聘请14名特邀专家，为政协履职提供智力支持。发挥书画院和艺术之友社等社团作用，完成部分社团换届。以“庆祝中共十九大胜利召开”为主题，开展书画创作和宣传活动。充实调整文史委员会，举办专题座谈会，制定新海曙文史资料征编五年规划。围绕艺术赏析、公路网和交通运输建设规划等主题邀请专家为委员授课。到农村、社区、山区、革命老区开展“五送”（送技术、送健康、送政策、送服务、送文化）活动，为群众送去专家义诊、扶贫帮困、捐资助学等项目。

推进“两学一做”学习教育常态化制度化，落实党风廉政建设责任制，制定修订《海曙区政协机关党组工作规则》《海曙区政协秘书长办公会议工作规则》《海曙区政协机关办文办会有关规定》《海曙区政协机关工作人员外出公务活动管理若干规定》等多项内部制度。升级区政协网站，筹划“海曙政协”微信公众号，建立网上委员履职服务平台和提案工作系统。

（岑亦波）

重要会议

【区政协五届一次会议】 2017年3月1—5日，政协第五届宁波市海曙区委员会第一次会议举行。会议听取和审议政协第四届宁波市海曙区委员会常委会工作报告、第四届宁波市海曙区委员会常务委员会提案工作报告。列席区第十一届人民代表大会第一次会议，听取和讨论政府工作报告及其他有关报告。会议选举毕东华为政协第五届宁波市海曙区委员会主席，吴军良、袁建树、国宇、刘良飞、郁利祥、池逊6名委员为副主席，戴亚珍为秘书长，马坚挺等43名委员为常务委员，审议通过政协第五届宁波市海曙区委员会第一次会议决议。

【区政协常务委员会会议】 2017年1月24日，区政协四届二十四次常委会议召开。会议审议通过五届区政协委员名单、区政协相关人事任免的决定，讨论政府工作报告（征求意见稿），审议并原则通过四届区政协常委会工作报告和提案工作报告，审议通过区政协五届一次会议有关事项。区委、区人大常委会、区政府有关负责人参加会议。

3月27日，区政协五届一次常委会议召开。会议协商通过区政协相关人事事项和委员增补事项，通过五届区政协常委会2017年工作要点及专门委员会、联络委员会、委员民主监督小组人员名单。

6月30日，区政协五届二次常委会召开。会议针对《关于进一步加快我区制造业转型升级发展的建议》重点提案开展提案办理协商，审议通过《关于加快发展都市经济的建议》课题调研报告和《关于区政协委员履行职责的若干规定》。区委书记孙黎明出席会议并讲话，区人大常委会、区政府有关负责人参加。

10月20日，区政协五届三次常委会议召开，专题审议《关于海曙区社会化养老服务体系建设的建议》《关于加快城乡教育一体化的建议》两个课题调研报告。区人大常委会、区政府相关负责人参加。

【区政协主席（扩大）会议】 2017年4月18日，区政协主席（扩大）会议专题视察梁祝爱情小镇建设管理情况。主席会议成员和委员先后视察婚纱摄影与微电影拍摄基地、梁祝文化博物馆、婚庆婚宴“一站式”服务基地等，观看梁祝爱情小镇建设宣传片，听取梁祝爱情小镇总体发展规划介绍。视察组指出，要突出文化核心竞争力，打响特色文化品牌；突出“大爱情”概念，带动发展文创、休闲、民宿等产业模式；重视宣传营销，提升小镇知名度。

4月28日，区政协召开主席（扩大）会议，专题议政海曙区空间发展战略规划。主席会议成员和委员们听取市城乡规划研究中心关于《海曙区空间发展战略规划》编制情况，参会的13位区政协委员和业内专家从产业空间布局、城乡融合、交通规划等角度为海曙空间发展建言献策。

5月19日，区政协召开主席（扩大）会议，专题议政镇（乡）街道“四个平台”建设。主席会议成员和委员听取关于海曙区“四个平台”建设基本情况，并围绕进一步推进该项工作

7月21日，区政协主席（扩大）会议专题视察民宿经济发展工作

提出相关意见建议。

7月21日，区政协举行主席（扩大）会议，专题视察民宿经济发展工作。主席会议成员和委员实地视察章水镇蜜岩村“亲溪小筑”、杖锡村浴心谷度假村、李家坑村“道地小筑”，听取区文广新局关于民宿经济发展情况介绍，围绕民宿经济发展提出意见和建议。

7月25日，区政协举行主席（扩大）会议，专题议政农村基层医疗卫生服务工作。主席会议成员和委员实地视察横街镇卫生院和半山村、朱敏村、惠民村村级医疗卫生服务站，听取区卫生计生局关于农村基层医疗卫生服务情况介绍，提出相关意见建议。

8月10日，区政协召开主席（扩大）会议，关于修编海曙区“十三五”规划纲要进行专题协商。会议听取区发改局关于“十三五”规划纲要修编情况介绍，并围绕发展大格局对接、促进城乡融合、明确经济发展形态、提升城市品质等提出指导意见。

8月15日，区政协召开主席（扩大）会议，专题议政小城镇综合整治。主席会议成员和委员实地视察集士港镇卖面桥村、“餐饮一条街”、辖区闲置地块店招整治、停车位改造及绿化整治情况，听取区住建局（整治办）关于小城镇环境综合整治工作总体情况介绍，并围绕议政主题提出意见建议。

9月22日，区政协召开主席（扩大）专题议政会，围绕“五水共治”进行专题议政。主席会议成员和委员听取区“五水共治”办公室“全面剿灭劣Ⅴ类水”行动推进情况介绍，集士港镇、石碶街道、月湖街道作交流发言，委员们为助推“五水共治”建言献策。

（岑亦波）

重要活动

【区政协委员培训学习会】 2017年2月16日，区政协举办新任委员培训会，关于如何当好委员、如何写好提案和社情民意信息等进行专题辅导。

3月17日，区政协召开主席会议（扩大）读书会，研讨如何在新形势下推进新一届区政协工作。会议交流讨论2017年工作思路。

5月23—26日，区政协举行委员培训学习会，区政协主席毕东华作专题授课，会议还安排新海曙区情区况介绍、宁波经济社会发展现状和远景分析等讲座。

9月11—15日，区政协在浙江大学以区政协常委（扩大）履职能力提升班形式举办常委读书会，培训班开设总书记习近平系列讲话精神解读、中国宏观经济分析、互联网+时代的机遇与挑战、中国传统文化与管理智慧、阳光心态与心理调适、委员履职能力提升等专题讲座，并组织学员赴G20峰会场馆、滨江海创园、“梦想小镇”等地开展现场教学。

11月30日至12月1日，区政协召开中共十九大精神学习会暨主席（扩大）读书会，专题学习中共十九大精神。并围绕总结2017年工作、谋划下年度工作、推动新形势下政协工作等内容进行研讨交流。

【区政协政情通报会】 2017年8月21日，区政协举行政情通报会，区委副书记、区长褚孟形代表区政府向全区政协委员通报海曙区半年度经济社会发展情况和下半年重点工作。

11月16日，区政协召开监察体制改革情况通报会，区监委向区政协委员通报区监察体制改革有关情况。

2月16日，区政协举办新任委员培训会

8月22日，区政协召开"推进宗教场所依法管理"委员恳谈会

【区政协委员恳谈会】 2017年8月22日，区政协召开"推进宗教场所依法管理"委员恳谈会。区民宗局介绍全区推进宗教场所依法管理工作开展情况，区民政局等部门负责人补充介绍，与会委员围绕优化管理体制、健全工作机制、加强力量配置、培育教职队伍、强化安全管理等内容与各部门恳谈交流。

9月8日，区政协召开关于推进"最多跑一次"改革的委员恳谈会。区编委办、区审管办负责人介绍全区"最多跑一次"改革整体推进情况，区人社局、区市场监管局负责人介绍"最多跑一次"改革举措落实情况，与会委员与部门负责人关于会议主题协商恳谈。

9月21日，区政协召开关于区各级文体中心管理运营情况的委员恳谈会。区文广新局负责人对全区各级文体中心管理运营情况进行介绍，委员们围绕如何推进文体中心建设提出意见建议。

【区政协"最多跑一次"改革举措落实情况专项集体民主监督动员部署会】 参见"专记"类目"'最多跑一次'改革"分目。

【区政协提案办理"回头看"督察会议】 2017年11月14日，区政协召开提案办理"回头看"督察会议，专题督察区农办主办提案的办理落实情况。会上，区农办介绍文件《关于深化农业供给侧结构性改革，努力打造城乡高度融合标杆区的若干意见》的起草背景和有关情况，通报8件主办提案的办理和落实情况，提案委成员和相关提案人围绕会议主题，对加强海曙区"三农"工作提出意见建议。

（岑亦波）

重点提案

【关于进一步加快海曙区制造业转型升级发展的建议】 关于进一步加快海曙区制造业转型升级发展建议，区经信局回复：按照区委、区政府推进"中国制造2025"各项部署，紧抓不懈工业经济转型升级，提升制造业产业能级，加速区域经济新旧动能转换。下一步重点提升工业经济发展内涵品质，提升全区工业经济发展能级，继续优化工业经济整体发展环境。

【关于古林镇交通规划的建议】 关于古林镇交通规划的建议，区交通局回复：加快推进《海曙区"十三五"综合交通规划》《海曙区交通运输近期建设规划》《海曙区公路网规划》编制工作，委员提及的古中路拓宽、打通古中路与横街南路提议在方案中作为重点研究对象。针对蜃蛟至章水须经鄞江绕行问题，研究章水对外二通道方案，实现蜃蛟至章水交通直达。

【关于进一步推进鄞江古镇保护开发的建议】 关于进一步推进鄞江古镇保护开发的建议，鄞江镇人民政府回复：尽快调整鄞江镇开发建设工作领导小组和管委会成员，理顺管委会、镇政府、古镇开发公司三者间体制关系，重新梳理并明确权责、分工，确保鄞江古镇保护与开发建设进度。

【关于西片区发展"智慧农业"产业的建议】 关于西片区发展"智慧农业"产业的建议，区农水局回复：区"智慧农业"项目在深度和广度方面不断推进，已参与建设宁波市"智慧农业云平台"，同时申报农业部2017年"数字农业"建设试点项目。由古林镇粮人粮机专业合作社建设优质高效水稻数字农业技术集成示范项目，总投资2538万元，计划于2019年3月完成，为农业转型升级提供强有力支撑。

【关于加大城乡接合部环境整治力度的建议】 关于加大城乡接合部环境整治力度的建议，区住建局回复：计划用3年时间，使城西9个镇（乡）街道环境面貌显著改善、公共秩序显著改观、服务功能持续增强、管理水平持续提升、地域特色更加鲜明。结合委员建议，着力加强宣传，广泛动员，营造人人关心、支持、参与环境整治的良好氛围。

【关于加快推进"美丽乡村"升级版创建工作的建议】 关于举全区之力加快推进"美丽乡村"升级版创建工作建议，区委农办回复：围绕"因地制宜，突出重点，全面推进"工作部署做好"美丽乡村"建设，具体通过健全各项政策、完善规划编制、开展"美丽乡村"示范创建、推进农村环境整治、开展旧村改造新村建设、发展乡村"美丽经济"、拓宽资金筹措渠道等多项举措展开。

（岑亦波）

资料链接：

重大项目攻坚"660工程"：指在重点地块征拆出让、重大区块开发建设、重大道路交通项目、重大生态环境项目、重大产业提升项目、重大民生保障工程6方面，重点推进60个重大项目。

纪检·监察

党风廉政建设

【概况】 2017年，海曙区纪检监察组织加强对贯彻落实中共十九大精神和执行党章党规情况的监督检查，查处违反政治纪律、组织纪律的党员干部7人。开展“五盯十查”专项行动，确保党委重大决策部署落到实处。开展扶贫领域问题专项督察，严肃查处扶贫和帮扶领域违纪违规问题。严明换届纪律，严肃查处村社换届违纪问题。协助党委严把选人用人政治关、廉洁关和形象关，回复拟提拔干部等党风廉政意见征求函85件次。深化“两个责任”落实平台建设，录入各类履责信息2.46万条。深化报告评议，65个党（工）委（党组）向区委、区纪委书面报告履责情况；召开专题报告会对11个党（工）委（党组）主体责任落实情况面对面评议。集中开展年度落实党风廉政建设主体责任情况检查，区党政领导带队进行检查考评。

【“五盯十查”专项行动】 2017年，区纪委开展“五盯十查”专项行动对“最多跑一次”改革、“剿灭劣V类水”、“大脚板走一线、小分队破难题”抓落实专项行动及区委“三大行动”等党委重大决策部署开展监督检查。盯住各党（工）委、党组是否履行主体责任、是否落实第一责任人责任、是否存在不作为、不担当、不实干、不廉洁问题等，开展精准监督检查，共督察88次，发现各类问题18个。

【换届纪律督察】 2017年，区纪委制定《关于换届风气监督工作方案》《关于村和社区组织换届风气监督工作方案》，开展换届纪律监督检查。回复“两代表一委员”人选、村（社区）换届候选人等联审联查意见7079件次，反馈涉及党风廉政问题107人次。严肃查处村社换届违纪问题，处分7人。

【“履行全面从严治党主体责任情况”专题评议会】 2017年3月14日，区纪委召开“履行全面从严治党主体责任情况”专题评议会。会议采取当面报告、当面点评、当面提问、当面承诺整改的方式，现场评议11个党（工）委（党组）主体责任落实情况，对65家单位进行书面评议。

【党员干部“微约束”行动】 2017年5月2日，区纪委出台《关于加强党员干部日常监督管理、开展“微约束”行动的实施意见》，对党员干部日常工作生活中不被重视、容易疏忽、尚未构成违纪或违纪不明显但有损党员干部形象、在群众中造成负面影响的言行进行监督管理，强化党员干部自我约束意识。针对党员干部信念关、言论关、行为关三方面22项具体内容进行监督，涉及党员干部工作态度、生活作风、行为规范等。组织全区各单位开展党员干部“微约束大家谈”活动，强化自我约束意识。

【扶贫领域问题专项督察】 2017年8月7日至9月1日，区纪委抽调30余名纪检监察干部，开展扶贫领域问题专项督察。严肃查处扶贫和帮扶领域违纪违规问题，走访检查17个镇（乡）街道33个村（社区）的87户困难户，发现并向相关主管部门提出整改建议7条，处理5人。

【“落实党风廉政建设主体责任情况”检查】 2017年12月21—29日，海曙

3月14日，区纪委召开“履行全面从严治党主体责任情况”专题评议会

区组建15个检查组，由区党政领导带队，集中开展2017年度“落实党风廉政建设主体责任情况”检查。通过听取汇报、开展谈话、查阅台账、量化考评、反馈意见等方式，对全区52家机关部门和镇（乡）街道开展实地检查考评，发现问题135个，提出整改建议132项。

（林英魁）

廉政宣传教育

【概况】 2017年，区纪委组织开展党章党规党纪“微考学”和“清风宣讲月”活动。建立廉政风险防范指引机制，严格纪律要求。加强新提任区管领导干部廉政教育。依托天一阁典藏，挖掘和弘扬优秀廉政文化，编撰《清风史话——海曙传统家训家风》。“海曙纪委”微信公众号成为首批“浙江纪检新媒体联盟”成员。

【廉政风险防范指引机制建立】 2017年，区纪委以横街镇、区教育局等5家单位为试点，对区管领导干部廉政风险点和历年来违纪案件进行研判，列出领导干部成长、职务变动和婚丧嫁娶、个人利益冲突等业余生活中的廉政风险清单。区纪委对新提任区管干部开展廉政风险防范指引，实现防范对象全覆盖。全年32名拟提任区管领导干部参加“电子考廉”（任前线上廉政测试），对45名领导干部进行廉政谈话。

【党章党规党纪“微考学”活动】 2017年7月1—19日，区纪委组织开展党章党规党纪“微考学”活动。依托“海曙纪委”微信平台，每周五推送考题，内容范围涵盖《中国共产党章程》《中国共产党廉洁自律准则》《中国共产党纪律处分条例》《中国共产党党内监督条例》《中国共产党问责条例》《关于新形势下党内政治生活的若干准则》等党章、党规、党纪，参加考学的党员达1.5万余人次。

【“清风宣讲月”活动】 2017年9月27日，区纪委启动“清风宣讲月”活动，宣传中共十八大以来党风廉政建设和反腐败斗争取得的成绩、当前党风廉政建设和反腐败斗争面临形势及任务等内容。区纪委、区监委领导班子成员，各镇（乡）纪委、街道纪工委书记，区纪委监委各派驻纪检监察组等“清风讲师团”成员进机关、进企业、进农村开展廉政宣讲142场次，受众达5500余人次。

9月27日，区纪委启动“清风宣讲月”活动

（林英魁）

纪检监察

【概况】 2017年，海曙区纪检监察组织受理信访举报580件次，立案79件，党纪政务处分71人，移送司法机关2人。制定信访举报工作规程、问题线索流转等规定，处置问题线索124件。建立领导干部廉政档案数据库，建档660份。实施监督执纪“四种形态”，制定实施“第一种形态”指导意见，运用第一、第二种形态152件166人，占比80.9%。保护干部“干净做事”积极性，为70名党员干部澄清问题。开展农村基层涉纪信访“双百”专项整治行动，严肃查处农村党员干部违纪案件，党纪政务处分27人。组建区监察委员会，从检察机关转隶干部17人。设立4个纪检监察室行使执纪监督和审查调查职能，一线部门人数占比达80.1%。落实向市纪委和区委“双报告”制度，强化党对反腐败工作的集中统一领导。深化派驻机构改革，新增派驻机构3家，派驻纪检组更名为派驻纪检监察组，授予部分监察职能，实现监察职能横向拓展，派驻纪检监察组全年立案10件，党纪政务处分9人。

【区监察委员会成立】 2017年3月6日，区十一届人大一次会议召开第三次全体大会，选举李晓东（女）为区监察委员会主任。同日，区十一届人大常委会第一次会议决定任命汪锡超、贺海宁为区监委副主任，邱坚明、蔡军波、陈建国为区监委委员。3月9日，召开海曙区监委转隶组建会议，举行区监委揭牌仪式。

【监督执纪分组协作机制建立】 2017年6月1日，区纪委出台《海曙区监督执纪分组协作办法（试行）》，将全区17个镇（乡）街道纪（工）委、15个派驻机构划分为4个协作片区，每个协作组由7~9个镇（乡）街道纪（工）委、派驻机构组成，分别由4个纪检监察室对口联系。该机制细化明确纪检监察室、其他职能室及协作组组长、成员职责和组织监督、交叉检查、审查审理等6个工作事项，分片区履行日常监督执纪责任。全年各镇（乡）街道纪（工）委、派驻机构立案73件，同比增长108.57%。

（林英魁）

民主党派·群众团体

中国国民党革命委员会宁波市海曙区基层委员会

【概况】 2017年，中国国民党革命委员会宁波市海曙区基层委员会（简称“民革海曙区基层委员会”）下辖5个支部，有党员85人。向市、区两级“两会”提交建议提案27件。向民革市委会提交调研报告4篇，李杰《关于加强我国水文化遗产保护与利用的建议》入选全国政协提案，一篇信息被民革中央《团结》杂志录用。向民革市委会提供信息19条，市委会网站录用信息7篇，省委会及以上录用信息报道4篇。刘慧杰被民革中央评为“2016年度参政议政工作作出积极贡献的民革党员”、省民革信息工作先进个人。叶有相获评省直属基层组织优秀党员。

筹建“民革党员之家”，基本完成以学习交流中心、组织活动阵地、参政议政场所和社会服务窗口为目标的硬件建设。组织党员收看中共十九大开幕式，5个支部先后召开专题学习会议，基层委员会负责人出席市委统战部召开的学习座谈会。党员代表钱研参加全省“喜迎十九大精神知识竞赛”；发动组织骨干党员、新党员参加市、区两级统战部及民革宁波市委会组织的党外代表人士培训班和新党员培训班。

10月13日，海曙区民革基层委员会组织宁波市眼科医院赴古林镇开展“爱心光明行”眼科义诊

【民革海曙区基层委员会社会服务】 2017年，民革海曙区基层委员会与古林镇、望春街道及同心实践基地——章水镇结对共建。组织法律服务团队深入西片区乡镇为中小微企业答惑解疑和服务咨询；为区侨资、台资企业成员授课，开展讲座3次，帮助中小企业增强风险防控意识。对接章水镇字岩下村，开展“山货下山”精准帮扶活动；“光明行”活动为古林镇农村低保户、五保户村民100余人免费筛查白内障等眼疾，通过手术成功复明4人，并制定“光明行”活动五年规划，长期为低保老人免费提供白内障等眼疾医疗服务。李旭（毕业于香港理工大学社会工作专业硕士）为望春街道“清风社区联盟”开展专业社会工作者菜单式培训，为社工提高专业社会治理和服务能力提供帮助。尤海娅的“章水方阿姨”品牌为“高山移民”妇女量身定做就业指导教育培训，被市教育局作为社区教育品牌项目进行培育和申报。王彦波参加“送法进校园”活动，为章水镇200余名中学生开展法制讲座。裘隽彦对接宁波乡旅投资开发公司，推进李家坑民宿改建项目。陈福根向区慈善总会、区光彩事业促进会捐款120万元，为章水镇敬老院捐赠8000元物资；叶有相向省“大爱慈善基金”捐款2万元，为高桥镇江南村捐款5万余元。

10月14日，民盟中央美术院宁波分院落户海曙盟员单位——天港禧悦酒店

【民革海曙区基层委员会五支部成立】 2017年6月，民革海曙区基层委员会五支部成立。成员中17人从原江东区、鄞州区划入，从省直及市直医务支部各划入1人，从一支部划入4人。选举产生第五支部班子成员，由吕红霞担任主任委员，李杰、李霞担任副主任委员，徐生、朱豪轲、毛奇耀担任委员。

（郑　凌）

中国民主同盟宁波市海曙区基层委员会

【概况】 2017年，中国民主同盟宁波市海曙区基层委员会（简称“民盟海曙基层委员会”）因区划调整从原江东区、鄞州区划入盟员9人，发展新盟员9人。至是年底，共有盟员92人，下辖4个支部。补选鲍海波、吴斌为基层委员会委员。盟员中有市管领导干部2人、民盟市委会委员2人，市人大代表2人、市政协委员1人，区人大代表4人、区政协委员5人。提交各类建议、提案、调研文章和社情民意13篇。其中，《关于促进我区医疗卫生事业均衡发展的建议》《关于在海西片区建立文化产业园区的建议》《关于加快推进小区自用充电设施建设的意见》等被区委、区政府采纳或被上级组织采用。

对口联系区教育局、区民政局等部门。开展“不忘合作初心，继续携手同行”主题教育活动。组织盟员赴慈溪、象山开展盟务交流活动，对80周岁以上老盟员开展慰问活动。陈秀丽、龚浩强、周彬、鲁建红、俞惠儿被民盟宁波市委会评为优秀盟员。

【民盟海曙基层委员会社会服务】 2017年，民盟海曙基层委员会参与的关爱留守儿童“橙计划”活动在天港禧悦大酒店举行，为来自贵州、安徽等地的留守儿童开展为期一周的夏令营活动。盟员参加各自所在单位组织的与困难群众结对帮困活动，参加区委统战部组织的“送医下乡”活动，盟员龚浩强在区慈善总会设立100万元冠名慈善基金。

（郑　凌）

中国民主建国会宁波市海曙区综合总支部委员会

【概况】 2017年，中国民主建国会宁波市海曙区综合总支部委员会（简称“民建海曙总支”）下辖5个支部，因区划调整转出6人，转入4人，发展新会员4人。至是年底，共有会员104人。增设参政议政和社会服务2个专业委员会，前者负责收集撰写提案、建议、社情民意，后者负责谋划、组织社会服务品牌建设。上报社情民意信息77篇、市政协大会发言1篇、集体提案4件。其中，3篇被省委统战部录用，4篇被民建浙江省委会录用，15篇被民建宁波市委会录用、1篇被市政协录用。其中《棚改货币化安置不低于50%政策实际执行存在三难》被民建省委会、省委统战部、民建市委会、市政协录用，《关于春运期间铁路客运注重服务细节的建议》《关于进一步提升商业保险在基本医保体系中补充作用的建议》被民建省委会、省委统战部、民建市委会录用，《2017年上半年我市固定资产投资存在的问题及对策建议》《关于宁波规划建设阳明大学的建议》获民建市委会《建言》录用，得到时任省委副书记、市委书记唐一军批示。

【民建海曙总支社会服务】 2017年，民建海曙总支组织“四季花开 徒步同行”、“五水共治 清山净水伴我行”、“走近西部、探访古村”、赴敬老院慰问等社会服务活动。参与大学生创业就业辅导活动20余场次，组织大学生公益招聘会，服务300余人次。投入同心实践基地建设，9名会员结对章水镇9名贫困学生，给予每人每年助学金2000元，为期3年。依托区公益促进会在贵州省遵义市设立“励志奖学金”，发放结对助学款1.5万元、励志助学款2.16万元；认购3项公益创投项目——安丰社区“眼镜督导队”、联北社区“微笑义工”队和铁路宁波站“‘文明车轮’——文明先行者之温暖旅客行”等。会员张良武以浙江森晟建设有限公司名义捐资100万元在宁波大学设立“森晟建设”创新创业基金。

（郑　凌）

中国民主促进会宁波市海曙区基层委员会

【概况】 2017年，中国民主促进会宁波市海曙区基层委员会（简称“民进海曙基层委员会”）有会员158人。支部数量由原来的5个扩展为6个。向市、区政协提交委员提案10篇，向市人大提交代表建议1篇。上报社情民意信息22篇，市委会录用5篇，其中陈少华提交的《关于发展海西片区智慧农业产业的建议》成为区政协重点督办提案。民进海曙区中心支部获评浙江省先进基层组织。

【民进海曙基层委员会社会服务】 2017年，民进海曙区基层委员会开展优秀教师结对帮扶活动，组织8名中小学优秀教师和章水镇教辅室16名教师结成师徒，中心一支部在章水镇中心小学开展学科“点穴式”精准教学帮扶研讨活动，罗晓舞、徐瑶、王宇赢、陆君辉等教师赴象山鹤浦中学送教。基层委员会与区教育局进行3次对口联系工作交流活动。

【民进海曙基层委员会中心二支部成立】 2017年11月28日，民进海曙区基层委员会中心二支部成立大会在闻裕顺幼儿园召开。会议选举产生二支部第一届委员会，李江美当选支部主任委员，周海杰、黎丽当选支部副主任委员，林飞君、周含当选支部委员。

（郑　凌）

中国农工民主党海曙区总支部委员会

【概况】 2017年，中国农工民主党海曙区总支部委员会（简称“农工海曙总支”）下辖2个支部。区划调整后，部分原江东区、鄞州区党员并入海曙区总支。新发展党员2人，调整后总支党员累计54人。农工党海曙总支被省委会评为2016—2017年度先进基层组织，韦晓阳被省委会评为优秀党员，王春燕获评社会服务先进个人。

农工党海曙总支在市、区“两会”上递交提案、建议8件。提交社情民意15篇、社会调研课题1篇，其中《农业信贷担保亟待创新方式提高放贷比例》《基层“基药”应充分体现保基本原则》《家庭医生签约服务“签而难约”值得关注》3篇建议分别被全国政协、中央统战部、农工党中央、省委统战部、省委会录用。《构建居家义工服务长效机制完善居家养老模式》等8篇分别被市政协、市委统战部、市委会录用。与区卫生计生局合作撰写《基于医养结合的城市社区居家养老实践研究》调研课题。

组织全体党员参加农工党市委会开设的“前进讲堂”，组织党员收看中国共产党十九大开幕式，召开专题会议。组织总支委员赴南京参加培训教育。组织退休党员开展“不忘合作初心，继续携手前进”民主生活会。组织支部骨干成员参加区委统战部组织的党外代表人士培训班、市委统战部组织的民主党派骨干成员培训班，支部骨干成员赴象山丹城祭扫农工党员宋无畏烈士墓，接受农工党的优良传统教育。参加各类意见征求会、讨论会、情况通报会16人次。

【农工党海曙总支社会服务】 2017年，农工党海曙总支组织4次“送医下乡”活动，组织党员赴横街镇乌岩村、北仑小港街道高河塘社区举行“医疗送社区”大型义诊活动，包含中医、骨科、口腔、内科、外科、妇科、儿科等多个科目的诊治和健康咨询。组织医疗专家到残疾人康复机构——宁波满天星助残中心开展活动，帮助自闭症儿童医疗康复。组织全体党员开展“携手同行 大爱海曙”慈善捐款活动。

（郑　凌）

中国致公党宁波市海曙区总支部

【概况】 2017年，中国致公党宁波市海曙区总支部（简称“致公党海曙区总支”）发展新党员4人，共有党员39人。总支有区政协委员4人、市人大代表1人。提交社情民意22篇、信息通信15余篇、调研文章1篇。组织骨干党员观看中国共产党十九大开幕式，开展专题学习讨论，海曙区总支部主委徐卫民为党员解读十九大精神内涵。与区民政局、区侨办、段塘街道等部门开展对口联系和结对联系工作。

【致公党海曙区总支社会服务】 2017年，致公党海曙区总支组织党员参加市委会组织的“剿灭五类水 我们在行动”活动，在孙文英小学开展“剿灭劣V类水”科普活动。参加“梅岭古道行 环保伴我行”绿色出游活动。考察宁波市福乐娃餐饮管理有限公司，了解宁波市中小学生用餐制作过程。组织调研医疗改革新要求下民营医疗机

9月18—22日，海曙区在重庆市南岸区社会主义学院举办区党外代表人士培训班

构发展现状，调查引导民营医疗机构健康发展、老龄化背景下宁波社会养老机构发展情况、药品价格支付标准和长期护理保险落实情况，走访市精神病院。

【沈琼获国际皮划艇协会认证】 2017年，致公党海曙区总支党员沈琼在第17届亚洲皮艇球竞标赛中获得成人组第六名，并获得ICF（国际皮划艇协会）认证，成为中国唯一的国际皮艇球裁判和中国首位ICF认证的女性皮艇球裁判。

（郑　凌）

九三学社宁波市海曙区基层委员会

【概况】 2017年，九三学社宁波市海曙区基层委员会新增社员3人，因区划调整从鄞州区划转社员9人，共有社员54人。其中正处级及以上干部4人、副处级干部6人，研究生以上学历及高中级职称社员30人，占比66%以上。提交建议提案、立案12件。向区政府建言3次，“加强同心实践基地建设”、《关于加强历史文化古村章水蜜岩保护利用的建议》等得到区政府及有关部门采纳。被九三学社浙江省委员会评为2017年度“坚持和发展中国特色社会主义”学习实践活动先进集体。

组织全体社员观看中共十九大开幕直播，学习总书记习近平重要讲话。配合做好市委会换届，许瑾瑾被选为为市委会委员。邀请社市委专家及社内优秀社员授课，围绕如何撰写建议信息、知区情献计发展等主题举办系列知识讲座。组织社员参加社市委举办的青年社员培训班、科技创新讲座和区委统战部组织的党外代表人士培训班。

【九三学社海曙基层委员会社会活动】 2017年，九三学社海曙基层委员会组织社员赴章水镇蜜岩村、李家坑村考察调研，为李家坑免费设计养老住房项目，为古村落保护开发提供建议咨询。开展对口联系工作，走访宁波市出入境检验检疫局检验检疫技术中心、区交通局、区市场监管局。

【九三学社海曙基层委员会一届二次全体社员大会】 2017年12月24日，九三学社海曙区基层委员会召开一届二次全体社员大会，进行届中选举，完成基层委员会分工调整和3个支社届中调整。选举许瑾瑾为主任委员，施惠祥、王数、夏焕文为副主任委员，王数兼任监察委员；确定施惠祥为一支社主任委员，王数为二支社主任委员，夏焕文为三支社主任委员。

（郑　凌）

海曙区总工会

【概况】 2017年，海曙区有基层工会组织2873家，其中单建企业工会2607家、联合工会266家。覆盖企业1.66万家，全区建会率达97.44%，入会率达95%。有工会会员40.38万人，其中农民工29.29万人。

动员全区职工开展“剿灭劣Ⅴ类水”职工行动、“三重一新”（重大工程、重大活动、重大项目和新经济业态水平）劳动竞赛等群众性建功立业活动。月湖金汇小镇“金融榜样”评比入选市级项目，白云月湖水生态环境综合治理、龙观乡“美丽乡村”环境整治等10个项目入选区级优秀项目。推荐表彰各级“五一劳动奖状”3个、奖章9人次、“工人先锋号”5个。

组织开展电子商务师、电线电缆制造、婚纱礼服及形象设计、81890家庭服务业等职工技能比武活动。举办心理咨询师、企业人力资源管理师等职业培训。举办首届“海曙工匠”评选活动，选出“海曙工匠”10人。段塘街道成立全区首批8家工匠创新工作室，搭建创新人才培养平台。区总工会获评2017年度市级职工学历提升工作先进集体和职工技术创新优秀组织奖。

开展“无欠薪海曙”行动，建立平安预警信息报告制度，开展企业职工稳定情况集中排查行动，及时处置可能引发的欠薪隐患苗头。组织开展“迎接十九大”职工查安全隐患、“安康杯”竞赛等活动，上报安全生产合理化建议优秀“金点子”40余个。

开展“七五”普法宣传，以工会法律服务“进企业、进社区、进广场”为主题，在鼓楼街道、南门街道、月湖街道开展多场活动，提升广大职工维权意识。增设鄞江镇、集士港镇两个乡镇职工服务站，建立律师值班制度，就近为职工提供免费法律服务。区职工服务中心接待劳动法律法规咨询求助296件338人次，办理劳动争议调解案件44件，累计为职工挽回经济损失500余万元。

2月12日，区总工会举行古林专场招聘会

5月31日，由区总工会与中国劳动关系学院联合建立的校地合作教学实践基地在区众创空间揭牌

抓好工资集体协商精细化工作，完成海曙区婚庆行业工资集体协商示范点建设，在省总工会年度专项考核中排名全市首位。与区国税局衔接，落实企业减负政策，方便企业“最多跑一次”，全年减免税额1460万元。落实“大脚板走一线”专项行动，望春街道、西门街道举办大型人才节、扶持企业政策介绍会等。区总工会获评市“和谐企业创建优秀组织单位”称号。

做好职工服务工作，春节送温暖期间，区总工会筹集慰问和发放补助款91.77万元，慰问困难职工群众1239人，走访困难企业117家，“平安返乡”活动惠及职工2万余人次。安排一线职工、劳模疗休养活动，落实1300名一线职工参加免费体检，四项职工医疗互助保障政策参保职工达16.96万人，全年报销2580人次，为职工减负192.6万余元。杉井奥特莱斯广场等两家单位作为海曙区实践典型参加省总工会“妈咪暖心小屋”建设现场会。

众创空间职工文化中心启用，职工文化中心章水站投入建设，高桥镇、石碶街道推进职工文化家园、职工书屋等文化阵地建设。举办“万步有约”职业人群健走赛、洞桥“音为梦想”企业职工歌唱比赛、“章水情，劳动美”文艺会演等活动，区工人文化宫开设摄影、心理疏导、茶艺、花艺鉴赏等7类课程，完善职工文化服务体系。

“海曙职工之家”微信平台推送信息810条，阅读总量超过36万人次，开展“致匠心”首届海曙工匠评选活动、“无欠薪”法律知识宣传、“5·1”卡系列专场等线上线下互动活动近20场。拓展工会网上工作矩阵，增强与“甬工惠”“海曙发布”等市、区平台互动，整合使用资源，实现重要信息多平台传播。

制定《海曙区工会改革实施方案》和重点任务清单，通过18条举措推进改革落实。结合区划调整，完成区总工会机构编制和领导班子兼挂职方案。推进“工创家+”系列阵地建设，“工会+职工+社工+义工”的“四工联动”模式在全国工会工作年会上交流发言。海曙工会“团结引领职工活力团队”做法被省总工会推广。望春街道新星商圈工会联合会成为全省县级工会先行改革工作培训会现场参观点。

开展“活力基层工会”星级创建评审，重点推进南塘老街、月湖金汇小镇、婚庆行业、电子商务行业等区域（行业）工会工作。狮丹努集团获评全国“厂务公开民主管理示范单位”，古林镇总工会和江厦街道天一商圈工会联合会获评省级示范工会。浙江新曙光建设有限公司工会、君禾泵业公司工会和三生（中国）健康产业有限公司工会等8家单位获得“市级模范职工之家”称号。

推进区总工会中心组建设，职业化工会工作者队伍建设方案形成，乡（镇）街道总工会兼职化工作实现全覆盖，全区选聘兼职副主席35人、兼职协理员63人，首批职业化工会工作者共34人。强化工会干部培训和团队建设，区总工会与中国劳动关系学院签约，在全省首推工会教学实践基地，创新探索校地合作模式。

【新星商圈联合工会展示海曙模式】 2017年4月6日，省总工会县级工会先行改革工作培训会在宁波举行，海曙区新星商圈联合工会“1+X”星模式代表海曙模式进行展示。省总工会、省委组织部领导，全省各地组织部、工会参会人员分两批参观新星商圈工会阵地，区委书记孙黎明，区人大常委会副主任、总工会主席林兵陪同。新星商圈工会打破原有属地概念，建立以单建工会为“点”，行业、楼宇工会为“线”，商圈工会为“面”的新型工会组织结构。联合会有下属独立企业工会12家、电子商务行业工会1家、楼宇工会1家、社区联合工会8家，覆盖辖区190余家企业6500余名职工，建立各类特色职工活力团队6个。

【庆祝五一国际劳动节暨先进表彰大会】 2017年4月28日，海曙区举行庆祝五一国际劳动节暨先进表彰大会，表彰全国“五一劳动奖章”获得者王理顺、省“五一劳动奖章”获得者刘建丽及市“五一劳动奖章”、市“工人先锋号”、市首批“港城工匠”、市“和谐企业”创建先进单位，先进典型代表发言。区委书记孙黎明出席会议并讲话，区委副书记、区长褚孟形主持会议。全区劳模、模范集体代表、“星级活力工会”企业代表、职工代表及工会干部等170余人参加活动。

【职工文化活动中心进驻区众创空间】 2017年5月31日，宁波（国际）电子商务产业园职工文化活动中心进驻全新落成的海曙区众创空间。文化活动中心位于在众创空间5号大楼，设创业咖啡吧、书吧、体感游戏区、音乐（乐队）角、聊天区、多功能厅等功能，面向众创空间近千名职工开展服务。采取“政府采购、社会运作、职工普惠”方式引导和鼓励社会力量参与职工文化项目建设与管理。

【区总工会教学实践基地揭牌】 2017年5月31日，由区总工会与中国劳动关系学院联合建立的教学实践基地在区众创空间签约并揭牌。中国劳动关系学院副校长刘丽红，市总工会党组副书记、副主席韩彭军，区委常委、常务副区长谭国洪等出席活动。基地成立后，区总工会引进接纳中国劳动关系学院优秀学生到海曙创业和参与创新项目实践，双方合作培养适应社会需要、素质高、技能强的应用型人才。

【首届"海曙工匠"评选】 2017年11月，区总工会、区经信局、区科技局和区人社局联合开展"海曙工匠"评选表彰活动。经基层工会挖掘、申报，通过"海曙职工之家"微信公众号网络投票、专家评审，评选郑杰等10人为首批"海曙工匠"，周永生等10人获"海曙工匠"提名奖。

【职工活力团队主题年会】 2017年11月17日，区总工会举办职工活力团队主题年会，市总工会党组成员、副主席严萍，区总工会党组书记、副主席吕维共，各镇（乡）街道、系统总工会负责人，中国劳动关系学院专家团队，天云社工机构、职工活力团队代表等100余人参加活动。年会分为职工活力团队项目实务论坛和年会项目分享两部分。"法律直通车""手工艺社团"等9个职工活力团队的领衔人介绍团队项目发展情况。会上，区总工会为当年新增的15家职工活力团队授牌。至是年底，全区共有认证的职工活力团队100家。

【市婚庆行业工会联合会在海曙成立】 2017年12月22日，宁波市婚庆行业工会联合会在海曙区成立。宁波薇拉宫邸私人婚礼会所、宁波奥斯汀婚庆策划有限公司、宁波金娘子文化创意有限公司等52名婚庆行业企业代表参加成立大会。行业工会注重工会"家"文化力、主业主责意识和服务力提升，旨在建成服务全市工会会员（职工）婚嫁"一条龙"需求的平台。会议召开婚庆行业工资集体协议签订仪式，具体包括职工劳动报酬、休息休假、福利待遇、培训学习等，是婚庆行业的首份集体协议。

（郑轶文）

12月4日，宁波市"河小二"助夺"大禹鼎"十万青少年助力"剿灭劣V类水"攻坚行动第五次大会战在海曙区举行

共青团海曙区委员会

【概况】 2017年，海曙区有基层团委34个、基层团工委10个、团总支15个、团支部654个，专职团干部30人、兼职团干部1092人，团员15584人。有团区委官方微博2个、微信公众号2个，统筹发布各类信息要讯。海曙区成为全国第一批"双零"（青少年"零犯罪"、"零受害"社区）社区试点单位，团区委获评第七批省级"青少年维权岗"称号，"益兔"青年空间获评省级"示范青年之家"综合服务平台，区地税局、区人民法院创建成为国家级"青年文明号"单位，区青少年宫、古林镇中心小学承接少先队改革省级试点任务。

组建5支"青年突击队"——"店小二""河小二""文小二""益小二""爱小二"，建设"五大品牌"项目，设立"十大社会服务岗"。承办团中央"七一建党日 青春志愿行"活动全国网络直播、全省"河小二"志愿公益活动等5场。结合鼓楼沿历史文化街区建设，推进"青年文化阅读工程"，举办"城市萤火虫"换书大会、"探寻宁波老文化"读书鉴影等活动39场。策划开展"行读海西"青年文化游、"融入大海曙、走近全祖望"等基层行活动20场。推进志愿者队伍建设，开展助力"剿灭劣V类水"专项行动、文明交通引导、春运志愿服务、天一阁·月湖景区旅游志愿服务、志愿大篷车走进西片区等活动107场，7000余名"益小二"志愿服务时长超过3万小时，惠及群众10万人次。举办节能公益创意集市、"环保造纸"手工课、"我学宁波话"、残障学生公益暑假班等六大系列公益活动42场，3000余名青少年参与。"益兔"青年空间获评省级"示范青年之家"和首批市级"新兴青年群体筑梦空间"。

推广"甬青创"综合服务平台，在万紫空间、天一创客咖啡等阵地举办论坛、讲座11场，青年参与1200人次。开展全市"技能之星"第二届形象设计大赛、第九届81890家庭服务业技能大赛、"为中国加分"海曙区导游大赛等活动8场。召开区青年联合会（简称"区青联"）常务委员会2次，专题学习中共十九大和全国青联改革精神，组织区青联委员走访月湖·天一阁景区，视察"河小二"治水工作，组织青年企业家赴杭州湾新区、慈溪、奉化等地考察。以白鹭源生态农场为主阵地，开展"青创农场"建设，宁波天胜农牧发展有限公司（简称"天胜农牧公司”）董事长朱升海获评2017年度“浙江省农村青年致富带头人”。

【“河小二”助力剿灭劣Ⅴ类水活动】2017年3月，市委、市政府发出“誓夺大禹鼎”号召，海曙区20余支“河小二”突击队和志愿者队伍分赴各劣Ⅴ类水体开展巡河、水质监测和“随手拍、随手捡、随手护”活动，发现各类问题60余处，通过“宁波河道”App向各级“河长”反馈问题、提出建议。12月4日，浙江省“河小二”志愿公益活动暨宁波市“河小二”助夺“大禹鼎”十万青少年助力“剿灭劣Ⅴ类水”攻坚行动第五次大会战举行，全市200余名剿灭劣Ⅴ类水“河小二”志愿者代表、市“最美‘河小二’”代表和“红领巾”宣传先锋队代表等参加主会场活动，10名“河小二”代表全市“最美‘河小二’绿色团队”、“绿色卫士”、“绿色传媒”和“绿色贡献企业”等接受表彰。

【共青团海曙区十三届三次全委（扩大）会议】2017年3月17日，共青团海曙区十三届三次全委（扩大）会议举行。会议表彰2016年共青团各级各类先进，高桥镇团委、鼓楼街道团工委、区市场监管局团委作为典型代表交流发言，团区委书记吴君代表团区委常委会汇报2016年工作，并部署2017年重点任务。区委副书记、政法委书记张启表，团区委书记班子及各乡（镇）街道、区直属单位分管领导和团组织负责人、各基层团组织代表参加会议。

【“青春走一线、攻坚助破难”抓落实专项行动】2017年8月，团区委在全区共青团系统开展“青春走一线、攻坚助破难”抓落实专项行动。行动围绕基层一线的项目建设、民生服务、创业创新、环境治理等重点工作，开展“比学赶超立功竞赛”“青春助力攻坚破难”等主题活动，重点抓好三大“青春建功行动”——“双岗六比”“五小二十大岗”“四进四助力”青春建功行动。经过组织申报、筛选评审、投票评比等环节，团区委评定一类项目3个、二类项目7个、三类项目11个，分别给予8000元、5000元、3000元的经费资助。

【区级机关青年风采大赛】2017年10月11日，“青春建功新海曙 先锋献礼十九大”区级机关青年风采大赛在宁波站区域党群服务中心举行，111名青年干部参赛。活动由区委组织部、区委宣传部、区直属机关党工委、区人社局和团区委策划举办，是历年来覆盖面最广、人数参与最多、参赛者平均年龄最年轻的一次。比赛分3个版块：“展青春风采秀‘一’技”“谋海曙新篇献‘一’策”“树先锋典型争‘一’优”。最终，区人社局、横街镇青年团队获团体一等奖，石碶街道青年团队获“最佳人气奖”，区教育局、区城管局青年团队获“最佳才艺奖”。

3月13日，海曙区女性社会组织促进中心成立

【区志愿者协会第三次会员代表大会】2017年10月27日，海曙区志愿者协会第三次会员代表大会在天一广场党群服务中心举行，100余名志愿者参加会议。大会审议表决《宁波市海曙区志愿者协会第三届理事会人事组成方案（草案）》，审议通过《宁波市海曙区志愿者协会章程修正案（草案）》、宁波市海曙区志愿者协会第二届理事会工作报告，选举产生区志愿者协会第三届理事会理事36人。

【年轻干部能力提升培训班】2017年11月6—10日，由区委组织部、区委党校、团区委联合主办的海曙区第四期年轻干部能力提升培训班在龙观乡举办，近50名年轻干部参加培训。区委常委、常务副区长谭国洪，市政府发展研究中心人才资源研究所所长童明荣，区统计局局长王数分别从不同角度和层面分析区域调整后新海曙面临的形势和发展问题，培训班还开展中共十九大精神学习、现场基层事务工作指导、优秀企业参观、重走革命路等实践课程。

【“共青团与人大代表、政协委员面对面”活动】2017年12月22日，由团区委主办的“共青团与人大代表、政协委员面对面”活动在宁波896创新园举行。区人大代表、区政协委员、青年创业企业家、机关青年代表、社会组织代表等10人围绕“加强青年婚恋交友”“促进青年创业创新”两个主题进行面对面交流。青年代表结合自身经历和看法，对当前青年群体创业现状、困境和对策及青年婚恋交友、个人所需特质等进行主题发言和交流，区人大代表、区政协委员把“面对面”活动中青年普遍关注的5个问题以提议案方式进行反映。

（唐徐娜）

海曙区妇女联合会

【概况】2017年，海曙区有镇（乡）街道妇联17个，机关（园区）妇委会9个，村（社区）妇联265个。全面完成镇（乡）街道、村（社区）妇联改建换届，新增兼职副主席565人、执委2151人。全区29个党政部门中，23个部门的领导班子有女干部38人，其中正职女干部9人；17个镇（乡）街道中，5个镇（乡）街道领导班子有正职女干部5人。有区妇联官方网站、微博、微信各1个，建立各级妇联微信、QQ工作群567个。

基层妇联改革探索"社会化、网络化、项目化"妇联工作新方式，启动区"女性社会组织三年成长计划"，成立区女性社会组织促进中心，吸收首批40家女性社会组织加盟。以妇女群众需求为导向，6家女性社会组织在市级妇女儿童家庭服务项目评审中中标，直接受益人群达2万余人。

出台《海曙区妇联改革实施方案》，确定五方面20条改革内容，制定区妇联改革任务清单。推进基层妇联改革，构建"网格化+功能型"的基层组织设置。推进干部作风改革，实施执委项目领衔制度，确立基层执委"4+N"分工模式。全市基层妇联改革推进会在海曙区召开，高桥镇民乐村作为"会改联"（农村妇代会改建妇联）样板，在省、市妇联工作中推广。

加入区技能人才培养服务联盟，举办家政集市暨女性家庭服务人才就业创业对接会、育婴师职业技能大赛，帮助"4050"人员实现二次就业。加大对农村女电商、"农家乐"女性经营者等培训指导力度，促进妇女依靠科技创新创业、增收致富。以"巾帼文明岗"创建活动20周年为契机，开展"巾帼建新功•喜迎十九大"主题活动。围绕"最多跑一次"专项行动，开展"展风采•建新功"宣传行动。新申报省级"巾帼文明岗"2家、市级10家、区级31家。81890求助服务热线、公安分局海曙户证办理中心获评市"'巾帼文明岗'创建20周年最具影响力品牌岗"称号。

依托宁静港湾婚姻家庭服务中心，成立区妇女儿童维权中心暨婚姻家庭危机干预中心，窗口受理妇女维权案件127件，调处率达100%。依托"康乃馨"贫困重症女性救助项目、"紫丁香"单亲妈妈关爱行动、"海阳暖心"困境母亲关爱行动三大公益项目，对

11月，区妇联分两期举办海曙区基层妇联改革培训班

全区307名困境妇女儿童实现点对点精准帮扶。

按照"建设法治中国•巾帼在行动"活动要求，开展妇女权益法律法规宣传、政策法规（文件）性别平等咨询评估、婚姻家庭纠纷调解、反家庭暴力、妇女维权等重点和信访维稳工作。出台《2017年度海曙区"平安家庭"考核工作责任分解》，组织"平安家庭"知识竞答活动，超过3万名妇女参加，开展维权、婚姻、禁毒类主题讲座23次，印发宣传品3万份。白云街道安丰社区的"平安家庭"创建工作在市"平安家庭"创建工作专题视频会议中作为典型代表发言。

推进"海"字号家庭品牌建设，联合区文明办下发《海曙区家庭文明建设三年行动计划》，将家庭文明建设纳入全区精神文明建设总体规划和目标考核体系。培树省级特色家庭4户、市级17户，表彰区级百户"十佳海尚最美家庭"，《浙江日报》刊发海曙区经验。开展"见字如面 家书抵万金"征文、"最美全家福"征集活动，征集作品767封（幅）。出台《海曙区关于指导推进家庭教育的"十三五"规划》，推进"小海狸亲子阅读家族"项目，创建区级亲子阅读基地19个，组织亲子阅读公益活动325场，区图书馆等4家单位获评市级亲子阅读体验基地。建立"海岸线"家庭教育讲师团，培训家长1500人。"枢纽型女性'她组织'"项目获市妇联工作优秀特色工作奖。7个妇女儿童家庭服务项目在省、市妇联出资购买服务中标，争取资金43万元。

【区妇联十届六次执委（扩大）会议】

2017年1月23日，区妇联十届六次执委（扩大）会议召开。区妇联主席葛巧英作《坚定改革信念 凝聚女性力量 在新的起点上开启妇女事业新征程》工作报告。区委副书记、区委政法委书记张启表出席会议并讲话，区妇联十届全体执委会委员，各镇（乡）街道妇联工作分管领导、妇联主席、副主席，区机关各党委部门妇女工作分管领导、妇委会主任等80余人参加会议。

【庆祝三八国际劳动妇女节主题活动】

2017年3月7日，"海曙新韵 美丽巾帼"——海曙区庆祝三八国际劳动妇女节主题活动在集士港镇广德湖剧院举行。活动展示全区在岗位建功、创新创业、公益组织等领域涌现的典型人物，举行海曙区女性社会组织促进中心授牌仪式，并表彰区"十佳海尚最美家庭"提名奖47户和10户"十佳海尚最美家庭"。区妇联十届执委会委员，镇（乡）街道妇联主席、副主席，机关妇委会主任，先进妇女代表等500余人参加活动。

【2017"小海狸"亲子阅读嘉年华】2017年4月22日，由区委宣传部、区妇联等

联合举办的2017“小海狸”亲子阅读嘉年华活动在区文体中心启动。现场活动内容包括“小海狸”亲子阅读嘉年华开幕仪式、亲子节目会演、亲子绘本交换、公益爱心义卖、非物资文化遗产项目体验等。吸引全市600余户家庭2000余人到场参与。

【区家庭教育研究会2016年会】 2017年5月12日，海曙区家庭教育研究会2016年会召开。由区妇联、区教育局、区家庭教育研究会共同组建的“海岸线”家庭教育公益讲师团在会上成立，首批吸收家庭教育专家15人。讲师团主要以讲座、论坛、沙龙等方式走进村（社区）、家长学校，向市民免费提供菜单式课程培训。副区长陈早挺、区妇联主席葛巧英、区教育局党委副书记朱子凡等出席年会。区家庭教育研究会理事、会员，“海岸线”家庭教育讲师团代表，镇（乡）街道妇联副主席、部门妇委会主任等近百人参加活动。

【区女企业家协会成立】 2017年5月15日，海曙区女企业家协会成立。协会成立旨在为女企业家提供服务、搭建平台、开展交流，提高女企业家自身素质和社会地位，维护女企业家合法权益。协会吸收首批会员64人，选举孔燕波、吴肖华、郑碧寅等19人为理事，孔燕波为会长，郑碧寅等7人为副会长，吴肖华为秘书长，曲影为监事。市妇联副主席张月，区委副书记、政法委书记张启表，副区长薄慧敏等人出席成立仪式。

【女性领导力培训班】 2017年6月12—16日，由区妇联举办的2017年海曙区女性领导力培训班在苏州大学开班。培训班以提高女性领导力与领导艺术、女性魅力与智慧、文化传承与文化创新为主要内容，培训提高女干部理论素养和综合素质。区管女领导干部、区妇联十届执委、各镇（乡）街道妇联主席及各企业、商圈、“两新”组织优秀女性领袖代表60余人参加培训。

【全市基层妇联组织改革现场推进会在海曙召开】 2017年8月11日，全市基层妇联组织改革现场推进会在海曙区召开。市妇联主席、党组书记顾卫卫，市委“两新”工委副书记朱志坚等出席会议。区妇联主席葛巧英介绍海曙区在推进基层妇联组织改革中的主要做法和工作成效，与会人员实地考察高桥镇民乐村基层妇联组织改革推进情况。各县（市、区）组织部分管副部长、妇联主席、分管副主席，大榭开发区、国家高新区、东钱湖旅游度假区、杭州湾新区组织部部长、妇工委主任70人参加会议。

【基层妇联改建换届】 2017年11月，海曙区完成全区17个镇（乡）街道264个村（社区）妇联改建换届工作，新增兼职副主席565人、执委会委员2151人，“网格化+功能型”的基层组织设置初步形成。

【基层妇联改革培训班】 2017年11月，区妇联分2期举办改建换届后首届基层妇联改革培训班。培训以中共十九大精神学习、基层妇联组织建设和作用发挥、女性礼仪修养与品质生活为主要内容，围绕妇女工作重点领域和妇女自身发展需要，提高基层妇女干部素养和业务能力。各镇（乡）街道妇联主席、副主席（兼职副主席）、各村（社区）基层妇联干部350余人参加培训。

（黄　雁）

海曙区科学技术协会

【概况】 2017年，因为区划调整，海曙区划转入宁波甬嘉变压器有限公司和宁波杉工智能安全有限公司2家院士工作站。推进狮丹努集团、宁波智能制造技术研究院有限公司、金鸡强磁公司3家企业申报市级院士工作站。9月，狮丹努集团、金鸡强磁公司通过审核设立市级院士工作站。

构建传统制造业转型升级“智库”，搭建宁波智能制造技术创新中心、智能工厂创新服务平台等5个智能制造研发服务平台。承办2017宁波纺织服装产业转型升级院士咨询会，邀请狮丹努集团院士工作站俞建勇院士及团队为宁波纺织服装产业发展分析指导，助推宁波纺织服装产业转型升级。

排摸调研，完善修正划转的6名原鄞西籍院士资料信息，与市科协对接，与其中2名海曙籍院士取得联络。拟定《海曙区院士工作实施建议》，完善与院士及高层科技工作者联络机制，落实专项工作经费。走访慰问院士，定期发送海曙宣传资料。拜访海曙籍院士陈俊勇夫妇和胡思得夫妇，走访中国科学院学部局综合处等机构。对接邬永革博士等6个人才项目。

推动区级学会专家与基层的交流和项目合作。结合精准服务企业“百

中国工程院院士谭建荣创办的宁波智能制造技术研究院

日行动”，以辖区内高新技术、创新型初创企业及建有各类创新载体的科技型企业为服务对象，走访服务企业42家次，排摸困难问题23件，现场答复或承诺办理15件。承办市科协“2017年可拓学培训会”。

【宁波智能制造技术研究院成立】 2017年2月，中国工程院院士谭建荣在海曙区成立宁波智能制造技术研究院，谭建荣担任法人代表。智研院拥有包括院士、“长江学者”、“国家千人计划”人才及享受国务院特殊津贴、知名教授专家等团队成员20余人，有博士50余人、硕士100余人、技能工程师50余人，联合行业权威机构、科研院所共建国家机床与机器人检测中心华东分中心，致力于精益制造智能管理系统、数字孪生（Digital Twin）、智能制造装备前沿技术的研究和应用。

【科协系统深化改革启动】 2017年9月，海曙区启动全区科协系统深化改革工作。区科协到镇（乡）街道科协、学会、院士工作站等科协组织了解基层和一线科技工作者情况，召开专题会议研究改革方案。10月，区委常委会原则性通过《宁波市海曙区科协系统深化改革实施方案》，具体分解为17项工作任务，按序落实。

【宁波纺织服装产业转型升级院士咨询会】 2017年9月23日，区科协承办“2017中国浙江·宁波人才科技周”子活动——宁波纺织服装产业转型升级院士咨询会在海曙区举行，中国工程学院院士俞建勇等众多服装行业专家围绕企业转型主题，为宁波纺织服装产业发展分析指导，探讨海曙纺织服装产业发展前景。市科协主席陈文辉、浙江纺织服装职业技术学院院长王梅珍、区副区长金昕、区科协主席杨安妮等出席会议，海曙区28家企业30余名企业负责人及技术副总到会。

【2017可拓学培训会】 2017年11月3日，由市科协主办，区科协、浙江大学宁波理工学院科协承办的2017可拓学培训会在浙江大学宁波理工学院开班。利用可拓学创新方法，通过故事解读和难题训练方式，让学员掌握可拓创新思维基本方法；通过运营管理创新、营销创新和大数据应用创新等案例分享和规律解读，带领团队实现全员协同创新。全市各企业100余人参加，其中海曙区12家企业34名中层以上人员参会。

（潘梦婷）

海曙区工商业联合会

【概况】 2017年，区工商联有会员1374人，区级商会1家、镇（乡）街道商会17家、园区商会1家。

组织发动企业收看学习中国共产党十九大开幕式，开展学习讨论。要求各基层商会将讲话精神全面传达至会员企业，引导非公有制经济人士以“亲”“清”为标尺，构建新型政商关系。在基层商会和会员企业中开展以“守法诚信、坚定信心”为重点的理想信念教育实践活动。在基层商会试点推行“锋领律师驿站”，为基层商会提供全天候法律服务，此项工作获全市工商联系统工作创新一等奖。开展《构建“亲”“清”新型政商关系研究》《以行政区划调整为契机，再造中小微企业发展新优势路径研究》等课题调研。

3月，区工商联组织30余家会员企业参加由区政协、区慈善总会、区工商联、区文联等部门承办的“翰墨添香”——宁波市海曙区慈善书画义拍活动，筹得善款41.38万元，用于海曙区大病医疗求助。5月，区光彩事业促进会换届，会员企业捐款200余万元，用于慈善事业开展。10月，区工商联会长企业——太平鸟集团出资200万元设立“英才同心教育基金”，用于横街镇教育事业建设。

【非公人士参政议政】 2017年，区工商联组织工商联界别政协委员在区政协五届一次会议上，围绕发展经济、改革创新、改善民生等中心工作建言献策。区工商联界别提交《关于“强化”制造强区战略定位，进一步提升海曙区制造业创新能力的建议》《关于进一步推动我区文化创意产业发展的意见建议》2份团体提案，工商联界别委员提交个人或联名提案24件。

【工商联民营企业服务】 2017年，区工商联开展“问千家、进百企”走访调研活动。回收“宁波市民营企业年后情况调查问卷”23份。市、县两级工商联联动，开展企业走访调研，通过个别访谈、问卷调查、召开企业经营者座谈会等，了解当前宁波民营制造业生产经营现状、困难及需求，向区委、区政府汇报。开展2016年度上规模民营企业调研，对营业额在百亿元左右的5家民营企业进行调研表格填写上

11月1—4日，区工商联组织会员企业家及“创二代”企业家赴深圳考察学习

报和网上系统申报。组织企业家参加市工商联举办的企业家座谈会，召集宁波旭友交通电器有限公司、宁波凯辉服饰有限公司、宁波市海曙松井工贸有限公司、宁波新甬城数控自动化设备有限公司等多家有代表性的制造业企业参加座谈会。

【工商联会员企业服务】 2017年3月，重庆市黔江区考察团率招商办、工商联等部门到海曙区工商联主席（会长）企业——太平鸟集团考察，探讨投资并开展经贸交流。6月，组织7家新生代企业家参加市委统战部举行的宁波—浙江大学企业培训班，赴绍兴酒股份有限公司考察学习。9月，区工商联与上海交通大学国家战略研究中心股权研究所合作举办“股权激励在企业转型升级中的应用”专题学习会，帮助企业梳理管理模式，增强核心竞争力。11月，组织40余名会员企业家及新生代企业家赴深圳进行标杆培训学习，参观中兴通信股份有限公司、深圳前海自贸区。参观访问深圳宁波商会，深圳市人大常委会经委会主任李荣强介绍深圳经济发展历程。举办以“十九大后经济形势分析与企业布局”为主题的学习会。区工商联合区人社局、区总工会开展“双爱活动”主题宣传、劳动和谐指数调查、“双爱”企业及员工评选表彰、典型事迹交流会等工作。在非公企业“双爱”活动宣传评选活动中，组织发动会员企业参与宁波“双爱”主题摄影作品巡展活动，中宁化集团有限公司、宁波南苑集团股份有限公司、三生（中国）健康产业有限公司3家单位摄影作品入围。区工商联联合区司法局在镇（乡）街道商会建立“锋领律师驿站”，通过律师值班、法制讨论、法律咨询、法律交流、调查问卷等形式向企业提供服务。选择鼓楼街道、高桥镇、古林镇3家基层商会进行试点。在市工商联发起的“向老一代企业家致敬”活动中，推荐狮丹努集团徐建昌、华茂集团股份有限公司（简称“华茂集团”）徐万茂、君禾泵业公司张阿华接受新闻媒体采访宣传。筛选区第二届中国特色社会主义建设者人选，经过综合评价，推荐20名非公企业家参选。与宁波银行海曙区相关支行联系，继续推进原有浦发村镇银行、友邦金融等融资平台运作，为会员企业提供融资服务途径。

【区工商联第四次代表大会】 2017年5月18日，海曙区工商业联合会第四次代表大会召开。大会听取并审议区工商联第三届执委会工作报告，通过区工商联第四次代表大会决议，选举产生区工商联第四届执委会委员，太平鸟集团董事长张江平当选为主席，君禾泵业公司董事长张阿华等22人当选副主席。选举产生区商会领导班子，宁波华晟轻工集团有限公司（简称“华晟轻工集团”）总经理陆意祥等22人当选副会长。

【民营企业家深圳考察活动】 2017年11月1—4日，区工商联（商会）组织企业家赴深圳进行考察学习，40余名会员企业家及“创二代”企业家参加。考察团赴中兴通信股份有限公司（简称“中兴通信公司”）总部实地考察，参观企业生产车间，观看5G、全息投影、快速无线充电技术，体验双屏幕折屏手机，实地感受高新技术企业最新科研成果。随后，与中兴通信公司举行座谈会，讨论企业管理及创新技术应用前景。考察期间，区工商联邀请全国人大原财经委法案主任、著名经济学家朱少平作“十九大后经济形势分析与企业布局”专题讲座。

【区工商联赴临沂市兰山考察】 2017年11月28日，区工商联副主席王万兴带队，率辖区镇（乡）街道基层商会赴山东省临沂市兰山区开展考察学习。考察团实地参观义堂镇商会、义堂镇商会党群服务中心、临沂商城物流协会和金兰物流信息中心，并开展座谈。双方介绍两地经济情况，交流两地工商联发展亮点工作。

【与齐齐哈尔市昂昂溪区工商联缔结友好协定】 2017年12月8日，黑龙江省齐齐哈尔市昂昂溪区工商联与海曙区工商联签署友好工商联（商会）协议书，缔结友好协定。双方以“优势互补、互惠互利、平等合作、资源共享、共同进步”为原则，加强两地工商联（商会）间交流和联系；不定期互访，沟通情况；发挥联谊优势，联络感情交流信息；增进合作，营造两地会员企业投资创业良好氛围。

（杨智慧）

表1　2017年区文联举办、承办各类主题创作及文艺活动一览表

4月	“寻田螺姑娘传说印迹”全国书画名家作品邀请展
4月	“域外视界——海曙人看海外”主题摄影展
4月	月湖文化美术主题创作活动
7—9月	“让艺术点亮生活”海曙区“市民艺术季”、文艺主题沙龙、公益展览、艺术讲座培训系列活动
8月	“你在人群中”海曙区慈善公益专场演出
9月	第二届全祖望文化节开幕式暨全祖望诗会及全祖望文化高峰论坛
9月	喜迎十九大——“庆华诞·共团圆”2017海曙区大型交响乐京剧演唱会
9月	“千古沈光文”全国征文大赛
10月	天一广场15周年漫时光“从砖墙瓦弄到城市客厅”专题摄影展
10月	“保护自然、关爱动物”高歌书画展
10月	“千年海曙”系列丛书出版
11月	“最美龙观”宁波市摄影大赛
11月	朱惠民《白马湖文谭》新书首发式暨“白马湖派”与宁波文化研讨会
11月	“百年光影”——甬籍近现代电影名家成就展

海曙区文学艺术界联合会

【概况】 2017年，海曙区完成17个镇（乡）街道基层文联组织机构建立，实现基层文联组织全覆盖。12月，区民间文艺家协会成立，区文联下属文艺家协会增至11个（作家协会、书法家协会、美术家协会、摄影家协会、音乐家协会、舞蹈家协会、戏曲家协会、民间文艺家协会、影视家协会、收藏家协会、月湖诗社），有会员1300余人。组织各协会开展主题创作和主题活动，举办各类活动23次。

组织市、区两级文艺家通过主题创作、慰问演出、文艺培训等方式开展文艺志愿服务活动。组织32名市、区著名书画家创作32幅作品参加海曙区首届书画慈善义拍活动。开展2017年度海曙区精品文艺团队大展演，组织“送欢乐下基层”文艺小分队赴火车南站等地演出。

【文艺精品创作】 2017年，区文联系统96部（件）作品获得全国和省、市级奖项，其中全国级15部（件）、省级39部（件）、市级42部（件）。获得第17届全国“群星奖”的舞蹈作品《阿婶合唱团》再获2017年“宁波文艺奖”特别荣誉奖。区影协的电影《让爱活下去》入选市“五个一工程”。区作协吴新星的《苏三不要哭》在第二届全国青铜葵花小说比赛中获“银葵花奖”；赵淑萍散文集《坐看云起》列入市文联青年作家文库，微型小说《哑巴》获第三届世界华文微型小说大赛二等奖，小说《荷花背后的人》获《小小说选刊》双年奖。钱利娜的诗集《落叶志》获“宁波文艺奖”。区书协入选全国级书法展4人、省级书法展11人、市级书法展5人。区美协入选全国级美展7件、省级美展20件、市级美展23件。区戏协杨承江、姚辉分别获得市“钱湖杯”新故事大赛金奖、银奖和省第六届新故事大赛演讲金奖；张旦恒、胡彦华参加市“新松计划”戏曲青年演员大赛，分获一等奖和三等奖。组织少儿戏曲爱好者参加第21届中国戏曲“小梅花”奖、省戏曲“小金桂”奖比赛，罗刚铖获“金桂奖”，李思逸、王欣妍、朱婧媛获“银桂奖”，鲁易梦获优秀奖。区舞协舞蹈原创作品《改变》获市第12届音乐舞蹈节铜奖。《快递小哥》获省第十届音乐舞蹈节银奖、市第12届音乐舞蹈节金奖。《垃拉啦》《“童”心合力》《旋旋旋》参加2017“舞彩宁波”少儿舞蹈展演活动，全部获精品奖。排舞《碧草如茵的家园》获省第11届排舞大赛三等奖。叶弦编排的《小镇青年》被列入2017年市文联文艺创作重点项目。区音协音乐作品《南国书香》获省第十届音乐舞蹈节铜奖、市第12届音乐舞蹈节金奖、《江南的滩簧》获市第12届音乐舞蹈节银奖。区音协副主席方红军指导海曙学生合唱团赴肇庆参加中国童声合唱节，获儿童组冠军。5个文艺精品项目列入省、市两级扶持计划。钱利娜长篇小说《两地秋》入选省委宣传部“省文化精品扶持工程”（宁波仅2项）；区影协电影《轻轻握住你的手》入选“六个五”精品献礼工程数字出版网络视听作品项目；甬剧电影《典妻》、曲艺《悠悠青蒿魂》、现代舞剧*Attraction*入选2017年市文艺精品重点扶持项目。

6月3日，海曙区美术家协会甬江职高分会成立

【文艺志愿活动】 2017年，各文艺家协会开展各类文艺志愿服务活动。区作协在市实验小学举办“作家进校园，文学润童心”活动，辅导学生创作；区书协指导社区书画活动，举办9期书法公益培训班，700余人参加；区美协西门街道分会、白云街道分会、甬江职高分会分别举办海曙美协中国画新人展看稿会；区摄协组织摄影家在社区、老年大学等单位开展摄影技艺、摄影文化公益巡讲；区戏协组织多名会员深入镇（乡）街道演出；区舞协围绕“红舞鞋”行动计划，推动海曙中小学师生开展舞蹈创作和成果交流；区音协邀请多名国内音乐专家，举办海曙区2017合唱大师班，培养基层音乐合唱指挥人才。鄞江镇文联持续开展由文化志愿者组成的“周日文化”活动；区文联石碶街道分会每月一次送戏进农村文化礼堂；洞桥镇文联成立草根民星艺术团，每个月举办一次专场演出。

【区书法家协会创作基地成立】 2017年3月22日，区书法家协会创作基地在章水镇李家坑村挂牌成立，这是区文联设立在海曙区西片区的第一个创作基地。李家坑古村地处宁波四明山腹地，有近500年历史，文化底蕴丰厚，文化名人辈出。挂牌当日，创作基地开展第一次书法创作。

【区美术家协会西门街道分会成立】 2017年3月31日，区美术家协会西门街道分会成立，有会员40余人。区文联副主席陈鸿、区美术家协会主席林绍灵等出席活动。西门街道分会成立后，举办“墨韵西门”展、“美丽宁波”展、南塘老街书画展等多个展览，定期举办作品展示交流会和专家讲座等活动。

【"水之韵"海曙作家诗文朗诵会】 2017年5月9日，区作家协会和宁波广播电视大学文法系在王升大博物馆联合举办"水之韵"海曙作家诗文朗诵会，市水文化研究会、市文化艺术研究院、市太极馆协助参与活动。朗诵会包括"水之语""桥之颂""故园之恋"三部分，作家与大学生朗诵历代名家关于水文化的诗文名篇及海曙作家原创诗文。现场还表演歌舞《青花瓷》、甬剧《十马浪荡调》、萨克斯演奏《原野牧歌》和武术表演《中华武术》等文艺节目。

【区文联机构组建】 2017年5月22日，区文联"三定"规定获批，不再与区委宣传部、区文广新局合署办公。核定区文联参公编制5名，设置处级领导职数3名、科级领导职数2名，内设办公室和组联室。8月23日，海曙区文艺创作中心成立，挂牌"区民俗文化研究室"，为正科级事业单位，核定事业编制4名，设置领导职数1名。

【区文联二届三次全委扩大会议】 2017年12月18日，海曙区文联二届三次全委扩大会议召开，区二届文联委员、部分协会秘书长参加会议。会议传达2017年省、市文联会议精神，总结区文联2017年工作，表彰年度先进集体、先进个人和先进项目。通过关于区文联人事调整的有关决议，选举国宇为区文联主席，陈建东、陈鸿为副主席，增补委员28人。

【庆元旦"17同行"镇(乡)街道文联文艺会演】 2017年12月28日，由区委宣传部、区文联主办的"庆元旦'17同行'海曙区镇(乡)街道文联文艺建设成果会演"在宁波逸夫剧院举行，全区17个镇(乡)街道文联下属的文艺团队参加演出，演出灯绸舞《开门红》、情景表演唱《你好，家乡》、小品《高桥亲家母》等文艺节目。此次活动是区划调整后区文联实现17个镇(乡)街道基层文联全覆盖的成果展示。

（王颖芳）

海曙区残疾人联合会

【概况】 2017年，海曙区有持证残疾人18124人，其中视力残疾2983人、听力残疾2876人、言语残疾368人、肢体残疾7285人、智力残疾1853人、精神残疾2332人、多重残疾427人。

针对因历年来各级各地惠残保障政策"提标扩面"造成的差异，区残联走访调研各镇(乡)街道残联、"阳光家园"、扶贫基地及困难残疾人家庭，了解海曙区残疾人事业基本情况，确保政策和服务平稳过渡。以落实困难残疾人生活补贴和重度残疾人护理两项补贴为重点，落实各类保障政策，其中困难残疾人生活补贴3511人、重度残疾人护理补贴7701人、未就业残疾人生活补助5814人、城镇职工养老保险补贴1232人、城乡居民医疗保险补贴267人、城乡居民养老保险补贴1003人、残疾车主和福利企业下岗职工补贴401人。

【残疾人庇护性就业】 2017年，海曙区推进残疾人庇护性就业工作。3月2日，"五谷画坊"残疾人服务中心的板画等文创产品被市委办公厅、市外事办采购用于外事礼品。对460家企业进行年检，安置残疾职工881人，做好残保金抵扣审核。推进以按比例就业为主，以福利企业集中就业、自谋职业、电商创业为辅的残疾人庇护性就业模式。依托宁波望春电商产业园，建立区残疾人电商就业创业孵化基地，新增电商创业就业30人。围绕残疾人自身特点及劳动力市场需求，线上线下联动，累计为295名残疾人提供实用技术培训、岗前培训和就业实习服务。

【文化助残服务】 2017年，区残联助残服务延伸到乡镇。利用城区型街道群众文化活跃优势，开展"我们的节日"文化活动，包括残健互动、邻里联欢、民俗节庆、文艺会演等；依托社区读书、手工、舞蹈、健步走等团队，吸引残疾人加入，或引导残疾人组建兴趣小组，实现残疾人社区活动常态化。针对文化资源较分散的乡镇，通过政府购买服务形式，"送特殊艺术""送图书报刊"下乡进村，实施文化助残"五个一"工程，惠及农村困难和重度残疾人365人次，残疾人社区文体活动参与率超过75%。10月，馨之园社会助残服务中心联合鄞江镇残联，举办"社会助残理念推广走进鄞江镇"活动；为残疾少年儿童开办"同一片蓝天"公益暑期班，提供经典诵读、绘画等文化艺术类课程；推出无障碍出行项目，满足各类残疾人户外出游、交友联谊、摄影采风等不同需求，各类专门活动累计服务残疾人650余人次。整合各支由退休教师、文艺工作者组成的文化助残志愿者队伍，向残疾人提供书画、文创设计等免费培训课程。推选优秀人才参加市坐式排球、省工匠大赛等。

【区残疾人精准康复实施方案出台】 2017年8月23日，海曙区出台《宁波市海曙区残疾人精准康复服务行动实施方案》，落实残疾人康复需求动态调查登记、定点评估和专业机构精准服务等关键环节。为17周岁以下儿童青少年康复训练190人提供转介服务，家庭医生签约1.13万余人，签约率达62%。提供康复项目61个，包括：为残疾人适配助视器52台、助听器118台、矫正器12台、假肢10例，提供各类辅具及适应性训练2298人次、盲人定向行走训练32人、视功能训练22人、白内障患者免费手术310例、髋关节置换手术2例，发放康复医疗救助卡490个，提供精神病服药服务1652人、住院救助95人等，残疾人精准康复服务率超过70%，累计服务4541人次。

【区残联第六次代表大会】 2017年12月22日，海曙区残疾人联合会第六次代表大会召开，146名代表参会。会议审议通过区残联工作报告——《贯彻以人民为中心的发展思想 团结带领全区残疾人共建共享美好生活》，选举毛孟军为区残联第六届主席团主席，选出15名出席市残联第七次代表大会代表。

（陈　亮）

海曙区红十字会

【概况】 2017年，海曙区新建49个村（社区）红十字服务站，总数达252个；新建村（社区）赈济救援队13支，总数达98支。设立天一阁·月湖景区红十字救护站。

推进“三救三献”（救灾、救护、救助；献血、造血干细胞捐献、遗体器官捐献）、志愿服务和红十字青少年工作，雅戈尔中学探索人道法项目试点。把应急救护纳入学生社会实践课堂，开课20次。募集专项资金放置自动体外除颤器（AED）4台。华天小学获省“红十字示范校”、东恩中学获省“红十字达标校”称号。

创建“博爱家园”项目，拓展“楼宇”“商圈”组织建设新模式，有共建村、社区赈济救援队98支，“暖巢行动”志愿服务队26家，惠及1260名空巢老人。培训执证救护2551人，普及培训21485人。全年接受社会捐款62.09万元。

组织镇（乡）街道开展红十字会法律法规和省红十字会第七次会员代表大会精神宣传，推广应用“博爱甬城”App。各基层红十字和各学校红十字会组织开展“我是红十字人”宣誓及各类防灾救灾、志愿捐献活动。收集发布红十字信息230余条。海曙区人道传播工作被市红十字会考评为年度单项先进。

【“三救三献”工作】 2017年，海曙区招募造血干细胞捐献志愿者105人、器官捐献志愿者8人、遗体捐献志愿者22人、角膜捐献志愿者27人。实现造血干细胞捐献1例、人体器官捐献5例、角膜捐献4例、遗体捐献2例。

【崔涛磊捐献造血干细胞】 2017年3月13日，崔涛磊在杭州省中医院捐献造血干细胞，救助一名2014年出生的婴儿。崔涛磊是鄞州银行章水支行工作人员，2016年4月成为中华骨髓库造血干细胞捐献志愿者。此次捐献是全区第三例、宁波市第62例、浙江省第339例造血干细胞志愿捐献。

3月21日，广济中心小学五年级学生到区青少年宫参加“红十字应急救护”专题培训课

【应急救护纳入区学校社会实践课】 2017年3月21日，广济中小学五年级学生在区青少年宫参加首批“红十字应急救护”专题培训课。区红十字会与区青少年宫合作，以学校班级为单位，每周在区青少年宫开班授课，首次把“红十字应急救护”专题培训课程纳入海曙区五、六年级段学生社会实践课堂内容。

【“5·8”世界红十字日活动】 2017年5月2日，“纪念第70个‘5·8’世界红十字日暨助力 建设东方文明之都红十字在行动”活动在海曙公园举行。活动宣讲捐献知识，现场招募造血干细胞志愿者，并为群众提供修雨伞、洗眼镜、理发、皮带打孔、缝补衣物等便民服务。30余名红十字志愿者参加服务活动。

【首批AED设备在公共场所启用】 2017年11月20日，区红十字会首次募集社会善款购置的4台自动体外除颤器（AED）设备正式启用，分别安置在81890区行政服务中心、行政服务集士港分中心、南塘老街游客服务中心及天一阁·月湖景区。当天，对60余名设置点工作人员进行使用操作培训，并结合医用模拟人现场进行急救演示。

【古林镇“红色力量”志愿服务队获评市级“十佳”】 2017年11月21日，古林镇“红色力量”志愿服务队被市红十字会评为市“十佳”红十字志愿服务队。古林镇“红色力量”志愿服务队有成员826人，以“献爱心为健康鼓励，献热血为生命加油”为服务口号，为无偿献血、助学、助残、爱老、应急救援、救护知识培训等提供支援服务。志愿服务队与甘肃陇西贫困地区结对，捐衣5000余件。向景宁畲族自治区景南乡中心小学捐赠体育、生活、学习用品，并与新昌先天性心脏病孤儿朱方杰结对，资助3.5万余元手术费用。

（孟令震）

相关链接：

“工创家+”系列阵地：“工创家+”即工会为职工创建的“家”，也是职工自己为自己创建的“家”，“+”意指打造“职工之家”升级版。是区总工会顺应工会改革建设的新型工会品牌服务阵地。“工创家+”阵地探索“工会引领、社工协同、职工参与、义工奉献”四工联动机制，致力于建成职工的“职场能量屋”“乐活幸福家”“员企服务站”。

“4+N”分工模式：会改联后，村妇联原则上设置执委7~15人，其中4人负责宣传文体、妇女发展、妇女维权、家庭建设，其他根据各村的特点和需要灵活设置。

妇联组织改建换届：是指村妇代会全面改设为村妇联（简称为“会改联”），完成村妇联的选举工作；镇（乡）街道、社区妇联完成妇联组织换届工作。

法治·军事

法治政府建设

【概况】 2017年，区法制办推行行政规范性文件统一登记、统一编号、统一发布的“三统一”制度，落实规范性文件合法性审查制度，出具合法性审查意见书13份。参与政府各类专项工作协调会、座谈会，提出具体法律意见。

开展行政机关合同合法性审查，审查区政府本级和部门报送备案的行政机关合同草案6份。组织22家单位54人参加全市综合法律知识集中培训和网上考试，32人考试合格取得执法证。审查全区558名执法人员因执法证到期或区划调整的换证申请。开展行政执法主体资格梳理、确认、公告工作，向社会公告第一批行政执法主体40家。收到行政复议案件45件，作出不予受理决定17件；受理28件，其中审结22件，收案量同比增长375%。审结案件中决定维持原判9件，驳回8件，5件案件经复议机构协调，各方当事人达成和解后申请人撤回终止。办理区政府作为被申请人的行政复议案件11件、区政府为被告的行政诉讼案件10件。落实行政首长出庭应诉制度，区政府首长出庭应诉案件2件，其他案件均由法制办工作人员出庭。

建立区政府文件公开属性事前认定机制，全区各单位在信息公开平台主动公开政府信息1.36万条。健全政策解读回应机制，制作并发布规范性文件政策图解或解读10件。规范政府信息依申请公开办理工作，各单位办理政府信息依申请公开答复124件，其中由区法制办承办的区政府依申请公开答复案件39件，增长300%。

【行政复议体制改革】 2017年，根据省、市提出的当年12月底前挂牌成立区行政复议局工作要求，区法制办全面调查摸底，起草《海曙区深化行政复议体制改革工作实施方案（征求意见稿）》，经区政府常务会议审议通过并上报市政府审核批准，按时完成行政复议局在区政府办公室挂牌。

【重大行政执法决定法制审核机制建立】 2017年，区法制办梳理各执法部门需要报送区政府审批的行政执法决定事项目录53项，出台《关于印发报送区政府审批的行政执法决定法制审核规程和行政执法决定事项目录的通知》，完成全区重大行政执法决定法制审核制度构建。

【行政执法案卷评查】 2017年，区法制办组织开展年度行政执法案卷评查，在全区范围随机抽取71份执法案卷，组织各行政执法单位开展交叉集中评查，并邀请行政执法监督员、区政府法律顾问、法院行政庭法官参与评查。评选出海曙区优秀行政执法案卷10卷，并通报评查结果。

【行政执法监督员社会公开选聘】 2017年6月，区法制办面向社会公开选聘

10月25日，区法制办组织开展年度行政执法案卷评查

行政执法监督员。经过筛选、审核、公示等程序，律师王小光等7人被聘为海曙区特邀行政执法监督员，聘任期限3年。

（项　成）

政法委及综治

【概况】 2017年，区委政法委完成中共十九大、“一带一路”高峰论坛及各级“两会”、党代会等重大会议活动的维稳安保任务。全区未发生暴力恐怖事件、危害国家安全和政治稳定事件，连续12年获评省级“平安区”，获得“平安金鼎”。

建设“平安海曙”，建立“平安创建”责任清单，强化问题落实整改，确保辖区平安建设整体水平提升。区委政法委联合多部门开展寄递物流行业专项整治，探索寄递企业“三色化”动态管理制度，督促寄递企业安装视频监控350余个。探索出租房屋“旅馆式”管理，推行“出租房二维码管理+智能门禁系统”模式，对全区出租房屋实行动态化排查登记管理。推进市、区两级跟踪督办的治安重点地区整治。其中，市级社会治安重点地区洞桥镇实现安全事故“零发生”，刑事、治安发案同比分别下降7.8%和17.8%，17个区级督办重点地区全部完成自查验收。完善重点人员实时动态排摸工作机制，逐一落实管控措施及“以奖代补”政策。组织每季度平安综合治理工作明察暗访，下发通报并限期整改，动态跟踪回访，实施“全民皆知”“全民共建”工程。

构建全区“一张网”基层治理体系，全区17个镇（乡）街道统一划分为1557个全科网格，实现基层“一张网”全域覆盖，组建一支近万人的网格员队伍，区、镇（乡）街道两级社会治理指挥平台建成，并有效运作。实现基层网格参与党委政府中心工作，建立完善网格考核奖惩制度，组织网格员业务培训近百场。实时监测社会治理信息和事项，全区网格累计上报各类事件8.5万余件。走访巡查240万余次，涵盖民生热点、城市建设、社会矛盾、安全隐患等问题，维护基础数据130余万条，排查矛盾纠纷1200余起、治安隐患1300余个、安全消防隐患3000余个。探索商圈治理创新模式，鼓楼沿历史文化街区、城隍庙商业社区、望春公寓式办公楼宇平安协会等被确定为试点。

推进司法体制各项改革，开展以审判为中心的刑事诉讼制度改革情况专项督察。完善涉法涉诉信访机制，处理涉法涉诉初信初访案件13件，落实市级交办的信访积案13件，引导处理涉法涉诉信访案件19件，调查信访人反映的执法问题12件，发放司法救助款3万元。落实涉法涉诉信访会商机制，会商分析案件7件，发布预警3次，通报13件。开展案件评查及民事案件执行专项检查，集中评查案件10件，化解信访案件2件、深度检查案件302件。组织全区政法中层干部赴南京大学参加脱产培训，组织全区平安政法联络员培训3期，培训200余人次。

【海曙区获省“平安金鼎”】 2017年3月31日，省委、省政府颁发首批浙江省“平安金鼎”，海曙区成为全省47个获评的县（市、区）之一。“平安金鼎”评选需连续12年获评省级“平安县（市、区）”。海曙区于2001年在全国率先开展以平安和谐为主题的“平安大区”建设，先后获得全国“社会治安综合治理先进集体”、全国“平安建设先进区”、省“社会管理综合治理先进集体”等荣誉。2008年始，加大“平安县（市、区）”创建力度，强化风险源头防范，健全完善矛盾纠纷排查机制，遏制各类危害公共安全事故，维护社会治安，连续12年成为宁波市、浙江省“平安县（市、区）”。

【区法学会成立暨第一次会员代表大会】 2017年4月26日，海曙区法学会成立暨第一次会员代表大会召开，区政法系统各部门、各类行政执法单位、各镇（乡）街道、辖区相关院校、法律服务机构等69人参加。区委副书记、政法委书记张启表出席会议并讲话。会议听取区法学会筹备工作报告，审议通过《海曙区法学会第一届理事会理事选举办法》《海曙区法学会第一届理事会常务理事选举办法》，选举产生法学会第一届理事会会长、副会长、秘书长和常务理事等，张启表当选区法学会会长。

【全区建设“平安大区”工作会议】 2017年5月4日，区委、区政府召开全区建设“平安大区”工作会议。现场签订2017年度平安综治暨维稳工作目标管理责任书。区委书记孙黎明强调要强化维稳安保，抓好公共安全，使辖区群众安全感、满意度保持在较高水平，重点在社会治安、安全生产和其他安全领域实现防患未然。区委副书记、政法委书记张启表宣读通报表彰文件，表彰2016年度市级综治先进集体和先进个人。会议由区委副书记、区长褚孟形主持，区政协主席毕东华出席会议。

（王　诚）

公　安

【概况】 2017年，海曙公安分局有7个职能部门、11个直属大队。下辖18个派出所及看守所、拘留所。有民警939人、协辅警2095人。民警中，有博士学历1人、研究生学历17人、大学学历702人、大专学历212人、大专以下学历7人。1人立二等功，21人立三等功，获得5个集体三等功；95人受嘉奖表彰，23个集体获嘉奖；35人受市公安局通报表扬，8人受省公安厅通报表扬。

年度预算经费5.32亿元，同比增长69.82%，公用经费保障标准人均4万元。执行预算5.07亿元，其中人员经费3.14亿元、公用经费0.37亿元、项目经费1.55亿元。争取中央转移支付资金1355万元，用于购买装备678万元。有公务车辆223辆，车辆运行费用380.51万元，开支油料费154.42万元。开展公务用车、用油情况调研，加强油料使用结报审核，采用警用车辆一车一卡（IC卡）充值加油制度，控制现金报销。

海曙骑警

制定《宁波市公安局海曙分局关于印发法治宣传教育和普法依法治理第七个五年规划（2016—2020年）实施意见的通知》。加强法制队伍人才建设和法制信息化人才培养与配置，深化执法资格等级考试制度，建立公安机关领导干部学法用法制度。把宪法、法律、法规列入公安机关党委中心组学习内容，不定期安排集中专题法律学习。

【社会治安管理】 2017年，海曙区建有协警组成的派出所专职巡逻队伍17支639人，有村、社区义务巡逻队伍576支1.92万人。加强由物业保安组成的住宅小区安防队伍建设，有物业保安队伍368支5259人。落实社区民警第一责任，发挥流动人口协管员，人口信息员、和谐促进员、单位兼职协管员及网格员、村干部、治保主任等作用，依靠社区村、物业及基层社会力量，按照“街（村）不漏巷、巷不漏房、房不漏户、户不漏人”要求，对辖区流动人口开展排查。海曙公安分局加强公共场所安全管控，建立常态化巡查制度。集中开展行业场所整治25次，累计检查各类行业场所近2000家次，处罚11家次。执行《涉黄赌警情警戒目标制度》，保持对“黄赌”违法行为高压严打态势。破获“黄赌”刑事案件60件、打处涉案人员248人。排查稳控肇事肇祸精神病人58人。

【刑事侦查】 2017年，海曙区命案发案5件，破案5件，破案率达100%；5类案件（绑架、劫持、投毒、放火、强奸案件）发案15件，破案15件，破案率100%；抢劫案件发案14件，破案10件，破案率71.4%。

受理经济犯罪案件41件，立案36件，同比上升9%；破案23件，上升15%。涉案总金额约6.87亿元，直接损失2.07亿元，挽回经济损失1637余万元。打击处理89人，其中，网上逃犯27人；移送起诉77人，上升33%。立涉众型经济犯罪案件14件，破案11件，抓获非法吸收公众存款嫌疑人60人。

破获涉恶案件214件，无涉黑案件。刑事拘留各类涉恶嫌疑人373人，取保候审53人，监视居住11人，逮捕315人，移送起诉256人，移诉并经市局认定涉恶团伙21个。

破获毒品刑事案件122件，其中团伙案件14件，抓获犯罪嫌疑人164人，移送起诉159人。缴获毒品891.55克，其中冰毒731.06克、冰毒片剂15粒1.41克、海洛因159.08克。破获涉毒行政案件831件，查处吸毒人员914人，其中强制隔离戒毒293人、社区戒毒326人、行政拘留295人。

侦破食品药品环境相关案件66件，抓获犯罪嫌疑人104人，缴获各类假药6200余粒（支）。针对食品药品犯罪新情况、新特点，确定重点地区、重点行业，采取便衣侦查、外围调查等方式开展拉网式、滚动式排查，打掉销售假药药店40家，抓获犯罪嫌疑人59人。

【户籍与出入境管理】 2017年，海曙公安分局户证中心接待群众10万余人次。办理户口迁移6.35万人次，同比增加117%；受理审批户口6387份；增加173%；项目变更250份；增加157%；打印户籍证明1.52万份，减少18%；制作第二代居民身份证4.93万份，增加105%；制作二代临时居民身份证7389份，增加17%；发放二代居民身份证4.41万份，减少13%。

受理公民因私出国（境）6.01万人次，增加18.72%。其中，护照签发2.72万人次，增加18.44%；往来港澳通行证签发1.68万人次，增加23.64%；往来台湾通行证签发8233人次，减少15.36%。受理港澳再次签注5041人次，增加45.31%；台湾再次签注2873人次，增加215%。上报不准出境人员报备1735人次。宣布作废法定不准出境人员护照226本、往来港澳通行证209本。

【交通管理】 2017年，海曙交警大队下辖4个内设中队，下设10个中队，有民警181人。查处各类交通违法48.2万起。发生上报事故163起，死亡48人、受伤人数150人，直接经济损失约31.9万元。

突出安全隐患排查整治，强化“人、车、企”源头管控。召开“两客一危”企业（从事旅游的包车、三类以上班线客车和运输危险化学品、烟花爆竹、民用爆炸物品的道路专用车辆）、工程运输企业安全管理工作会议10余次，涉及相关重点运输企业及在建工地144家，走访检查“两客一危”企业、工程运输企业80余家，面对面约谈教育重点驾驶人900人次。重点完成市级（鄞县大道桂林俞家牌楼附近路段）、区级（环城西路南段京华苑小区前路段）2个事故黑点治理工作并通过区安委会多部门联合验收。重点治理“乱停车乱过路”及机动车路口变道加塞、网格线停车、不礼让斑马线等交通陋习，以中山路建设“文明交通严管路”为契机，把严管经验逐步推广至全区15条重点道路。加强主干道路视频监控建设，增设违法抓拍系统，

3月23日，海曙区开展“交通安全夜间整治”行动

实行24小时电子监控管理。在相关道路清除旧交通标线，完善基础设施，合理规划渠化交通，新增道路停车位3838个，拖移长期占用停车位的“僵尸车”115辆。在通途路（芝红小区至新芝岗）启用全市首个机器人智能护栏，开辟移动高峰“潮汐车道”。

强化办案审核、执法检查、执法记录仪数据抽查、定期通报等制度落实，将规范执法纳入督察记分考核体系。制定“最多跑一次”改革方案，简化9项涉及秩序业务事项，在各服务大厅设置LOGO标识、办事指南、自助处理机器，提供资料在线下载、打印复印、指导线上线下办理交通违法等服务。

【警卫安保】 2017年，海曙公安分局探索新形势下警卫工作有效形式，完善警卫基础信息，严格保卫工作流程，制订工作方案，落实安全措施。完成大型活动安保任务299场次，完成一级警卫2批次、二级警卫4批次、三级警卫5批次、保卫任务1批次，出动警力1500余人次。按照各级警卫规格部署首长在甬期间的安全警卫工作，完成各类警卫安保任务。

【危化物品管控】 2017年，海曙公安分局加强全区各类危爆物品生产、储存、运输、经营、处置全环节安全监管。对全区在册的涉及民爆、剧毒、易制爆、管制刀具、放射性、烟花爆竹经营6类96家涉危单位、36家加油站和10家瓶装燃气销售企业的11个代理点，落实实名登记、“一物三究”、分类管理和主体责任，严格流通监管。16家易制爆危险化学品经营单位、17家使用单位全部签订安全承诺书。全年破获涉枪案件1件，刑事强制措施8人，缴获枪管107支、其他部件1.01万个。

【校园安全保障】 2017年，海曙公安分局制定《关于全区校园警务实施分级分层管控机制的意见》，开展校园安全大检查，对检查发生问题进行专项督察，下发责令整改通知书限期整改。至是年底，全区232家学校均设立警务联络室，所有中小学、幼儿园均按照“一校一警”标准配备法制副校长或法制辅导员，重新配备经过专业训练的保安88人，专职保安派驻覆盖率达100%，防护器械配备率100%。

【交通安全宣传】 2017年，海曙交警大队利用广播、电视、报刊、网络等媒介，邀请媒体记者随警作战，曝光典型案例，“以案说法”。开展“一创一治”（创文明交通、治秩序乱象）系列行动大型广场宣传活动1次、媒体大矩阵（新媒体及传统媒体结合模式）专题行动17次、深度访谈2期，曝光严重交通违法案例2例、典型案例2例，联合宁波交通广播电台直播酒驾执法1次，发布微信微博266条，点击浏览323万余次，在各级各类媒体发表宣传稿件190余篇。制作交警形象宣传片《突破》，拍摄交警题材微电影作品《交警老爸》，在全省“讲述好民警故事”主题微电影、微视频、微纪录片大赛中获纪录片类三等奖。组建一支由企事业单位员工、学校教师等各界人士组成的交通文明巡讲团，在企事业单位、校园、社区多次开展交通文明大巡讲活动。联合“平安保险”等企业，统一交通志愿者服饰，开展系列安全知识竞赛，参与大型广场宣传活动，组织发动社会各界交通志愿者参与城市交通管理。

【破获制造贩卖枪支案】 2017年8月初，海曙公安分局刑侦大队接到线索，开展侦查，发现犯罪嫌疑人周某通过微信、QQ等网络手段及在网上招收代理商等方式向全国各地大量贩卖、邮寄“秃鹰”气枪零部件。8月13日，组织实施抓捕，在集士港镇、石碶街道、高桥镇和广西南宁等地抓获犯罪嫌疑人10人，缴获气枪配件1万余件，捣毁制贩窝点4个，发现网络贩卖枪支配件代理商8家、买家交易线索300余条，涉及全国20余个省、市、县。此案被2017年公安部列入打击网络贩枪第六批挂牌督办案件。

【破获“6·27”专案】 海曙公安分局望春派出所于2016年6月27日接到牟某报案，称被某金融公司以炒原油名义亏损30万元。海曙公安分局成立专案组展开调查，发现以季某、汪某为首的团伙，频繁变换公司名称和地址，更换交易种类，以打电话或网络营销方式向社会招募会员，鼓动会员注入资金，做局设套，诱导会员进行频繁交易以赚取手续费，或反向交易致客户亏损以赚取利润分成而获利。2017年3月6日，专案组在上海警方协助下，组织250名警力的抓捕组，赴上海市浦东新区抓获犯罪嫌疑人178人，发现大量涉嫌诈骗的电子证据和其他物证。经案件审核审批，对团伙成员211人采取强制措施，其中刑拘85人、取保候审126人，移送起诉165人。

【破获非法吸收公众存款案】 犯罪嫌疑人毛某某伙同犯罪嫌疑人潘某某于2014年7月28日注册成立宁波乾东

财富资产管理有限公司（简称“乾东财富公司”），未取得金融部门许可，以高额利息回报为诱饵，开展投资理财业务，非法吸收客户投资资金约5亿元。因经营不善，约1.7亿元的客户投资本金无法兑付，造成客户重大损失。2017年11月27日，海曙公安分局经侦大队将侦查终结的乾东财富公司非法吸收公众存款案移送区人民检察院审查起诉。

（李鹏展　董力军）

检　察

【概况】 2017年，区检察院受理审查逮捕犯罪嫌疑人983人，同比增加177%；审查起诉2170人，增加137%。中共十九大前批准逮捕涉枪涉恐犯罪嫌疑人4人。惩治妨害民生犯罪，加大电信网络诈骗案件打击力度，审查逮捕94人，审查起诉360人，涉案金额1.7亿余元。处理曜瑛商贸（上海）有限公司、浙江启商网络科技有限公司、公安部挂牌督办的“善心汇”传销活动案等一批重大敏感案件。查处非法吸收公众存款、集资诈骗等犯罪，批准逮捕36人，提起公诉117人。依法查处捕猎国家重点保护动物的非法狩猎案件16件23人。

率先出台全市首个《信访风险预警通报协作机制》，受理来信来访109件。设立法律援助检察工作站，化解矛盾纠纷6件。贯彻宽严相济政策，依法决定不起诉123人，不批准逮捕223人。高标准建成青少年帮扶教育基地，在全省最先将VR技术应用于青少年法治教育；王英未成年人检察工作室被评为全省优秀创新成果，在全市推广。

在全省首家出台《服务保障“一带一路”建设六项措施》。律师约见、法律文书查询等10个检务事项均实现“最多跑一次”。帮助非公企业防范经营风险，提供法律服务50余次。建立行贿档案快速查询通道，累计查询3986件1.63万人，增加565%。健全完善涉“水”案件监督办理机制。

加大刑事诉讼监督力度，在海曙公安分局挂牌成立派驻检察室，提前介入侦查350余人次，监督立案5人；追诉漏罪漏犯19人；重点关注定罪不当、量刑失衡等情形，提出或提请抗诉6件。民事行政监督中，纠正虚假诉讼案件3件，涉及4人，涉案金额105万元，破解涉案人员因相关案件多年上访问题，该系列案件被评为全市检察机关2017年度“绿色司法精品案件”。加强羁押必要性审查，监督变更强制措施21人。开展职务犯罪财产刑专项督察，核查43人，涉及金额2548万元。开展社区矫正检察，核查矫正对象678人。

构建新型办案组织28个，完成第二批员额检察官遴选工作，出台检察官绩效考核评价办法。入额院领导带头办理重大、疑难、新类型案件，做法获得《今日头条》等多家全国性媒体关注。高起点规划“智慧检务”建设，参与、承担“电子数据审查运用”等3项最高人民检察院课题。在全省率先自主研发智能办案辅助系统。加大“智能办案区”建设力度，实现远程提审、远程庭审。

组织开展“检察长荐书荐影”、检察英模讲堂、“微约束”、“清风宣讲月”等活动。开展纪律作风巡查23次，发布督察通报2次。开展刑事侦查业务跨界培训等各类培训练兵430余人次。3名干警入选省、市级检察业务人才库，5名干警立个人三等功。向区人大及其常委会报告工作，组织专题调研、“检察开放日”等活动。利用手机彩信向代表推送《检察工作微报告》。强化流程监控，抽查各类案件250件，集中评查案件70件。公开案件信息2160条、法律文书927份，邀请各界人士参加庭审观摩评议、案件评析150余人次。

【“检察开放日”活动】 2017年5月26日，区人民检察院举行“以法治进校园 护航未成年人”为主题的“检察开放日”活动。活动邀请区人大代表、区政协委员、人民监督员等24人参观“一站式”未检办案工作区，观看未成年人检察宣传片。参观代表肯定区人民检察院在未成年人检察工作中取得的成绩以及对预防青少年犯罪所做努力。

【远程提讯系统启用】 2017年6月14日，区人民检察院在全市范围内率先启用远程提讯系统。系统集高清音频监控、全画面合成、远程指挥等技术于一体，兼具跨地域讯问、电子笔录制作、远程打印和同步录音录像等多项功能，避免办案干警因往返看守所而浪费大量时间。至是年底，系统提高办案提审效率超过30%。

【区人民检察院获授涉密系统使用许可证】 2017年9月30日，区人民检察院获得市保密局颁发的涉及国家秘密信息系统使用许可证，成为全市首

6月14日，区人民检察院启用远程提讯系统

家获得许可证的基层检察院。区人民检察院涉密信息系统于2014年底开始建设，经过不断完善和改进，在全市基层检察机关中率先达到“机密一般”级标准要求。

【南门检察院青少年法教育基地启用】 2017年11月7日，区人民检察院南门检察院青少年法教育基地正式启用。基地采取“检察室+”模式，吸收王英未成年人检察工作室心理疏导、训诫教育等功能，并率先将VR技术应用于青少年法律宣传实践。基地启用后，在学校、社区等组织开展5批次教育活动，青少年及家长近200人参加。

（刘青松）

法　院

【概况】 2017年，区人民法院新收各类案近2.2万件，办结近1.95万件，同比分别上升92.7%和79.3%，员额法官人均结案数309件，民事调撤率、上诉维持率和平均审理天数等多项质效数据居全省前列，被评为全省政法系统先进集体。

新收一审刑事案件988件，审结967件，判处罪犯1324人。审结“两抢一盗”（抢劫、抢夺、盗窃）和“黄赌毒”等案件595件、电信网络诈骗等案件16件、职务犯罪案件9件。刑事审判庭获评全国“青年文明号”。

新收一审民商事案件近1.34万件，审结近1.24万件。审结婚姻家庭继承纠纷案件748件、劳动争议案件554件、人身损害赔偿纠纷案件2823件、买卖合同纠纷案件1375件、服务合同纠纷案件1056件。

新收一审行政诉讼案件151件，审结126件，判决行政机关败诉17件。办结行政非诉审查案件639件，裁定不予执行1件。落实“裁执分离”工作机制，联合海曙国土资源分局清理604件国土积案。

新收执行案件6241件，执结案件4871件，分别上升63.1%和34.3%。联合区拘留所挂牌成立司法拘留社会矛盾化解工作室。形成新型执行模式，以“一厅三平台”为前台全方位服务群众，以执行指挥中心为后台实现统一指挥和动态监管等功能一体化，工作经验被最高人民法院推广。加大查控、财产处置力度，强化执行威慑，加强执行宣传。

围绕行政区划调整后“新海曙融合提升发展”主题，为区委“三大行动”出台18条司法保障意见。发布2016年行政案件司法审查情况报告，制作《违法建筑处置法律问答》手册。妥善处理涉重点地块拆迁项目案件。依法精准服务企业，灵活适用保全和执行措施。加强法制宣传教育，为300余名新任村干部、中小学校长进行专题授课，进村、进社区提供法律咨询，化解矛盾纠纷。开展“小法官开庭”等活动27场，惠及群众6000余人次。建立律师参与化解和代理涉诉信访案件制度，引导信访人理性维权。

创建一站式、立体化、综合性新型诉讼服务中心，获全省首批、全市首个五星级“示范诉讼服务中心”称号。推行跨法庭、跨域立案和网上立案等服务，其中网上立案率达69.7%。出具调查令253份、离婚证明4份、人身保护令2份。建立区律师诉讼调解团。与市天一公证处建立协同服务解决纠纷平台。

建立51个新型审判执行团队，探索繁简分流和大民事审判模式，人均结案数上升42.9%，二审改判发回瑕疵率下降2.7个百分点。削减下放19项审批权限，强化办案时限监督。增选人民陪审员30人，总人数达210人，参审4175人次，上升170.9%。落实以审判为中心的刑事诉讼制度改革，推进庭审实质化。制定家事调查官工作规程，深化家事审判改革。

建设“海曙移动微法院”平台，提供手机端立案、送达、调解等服务。全面推进庭审记录方式改革，设置证人隐蔽作证室。提升“司法+大数据”研究水平，完成最高人民法院调研课题。在区看守所建立远程提审室和庭审室，55.2%的被告人在押案件采用远程庭审方式审理。

制定实施“宁波名院战略”海曙行动计划，开设员额法官“一人一课堂”19讲，安排青年法官为审委会委员讲课4次，开展庭审评议8次，组织同台撰写裁判文书比赛，举办“模拟攻防”庭审及观摩活动。建立专业法官会议制度。规范法院对外签订合同行为，排查防控岗位廉政风险，确保权力在监督下规范运行。

【省高院督察海曙“三大机制”建设】 2017年5月11日，省高级人民法院党组成员、副院长何鑑伟、省高级人民法院立案庭庭长王君到区人民法院督察“三大机制”（大立案、大调解、大服务）建设。何鑑伟实地查看区法院诉讼服务中心，听取区人民法院关于“三大机制”建设汇报，认为海曙区“三大机制”建设人员配置充分、窗口

11月29日，区人民法院被省高院授评五星级“示范诉讼服务中心”

功能完善、便民措施齐全，尤其在考核项目定期自查、向律师推广网上立案等方面举措到位。11月29日，区人民法院诉讼服务中心获评全省首批、宁波首家五星级“示范诉讼服务中心”称号。

【法院公证联动服务平台建立】 2017年7月12日，区人民法院与市天一公证处签订合作协议，建立法院公证联动服务平台。省司法厅公证管理处、市司法局、区人民法院等负责人出席签约仪式。平台成立后，市天一公证处参与区人民法院调解、执行及送达等司法辅助事务，区人民法院依法引导当事人选择公证方式解决纠纷，双方还在债权文书公证和强制执行、人员教育培训等方面开展全方位合作。

【“执行无忧”悬赏保险引入】 2017年7月24日，区人民法院与中国人保海曙支公司签署保险服务合作协议，在全市率先引入“执行无忧”悬赏保险。“执行无忧”指符合条件的申请人提出悬赏申请，经区人民法院裁定同意，缴纳悬赏金额10%的保费进行投保，经举报人提供线索，被执行人被法院实际控制或财产执行到位，由保险公司向举报人支付悬赏金，达到举报人有奖、申请人实现债权、法院执结案件的效果。至是年底，办理3起案件，保费总计5万元，涉及标的额4858万余元。

【司法拘留社会矛盾化解工作室成立】 2017年8月23日，区人民法院联合区拘留所挂牌成立司法拘留社会矛盾化解工作室。由拘留所选派有经验的管教民警入驻工作室，专门负责执行案件矛盾化解，拘留所民警通过教育引导和情感关怀等手段，与法院及时沟通反馈，有效促使案件执结。至是年底，促成56件案件执结，被执行人主动履行债务200余万元，工作室获评全省司法拘留社会矛盾化解“十佳”案例。

【法律职业共同体建设备忘录签订】 2017年10月24日，区人民法院与市律师协会举行《关于加快推进法律职业共同体建设备忘录》签订仪式暨

11月27日，区司法局、区人民法院及市律师协会共同签订《关于开展律师调解工作的合作协议》

海法“共创衡平”论坛活动。备忘录共15项内容，涉及法院为律师履职提供便利、发挥律师作用及建立双方互动机制等方面，还包括建立律师服务中心、畅通联系渠道、建立青年律师实践培养基地、探索建立律师参与诉讼调解及搭建业务交流平台等特色内容。备忘录签订后，双方先后举办海法“共创衡平”论坛，创办《职业共同体建设律师联络专刊》，启动律师驻点调解试点工作。

【律师参与调解工作合作协议签订】 2017年11月27日，区司法局、区人民法院及市律师协会共同签订《关于开展律师调解工作的合作协议》，建立由60名律师组成的区诉讼调解团。区人民法院在诉讼服务中心设立律师调解工作室，邀请诉讼调解律师团律师调解员每日进驻，参与涉诉纠纷调解。至是年底，诉讼调解律师团律师参与调解纠纷11件，其中8件调解成功，2件就最终方案进行后续调解协商中。区人民法院被确定为该项工作省级试点单位。

（桂　凌）

司法行政

【概况】 2017年，海曙区有在册社区服刑人员392人，无社区服刑人员重新违法犯罪，无脱漏管现象发生。调解民间纠纷8563件，调解成功8473件，成功率达98.9%。办理法律援助案件1203件，其中民事案件877件、刑事案件324件。接答“12348”服务咨询电话8720个，接待来访群众2034人次，办理群体性劳动纠纷案件37件，涉及590人次，为困难群众挽回经济损失1020余万元。

开展法治讲座（培训）170余场、广场普法活动40余场、“送法进村（社区）”330余次，发放普法宣传资料18万余份（册）。推出“海曙普法”LOGO，升级“海曙普法”微信公众号，发送普法短信2万余条，发布、制作微信50余期180余条。搭建三级“微信塔群”工作平台，分级建群210个，有群成员3337人。整合网络、电视、广播、手机、楼宇电视屏、街头大型LED显示屏等各类新媒体，开展全方位普法。新增市级“民主法治示范村（社区）”5家，通过复核4家，全区有全国“民主法治示范村”1家、省级16家。村（社区）法律顾问配备实现全覆盖。

6月，浙江电视台“流动大舞台——法治宣传浙江行”栏目首次走进鄞江镇。建成“南门银盾”法治工作室，联合区教育局、区少年宫及区国税局、海曙地税局等部门，建设区中小学生法治体验馆，按“学习+互动+体验”模式设计6个功能区。建成石碶

街道东阳村法治文化公园、高桥镇紫微社区法治文化走廊等一批法治文化阵地。组织开展“喜迎盛会召开 建设法治海曙”全区法治“微故事”、法治格言及书画摄影作品征集评选活动。

【社区矫正】 2017年，全区17家镇（乡）街道司法所全部建成高清录音录像系统，把指纹仪接入信息管理平台，构建起完整的区—司法所—村（社）三级矫正信息监管体系。开展社区矫正“翻篇归零，再找短板”专项整改活动，联合各政法部门检查17个司法所社区矫正台账、档案等。对社区服刑人员、刑释解矫人员开展“上门大走访、动态大排查、隐患大整治”行动，排查出重点社区服刑人员3人、重点刑释解矫人员8人，全部“定人包案”。全年建议撤销缓刑2人，执行收监2人，提请治安处罚1人，警告26人，申报减刑1人，无脱漏管，社区服刑人员重新犯罪率严格控制在0.2%以下。开展矫正人员集中教育1837人、社区服务1671人次、个别谈话1409人次、心理咨询30人次。

【人民调解】 2017年，海曙区完成村社换届后人民调解组织调整、备案、归集统计工作。全区有各类调解组织324个、调解员1288人。有专职调解员153人，其中特级调解员1人、一级调解员7人、二级调解员17人、三级调解员34人。推进法律服务工作者参与人民调解工作机制，组建15人组成的专家库、16人组成的师资库、36人组成的法律服务团。健全矛盾纠纷排查调处机制，在各级“两会”、“一带一路”国际峰会、中共十九大等重要会议期间，排查各类纠纷1084件。在征地拆迁、“剿灭劣V类水”攻坚行动、村（社）组织换届选举中，组织专题宣传活动20余场，排查矛盾纠纷402件，提供法律建议20余条。

【法律援助】 2017年，海曙区原有区域的77个社区、11个股份经济合作社和新划入片区的132个一般村、19个社区、42个贫困村，共计281个村（社区）的法律顾问调整完毕，重新签订2017年度法律顾问合同。制定《海曙区法律援助案件质量监督管理办法》，举办法律援助案件质量提高班，建立援助案件质量“同行评估”制度，评估覆盖率达100%。出台《海曙区法律援助案件补贴细则》，办案补贴基准增长约50%。出台《海曙区公共法律服务应急预案》，推行法律援助申请“容缺受理”机制，加强法律援助律师参与申诉案件代理。成立区人民检察院法律援助工作站、区看守所法律援助工作站，受理法律援助初审案件31件，服务532人次。

【律师服务】 2017年，区司法局与区工商联、宁波（国际）电子商务产业园对接，组建电商律师服务团。在月湖银座写字楼、天一党员服务中心、宁波恒隆中心等楼宇设立5个法律服务工作室。搭建工会律师志愿者服务平台，在鼓楼街道、古林镇、高桥镇等建立“锋领律师驿站”。走访企业1090家，召开座谈会45次，举办法治讲座86场，发放资料1050份，出具意见书35份，帮助企业解决法律问题270个。区人民法院、区司法局、市律师协会合作签约，在区人民法院成立全市首个律师调解工作室，60名律师成为首批律师调解员。随后，在区公共法律服务中心挂牌建成律师调解工作室。

【区法治宣传服务志愿者协会】 2017年，区法治宣传服务志愿者协会提供定期法律咨询服务100余天，接待法律咨询3200余次，累计为社区居民开展法律讲座、法治培训55场次。承接“宁波市公益集市”等各类公益性法治宣传活动70余场次，派出执业律师志愿者服务370余人次，服务群众5500余人次。参与横街镇举办的“甬·志愿大篷车城西行”暨安全消防法规宣传活动，在古林镇举办以“依法行使民主权利，确保换届风清气正”为主题的村（社区）换届选举普法宣传活动。

【“国家宪法日”普法活动】 2017年11月1日，区司法局联合区委政法委、区总工会、区民政局、区市场监管局等16家单位在中山广场开展“国家宪法日”普法活动，现场提供法律咨询服务、法治宣传图板展示、法治宣传资料发放、法律知识问答等活动。活动现场有普法志愿者50余人，展出宣传展板30余幅，解答咨询60余人次，分发宣传资料40余种1.5万余份，活动设置有奖知识竞答环节，众多市民参与。

【区公共法律服务中心建成】 2017年12月，区公共法律服务中心建成。中心位于雅戈尔大道1号，建筑面积800余平方米，集法律咨询、法律援助、人民调解、司法鉴定、公证、综合六大类服务窗口于一体，配套公共法律服务

海曙区公共法律服务中心

远程视频接待系统。同时建成800余平方米的区社区矫正中心，分综合办公、执法监管、教育帮扶3个区域，设置10个功能室，集履行调查评估、报到登记、远程监管、集中教育、心理疏导、帮扶帮教等功能，配置应急指挥室“五级可视化”视频指挥系统。

（曹晓岚）

人民武装

【概况】 2017年，区人武部与鄞州区人武部对接，统一规范新划入乡镇武装部数据统计要素和格式，利用各行业单位信息系统摸清动员底数。

联合区委组织部，按照“连有支部、排有小组”要求，分类抓好民兵党建，将民兵“红旗党支部”创建与地方党建、后备力量基层规范化建设结合，采取“预设+实编”“单建+合建”模式，以民兵应急队伍（区民兵反恐连）、“军民共建示范社区”民兵连（鼓楼街道中山社区民兵连）、楼宇民兵队伍（海曙区天一商圈民兵连）队伍为主体开展党建工作。至是年底，除应急连实编党支部外，完成预设党支部数161个，其中合建党支部46个。

组织专武干部及广大民兵预备役人员收看学习中共十九大和总书记习近平系列重要讲话精神。组织强军主题教育，抓好“两学一做”学习教育常态化制度化，利用专武干部例会和民兵整组训练开展学习活动。

【武装训练】 2017年，区人武部加强专武干部武装训练。以“短集中、常坚持、重大任务专题训”方式强化现役军官指挥能力和体能技能训练。9月，两批次参加军分区首长机关训练。加强专武干部业务技能训练，累计组织集训4次，围绕“国防动员系统新职能新使命”主题进行授课辅导和经验交流。

加强基干民兵思想教育和基础训练。建立9支应急队伍，完成应急连、水上救援等课题实装实战化演训。出动民兵参加森林灭火、抗洪抢险等急难险重任务。

5月，区人武部组织基干民兵训练

【国防教育宣传】 2017年，区国防教育动员委员会以“赞颂辉煌成就、赓续红色基因、支持改革强军”为主题开展国防教育宣传。7月28日，结合区委中心组理论学习，邀请国防大学战略研究所所长孟祥青作“当前我国周边安全环境与国家安全战略”专题授课，各镇（乡）街道、各部门正职和专武干部34人参加。9月15日，开展海曙区第17个“全民国防教育日”活动，组织专武干部、民兵代表和学生代表30余人到中山公园逸仙楼观看国防教育主题日展览。

【区人武部主题党日活动】 2017年5月19日，区人武部现役干部党员赴余姚四明山参加宁波军分区组织的“不忘初心、牢记宗旨”主题党日暨纪念草茅庵重建四明主力武装70周年活动。活动包括重走建军路、参观革命武装旧址、学习“重建武装”历史党课几部分。召开支部党员大会，由区人武部党委书记汪大顺作“不忘初心跟党走，践行宗旨报党恩”主题授课，并重温入党誓词，区人武部10名党员参加活动。

（余　力）

人民防空

【概况】 2017年，区人防办定期巡查维护全区防空警报器，组织防空警报试鸣操作技能培训，加强人防通信警报智能化建设，实施全区警报统控系统升级改造。对结建人防工程开展日常使用和维护管理“双随机”抽查。推进人民防空宣传“五进”（进机关、进学校、进社区、进企业、进网络）活动，结合“3·1”国际民防日、“5·12”防灾减灾日等活动节点，开展人（民）防系列宣传活动。在汽车南站候车厅及3个街道、8个社区悬挂张贴人（民）防宣传系列海报60余张；在社区举办防空防灾文艺晚会；在18辆公交车上设置人（民）防知识宣传海报，向乘客普及防空防灾应急知识等内容。组织全区75所中小学、112所幼儿园结合“5·12”防空警报试鸣，开展应急疏散演练活动；为9所初级中学和2所小学订购人民防空教材3543册。组织全区各镇（乡）街道人防办开展人防工作业务培训。

【中原小学人防知识宣教活动】 2017年4月，区人防办组织区人防教育试点小学——宁波市中原小学开展人防知识宣传教育活动，全校师生700余人参加。活动以人防知识宣传图展形式向师生宣传应急避险等防空袭知识，展出“关爱生命 关注人防”系列宣传海报14张。

【防空防灾警报试鸣任务布置暨操作技能培训会】 2017年5月9日，区人防办组织召开“5·12”防空警报试鸣任务布置暨操作技能培训会，辖区内各警报设点单位操作管理人员参加。会议部署警报试鸣具体任务和注意事项，明确各警报设点单位管理责任和义务。相关技术人员对各单位警报管理人员进行警报操作技能培训，重点讲解警报器统控操作步骤、常见问题及解决方法，并组织培训人员观看人防知识教育宣传片。

【人民防空防灾文艺晚会】 2017年5月10日，结合“5·12”防灾减灾日，区人防办联合段塘街道等相关单位举办“人民防空大舞台 有你参与更精彩”防空防灾文艺晚会。围绕防空防灾主题，以文艺表演、急救模拟等形式进行防空防灾知识宣传，并穿插防空防灾知识竞答互动环节，活动现场展出人防宣传图板6块，2000余人参加活动。《今日头条》、宁波电视台对晚会进行直播报道。

【人（民）防工作业务培训】 2017年5月23—25日，区人防办组织全区各镇（乡）街道人防办人（民）防系统干部近40人赴湖州民防学院开展为期3天的人防工作业务培训。培训内容包括中国周边国际形势分析、人防工程及其使用、现代空袭及其防护、自然灾害及其防护、核化生武器及其防护、事故灾难及其防护等，邀请湖州市民防局局长凌伯勋、湖州民防学院教授杨金田等进行授课。

（徐　璐）

消　防

【概况】 2017年，海曙区发生火灾419起，无受伤人员，直接财产损失458.49万元。海曙消防大队接警2070起，出动消防车3435辆次，出动警力2.04万人次，抢救被困人员96人，疏散人员184人，保护财产价值4543.6万元。

利用消防宣传日、普法宣传日、安全生产宣传月等活动，摆摊设位开展消防宣传，派发宣传张、活动海报、消防知识小册子3.87万份。举办各类消防安全培训150余次，培训5388人次，举办各类宣传、咨询活动20次，播放户外视频300余次，悬挂横幅47条，发送手机短信2万余条，派发宣传资料近5万份。

【火灾隐患整治】 2017年，区政府制定下发《海曙区消防安全隐患集中排查整治行动方案》和《高层建筑消防安全综合治理工作方案》，加强对人员密集场所、高层建筑、老旧小区和群租房等场所检查，消除火灾隐患，确保社会基本面消防安全。对安全隐患较大的34家养老机构进行整改，加装报警、喷淋系统和电瓶车集中充电桩144家；排查沿街店铺968家，搬离人员280人，设置逃生出口（含防盗窗改造数）591个，督促店铺内实施防火分隔274家，设置电气线路穿管保护的店铺675家，加装空气开关564家，配置消防设施176套。加大高层建筑联合执法力度，发动高层建筑业主、物业单位和群众开展自查清理活动，全面推动“智慧消防”设施在大型商圈、群租房、人密场所等高危单位应用推广，天一商圈、汽车南站、南塘老街商圈主要部位初步构建智能防控综合管理平台。

【消防演练】 2017年，海曙消防大队开展消防演练399余次、灭火演练338次（夜间演练61次），修订灭火预案329份。组织大队级无方案演练11次，参加支队大型演练拉练5次。制定练兵考核方案，针对乡镇政府专职消防队伍和社区、重点单位微型消防站，组织开展单兵技能、体能训练和业务理论学习。推行多种形式、多种途径强化实战机制，组织举办2017年海曙区首届多种形式消防队伍大比武，提升联勤联训和灭火实战能力。开展现役队与专职消防队联勤联训11次，加强现役队与专职队间交流学习。

【消防工作纳入社会综治考评】 2017年，区委、区政府制定并下发《海曙区党政机关消防安全工作职责规定》《海曙区消防安全监管责任追究办法》等文件，将消防工作纳入社会管理综合治理检查考评、平安创建和政务督察内容，与各镇（乡）街道、各部门签订消防工作目标责任书，把消防工作作为履行社会管理和公共服务职能的重要内容列入议事日程。

（金杭潮）

资料链接：

“裁执分离”工作机制：指在行政机关申请人民法院强制执行行政决定的案件中，由人民法院审查并裁定是否准予强制执行，由行政机关具体组织实施的机制。

格式网格化管理：指依托统一的城市管理数字化平台，将城市管理辖区按照一定的标准划分成为单元网格，通过对单元网格部件和事件巡查，建立监督和处置互相分离的管理形式。

“一物三究”：指对民用爆炸物品和危险化学品（剧毒化学品、易制爆化学品）实行物品类别及管理要素追究、物品持有者管理责任落实追究、物品运行实时隐患追究。

容缺受理机制：指主要申请材料齐全且符合法定条件、次要材料欠缺的法律援助申请事项，可先予受理再行补正，并通过快递、邮寄、传真、电子传输等方式在规定时间内将次要材料补充送达。

微信塔群：指区司法局、镇（乡）街道司法所、村（社区）呈塔状排列的三级微信群，实行分级建群、分级管理。

渠化交通：指在平面交叉口设置交通标志、标线和交通岛等，引导车流和行人各行其道的方法。

潮汐车道：即可变车道，指城市内部根据早晚交通流量不同情况，对有条件的道路设置一个或多个车辆行驶方向、可随不同时段变化的车道。

“四实”登记：指实名（住宿人与登记人要相符）、实数（登记人数与实际入住人数要相符）、实情（如实登记住宿人证件信息）、实时（登记后要立即上传住宿信息）登记。

农业·农村·水利

农业经济

【概况】 2017年，海曙区完成粮食播种面积1.19万公顷，总产量75000吨。油料播种面积130公顷，总产量224.25吨。特色作物蔺草播种面积1593公顷，总产量14341.8吨。贝母播种面积614.4公顷，总产量1843.2吨。

畜牧业实现总收入5902万元。生猪年末存栏数1.21万头，年内生猪出栏数2.22万头。牛年末存栏头数323头，其中良种奶牛存栏数135头。家禽年末存栏数8.18万羽。肉类总产量达2205吨。禽蛋产量507吨，牛奶产量596吨。

渔业实现总收入1.35亿元。水产品总量1744.5吨，其中淡水捕捞产量291吨、淡水养殖产量1453.5吨。全区水产养殖总面积889公顷，其中淡水池塘养殖面积165公顷、山塘水库养殖面积724公顷。

全区茶园面积1330公顷，茶叶总产量1300吨，总产值2630万元。其中，名优茶产量20吨，产值1200万元；红茶产量1吨，产值120万元。竹笋产量8410吨，产值2343万元。其中，毛竹笋6730吨，产值799万元。留养新竹341万株。全区7家竹笋加工企业加工竹笋2020吨，加工产值2302万元，其中加工毛竹笋2230万元。花木销售收入4050万元，其中绿化观赏苗木3900万元。

全区有林地3.1万公顷。完成林相彩化优化造林面积13公顷，新植珍贵树种9万余株。落实中幼林抚育100公顷，新建提升平原绿化51公顷，养护100公顷，创建“最美茶园”“最美果园”各1个。全区生态公益林总面积2.42万公顷，发放森林生态补偿资金5521万元，其中损失性补偿5224万元，惠及9个镇（乡）街道86个行政村2.3万余名农户和3个国有单位。

【孙景森调研海曙农业工作】 2017年3月9日，副省长孙景森到海曙区调研农业产业发展情况，实地走访天胜农牧公司“四不用”（不用任何化肥、农药、生长激素和除草剂）农场和宁波方兴食品有限公司。孙景森肯定海曙区农业产业增效做法，鼓励企业继续加大科技创新力度，做大做强产业；指出把食品安全装进“菜篮子”，让市民100%吃上放心食品。

【优质高效水稻数字农业技术集成示范项目落户海曙】 2017年4月10日，农业部数字农业建设试点项目之一——优质高效水稻数字农业技术集成示范项目批复落户海曙区，成为华东地区唯一入选项目。试点项目位于古林镇蜃蛟片现代生态农业综合区内，占地727公顷，概算投资2572万元，建设期限2年。项目第一期建设重点为农机配置升级、智能装备配置、配套设施改造等，涵盖53公顷智能灌溉系统建设。第二期重点建设信息系统，实现数据集成应用和示范展示。

9月12日，中央电视台财经频道“经济信息联播”栏目报道海曙区“认养农业”模式

【"认养农业"模式被中央电视台报道】 2017年9月12日，中央电视台财经频道"经济信息联播"栏目报道海曙区10余家"开心农场"推出的"认养农业"模式。报道指出，"认养农业"模式作为乡村体验游重要载体，释放出"美丽村""特色村"资源优势，开拓农业现代化新路径，是促进传统农业转型升级的有益探索。

【5家企业获省级生态农业示范称号】 2017年9月28日，第三批省级现代生态循环农业"十百千"工程示范主体名单公布，古林镇粮人粮机专业合作社、横街镇起源生态农业有限公司、横街镇天顺粮机专业合作社、古林镇长禾生态农业有限公司、高桥镇宣腾草业工贸有限公司5家企业入围。5家企业示范类型涵盖清洁化生产、资源化利用、种养配套等方面，在全区农业发展中发挥示范引领作用。

【米氏实业公司获评国家级示范企业】 2017年11月28日，农业部公布第五批全国主食加工业示范企业名单，宁波米氏实业有限公司（简称"米氏实业公司"）入围，系全区首家。米氏实业公司主要生产"米氏"牌各类精制大米、水磨糯米粉、水磨年糕等系列产品，销售网络覆盖宁波全市和华东地区，并出口欧洲。企业先后获评"浙江省省级骨干农业龙头企业""无公害农产品生产企业""HACCP（危害分析和关键控制点认证）体系认证企业"等。

（朱　斌）

农业执法

【概况】 2017年，海曙区组织开展专项执法行动，重点针对种子、肥料、农药、兽药（包括鱼药）、饲料及饲料添加剂等农业投入品，并对冒用农产品质量标志和植物检疫标志进行执法。累计出动执法人员435人次，检查农资生产经营单位50家、草莓等农产品生产单位20家，抽取农业投入品70批次，其中兽药8批次、饲料及饲料添加剂8批次、农药40批次、肥料10批次、种子4批次。查处违法行为3起，其中农药、肥料、兽药案件各1起，罚没款9175元，没收违法所得3325元。

屠宰环节处理检疫检验不合格生猪952头、生猪产品277吨，处理检疫检验不合格肉牛16头、不合格牛产品20.9吨，处理病害鹅9550羽、病害鸭1961羽。

【农资包装废弃物统一回收处理】 2017年，海曙区推进农资包装废弃物统一回收和集中无害化处置工作。实现全区域所有农田（包括林地）覆盖和农业、林业、牧业、渔业等大农业产生的农资废弃物统一纳入收集处置体系。投入专项资金52.8万元，收集处置农资包装废弃物各类瓶、袋89.04万个，共143.3吨。

【畜禽污染防治改造】 2017年，海曙区有规模养殖场18家，其中猪场9家、牛场2家、羊场1家、禽场6家。所有规模养殖场均进行"一场一策"改造，采用干湿分离和雨污分离工艺，建成沼液池、贮液池、堆肥棚等治污设施；干粪和沼液进行就地消纳和异地消纳，并签订消纳协议；死亡动物采用统一收集、集中处理；9家猪场和2家牛场均安装视频监控系统并接入环保监管平台；建立区、镇、村、养殖场主四级网格巡查监管体系，落实畜禽养殖场污染防治主体责任。

【动物卫生案件查处】 2017年，海曙区立案查处动物卫生案件10件，包括依法应当附有检疫证明而未附证明运输动物案、未按规定向调入地动物卫生监督机构申报备案调动动物产品案、未取得诊疗许可证从事动物诊疗活动案等案件，罚款3.03万元。

【农资信用体系建设】 2017年，海曙区推进"智慧农资"建设。根据《中华人民共和国农药管理条例》，要求每家农资经营单位配备电脑、扫描枪等硬件设备，规范智慧卡登记，推广农资销售实名制，健全农药、肥料、兽药、种子等农业投入品可追溯体系建设。全面实施农业执法智能处理系统网上办案，加强农资经营监管，规范农资监督检查、抽样检测、行政处罚等程序。

（朱　斌）

农业产业化

【概况】 2017年，海曙区新增全省示范性农业全产业链1条、市级"多彩农业美丽田园示范基地"1个。新增省级、市级农业龙头企业各1家。全区20家市级及以上农业龙头企业拥有资产总额22.64亿元、固定资产8.58亿元，实现生产总值36.51亿元，同比增长4.1%。新增省"著名商标"1件、市"名牌农产品"2个。全区拥有"中国驰名商标"5件、"中国名牌产品"1个、省"著名商标"11件、省"名牌（农）产品"15个、市"知名商标"26件、市"名牌（农、林）产品"25个。

【蔺草产业全产业链获评省级示范产业链】 2017年12月26日，经市农业产业化工作主管部门推荐、省粮食安全和推进农业现代化工作协调小组农业产业化办公室审核，海曙区蔺草产业全产业链被认定为全省示范性农业全产业链。海曙区有各类蔺草加工企业80余家，建立蔺草原料基地4000公顷，产品涵盖蔺草制品、草竹混编制品、草藤混编制品等十大系列数百个品种，总产值超20亿元，其中出口创汇2.1亿美元。

（朱　斌）

农业机械化

【概况】 2017年，海曙区农机总动力达14.96万千瓦，农机总原值1.59亿元。增加各类农业机械327台（套），其中动力机械40台、烘干机13台、植保无人飞机4架、耕整地机械81台、其他各类机械189台（套）。

全区水稻耕种收综合机械化水平达87.6%，其中机耕、机收率均在99%以上。实现早稻机插323.2公顷、晚稻

3324.84公顷，合计机插面积3648.04公顷，机插率达61%。增加粮食烘干机13台（装机容量130吨），全区粮食烘干机批次烘干能力达2966吨，基本能满足全区粮食烘干需求。实际年烘干小麦6300吨、早稻烘干2760吨、中晚稻烘干5万吨，全年粮食烘干总量为5.9万吨，烘干率达82.5%。全区有粮机专业合作社21家，社员466人，其中全国农机示范专业合作社2家、省级4家、市级3家。有市级区域性农机服务中心2个，农机社会化服务功能进一步完善。

【履带自走式旋耕机推广】 2017年，海曙区引进较适应区域特点的履带自走式旋耕机，在全区推广42台。农耕拖拉机由轮式逐步向履带式转型拓展，耕地机械化配置进一步优化。

【秸秆综合利用率创新高】 2017年，海曙区确定“晚稻秸秆冬耕快腐还田”补助等实施细则，引导农户采取粉碎翻压、混埋还田、增加氮肥等方式，让秸秆直接还田，推动秸秆肥料化、原料化、饲料化、基料化利用。同时，按照每吨干草补助200元的标准，对专业合作社、家庭农场、企业等经营主体秸秆集中收购、后续加工服务进行补贴，建成政府、企业、农户三者利益共同体，形成秸秆“回收、加工、使用”良性循环。全区拥有秸秆拾捡打捆机10余台，秸秆综合利用率达93%。

（朱　斌）

农村经营管理

【概况】 2017年，区农办开展“三农”综合调研，出台一系列与原鄞州区相衔接、具有海曙特色的农业农村政策。编制完成《海曙区“十三五”农业农村发展规划》。起草《关于深化农业供给侧结构性改革 努力打造城乡高度融合标杆区的若干意见》及“美丽乡村”示范创建、农村生活垃圾“三化”处理、涉村财政资金整合、旧村改造新村建设、农村工作指导员等13个配套政策。

推进2016年度龙观乡“美丽乡村”续建项目建设，至是年底，完成竣工项目21个，累计投资2.2亿元。确定创建条件相对成熟的鄞江镇作为年度“美丽乡村”示范乡镇和风景线培育对象；选定鄞江镇清源村、金陆村和章水镇李家坑村、箭峰村4个村为“美丽乡村”示范村创建对象；确定18个村作为“美丽乡村”合格村，编制完成鄞江镇风景线和示范镇创建规划。

开展旧村改造新村建设，加强与规划、国土、住建、交警等部门对接新村项目相关审批事项。做好与供电、供水、供气、通信、广播电视等公用事业单位协调，对接关于新村项目收费优惠事项，督促检查已建、在建新村项目管理情况及工程进度推进情况等，指导拟建新村项目和计划新启动村做好前期准备。全区65个村（项目）经批准实施旧村改造新村建设，其中横街镇雷峰村、集士港镇四明山村、龙观乡李岙村、章水镇李家坑村、章水镇箭峰村等村基本完成村庄改建任务，至是年底，完成拆旧11.8万平方米，建新60.2万平方米，投资26.2亿元，下拨补助资金4000.43万元。

开展农村生活垃圾“三化”（减量化、资源化、无害化）处理，推进农村生活垃圾源头分类、有机减量和资源利用，在34个已开展垃圾分类村基础上，新实施“三化”处理村52个，实现龙观乡、鄞江镇和横街镇垃圾分类全覆盖。对实施村按实有人口首年给予20元/人补助，次年起正常开展的给予10元/人补助。把农村生活垃圾分类处理列入区对镇目标管理考核，对全域推进的镇（乡）加大赋分力度，鼓励整体推进。探索农村生活垃圾企业化、专业化处理模式。

助推农民创业就业增收，“农家乐”累计接待游客268万人次，完成营业收入1.1亿元，同比增长22%，带动周边农副产品销售收入1.22亿元。组织“农家乐”参加中国宁波休闲博览会、长三角休闲农业与乡村旅游博览会等推介活动，章水镇李家坑村获评2017年“中国美丽休闲乡村”（全市仅2个村庄入选）。组织“农家乐”参加市农家特色菜大赛，获得“金勺大厨”称号和5个特色糕点金奖，推进农民培训就业，培训各类农民2911人次、实用人才699人次，涌现出洞桥镇许跃进等农民创业“明星”，带动周边农户致富。推进精准扶贫，提前并超额完成四明山区域高山移民任务。完成新一轮低收入农户摸底调查，共1379户2181人，占全区农村总人口的1.09%。牵头完成区、镇两级农合联组建工作，成立区级农合联1家、乡镇级农合联9家和专业性农合联（区农合联贝母分会）1家。

开展“大脚板走一线、小分队破难题”抓落实专项行动，牵头深化农业

履带自走式旋耕机

供给侧结构性改革项目，联合区农林水利局等5个职能部门，组建专项行动小分队，推进实现农民增收目标、全面消除集体经济薄弱村、加快民宿经济发展推动农旅融合、推动“农业+互联网”品牌、做大做强农业优势特色产业、加强新型农业经营主体培育、加快生产供销信用“三位一体”农合联改革和健全农村产权流转交易市场体系八项任务。

【农村住房“联户联建”模式试点】 2017年，海曙区探索农村住房“联户联建”模式，相继在鄞江镇清源村、古林镇茂新村、洞桥镇三李村和章水镇李家坑村等地试点。“联户联建”是针对全村整拆整建范围广、农户多且意愿难统一、报批环节多、建设周期长等难题，在总结集士港镇祝家桥村前李（矮笆）自然村农房改造实践基础上探索的新模式。至是年底，“联户联建”开工近6万平方米，建成近3万平方米，92户228人入住新房。

【四明山区域高山移民完成目标任务】 2017年，海曙区四明山区域高山移民指标为500户。海曙区采取就地安置、异地安置和货币安置等方式，推进横街镇、鄞江镇、龙观乡、章水镇等四明山区域移民任务。至是年底，完成签订拆迁协议556户，拆除旧房517户，建设安置房538套，安置农户数超过全市总数的三分之一。

【涉村财政补助资金整合】 2017年，海曙区开展涉村财政补助资金整合规范工作，合并基本保障类项目。设立行政村工作人员补助经费，区财政安排1212万元，按2012—2014年度农经年报确定的年平均常住农业人口数，对全区168个行政村给予每村6万元、7万元或8万元不等的工作人员经费补助。设立行政村综合管理补助经费，撤销24项分散、零星的补助项目，安排3950万元，对符合条件的91个行政村给予综合管理经费补助。统一设立村级精神文明建设补助经费，整合原平原绿化补助、生态区创建补助等7项考评补助项目。统筹村级民生实事工程资金，优先满足“美丽镇村”建设要求。各行政村民生实事工程主要涉及“一事一议”、文化礼堂建设、山区饮用水水源保障工程、水毁工程应急抢修、水库山塘维修加固、大中型水库上游水源保护、平原河道保洁养护、农村联网公路、乡村道养护、旧村改造新村建设10类项目。

【李家坑村参加“中国美丽休闲乡村”发布会】 2017年12月5日，第四批中国重要农业文化遗产和2017年“中国美丽休闲乡村”发布活动在四川武胜县举办，章水镇李家坑村代表宁波市参加活动。现场发布2017年“中国美丽休闲乡村”名单，各地交流建设“美丽休闲乡村”经验做法。章水镇李家坑村以古村整理式改造为契机，探索古村文化旅游发展之路，重点推动民宿经济、旅游开发、古建筑保护等，相继获得省“美丽乡村特色精品村”、市“十大美丽乡村”等称号。

（俞 琼）

水 利

【概况】 2017年，海曙区编制出台《海曙区“十三五”水利发展规划》。编制完成《海曙区水系图册》，提供全区各镇（乡）街道河网水系数据。做好小型水库、山塘标准化管理，所有小型水库和重要山塘完成除险加固。推进“五水共治”“剿灭劣V类水”专项行动进度，完成农村河道37条河流70千米、52.6万立方米清淤任务，其中劣V类河道清淤15.27万立方米，超额完成省、市计划。9月，南新塘河实现省控劣V类断面销项。推进生态河道建设，在集士港镇率先实行内河“活水工程”。提前完成鄞江镇清源溪引排水工程、古林镇三星村水环境示范村建设等市级考核项目。做好樟溪、龙王溪、清源溪全流域设计规划。

【重点水利工程】 2017年，海曙区重大水利项目攻坚行动设定项目6个，完成投资7.28亿元。五江口闸及上游配套河道工程属省级重点工程项目，并被列入市级“防洪排涝2020行动计划”项目。工程于3月30日进场施工，建设周期18个月，当年完成投资8600万元；五江河（西塘河至五江口段）河道整治工程于1月4日获批立项，1月30日进场施工，9月8日完成EPC（设计、采购、施工）施工总承包及监理招投标；风棚碶泵闸工程于6月8日开工建设，概算总投资3.13亿元，是全省扩大有效投资集中开工重大项目，工程建设包括风棚碶泵闸、南塘河拓浚加固和奉化江左岸连接段堤防等，当年完成投资8130万元，完成

姚江堤防加固工程

进度的30%；奉化江堤防整治工程农村段完成年度投资6200万元，Ⅰ标、Ⅱ标主体工程全线完工；姚江堤防加固工程当年完成投资1.5亿元，各标段堤防土建工程主体全部完工；鄞江堤防整治工程项目建议书5月15日获批复，随即开展可研报告报批及相关前期工作。

【水资源管理】 2017年，海曙区监管41家取水企业（市级审批取水企业3家、区级审批取水企业38家）。征收水资源费221万元。把年取水5万立方米以上企业纳入省级实时监控系统。初审同意宁波市鄞州区城市排水有限公司、宁波市鄞州源洋纺织品有限公司、宁波中华纸业有限公司、百威英博（宁波）啤酒有限公司、宁波嘉融金属表面处理有限公司、宁波市海曙祥和染整厂6家企业保留在奉化江入河排污口，并完成审核登记。审批生产建设项目水土保持方案17个，征收水土保持补偿费34万元，验收生产建设项目水土保持设施7个。

（朱　斌）

防旱防涝防风工作

【概况】 2017年，海曙区落实以行政首长负责制为核心的防汛防台责任制，实行统一指挥、分级分部门负责。动态管理全区2600余名防汛防台责任人，明确各类水库（屋顶山塘）巡查责任人、小流域山洪灾害预警责任人和镇、村两级主要防汛责任人责任，在《海曙新闻》上公示。部署汛前安全大检查活动，检查各类水利工程（险工险段）95处，对发现的6处较大安全隐患逐一下发防汛督办通知书，均在主汛期前整改完毕。重新编制《宁波市海曙区防汛防台应急预案》，指导各镇（乡）街道修订镇级防汛防台应急预案并报区防指审批。全区4个镇（乡）的26个山洪灾害防御村和封闭式穿村溪坑村相继完成山洪灾害防御预案演练。为258个村（社区）制作防汛防台形势图，形成村级防汛防台工作图表化。构建区、镇、村三级应急抢险队伍。保证全区水雨情测报预警系统和各类防汛通信设施运行正常，在“泰利”“卡努”等台风期间及时预警，通过短信第一时间告知各镇（乡）街道党政一把手及防指办重要成员、各行政村（社区）负责人、山洪灾害防御点与地质灾害隐患点预警责任人、小型水库（屋顶山塘）巡查责任人等600余人。

【汛情、旱情及灾情】 2017年汛期，海曙区气候复杂多变，呈现出春季连阴雨、夏季强对流发生频繁、梅雨阶段性降雨明显、台风影响偏少、秋台风威力强等特点。全区主要遭受6月11—13日，6月23—24日2场梅暴雨和第18号“泰利”、第20号“卡努”2次台风侵袭，全区未发生险情，未出现明显灾情和人员伤亡情况（除“卡努”台风期间略有灾情外），各地水利工程均实现安全度汛。

6月11—13日的梅暴雨为海曙区2017年首场梅暴雨，全区过程面雨量达166毫米。区气象部门于11日9时25分发布暴雨橙色预警信号，区防指于6月13日11时起启动防汛Ⅳ级应急响应，汛情平稳后，于6月14日10时起结束。

“泰利”台风于9月14日开始影响海曙区，全区过程面雨量为81毫米。根据“泰利”台风发展态势及水雨情变化，区防指于9月12日16时启动防台风Ⅳ级应急响应，13日8时提升至Ⅲ级，16日6时30分降至Ⅳ级，16日14时解除防台风应急响应。在“泰利”来临前，提前启动平原河网预排，平原河网平均水位从1.65米调控至中低水位（1.2~1.3米）。“泰利”影响期间，河网水位逐渐上涨，但均低于警戒水位。境内大中型水库由于受前期持续晴朗少雨天气影响，水库蓄水量基本徘徊在60%～70%，在“泰利”影响期间均实现洪水全拦。由于“泰利”台风带给海曙区雨量及强度不大，各地汛情平稳，全区未接到各地灾情报告，也未出现险情。

“卡努”台风于10月14日开始影响海曙区，全区过程面雨量达148毫米。受“卡努”带来的强降雨影响，从15日下午开始水位持续抬升，河网代表站——集士港站水位16日3时30分涨至最高的2.23米，黄古林站水位15日22时55分涨至最高的2.29米，之后水位逐渐回落。境内大中型水库由于前期持续少雨天气，水库蓄水量基本徘徊在65%～75%，均做到库区洪水全拦。受“卡努”台风影响，高桥镇、集士港镇、古林镇、石碶街道、洞桥镇等平原乡镇约667公顷低洼农田进水，约133公顷稻出现倒伏现象。个别房屋进水，城区内西门街道有5个低洼小区出现积水点，苗圃路等3处道路和兴宁桥东恩中学涵洞、青林闲庭铁路涵洞存在不同程度积水，部分积水深度在10厘米左右。全区未出现人员伤亡情况。

【区三级应急抢险队伍建立】 2017年，海曙区组建区、镇、村三级应急抢险队伍。由区防指牵头成立30余人组成的水利防汛抢险队伍，由区人武部牵头成立水上应急分队，由城管部门牵头组建4个类别13个排涝应急抢险队伍，由住建部门牵头安排挖机8台、汽车吊6台、货车16台、交流电焊机8台等，配套组建各类抢险队伍4支180人。在章水、姚江、奉化江3个防汛物资储备点和望春、凤岙、鄞江、章水、禾丰、古林6个供销社储备点，储备麻袋及编织袋10.9万只、草包3000只。

【“农家乐”应急防台】 2017年9月14日，第18号台风“泰利”影响海曙区期间，区农办第一时间启动Ⅲ级应急响应，指导全区“农家乐”休闲旅游业防台御灾。四明山区乡镇——章水镇、横街镇、鄞江镇、龙观乡排查并紧急关闭危险地段“农家乐”33家，涉及溪下水库、皎口水库、周公宅水库等水库下游及章水镇童皎村、许岩村、里梅村等地质灾害点周边。做好人员安全疏散，转移游客380余人、从业人员170余人，落实人员安置、情绪安抚工作。开展防汛防灾应急检查，督促全区“农家乐”开展经营用房、公共安全设施安全大检查，防止发生倒塌伤人事件，检查154处，未发现安全隐患。

（朱　斌）

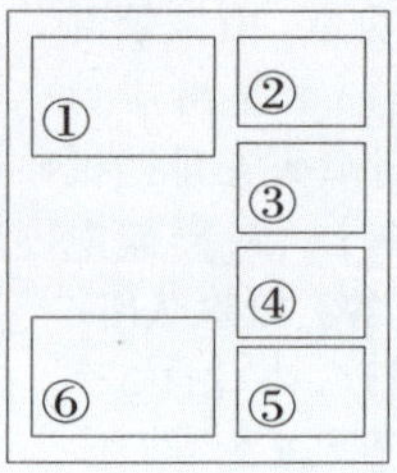

① 横街镇溪下水库工程

② 段塘碶闸站

③ 石碶街道屠家堰碶

④ 鄞江镇新宅岙山塘

⑤ 鄞江镇湖西岙山塘

⑥ 五江口泵闸工程效果图

工业·建筑业

工业经济

【概况】 2017年，海曙区规模以上工业总产值1127.96亿元，同比增长6.3%。规模以上工业增加值207.86亿元，增长9.9%；规模以下工业增加值80.77亿元，增长8%；累计完成工业投资68.66亿元，增长12.1%；工业技改投资48.69亿元，下降4.6%；全区单位GDP能耗下降3.8%，较全市平均水平下降0.7%。

海曙区被工信部评为2017年“消费品工业‘三品’（增品种、提品质、创品牌）战略示范城市”，被省政府认定为“服装制造业改造提升试点区”，海曙区时尚纺织服装产业入选工信部2017年第四批产业集群区域品牌建设试点；根据《2017年浙江省信息经济综合评价报告》，在浙江省各县（市、区）排名中，海曙区位列全省第七、全市第一。

建立海曙区“中国制造2025”重点项目库，入库项目154个，其中帅特龙集团“年产1500万件汽车零部件数字车间”等29个技改项目列为2017年度市级工业投资、技改项目计划。成立智能制造技术研究院，重点面向全区制造业企业提供智能制造咨询、实施、装备等服务；申报认定智能制造工程服务公司，包括市级企业3家、区级企业6家；完成全区规模以上工业企业智能化改造情况普查，56家企业首批开展智能化改造诊断。宁波杉杉新材料科技有限公司“高能量锂电负极材料数字化工厂新模式应用”项目入围工信部2017年“智能制造综合标准化与新模式应用”项目；帅特龙集团“年产1500万件汽车零部件数字车间”项目被列入市级数字化车间、智能工厂示范项目；推进雅戈尔集团“13万套高端定制西服智能化工厂”、宁波培源股份有限公司“年产1000万支汽车减震器活塞杆智能生产线技改项目”等重点项目。53项工业新产品纳入试产计划，浙江中欣动力测控技术有限公司“NTB—50布里渊光时域分析仪”获市级“装备制造业重点领域省内首（台）套”称号。华茂集团军用新型材料国家级重点实验室立项，星箭航天公司创建宁波中星中东欧新材料研究院。

雅戈尔集团列入市“千亿级龙头企业”培育名单，“太平鸟”“君禾股份”在主板（沪深交易所）上市，帅特龙集团、博洋集团、广博集团3家企业获评“中国自主品牌（浙江）百佳企业”。思明汽车科技 业被列入省级“专精特新”培育库，明望汽车饰件有限公司等9家企业被列入市“高成长企业”名单，华缘新材料集团等7家企业被列入市“工业行业骨干企业”培育名单，宁波市凹凸重工有限公司被列入市级“智能装备重点优势企业”，宏大纺织仪器有限公司等3家企业获认定为区级“智能装备重点优势企业”。提升中小微企业创新发展水平，博洋集团的“创客157”创业创新园入选工信部第二批“纺织服装创意设计试点园区（平台）”，三生（中国）健康产业有限

雅戈尔集团制衣车间

公司被评为2017年度省第一批“服务型制造示范企业”，浙江省麦浪电气股份有限公司等22家企业被列入2017年度省“高成长科技型中小企业”名单，宁波立羊真空器皿有限公司、宁波亚柯车辆部件有限公司被评为省、市两级新上规企业“创新之星”，宁波路润冷却器制造有限公司入选2017年度省“创新型示范中小企业培育梯队企业”名单，年度“小升规”（小微企业规范升级为规模以上企业）培育企业入库预计超过85家。

表2　　2017年海曙区创新创业平台一览表

序号	创新创业平台	运营主体	平台类型	归口	备注
1	宁波望春加速器	宁波春华科技创业服务有限公司	加速器	望春工业园	
2	宁波海曙恩科科技创业园	宁波恩科投资有限公司	孵化器	望春工业园	市级认定
3	集仕芯谷孵化器	宁波集仕芯谷创业服务有限公司	孵化器	集士港镇	
4	匠心创客空间	宁波大红鹰学院（机械学院）	孵化器	高桥镇	
5	创代梦工厂	宁波创代科技有限公司	孵化器	洞桥镇	
6	栎港孵化器	宁波栎港科技服务有限公司	孵化器	望春工业园	
7	宁波市科技治水园	宁波市瀚河环保技术有限公司	孵化器	白云街道	
8	宁波节能环保科创园	宁波黔力合节能环保科技发展有限公司	孵化器	白云街道	
9	海蓝宝众创社区	宁波工程学院	众创空间	西门街道	国家级备案
10	宁波望春众创空间	宁波春华科技创业服务有限公司	众创空间	望春工业园	省、市级备案
11	宁波电商城众创空间	宁波市海曙区城市开发投资有限公司	众创空间	望春街道	省、市级备案
12	“创客157”创业创新园	宁波意吾启投资有限公司	众创空间	南门街道	区级认定
13	“启运86”微电影主题式产业园区	宁波启尚文化投资管理有限公司	众创空间	段塘街道	
14	旷世创梦空间	宁波旷世网贸园文化发展有限公司	众创空间	古林镇	

【工业企业综合评价】 2017年，海曙区对656家规模以上工业企业和996家占地0.3公顷以上、规模以下工业企业实施综合评价。确定规模以上A类企　业99家、B类305家、C类234家、D类18家；确定规模以下A类企业99家、B类446家、C类447家、D类4家。以评价结果为基础，政策资源逐步向优质企业倾斜，提升政策资金使用效率。

【精准服务企业“百日行动”】 2017年，海曙区推进“中国制造2025”精准服务企业“百日行动”，区经信局以构建多层次全覆盖服务体系、完善企业问题困难流转机制、加强宣传引导等举措，落实企业服务工作要求，走访工业企业1102家，规模以上企业全部到访，解决问题382个。

6月16日，海曙区召开精准服务工业企业“百日行动”推进会

【海曙区入选国家级消费品工业示范城市】 2017年，工信部2017年消费品工业“三品”战略示范城市名单中，海曙区成为浙江省唯一入选的城市。海曙区以“智能经济”“数字经济”“时尚经济”为“制造强区”建设重点，推进消费品制造业转型升级。区内有雅戈尔集团、博洋集团等“中国企业500强”“制造业企业500强”企业和主板上市企业；有“雅戈尔”“太平鸟”“杉杉”“洛兹”“狮丹努”等“中国驰名商标”、“中国名牌”和“浙江名牌”。

【《关于推进“中国制造2025”工作的若干政策意见》出台】 2017年5月，海曙区出台《关于推进“中国制造

2025”工作的若干政策意见》，提出三部分16条精准扶持政策。海曙区构建“365”产业体系，即聚焦三大产业集群，重点发展以新材料、新能源、高端装备、生物医药、节能环保和新一代信息技术为代表的六大战略性新兴产业，加快提升纺织服装、电气机械、文教文具、汽车配件和电子信息为代表的五大传统优势产业，培育形成一批新的百亿级细分行业和国内领先的行业“单打冠军”。每年安排1000万元专项资金，用于扶持中小企业健康发展，培养潜力成长型企业；鼓励企业加大技改投入，支持企业创优品牌标准，助推区域企业转型升级；加快建设特色产业集聚区，重点支持六大战略性新兴产业和传统优势产业集聚发展。

【区“中国制造2025”重点项目库建立】 2017年5月始，海曙区建立“中国制造2025”重点项目库，入库门槛为固定资产投资达500万元以上或工业投资5000万元以上。当月入库项目达97个，计划固定资产总投资82.9亿元。其中，73个项目被列入市项目计划，工业投资5000万元以上项目有22个，主要涉及新材料、新能源、高端装备、生物医药、汽车制造、新一代信息技术等多个领域。宁波杉杉股份有限公司“新能源汽车关键技术研发及产业化”项目和“锂离子动力电池材料”项目、雅戈尔集团“大规模数字化高端定制服饰生产线技术改造”项目等投资均达亿元以上，被列入省重点跟踪项目。

（陈海云）

宁波望春工业园区

宁波栎社保税物流中心

【概况】 宁波望春工业园区于2016年区划调整时划归海曙区管辖。园区核心开发面积685公顷，东起阳光南路，西至风棚碶河，南至鄞县大道，北至春华路和杭甬高速公路，是宁波绕城高速内唯一一个省级工业园区。园区重点发展新材料、新能源、新一代信息技术、生物医药和节能环保五大战略性新兴产业。2017年，园区注册企业676家，有职工1.2万人。

实现地区生产总值26.54亿元，同比增长18.3%。财政总收入3.98亿元，增长7.5%，其中一般公共预算收入2.16亿元，增长13.6%。56家规模以上工业企业实现总产值78.3亿元、销售74.9亿元、利润总额5.6亿元，分别增长27.5%、26%、149.8%，其中年产值10亿元以上企业2家、5亿元以上企业3家、亿元以上企业16家。规模以上工业企业增加值为15.47亿元，增长21%；固定资产投资14.04亿元，增长37.3%，其中工业投资增长52.6%，技改投入增长106.2%；进出口总额40.98亿元，增长58.14%，其中出口总额18.22亿元，增长38.92%；实到外资资金5517万美元，实到内资2亿元，实到“浙商回归”资金4.78亿元。

实现高新技术产品产值58.95亿元，增长34%。研发投入2.3亿元，增长38%，科研投入占GDP比重的11%。拥有上市企业9家，其中主板上市公司1家、“新三板”（全国中小企业股份转让系统）挂牌企业3家、“甬股交”（宁波股权交易中心）挂牌企业5家。有高新技术企业17家。博士后工作站2个、院士工作站2个。累计建成各级工程中心43家，其中省级7家、市级7家、区级29家。有省级“高成长科技型中小企业”9家。硕士及副高以上职称高层次人才132人，其中国家“千人计划”1人，市级“3315计划”1个。累计拥有发明、外观、实用新型等专利授权1371项，部分专利达到国内国际先进水平。

通过“创客+创业苗圃+孵化器+加速器”梯级孵化生态链，为创客团队入驻营造良好创业环境。园区内宁波恩科投资有限公司的恩科科技创业园获评“国家级孵化器”称号，望春众创空间获评国家级众创空间。各平台毕业企业20余家，宁波尤利卡太阳能科技发展有限公司、宁波杉工智能安全科技股份有限公司等企业成为园区骨干力量；在孵企业100余家，宁波赛乐福板材成型技术有限公司、宁波奥丞生物科技有限公司、宁波古鹿力德驱动技术有限公司等80%以上企业成长性良好。

【宁波栎社保税物流中心】 2017年，望春工业园区内、占地16.5公顷的宁波栎社保税物流中心（B型），仓储面积10万平方米，以保税仓储为基础，有具备国际物流配送、简单加工、进出口及转口贸易、国际采购等功能的海关特殊监管场所，是全市唯一一个同时运营保税进口备货和保税进口集货模式的区域。中心内有电商企业201家，全年完成单量348万票，货值6.7亿元。

【大红鹰跨境电商创业创新基地建成】 2017年2月，望春工业园区与宁波大红鹰学院共建市级大学生创业园——大红鹰跨境电商创业创新基地。创业创新园有咖啡厅、路演厅和集办公、会议、应用研究于一体的创业空间，享受政策优惠、导师配备、资金支持、培训辅导、创业实习等一系列服务。园区企业家组团成为大学生创业导师，为学生提供创业辅导、培训、政策服务、投资融资等支持，给予优秀项目1万~2万元奖励，对接天使投资基金，帮助优秀项目落地。

【泰来环保公司项目获省科技进步奖】 2017年4月26日，浙江泰来环保科技有限公司（简称“泰来环保公司”）“立式旋转热解气化焚烧装置的研发及产业化应用”项目获省科技进步三等奖。技术应用于中小规模生活垃圾、医疗垃圾、危险废弃物焚烧处置，利用水泥窑生产过程协同资源化处理城市及产业废弃物，填补国内中小规模垃圾焚烧处置技术装备空白。

（任　宁）

建筑业

【概况】 2017年，海曙区有资质内建筑业企业138家，实现建筑业总产值720.45亿元，同比增长16.08%，其中在省外完成产值363.59亿元，增长18.90%。实现建筑业增加值71.86亿元。实现主营业务收入4911.16亿元，增长18.19%。实现利润总额22.08亿元，增长2.87%。房屋建筑施工面积4361.51万平方米，增长1.62%，其中新开工1778.66万平方米，下降3.29%。区建筑企业承建的2项工程获2016年度浙江省建设工程“钱江杯”，勘察设计企业的13个项目获“钱江杯”优秀勘察设计奖。

推进“最多跑一次”改革，立足权力清单和公共服务事项清单，全面梳理职能范围内办理事项，精简环节、再造流程，为企业和群众办事减压。制定《2017年度安全生产目标责任制考核细则》，签订《2017年度安全生产目标管理责任书》。开展文明施工、“打非治违”、隐患排查治理、安全生产大检查等专项行动。受理安全质量监督登记项目60个、完成竣工备案项目60个。在监总建筑面积824.4万平方米。组织各类检查692次，签发安全质量监督检查记录678份，其中限期整改单296份、停工通知单45份，发现各类安全质量隐患5443条，整改完成5443条，警示约谈18个项目40家企业，对8家施工企业进行信用系统扣分，通报3家施工、监理企业。开展标准化工地领牌及验收12次，发现安全隐患93条，签发安全检查记录12份。通过区级“安全生产文明施工标化工地”21个，申报市级“安全生产文明施工标化工地”17个，15个项目获评。当年新办安监登记的房屋建筑项目全部参与“平安工地”创建，申请创建区级“平安工地示范工程”19个，申报市级“平安工地示范工程”14个，11个项目获评。

6月30日，海曙区开展“建筑质量安全提升行动”现场观摩会及施工现场火灾安全事故应急处置演练活动

区住建局首次被授予“全省推进建筑业发展工作先进单位”称号。

【施工总承包特级资质“零突破”】 2017年，华恒建设集团有限公司、宁波市建设集团股份有限公司获住建部核准为建筑工程施工总承包特级资质，宁波市政工程建设集团股份有限公司获住建部核准为市政公用工程施工总承包特级资质。海曙区实现施工总承包特级资质“零突破”。

【区住建局承接建筑工人工资支付担保管理】 2017年，区住建局正式承接建筑业务工人员工资支付担保管理工作，负责区级项目工资纠纷调解处置。区住建局针对工程款结算纠纷、施工企业垫资压力、管理混乱及恶意讨薪等问题，采取分账管理、用工实名制管理、银行代发、按月支付、施工维权信息公开5项制度，严防民工工资欠薪情况发生。

【建筑起重机械安全专项检查】 2017年4月10日，海曙区开展为期12天的建筑起重机械安全专项检查，检查各责任主体履职情况和建筑起重机械现场运行情况。抽查在建工地塔吊50台、施工升降机27台、物料提升机8台，下发停工整改通知书6份，警示约谈企业1家，责令立即拆除2台存在重大安全隐患的塔吊。要求有关责任单位定时、定人、定措施处置隐患，保障建筑起重机械安全正常运行。至是年底，受理起重机械安装、拆卸、顶升告知1535次、产权备案143台、使用登记460台、无产权变更、塔吊产权注销6台。

【省住建厅对海曙安全监督执法】 2017年6月21日，省住建厅对海曙区在建工地进行质量安全监督执法检查。检查分质量、安全、市场行为、勘察设计等小组，主要检查《工程质量安全提升行动方案》、国家法律法规落实情况、质量安全监督情况、项目部质量安全保障体系建立情况、各有关单位执行工程建设强制性标准情况、监督检查问题整改落实情况等。检查组现场反馈发现的问题，并下发质量安全督察工作整改督办通知单。

【“建筑质量安全提升行动”现场观摩会】 2017年6月30日，海曙区在姚丰片区HS14—02—1a地块项目开展“建筑质量安全提升行动”现场观摩会及施工现场火灾安全事故应急处置演练活动。此次活动是第16个安全生产月“全面落实企业安全生产主体责任”主题活动的具体实践，模拟应急演练火灾事故发生、报告、救援等一系列程序。市住建委、区安监局、区文明办及在建项目建设、施工、监理企业安全生产负责人，在建工程项目经理和总监约200人参加。

【建筑业“安全生产月”活动】 2017年建筑业“安全生产月”活动期间，区住建局投入专项资金6万元举办各类宣传活动。在各工地、社区等地悬挂标语（横幅）343条，张贴宣传画556张，出黑板报18期，举办知识竞赛2场，组织参观图片展览500人次，培训职工412人，开展安全咨询1次，发放宣传资料430份，发送短信631条，参加3场安全演练。

【1家建筑企业获批全国级产业基地】 2017年11月，全国第一批装配式建筑产业基地认定名单公布，宁波市建设集团股份有限公司成为海曙区首家入选企业，全市仅有4家企业入围。

（黄驿雯）

房地产业

【概况】 2017年，海曙区房地产开发完成投资159.98亿元，同比增加21.1%。商品房施工面积612.59万平方米，增加27.9%，其中新开工面积208.89万平方米，增加50.1%。商品房交易量123.42万平方米，增加14.8%，其中住宅成交108.51万平方米，增加45.6%。

对43家房地产企业资质进行年检，新申报11家房地产企业资质。对11个新开房地产项目进行初步设计会审，论证22个地块土地出让前建设条件，完成36个批次房地产开发项目预售许可审批。走访、调研区内主要房地产企业16家，签订安全生产责任书及廉洁从业倡议书。

11月27日，高塘四村、高塘二村12弄危旧房改造项目签约启动

5月，市不动产登记海曙临时办理点正式对外服务，城区受理房产交易2566件，其中自行成交备案合同1482件、经纪成交备案合同1084件、出具限购证明4141件。城西完成期房备案约4840件、存量房网签备案约8388件。

全区备案登记房地产经纪机构116家，领用存量房合同6.77万份，办结房屋租赁合同备案600件，其中非住宅房屋租赁合同备案140件、住宅房屋租赁合同备案460件。1月始，海曙区房地产市场经纪机构全部纳入市房地产市场监管服务平台管理。

【市不动产登记海曙临时办理点开设】 2017年5月，市不动产登记海曙临时办理点（亚细亚商城）正式对外服务。该服务点是区住建局、市不动产登记海曙分中心、海曙地税局等部门新开设的综合性服务窗口，对外提供不动产产权登记业务。区住建局设置窗5个口，分别为限购证明、房产交易三联办、合同备案窗口，办理个人购房资格认定、交易合同备案等业务。

（王　冰　任芳靓　刁　奕）

住房保障和棚户区改造

【概况】 2017年，由海曙区公共项目建设管理中心负责在建的保障性安居工程项目共3个，总建筑面积49.53万平方米，总套数为4349套。其中，轨道交通1号线望春桥站拆迁和安置工程（望春佳苑小区）、蒲家三期公共租赁房（海欣佳园小区）完成竣工验收，总建筑面积24.9万平方米，共2605套。段塘村（粮丰街以东）旧村改造村民安置房项目完成施工监理招投标，姚丰村旧村改造安置房项目处于前期阶段。

实行公共租赁住房受理申请日常化、分季度集中配房及轮候制度，逐步健全以公共租赁住房为主的住房保障制度体系。新增公共租赁住房保障家庭1004户，其中租金补贴287户、住房配租717户。至是年底，全区4602户家庭享受公共租赁住房保障，租金收缴率达99.04%。完成2103户租金补贴家庭年审，取消316户不符合条件家庭的保障资格，退房260户，于11月启动969户公共租赁住房在保家庭年审受理工作，使有限的保障资源合理分配到最需要的家庭。8月，开发全新的公共租赁住房管理平台，新增房源摇号、房源定位、配后管理、信用查询、网络申请预受理等功能。开发“海曙住房保障”微信公众号。

推进朝阳新村、西河街、高塘四村、高塘二村12弄危旧房地块棚户区改造。其中，朝阳新村项目完成土地出让，西河街危旧房改造项目签约完成，高塘四村、高塘二村12弄危旧房改造项目启动签约。启动澄浪堰19弄45号，肖家巷99号、101号，肖家巷

9月21日，龙观乡、章水镇农村危旧房治理改造情况督查

103号、105号、109号3幢零星地块危旧房改造试点项目，完成意愿征询和征收方案论证公示。

1月始，新划入海曙区的西片区住房保障工作纳入全区统筹，新的住房保障工作网络建立。原在保的91户租金补贴家庭由海曙区负责发放补贴。磨合期间，区住房保障管理中心派员入驻区行政服务分中心，统一受理西片区9个镇（乡）街道住房保障申请，办理181户。

【房屋使用安全管理】 2017年，海曙区有危房25处（C级11处、D级14处），总建筑面积5.65万平方米。完善房屋使用安全机制，建立268个城镇房屋片区、412个小网格监管基础体系，创新并推广房屋巡更系统。完善危旧房“管理+保险”监管模式，将2000年前3284幢国有土地上既有住宅全部纳入保险范围，建筑面积约815万平方米，年保费635.84万元。解危危房18处，总建筑面积7.5万平方米。房屋安全鉴定实现市场化，25家鉴定机构通过登记并公示，完成75处房屋安全鉴定，鉴定面积18.73万平方米。推行房屋装修网上备案制度，公布128家装修备案点。

【农村危旧房治理改造】 2017年，海曙区完成农村危旧住宅房屋排查、鉴定、建档工作，排查出农村危房3939户（C级3449户、D级490户），建筑面积34.94万平方米。至是年底，完成所有D级和1925户C级危房治理改造，并完成38户农村困难家庭危房改造财政补助申报和19户农村困难家庭危房治理改造。

【朝阳新村棚户区改造项目地块出让】 2017年9月22日，朝阳新村危旧房地块棚户区改造项目完成地块出让。天阳地产有限公司以总价4.97亿元（另配建1200平方米保障性住房）竞拍获得，成交楼面地价为2.08万元/平方米。项目涉及征收总户数551户，建筑面积3.01万平方米，可出让用地面积1.2公顷。

【轨道交通1号线望春桥站拆迁安置工程竣工】 2017年9月30日，轨道交通1号线望春桥站拆迁和安置工程（望春佳苑小区）完成竣工备案。项目位于机场路以西、后塘河以南、规划道路以东、河道以北地块，总建筑面积13.34万平方米，设置小高层住宅9幢、高层住宅11幢，设计套数955套。

【西河街棚户区改造项目签约完成】 2017年10月25日，西河街危旧房地块棚户区改造项目签约完成，509户家庭签约，签约率达99.6%，货币化率为28.5%。项目于当年7月28日启动签约，涉及征收总户数511户，建筑面积3.52万平方米（实际签约3.75万平方米）。

【蒲家三期公共租赁房竣工】 2017年10月27日，蒲家三期公共租赁房（海欣佳园小区）完成竣工交付备案。项目位于高桥镇蒲家村，总用地面积4.45公顷，总建筑面积11.56万平方米，设置22层高层2幢、18层高层7幢、15层高层1幢，设计套数1650套。

【高塘四村棚户区改造项目签约启动】 2017年11月27日，高塘四村危旧房地块棚户区改造项目启动签约。项目涉及征收总户数2363户，建筑面积13.09万平方米，于当年6月23日启动棚改意愿征询，7月24日以97.15%的同意率通过意愿征询，并根据居民意见召开房屋征收听证会后作出征收决定。项目签约期限截至2018年3月3日。

【高塘二村12弄棚户区改造项目签约启动】 2017年11月27日，高塘二村12弄危旧房地块棚户区改造项目启动签约。项目涉及征收总户数145户，建筑面积9700平方米，于2017年6月23日启动棚改意愿征询工作，7月10日以97.93%的同意率通过意愿征询。在办理完成规划、国土相关手续基础上，根据居民意见召开房屋征收听证会后作出征收决定。项目签约期限截至2018年1月10日。

【3地块棚户区改造项目通过意愿征询】 2017年11月29日，澄浪堰19弄45号项目，肖家巷99号、101号和肖家巷103号、105号、109号危旧房改造项目启动棚户区改造意愿征询工作。其中，澄浪堰19弄45号项目于12月1日以93.94%的同意率通过意愿征询，肖家巷99号、101号和肖家巷103号、105号、109号危旧房改造项目于12月3日以92.05%的同意率通过意愿征询。3幢零星危旧房改造试点项目涉及征收总户数121户，建筑面积7000平方米。办理完成规划、国土相关手续，完成房屋征收方案论证并公示。

（李丽红　张妙君　王　婷）

商贸·经济合作

现代服务业

【概况】 2017年，海曙区实现服务业增加值690.79亿元，同比增长5.9%，占地区生产总值的59.3%。其中，批发零售业实现增加值145.1亿元，增长7.9%；交通运输、仓储和邮政业实现增加值48.3亿元，增长9.8%；住宿餐饮业实现增加值19.4亿元，增长7.8%；金融业实现增加值108亿元，增长2.5%；房地产业实现增加值90.7亿元，增长5.9%。按性质分，营利性服务业实现增加值122.1亿元，增长9.8%；非营利性服务业实现增加值156.8亿元，增长2.3%。实现服务业投资340.11亿元，增长11.6%，占整体固定资产投资额的83.2%。

启动“十三五”服务业规划编修工作，经过实地调研、规划起草、专家咨询、意见征求等阶段，审议稿经区政府常务会议审议通过后公布实施。

以月湖金汇小镇为核心，建设新金融集聚发展的产业生态圈。承办“星未来·Protechting”全球创业创新大赛总决赛、“中国股权投资论坛@宁波”等活动。“永安期货”“爱建证券”等金融机构，“清华控股”“北控水务”等私募基金，“上海复星”等产业基金、宁波恺英互联网小额贷款有限公司等互联网金融公司，宁波金控金融股份有限公司、宁波金融资产管理股份有限公司等本土重要金融平台和维科集团等上市公司总部先后入驻。

商贸旅游加快发展，批发和零售业商品销售额达3232.9亿元，增长15.5%。实现社会消费品零售总额796.9亿元，增长6.2%，总量居全市第二。天一广场完成“智慧商圈”建设，银泰百货东门店、新华联联商厦改造升级，初步形成天一广场“生活体验中心”、银泰百货东门店“新零售”、新华联“都市生活广场”、杉井奥特莱斯广场“商旅”模式、鼓楼沿“文商旅”融合发展等一批商业转型模式。推进泛天一商圈建设，省内首个地铁地下商业街区——东鼓道运营。泛天一商圈全年接待国内外游客1499.8万人次，增长18.0%；旅游收入216.23亿元，增长15.6%。

壮大电子商务，引入麦智云服网络科技有限公司。宁波（国际）电子商务产业园入选省级软件和信息服务业产业基地，中国（宁波）跨境贸易电子商务产业园满一年，新开通宁波国际邮件交换站，以众创空间为核心，建设互联网创新样板区。宁波（国际）电子商务产业园引进大数据、人工智能、“互联网+”等领域新兴企业142家，注册资金超15亿元。海曙区入围省“产业集群跨境电子商务发展试点区”和第三批省级“电子商务示范区”，实现网络零售额183.5亿元。

月湖金汇小镇被纳入省第三批特色小镇创建名单。集士港镇列入浙江省第三批小城市培育试点名单，《海曙区集士港镇小城市培育试点三年（2017—2019）行动计划》获省人民政府批准。推荐海蓝宝互联网小镇、古林纺织服装小镇、石碶星箭航空航天制造小镇创建市级特色小镇。海曙区参与创建保险创新示范区、军民融

9月10日，海曙区承办“星未来·Protechting”全球创业创新大赛总决赛

合创新示范区和临空经济示范区。

61个省、市、区重点项目实现开工，32个项目陆续竣工。鄞奉路、铁路宁波站周边区块等重大功能区块加快建设，丁家、五江口地块等项目前期工作有序推进。月湖金汇小镇核心区4个重点项目中，“诗情湖西”一期项目、天一阁广场项目和月湖金汇大厦项目竣工投用，进入招商阶段；“诗情湖西”二期项目启动；“小镇客厅”——屠氏别业投用。以天一阁•月湖创建“国家AAAAA级旅游景区”为契机，挖掘月湖西区、鼓楼沿和南塘老街等历史文化街区内涵，鼓楼沿和南塘老街成为“文商旅”融合发展典型，月湖金汇小镇的核心区——月湖西区历史街区一期竣工。

“宁波购物节”鼓楼沿活动现场

【海曙区入选省“服务业强区”一档试点】 2017年，省发改委和省财政厅联合公布全省“服务业强县（市、区）”试点地区培育提升分档名单，首批24个“服务业强县（市、区）”试点地区被划分为3类地区、3档评选。其中，7个Ⅰ类地区（设区市的主城区，一般是该设区市的行政中心、文化中心、商业中心所在地）评选中，海曙区入选第一档，也是宁波市唯一入选为一档的试点地区。

【月湖金汇小镇入选省级特色小镇】

2017年8月2日，省发改委公布第三批浙江省特色小镇创建名单，月湖金汇小镇入选，同时公布2016年度省级特色小镇考核结果，月湖金汇小镇为16个优秀小镇之一。月湖金汇小镇2016年中旬挂牌，300余家企业入驻，累计注册资金超400亿元。海曙区月湖金汇小镇按照“新金融+历史街区”结合的特色小镇发展思路，统筹产业、人才、文旅、配套、区位、服务等要素，构建“产、城、人、文”四位一体产业生态圈，建设“长三角南翼新金融中心”。

（白琼烨）

商贸流通

【概况】 2017年，海曙区完成“十三五”现代商贸业发展规划编制，推进实体商业转型升级、消费促进和民生保障工程。完成社会消费品零售总额796.94亿元，同比增长6.2%；住宿餐饮业营业额72.63亿元，增长15.6%；商品销售总额3232.9亿元，增长15.5%。海曙区被市政府授予“商贸管理优胜奖”金奖、“商贸发展创新奖”银奖。

作为省级实体商业转型升级一档试点，海曙区推动16家企业为代表的“商贸企业转型+老字号发展模式创新”试点。形成天一广场“生活体验中心”、银泰百货东门店“新零售”、新华联商厦“都市生活广场”、杉井奥特莱斯广场“商业+旅游”、鼓楼沿“文商旅”融合发展等一批转型模式。和义大道购物中心、向阳渔港鼓楼店分别通过国家“绿色商场”、国家“五钻级餐饮企业”创建评审，鼓楼沿、南塘老街等5个街区被重新命名为市级特色商业街区。省内首个地铁商业街——东鼓道、南城商业中心、洞桥镇银城广场开业营运。

组织开展“全国消费促进月”“宁波购物节”海曙区活动和“浙江金秋购物节”等活动。“宁波购物节”期间，海曙区组织开展10个板块100余项活动，实现营业额约23亿元，较上年购物节增长14%。区政府被授予优秀组织奖，“夏日潮玩• 嗨购天一”等10个活动评为区“十大亮点活动”。推进“月光经济”发展，天一广场、杉井奥特莱斯广场、1844•和义艺术生活中心3家企业活动获评市级“月光经济”品牌活动，高鑫广场评为市级夜市街区。

有菜市场24家，创建成省级“放心农贸市场”11家，其中古林菜市场、高塘菜市场、南苑菜市场完成新一轮复创。有设菜篮子商品农残检测室的菜市场21家，其中建成食用农产品快速检测并免费对外开放的14家，各菜市场日检测样品不少于30个，水产品不少于10个，检测合格率达94%以上。有市级“菜篮子基地”14家，包括猪肉加工基地1家、禽蛋批发基地1家、生猪养殖基地4家、蔬菜种植基地2家、豆制品基地2家及禽蛋、蘑菇、笋、淡水鱼等基地各1家。其中，宁波方兴食品有限公司等生猪养殖、猪肉加工基地完成生猪供应50万头，保障全市中心城区70%的生猪供应量。天胜农牧公司等蔬菜基地完成蔬菜种植500余亩。宁波市肉禽蛋批发市场有限公司、海曙区横街夏爱禽蛋专业合作社等禽蛋基地实现禽蛋供应14万余吨。宁波豆制品有限公司、宁波五龙潭芽菜有限公司产出豆制品2.5万吨，供应全市中心城区及海曙区各地市场。

【肉菜流通追溯系统项目建成】 2017年，海曙区肉菜流通追溯系统项目建成。项目包括7个行业40个节点（区划调整后，原鄞州西片区划入13个），其中菜市场20个、批发市场1个、屠宰场1个、菜篮子基地3个、猪肉专卖店1个、产销对接超市5个、团购单位9

个。系统与市肉类蔬菜流通追溯管理平台、全国肉类蔬菜流通追溯管理平台互联互通，实现肉类蔬菜流通信息链、追溯链和责任链的信息控制，解决溯源问题，确保上市肉类蔬菜质量安全可控可溯。

【5家企业获评省“重点流通企业”】

2017年4月，宁波博洋控股集团有限公司、三江购物俱乐部股份有限公司、宁波城市广场开发经营有限公司、宁波市海城投资开发有限公司和义大道商业分公司、银泰百货宁波海曙有限公司5家企业获评浙江省“重点流通企业”。

【全市首家无人便利店开业】 2017年8月10日，全市首家无人便利店——“质在”便利店在海曙恒一广场开业。便利店将人脸识别、运动轨迹、自动结算三大技术结合，实现店内无人化操作。店铺内主要销售3类200余种产品，包括进口零食、进口饮料、名品制造商日用品、国产精选食品等产品。由于无人便利店节省人力、造价与运营成本，售卖商品较传统便利店便宜20%～30%。

【“宁波购物节”海曙区活动】 2017年8月11—27日“宁波购物节”期间，海曙区参与商家近800户，实现销售额约23亿元，较上年购物节增长14%。其中，“苏宁云商”、“国美电器”、杉井奥特莱斯广场、银泰百货天一店、宁波第二百货商店、宁波国际购物中心、酷购商城、欧尚超市、和义大道购物中心、1844•和义艺术生活中心等16家重点商家实现销售4.48亿元，增长31.5%。和义大道购物中心、银泰百货天一店、杉井奥特莱斯广场、宁波第二百货商店分别实现销售6770万元、4780万元、5010万元和3317万元；天一广场、鼓楼沿客流量分别达到220万人次和75万人次，11个商圈举办超100项主题活动。

【东鼓道运营】 2017年8月21日，浙江省首个地铁商业街——东鼓道正式运营，日均人流达3万人次。东鼓道长760米、拥有19个直通地面出入口，商业街面积3万平方米，业态以休闲餐饮、文化体验等为主。引进“星巴克”“卡乐星”“屈臣氏”“肯德基”等商圈品牌，其中餐饮门店占比约57%。东鼓道营业成为联结泛天一商圈的重要地下街区，直接覆盖“一路（中山东路）二巷（老实巷、华楼巷）三街（开明街、碶闸街、日新街）”，实现天一商圈、和义商圈、鼓楼商圈三大商圈空间资源无缝对接。

【高鑫广场获授市“特色夜市街区”】

2017年11月，海曙区高鑫广场被市商务委授予市级“特色夜市街区”称号。广场位于海曙环城西路，是法国欧尚集团在中国首个且最大的购物中心，2014年12月31日开业，定位为亲子、家庭“一站式”购物中心，至2017年，高鑫广场有商铺156家、免费停车位1600个。

【海曙区入选省批发零售业改造提升试点】 2017年12月，省商务厅、省财政厅公布2018年省批发零售业改造提升试点分档名单，海曙区入选第一档，成为全省唯一继2016年入选省实体商业转型升级一档试点后，再次入选一档试点的县级区。根据部署，海曙区制定《2018—2020年批发零售业改造提升试点实施方案》，以提升传统优势产业动能、提高行业发展水平为重点，推进农产品市场体系建设、百货超市创新发展、社区商业提升发展、“特色商业示范街区”创建、老字号传承创新发展等试点，累计申报试点项目16个，总投资8.9亿元。

（白琼烨）

石碶市场区

【概况】 2017年，石碶市场区商品成交额64.9亿元，同比减少22.56%。上缴国税682.96万元，减少49.27%；上缴地税495.15万元，减少34.88%。总收入3624.75万元。

轻纺城棚区改造工程完工，570余户经营户于8月回迁，区域开放营业，重点消防安全隐患单位整改完成；拆除原铜管厂，清退商铺62间，搬离经营户8户，2306.96平方米危房全部拆除完毕；加固灯具棚区，整改商铺49户，加固钢柱100余根，整改面积7000平方米，整改率达100%；清退轻纺城临时售货亭和“花鸟一条街”两块占用消防道路、卫生防疫隐患突出的经营区域。引入直饮水系统，提高饮水质量。

修订完善绩效考核标准，制订新的工资管理方案，出台《关于明确员工岗位调整事项的通知》。对市场实施分片分区管理，管理人员实行AB岗制，安全责任落实到人。自1月始，采取第三方督察方式，与明察暗访结合，摄录市场违规行为，对责任网格员和连带责任领导进行扣款。

高鑫广场

【石碶市场区"110指挥中心平台"建成】 2017年，石碶市场区建成"110指挥中心平台"。6月，石碶市场区投入28万元升级消控系统。更新主机2台，改建消控室，扩容面积24平方米，改造主区三楼消防设施。监控系统投入164万元，新增数字高清探头183个，新建覆盖全市场的广播系统，8月底完成设施设备安装和调试。建成后，市场区实行24小时值守，打击市场内各类违规行为，解决经营户和顾客实际困难。

【石碶市场区市场信息管理系统运行】 2017年12月，石碶市场区研发的市场信息管理系统正式运行。系统研发投入3.6万元，录入市场内3700余户商铺基本信息、经营管理信息等，实现数据实时更新并提供查询，基本实现数据管理系统化、信息化。

（张一明）

粮食流通

【概况】 2017年，海曙区粮食作物播种面积约1.19万公顷，总产7.6万吨，粮食自给率达30%。区内粮食产业聚集宁波梁桥米业有限公司、米氏实业公司、宁波五龙潭芽菜有限公司、百威英博宁波啤酒公司、宁波金豆饲料有限责任公司等省、市农业龙头和骨干企业，拥有"AAA""米氏""新潮"等省级名牌自主商标。

5月，区粮食局下属国有独资企业——宁波市海曙粮食收储有限公司注册运作。行政区域调整后，原属鄞州的8个粮站（含4个分处、2个资产管理点）成建制就地划转到海曙粮食部门，同时划转干部职工66人。经协商，3.22万吨储备粮权（早籼稻谷0.63万吨、粳稻谷0.54万吨、晚籼稻谷1.28万吨、小麦0.6万吨、应急成品粮储备0.12万吨）和130吨储备油权划转给海曙区政府，储备规模全额落实。

完成储备粮轮换计划1.99万吨（其中粳稻谷3624吨、晚籼稻谷1.63万吨），其中上半年轮换销售粮食0.7万吨、下半年轮换销售粮食1.29万吨。

7月14日，集士港镇早稻收割现场

补库小麦0.3万吨、晚稻1.69万吨。落实三季粮食收购，入库地产粮食2.8万吨（小麦0.2吨、早稻0.3吨、晚稻2.3万吨）。完成订单收购1.95万吨（小麦0.3万吨、早稻0.16万吨、晚稻1.48万吨）。做好粮食应急保障，落实粮食应急供应网点55个、应急输送企业1家、生产企业2家，应急日加工能力达1050吨（宁波梁桥米业有限公司700吨、米氏实业公司350吨），配备应急发电机能力5000千瓦，落实1200吨应急成品粮。冬季于高山地区5个供应点囤放大米10吨，用于保障严寒冰冻气候山区居民口粮。

有完好仓容设施存储总量4.3万吨（原仓容量2万吨），新建古林粮库，仓储容量2.28万吨，11月通过验收，首次投入晚稻收购。新建洞桥粮站，仓储容量7800吨，至是年底项目完成主体建筑。

9月，对区内粮食应急供应网点和"放心粮店"全面排摸、重新布局，了解供应需求、供应能力、覆盖范围、诚信经营和粮油品质等情况。走访区内偏远山区应急粮食供应网点，为网点授牌。

【区粮食局成立】 2017年2月初，区粮食局完成前期筹建工作，挂牌成立，与区商务局合署办公。内设粮食科，负责全区粮食安全保障体系建设，具体包括粮油供需平衡、粮食市场调控、订单粮食收购、储备粮油管理、仓储设施建设及包括流通统计、质量监管在内的行政执法监督管理等职能。

【早稻收购完成】 2017年7月底，海曙国有粮食收储企业累计收购粮食1600余吨，早稻收购基本结束。全年计划收购早稻2000吨，其中有早稻订单的1594吨。国有粮食收储企业按订单收购的地产（海曙区内）早稻，价格为每50千克133元（2017年产，国标三等），价外补贴标准为每50千克23元。继续实行种粮大户收购环节直接补贴，对经营面积和全年稻麦播种面积均在3.33公顷以上的种粮大户、投售自产的订单内早稻实行直接补贴，补贴标准为每50千克9元。取消早稻烘干补贴和订单外售粮的"大户直补"，标准较上年提高每50千克2元。为应对连续高温天气对农户带来的不便，国有粮食收储企业延长收购时间，简化入库手续，公开质量检验，开展验质、过磅、除杂、入仓"一站式"服务，同时提供农户休息室，添置便民服务设施，免费提供茶水、防暑药品。

【海曙区获评省级"放心粮油示范区"】

2017年10月，海曙区被省粮食局列入全省第一批"放心粮油示范县（市、区）"试点。评选由省粮食局、省财政厅6月联合启动，宁波市报送2个试点名额。至是年底，海曙区落实创建区"放心粮店"16家、国家级"放心粮油示范企业"2家。

【粮食安全责任制考核制度建立】 2017年10月初，海曙区组建由中国农业发展银行宁波市分行、区委组织部、区委宣传部、区粮食局等多部门构成的区粮食安全协调领导小组，由分管区长担任组长。下设粮食安全协调小组办公室，由区商务局（粮食局）局长和分管局长分别兼任办公室主任和副主任，落实专人负责安全责任制考核具体工作。建立健全联络员和联席会议制度，多次专题研究粮食安全责任制考核工作，在市粮食安全责任制考核中，海曙区首次获评优秀。

【首个“智慧粮库”投用】 2017年11月，海曙区首个“智慧粮库”建成投用。粮库位于古林镇蜃蛟村，是行政区划调整后海曙区建成、投用的首个粮库，用地面积近2公顷，建筑面积7123平方米，其中配备烘干房和制氮等辅助生产用房。8个粮仓总仓容量达2.28万吨，每天接收能力达200吨以上，相当于过去8个老粮站总和。仓内采用科技储粮技术，实现智能通风、智能温控、智能气调、仓外测虫及环流系统，设置无线粮情检测系统，实时监测温度、湿度等情况。通过智能化粮库在线监测平台，可查阅各个仓库粮堆的体积、质量、温度、湿度等实时信息，实现智能化储粮。

【国家粮食局检查海曙粮食工作】 2017年12月21日，国家粮食局到海曙区检查粮食企业执行《国家粮食流通统计制度》情况。检查组在宁波梁桥米业有限公司重点检查企业粮食经营台账建立情况、统计报表报送、国家粮油统计信息系统操作、粮食统计数据质量、统计资料管理情况等，并指导企业操作使用国家粮油统计信息系统。

（陈华章）

供销合作

【概况】 2017年，区供销社有下属事业单位2家（公益一类1家、公益二类1家）、全资企业1家、参股企业1家、新型基层供销社3个、基层供销社6个、资金互助会1个。有领办参办的专业合作社21家、管理指导的村级综合服务社47家、农村农资经营加盟店49家。

行政区划调整后，海曙区启动生产、供销、信用“三位一体”的农民合作经济组织体系构建，区农合联成立。指导9个涉农镇（乡）街道组建成立农合联，首批吸收498名会员。在原有9个现代农业公共服务中心基础上，融合生产、供销、信用服务功能，建设完成9个镇级农合联现代农业服务中心，重点培育古林镇、章水镇两个镇级农合联现代农业服务中心。12月，古林镇农合联、章水镇农合联被列入市“乡镇农合联示范”创建名单；章水镇农合联现代农业服务中心被认定为市第一批镇级农合联现代农业服务示范中心（基层服务示范窗口）。制定出台《关于加强镇乡（街道）农合联实体化运作的实施意见》《2017年度海曙区镇乡（石碶街道）“三位一体”农合联改革工作考核办法》等文件，加强对有关镇（乡）街道农合联的指导、督促与考评。

宁波市海曙区禾丰农资连锁有限公司及其连锁网点供应化肥1.88万吨、农药1980吨、农膜175吨；农业生产统防统治服务面积2540公顷；争取农资储备资金50万元，储备尿素、有机肥等化肥4600吨，福戈、井冈霉素等农药50.7吨。其中，宁波金泰惠多利农资连锁有限公司供应各类农药103吨，农业生产统防统治服务面积1200公顷，储备各类化肥3000余吨。

与中国人民财产保险股份有限公司宁波市海曙区支公司签署战略合作协议，在农合联框架内搭建政策性融资担保平台。

古林宋严王禾丰仓、鄞江供销社和凤岙供销社3个防汛物资储存点储备防汛物资3.79万份，其中麻袋2.77万只、草包1万只、铁锹200把。

【供销服务】 2017年初，针对春笋旺季横街镇、章水镇、龙观乡等容易出现春笋滞销情况，区供销社协助建立联络员、信息员队伍，关注春笋销售情况，制定解决本地春笋滞销问题的补贴办法，加强与相关乡镇及笋加工企业联系，鼓励笋加工企业大量收购本地笋，协调解决春笋滞销问题。5月，创设“海曙供销”微信公众号，每周一期，专题介绍海曙特色农产品、农旅经典路线及精品民宿。至是年底，累计发布30期，阅读量近2万人次。制作专门推介标识，以区农合联名义向社会推介各级会员生产加工的优质农副产品，通过媒体帮助成员单位及广大农户拓宽销售渠道。拟定“智慧农旅”推广平台与实体体验中心筹建方案，以“互联网+农旅产业+实体体验中心”方式整合全区资源，推广海曙农特产、旅游产品。

章水镇农合联现代农业服务中心农特产展销厅

【区农合联成立】 2017年1月23日，区农合联成立大会召开。首批吸纳会员99人，选举产生1名理事长、8名副理事长、32名理事，聘请区供销社作为执行委员会。副区长毛孟军任理事长，张忠浩、吴永华、周开等8人为副理事长。

【区农合联贝母分会成立】 2017年12月18日，结合海曙区贝母产业优势，章水镇、鄞江镇及龙观乡农合联联合发起的区农合联贝母分会成立。首批吸收单位会员12家、个人会员40人，引导农民专业合作社、贝母种植大户与其他农业市场主体之间开展多领域、多方式联合与合作，提高抱团竞争力。

（舒　力）

总部经济

【概况】 2017年，海曙区有总部企业148家，其中"世界500强"企业区域总部17家、"中国500强"企业总部20家，数量居全市第一。营业收入1915亿元，同比增长9.8%，占全区规模以上企业营业收入总量的45.8%；纳税62.3亿元，增长11.6%，占全区纳税总额的42.2%。

调整区发展总部经济领导小组人员构成，完善区领导联系总部企业、总部经济跨部门联席会议、跟踪协调推进机制等综合协调机制，集全区之力推动总部经济发展。针对宁波市恒厚实业有限公司、宁波御坊堂生物科技有限公司、深圳市富邦新能源技术有限公司等11个总部项目召开专题协调会30余次，走访各部门，尤其西片区9个镇（乡）街道。宁波市政工程建设集团股份有限公司总部大楼、宁波真和电子商务有限公司总部大楼、永和居易小区北侧地块总部项目等建成投用，宁波市恒厚实业有限公司总部大楼开工建设。完成旧厂房改造30万平方米，完成率达125%。

【宁波市政集团总部大楼投用】 2017年4月，宁波市政工程建设集团股份有限公司总部大楼建成投用。项目位于新典路21号，北临新典路，东至规划路，西南侧为启文小区，占地面积0.68公顷，总建筑面积1.58万平方米。

【恒厚集团总部大楼开工】 2017年8月，宁波市恒厚实业有限公司总部大楼开工建设。项目位于阳光豪生大酒店东侧地块，总用地面积0.79公顷，总建筑面积3.16万平方米，拟建一幢集办公、商业功能的综合体。

【真和国际中心投用】 2017年11月，宁波真和电子商务有限公司总部大楼（真和国际中心）建成投用。项目位于环城西路西侧、永丰西路北侧、规划道路北侧，总用地面积1.64公顷，总建筑面积6.92万平方米。

【永和居易小区北侧地块总部项目投用】 2017年12月，永和居易小区北侧地块总部项目建成投用。项目位于永和居易小区北侧，西至环城西路，南至规划道路，东、北临蔡江河，占地面积0.44公顷，总建筑面积1.6万平方米。

（黄建荣）

宁波市政集团总部大楼

电子商务

【概况】 2017年，海曙区有从事电子商务的市场主体1.8万余家，电子商务企业约7000家，从业人员约12万。实现网络零售额183.53亿元，同比增长47%，跨境出口额达7亿元，报送省电子商务企业样本76家。海曙区被认定为2017年省级"电子商务示范县（市、区）"，获市政府授予的"电子商务工作大奖（铜奖）"。

新注册电商企业150家，中国（宁波）跨境电子商务综合试验区海曙园区名列市首批"诚信电商园区示范单位"榜首，评估为优秀等级；海曙电商园众创空间获评市第一批"电子商务创业创新基地"；海蓝宝互联网小镇获评市级"特色小镇"；浙江吉云教育科技有限公司被评为省级"跨境电子商务服务试点企业"。中国（宁波）跨境电商产业园与新划入的宁波栎社保税物流中心、宁波空港物流园区共同构成海曙区跨境电商重要基地。

建成74个城市社区智能投递终端，主要涵盖段塘、高塘等区域。建设区电子商务公共服务中心，举办2017海曙区电子商务创客大会、宁波制造（产业集群）跨境电子商务高峰论坛暨企业对接会。完善全区保税备货、保税集货、一般进口业务、一般出口业务、B2B出口业务等各类业态；梳理整合原有政策，出台海曙区跨境电商产业扶持政策，对跨境电商企业给予销售额、物流费用、跨境出口等全方位补助。

培养有潜力的电商企业，全区跨境电子商务B2B试点企业从14家增加至36家。新引入的宁波麦智云服信息科技有限公司、阿里巴巴宁波国际站和龙升跨境电商等重点项目，初步形成示范引领效应。培育宁波豪雅进出口集团、宁波市健怡进出口有限公司、宁波赛尔集团有限公司等传统本土企业升级。狮丹努集团通过与C&A、H&M、ZARA、Armani等时尚品牌合作，跨境销售额近6亿美元。宁波宁兴贸易集团有限公司、中宁化集团有限公司、宁波维科工贸有限公司等老牌贸易企业开始涉足跨境电商领域。

培训专业电子商务人才833人，举办“2017年亚马逊操盘手基础实操班宁波专场”活动、“利用税收优惠，助推企业发展”专场税收宣传活动、众创空间“跨境电商平台分享——Amazon和Wish”等培训活动。宁波市瑞杰康达电子商务有限公司获得2016年度“泛3315电商团队”称号；宁波空港物流发展有限公司获得2017年度市“新引进重点电商平台”称号；宁波太平鸟电子商务有限公司周炳辉获评2017年度市“新引进电商高层次人才”，胡音、徐臻捷获2017年度市“新引进电商紧缺人才”称号。

利用网络、平面媒体、微信等平台宣传海曙电子商务发展情况。提升综合服务质量，区商务局等部门为企业提供直邮服务、海外仓建设、平台搭建等上下游全链条政策和服务，联系海关、检验检疫、外汇管理、邮政等部门，优化通关、物流、金融、结汇、退税等综合性服务。集聚电商平台企业、外贸综合服务企业、电商专业人才、电商专业服务等专业机构，以招聘会、对接会、座谈会、培训会等形式，向企业提供专题服务，帮助企业解决问题。

【农村电商服务点全区覆盖】 2017年，海曙区与中国邮政宁波分公司合作，在新划入的9个镇（乡）街道中设立63个农村电商服务点，实现全区农村电商服务点全覆盖，服务全区20余万农村居民。其中，古林镇农村电商服务点最集中，总量达32个，占全区的23%；集士港镇占15%。

【富港电商城专场税收宣传活动】 2017年4月14日，区国税局、海曙地税局在石碶街道富港电商城联合举行“利用税收优惠，助推企业发展”专场税收宣传活动。包括“一对一•点对点”零距离税法专题咨询、政策专场培训、税企征纳税互动等活动，解读大学生电子商务创业就业、中小微企业发展电子商务相关优惠政策及“营改增”、出口退税等税收政策，探讨如何享受有关优惠政策、如何防范企业涉税风险等热点问题。

7月29日，海曙区电子商务师职业技能大赛举行

【豪雅集团获出口跨境电商大赛金奖】 2017年9月，在eBay、Amazon、Wish三大平台参与支持下，宁波市举办2017“技能之星”出口跨境电商职业技能电视大赛。海曙区跨境电商企业——宁波豪雅进出口集团有限公司（简称“豪雅集团”）获得跨平台综合性金奖。企业通过4年时间，自建平台和自营海外仓，实现销售额从零到3亿元美金跨越。在两个月比赛期间内，电商销售额达3.5亿元。

【吉云教育公司获评省级跨境电商试点】 2017年12月，浙江吉云教育科技有限公司（简称“吉云教育公司”）获评省级“跨境电子商务服务试点企业”。公司是以“培训+学历”模式为客户提供技能培训及学历教育的电子教育服务机构，全年累计线下实体教育培训学员10万余人次，在线教育培训学员30余万人，服务企业900余家，帮助50余万名学员获得学历证书或职业技能证书。同时，与省内外61家教育培训机构、109家高校、6个国家职业证书鉴定机构合作，提供包括学历、非学历在内的3.48万个课时的在线教育课程，成为国内最受欢迎的教育类电子商务平台与综合性网络学习平台之一。

（郝　燕）

宁波（国际）电子商务产业园

【概况】 2017年，宁波（国际）电子商务产业园引进“京东”、上海汽车集团股份有限公司旗下两个项目，新引进“电商+”新兴科技企业142家，注册资金超15亿元。园区企业缴纳税收5亿元。完善邮路口岸建设，开通宁波国际邮件交换站，实现互换局处理邮件直运出国（境），至是年底，互换局邮路进出境邮件总量超1315万件。提前完成宁波国际邮件互换局二期选址任务。园区先后获评市“电子商务创业创新基地”、市级特色小镇。

【宁波国际邮件互换局】 至2017年6月28日，宁波国际邮件互换局运行一周年。累计监管出境邮件907万件，占总邮件数的96%，日均进出境邮件2.5万件，单日峰值达5.8万件。逐步实现各类邮件分时段集中监管，确保“当日邮件当日验放”，提高通关查验效率。进出境国覆盖全球大部分国家，其中进境国排前三位的为日本、德国、荷兰；出境国排前三位的为美国、俄罗斯、法国。进境物品以日用品、食品、箱包、工艺品等为主，约占80%；出境物品以日用品、服装、鞋靴等为主，约占75%。持续推进跨境电子商务一般出口业务，不断扩大试点范围，引进新试点电商企业。6月29日，宁波海关驻邮局办事处筹备处与宁波出入境检验检疫局甬港办事处签订合作备忘录，助推监管双方在宁波国际邮件互换局内实现“信息互换、监管互认、执法互助”。

【宁波制造（产业集群）跨境电子商务高峰论坛在海曙举办】 2017年3月17日，宁波制造（产业集群）跨境电子商务高峰论坛暨企业对接会在海曙区举办，“谷歌”“亚马逊”等知名互联网企业与全市300余位制造业企业家参会。论坛重点交流“制造业+跨境电商”模式衍伸出的商业新趋势、新格局和新机遇，并组织企业家进行项目对接，实现“制造业+跨境电商”项目落地。

【“相约众创，电商＆人才再牵手”招聘会】 2017年5月21日，由区人社局、市人才服务中心、宁波（国际）电子商务产业园管理中心主办的“相约众创，电商＆人才再牵手”2017年海曙区电商人才专场招聘会在众创空间举行。广博集团、宁波唐狮网络科技有限公司等45家企业提供电子商务、物流仓储、计算机软件、营销类、艺术设计类等近200个岗位，人才需求500余人，吸引近千名求职人员应聘。

【宁波国际邮件交换站开通】 2017年6月28日，宁波国际邮件交换站在正式开通，使宁波国际邮件互换局功能进一步完善。宁波往来海外的国际邮件可通过宁波栎社国际机场的国际航线直运出境，大幅缩短邮件转关出境耗时，增强宁波机场国际货运功能。当日上午，首批出境邮递物品经互换局查验封发处理后由监管车辆运至宁波栎社国际机场货站，搭乘14时25分起飞的港龙航空KA641航班，前往香港并转运至世界各地。

【宁波（国际）电子商务产业园投资环境推介会】 2017年12月11日，宁波（国际）电子商务产业园投资环境推介会在上海举办，50余家知名企业负责人参会，座谈交流经验。宁波（国际）电子商务产业园管理中心推介以众创空间为主的重要电子商务配套项目及配套产业，并与京东智能供应链管理运营公司和汽车分时租赁平台——“环球车享”签订入驻协议。

（盛泳杰）

3月17日，宁波制造（产业集群）跨境电子商务高峰论坛暨企业对接会在海曙区举办

对外经济贸易

【概况】 2017年，海曙区有进出口实绩企业2362家，实现外贸进出口总额653亿元，同比增长13.8%。其中，出口额553亿元，同比增长8.2%；进口额100亿元，增长58.5%。进出口规模居全市第四、全省第七。对外经济合作方面，实现境外承包劳务合作营业额3亿美元，增长6%。新批境外投资企业20家，核准中方投资额2.5亿美元，增长12.6%；实际中方投资额1.2亿美元，增长193.3%。实现服务贸易进出口额55.90亿元，其中服务贸易出口额42.84亿元，分别是上年同期的2.49倍和2.11倍。有商务部服务外包业务系统入库企业86家，其中新入库企业14家。实现服务外包执行额15.83亿元，其中离岸外包执行额3.44亿美元，分别是上年的4.4倍和5.7倍。市政府授予海曙区“开放型经济工作大奖（铜奖）”“宁波市服务贸易先进奖（铜奖）”。

行政区划调整前，海曙外贸企业结构以贸易型为主，占比高达97%。行政区划调整后，生产型企业占比由原来的3%提升至30%，生产型企业出口增幅高于贸易型企业，增长12.3%，拉动全区出口增幅6.6个百分点。在国际市场开拓、防范对外经贸合作风险、推动贸易方式创新、培育优质企业、支持外贸人才建设和招商引贸等方面加大政策力度，政策修订后，外经贸扶持资金增至1700万元。

鼓励并组织企业参加境内外重点展会，参加中国进出口商品交易会（简称“广交会”）、华东进出口商品交易会（简称“华交会”）、中国国际日用消费品博览会（简称“消博会”）三大展会，参加企业298家次，设置摊位769个；组织475家企业参加境外各类展会，设摊位832个，参展商品涉及家用电器、机械设备、餐厨家具、玩具、服装、办公用品、户外休闲用品等。对新兴市场出口增长7.2%，对“一带一路”沿线国家市场出口增长5.3%，对中东欧国家出口增长16.7%。高新技术产品出口增长12.1%。

加大出口名牌培育力度，5家企业获评“浙江出口名牌”，1家企业获评“宁波出口名牌”。至是年底，全区列入商务部重点培育和发展的出口名牌3个、省重点出口名牌11个、市出口名牌3个。

首次举办海曙区重点外贸企业总裁研修班，全区40余名重点外贸企业负责人参加培训。举办外经贸、服务贸易政策培训班，培训各镇（乡）街道经济科长、工办主任。联合中国出口信用保险公司组织6场外贸政策宣讲会，培训外贸企业近1000家。组织外经贸务实培训、进口业务培训等活动，培训外贸企业人员920人次。

【区国家外贸转型升级基地（服装）获认国家级】 2017年，宁波市海曙区国家外贸转型升级基地（服装）被商务部认定为255个国家外贸转型升级基地之一。海曙区规模以上纺织服装制造业企业实现年度产值超300亿元，企业数量、产值、增加值、产量分别占全市的20.5%、22.3%、24.2%和23.5%。此次申报国家外贸转型升级基地以狮丹努集团、宁波布利杰集团有限公司（简称“布利杰集团”）、宁波洛兹集团股份有限公司（简称“洛兹集团”）等企业为主体，服装企业出口额达46.3亿元。

【外贸出口额列入镇（乡）街道目标考核】 2017年，海曙区首次将年度外贸出口额列入区对镇（乡）街道目标考核内容。每月通报各镇（乡）街道出口额排名情况，每季度召开商贸工作会议，总结成绩、查找不足。

【海曙区入选省“外贸十强区”】 2017年5月9日，全省对外开放大会评选2017年度浙江省“外贸十强县（市、区）”，海曙区名列第七。2016年行政区划调整后，海曙外贸企业结构从贸易型转型为贸易型、生产型出口并重，全区有进出口实绩企业2362家，实现年度外贸进出口总额653亿元。

【2家园区参评市“服务贸易特色园区”】 2017年11月，宁波栎社保税物流中心、“创客157”创业创新园两家

高桥万科商业综合体——印象城效果图

园区参评市级“服务贸易特色园区”。栎社保税物流中心是浙江省首家封关运行的保税物流中心，是以保税仓储为基础，具备国际物流配送、简单加工、进出口及转口贸易、国际采购等功能的海关特殊监管场所。“创客157”创业创新园分5期开发，至是年底，运营面积1.4万平方米，园区设立创业孵化基金5000万元，入驻纺织服装相关企业63家，有创业团队21支。

（王　易）

招商引资

【概况】 2017年，海曙区新引进企业5217家（不包含自然落户企业），注册资金395.7亿元。其中，注册资金5000万元以上企业164家，“世界500强”企业、“行业龙头”企业、高科技型企业、实际到位资金5亿元以上企业23家。新引进企业当年产生税收约2.2亿元。

引进大市外内资111.6亿元，完成市对区考核目标的248.1%；引进“浙商回归”资金54.4亿元，完成市对区考核目标的143.2%；新批外资企业55家，实现合同外资4.84亿美元，实际到位外资3.01亿美元，完成市对区考核目标任务的100.3%。

拓宽招商渠道，区经合局制作设计全新的海曙招商宣传片与投资指南，制作重点项目与地块图册、PPT，展示海曙新面貌。组织参加“欧洲•宁波周”、甬港经济合作论坛、民营企业对接“世界500强”企业等活动，邀请重点客商到海曙投资考察。前往泰国等国及中国香港等地开展精准招商，提升招商引资项目质量。总投资1.2亿美元的环球广电扩产项目被列为市、区两级“大脚板走一线、小分队破难题”专项行动项目，通过上下联动、定期协调会商，破解项目推进过程中各种难题，于12月29日完成土地供应。

【投资合作推介会暨重大项目签约仪式】 2017年6月8日，海曙区举办2017年浙洽会（中国浙江投资贸易洽谈会）海曙分团活动——海曙区投资合作推介会暨重大项目签约仪式。来自14个国家和地区的200余名嘉宾参加，意向签约投资额达124亿元，涵盖智能制造、现代服务业、现代农业、旅游服务等领域的投资合作。

【“2017深圳·宁波周”活动】 2017年6月26—29日，区委书记孙黎明、副区长薄慧敏率相关部门、镇（乡）街道、园区赴深圳参加2017年“深圳•宁波周”活动。其间，石墨烯应用等项目在投资合作洽谈会暨项目签约仪式上签约，项目总投资约58亿元。代表团还考察深圳市大疆创新科技有限公司、蓝疆创新（深圳）科技有限公司等企业。

【招商引资培训班】 2017年11月12—14日，区经合局组织全区各镇（乡）街道、有关部门及各产业平台招商业务负责人约70人赴苏州大学参加2017年海曙区招商引资培训班。邀请苏州、上海等地多位长期从事招商工作、具有丰富实战经验的专家到校授课，介绍招商先进理念和成功做法。原昆山市招商局局长针对海曙区招商引资优势、短板，提出10条建设性意见。培训期间还安排考察苏州工业园区。

【2017宁波（北京）投资合作洽谈会】 2017年12月20日，2017宁波（北京）投资合作洽谈会在北京举行。海曙区万科高桥综合体和奕多弗时尚智造产业园2个项目在洽谈会上签约。万科高桥综合体项目用地规模约8公顷，预计投资40亿元；奕多弗时尚智造产业园项目由奕多弗实业公司投资，意向于望春工业园区内建设时尚智造产业园，包含时尚展示中心、时尚设计中心、生产中心、仓储配送中心、电子商务中心等。区委副书记、区长褚孟形还率区党政代表团实地考察中国航天科技集团有限公司、中国青旅实业发展有限责任公司等企业，推介海曙区投资环境。

（竺志军）

国内合作与交往

【概况】 2017年，海曙区与贵州省黔西南州贞丰县、吉林省延边州珲春市、丽水市云和县、金华市婺城区等地区继续开展结对帮扶，实施帮扶项目13个。统筹帮扶资金445万元，其中海曙区政府405万元、银行业协会40万元。与对口地区往来互访15次，其中出访8次、接待来访7次，帮助来访地区在海曙区召开推介会3次。由主要领导带队出访1次、接待来访2次。新增吉林延边州珲春市为海曙区对口帮扶地区，龙观乡与重庆万州区太龙镇结为友好乡镇。

【对口帮扶吉林省珲春市】 2017年3月23日，吉林省延边朝鲜族自治州珲春市成为海曙区对口帮扶协作地区。每年帮扶资金不少于200万元，根据财力增长情况，逐年增加并列入年度预算。4—11月，珲春市政府机关等相继到海曙区开展对口帮扶工作交流，考察月湖金汇小镇、南塘老街等项目及浙江康喜乐嘉投资股份有限公司、宁波市行政服务中心，并在海曙区召开中国图们江区域（珲春）国际合作示范区宣传推介会，全区近40家企业负责人参加。推荐珲春市重点项目服务中心干部到海曙区挂职。区经合局与市对口支援领导小组赴珲春市考察当地经济社会发展情况，拟定年度帮扶项目。

12月13日，海曙区与贞丰县对口帮扶座谈会举行

【龙观乡与重庆市万州区太龙镇结对】 2017年6月，龙观乡确认与重庆市万州区太龙镇互结友好乡镇，拟定结对协议书。太龙镇位于万州区北部山区、长江上游，距万州城区63千米，是万州区近郊重镇、产业强镇、临江大镇，面积62.3平方千米，总人口3万余人。7月19—21日，龙观乡党委书记陈健雄等人跟随市对口支援办赴太龙镇开展乡镇结对工作。12月17—21日，万州区移民局及太龙镇相关负责人到海曙区开展对口交流活动，并考察龙观乡。

【宁夏青铜峡市到海曙区考察】 2017年8月16—18日，宁夏回族自治区青铜峡市委书记石瑞林率队到海曙区考察，并举办青铜峡市宣传推介会。区委副书记、区长褚孟形，副区长薄慧敏接待。推荐会邀请20余家企业负责人参加。

【对口帮扶贵州省贞丰县】 2017年12月13—15日，海曙区对口帮扶的贵州省贞丰县在县委副书记、县长郑梦英率队下到海曙考察交流。区委副书记、区长褚孟形，副区长毛孟军等参与接待。其间，海曙区与贞丰县签订框架合作协议，讨论决定新增洞桥镇与贞丰县沙坪镇互结友好乡镇，其中洞桥镇沙港村与沙坪镇尼罗村、潘家夻村与者坎村互结为友好乡村。两地还就产业转移、人才交流培训、劳务输出等事宜进行交流。代表团考察宁波（国际）电子商务产业园、月湖金汇小镇及天一阁·月湖景区，了解洞桥镇企业和新农村建设情况。

（龚牡丹）

相关链接：

供销社领办参办：参办即以入股形式，和其他股东建设农民专业合作社；领办指以服务为主，利用供销社的销售网点等优势，为农民专业合作社开展服务。

B2B：企业与企业之间通过网络或Internet，进行数据信息的交换、传递，开展交易活动的商业模式。

交　通

交通建设

【概况】 2017年，海曙区交通运输局组建完成，组建局机关及公路管理段、道路运输管理所、港航管理处及交通质量安全监督站4家局属单位。完成市、区行业管理职能移交。牵头完成区交通投资建设有限公司组建。接转区轨道办等部门及职能。研究出台《海曙区公路建设管理的若干意见》《海曙区农村公路管理养护体制实施意见》等行业政策，完善行业管理制度。

雅戈尔大道修复提升、横街至章水公路工程、S214省道改造提升等一批因区划调整暂时停工的交通重点工程重新开工，项目总投资16.9亿元；G228国道、联丰路西延等一批交通重大项目启动前期工作；规划S310荷梁线改建工程完成线位选定；按期推进宁波内河港必利盛码头工程建设，3号、4号泊位交工验收，结束杭甬运河宁波段无码头历史，提升内河航运能力。

【雅戈尔大道修复提升项目重新开工】 2017年7月，雅戈尔大道修复提升项目由鄞州区交通局移交至海曙区。8月重新开工。雅戈尔大道始于杭甬高速段塘立交，终于鄞州大道，全长3.321千米。项目主要提升包括轨道交通接驳站施工段的路面大修、桥面铺装、栏杆改造，累计长度1.90千米；其余路段（轨道交通盾构施工段）道路路面提升、预防性养护，累计长度1.40千米；公交专用道增设，完善标志标线、信号灯、监控等设施。工程是市“美丽经济交通走廊”重要部分，工程总概算1.2亿元，全年完成投资596万元，工程形象进度完成26.63%。

【横街至章水公路工程开工】 2017年9月19日，横街至章水（毛家岙至樟村段）公路工程动土开建，工程总概算2.28亿元。至是年底，累计完成投资1.1亿元，支线路面完工并通车，工程形象进度完成45.6%。此公路作为连接横街镇和章水镇最便捷的通道，全长5.3千米，起点于横街镇毛家岙村，终点至章水镇沿溪公路，分别与大雷至毛家岙公路、望童线、荷梁线等乡镇道路衔接。项目采用三级公路标准施工，全线设有1座短隧道、9座桥梁。

【S310荷梁线改建工程规划】 2017年10月，S310荷梁线（鄞江镇至章水镇）改建工程确定项目选线方案，11月获取规划选址意见书。路线起于鄞江镇中心幼儿园，沿荷梁线至章水镇、沿溪线至荷梁线，终于余姚界。路线全长21.37千米，投资概算16.01亿元。全段分为拓宽改建段、穿镇改线段及品质提升段三部分。拓宽改建段全长5.3千米，为一级公路，设计时速60千米，双向四车道，路基宽度30米；穿镇改线段，全长4.6千米，为三级公路，设计时速40千米，双向两车道，路基宽度12米；品质提升段，全长11.47千米，为双向两车道，路基宽6.5米。全线采用沥青混凝土路面。

10月30日，S214省道（鄞州大道至奉化段）重启开工

【S214省道改造提升项目重新开工】 2017年10月30日，S214省道（鄞州大道至奉化段）重启开工，工程总概算12.91亿元。至是年底，累计完成投资2.27亿元，完成道路西侧镇海电厂非饮水管迁改、综合管道施工及部分通信线路割接等政策处理，工程形象进度完成6.3%。工程项目起点于鄞州大道，终点至洞桥镇鱼山头村，全长12.2千米，建成后成为宁波南门户主通道之一。

【宁波内河港必利盛码头工程】 2017年12月28日，杭甬运河宁波段首个实质性码头工程——宁波内河港必利盛物流配送码头3号、4号泊位水工工程通过交工验收。项目位于宁波内河港城西港区，建设500吨级泊位4个，其中散装水泥泊位2个、件杂货泊位2个，使用港口岸线260米，码头年设计吞吐能力为80万吨。此项目是杭甬运河沿线宁波市区境内首个企业投资建设的码头工程，为港区后方管桩生产基地服务，并兼顾公用码头功能，为周边地区提供建筑材料中转服务，促进运河经济发展。

（夏成甬）

运输管理

【概况】 2017年，区交通局开展“公路超限运输百日专项整治”行动，对S318省道落实海曙超限运输检测站治超中队、海曙交警大队、高桥镇综合执法大队“三合一”联动治超机制，累计查处违法超限运输车辆91辆、卸载货物424.5吨。实施道路客运市场“秋风一号”专项交通整治，重点整治“黑车”等违章行为。开展公路安全检查和桥隧隐患治理、安全生产检查、寄递物流整治等专项活动10余次，发现安全隐患800个，全部落实整改。完成翁家桥、双楼桥危桥改造。完成重大节假日运输保障，累计保障旅客发送85万人次，未发生一起重大安全责任事故。

【“秋风一号”专项交通整治】 2017年9月1日至11月底，区交通运管部门开展为期3个月的“秋风一号”专项交通整治。加强路面巡逻执法，全天候对汽车客运中心站、汽车南站及周边区域进行巡查，在杭甬高速宁波出入口、绕城高速洞桥出入口设置临时检查点，对过往客运班车进行人票核查登记，重点查处客运班车站外揽客，违规携带建材、涂料、汽油、香蕉水等危险品，违规托运和站外带货等违法行为。出动交通执法1136人次，检查各类营运车辆1715辆次，累计查处违法案件104件。

国庆期间，区交通运管部门联合海曙公安分局、区安监局等对“两客一危”企业开展安全大检查

【“公路超限运输百日专项整治”行动】 2017年9月15日始，海曙区开展“公路超限运输百日专项整治”行动，交警、城管、运政部门联勤联动。采取驻点执法和流动执法结合，实时监管治超站点和关键路段，重点打击车货总重49吨以上和超限50%以上的货运车辆。同时，重点打击辖区内矿山、预制构件场地、大型运输企业中违法超限运输行为。至12月底，检查嫌疑车辆1092辆，查处违法超限运输车辆64辆，卸载货物424.5吨。加强非现场执法系统建设力度，确保重点路段24小时不间断开展车辆检测，查处违法超限运输车辆24辆，收缴路政罚款22.2万元，移交海曙交警大队9辆，罚款1.09万元。

【翁家桥、双楼桥危桥改造】 2017年10月15日，翁家桥、双楼桥危桥改造工程开工。双楼桥位于段三线，桥梁维修总额为13.18万元，12月1日完工，12月11日实现双幅通车。翁家桥位于栎高线，维修总额为54.08万元，12月20日完工，桥面养护后，于12月30日开放交通。

【国庆黄金周运输保障】 2017国庆黄金周，区交通运管部门联合海曙公安分局、区安监局等单位，对全区20家“两客一危”企业开展安全大检查，重点检查安全教育、驾驶员资质、交通违法记录、车辆技术状况、车辆安全设施、GPS（全球定位系统）和车载视频监管等，责令整改安全隐患，整改不合格的，一律不得上路营运。督促客运站严格实行实名制售票，核查人、证、票一致进站和上车，禁止无关车辆和人员进站。检查无证营运、站外组客及超范围经营、宰客、卖客、甩客等违章行为，加大客运站周围及其他旅客集中地违规载客行为查处力度，维护运输市场秩序。10月1—8日，海曙区各客运企业安排加班车1300班，区交通运输局出动运政执法人员60人次，检查营运车辆230余辆次，查处违法车辆7起。

（夏成甬）

铁路宁波站

【概况】 2017年，铁路宁波站发送旅客1818.4万人次，到站旅客1861.6万

铁路宁波站

人次，日客流量达10.01万人次。

广场区域配备执法管理人员245人，采取24小时无休模式，通过重点地段定点管理与全区域步巡结合，提高路面见警率、管事率。查处非法营运车辆75辆，查处出租车违规经营212起；处理各类警情3876起，调解、处理纠纷285件，接受群众求助2336人次，刑事拘留1人次，行政拘留3人次，教育处理"黄牛"2022人次；查扣无证兜售550余起，处理违停7877起，规范"共享单车"3万余辆次；处理非机动车、行人违法1333起，处理残疾车违法132起；教育劝阻其他违法行为1.6万余起。

2017年春运、五一劳动节、国庆等重大节假日期间，南站综管办联系铁路、汽车南站、轨道交通等部门，完善运输保障、滞留旅客疏散、冰雪清扫、防台防汛等相关应急预案，做好灾害天气应对处理和人员疏散服务。协调市客管局、市公运集团等单位增开接驳专线、夜间中巴车；通过电召、落实应急车辆等措施调度出租车。落实每日班次、客流、执法数据等信息日汇报制度，确保节假日安全有序。综管办被评为2017年度"市级春运先进集体"。

【"蓝精灵"志愿服务品牌建设】 2017年，南站综管办联合81890志愿服务中心，继续建设"蓝精灵"志愿服务品牌。以旅客服务中心为基地，常态化开展"蓝精灵助你行"主题服务活动，从早8点至晚7点，为旅客提供乘车咨询、本地导航、"爱心电话"、失物招领等10余项服务。服务团队常驻志愿者35人，定点联系高校、社会爱心组织23处，组织志愿者8000余人次，服务旅客60万余人次。

【铁路宁波站区域治安防控网构建】 2017年，南站综管办依托综合指挥监控平台设置区域应急联动联勤指挥平台，与铁路宁波站派出所、汽车南站等部门合作，实现区域平安建设、应急反恐等工作机制、通信指令及视频监控系统互通，实现可疑情况及时发现、工作指令及时发布、一线响应及时处置，构建区域治安防控网、反恐防暴网。出台《铁路宁波站和客运站（汽车南站、客运中心站）平安建设考核奖励办法》，对铁路宁波站、汽车南站、客运中心等场站单位平安建设、反恐怖工作落实情况实施每季度考核。

（刘妍珣）

汽车南站

【概况】 2017年，汽车南站发车20.7万班次，发送旅客472万人次，日客流量1.29万人次。

春运期间，开展"亲情伴春运 温情在旅途"暖冬系列活动。在2月6—21日期间，营业时间调整为5：00—23：10。为方便旅客中转，增开23：00石浦（途径象山）、23：05宁海（途径奉化、尚田、西店、梅林）、23：10沈家门（途径定海）等班车。

在售票大厅、查危台、候车区增加人力，提升旅客行李安检力度。优化站内外引导标识，建设"情满旅途"服务链，提升服务质量。七一建党日期间，支部组织党员在售票大厅、自助区、下客区等处开展便民服务，提供交通咨询、志愿引导、帮提行李等。

【省交通厅检查宁波汽车南站春运工作】 2017年1月5日，省交通厅到宁波汽车南站检查春运工作。检查组先

汽车南站3561服务班

1月13日，汽车客运中心站春运现场

后察看售票大厅、自助服务区、查危台、候车区、3561旅客服务中心，听取汽车南站经理杨桂凤关于春运组织协调、安全生产、实名制售票、基础设施运行管理、春运优质服务、出站门检规范操作、应急运输保障等工作汇报。检查组对3561服务班开展的“腊八送粥，情满旅途”暖冬系列行动和车站春运安全工作表示肯定，要求做好安全生产与应急处置工作，确保旅客安全有序出行。

【汽车南站至朱家尖班线开通】 2017年1月16日，宁波汽车南站至朱家尖（蜈蚣峙码头）班线正式开通，便捷前往普陀山的旅客。班线由浙江甬舟汽车客运有限公司营运，采用豪华高三级大客车辆，提高旅客舒适度。

【3561服务班获评全国“工人先锋号”】 2017年4月27日，宁波汽车南站3561服务班被全国总工会授予全国“工人先锋号”称号。3561服务班前身是汽车南站设立的专职服务岗，2002年1月更名为“3561服务班”。服务班为旅客提供交通问讯、旅游咨询、免费倒送开水、代寄信件、小件寄存、预订车票等服务，帮助老弱病残孕等特殊旅客，经常做为旅客垫付车费、拾金不昧等好人好事。

【汽车南站星级服务员考试】 2017年11月14—15日，宁波汽车南站组织开展2017年度星级服务员考试。考评内容包括政治素质、职业道德、遵章守纪、业务技术、服务技能、操作规范、优质服务和劳动纪律等方面。51人参加考评，最终评选出四星级服务员2人、三星级服务员2人、二星级服务员6人、一星级服务员35人。

（沈霞波）

汽车客运中心

【概况】 2017年，宁波市汽车客运中心站日均发车308班次，日均发送客流4150人次。轨道交通2号线客运中心站日均客流5000人次。城西客运站日均发车12班次（含配载），日均发送客流154人次。春运期间，市客运中心站发车1.28万班次，发送旅客25.12万人次，客运周转量1.12亿人千米。城西客运站发车493班次，发送旅客9100人次。客运中心区域交通安全事故“零发生”，文明执法“零投诉”。

开展“人、证、票”合一工作，核查人员信息14万余条，出具旅客身份证明1.2万余人次。通过警务大数据对比，海曙公安分局抓获全国在逃人员7人、全省法院逃犯33人；通过对吸贩毒前科人员尿样现场检测，抓获吸毒人员12人；拦截非法传销组织“善心汇”人员10人。通过固定检查和巡查结合，开展路面电子巡更管理，提高路面见警率。接处警449起，其中求助278起、纠纷121件、盗骗35起、打架13起、赌博2起。人行道违停抄告230辆，辖区主要道路施划停车位300平方米，管控辖区内“共享单车”乱停乱放，暂扣占道广告牌10起，处置市容管理类问题130起、内河管理类问题8起，协调处理市政设施问题25起、绿化管理类问题3起。查处出租车违章20起、大巴车违章19起、无证客运5起。

【客运中心志愿服务活动】 2017年，客运中心综管办、轨道交通集团客运中心区域党支部、市公运集团汽车中心站党支部实施联创共建，开展交叉志愿服务活动。为乘客提供交通指引、换乘衔接、客流疏导等专业服务，开展“温暖春运”“学雷锋进社区”“关爱老人”“关爱小候鸟”等志愿服务活动。联合高校志愿者、“衷心”服务班、社会义工、其他志愿者团队，为旅客提供饮用水、外用药品、针线包、工具箱、候车指引、交通地图、旅游指南、班车时刻表等免费服务。累计组织志愿活动40次、志愿者250余人次，为旅客提供咨询服务5000余次。

（丁红艳）

宁波栎社国际机场

【概况】 2017年，宁波栎社国际机场完成旅客吞吐量939.07万人次，其中国际和地区旅客114.86万人次；货邮吞吐量12.04万吨；航班起降7.33万架次。同比分别增长20.5%、4.7%、12.6%和15.1%。春节黄金周期间（1月27日至2月2日），安全保障航班1412架次，增长12.6%；完成旅客吞吐量19.04万人次，增长17.5%。2月2日，单日旅客吞吐量首次突破3万人次，达到3.22万人次。

11月8日，随着由昆明飞往宁波的中国东方航空MU5454航班降落，宁波机场年旅客吞吐量突破800万人次；12月16日，随着浙江长龙航空GJ8739航班载158名旅客从宁波

建设中的宁波机场三期扩建工程全景图

栎社国际机场起飞，宁波机场年旅客吞吐量突破900万人次。至是年底，增加国内济南、威海、东营、烟台、池州、景德镇等13个定期航点，加密至广州、深圳、西安、重庆等区域枢纽机场航线，增加至贵阳、沈阳、郑州、长春等省会城市航线密度，开通直飞捷克首都布拉格、德国法兰克福的洲际包机航班。航点累计91个，航线累计124条，国内航线在覆盖省会城市基础上逐步向省内二、三线城市拓展。

开辟顺丰航空宁波—天津波音757杨梅包机、中国货运航空美洲—宁波波音777F车厘子包机、澳大利亚快运航空悉尼—宁波波音767全货机包机3条全货机临时包机航线，完成全货机货量5.8万吨，增长25.8%。引入春秋航空和长龙航空两家航空公司在宁波机场设立基地，机场过夜运力增至19架次。至是年底，入驻宁波机场的国内外航空公司累计48家，其中低成本航空18家。低成本航空运营航班1.08万架次，运送旅客165万人次，分别增长87.5%、91.2%，低成本航空市场份额提升至17.6%。

完成国际出发厅改造、远机位扩容、头等舱休息室新建等工程，启动1号廊桥远机位保障模式及国际快捷值机柜台，缓解候机楼运行压力。机场飞行区平滑系统配套机坪扩建工程东标段6个机位投入使用，机坪停机位增至26个。

开展“平安民航”、机坪运行、鸟击防范等专项行动。6月，民航浙江安全监督管理局通过对机场安全管理体系（SMS）的效能评估。全年未发生一般差错以上安全事件，实现第33个“安全年”。重新分配二楼登机等待区，提升自助值机率至53%，增设29台多功能液晶显示PAD（便携设备），推出“军人依法优先”、行李寄存、微信支付等31项服务改进举措，建立差异化航延处置机制，处置大面积航班延误25起。9月，通过中国民用机场协会对机场的服务质量评审。开通“军人依法优先”绿色通道，持有效证件的军人及随行家属乘坐国内航班时均可享有服务。

【宁波至美国塞班春运包机航线开通】 2017年1月21日至2月上旬，宁波栎社国际机场开通宁波往返美国塞班包机航线。航线由美国动力航空执飞，班期为每5天1班，共5班。出港航班号2D324，机型为波音767—200，美国动力航空成为首家加盟宁波航空市场的美国航空公司。

【春秋航空设宁波机场过夜基地】 2017年5月1日，春秋航空正式在宁波栎社国际机场投放两架驻场飞机，设立宁波过夜基地，并陆续增开宁波至兰州、绵阳、珠海、太原、大连、普吉6条航线。春秋航空成为继中国东方航空公司之后入驻宁波机场的第二家驻场基地公司，也是首家在宁波机场投放过夜运力的低成本航空公司，每年可为宁波机场带来至少50万人次的净增客流量。

【宁波至东南亚航空货运市场开启】 2017年5月4日18时40分，VJ5307航班从宁波栎社国际机场起飞前往越南芽庄，实现宁波至东南亚客运航线首次腹舱带货，开启宁波至东南亚航空货运市场。航线由越南越捷航空执飞，每周二执行1班，机型为空客A320。

【机场三期扩建工程】 2017年6月，宁波栎社国际机场三期扩建工程T2航站楼主楼两侧西指廊与东指廊主体结构施工结束，T2航站楼主楼龙骨拼装连接施工启动，主楼进入全面施工阶段。至是年底，三期扩建工程完成投资12.6亿元，累计完成投资68.21亿元，占概算总投资的80.7%，工程预计于2019年底竣工。

【宁波至捷克布拉格航线开通】 2017年6月8—12日，第三届中国—中东欧国家投资贸易博览会在宁波召开。会议期间，宁波栎社国际机场开通宁波直飞捷克首都布拉格的往返航班，由中国东方航空公司执飞，出港航班号MU7117，机型为空客A332，分别在6月5日、6月13日执飞2个往返4个班次。

【波兰代表团考察宁波机场】 2017年6月12日，参加2017年中东欧国家华侨华人宁波峰会的波兰代表团到宁波栎社国际机场参观考察。代表团现场参观机场货站进口冷链仓库，了解仓库基本设置、进口货物业务操作流程。表示宁波与波兰可以开展“双波”合作，促进双边贸易。

【全省首架美国进境水果包机开通】 2017年7月11日，载有近百吨美国车厘子的货机从美国飞抵宁波栎社国际机场，成为浙江省内首架美国进境水果包机，也是宁波空港在取得“进境水果指定口岸”资质后引进的首架进境水果包机。航班由中国东方航空公司旗下中国货运航空公司承运，机型为波音777，满载货量为100吨，航线从洛杉矶经停西雅图飞抵宁波。水果运抵机场后，经过宁波机场海关和检验检疫部门查验，陆续分拨至宁波、上海、杭州等地。

【宁波机场归属省机场集团管理】 2017年9月15日，市政府与省机场集团在杭州签订协议，宁波栎社国际机场正式归属省机场集团管理，成为集团全资子公司。3月，根据浙江省委“补齐民航发展短板，建设民航强省”要求和部署，全省机场资源整合，宁波机场完成前期资产划转工作。9月，宁波、温州、舟山3个机场同时在杭州签订协议。11月17日，省机场集团揭牌成立，省机场集团注册资本金100亿元，浙江省国资委、宁波市国资委、温州市国资委、舟山市国资委为股东。

【宁波至重庆万州航线开通】 2017年10月29日，宁波栎社国际机场开通至重庆市万州区直飞航线。万州区是宁波对口帮扶对象，航线开通旨在深化两地协作。航线由中国国际航空公司执飞，机型为波音737—800，每周一、三、五、日执行1班，出港航班号为CA4518。

【首部宁波机场年鉴出版】 2017年12月，宁波栎社国际机场首部年鉴——《宁波机场与物流发展集团年鉴（2017）》由浙江人民出版社正式出版。此书是宁波机场1984年建站以来第一次组织编纂、公开出版的企业年鉴。年鉴采用分类编辑法编纂，系统记录2016年宁波机场安全生产、运行保障、改革发展等各方面情况，全书设置25个类目，共13万余字，包含照片、图表等100余张，是综合性企业年刊和资料性文献。

【航空货邮电子装机报载系统启用】 2017年12月1日，宁波机场正式启用航空货邮电子装机报载系统，货运报载、载重平衡、机坪装载数据由纸质单据人工传递改为电子传输。装机报载系统连接货运系统和中航信离港系统，使货邮信息传输、装载分配、装机单制作全程电子化，提升货邮装卸作业时效性和准确性。

（于　骏）

轨道交通

【概况】 2017年，区轨道办在辖区内开展轨道交通4号线建设相关征迁、工程保障工作，启动轨道5号线建设征迁前期工作，办理轨道2号线工程保障遗留工作。至是年底，轨道交通2号线藕池站西侧地块改造项目完成搬迁并拆除房屋，轨道交通4号线重点推进兴宁桥西站、兴宁桥西站至兴宁桥东站区间房屋征收工作，两个项目重新确权后征收建筑面积3.37万平方米，完成签约建筑面积3.2万平方米。启动轨道交通5号线建设征迁前期工作。

【轨道交通建设工程保障】 2017年，轨道交通2号线海曙区域段完成宁波公交段塘停车场0.06公顷土地永久用地出让。轨道交通4号线完成柳西站、新芝站、翠柏路1号桥、翠柏路2号桥建设涉及绿化移植及公共自行车迁改。完成大公馆、天海华庭、翠南小区、钱东社区、排水公司泵站分公司、后河小区临时场地借用。协调宁波工程学院、后河小区临时借用场地上设施及绿化迁改。协调大卿桥站5号出入口涉及的后河小区、柳西站涉及的宁波军分区出让场地永久性占地补偿事宜。

（叶立航）

公共停车管理

【概况】 2017年，海曙区有独立、配建、结合地块建设、临时建设及学校、医院、机关企事业单位等各类公共停车场248家，泊位3.45万个，公共停车场面积72.69万平方米。其中，批准备案收费公共停车场146家，泊位2.44万个。按辖区街道分，江厦停车场44家，泊位5603个，面积9.06万平方米；月湖停车场36家，泊位5106个，面积9.78万平方米；鼓楼停车场31家，泊位4823个，面积15.99万平方米；西门停车场22家，泊位2824个，面积7.19万平方米；南门停车场34家，泊位4372个，面积6.89万平方米；白云停车场28家，泊位2643个，面积4.85万平方米；望春停车场25家，泊位5414个，面积11.51万平方米；段塘停车场28家，泊位3720个，面积7.4万平方米。

【咪表管理】 2017年，海曙中心城区有计咪表管理路段33条、咪表设备478台、咪表收费泊车位911个。其中，重点治堵路段9条，设置咪表131台、泊车位249个；一级区域路段22条，设置咪表301台、泊车位573个；二级区域路段2条，设置咪表46台、泊车位89个。配备现场咪表管理工作人员58人。全部咪表可以用微信、新市民卡、咪表卡进行支付。

（林桂玲）

10月29日，宁波栎社国际机场开通至重庆市万州区直飞航线

邮电·信息

邮 政

【概况】 2017年，邮政海曙分局实现邮政业务总收入2062.17万元，有从业人员88人。下辖3个支局、1个营销部，开办邮政储蓄业务网点8个。储蓄业务收入1040万元，其中函件业务收入260万元、集邮业务收入66万元、报刊业务收入450万元。邮储存款余额7000余万元。完成新邮预订507本、形象化年册500本，同比增长21.62%。拓展电影票销售渠道，完成销售5000张，业务收入15万元。与《海曙新闻》合作，将《海曙新闻》纳入DM（邮政广告）信函和数据库项目投递，原有代投业务发展为印制代投一体化业务。

联合部分社区、单位以“送真情服务 建和谐社区”为主题，开展活动50余场。其中，为高桥派出所印发2012年国务院“人民满意”5周年个性化邮册；到集士港中心小学举办“无毒青春、健康生活”国际禁毒日宣传活动。

【“国际禁毒日”进校园活动】 2017年6月16日，邮政海曙分局联合海曙禁毒大队、新华小记者宁波组委会，走进宁波集士港中心小学开展“无毒青春、健康生活”主题公开课活动，利用DIY机器打印明信片形式宣传禁毒知识，丰富宣传形式。

（费晓春）

通 信

【概况】 2017年，中国电信股份有限公司宁波分公司海曙分局（简称“海曙电信公司”）下设支局17个、服务网点180余个，有固定电话用户28.1万户、有线宽带用户27.2万户、移动手机用户39万户，固定互联网接入光网覆盖95万户。全年业务收入5.9亿元，同比增长5.2%。建设1.8G基站42个、800M基站38个、4G基站682个，实现全地区4G网络全覆盖。设置热点258个、AP（连接有线网和无线网的桥梁）2661个，光缆总长3.5万千米，互联网城域出口带宽4万余兆。实现交通枢纽、政府对外服务场所、大型医院、大中专院校、星级酒店、写字楼、大型商业广场、综合性休闲娱乐场所等区域全覆盖。海曙分局智慧家庭工作室获2017年度省级“创新工作室”称号。

中国移动海曙分公司（简称“海曙移动公司”）完成出账收入13.65亿元，增长12.23%；通信用户100.7万户，通话用户98.18万户，被省移动公司授予“明星县（市、区）公司”，大红鹰营业厅、镇明营业厅获评年度省级“青年文明号”称号。累计开通基站564个、室分（室内分布系统）170个、小微站248个；开通4G+基站1073个，实现海曙全区无线网络全覆盖。完成主要街道和乡镇4G+网络覆盖，优质网络覆盖达98.5%。光纤覆盖32万户，覆盖率达99%。

中国联合网络通信有限公司宁波市海曙分公司（简称“联通宁波分公司”）下辖11个营业厅、3家社区服务网点、3个县分部门（市场部、综合部、政企客户部），有员工130余人。每月25日为“联通客户日”，首创“4S”服务（speed快捷、safety安心、sweet贴心、satisfaction舒畅）。

【“智慧消防”系统试点】 2017年，联通宁波分公司与海曙消防大队合作，在南塘老街、高桥品尚公寓等地试点设立宁波联通“智慧消防”系统，负责消防系统平台研发。平台由警情处置中心、火灾隐患智能监测系统、消控室实时监控系统、数据分析中心系统组成，借助物联网、大数据、云计算等新技术实现消防设备联网，达到消防预警一体化、巡查监管规范化、数据标准统一化。

【“电信进社区”活动】 2017年，海曙电信开展“电信进社区”活动。与白云街道开展“党建翼联”，在社区内建立党员活动点，进社区宣传中共十九大精神；建设垃圾分类小知识宣传墙；创建“天翼阁”，成为社区党员、群众活动场地。与云乐社区联动，开展“暖心豆浆守望社区老人”活动，通过送豆浆形式，为社区高龄独居老人带去营养早餐和问候；开展“送手机进社区”活动，在各社区开展残疾人智能手机使用培训。

【“智慧安防小区”建设】 2017年，海曙电信与海曙公安分局联合建设“智慧安防小区”。海曙电信通过技术手段及运营管理，相继在社区建成“智慧租户”管理系统、“智慧物业”系统、“智慧人防”系统、“智慧车辆”管理系统等，并实现各系统全部连接。至是年底，完成2个小区“智慧安防系统”建设。

【海曙移动公司参与民政养老项目】2017年初，海曙移动公司与区民政局达成战略合作关系，共建海曙区民政养老项目。项目由区民政局搭台，除海曙移动外，还联合第三方公司，以“政府引导、社会参与、市场运作、信息助力”模式，革新传统养老模式，搭建“一平台一中心”，即服务交易平台和呼叫服务中心。海曙移动负责建成7台高性能“云主机”，开设“呼叫中心”等业务。至是年底，签约开户500余户老人套餐。

【全市首个“千兆智慧景区”建成】2017年1—8月，海曙电信投入上百万元改造升级月湖景区内电信系统，实现景区Wi-Fi全覆盖、视频监控无死角、广播音响全播放，成为宁波市首个“千兆智慧景区”。改造布放光缆线路10余千米，安装监控点位50个、Wi-Fi点位近百个，增设广播音响近50套。

【海曙移动公司中标区教育城域网项目】2017年8月，海曙移动公司中标“海曙区教育城域网光纤链路及互联网出口租用”项目。项目包括建设170条区教育局至各学校单位裸纤链路、5Gbps互联网出口带宽及384个公网IP地址。

（沈彦 张波 潘岱玲）

“智慧城市”建设

【概况】2017年，海曙区有光网用户38.9万户，其中100M以上用户占51%，建成NB—IoT基站115个。年度信息化发展指数为103.79，位列全省第四，全市第一。

完成“十三五”智慧城区规划修编，确立“一网、一中心、四大应用体系、五大产业、四类载体、一人才体系”智慧城市发展架构。制定发布《海曙区智慧城市专项资金管理办法》《海曙区智慧经济专项资金管理办法》《海曙区工业企业技术改造（智能制造、工业信息化应用）专项资金管理办法》《海曙区企业上云专项资金管理办法》等政策，推进“智慧城市”建设。推进市级“智慧城市”试点项目——“海曙区空间数据服务系统建设”项目，推出第一批面向镇（乡）街道的服务。统筹政府信息化项目管理，安排信息化项目114个，投入资金1.02亿元。引进中国科学院院士谭建荣团队落户海曙，成立宁波智能制造技术研究院。

区民政局联合区慈善总会、广安智慧养老服务中心，与海曙移动公司战略合作，推出“甬城智慧养老”App、“甬城智慧养老”电视机顶盒，聚合“56805680”热线电话，构建“三位一体”智慧养老服务矩阵。高桥镇品尚公寓、南塘老街、白云街道试点“智慧消防”系统，实现出租房、人员密集场所、基层政府3个层面应用。农业部数字农业建设试点项目之一——“优质高效水稻大田种植数字农业技术集成”示范项目落户海曙，成为华东地区唯一入选该类试点的项目。

【“智慧城市”专题培训班】2017年7月26—28日，海曙区举办2017年度“智慧城市”专题培训班，各镇（乡）街道、各部门分管负责人和业务骨干及“智慧城市”领域骨干企业负责人70人参加。培训邀请浙江大学计算机科学与技术学院人工智能研究所副教授金小刚、市智能制造产业研究院院长甘中学等专家分别作专题授课。培训人员实地参加华为技术有限公司新技术、浙江大华技术股份有限公司“人工智能在视频行业应用”及杭州“跨贸小镇”现场教学。

【区蜂窝物联网建成】2017年8月25日，海曙区举行蜂窝物联网（NB-IoT）开通暨战略合作协议签约仪式。海曙区率先全面建成开通蜂窝物联网，中国移动宁波分公司在海曙区设立NB-IoT基站115个，初步构建起有本地特色的物联网生态系统，为全区物联网大规模应用普及提供网络基础。NB-IoT是一种专为物联网设计的窄带射频技术，即通过安装通信模块让物与物之间联网，具有覆盖广、连接多、速率低、成本低、功耗低、架构优等特点，有广泛应用前景。

【MasterCam（中国）先进制造研发中心落户海曙】2017年9月8日，第六届智博会在宁波国际会展中心开幕。在智慧城市合作项目签约仪式中，浙江优创信息技术有限公司与海曙区签订合作意向书，MasterCam（中国）先进制造研发中心落户海曙区，投资金额约1亿元。研发中心的引进旨在通过科技创新增加产品技术含量和提高

位于天宁大厦的海曙移动公司

产品附加值，培养制造业高端人才，提升产业链竞争力。

（蔡　哲）

电子政务

【概况】2017年，全区统一数据平台——政务信息资源中心和数据开放平台完成二期项目建设。区划调整后，西片区各政府单位网络全部接入区政务网络。联谊宾馆、集士港办公区、雅戈尔大道办公区3个集中办公点网络开通，基本形成覆盖全区部门、镇（乡）街道、村（社区）的三级网络体系。新增视联网点位20个，总数达34个。形成统一的远程视频指挥工作平台，远程指挥和远程会议功能覆盖全区所有镇（乡）街道和部门。完成39家单位的网站集约化建设，实现政府网站“一站式”访问。

在2017中国大数据产业峰会上，海曙区“政务大数据共享与开放实践”案例获“政务大数据应用优秀案例奖”。区人社局“海曙区群体性欠薪预警信息系统”依托政务信息资源中心在全省劳动保障监察系统推广；区档案局与区婚姻登记处合作，开发远程查档受理平台解决婚档查阅难题，为补办结婚证居民提供“一站式”查档服务；“海曙区流动人口量化积分申评系统”依托政务大数据，实现申评人业务“零跑腿”。

【浙江政务服务网海曙平台建设】2017年，海曙区推进浙江政务服务网海曙平台建设，970余项事项实现在“区统一权力系统”上进行网上运作，32个政府部门、17镇（乡）街道、268个村（社区）开设网上服务站点。建成“一窗平台”，实现“受办分离、一窗融合”，方便企业群众办事。

【区政务大数据项目获奖】2017年3月，海曙区“政务大数据共享与开放建设实践”项目在2017中国大数据产业峰会上获得“政务大数据应用优秀案例奖”，系全省唯一获奖单位。海曙区通过统筹项目规划建设、畅通数据共享通路、促进“万众创新”等举措，推进全区政务数据资源整合共享与开放利用。建设以区政务信息资源中心为核心的基础支撑平台，形成汇集35家部门、3300余万条资源的数据服务枢纽，实现部门间数据资源汇聚共享。建设数据开放平台，面向社会开放数据22万项，数据下载量400余万条，吸引社会企业参与政务大数据开发利用。

3月，海曙区“政务大数据共享与开放建设实践”项目在2017中国大数据产业峰会上获奖

【区电子政务管理办公室成立】2017年8月，原区信息中心更名为区电子政务管理办公室，负责落实国家及省、市有关电子政务各项工作，指导协调和管理全区电子政务工作。办公室设置事业编制7名，核增单位副职领导职数1名，单位领导职数共2名（1正1副）。

【政务信息资源梳理完成】2017年11月，海曙区围绕数据支撑“最多跑一次”改革，组织全区各部门开展政务信息资源梳理，完成全区31家部门675条政务信息类目录梳理。依托80%以上部门实现“信息系统整合共享全覆盖”的前期成果，以区政务信息资源中心建设为重点，指导部门进行数据目录梳理；按照“应列尽列，应填尽填”原则，在依据部门“三定”规定和权责清单编制目录基础上，与市级部门对接，确保有关数据一致性。按照时间节点和填报要求上报，按时保质完成政务信息资源目录编制。

（李　勤）

信息产业

【概况】2017年，海曙区30家软件与信息服务企业实现软件业务收入38亿元，同比增长22%。核定年度政府信息化项目105个，资金8284.38万元；追加项目6个，资金395万元，首次实施政府信息化项目绩效评价。

推进企业“上云”工作，新增“上云”企业2661余家，博洋集团等3家企业被列入省第一批“上云标杆企业”。三生（中国）健康产业有限公司获评省级“制造业与互联网融合发展试点企业”，宁波腾仁科技有限公司等3家企业被列入市“工业物联网应用”试点项目，“创客157”创业创新园获评市级制造业重点服务平台。经济观察网、“中国之声”、“浙江之声”、《宁波日报》等各级媒体报道宣传海曙区“服装+”、智能制造工作。

【“创客157”创业创新园入选国家级试点】2017年11月，工信部公示的第二批纺织服装创意设计试点园区（平台）名单中，博洋集团的“创客157”创业创新园入选，是全市首家入选的园区。“创客157”创业创新园是宁波首家民营资本全资创办的孵化园区，集办公空间、创业孵化、投融资服务、人才公寓、体育场馆、餐饮等功能于一体，总面积1.42万平方米，投资

6700万元，入驻企业80余家，入驻率达82%，其中纺织服装及相关企业63家。入驻设计师67人，签约网上纺织服装设计师127人。

【区软件和信息服务产业基地综合评估居全省首位】 2017年12月，省经信委发布《关于2016年度软件和信息服务产业基地综合评价结果公示》，海曙区在全省10个软件和信息服务产业特色基地中位居第一。当年1—10月，全区软件产业收入29.55亿元，基本形成以电子商务为核心，软件产品研发、信息系统集成为辅的产业发展特色。

【区信息化指数居全市首位】 2017年12月4日，浙江省国家信息经济示范区建设新闻发布会公布《2017年浙江省信息经济综合评价报告》，海曙区以117.3的信息化指数，位列宁波市首位。评价报告经过对各地基础设施、核心产业、个人应用、企业应用、政府应用五大方面22个指标综合评价后得出。

（蔡　哲）

资料链接：

“一网、一中心、四大应用体系、五大产业、四类载体、一人才体系”智慧城市发展架构：“一网”即高速通信网络；“一中心”即海曙数据中心；四大应用体系即“智慧政务”服务、“智慧社区”服务、“智慧商圈”服务、“智慧乡村”服务；“五大产业”即软件产业、“云计算”产业、电子商务、智能硬件、智能制造；“四类载体”即电子商务产业园、智能制造产业园、“智慧城市”众创空间、“智慧城市”特色小镇；“一人才体系”即“智慧城市”人才体系。

企业上云：指企业通过网络，将企业的基础设施、管理及业务部署到“云端”，利用网络便捷获取云服务商提供的计算、存储、软件、数据服务，以此提高资源配置效率、降低信息化建设成本。

“创客157”创业创新园

金　融

金融监管

【概况】 2017年，海曙区银行业不良贷款余额233.37亿元，不良贷款率达3.35%；发生非法集资案件14起，同比下降26.3%。完善工商注册登记联合审核制度，区金融办联合区市场监管局、属地街道和月湖金汇小镇做好招商选资，加强源头管理。累计为607家企业办理办理注册、变更等前置会商审批和备案，其中新设389家、变更218家。

【金融风险网格排查机制建立】 2017年，海曙区依托市基层社会服务管理综合信息系统，组织镇（乡）街道和网管员专项排查，认领系统内1200余家企业，并录入“一企一档”数据。5月15日，在天一广场举行“与民同心为您守护”经济犯罪防范宣传日活动；12月4日，在中山广场举办“国家宪法日”普法宣传活动，设“处置非法集资”宣传展位，累计发放宣传手册500余册。

【金融涉嫌非法风险排查】 2017年，海曙区制定出台《海曙区十九大金融维稳安保工作方案》《关于进一步加强涉嫌非法集资风险排查和处置工作的通知》《关于开展全区涉嫌非法集资风险排查专项活动的通知》等系列文件，多部门开展联合巡查专项行动，提高预防、预警、动态监管和快速依法处置能力。重点排查宁波旺信投资管理有限公司、“纬会贷”、宁波拓益网络科技有限公司等，对“宁波融信华创”重点维稳案件情况不定期上报，办理宁波耀科贵金属投资有限公司涉嫌非法交易场所举报等区信访件6件次、“宁波盛世美域”和“鼎盛聚财”涉嫌非法期货交易举报等市级联系单11个。

（童绍数）

金融服务

【概况】 2017年，海曙区金融业实现增加值108.04亿元，增长2.5%。金融业增加值占区域GDP的9.3%，占服务业比重为15.6%。区内有各类金融机构286家，其中银行宁波市分行10家、一级支行及村镇银行55家、二级支行及分理处128家。区内有保险市级分公司（含宁波中心支公司）18家、保险支公司及营销服务部14家，专业中介机构14家。有宁波市证券分公司5家、证券营业部22家，期货分公司2家、期货营业部13家，小额贷款公司4家、转贷公司1家。

至是年底，全区银行业本外币各项存款余额和贷款余额分别为6931.87亿元和7389.8亿元，同比分别增长4.6%和5.3%；保险机构实现保险业务收入217.43亿元，增长18.5%，其中，财产险和人寿险分别实现保险业务收入106.25亿元和111.19亿元，增长8.6%和29.8%。各类赔款给付82.85亿元，降低3.7%。

区内转贷公司累计服务企业456家次，转贷金额37.93亿元，在减轻企业负担、提高企业资金流转效率方面取得成效。4家小贷公司累计发放贷款39.43万笔、贷款金额10.61亿元，年末贷款余额4.91亿元。

【水稻收获期损失保险试点】 2017年，海曙区在全市率先试点水稻收获期损失保险。此保险是水稻种植的附加险，保险期内只要水稻种植保险责任发生，农户即可获得附加保险赔偿，保额为每亩（667.7平方米）200元，费率10%，保费由市、区财政各承担25%、农户自付50%。全年试点保险面积2313.3公顷。

【杨梅气象指数保险试点】 2017年，海曙区在全市范围内率先试点杨梅气象指数保险，保险保额为每亩（667.7平方米）3000元，费率10%，保费由市、区财政各承担25%、农户自付50%。全年农户缴纳保费2.16万元，获得赔偿7.56万元。

【“2017中国股权投资论坛@宁波”活动在海曙举行】 2017年6月14—15日，由市政府主办，清科集团、市金融办、区政府承办的“2017年中国股权投资论坛@宁波”活动在月湖金汇小镇举行。活动包括主题分享、高端对话、交流座谈会、圆桌讨论等，涉及大消费、医疗健康、智能制造等行业。论坛期间举行2017“寻找宁波最具投资价值企业20强”颁奖典礼，海曙区企业——宁波奥丞生物科技有限公司获奖。副市长

6月14—15日，“2017中国股权投资论坛@宁波”活动在月湖金汇小镇举行，区委副书记、区长褚孟形应邀参与主论坛“股权投资+创新创业=变革机遇”高端对话活动

许亚南出席论坛并致辞，区委副书记、区长褚孟形参加主论坛高端对话活动。

【国际金融与银行学会2017亚洲年会在海曙举行】 2017年8月31日，国际金融与银行学会（IFABS）2017亚洲年会在海曙区举行，200余名海内外专家学者与金融业精英参加会议。年会开展“金融创新、稳定与可持续增长”专题研讨，交流国际新金融产业发展趋势。纽约大学波动研究所主任、纽约大学斯特恩商学院、金融学教授、2003年诺贝尔经济学奖得主罗伯特•F. 恩戈尔（Robert F. Engle），中国信用评级行业创始人之一、大公国际信用评级集团董事长、世界信用评级集团董事长关建中，国际货币基金组织驻华首席代表席阿尔佛雷德•睿德（Alfred Schipke）等先后以金融风险衡量、金融体系信用评级等专题结合宁波新金融发展进行演讲或视频演讲，解析“运用金融创新促进金融稳定与可持续发展”理念。

【浙东抗日根据地金融货币展】 参见“中国共产党海曙区委员会”类目“史志工作”分目。

【“执行无忧”悬赏保险引入】 参见“法治 • 军事”类目“法院工作”分目。

（童绍数）

月湖金汇小镇

【概况】 2017年，月湖金汇小镇核心区项目完成投资43.1亿元。新入驻企业319家，注册资金133.29亿元。累计入驻小镇企业470家（类金融企业430家、文化类企业40家），注册资金444.02亿元。推进新金融与“文商旅”融合发展，探索老城区转型升级新路径。8月，小镇被列入省级特色小镇创建名单。12月，核心区“诗情湖西”项目一期开园。

【月湖金汇小镇入选省级特色小镇】 参见“商贸 • 经济合作”类目“现代服务业”分目。

【“诗情湖西”开园】 2017年12月28日，月湖金汇小镇核心启动区“诗情湖西”开园。“诗情湖西”项目位于月湖金汇小镇核心区，沿月湖西侧南北向展开呈长条形，东至偃月街，南至桂井街，西至长春路，北至中山路，是体现宁波城市历史文化价值与特色最核心的区域，也是宁波商帮兴起的代表地。启动区作为项目一期工程，占地4.32公顷，总建筑面积5.3万平方米，包含地上75个院落；地下停车位360余个，合计建筑面积1.9万平方米。

（童绍数）

银　行

【概况】 2017年，海曙区有银行宁波市分行10家，一级支行及村镇银行55家、二级支行及分理处128家。全区银行业本外币各项存款余额和贷款余额分别为6931.87亿元和7389.8亿元，同比分别增长4.6%和5.3%，基本形成全国性、区域性、地方性和国际性银行机构并存及服务性功能互补的银行机构体系。

【农业发展银行宁波市分行】 2017年末，农业发展银行宁波市分行各项贷款余额225.96亿元，较年初增加27.87亿元，增幅14.07%；各项存款余额60.57亿元，较年初增加16.59亿元，增幅37.72%；实现中间业务收入594.41万元；实现利润2.77亿元，同比增加4249万元。现金清收不良贷款7880万元，不良贷款余额6666.61万元，与年初比，减少1.22亿元，不良贷款率为0.3%，下降0.65个百分点。履行维护粮食安全职能，发放各类粮食贷款10.62亿元，支持企业收储粮食40.82万吨。完成农业农村基础设施建新项目评估11个，金额89.8亿元；获批贷款项目7个，金额62.35亿元。

【工商银行宁波市分行】 2017年末，工商银行宁波市分行本外币各项存款2027.50亿元，较年初增加172.51亿元，增幅9.30%；本外币各项贷款2415.04亿元，较年初增加160.77亿元，增幅7.13%；实现中间业务收入27.36亿元，按“营改增”口径同比增幅17.01%；实现拨备前利润56.20亿元，同比增加7.20亿元，增幅14.70%；不良贷款32.45亿元，不良率为1.34%。组建“中国制造2025”专项行动领导小组，加强重点建设项目金融需求对接，加大医疗、教育、养老、文化、旅游、体育等“幸福产业”领域及小微个贷市场拓展，不断优化信贷投向和资产结构。工行宁波市分行4家网点获评“中国银行业文明规范服务星级网点”，2家网点获评银行服务网点“金口碑奖”，2家网点获评总行优质服务“百佳网点”。

【建设银行宁波市分行】 2017年，建设银行宁波市分行实现税前利润7.9亿元，同比增加18.7亿元。各项贷款余额1510亿元，剔除不良处置、地方债置换等因素，人民币贷款同比实际增长219.8亿元。不良额、不良率连续5个季度实现“双降”。获人民银行综合评价A档；连续3年获评“外汇管理规定执行考核A类行”称号。获评2017年市“重点工程服务优胜奖”，是全市金融系统唯一获奖单位。保持无案件、无事故的安全稳健运行局面，获评省级“治安安全单位”称号。

【交通银行宁波市分行】 2017年，交通银行宁波市分行本外币各项存款余额647亿元，其中人民币存款余额539.7亿元、外币存款余额2.4亿美元、人民币同业存款余额91.8亿元。本外币各项融资余额612.7亿元，其中各项贷款余额598.8亿元。

【浦东银行宁波市分行】 2017年末，浦发银行宁波市分行宁波地区本外币各项存款余额754.82亿元，与年初相比，减少69.93亿元；本外币各项贷款余额556.25亿元，增加29.76亿元；后三类贷款余额5.46亿元，减少5.69亿元，不良率为0.98%，下降1.14个百分点。分行宁波地区总资产787.81亿元，较年初减少130.62亿元。分行宁波地区实现账面利润7.35亿元。2017年，分行在项目储备、资金渠道、产品应用和考核激励方面实施“四安排”，加大对区域实体经济支持力度，信贷规模继续较快增长，分行宁波地区审批授信1758亿元，同比增长160亿元，表内外累计投放1286亿元，“中国制造2025”、“一带一路”综合实验区、“3511”产业企业等相关重点产业为信贷主要投向企业，分行支持的“3511”产业企业达400家，授信余额166亿元。

【中信银行宁波市分行】 2017年末，中信银行宁波市分行总资产为811.2亿元，自营存款余额（原口径）412.2亿元，较年初减少76亿元，减幅15.6%。其中，对公存款余额350.7亿元，减少66.7亿元；个人存款余额61.5亿元，减少9.3亿元。各项贷款余额544.7亿元，增加53.8亿元，其中对公贷款余额360.9亿元，增加4.6亿元；个人贷款余额158.2亿元，增加38亿元；分行不良贷款余额11.4亿元，增加5.3亿元，不良率为2.09%，上升0.85个百分点。实现营业净收入17.48亿元，同比减少0.35亿元，减幅1.96%。中信银行宁波分行落实与市政府签订的“中国制造2025”战略合作协议，给予186家先进制造业企业贷款，贷款余额41.9亿元，较年初增长5.14亿元，增幅达13.9%。依托“核心企业+上下游+生态圈”链条开展小微企业营销，小微企业贷款余额、小微企业申贷获得率均有增长；接入“中信同业+”金融服务平台，推进与辖内机构各项业务合作。

中信银行大厦

【渣打银行（中国）宁波市分行】 2017年末，渣打银行宁波市分行各项存款总额本外币4.08亿元，较年初减少8.17亿元，减幅为67%。各项贷款总额本外币合计3.34亿元，较年初增加2.58亿元，增幅为336%。其中，不良贷款余额2.69万元，减少15.52万元，不良贷款率为0.01%。贷款风险控制卓有成效。实现经营利润1496万元。

【工商银行东门支行】 2017年末，工商银行东门支行各项存款余额216.08亿元，较年初增加40亿元。其中，对公存款余额172亿元，增加41亿元；储蓄存款余额36.27亿元，减少0.84亿元。各项贷款余额251.35亿元，增加3.96亿元。累放信用卡分期付款业务34.09亿元，新增16.53亿元，皆位列分行第一。不良贷款余额5044万元，减少1352万元；不良率为0.16%，下降0.04%。2017年，工行东门支行以乐歌人体工学科技股份有限公司上市为契机，为其办理分行首笔可结汇美元流动资金贷款998万美元，置换他行融资，同业占比达33%。

【工商银行鼓楼支行】 2017年末，工行鼓楼支行各项存款余额261.37亿元，较年初增加1.36亿元；各项贷款余额168.2亿元，增加5.35亿元。实现中间业务2.26亿元。工行鼓楼支行下辖1个营业部、8个二级支行，有员工206人。

【工商银行明州支行】 2017年末，工商银行明州支行实现本外币各项存款余额23.25亿元，较年初增加0.38亿元；本外币各项贷款余额39.75亿元，增加3.58亿元。实现净利润1947万元，同比增长3292万元；实现拨备前利润8031万元，增长1356万元；实现净利润1947万元，增长3292万元。

【农业银行海曙支行】 2017年末，农业银行海曙支行本外币各项存款余额99.96亿元，本外币各项贷款余额87.32亿元。向宁波栎社国际机场三期扩建项目、宁波世茂新领航置业有限公司项目等贷款3.5亿元。与优质地产商合作，发放个人住房贷款1498笔，金额18.9亿元；营销小额消费贷款项目“网捷贷”162笔，金额3093万元。向宁波博汇化工科技股份有限公司、宁波新世洋国际物流有限公司等授信2亿元。发放首笔“银担合作”模式下农户信贷业务。

【建设银行海曙支行】 2017年末，建设银行海曙支行本外币存款余额69.91亿元，本外币贷款余额93.61亿元。

【交通银行药行街支行】 2017年末，交通银行药行街支行本外币时点存款9.75亿元，较年初减少4.47亿元。其中，人民币时点存款9.31亿元，减少4.48亿元；外币时点存款688万美元，增加52万美元。人民币时点贷款余额15.93亿元，增加0.58亿元；外币时点贷款余额407万美元，增加397万美元。支行不良贷款余额3.11亿元，增加2.97亿元，不良贷款占比例19.9%。支行非息收入472万元，其中公司条线中收70万元、国际条线中收218万元、同业条线中收0.4万元、私金条线中收184万元。

【招商银行海曙支行】 2017年末，招商银行海曙支行全折自营存款14.08亿元，其中对公存款10.61亿元、零售存款3.47亿元。全折一般性贷款51.30亿元，其中对公贷款39.61亿元、零售贷款11.69亿元。新增个人客户近6000户，零售客户总数达6.24万户，新开对公结算户425户，全支行基础客群稳步增长。不良贷款余额114万元，较年初减少1215万元，贷款质量有所提升。海曙支行围绕政府惠民便民政策，推广线上预约模式，客户可通过微信、“一网通”、手机App等渠道在线预约、查询业务进度等。配合月湖金汇小镇建设，与多家小镇成员企业建立业务合作关系。周末在周边社区开展货币反假、防范金融诈骗、如何理财投资等金融知识宣传普及活动。

【兴业银行海曙支行】 2017年末，兴业银行海曙支行本外币存款余额6.47亿元，本外币贷款余额17.06亿元。12月，兴业银行宁波海曙支行迁址至月湖金汇小镇内。

【民生银行海曙支行】 2017年末，民生银行海曙支行本外币各项存款余额20.74万元，同比减少5.77%；本外币各项贷款余额50.49万元，增长19.16%。支行辖属一级支行3家、社区支行4家、自助银行6家，与电子银行一起构成24小时不间断服务体系，提供便捷金融服务。海曙支行服务对公客户超过2000户，以扶持小微金融为重点，涵盖周边各行业骨干和小微企业；服务个人客户超过5万户。2017年，海曙支行获得中国银行业协会评定的“中国五星级银行网点”称号，宁波市金融系统“青年文明号”，在《现代金报》组织开展的网点服务满意度中获评“市民最满意网点”。

【平安银行海曙支行】 2017年末，平安银行宁波海曙支行各项存款余额8.91亿元，本外币各项贷款余额29.81亿元，本外币5级分类不良贷款余额9581万元，实现经营性利润3992万元。发放宁波分行第一笔外保内贷业务，并为浙江中车电车有限公司、雅戈尔集团等优质实体企业及“2025中国制造”提供项目融资支持。

【光大银行海曙支行】 2017年末，中国光大银行宁波海曙支行点实现存款11.27亿元，贷款金额6.8亿元。获评金融系统“宁波金融先锋号”、“中国银行业文明规范服务五星级营业网点”、银行服务网点“金口碑奖”。

【宁波银行海曙支行】 2017年末，宁波银行海曙支行实现本外币存款余额89.4亿元，同比增加4.7亿元；本外币贷款余额39.3亿元，减少约2.1亿元。实现财务项下利润1.41亿元，增加7.6%。营业部下辖二级支行8家。

【宁波银行湖东支行】 2017年9—11月，宁波银行湖东支行和西门支行进行机构重组。至是年底，支行存款余额103.41亿元，较年初减少4.5亿元；贷款余额39.31亿元，增加4122万元。日均存款105.24亿元，日均贷款39.76亿元。通过跟进落地招标账户、把握区块合并红利、运用产品组合带动等措施，带动条线存款提升，全年日均存款69.07亿元，较基数新增4.07亿元，存款总量排名宁波地区第五。新增贷款3亿元，年底贷款规模近30亿元，贷款总量排名宁波地区第四。

【上海银行海曙支行】 2017年末，上海海曙支行实现本外币存款余额1.38亿元，其中人民币对公存款余

10月26日，区市场监管局与宁波银行湖东支行签署“政银合作”协议

额9257万元、储蓄存款余额4522万元。实现本外币贷款余额4.79亿元，其中对公贷款余额3.12亿元、个人贷款余额1.67亿元。支行账面净利润1917万元，不良贷款持续下降。连续10年实现安全无事故、无经济案件。

【稠州银行集士港支行】 2017年末，稠州银行集士港支行本外币各项存款余额5.9亿元，本外币各项贷款余额8.44亿元，实现利润1223万元。支行形成以小微业务为主导，公司业务、银行卡业务、个人业务联动的产品体系。获评“反假货币先进网点”、宁波市金融系统“青年文明号”称号。

【海曙国民村镇银行】 2017年9月4日，宁波市海曙国民村镇银行（原宁波市鄞州国民村镇银行）更名为宁波市海曙国民村镇银行有限责任公司。至年末，各项存款余额2.40亿元，较年初增加0.32亿元；各项贷款余额2.94亿元，增加0.19亿元。银行图形化前端系统、新反洗钱系统、财务系统、存款平台和EAST系统等相继上线。

（童绍数）

保 险

【概况】 2017年，海曙区有保险市级分公司（含宁波中心支公司）18家、保险支公司及营销服务部14家、专业保险中介机构14家。保险机构实现保险业务收入217.43亿元，同比增长18.5%。其中，财产险和人寿险分别实现保险业务收入106.25亿元和111.19亿元，分别增长8.6%和29.8%。各类赔款给付82.85亿元，降低3.7%。

【人保财险宁波分公司】 2017年，中国人民财产保险股份有限公司宁波市分公司实现保费收入42.62亿元，同比增长11.66%，市场份额居全市第一。公司在全国范围内首创“保险+服务”模式，“保险+监测”城镇住房综合保险、“保险+维保监控”电梯安全综合保险、“保险+找回”电动车综合保险、“保险+社会化安全服务”安全生产责任险等一系列保险创新项目为社会治理转型提供经验。“老年人意外险”“重特大疾病保障工程”“低收入户医疗保险”等项目参与精准帮扶，完善民生保障体系。“科技保险”“首台（套）新材料保险补偿机制”“全域旅游保险”等项目服务经济提质增效。

中国人保财险大厦

【平安人寿宁波分公司】 2017年，中国平安人寿保险股份有限公司宁波分公司实现保费收入36.74亿元，同比增长24.16%。其中，个人代理渠道保费收入30.62亿元，增长21.66%；银邮渠道保费收入1.95亿元，增长38.38%。通过流程创新与优化、人脸识别、OCR+NLP、医院联网、智能理赔模型等新技术，推出“闪赔”服务。客户通过“平安金管家”App进行在线理赔申请，减免8~10项理赔申请纸质资料，实现30分钟内赔款到账。

【太平洋产险宁波分公司】 2017年，中国太平洋财产保险股份有限公司宁波分公司实现全险种保费收入26.7亿元，同比增长3.9%。其中，车险保费收入19.69亿元，增长5.5%；非车非农险保费收入6.65亿元；农险保费收入3502万元。综合成本率达96%。公司保险创新项目——宁波市建设工程综合保险项目实现签单保费5030万元（增长322%）、替换保证金39.20亿元（增长409%）。帮助全市898家建筑企业释放保证金48.82亿元，为企业节约资金成本2亿余元。承保小微企业1262家，风险保障额度2.52亿元。深化全市普通国、省公路营运期巨灾风险保险试点，完成40余座桥梁、200余座边坡日常巡检，向相关公路段提出风险隐患管控建议50余条。

【人寿财险宁波分公司】 2017年，中国人寿财产保险股份有限公司宁波市分公司实现保费收入11.2亿元，同比增长9.55%，承保利润超过6000万元，市场份额达7.69%，居财险市场第四位，在海曙区缴税4272万元。公司承保宁波轨道交通、“一带一路”巴基斯坦卡拉奇核电站、浙江省能源集团有限公司下属各大电厂等大型工程项目；食品安全责任保险“宁波模式”实现全大市覆盖，公司首席承保；全国首创、公司独家承保的司法援助保险项目落地。连续5年获评“保险创新服务宁波经济社会先进集体”称号。中国人寿财险总公司在宁波设立区域产品创新基地。

【人保寿险宁波分公司】 2017年，中国人民人寿保险股份有限公司宁波市分公司实现保费11.45亿元，同比增长97.1%。首年保费规模8.88亿元，增长84.7%；续期保费收入2.57亿元，增长170.97%。分公司下辖9家机构，在册1002人，增长27.6%。公司银保渠道引进综合理财队伍，个险、收展渠道实现较大幅度增长。个险渠道新单期缴保费增长142.8%，月均有效人力增长182%；收展渠道新单期缴保费增长57%，规模人力增长118%。

【太平人寿宁波分公司】 2017年，太平人寿保险有限公司宁波分公司实现保费收入9.61亿元，同比增幅43%；赔付支出7151万元。实现保费规模及人力双突破。以首续联动为基础，确保品质指标。建设“健康关爱季”主题项目，“一对一”追踪服务，提升VIP客户健康管理力度。承办大型儿童剧会演，邀约客户1100余人。捐资2万元，捐助贫困学生20人。

【安邦财险宁波分公司】 2017年，安邦财产保险股份有限公司宁波分公司实现保费收入9306.84万元，同比上升12.59%；赔付支出6228.28万元，同比上升10.83%。全年纳税1082.53万元。宁波分公司有员工99人，下属9个机构。重点推动续保、总对总项目、招投标等优质车险业务。实施银行渠道战略转型，利用原有良好渠道合作关系，开展车贷险、信用险等业务。业务持续实现年度同比正增长。

【新华人寿宁波分公司】 2017年，新华人寿保险股份有限公司宁波分公司实现保费收入2.6亿元，其中新单规模保费收入6041.41万元、续期规模保费收入2亿元。理赔805件，金额1453.38万元，平均理赔时效1.33天，获赔率达98.2%。纳税480万元。推出“健康无忧重大疾病保险（C1款）”“多倍保障重大疾病保险”“福享金生A款终身年金保险（分红型）”等创新产品。其中，“健康无忧重大疾病保险（C1款）”获得金琥珀2017年度“优秀创新保险产品”、第12届中国保险创新大奖“最佳健康保险产品奖”、2017“金理财”年度保障型保险产品卓越奖、2017年度保险保障先锋论坛“年度值得信赖保障产品”。

【中银保险宁波分公司】 2017年，中银保险有限公司宁波分公司实现保费收入7841.66万元，同比下降3%；实现已赚保费6471.93万元，下降6.88%。实现利润总额1425.42万元，净利润1061.84万元。

【民生人寿宁波分公司】 2017年，民生人寿保险股份有限公司宁波市分公司实现保费收入2760.56万元，其中新单保费596.64万元。个人业务新单保费同比增长80.38%。在全市寿险公司“综合治理销售误导”评价中得分第一。

【阳光人寿宁波中心支公司】 2017年，阳光人寿保险股份有限公司宁波中心支公司实现保费收入1.27亿元，同比增长45.22%。其中，寿险规模保费收入0.99亿元，增长39.93%；健康险规模保费收入0.22亿元，增长64.97%；意外险规模保费收入0.06亿元，增长79.22%。公司年度市场份额为0.81%，提升0.13%。2017年4月17日，阳光人寿宁波中心支公司成为第四届宁波山地马拉松长跑活动赛事官方指定唯一保险供应商。

【大都会人寿宁波中心支公司】 2017年，中美联泰大都会人寿宁波中心支公司实现保费收入1.59亿元，同比增长60.89%，其中电话销售的保费收入7718.94万元，增长17.18%；银行保险渠道的保费收入6203.97万元，增长87.46%。

（童绍数）

其他金融机构

【概况】 2017年，海曙区有宁波市证券分公司5家、证券营业部22家，期货分公司2家、期货营业部13家，小额贷款公司4家、转贷公司1家。

【海曙永鑫小贷公司】 2017年，海曙永鑫小贷公司为区内112家小微企业发放小额信贷2.11亿元，年末贷款余额1.73亿元，市金融办小额贷款公司监管评级获A级。

【海曙鹏源小贷公司】 2017年，海曙鹏源小贷公司为区内439家小微企业发放小额信贷1.15亿元，年末贷款余额1.08亿元，市金融办小额贷款公司监管评级获A级。

【海曙德丰小贷公司】 2017年，海曙德丰小贷公司为区内27家小微企业发放小额信贷0.85亿元，年末贷款余额0.73亿元。

【永安期货宁波营业部】 2017年，永安期货股份有限公司宁波营业部有员工13人，投资者开户数3332户。全年代理交易量408.59万手，代理交易额2045.79亿元。

【五矿经易期货宁波营业部】 2017年，五矿经易期货有限公司宁波营业部有员工3人，投资开户23户。全年代理交易量4.94万手，代理交易额27.59亿元。

（童绍数）

资料链接：

“3511”产业体系：重点发展以新材料、高端装备和新一代信息技术为代表的三大战略性产业，提升发展以汽车制造、绿色石化、时尚纺织服装、家用电器、清洁能源为代表的五大优势产业，加快发展以生物医药、海洋高技术、节能环保为代表的一批新兴产业和以工业创新设计、软件信息服务、科技服务、检验检测为代表的一批生产性服务业。

银担合作：即商业银行和担保公司合作，面向中小企业进行融资。通过该关系，担保机构在银行存缴保证金，银行则与担保机构风险共担。

OCR：即光学字符识别，是指扫描仪或数码相机等电子设备通过检测暗、亮模式确定物体形状，用字符识别方法将形状翻译成计算机文字的过程。

NLP：即自然语言处理系统，是人工智能的一个子领域。

旅　游

综　述

【概况】 2017年，海曙旅游业以加快产业转型升级为主线。接待国内外旅游者1499.8万人次，同比增长18.0%。实现旅游总收入216.2亿元，增长15.6%。其中，接待国内游客1487.3万人次，增长17.9%。实现国内旅游收入213.5亿元，增长15.6%。海曙区旅游国内客源市场前三位是浙江、江苏和上海，分别占国内客源的32%、28.5%和12.1%，其次为北京（5.5%）、广东（3.5%）、安徽（2.7%）、山东（2%）。长三角地区是全区国内旅游最大的客源市场。接待入境游客12.44万人次，增长25.9%；实现旅游外汇收入3921.9万美元，增长16.2%。入境客源国前五位的是美国、日本、德国、韩国、英国。

（鲍黎光）

旅游开发与建设

【概况】 2017年，海曙区做好景区品质提升，天一阁·月湖景区创建"国家AAAAA级旅游景区"，浙东大竹海景区创建"国家AAA级旅游景区"，李家坑古村落获评市级休闲旅游基地。推进"乡村景区化"建设，创建省"A级旅游景区村庄"15个。其中，"AAA级旅游景区村庄"3个（章水镇李家坑村、古林镇蜃蛟村和龙观乡李岙村），实现旅游收入1135万元，其中餐饮收入287万元，增加村集体效益336万元，带动就业人数680人；"AA级旅游景区村庄"6个（横街镇惠民村、鄞江镇鄞江村、龙观乡龙谷村、高桥镇高桥村、洞桥镇沙港村、集士港镇新后屠桥村）；"A级旅游景区村庄"6个（古林镇茂新村、横街镇朱敏村、章水镇杜岙村、章水镇童皎村、鄞江镇建岙村、龙观乡龙峰村）。

鼓励发展民宿经济，新增民宿9家，全区有各类建成精品民宿24家、客房400间、床位625张，初步形成龙峰村和李家坑两个民宿集聚区。完善旅游基础设施，新改扩建厕所20座、游客咨询中心10个、停车场15个，建成四明山观景平台3个。

浙东大竹海

【区政协主席（扩大）会议专题视察民宿经济发展】 2017年7月21日，区政协主席（扩大）会议专题视察海曙区民宿经济发展，区政协主席毕东华，副主席吴军良、刘良飞、郁利祥、池逊等参加。视察组实地走访章水镇蜜岩村、杖锡村、李家坑村的5家精品民宿示范点，了解民宿建设与运行情况。在座谈会上听取区旅游局关于全区民宿经济发展情况汇报，对民宿经济发展提出具体要求。

【全区旅游工作会议暨"A级旅游景区村庄"创建动员会】 2017年8月18日，海曙区召开全区旅游工作会议暨"A级旅游景区村庄"创建动员会。会议总结回顾全区旅游业发展情况，动员部署下阶段旅游工作，重点推进"A级旅游景区村庄”创建工作。指出要注重资源整合，集聚行业发展新优势；注重产业融合，培育休闲旅游新业态；注重点面结合，实现旅游市场新突破；注重政企联合，促进行业品质新提升。会上，天一阁•月湖景区管委会、南苑饭店、宁波飞扬旅行社、龙观乡、李家坑村等有关单位作表态发言。

【“A级旅游景区村庄”创建考察学习】 2017年9月8日，副区长毛孟军带领海曙区旅游行业人士赴绍兴市柯桥区湖塘街道香林村考察学习“A级旅游景区村庄”创建经验。考察学习后总结，海曙区可以依托区域自然景观、农业资源、区位优势及历史文化，按照旅游景区村庄一体化发展思路，突出村庄特点，加快推进创建工作。

（毛静娜）

天一阁・月湖景区

【概况】 2017年初，天一阁•月湖景区管委会正式独立办公，全面负责景区创建和管理。召开宁波市天一阁•月湖“国家AAAAA级旅游景区”创建工作迎检动员会。制定《天一阁•月湖创建“国家AAAAA级旅游景区”冲刺攻坚阶段任务分工》，确定八大类百余项任务清单。组织景评咨询公司实地检查、寻找差距。针对国家及省级专家4次模拟评估反馈情况。健全旅游投诉制度，落实工作督察和社会监督机制。设置医疗服务和救护服务，建立紧急救援体系，提高突发事件应对处理能力。建立部门联动机制和区块协商机制，整合管理力量，加强景区综合治理。组建高素质的景区专业志愿服务队伍，提升景区整体服务品质。

完成马衙街地面铺装及稚乐园、月湖记忆广场、月湖铭景墙、月湖水系变迁小品地刻、藏书印、游船码头等建设工程。改建提升月湖景区厕所，修缮游步道、景观休息设施。推进月湖水生态环境综合治理，实施清淤及淤泥处置、水质提升与水生态构建、绿化提升、海绵体修复等工程，改善月湖水环境。开展“智慧旅游”建设，景区官网、景区微信公众号上线运行，实施景区人员与船舶GPS定位系统，完善微信导览系统和游客服务功能；搭建景区监控平台，启动景区人流量动态监测，为景区流量控制、交通疏导、景区安全等提供参考。

天一阁・月湖景区管委会邀请余秋雨为景区题字，在天一阁广场设立题字石景观。开发制作具有景区藏书文化特色的VI系统（视觉识别系统）设计及宣传册、手绘地图、宣传折页等纪念品，在游客中心、月湖西区二期待建区围挡刊印宁波书画名家字画作品。以天一阁藏书文化为核心，举办各类文化活动。游客中心对外运行，提供售票、投诉、咨询、救援以及饮料、文创产品、邮票、明信片、纪念封售卖等多种服务，健全公用电话、手机充电、免费Wi-Fi、ATM机、邮政、寄存等功能。优化交通服务，安装79处景区外部旅游交通标识牌，公交线路沿线站牌及地铁线路抵达景区站点更名为“天一阁・月湖景区”。

【天一阁・月湖景区创建工作迎检动员会】 2017年7月6日，天一阁・月湖“国家AAAAA级旅游景区”创建工作迎检动员会召开，市委常委陈章永、市旅游局局长李浙闽出席会议并讲话，区委书记孙黎明主持会议。会议部署下阶段天一阁•月湖创建工作。提出创建重点需在完善旅游交通、提升游览功能、强化旅游安全、深化环境卫生、健全邮电服务、规范旅游购物、加强综合管理、强化资源环境保护8个方面实现突破；把握时间节点，将景区建设成国内独有的集藏书文化、创意文化、休闲娱乐为一体的综合性国家AAAAA级旅游景区。

【2017天一阁论坛】 2017年9月22日，“2017天一阁论坛”在天一阁举行。论坛是第十五届亚洲艺术节内容之一，由天一阁博物馆和香港大学饶宗颐学术馆联合组织，主题为“中国传统文化中的审美观”。中国、德国、法国、西班牙、俄罗斯近60名专家学者参加论坛，探讨中国古代文学艺术中的审美、中国传统美学观、饶宗颐教授的文学、书画与古琴艺术、天一阁与传统文化审美等议题。

（陈　侃）

天一阁・月湖景区

五龙潭景区

【概况】 五龙潭风景区是国家AAAA级旅游景区和省级风景名胜区，位于龙观乡境内。景区面积16.17平方千米，距宁波市区约30千米。

2017年，景区营业收入600余万元，游客量超过16万人次，举办五龙潭山水旅游节等重要节庆活动。实行青云天瀑二期提升工程，改造后的青云峡漂流景区启用。改造景区入口广场，建设拦水坝，进行沿溪两侧路坝加固美化及绿化提升。投入100万元，

五龙潭景区

重建年久失修的四潭茶室。

【五龙潭景区提升建设】 2017年，五龙潭景区在“国家AAAA级旅游景区”创建复核期间，根据评定标准要求，更新完善景区标志标识、垃圾桶，统一景区员工形象，在营业期间统一着装；开展“首问责任制”活动，与景区内各部门签订安全管理目标责任书，制定安全巡视员制度，加强景区重点区域巡逻；成立消费者投诉站和“12315”联络站，专设人员负责游客接待与投诉；开展《中华人民共和国消费者权益保护法》宣传活动，确保景区内商品质量过关、价格公正；印发服务人员学习资料，累计培训员工200人次。

【青云峡漂流景区启用】 2017年3—5月，五龙潭景区与江苏旅游集散中心签订协议，建设青云天瀑二期建设重点工程——青云峡漂流。景区投入600余万元，改造漂道，购置皮划艇，维修附属用房。建成后的漂道总长1.8千米，全程有十余处激流、险滩，落差150米。6月启用漂流景区。全年参加漂流的游客达6万余人。

【五龙潭山水文化旅游节】 2017年6月9日，五龙潭山水文化旅游节开幕仪式暨青云峡漂流开漂仪式举行，300余名游客参加开幕活动。旅游节以“自然资源与人文禀赋”为主题，包括青云峡漂流、“山里人家”农耕文化游、“美丽乡居”民宿山居游、“绿谷龙观”毅行活动和“桂香月圆”桂花观光游五大活动，重点举行“农家乐”厨娘特色菜评比、农副产品现场销售、民宿高峰论坛分会场、省毅行宁波站活动新闻发布会等活动。10月上旬旅游节结束。旅游节期间，景区接待游客超过4万人。

（王超亚）

鄞江古镇景区

【概况】 鄞江古镇位于海曙区西南部，上联四明山，外通三江口，是宁波府的前身和发祥地，被誉为“宁波之根”，为省级“历史文化名镇”。镇域内有1180余年历史的有坝引水灌溉工程——它山堰是“中国四大古水利工程”之一和全国重点文物保护单位，入选“世界灌溉工程遗产”。

景区的开发建设管理由它山堰文化旅游发展有限公司（国有独资公司）负责。2017年，景区完成各规划景区方案设计、选址、立项等前期工作。其中，鄞江古镇东入口停车场项目、光溪东路和它山堰西路街景改造项目开工建设。

【鄞江古镇东入口停车场建设】 2017年，鄞江古镇东入口停车场项目加速推进。项目是鄞江古镇第一座体系完整的规模停车场，位于鄞江古镇东入口集散中心东侧、环镇东路以东。工程规划占地1.37公顷，总建筑面积4022平方米（地上98.7平方米，地下3923.3平方米）。设计机动车停车位375个（地上279个、地下96个）。

【光溪东路和它山堰西路街景改造】 2017年，光溪东路和它山堰西路街景改造项目加速推进。光溪东路街景改造包括实施雨水、污水、强弱电等综合管线改造，400米长的石板路铺设和道路景观立面改造，涉及光溪东路约370米道路北侧建筑；它山堰西路街景改造包括实施雨水、污水、强弱电等综合管线改造，总长500米的石板路铺设和道路景观立面改造，涉及它山堰西路380米长道路北侧建筑和王元暐路60米长道路西侧建筑。

（任 凯）

建设完成的鄞江古镇东入口停车场

4月16日，2017四明山旅游节开幕

旅游营销和节庆活动

【概况】 2017年，海曙区确定旅游宣传口号——“一城山水，千年书香”。开展“5•19”中国旅游日、“10•14”市民旅游日、“海曙旅游惠民月”（10月）等旅游惠民活动。开发海曙旅游地图、海曙旅游U盘等旅游宣传品。在宁波汽车南站、轨道交通2号线、中山路公交广告站牌布置灯箱宣传屏，投放旅游宣传广告。参加中国国际旅游交易会、浙江省旅游交易会、宁波国际旅游展、“宁波旅游（江西）推广年”、“2017宁波旅游夜市走进南塘”、“2017深圳•宁波周”等各类旅游展会。指导、协办四明山旅游节开幕式、横街“竹农下山”文化旅游节、五龙潭山水文化旅游节、鄞江“六月六”庙会、五龙潭桂花节、第四届“竹海乡村欢乐游”“蝶舞海曙 Hi玩梁祝”等节庆活动，其中“2017风雅南塘•风情旅游节”获得“2017宁波旅游节社会办节”二等奖；“秋约鼓楼沿”2017宁波旅游节鼓楼沿历史文化街区活动、“1844城市艺术生活品鉴季”、王升大米食节获三等奖。运营维护“慢游海曙”微信公众平台，组织开展2017年“海曙旅游网络狂欢节”活动。

鼓励旅游企业及各镇（乡）街道开发各具特色的旅游宣传品，获全市旅游宣传品评审12项单项奖，海曙区获最佳组织奖。组织企业参加浙江省旅游交易博览会、宁波国际旅游交易展览会等大型专业展会。组织旅游企业参加“宁波旅游（江西）推广年”“2017宁波旅游夜市走进南塘”“2017深圳•宁波周”等旅游市场推广活动。

组织辖区旅游、餐饮、酒店等企业参与“宁波旅游节社会办节”等大型节庆活动。其中，2017四明山旅游节开幕式暨第11届四明山（杖锡）樱花节获“2017宁波旅游重点节事”一等奖；“爱乐萌•国际马戏嘉年华”获得二等奖，“2017风雅南塘•风情旅游节”获得“2017宁波旅游节社会办节”活动二等奖；“秋约鼓楼沿”2017宁波旅游节鼓楼沿历史文化街区活动、“1844•城市艺术生活品鉴季”、王升大米食节获得三等奖。

【“海曙旅游网络狂欢节”活动】 2017年6—8月，海曙区组织开展2017年“海曙旅游网络狂欢节”活动。狂欢节以“互联网+旅游”为推广模式，以微信红包派送、有奖竞答、签到积分等活动，发放旅游惠民福利。仅3日，新增公众号关注7000余人。组织网易、新浪等媒体通过线上直播方式，对海曙旅游资源及产品推介，多渠道宣传海曙旅游。

【旅游宣传口号发布】 2017年10月28日，2017海曙旅游惠民月启动仪式暨海曙旅游新形象发布活动在南塘老街举办，现场发布新海曙旅游宣传口号、旅游地图和旅游产品。7月25日，区旅游局开始征集新海曙旅游口号，通过对全国各地近千件参赛作品初步筛选、网络投票和专家评审，确定以“一城山水，千年书香”为新海曙旅游宣传口号。

（吴安娜）

旅游行业管理

【概况】 2017年，海曙区域内有星级宾馆19家，其中五星级酒店4家（宁波南苑饭店、宁波凯洲皇冠假日酒店、宁波华侨豪生大酒店、宁波万豪酒店）、四星级酒店4家（宁波大酒店、浙海大酒店、嘉和大酒店、宁波新园宾馆）、三星级酒店9家（宁波饭店、宁波云海宾馆、宁波中山饭店、宁波海俱大酒店、宁波世纪盛业中苑大酒店、宁波香溢大酒店、宁波丽嘉盛业大酒店、宁波福莱顿商务酒店、宁波天成酒店）、二星级酒店2家（宁波永耀大酒店、宁波宏通苑大酒店）。

有各类旅行社90家，其中旅行社58家、分社32家。其中，五星级旅行社2家（浙江飞扬国际旅游机关股份有限公司、宁波中国青年旅行社有限公司），四星级旅行社2家（宁波市锦江旅游汽车服务有限公司、浙江飞扬联创旅游有限公司），三星级旅行社3家（宁波市职工旅游有限责任公司、宁波大地国际旅行社有限公司、宁波旅行社有限责任公司）。

开展重点旅游企业安全生产大检查，累计检查企业62家次，查出安全隐患29条，企业整改率达100%。

南塘阅居酒店被评为金鼎级特色文化主题酒店，南苑饭店在省饭店技能大赛获二等奖，王李松等4位选手在省饭店技能大赛获二、三等奖。

【旅游安全工作会议】 2017年4月25日，海曙区旅游安全工作会议召开。区旅游局与区内星级宾馆、旅行社、A级景区等82家企业签订安全生产责任书、消防安全责任书，签订率达100%。宁波市锦江旅游汽车服务有限公司在会上作表态发言。

（周光耀）

① 章水镇“道地小筑”

② 章水镇“乡叙·樟溪谷”

③ 龙观乡“向阳舍”

④ 鄞江镇“锡山草木间”

⑤ 鄞江镇“清宿”

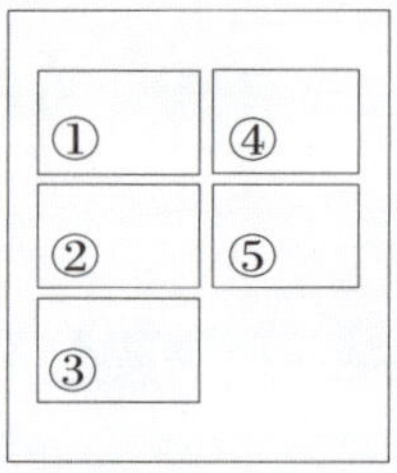

① 章水镇“浴心谷”

② 章水镇“云深不知处”

③ 章水镇“香榧谷”

④ 章水镇“枕溪山房”

⑤ 章水镇“亲溪小筑”

城乡建设与管理

城乡规划

【概况】 2017年，根据宁波市区划调整需要，海曙规划分局重组。深入辖区各镇（乡）街道、特色小镇及企业、工业园区开展规划调研，收集相关资料，为总规修编打好基础。召开绕城以外乡镇座谈会，结合2020年土地利用规划，推进海曙区城市总体规划与土地利用规划多规融合。牵头组织编制《海曙区空间发展战略规划》，汇编完成《海曙城西片区规划成果整理》。调整后孙、气象路、集士港等12个地段的重大功能区块控规，完成姚丰地段、火车南站地段（朝阳新村地块）、新星地段（市中医院南侧地块）3个控规调整程序。完成鄞江镇总规、鄞江镇控规、集士港镇绿廊景观、四明山地段等详细规划编制与报批，批复章水镇郑家村、龙观乡龙峰村、后隆村3个村庄规划。出具原朝阳新村、市餐厨垃圾处理厂等地块规划条件17个。开展村庄布点规划、教育设施专项规划、四明山区域生态保护红线二级管控区规划、丁家地段工业遗存利用及城市设计评估5个规划研究；开展河网路网及测绘成果梳理；选择在古林镇、集士港镇等有条件地块先期进行危旧房改造试点。

制定《2017年推进区重点工程建设项目服务工作实施方案》，成立工作领导小组，把46个重点工程项目分解到人，定期召开项目进度汇报会。核发徐家漕牛奶场1号、2号、3号地块，鄞奉路二期03—06地块，恒厚总部大楼等10个重点工程项目建设工程规划许可证，月湖西区一期项目完成规划竣工核实。结合全区精准服务企业“百日行动”，每月定期上报专项行动进度表，推进环球广电扩产项目、姚丰片区住宅地块项目等13个市、区两级“大脚板走一线”项目。

海曙区控制性详细规划图斑（2015-2020）

梳理便民办事“最多跑一次”事项30项，其中26项实现“最多跑一次”，入库比率达87%。开展“审批事项申报温馨告知”服务，在“浙江政务服务网”“宁波公共服务”微信平台开通网上申办预审、快递送达等多种可选择服务方式。在81890求助服务中心和集士港镇分别设置规划办事窗口，办理各类审批事项534件，所有受理事项均在承诺时间内完成，办结率、满意率均达100%。

开展批后监管精细化巡查，向建设单位技术交底、设立“规划公示牌”、告知变更设计程序、建档等跟踪管理服务。开展建设工程项目批后监管64件，开展批后服务指导50余次。移送违法建设案件6件，协助认定违法建设68起。

采用座谈会、调研会、提案议案办理及法律法规专题宣传活动等多种形式，并利用新闻媒体开展规划宣传。上报政务信息138篇，其中“环城南路西延（薛家南路至环城北路）项目方案通过审批”被“甬派”“宁波发布”等推送。

【海曙规划分局重组】 2017年，根据宁波市区划调整需要，海曙规划分局重组。增挂牌“宁波市测绘与地理信息局海曙分局”，核定机关编制22名，有处级领导职数4名（1正3副）、科级领导职数8名。下属事业单位3个：海曙区规划服务中心扩编至18名、有领导职数3名（1正2副）；宁波市规划局海曙分局西南规划管理所成建制划转，编制8名，有领导职数2名（1正1副）；海曙区规划与地理信息中心新成立，为从事公益服务（公益一类）、财政全额拨款事业单位，编制8名，领导职数2名（1正1副）。由规划分局委托管理，主要负责全区规划研究、规划成果及全区基础地理信息数据建库、管理，规划信息化建设及提供数据服务等工作。

【“双联双带”规划服务行动】 2017年，海曙规划分局成立以主要领导为组长的“双联双带”行动领导小组，结合年度工作目标任务和各专项行动，建立“领导分组包片、中层负责人联镇带村、业务骨干共同参与”的规划服务网络。全年开展“双联双带”走访、服务镇（乡）街道30余次，走访企业、工地及部门等70余家，协调解决重大问题20余个。

【历史文化名镇、名村、街区保护规划编制】 2017年，海曙规划分局编制完成鄞江镇及蜜岩村、李家坑村、蜃蛟村、凤岙村、新庄村等历史文化名镇、名村保护规划，审查完成鲍家磡村、崔岙村、前虞村、大西坝村等保护规划及西片区第一批、第二批历史建筑保护图则，报批伏跗室永寿街历史文化街区、秀水街历史文化街区保护规划，编制完成月湖历史文化街区保护规划、郡庙天封塔历史文化街区修建性详细规划。推动历史街区改造提升和天一阁•月湖景区申报，完成天一阁•月湖景区提升工程方案协调、旅游标识牌方案、马衙街和天一阁西大门广场铺装确认等工作，验收天一阁广场、月湖一期改造提升项目。起草《关于建议成立海曙区历史文化名城保护委员会的报告》《海曙区关于加强历史文化保护工作的实施意见》等规定。

【《海曙区空间发展战略规划》编制】 2017年1月，海曙规划分局邀请市城乡规划研究中心和北京泛华建设集团有限公司两家设计单位对新海曙城乡空间发展定位、目标、功能、特色等开展空间战略规划研究和编制，为战略性谋划新海曙未来发展提供依据。12月，完成规划编制。

【小城镇环境综合整治专项规划编制】 2017年5月底，海曙规划分局完成西南片区9个镇（乡）街道的规划编制、审批和备案，其中龙观乡整治规划方案获评省第一批达标乡镇优秀规划方案。同步开展“双师”（驻镇规划师和驻镇设计师）驻镇对口指导，服务集士港镇、章水镇、龙观乡3个第一批参加考核的乡镇，并做好规划考核和规划成果质量“回头看”。

（郑永红）

房屋征收

【概况】 2017年，海曙区西河街危旧房改造地块、轨道交通4号线兴宁桥西站项目、轨道交通4号线兴宁桥东站至兴宁桥西站区间项目完成签约，签约率分别为99.6%、97.52%和95.83%，涉及被征收户696户，被征收房屋建筑面积6.6万平方米。依法作出征收补偿决定18件、行政诉讼17件、行政复议8件，完成扫尾清零5户。开展后孙地块第二批安置房交房，涉及五江湾南区15—31幢、五江湾北区8—15幢，共9种套型1924套。

【轨道交通4号线兴宁桥西站项目基本完成征收】 2017年6月17日，轨道交通4号线兴宁桥西站项目签约结束，签约157户，签约率达97.52%，基本完成征收任务。项目签约期限为90日，其中非住宅签约期限为2月9日至5月9日，住宅签约期限为3月20日至6月17日，涉及被征收户161户，被征收房屋建筑面积2.8万平方米。

【轨道4号线兴宁桥东站至兴宁桥西站区间项目完成征收】 2017年6月17日，轨道4号线兴宁桥东站至兴宁桥西站区间项目签约结束，签约23户，签约率达95.83%，基本完成征收任务。项目签约期限为90日，其中非住宅签约期限为2月9日至5月9日，住宅签约期限为3月20日至6月17日，涉及被征收户24户，被征收房屋建筑面积约2800平方米。

【西河街危旧房改造地块完成征收】 2017年10月25日，西河街危旧房改造地块签约结束，签约509户，签约率达99.6%，基本完成征收任务。项目签约期限为7月28日至10月25日，共90日，涉及被征收户511户，被征收房屋建筑面积约3.52万平方米。

（谢家东）

旧村改造

【概况】 2017年，海曙区旧村改造实施“拆迁攻坚清零工程”，推进安置房建设，加快安置小区交付，做好土地储备管理等工作，年度投入改造资金11.03亿元。其中拆迁补偿、安置房建设资金10.7亿元、银行利息0.33亿元。

1月始，区旧村办对西片区9个镇（乡）街道和城区内2个承担集体土地拆迁任务的街道开展调研，拟定西片区旧村改造调研报告、海曙区旧村改造专项行动方案报上级参阅。3月，出台《宁波市海曙区政府办公室关于印发“除隐患、保安全、促转型”治危拆违攻坚战行动方案的通知》，对旧村改造专项行动方案作出明确要求。4月，出台《中共海曙区委办公室、海曙区人民政府办公室关于印发〈海曙区重大项目攻坚行动实施方案〉的通知》，其中对鄞奉路片区二期地块项目和段塘丁家区块、姚丰片区住宅地块有关拆迁清零、安置房建设、土地出让等问题提出攻坚克难要求。5月，《中共海曙区委办公室关于开展“大脚板走一线，小分队破难题”抓落实专项行动的实施方案》出台，其中对旧村改造领域重点区块拆迁清零、土地出让具体时间等作出要求。区旧村办制订《海曙区旧村改造办公室落实海曙区“三大行动”实施意见》，推进重大项目攻坚，联合责任镇（乡）街道开展工作。7月，出台《宁波市海曙区人民政府关于印发宁波市海曙区集士港镇、古林镇、高桥镇、横街镇、鄞江镇、洞桥镇、章水镇、龙观乡、石碶街道辖区范围内征收集体所有土地房屋拆迁若干规定（暂行）的通知》，统一西片区集体土地房屋拆迁补偿办法，望春街道、段塘街道集体土地房屋拆迁仍按《海曙区征收集体所有土地房屋拆迁安置实施意见》执行。

【土地划拨出让】 2017年，区旧村办配合国土、规划等部门，做好地块挂牌出让、行政划拨前期准备工作，完成划拨用地、出让用地项目11个，土地面积24.47公顷。其中，划拨用地8宗，土地面积11.56公顷，分别为中山路综合整治工程（2号、3号、4号地块）项目、粮丰村海城投地块项目、福德路（沁园路至薛家北路）道路工程项目、蓝天路（机场路至前塘河）道路工程项目、真汉子大厦南侧道路工程项目、双杨垃圾站东侧道路工程项目、海曙中医医院扩建与气象路社区卫生服务中心合建工程项目、海上花院小区东侧道路工程项目；开展姚丰地块土壤修复，协调姚丰福德禅寺搬迁，移交并注销产权证1000余份，保障土地挂牌出让3宗，土地面积12.91公顷，分别为海曙区姚丰地段、南门地段、市中医院南侧地块。

【拆迁清零攻坚】 2017年，海曙区旧村改造投入拆迁补偿资金5.99亿元，拆迁集体土地房屋建筑面积3.01万平方米。其中，段塘街道完成签约30户，拆迁建筑面积4373.88平方米；望春街道完成签约11户，拆迁建筑面积8437.82平方米；古林镇（机场三期扩建工程拆迁项目未签约户于7月移交区旧村办34户）完成签约25户，拆迁建筑面积1.73万平方米。至是年底，完成签约66户，对未签约的95户启动法定程序和攻坚方案。

【安置房建设】 2017年，海曙区在建村民安置小区5个，总建筑面积106.28万平方米，设计安置房7478套，启动待建安置小区前期工程2个，年度投入建设资金4.71亿元。其中，2个村民安置小区（澄波华庭、丽象佳苑）完成竣工验收及交付，建筑面积50.17万平方米，建成安置房3655套；在建安置小区3个（望春佳苑、望童北苑、段塘安置房粮丰街以东地块），建筑面积56.11万平方米，设计安置房3823套；启动姚丰安置小区前期工程，建筑面积约13万平方米，完成方案设计，进入规划审批阶段。

【澄波华庭、丽象佳苑小区交付】 2017年，西成村、后孙村、震丰村、甬丰村完成旧村改造拆迁安置任务。其中西成村、后孙村合并安置于澄波华庭小区，小区建筑面积22.61万平方米，设计安置房1730套，1月实施抽签定位，4月交付安置房1235套。震丰村、甬丰村合并安置于丽象佳苑小区，建筑面积27.56万平方米，设计安置房1925套，8月实施抽签定位，11月交付安置房1341套。

1月7日，澄波华庭安置小区抽签定位现场

【村民安置房首次拍卖】 2017年，海曙区旧村改造安置房交付后剩余1331套。按照“去库存”要求，区旧村办委托拍卖机构，首次尝试对胜丰村（萧甬铁路西村民安置房胜丰佳苑、天胜佳苑小区）14套剩余房源以向社会公开拍卖方式进行处置。经3轮拍卖，14套安置房（建筑面积1069.17平方米）拍卖成交价1238.5万元。

【段塘安置房（粮丰街以东地块）开工】 2017年12月，段塘安置房（粮丰街以东地块）开工建设。项目建筑面积18.49万平方米，设计安置房1068套，总投资概算17.05亿元。建设项目分2个地块，其中1号地块项目施工由浙江新中源建设有限公司中标承建，项目监理为宁波市诚信工程建设监理有限公司；2号地块项目施工由浙江新曙光建设有限公司中标承建，项目监理为宁波市科信华正工程咨询有限公司。

（陈嘉伟）

市政建设

【概况】 2017年，区住建局承建市、区两级城市基础设施建设项目13个，其中新建项目6个、续建项目4个、前期项目3个，工程投资累计12.03亿元。完成福德路一期工程、后孙学校北侧路、真汉子大厦南侧路、望童北路、环城南路两侧综合整治工程5个市政项目建设，新星路泵站工程交付使用。新开工建设双杨垃圾站东侧路、福德路二期工程、福德路南延工程、蓝天路西延工程4个项目。优化配置停车资源，新增停车位7893个，其中配建停车位5376个、公共停车位501个、错时停车位1190个、老小区改造停车位826个。

【4个老小区停车综合整治工程交付】 2017年5月，翠柏一里、胜丰小区、钱东社区、柳锦花园4个老小区停车综合整治工程完工，交付使用。工程于2016年10月15日开工，改造后新增车位826个；对小区绿化实施整修、补种、提升，面积1.27万平方米；在小区出入口安装车牌识别"智慧道闸"系统5套。

【福德路一期工程验收】 2017年8月，福德路一期工程通过初步验收。工程于2016年9月开工建设，北起望春安置房区间道路，南至沁园路，道路全长420米，标准断面宽度24米。工程涉及桥梁1座，长20米、宽24米，道路等级为城市支路。

【新星路泵站工程交付】 2017年12月，新星路泵站工程通过对口验收并交付使用。工程于2016年5月18日开工建设，位于新星路与望童北路交叉口西北角，占地0.17公顷，总建筑面积177平方米，为泵站附房单体建筑、地上一层框架结构，附房总高度5.3米，设计合理使用年限50年，泵房主体为地埋式沉井结构，集水池与水泵间合建。

【真汉子大厦南侧路完工】 2017年12月，真汉子大厦南侧路通过初步验收。工程于2017年7月开工建设，西起泗江河，东至环城西路，全长200米，标准断面宽度为16米，道路等级为城市支路。

【望童北路二期工程完工】 2017年12月，望童北路二期工程通过初步验收。工程于2017年3月开工建设，南起望春路，北至后孙学校北侧路，道路全长670米，标准断面宽度为36米，道路等级为城市次干路。

【后孙学校北侧路通车】 2017年12月8日，后孙学校北侧路通车使用。工程于2017年3月开工建设，南起望春路，北至后孙学校北侧路，全长670米，标准断面宽度36米，道路等级为城市次干路。

（梁　君）

公用项目建设

【概况】 2017年，区公建中心承建公建项目29个。其中，后孙学校与原翰香小学改扩建、区档案馆新建工程、范宅修缮整治工程、联丰与后孙幼儿园装修工程、李兴贵中学一期与二期改造装修工程、区行政中心5号楼屋顶生态节能改造、天一阁·月湖景区游客服务中心、区口腔医院装修、月湖街道社区卫生服务中心消防改造及四楼病房改建工程、区人民检察院南门检察室改造工程、宁波站区域党群服务中心装修工程、区人力社保大厅装修工程、胜丰安置房排水改造工程、区原机关大院维修（区残联服务中心维修）工程、政协书画院等18个公建项目完成验收。郎官小区低洼改造、董孝子庙迁建、海光大厦装修、鼓楼修缮工程、新芝幼儿园、永丰库遗址整治工程、江厦街道社区卫生服务中心装修工程7个项目开工。

停车整治后的柳锦花园

【原翰香小学改扩建工程竣工】 2017年1月4日，原翰香小学改扩建工程竣工验收。原翰香小学调整为区老年大学教学场地，供老年大学、区委老干部局、老干部活动中心和党员服务中心4个单位共同使用。工程位于仓基街55号，总用地0.63公顷，总建筑面积5079平方米，其中保留原2号、3号、6号楼，进行加固改造和装修；新建4号、5号、7号楼和辅楼。

【范宅修缮整治工程完工】 2017年7月31日，区级文物保护单位——范宅修缮整治工程完工。为配合中山路改造建设，保护文保古建筑安全，对范宅进行外立面及屋面保护修复。工程位于中山路南侧坐北朝南，总建筑面积2442.5平方米。

【海曙外国语学校五江口校区启用】 2017年9月1日，海曙外国语学校五江口校区启用，招收一年级新生。学校位于新星路以北、望童北路以西。项目总规划用地5.32公顷，总建筑面积5.33万平方米，建有3幢小学教学楼、2幢中学教学楼及2幢综合楼，配备行政楼、食堂、体育馆、游泳池、操场和429个机动车位（地上23个、地下406个）等基础设施。

【郎官小区低洼改造工程开工】 2017年9月11日，郎官小区低洼改造工程开工。工程位于郎官小区内，小区占地面积3.82公顷，为缓解小区易涝、易积水状况，改造包括新建雨水泵站、北侧河坎加高、西侧路口设置道路驼峰、局部新增雨水管网。工程总投资917.26万元。

【区生活垃圾分类转运站验收】 2017年底，区生活垃圾分类转运站完成初步验收。工程选址在范江岸路北侧、规划路西侧、蔡家河南侧、双杨垃圾中转站东侧。其中，北侧绿地面积0.11公顷，南侧环卫用地0.34公顷，设计日处理规模300吨，其中厨余垃圾140吨、其他垃圾160吨，采购用竖式压缩装箱工艺。工程包括垃圾中转车间、管理用房（与中转车间合建）、配电房、地磅、围墙及大门及垃圾压缩、除臭设备、运输车辆等，还包括河道驳岸、沿河绿地、场内道路、绿化景观、综合管线等施工。

（李丽红）

桃源湾开发建设

【概况】 2017年，桃源湾休闲度假区开发建设指挥部投入资金1.32亿元。四明山村拆迁安置小区竣工验收，拆迁签约率超过90%，完成小区安置分配前期准备工作。完成联村配套道路的政策处理及道路施工。西岙水库库区租用政策处理完成。环湖道路沥青基层铺设及道路绿化工程完工；建筑面积2500平方米、投资2400万元的1号地块示范区项目完工。

【四明山村安置小区竣工】 2017年12月，集士港镇四明山村拆迁安置小区工程竣工验收。工程为棚户区改造项目，总投资7.2亿元，占地面积10公顷，总建筑面积14.75万平方米，设计住宅1168套。

（董单弘）

南站区域建设

【概况】 2017年，南站区域项目融入资金7.8亿元，投入资金7.13亿元，年底银行存款余额0.79亿元。

按照区政府民生实事项目目标任务要求，启动月湖银座东侧道路拓宽工程和马园路改造项目（南站西路至柳汀街段），甬水桥路（辅桥）工程建设完成。开展南站区域一期改造工程收尾工作，组织苍松路一期、二期市政道路、三支街绿化、永达路下立交移交工作。处理南北广场地下停车场方案审批手续补办、地下室漏水等事宜，南广场逐步移交，北广场整体综合验收完成。

【甬水桥路（辅桥）工程完成】 2017年，甬水桥路两座辅桥工程开工。6月，1号辅桥预制桩基、横梁及盖板完成；9月，铺设混凝土搅拌桩施工及搭板；12月，两座辅桥桥体工程建设完成。

南站区域甬水桥路（辅桥）工程

【气象路3号地块抽签定位】 2017年8月，由南站区域开发建设指挥部（宁波市海捷投资开发有限公司）负责开发的气象路3号地块——丽象佳苑小区完成抽签定位，抽签率达99.6%。11月中旬，小区完成安置交付，结算1323套，交房1311套，结算交房率达99.1%，成为全区安置房交付、抽签定位率和交房率最高的小区。

【南站区域地块开发推介】 2017年，南站区域开发建设指挥部与市、区规划部门对接，推动原南郊水厂、尹江岸菜场、老龙湾等地块用地性质、容积率变更工作。配合区经合局，采用航拍宣介、精准对接、线上平台推介等方式，向杭州新天地集团有限公司、景瑞地产（集团）有限公司、碧桂园控股有限公司、中海地产集团有限公司等10余家大型房企进行推介。

（史俊杰）

公用事业

【概况】 2017年，海曙区全社会用电量39.41亿千瓦时。海曙供电局实现供电量33.15亿千瓦时，售电量31.92亿千瓦时，网供最高负荷103.61万千瓦，线损率为3.84%，下降1.69个百分点。综合电压合格率达99.99%；市区供电可靠率为99.99%，农村为99.89%。新装、增容用户9521户，其中居民用户5267户、非居民用户4254户。报装容量34.54万千伏安，其中居民用户4.73万千伏安、非居民用户29.81万千伏安。全区累计用电户数为48.58万户，其中居民用户43.26万户、非居民用户5.32万户。第一产业用电量为0.11亿千瓦时，第二产业为20.32亿千瓦时，第三产业为11.81亿千瓦时。居民用电量达7.16亿千瓦时。新装增容接电平均时限缩短20.5天。2.9万户小区用户实行预付费，新装专变（业主投资的变压器）用户全部实行分次结算。销售充值卡305.48万元，增长241.68%。电能替代电量为0.98亿千瓦时。

海曙供电局连续安全生产日达209天。获2017年度“国网宁波供电公司先进单位”“市公司营销工作先进单位”及“市公司运检管理先进单位”称号，同业对标位列市公司直属单位排名第一名。

【电网建设】 2017年，海曙区电网建设完成固定资产投资2.15亿元，其中

7月25日，海曙供电局职工对供电线路进行维护

电网基建项目完成投资2.13亿元、资产零购207万元。完成修编《海曙区配电网提升规划（2018年）》、《海曙区配电网运行水平和供电能力评估》和《海西片区三年行动计划》。配合政府完成区域专项电力规划编制，推动建立电网建设责任制。建成投产110千伏岐阳变电站，投产变电容量10万千伏安。开工建设110千伏白岳变电站、500千伏明州—江滨线路。推进220千伏望春输变电工程、宁西—澄浪兀入望春变电站220千伏线路工程、望春220千伏变电站110千伏送出工程3个项目。开展丽园110千伏输变电工程、薛家110千伏输变电工程、澄浪—中山110千伏输变电工程、延庆110千伏变电站第三台主变进线工程4个项目前期工作。完成“十四五”海曙区电网项目规划库梳理，合理增加电源布点，提升区域供电能力。加快与中心区配网融合，优化变电站供区。均衡主变负荷，提高供电可靠率。

【西片区配电网薄弱点提升改造】 2017年，海曙供电局针对西片区电源布局不合理，线路设备老化，原电网骨架、绝缘性能无法适应用电新形势等问题，开展10千伏线路网架优化工程。以标准接线全覆盖为目标，按照不同标准优化各个分区网架，优先解决现存的48条辐射线路。继续开展10千伏线路及配变分流改造，结合近年来变电站投运情况，开展负荷分流，在主网供电能力提升基础上，提升配电网供电能力，解决线路重载问题。分年度改造运行超过15年、存在安全隐患的线路，计划三年改造线路112千米，改造小线径线路12回，其中电缆1.65千米，架空线11.21千米。

（王佳媛　王　扬）

城市管理

【概况】 2017年，区综合行政执法局（城管局）推进街面保序和“示范路”创建，对中山路沿线加强网格巡查，做到告知、教育、执法到位；加强城市立面、店招、户外广告整治。集中整治地下通道乱象、破墙开门、占道（跨门）经营、马路市场、夜间施工等顽症，对段塘街道南苑街、粮丰街等道路实行“地毯式”清理，对南门街道“三八”集市所在地——祖关山路、三市路开展专项整治，集中治理沿街店铺跨门占道乱堆放行为；对鼓楼步行街、中心农贸市场周边“五小”（小食品经营及加工单位、小理发美容店、小旅店、小浴室、小歌舞厅）行业乱跨门、乱占道及餐饮行业乱象进行专项整治。查扣无证设摊450起、跨门占道经营380起、乱堆放300余起。加强“四周边两部位”（学校、医院、菜场、商业区四周边，城乡接合部和管理区域结合部两部位）等中心城区重点区域治理；以小城镇环境综合整治为抓手，推进城乡市容整治和“道乱占”百日攻坚整治行动。开展“夜间清爽行动”，重点对望春街道、高桥镇、集士港镇等城郊区域集中治理，取缔环镇北路、杨家漕路、中山路、甬金连接线等主干道上无证夜宵摊，提升城郊市容市貌。教育劝阻无证夜宵摊120余家，规范整改180余家。加大渣土清运执法力度。开展机动车违停专项整治，加大人行道违停和咪表抄告力度，确保人行道、盲道通畅；联合交警部门在人行道科学划线，缓解停车压力。全年办理一般程序行政处罚案件6.51万件，其中违停抄告6.44万起（含咪表）、无照经营处罚案件233件、其他行政处罚案件465件。收缴罚没73.63万元，劝阻、教育各类违法违章行为5.22万起。海曙区“智慧城管”平台立案19.6万件，结案率达99.97%。

【夏季市容秩序专项整治】 2017年6月26日，以属地管理为原则，各执法中队在辖区范围开展为期4个月的夏季市容整治。日间时段，每周在重点区域开展两次以上多种形式的专项整治行动；夜间时段，重点针对夜宵摊、烧烤摊点，每周开展1~2次精准整治。查扣无证烧烤摊、蔬菜水果摊等800余起，查处跨门占道及其他影响市容行为200余起，教育劝阻各类违法违规行为5000余起。

【“治堵治乱”专项行动】 2017年9月始，区城管部门重点针对背街小巷、占道经营流动摊贩、车辆乱停乱放等问题，集中开展“治堵治乱”专项行动。对中心城区9个街道机动车和非机动车停车位开展排查及划线，确立区管道路人行道非机动车点位1431个，划线20.29千米，提供停车位4.06万个；在违停高发时段和路段开展机动车停放整治，抄告违停车辆2721辆、处置违规停放“网约车”6260余辆；开展市容专项执法整治65次，出动执法力量和作业人员1.79万人次，对辖区内无证设摊、占道经营等影响市容环境卫生行为进行规劝和查处，查扣无证设摊377处，处理占道经营（堆放）1451起，处置焚烧垃圾32起，拆除违章建筑20处，清理河道地笼8只，清理违规户外广告牌8个，清理整治“六乱”（乱搭乱建、乱堆乱放、乱设摊点、乱拉乱挂、乱贴乱写乱画、乱扔乱吐）行为503起，巡查建筑工地263家次。

【“三八”集市整治】 2017年，海曙区实施“三八”集市（每月逢三、八日产生的集市）市容秩序规范行动。4月28日始，区综合行政执法局联合公安、市场监管、交警等部门，采取宣传劝导、集中治理、蹲点管理等措施，结合社区、物业、城管义工实施引导，每月集市日从清晨5点开始，对三市路、祖关山路、太平桥等周边区域实施规范管理，取缔各类无证流动摊点，整治规范各类占道经营、跨门经营行为及其他违法违规行为。至5月25日，发放告知书1000余份，劝阻2500余摊，查扣40余摊，清理周边乱堆杂物20余车，查处占道经营20余起。区市政养护中心把三市路上800米人行道石墩改建为隔离栏杆，从源头上减少机动车违停、无证设摊行为发生。

【“道乱占”百日攻坚整治行动】 2017年，海曙区开展以穿小城镇公路“道乱占”为重点的百日攻坚整治行动。行动从上年度12月下旬启动排摸，覆盖9个镇（乡）街道的22条穿镇公路，共72.25千米，整治点位95个（乱停车33个、乱堆物11个、乱摆摊43个、乱竖牌8个），集中整治收缴违规物品近50家、处理摊贩近20家，排摸并清理180余辆“僵尸车”。以环镇北路、杨家漕路、中山路、甬金连接线为重点开展夜宵摊整治，处理违规摊贩220起，清理乱堆物133处。

【城管行政审批“最多跑一次”改革】 参见“专记”类目“‘最多跑一次’改革”分目。

（胡丹丹）

市容管理

【概况】 2017年，海曙区总保洁面积734.73万平方米，区城管局承担257条道路保洁及城市家具清洗，承担3631组果壳箱、4957只垃圾桶养管，市场化养管119座公厕，江厦街道、鼓楼街道区域市容环境作业实施外包。中心城区内有垃圾中转站6座，年清运垃圾16.32万吨，清运粪便2.25万吨，实现日产日清。

中心城区推行“道路清爽行动”，建立“一把扫帚”和“日扫夜洗”保洁模式。推进保洁重心从中心城区主要道路扩展到背街小巷、城乡接合部等，将道路两侧建筑红线退让区、绿化带清扫保洁纳入日常保洁和检查考核范围，并由一个责任主体实施保洁作业。实施“日扫夜洗”作业模式，夜间（22：00—7：00）以喷淋、冲洗、清洗为主，重点消除道路积灰、积泥和油污油渍，恢复道路本色；白天（7：00—22：00）以沿街店铺垃圾上门收集、地面垃圾快速巡回拣拾为主，重点消除地面白色垃圾。推行“81清洗法”，对人行道平面和城市家具立面综合保洁。中心城区范围内实现每周一次水冲洗全覆盖，各街道分别成立清洗队伍，定期清洗责任区域内道路。推行“人机结合”保洁模式，加大机械化装备投入，实现垃圾快速清理和收集，区环卫服务中心机扫率达80%以上。

持续推进街面保序和“示范路”创建，对中山路街区围绕“宁波特色精品街区”形象定位实施精品化管理，实现“六无一禁”（无乱设摊、乱占道、乱设置、乱张贴、乱吊挂、乱挖掘等市容乱象；严禁人行道静态违停乱象）。

【“生活垃圾分类”专项行动】 2017年，海曙区推广垃圾分类的居住小区共238个，居民户数13.31万户，居住小区垃圾分类收集覆盖率为82.07%。月湖街道、鼓楼街道、江厦街道、白云街道、南门街道及各机关、事业单位183家，国有企业26家，中小学校、幼儿园44所均实现垃圾分类全覆盖。垃圾分类运动还推广至天一商圈及9个农贸市场。全区新建垃圾房17座，改建垃圾房36座，改造垃圾桶点位248个。

【10小区试点“垃圾分类+资源回收”项目】 2017年，海曙区选取白云街道玫瑰苑小区、鼓楼街道文昌花园、段塘街道百合园小区等10个市、区级示范优秀小区试点“垃圾分类+资源回收”项目。项目再生资源回收分线上和线下两种，线下回收是指用户可将回收物品自行送到市再生资源达标示范回收站点，或送至小区内定点回收站；线上回收则是借助手机App、微信公众号等网络平台，在市再生资源回收公共服务平台——“我要换糖”上进行线上交易，阶段性享受积分奖励。市生

11月24日，中山路城管义工协助管理“共享单车”

活垃圾分类管理中心、再生资源回收主管部门、各试点街道小区和物业公司、宁波优客智联公司、回收主体企业等多方参与此项目。

【镇(乡)街道环境整治"亮颜"行动】 2017年5月底,海曙区启动镇(乡)街道主要道路环境整治"亮颜"行动。至6月中旬,区城管局排摸道路、支弄74条,发现各类暴露垃圾、陈旧卫生死角、乱堆放杂物等问题109处,督促镇(乡)街道实施整改和自查自纠,整改问题176处。与镇(乡)街道建立沟通联系制度,结合常态治理与集中整治,发现问题及时落实相关责任单位,防止重点区域垃圾回潮。

【全市首个垃圾分类智能化社会化运作试点】 2017年6月23日,海曙区在白云街道安丰社区启动全市首个垃圾分类智能化社会化运作试点。安丰社区在玫瑰苑小区投放智能可回收垃圾投放箱1个、自动取袋机5个,居民通过二维码扫描,可以实现垃圾袋领取、废旧物品投递、重量自动显示等功能。同时,社区启用新修建的"环保驿站",内设礼品兑换区,旧物改造展示区和"再生课堂"。同时,在社区建立分类促进中心,由6名工作人员长期驻点,接手社区垃圾分类知识宣传、监管考核、回收利用、分类兑换等工作。

【洞桥生活垃圾焚烧发电厂点火】 2017年8月15日20时18分,洞桥生活垃圾焚烧发电厂3号炉点火试运行。焚烧发电厂日均处理生活垃圾约100吨,能缓解宁波中心城区垃圾处置压力与"垃圾围城"难题。

(童思梦)

设施养护

【概况】 2017年,海曙区域实有道路316.18千米,面积347.32万平方米,排水管网长437.77千米。市政道路设施综合完好率达96.26%,桥梁设施完好率96.80%。完成新芝路、澄波街、大沙泥街、云霞路等沥青路面大修4.15万平方米;完成长春路、望童路、启运路等混凝土路面大修1.21万平方米;修复、挖掘道路5765.5平方米;维修、更换各类窨井盖627只;疏通各类管道486千米。

建成全区绿化覆盖面积1082.49公顷、绿地总面积982.85公顷、人均公园绿地面积10.66平方米。开展绿地认管认养和义务植树活动,推出16处绿地54公顷、98株树木供单位或市民认养认管。合理修剪、补种苗木,完成绿化修剪乔灌木10.08万株、草坪修剪28.95万平方米、色块修剪14.01万平方米、球类修剪2370余个,挖沟切边18.2千米,清理各类垃圾2.98万车(保洁车),清理水池196次,拔草面积15.86公顷,树穴拔草1.02万个。镇明路、西河街等地补种乔木108株,孝闻街、蓝天路、海曙公园等地补种草花7389平方米。

【市政道路养护】 2017年,海曙区完成新芝路、沁园街、孝闻街等路段3.31万平方米沥青路面维修;完成启运路等路段1.21万平方米维修。8月,长春路(柳汀街至中山西路)路面大修工程完工,修复机动车道混凝土板块1218平方米,非机动车道"黑改白"5810平方米,人行道整修2000平方米,增设一根300米长的雨水管,新建雨水井10座、雨水口24座,更换雨水口39座。

【桥梁养护】 2017年,海曙区完成国泰桥大修,更新桥梁上部结构板梁及桥梁栏杆,拆除新建桥梁两侧台帽和铺设桥面铺装层等。累计更换板梁4块、台帽2座,安装栏杆23.3米;修复混凝土桥面29平方米;更新改造区管89座桥梁的止水带。

【防沉降井盖安装】 2017年,海曙区采用一体式加工工艺,对中心城区10条路段批量安装500个新型防沉降井盖。新型防沉降井盖井框大,压力通过井盖分散至道路结构层,井体承受负荷减少70%~80%,降低井盖下沉,保护井框位置不易偏离,确保平整度,保护周围沥青路面。

【5个积水点完成改造】 2017年,区城管局完成启运路环城西路路口、启运路丽园路路口、鄞奉路、南苑街、长春路5个路段的积水点改造。改造内容包括在缺乏排水设施路段增设排水管网和雨水口;抬高部分地势严重低洼路段,增铺人行道;更换破损、陈旧、断裂、老化等有病害的管道;扩大、完善管径过小管道。5个积水点改造累计新增及改造管道302.7米、雨水口23座,增铺1处人行道共56平方米,健全排水系统,缓解改造区域易积水现状。

【月湖公园获评省"优质综合公园"】 2017年1月,月湖公园被省住建厅评为2016年度省级"优质综合公园"。月湖公园景区位于宁波市中心,占地面积28.6公顷,其中绿地面积约15公顷、水域面积8公顷。有古建筑面积1.5万平方米,是宁波城内重要的历史文化保护区。

【"管道机器人"试点】 2017年11月,区城管局试点推广"管道机器人"(CCTV管道视频检测技术),开展府桥街、开明街、和义路等28条路段近34千米的排水管道检测。"管道机器人"适合于直径200~2000毫米的各种管道,能在管道内部行动自如并拍摄清晰的视频图像,准确发现并记录裂缝、腐蚀、积泥等各种结构性、功能性缺陷,找出如积水、破裂、脱节、腐蚀等管道问题,为管道维修提供图像依据与技术支持。

【白云公园品质提升工程完工】 2017年12月,白云公园品质提升工程完工。工程西接环城西路,东邻文台河,自9月开工,投资282.35万元,改造面积约3.5万平方米。其间,完成苗木移植1800平方米、场地翻整8000平方米,拆除园路500平方米,拆除及新建景亭2座。移植及整理园区内原有茶梅、杜鹃、竹子等苗木2700余平方米,新增各色郁金香2000余平方米、八仙花1000平方米、植播草皮8000平方米。

(周　曦)

国土资源管理·生态环境保护

国土资源管理

【概况】 2017年，海曙区供应具体建设项目用地32宗，面积119.24公顷。其中，行政划拨18宗，面积83.92公顷；出让14宗，面积35.32公顷。实现土地合同出让金75.27亿元。收储土地入库13宗，面积29.88公顷；出库12宗，面积31.11公顷。

完成《宁波市海曙区土地整治规划（2016—2020年）》首次编制，《宁波市海曙区及其石碶街道和古林镇土地利用总体规划（2006—2020年）》（2014调整完善版）和《集士港镇等7个镇（乡）土地利用总体规划》通过省、市论证。

实施城镇低效用地再开发91.05公顷，盘活存量建设用地99.67公顷，消化“批而未供”土地22公顷，处置闲置土地6.02公顷。受理并办结用地预审、供地、复核验收、划拨补办出让、延期、压覆矿审查、改变土地使用条件等权力事项4875件。完成2016年土地变更调查，实地踏勘调查原海曙城区内5个监测内图斑（面积7.02公顷）和35个监测外图斑（其中涉及变更的面积6.02公顷）。

开展年度“农转用”报批工作，申报用地总面积207.84公顷（含新增建设用地144.2公顷），至是年底，其中12.4公顷（含新增建设用地9.4公顷）土地通过市、省级审核。

实施“611”耕地保护工程，区级垦造耕地项目立项13.4公顷，10.67公顷竣工验收；续建及认定高标准农田1533.33公顷；“旱改水”工程（农田建设时，将旱地改造为水田）立项1.47公顷；表土剥离项目竣工8.33公顷。落实异地调剂补充耕地指标，水田166.67公顷、旱地66.67公顷、“旱改水”80公顷。

接管集士港、鄞江不动产登记受理点，指导受理点受理登记业务4.68万件、查档业务2.89万件，确保区划调整过渡期不动产登记业务正常办理。完成老城区已拆迁地块上集体土地、房产注销登记1000余宗。

推进废弃矿山治理，完成鄞江镇1处废弃矿山交工验收，编制鄞江镇、高桥镇3处废弃矿山的治理方案。创建“绿色矿山”2处。

编制《宁波市海曙区2017年度地质灾害防治方案》《宁波市海曙区地质灾害综合治理专项行动方案》，推进横街精磊厂西侧滑坡治理工程档墙砌筑施工，同步完成章水镇杖锡村9户瓦屋村民移民搬迁。

集中划定西片区永久基本农田1.04万公顷、永久基本农田示范区0.55万公顷，耕地等级分为三等，基本实现“优质耕地优先划入基本农田”。同步开展永久基本农田外业保护标识设置工作，完成区级牌1个、镇级牌17个、村级牌163个、界桩441个的实地安装。每周开展土地动态巡查2次，全年出动巡查人员300余人次。拆除新增违法用地20宗，复原

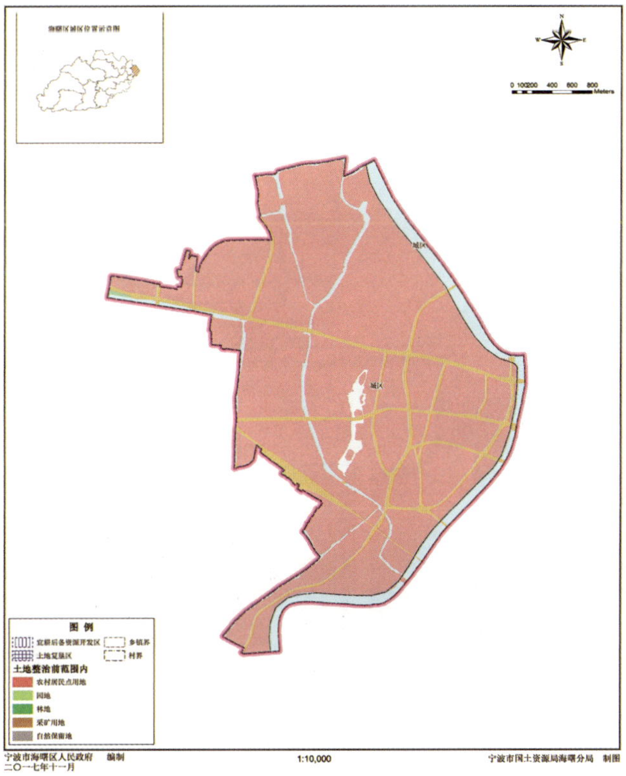

海曙区城区土地利用总体规划图（2016—2020年）

耕地4.67公顷。拆除卫星遥感系卫片执法发现的违法用地10宗，复原耕地2.16公顷，违法占耕比例控制在2.68%。

组织普法志愿者队伍赴章水镇小学开展第48个“世界地球日”宣传活动，发放地质灾害宣传手册600余本。在9个镇（乡）街道布展宣传横幅，宣传国土整治相关内容。开展以土地监察为主题的国土法律知识讲课活动，向全区纪检监察干部讲授国土法治相关知识。邀请地质灾害专家对镇、村负责人和地质灾害监测人员进行集中培训。

全区在管收储地块54宗，面积135公顷。组织300余人次实地巡查，确保收储地块安全。配合“文明城市”创建，在收储地块制作2100平方米墙体公益广告。35项涉土行政审批事项实现“最多跑一次”。

【历史性土地案件化解】 2017年，海曙国土资源分局与区人民法院合作，推进全区国土资源历史积案化解。出台《关于推进和规范国土资源非诉行政执行案件“裁执分离”工作的实施意见》《关于开展“亮剑行动”违法用地未依法处置问题集中整治工作的方案》，按照“逐步推进、分类处置”原则，集中梳理和排查1180宗历史积案，其中504宗交由区人民法院作出强制执行裁定。

【全区首个村土地利用规划试点启动】 2017年9月，海曙区对鄞江镇梅园村启动全区首个村土地利用规划试点。规划对梅园村村域生产、生活、生态用地空间提前谋划，结合村庄整治工程，逐步改善村庄、农田、河流等土地环境，落实土地用途管制措施，构筑符合梅园村未来发展的空间格局。

【地面沉降易发区地质灾害评估】 2017年10月9日，海曙区委托省工程勘察院编制的《海曙区地面沉降易发区地质灾害危险性分区评估报告》通过专家组评审并公布实施。调查对象为西片区的平原地区，涉及高桥镇、集士港镇、横街镇、古林镇、洞桥镇、石碶街道6个镇（乡）街道，面积约218平方千米，评估面积约103平方千米。同时整合老海曙区地面沉降易发区地质灾害危险性分区评估资料，结合城乡规划和土地利用规划，形成完整的海曙区地面沉降易发区地质灾害危险性分区评估报告，预测评估区内工程建设可能诱发的地质灾害危险，提出相应防治措施和对策。

【集士港不动产登记受理点运行】 2017年10月23日，集士港不动产登记受理点正式挂牌运行。受理点设有国土、地税、住建3个部门联合办公的“三联办窗口”4个，国土、地税两部门联合办公的“二联办窗口”2个，另有国土部门开设的查档抵押等窗口6个，配号、领证等窗口5个，共17个窗口。采用“一次取号、一窗受理、一次提交材料，后台并联处理”模式办理相关业务，实现群众办理不动产交易、缴纳、登记全业务“最多跑一次”。受理点涉及集士港镇、古林镇、横街镇、高桥镇、石碶街道5个镇（乡）街道的业务办理。

集士港不动产登记受理点

【区耕地保护激励资金首次发放】 2017年11月底，经镇、区两级调查核实并公示，海曙区首次发放2016年度耕地保护激励资金1273.34万元，涉及西片区9个镇（乡）街道169个行政村。考核以村为单位，种植多年生作物、发展林果业、挖塘养鱼及抛荒耕地，按照其使用面积扣减此部分补助金额，对违法用地及时复垦和违规搭建农棚田舍的，扣减补助资金总额的20%，2016年度扣减316.36万元。对违法用地行为实行一票否决，取消当年度补助资金。共取消金额198.27万元，涉及21个行政村。

（满　政）

环境综合治理

【概况】 2017年，海曙区开展污染防治综合整治。编制完成《海曙区突发饮用水水源地污染事故应急预案》，成立海曙区突发饮用水水源地污染事故应急指挥部，由区政府领导任总指挥，区府办、海曙环保分局等部门主要负责人及相关管理人员为成员。加强道路危险化学品运输安全管理，制定《宁波市海曙区危险化学品运输车辆穿越饮用水水源地保护区道路安全管理制度》，落实政府主导、部门监管和企业主体三大责任，以源头监管和动态管控为重点，实施全过程监管。

【电镀行业深度整治】 2017年，海曙区3家电镀企业被纳入电镀行业深度整治范畴。海曙环保分局按照《电镀污染物排放标准》开展督察，企业负责人与海曙环保分局签署承诺书，承诺于2018年6月底完成电镀提标整治任务。

周公宅水库

【危害挥发性有机物整治】 2017年，海曙环保分局在全区范围开展产生危害的挥发性有机物（VOC）整治。4月13日，召开海曙区整治VOC推进会，部署具体工作要求、时间节点，邀请专家对VOC治理进行讲解。9家企业被纳入VOC治理范畴，涉及化工、涂装、印刷等行业。按照“一厂一策”模式，根据企业实际情况编制整治方案，展开全面整治。

【饮用水水源地管理】 2017年6月，海曙区开展饮用水水源地保护区整治。由区府办、海曙环保分局牵头，区综合行政执法局、区市场监管局、区经信局等12个部门参加，全面排摸可能影响饮用水水源地安全的各类污染源，整治发现的环境安全隐患。强化与移动、联通和电信3家通信公司合作，在区饮用水水源地保护区落实隔离短信工程，给进入人群发送提示信息，禁止垂钓、游泳、烧烤、倾倒等污染水源行为。至是年底，海曙区饮用水水源地总体情况良好，一、二级饮用水水源地保护区范围内未发现与供水设施和保护水源无关的建设项目，皎口水库、周公宅水库、溪下水库、樞树潭水库等饮用水水源地保护区设立地理界标和警示标志，完善物理隔离措施。严把准入关，对无法提供经营场所证明和环评审批手续的库区新办企业一律暂停办理营业执照。

（陈　燕）

环境质量监测

【概况】 2017年，海曙区空气质量达标311天，超标54天，其中轻度污染50天、中度污染3天、重度污染1天。市区环境空气复合污染特征明显，主要污染物为PM2.5和臭氧。城区PM2.5年均浓度为37微克/立方米，空气质量综合指数为4.31，达标天数占85.2%，霾日38天。与上年相比，PM2.5年均浓度下降5.1%，综合指数下降0.1，达标比例提高0.5个百分点，霾日减少29天。

水源地水质良好，地表水水质有所改善，劣V类水质全面消除。

【5家单位获评市“环保模范单位”】 2017年5月，海曙区古林镇中心小学、石碶街道中心幼儿园、横街镇中学、古林镇布政幼儿园、百威英博（宁波）啤酒有限公司5家单位获评2017年市“环保模范（绿色）单位”称号。

【“世界环境日”主题宣传活动】 2017年6月5日，“倡导公众治水，共创清洁世界”第46个“世界环境日”主题宣传活动在鄞江镇百威英博（宁波）啤酒有限公司启动。启动仪式后，200余名志愿者分别到它山堰村、光溪河两岸开展志愿活动，举行生态环保知识竞答、“公益绿行”宣传活动、徒步巡河护河、排查河面垃圾清理等活动。

（陈　燕）

环境执法

【概况】 2017年，海曙区执行建设项目环境保护“三同时”（环保设施与主体工程同步设计、同时施工、同时生产使用）制度，按照“最多跑一次”环保审批要求，审批建设项目168家，否决选址不合理的项目60家，验收建设项目154家，变更项目26家，环评和“三同时”制度执行率达100%。

开展饮用水源地保护区违法建设项目排查、危废企业专项检查，加强土壤污染防治，编制《海曙区土壤污染防治工作实施方案》，报市政府备案。建立土壤环境监测、监管体系，开展农用田土壤污染状况点位布点调查，对农用田土壤进行取样监测。

【环境执法“双随机”抽查】 2017年3月，海曙环保分局开展“双随机”抽查，通过随机摇号方式生成被抽查单位和执法检查人员。设定最低抽查比例，县级环保部门按照至少1∶10比例确定年度被抽查单位数量，制定受检企业名单；对存在环境违法问题和环境管理问题的污染单位，适度提高抽查比率；对投诉举报多，有严重违法违规记录、环境风险等级高等情况的污染单位，提高抽查比例。“双随机”抽查模式打破以往“分组分工、区域负责”的监管常规，杜绝过去企业规避常规检查可能性。

【危险废物规范化管理抽查】 2017年10月13日，根据《宁波市2017年度危险废物规范化管理考核工作方案》要求，奉化区环保局对海曙区危险废物产废单位规范化管理进行抽查考核。检查组检查3家省重点危险废物产废企业，查阅企业危险废物规范化管理台账资料，并现场检查危废存储场所。海曙区危险废物规范化管理通过考核。

（陈　燕）

3月24日，国际能源署能源数据中心主任邓肯·米勒德到中华纸业公司调研

节能降耗

【概况】 2017年，根据市发改委、市经信委和市统计局三部门联合通报，海曙区单位GDP能耗同比下降3.8%，全社会能耗总量为288.28万吨标准煤，增长2.3%，能源"双控"（能源消费总量控制、能源消费强度控制）双指标均超额完成市下达的任务指标。规模以上工业单位增加值能耗下降6.9%。盘活存量土地完成99.72公顷，超额完成市下达任务指标。

上报节能改造项目（含合同能源管理）60余个、淘汰落后产能（设备）18个，申报市级节水型企业1家；根据"双随机"原则，在5个镇（乡）街道推荐上报5个市级节能监察项目、10个区级节能监察项目。实际完成百威英博（宁波）有限公司等重点节能改造项目验收40余项，计划总投资2.38亿元，腾出1.18万吨标准煤用能空间。完成宁波拓铁机械有限公司等8家清洁生产审核任务；推荐14家重点骨干工业企业参加市经信委"绿色产品""绿色企业""绿色园区""绿色产业链"项目培训和申报。完成2016年度节能改造、节能监察等项目政策兑现，拨付各类专项资金200.32余万元。11月，拨付年度节能降耗项目各类补助资金411余万元。

开展"钢铁去产能"和铸造企业涉落后装备排查专项行动。经核查，全区未发现铸造企业利用中频感应炉违规生产"地条钢"现象。宁波鄞州东盟不锈钢制品有限公司完成中频炉、防尘罩、导轨拆除，变压器作报停处理。整体关停宁波瑜华特种钢有限公司，腾出7200吨标准煤用能空间。完成钢铁、水泥、玻璃严重过剩产能专项监察。继续对环境污染大、能源消耗高、产业低端、综合效益差的5家铸造企业执行差别电价政策。淘汰改造高污染燃煤锅炉28台，淘汰燃油锅炉1台，完成市下达任务指标（16台）的175%，补助552万元（市级66万元、区级配套补助486万元）。

【"低小散"块状行业整治】 2017年，海曙区完成以"四无企业（作坊）"（无证无照、无安全保障、无合法场所、无环保措施）为重点的"低小散"整治提升122家（工业企业82家、非工企业40家），超额完成省、市下达的任务指标（100家），建成宁波（国际）电子商务园区、宁波896创业园2个小微产业集聚区，标准厂房建设16.03万余平方米，均超额完成市下达的任务指标。

【国际能源署调研中华纸业公司】 2017年3月24日，国际能源署（IEA）能源数据中心主任邓肯·米勒德（Duncan Millard）在国家统计局能源统计司司长文兼武、省统计局副局长方腾高陪同下到宁波中华纸业有限公司（简称"中华纸业公司"）调研。企业负责人重点介绍公司生产工艺流程、能源统计工作、节能减排管理、节能相关案例及做法。调研组了解能源消耗数据收集流程和工作规范，对公司推广使用各类节能新技术新产品新工艺、改造高能耗高污染设备、推行节能改造提升产能减少消耗的做法予以肯定。

【"全国节能宣传周"活动】 2017年6月，海曙区举行"节能环保齐携手 建设美丽新海曙"主题宣传活动，作为2017年"全国节能宣传周"的启动活动，区节能办、海曙环保分局和区机关事务管理局现场播放节能环保视频，发放节能环保科普资料，分发印有环保节能标语的公益手帕、水杯，设置"数字看节能环保""图片看节能环保"展板，宣传倡导节能环保理念，200余人参加现场活动。宣传周还组织公益创意集市、企业降耗研修班、节能监察（能源审计）等七大主题宣传活动。

【"节能宣传月"活动】 2017年6月29日，由市经信委牵头，市节能协会、区经信局联合鼓楼街道在鼓楼步行街"党章学堂"开展宁波市第十个"节能宣传月"系列活动。市节能协会王志定以《节能有我 绿色共享》为题作专题讲座，普及居民日常节电、节水知识。现场发放节能宣传小册子、节能（水）小物件。辖区居民代表、企事业单位负责人60余人参与活动。

（王伟忠）

资料链接：

"611"耕地保护工程：2016年，省国土资源厅出台《"611"耕地保护工程实施方案》，包括农村土地整治复垦、土地开发、旱地改水田、高标准基本农田建设、耕地质量等级提升、表土剥离等目标任务。

表土剥离：即表土剥离再利用，是指将建设所占土地约30厘米厚的表土搬运到固定场地存储，然后搬运到废弃土地上完成造地复垦的技术。

综合经济管理

发展规划管理

【概况】 2017年，海曙区经济社会保持平稳健康发展态势。实现地区生产总值1164.48亿元，同比增长6.3%，三大产业占比调整为1.4∶39.3∶59.3。实现一般公共预算收入93.02亿元，增长0.9%；完成固定资产投资408.81亿元，增长11.7%；实现社会消费品零售总额796.94亿元，增长6.2%；城镇居民人均可支配收入59482元，增长7.9%；农村居民人均可支配收入32743元，增长7.9%。

对照“十三五”规划各项目标任务，编制海曙区2017年国民经济和社会发展计划，经区人民代表大会审议批准后实施。分阶段对年度计划实施情况进行协调和督促，动态掌握计划完成情况，8月对年度计划实施情况进行年中总结，按程序向区人大常委会汇报。全年基本完成各项目标任务。

按照市政府主要经济指标“双底线”管理要求，全面掌握苗头性、趋势性问题，提出对策建议，为区委、区政府决策提供参考。完善全区经济运行监测预警联席会议制度，分解落实相关任务，建立对镇（乡）街道主要指标“双底线”管理制度。每月分析监测“双底线”管理指标，每季度分析全区经济运行情况，完成监测报告12份、全区经济运行分析材料4份，开展重点企业专题调查4次。

【中长期规划编制】 2017年，区发改局开展“十三五”规划修编。按照“1+15+X”的规划修编体系，强化对新海曙区经济社会发展总体谋划。组织开展前期集中调研，完成《海曙区经济社会发展思路》等前期研究，形成一系列课题成果。组织起草规划《海曙区国民经济和社会发展第十三个五年规划纲要》文本，召开专家咨询论证会及代表委员、部门单位、镇（乡）街道等征求意见座谈会，修改完善后提交区政府常务会议、区委常委会、区人大常委会审议批准并发布实施。协调、指导责任部门做好重点专项规划修编，15个重点专项规划全部按计划完成修编并报批发布。

【温室气体清单编制】 2017年，区发改局开展2016年度温室气体清单编制，涉及二氧化碳、甲烷、氧化亚氮、氢氟碳化物、全氟化碳和六氟化硫6种温室气体，包括能源活动、工业生产

海曙晨光

过程、农业活动、土地利用变化与林业、废弃物处理五大领域的分报告及总报告。清单成果通过市发改委统一评审，相关数据录入省气候变化研究交流平台。

（雷　军）

财政管理

【概况】2017年，海曙完成财政总收入163.84亿元，同比增长6.5%。全区完成一般公共预算收入93.02亿元，同比增长0.9%，加上转移性收入25.29亿元，上年结余3.32亿元，调入资金2.83亿元，债务转贷收入1亿元，调入预算稳定调节基金1.25亿元，减去各类上解（向上解缴）46.56亿元，2017年海曙区一般公共预算可用财力为80.15亿元，一般公共预算支出74.19亿元，同比减少2.4%，年末结余5.96亿元，其中：计提区级预算稳定调节基金0.1亿元，结转下年5.86亿元。

完成政府性基金收入60.49亿元，其中上级补助收入40.3亿元、专项债券2亿元、国有土地使用权出让收入16.87亿元、国有土地收益基金收入6043万元、农业土地开发资金收入52万元、城市基础设施配套费收入6350万元、彩票公益金收入648万元。完成政府性基金支出53.39亿元，其中上解支出2.1亿元、城乡社区支出50.43亿元、其他支出（彩票公益金）1728万元、其他政府性基金支出637万元、债务付息支出3215万元、其他政府性基金历年结余调出资金3000万元。结转下年7.1亿元。

梳理修订新一轮经济扶持政策，参与制定14项产业政策资金管理办法。落实重点企业补助、各项产业补助、"稳增促调"专项补助等各项财政奖补政策，兑现各类财政扶持资金4.04亿元。设立科技风险池，缓解科技型中小企业融资难问题。发掘新兴经济增长点，用好用活财政扶持政策，重点培育电商、类金融、人力资源等新兴产业，加大对宁波（国际）电子商务产业园海曙区园区、月湖金汇小镇、集士港卫星城等特色平台投入。根据区划调整形势，承接海曙西片区9个镇（乡）街道财政购房补贴和高校毕业生购房补贴业务，拨付财政购房补贴和高校毕业生购房补贴2933.42万元，惠及3000余户家庭或个人。

2017年，海曙区会计代理记账机构执业资格审批全程实现网上申办、快递送达，率先实现"零上门"

【财政监督】2017年，海曙区制定政府性债务风险处置应急预案，防控政府性债务风险，处置存量债务，置换债券9.33亿元，新增债券3亿元，实现政府性债务结构优化。加强"三公"经费预算管理，做好按月支出统计，全年"三公"经费支出4012.62万元，完成预算的45.6%。推广应用政府采购信息管理系统，实现全区所有预算单位全覆盖和审批支付一体化，强化政府采购监督实效，政府采购规模为13.39亿元，资金节约率达7.17%。推进预算绩效管理，建立"先期评审"制度，在项目申报预算前，组织区人大、区政协、区审计局等部门组成评审小组，对资金安排、实施内容评议，评议结果作为预算安排重要依据，全年实现26个项目预算绩效管理。

【民生支出保障】2017年，海曙区用于民生领域支出56.36亿元，占一般公共预算支出的75.97%。教育支出14.41亿元，重点巩固城乡统筹全免费义务教育；医疗卫生和计划生育支出6.12亿元，用于支持健全全民医保体系、促进基本公共卫生服务均等化；社会保障和就业支出9.49亿元，强化养老服务，18个区域性居家养老服务中心和基层站点建成使用；重点扶持高校毕业生、失业人员、退役士兵等群体就业创业，缓解就业难题；顺应区划调整后海曙区城乡多元化格局，安排节能环保及城乡社区支出11.01亿元。

【财政体制改革】2017年，海曙区实施"支出经济分类科目"改革。建立专项资金管理清单制度，以清单方式管钱、管权、管事。提高预决算公开水平，除涉密部门外，全区57家一级单位预算全公开，56家一级单位决算全公开（新增红十字会，无2016年决算）。建立新一轮区对镇（乡）街道财政管理体制，明确两级政府事权和支出责任，实现新增财力向镇（乡）街道倾斜，加大对偏远地、财力困难乡镇转移支付力度，促进全区基本公共服务均等化。践行"最多跑一次"承诺，会计代理记账机构执业资格审批、会计代理记账机构年度报备均可全程实现网上申办、快递送达，率先实现"零上门"。

【"三农"发展财政支持】2017年9月，海曙区成立农村综合改革领导小组，办公室设在区财政局，逐步出台各类涉农政策及资金管理办法。全年"三农"支出8.11亿元。其中，农林水支出3.82亿元，重点用于优化农村环境、改善河网水质、完善基础设施、保障农民安居乐业。设立"一事一议"财政奖补机制，立项"一事一议"及"美丽乡村"项目17个，涉及8个镇（乡）街道16个行政村，计划总投资4075.13万元，其中财政奖补1914万元、村镇自筹2115.67万元、社会捐赠4.5万元、村民筹资40.96万元，筹资人达1.29万人，受益群众2.34万人。

（杨宏云）

国有资产管理

【概况】2017年，根据国家及省、市全面深化国企改革工作会议精神和省委巡视组关于区属国有企业监管工作整改要求，区属国有企业监管模式逐步向国资监管部门统一监管过渡，即国有企业与业务主管部门逐步脱钩，由国资监管部门全面履行国有企业监督管理职能。6月，出台《海曙区国有企业监督管理办法（试行）》，理顺国资监管部门、业务主管部门与企业之间关系，强化区国资监管部门对全区国有企业监督管理职能，提高国资国企监管效率。

新组建6家区属国有独资公司，通过企业股权整合、业务重组，探索形成两大集团公司体系，构建“区国资办—集团（控股）公司—各子公司”监管架构，推进国有经济集团化发展。通过引入社会资本、参股等方式，推动区交投公司与中国石油化工集团公司合作，中小担保公司与民营合作等混合经营模式。

探索海曙区区属国企负责人薪酬制度改革，分类分级推进区属国企负责人薪酬改革，合理确定区属国有企业负责人薪酬结构、总量，完善考核办法和评价制度，建立健全监督管理体制。

【行政事业单位资产管理】2017年，海曙区分批次对西片区部分单位财务人员进行行政事业单位固定资产管理信息化系统软件操作培训，加强财务人员资产管理能力。行政事业单位处置资产8156.68万元，其中报废资产4331.26万元、调拨资产3808.05万元。委托区开投公司管理全区行政事业单位房屋资产，区国资办每季度与开投公司进行租金收缴对账，全年收到房屋租金289.06万元（扣除税金后）。继续采用淘宝网拍卖方式处置行政事业单位资产，7月、12月开展两期拍卖，其中第一期拍卖由区财政局、区经济适用房办公室牵头组织，宁波市南天房产控股有限公司配合实施拍卖15间商铺，成交11间，成交率达73.3%。成交商铺总起拍价为1158.57万元，总面积906.55平方米，最终成交总价1449.57万元，溢价291万元，溢价率达25.12%。

【6家区属国有企业成立】2017年，海曙区新组建6家区属国有独资公司。5月，宁波市海曙区交通投资建设有限公司（简称“区交投公司”）、宁波市海曙区水利建设投资发展有限公司（简称“区水投公司”）、宁波市海曙区城市排水有限公司（简称“区城市排水公司”）、宁波市海曙粮食收储有限公司成立（简称“区粮食收储公司”）；6月，宁波市海曙区旅游开发投资有限公司成立（简称“区旅投公司”）成立；7月，宁波市海曙国有资本投资集团有限公司（简称“区国投公司”）成立。

【2个国有集团公司体系建立】2017年，海曙区以国有经济集团化改革为契机，通过企业股权整合、业务重组，探索形成以海曙开发建设投资集团有限公司（简称“区开投公司”）、区国投公司为核心的两大集团公司体系，构建“区国资办—集团（控股）公司—各子公司”监管架构。开投集团公司体系包括区交投公司、区城市排水公司、宁波市海曙区海生保障房住房建设投资有限公司（成立于1993年3月）等；国投集团公司体系包括区旅投公司、宁波市海曙广聚资产经营有限公司（成立于1993年6月）、宁波市海曙保安有限公司（成立于1993年6月）等。

【区属国有企业排摸】2017年9月，区财政部门对42家区属国有控股企业开展摸底清查，排摸企业人员、党建、银行账户、应收款项、对外投资、基础建设、资产管理及“三公”经费等情况，着重检查企业对中央八项规定精神落实情况。经排摸，基本摸清区属国企现状，发现普遍存在内控制度不完整，部分存在企业与主管部门职责关系模糊、资产闲置、人员薪酬不合理、公务开支不规范等问题。

（杨宏云）

国家税务

【概况】2017年，海曙区实现国税收入97.08亿元，同比增长43.93%。其中，增值税76.43亿元，增长45.48%；消费税0.76亿元，增长21.11%；企业所得税18.53亿元，增长31.22%；车辆购置税1.37亿元。落实国务院6项减税政策、“大众创业、万众创新”税收优惠政策等税收优惠政策，减免税收29.17亿元，办理各类退税66.59亿元，其中出口退税65.18亿元、其他各类退税1.4亿元。

推出各项办税便利化服务举措，提供免填单服务事项，探索无纸化办税。完善以网上办税为主、24小时自助办税为辅、现场办税为基础的多元化办税模式。国税即办事项6类115个事项实现“最多跑一次”，待办事项6类31个事项根据不同类型分别采用网上办税服务厅查询、物流配送涉税业务文书等方式，实现“最多跑一次”。

深化征管体制改革，推行现场实名办税和网厅实名办税，采集办税人员有效个人身份证件6万余条，采集面达76.1%。持续推进“营改增”政策辅导，3.06万户“营改增”纳税人税负整体降低6.84亿元。落实《全国税务机关出口退（免）税管理工作规范》，开展出口退税工作，对2462户出口企业实施分类管理，推行出口退（免）税无纸化管理。

建立“一网式、两端性、动态化”执法信息公示平台，利用“码（二维码）上示执权”等新形式实现人员信息公示动态化。建设标准税务约谈室，使用执法记录仪，实施执法过程全记录。开展“七五”普法教育和第26个“税收宣传月”活动，创立天一讲堂法治税务普法基地，联合街道部门、大学生创业园、“双创”基地等开展系列宣传活动。

创新发票类服务，联合宁波二百商贸有限责任公司开具增值税电子普

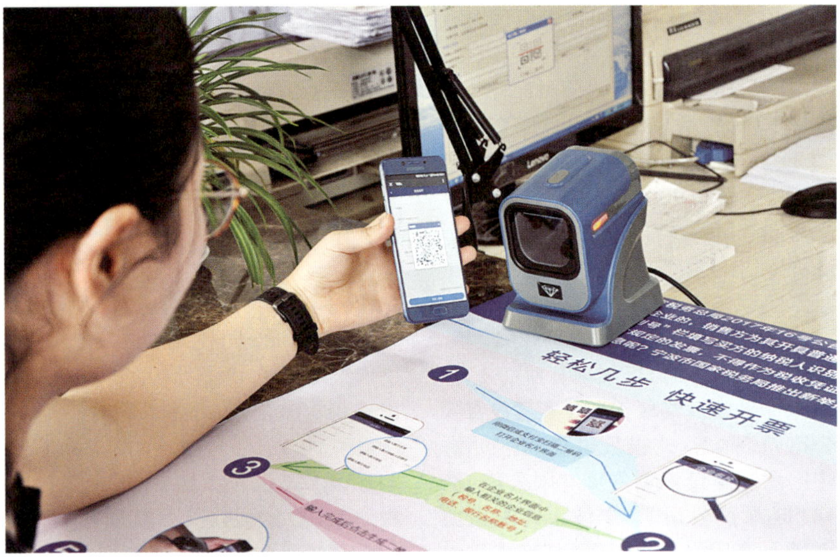

7月，区国税局在办税服务厅试点运行二维码代开发票服务

通发票和增值税普通发票（卷式），实现全国首个“新零售”发票服务平台上线。率先在全国范围内推出二维码代开发票服务，开票时间缩短80%。

【区国税机构调整】 2017年1月3日，区国税局召开机构调整干部大会，部署落实区划调整后机构设置有关事项。会上宣读《宁波市国家税务局关于调整部分机构的决定》及干部任免、定岗文件。宣布区国税局天一税务分局、石碶税务分局正式成立；集士港税务分局、鄞江税务分局机构隶属调整到位。

【国税地税联合办税服务厅投用】 2017年2月27日，区国税局、海曙地税局联合共建的办税服务厅正式投入使用。服务厅设13个国税窗口和12个地税窗口，在国税、地税互设办税窗口基础上，完善“进一家门，办两家税”服务模式。

【大企业税收俱乐部座谈会】 2017年3月27日，区国税局联合海曙地税局召开大企业税收俱乐部成员座谈会，狮丹努集团、雅戈尔集团、宁波城建投资控股有限公司、临商银行、中国人寿保险股份有限公司等海曙区19家大企业财务负责人参加会议。区国税局、海曙地税局听取企业意见，解答企业疑惑，实现税企双方互学、互助、互通、互惠、互评。

【“新零售”发票服务平台上线】 2017年5月8日，宁波二百商贸有限责任公司开具增值税电子普通发票和增值税普通发票（卷式），成为全国首家同时推行增值税电子普通发票和增值税普通发票（卷式）的商场。标志着全国首个“新零售”发票服务平台上线。消费者可通过扫描购物小票上的二维码自助开具增值税电子普通发票或增值税普通发票（卷式）。

【二维码代开发票服务推出】 2017年7月10日，国家税务总局推出二维码应用规范和企业端二维码便捷开票服务。区国税局在做好企业端二维码开票系统推广应用基础上，创新拓展二维码开票应用领域，结合实名办税制度，对各办税服务厅发票代开系统实行技术升级，实现税务机关代开发票系统的二维码识码功能，并在办税服务厅试点运行二维码代开发票服务。

（徐王健）

地方税务

【概况】 2017年，海曙地税局实现各项收入139.75亿元，同比增收25.8亿元，增长22.64%。其中，组织地方税收收入61.69亿元，增加7.03亿元，增长12.85%；非税收入4.62亿元，减收0.85亿元，下降15.62%。各主体税种中，营业税3.54亿元；个人所得税18.67亿元，增长7.14%；企业所得税11.85亿元，下降11.05%；契税8.23亿元，增长57.98%；土地增值税6.01亿元，增长60.17%；城市维护建设税5.49亿元，增长13.67%；房产税2.87亿元，下降35.3%；印花税1.37亿元，增长6.08%；增值税1.35亿元，增长89.73%；车船税1.19亿元，下降23.44%。

行政区划调整后，海曙地税局理顺二级管理工作机制，按照机构调整方案落实推进各项工作。梳理常见业务、常用政策执行差异，出台《房土两税困难减免操作规程》《企业所得税核定征收实施办法》《土地增值税清算管理指引》等税种管理办法，形成单管户后续业务管理、跨区域涉税事项、自然人错误信息变更等多个业务操作说明，统一4个基层分局工作标准。以市地方税务局风险监控处推送的风控项目为主线，提升风险管理手段实效，注重“案头二次分析”、规范文书及系统操作，实施基层分局实地协作方式，实施市局级项目11个、验证项目2个及其他县（市、区）延伸项目4个，合计完成全流程317户，其中确有问题228户次，经评估等查补税款1150.65万元、滞纳金398.1万元，调整弥补亏损金额5326.79万元。与区国税局合作，吴家路新址投入使用，地税天一分局与国税石碶分局实现合署办公、率先实现“一厅合办”；10月，鄞江分局试点6类常见业务“一人一窗一机双系统”模式，实现“一窗通办”；集士港分局、石碶分局实现国税、地税互相“驻点”，节约纳税人办税耗时。落实“1+4+6”税费优惠政策，累计减免各类税费30.93亿元，99%来自征前减免，其中改善民生类减免税费15.63亿元，主要涉及住房；鼓励高新技术类减免税费7512万元，主要应用于投资创业及高新技术企业；促进小微企业发展类减免1845万元；节能环保类减免94万元；支持金融资本市场类减免13.68亿元；支持“三农”类减免2577万元；支持公益、医疗卫生等其他各项事业发展6691万元。

【“搜e税”纳税服务中心】 2017年，海曙地税局推进特色服务品牌——

海曙地税局"搜e税"纳税服务中心

"搜e税"纳税服务中心建设。以"87830000"咨询热线为先导，形成政策咨询、操作解答标准化口径，解决"同区不同规"现象。全年电话接入量近3.8万个，日均话务量153次，接听率达98.5%，其中新增片区纳税户热线咨询量占总量40%。实现近80%来电可当场解答、当次办结，减少实体大厅人流量。

【税务单管户登记数据统一】2017年，海曙地税局与区国税局首次以集中办公形式联合开展单管户清理及数据修改，实现"干部一对一配置、户管一对一清理、数据一对一修改"，保证纳税人在国税、地税实现同一状态标准、同一基础信息、同一身份（档案）编号。至是年底，修改完成税务登记3万余条次，涉及自然人个人所得税申报扣缴相关信息修改1万余条次。

【不动产登记"最多跑一次"改革】参见"专记"类目"'最多跑一次'改革"分目。

【新增片区社保、医保征缴移交地税】2017年10月始，海曙区新增片区2.8万户自由职业者的社会保险、医疗保险征缴工作正式移交至海曙地税局，由集士港分局负责优化原有征缴模式，突破数据传送壁垒，修订及签订委托代收协议，新增银行扣款信息提醒服务。至是年底，组织入库社保基金收入73.44亿元，同比增收19.63亿元，增长36.47%。

（王　婧）

市场监督管理

工商行政管理

【概况】2017年，海曙区新设立内资企业7228家，同比增长21.5%；注册资本（金）506.86亿元，减少9.8%。新设个体工商户9926家，增长28.3%；资金数额7.44亿元，增长35.3%。新设农民专业合作社12家，出资额5670万元。实有内资企业4.37万家（含市局登记638户），注册资本（金）3194.7亿元（含市局登记1265.6亿元），分别增长10.2%和27.5%。实有个体工商户4.93万家，资金数额25.24亿元，分别增长8.7%和18.5%。实有农民专业合作社221户，成员出资总额3.34亿元。查处行政处罚案件493件，罚没款总额899.53万元。受理消费者举报投诉1.04万件，为消费者挽回损失1219.95万元。

以商事登记制度改革为突破口，全面实施"五证合一、一照一码"改革，在烟草零售、道路运输、食品经营行业试行"证照联办"，累计签发"一照一码"营业执照4.06万份，占全部在册企业的91%。换发划转区域企业营业执照1.13万份，占全部划转企业的70%。办理"先照后证"企业1.63万家，涉及许可事项3.2万项。放宽市场主体住所（经营场所）登记条件，办理住宅商用企业230户、集中办公企业450户、无产权房屋登记企业753户、一照多址企业1户，总计占新设企业的20%。

整合稽查队伍和案件管理系统，强化"打传规直"（打击传销、规范直销）行动，与公安部门建立常态化联系机制，落实打击传销"三色预警"机制。严厉打击不正当竞争、无照经营、食品药品违法、质量违法、制假售假、虚假宣传、网络违法等行为，开展"红盾网剑"行动、网络市场监管行动、汽车消费领域整治、非法成品油加油站点整治、问题地图检查等专项行动，查处商业贿赂、网销"三无"喜糖、宁波市第一医院大型CT计量不合格等一批大案要案。在网络市场监管中首次实现涉网案件办理数、罚没款总数、涉网案件移交处理数"三破百"，分别达166件、240万元和226件。

集士港菜市场新创三星级市场，逾众二手车市场通过四星级复评。累计建成星级农贸市场19家，提前两年完成农村星级市场创建任务。新创"放心市场"2个、复评3个。

以杉井奥特莱斯广场为核心，开展省、市两级"放心消费示范单位"创建，建设具有海曙特色的"放心消费商圈"，杉井奥特莱斯广场获市级"放心消费"组织奖。建成省级示范型"放心商店"49家、"放心网店"59家、"放心餐饮"店25家，市级"放心街区"1家、"放心社区"1家。

【小微企业三年成长计划】2017年，海曙区新增七大产业小微企业5316家，引导和支持"个转企"175家，81家企业获"个转企"奖励扶持资金21.45万元，9家小微企业被评为市"信用示范小微企业"，获得扶持资金45万元，5家餐饮连锁企业获评"2016行业转型升级之星"。为帮助企业融资解困，办理动产抵押登记57起，主债权额10.2亿元。

7月14日，海曙区首家“银行代办工商登记”企业注册成功

【工商管理“最多跑一次”改革】 参见“专记”类目“‘最多跑一次’改革”分目。

【银行代办工商营业执照试行】 2017年7月，区市场监管局与中国银行海曙支行、工商银行海曙支行、建设银行海曙支行等6家银行建立合作关系，试行银行代办工商营业执照新模式。至是年底，200余家企业通过该模式办理营业执照。

（夏　静）

食品药品监督管理

【概况】 2017年，区市场监管局承接市局下放的除保健食品、特殊医学用途配方食品、婴幼儿配方食品、食品添加剂4类产品外的其余28类食品生产许可审批权限。开展食品安全排雷“百日攻坚”、禽流感防控、“一打三整治”东海护渔、地产食品“533安全保障行动”等专项整治20余次，组织食品安全宣传活动30余次，发放宣传资料5000余份。突出农村食品安全监管，实现餐饮移动监管全域覆盖，食品抽检4036批次，全区公立中小学、幼儿园“阳光厨房”覆盖率达100%，餐饮量化分级率100%。实施化妆品“百千万”美丽消费示范工程建设，1条示范街、5家示范商超、50家示范店列入首批示范工程建设单位。

【药械监管】 2017年，区市场监管局组织检查药品生产企业18次、医疗器械生产企业44次、保化生产企业4次、药品和医疗器械经营企业681次。把好流通环节准入关，对每家药械企业新开、变更、换证和延续实施监控，加强医疗机构特别是民营医疗机构用药用械风险监控。开展重点易制毒化学品、第二类精神药品、保健食品会销、浙贝母质量安全等专项检查10余次。药品不良反应、医疗器械不良事件上报706例，药械保化生产、批发企业监督抽验474批次，覆盖面达100%。

【“透明商超”监管平台建设】 2017年，海曙区优化“透明商超”（手机App）管控平台，新增特易购商业（浙江）有限公司石碶店、集士港店等5家大型商超，至11月底，全区15家大型商超实现“透明监管”。平台集在线视频、信息推送、商家展示、信息公示和公众互动五大功能于一体，对15家超市食品经营重点区域、重点环节实施远程、实时监控。

【学校食堂快检室建设】 2017年，海曙区50家校园食堂快检室投入使用，覆盖全区17个镇（乡）街道。快检室可检测农药残留、亚硝酸盐含量、瘦肉精含量等10余种常用项目，所有食品及原料必须经过学校快检室检测合格后制成食品，并落实食品安全主体责任自查报告制度。

（夏　静）

质量技术监督管理

【概况】 2017年，区委、区政府出台《关于推进“中国制造2025”工作的若干政策意见》《关于促进市场转型及品牌诚信建设的若干意见》，对企业获“政府质量奖”、驰著知名商标、省市名牌等实施奖励。新增浙江省名牌2个、宁波市名牌2个。申请国内注册商标2800件，商标注册数累计3.85万件，其中有“中国驰名商标”11件、省“著名商标”53件、市“知名商标”82件、地理标志2件。建成品牌指导站14个，其中星级品牌指导站6个。成立首家行业协会品牌指导站——宁波市医药行业协会品牌指导站。

开展钢铁去产能、问题电线电缆、蚕丝被等专项检查，排查企业60余家。实施生产企业县级抽检70批次、流通领域商品抽检145批次，将问题较为集中的纤维制品企业列为重点监管对象。开展合同格式条款备案，办理备案37份。以3C类认证（CCC标志强制认证）企业日常监管为重点，加强证后监管，实施检验检测机构日常检查45家，对其中6家机构进行能力验证现场检查，对7家消防设施检验检测机构进行专项督察。海曙区“质量强区”工作获市对区专项考核全市第四；全省首创的海外工厂“浙江制造”认证模式获评年度省质监系统创新项目。

【特种设备安全监管】 2017年，海曙区推进特种设备大监管体制建设，落实镇（乡）街道属地监管职责。开展大型游乐设施安全检查、危化相关特种设备安全综合治理、“蓝剑4号”专项执法行动等专项整治9次。2家单位33台电梯试点实施电梯按需维保、延长定期检验周期制度，3家单位46台电梯采用市场运作模式的电梯安全综合保险。在锅炉使用单位开展特种设备安全风险管控和隐患排查治理双重预防机制试点。5家液化石油气充装站实施老旧压力管道整治。淘汰29台燃煤锅炉，创建市级锅炉系统安全节能示范点1家，特种设备定检率达100%。

【2个标准入选“浙江制造”标准立项】2017年6月，“浙江制造”品牌建设促进会发布2017年度第一批“浙江制造”标准制修订计划。宁波新容电气有限公司“环保型电力电容器”和宁波东海集团有限公司“容积式水表”2个标准入选，成为海曙区首批获立项的“浙江制造”标准。至是年底，全区发布“浙江制造”标准2项，通过“浙江制造”认证6个。

【东海集团海外工厂获“浙江制造”认证】2017年10月4—5日，“浙江制造”国际认证联盟成员机构——法国BV认证集团组织专家对宁波东海集团有限公司比利时工厂开展“浙江制造”认证现场审核。经严格审核，宁波东海集团比利时工厂被授予“浙江制造”与法国BV认证集团双标志认证证书，成为“浙江制造”首个海外工厂认证企业。至此，东海集团比利时工厂和宁波工厂生产的“浙江制造”品牌水表可实现在中国及欧洲多地贸易互通。

（夏　静）

物价管理

【概况】2017年，海曙区做好“宁波市智慧民生价格信息平台”商品价格采集及监测，完成国家粮食安全责任考核物价案卷。加强特色农产品生产、成本等因素分析，上报监测信息。

区发改局在原有区物价检查分局基础上，新设立价格管理科、区价格认证中心，主要承接省物价局下放给海曙区的9类16项政府定价项目管理等。

【政府定价管理】2017年，区物价部门加强民生价格监管，开展普通住房、保障性住房物业收费、公租房租金等成本调查。开展普通住房前期物业服务收费审核，核定13家普通住房前期物业服务收费标准。根据全区幼儿园办园成本持续上升等客观因素，调整全区38家公办幼儿园保教费收费标准。完善公立医院普通病房床位费收费，核准海曙区第二医院普通病房床位费收费标准。

4月，区物价部门设立西瓜调查点进行价格监测

【特色农产品成本调查】2017年4月，区物价部门组织开展西瓜、贝母等特色农产品成本调查，经过前期调研和走访，筛选出一批经营稳定、代表性强的种植户作为监测对象，建立定人定点联系制度，确保价格监测工作规范化运行。

【农产品初加工企业用电价格审核】2017年5月，区物价局联合区农水局、区供电公司等单位，组织开展农产品初加工企业用电价格审核，审核全区蔺草加工、粮油、茶叶、果蔬、贝母等行业57家企业。最终，上报52家企业的农产品初加工企业用电量比例，按用电设备容量占总用电设备容量比例享受农业生产用电优惠价格。

【区价格认证中心成立】2017年8月21日，海曙区价格认证中心成立。核定事业编制3名，设置领导职数1名。至是年底，办理价格认定事项20件，认定标的金额6.33万元。

（吕美红）

审　计

【概况】2017年，区审计局对2016年度保障性安居工程、区基本公共文化服务资金等12个项目进行审计，完成竣工决（结）算项目64个，对13个立项投资约130亿元的重点投资项目实施跟踪审计。发现问题63个，提出意见建议23条，递交审计报告（专报、要情）42份，领导批示20人次，移交案件线索2件，核减资金4.06亿元，促进制度完善7项。

审计发现问题整改工作被纳入全区目标管理考核内容，要求被审计单位公告审计发现问题整改情况，发挥社会监督力量。区委巡察实行单位内审工作开展和审计发现问题整改两个“必查”，强化“巡查+审计”联动工作机制。实行经济责任审计结果“零问题报告”制度，督促被审计单位对发现问题全整改、不遗留。出台《海曙区审计整改督察工作操作规程》，明确整改要求，规范整改落实工作流程。

加强内部审计指导服务，举办多批次全区内部审计工作培训会，邀请资深内审骨干进行主题授课。组队参加市内审协会各类比赛，一个内审项目被市内审协会评为优秀项目并向省内审协会推荐。推行“内审+经责”模式，要求被审计单位审前先行自查自纠，做到关口前移。

在财政预算执行情况和其他财政收支审计过程中，提出推行公款竞争性存放管理的审计建议，促进全区26

个一级主管部门（含下属事业单位）的147个银行账户20.51亿元资金实施竞争性存放，提高资金效益，防范管理风险。开展全区存量房源专项调查，区人大常委会主任会议专题听取审计情况汇报，区政府牵头召集相关单位进行专题研究。对西片区9个镇（乡）街道财政财务收支开展专项调查，提出《对区与乡镇新一轮财政体制调整的审计建议》。

【经济责任审计】 2017年，区审计局对5个单位6名领导干部进行经济责任审计，对13名离任领导干部进行交接审核。审计发现各单位存在房屋资产、建设项目、合同协议管理、内控机制建设、干部履职尽责和问题整改不到位6类42个问题，移送案件线索2件，出具审计决定2份，促进制度完善7项。

【保障性安居工程跟踪审计】 2017年，区审计局开展保障性安居工程跟踪审计，发现在棚户区改造、保障性住房分配使用管理、工程项目建设管理及资金使用等方面存在问题，督促有关部门进行整改，收回涉及保障房建设的新型墙体材料专项基金、散装水泥专项资金、白蚁防治费等应减免收费资金1730.4万元。根据部分保障房租户欠缴房租、条件不符合而拒绝腾退住房等问题，递交《关于公共租赁房租金收缴及腾退难问题亟待引起关注》审计专报，敦促相关部门采取措施落实整改。

【公共文化服务资金专项调查】 2017年，区审计局针对公共文化服务专项资金使用管理、项目建设和运营管理、公共文化设施向社会免费开放服务管理等方面发现问题，提出"进一步规范区文广局及下属单位内控管理"和"全区文化产业发展资金审批管理须完善"的审计建议，推动完善单位内控机制和公共文化服务体制机制建设。

【过渡期投资项目审计机制确定】 2017年，区审计局根据行政区划调整实际，提出《关于完善海曙区政府投资项目审计机制的建议》。区政府出台《关于明确宁波市行政区划调整后海曙区政府投资项目审计有关事项的通知》，明确过渡期项目决（结）算审计、疑难问题处理、项目停退审机制、竣工决算评审制等工作，通过过渡性差异化审计模式，确保西片区投资审计实施推进。

（马　路）

统　计

【概况】 2017年，区统计局完成2600余家企业的报表审核指导，实现西片区镇（乡）街道走访全覆盖，精准指导企业、居民400余家。全年稽查单位46家，其中行政处罚2家。区统计局被推荐为全国"统计系统先进集体"候选单位。

建立分镇（乡）街道的数据监测体系，开展营利性服务业、科技服务业监测，新增文创产业及工业八大产业监测。与区发改局、区经信局、区商务局等部门建立数据交流机制，与区委组织部、区委宣传部等协作开展人才初创型企业成长指数测算、文创产业监测。改版《统计月报》，完善《海曙概览》《统计年鉴》，完成统计分析报告44篇，统计快报68期，"海曙区健康产业发展现状及路径研究"课题获全省统计青年课题二等奖。区统计局连续9年获得市统计系统优秀奖。

完成城乡住户一体化调查样本轮换、采购经理、新设立小微企业等调查。围绕民生热点问题，开展"最多跑一次"改革满意度调查、企业家信心调查、为民办十个方面实事等调查。完成第三次全国农业普查，普查乡级行政单位10个、村级组织181个、农户5.07万户、规模户846户、农业经营单位481家。

推动新形势下统计工作机制建立和完善，印发《进一步加强和改进统计工作的意见》，制定镇级统计工作联系制度。利用"问卷星"平台开展网上调查，推行部分统计调查业务外包。

完成统计学会换届，组建以"数说海曙"为主题的区情讲师团，与宁波万里学院合作建立统计教育实训基地。首次举办以"从数据看海曙发展"为主题的"政协委员进统计"活动，首次与高校开展"海曙区公共文化满意度调查"统计方案设计大赛。升级"海曙统计"官方微信，在《海曙新闻》发布通信稿6篇，优秀辅助调查员先进工作经验在宁波电视台"阿拉讲大道"栏目宣传。

升级稽查执法队伍，编制"七五"统计普法宣传手册，实行"预先告知制"和"回访制"，优化"双随机"执法模式。举办统计干部综合能力提升研修班、全区统计岗位知识培训班，推动

10月23日，国家统计局统计教育培训中心到海曙区调研统计教育培训工作

统计知识进区委中心组扩大学习会。

【国家农普办调研海曙“三农普”工作】 2017年4月8日，国家农业普查办公室到海曙区调研第三次全国农业普查（简称“三农普”）数据审核工作。区统计局汇报数据处理工作开展情况，并安排洞桥镇实地调研，国家农普办具体分析、指导海曙区“三农普”工作。

【国家统计局调研海曙统计教育培训工作】 2017年10月23日，国家统计局统计教育培训中心到海曙区调研统计教育培训工作。区统计局汇报全区统计教育培训工作的实施背景、主要情况及工作计划。调研组对海曙区统计教育培训开展情况表示肯定，要求海曙区继续做好教育培训，加大与国家及省、市间资源交流，推进统计教育长效、高效发展。

【国家统计局调研海曙月度劳动力调查工作】 2017年11月11日，国家统计局人口就业司到海曙区调研月度劳动力调查工作开展情况，并对劳动力统计新制度及PDA（手持终端）新程序进行测试。调研组分成两组，分别在段塘街道新典社区和古林镇薛家村开展调研。每个社区（村）选取5户调查户，由调查员入户登记测试，比对新、老调查表调查结果。随后，调研组召集各级相关人员和辅助调查员开展座谈，了解月度劳动力调查开展情况，并关于新调查表测试中发现的问题进行交流。

（周　莺）

安全生产监督管理

【概况】 2017年，海曙区发生各类生产经营性事故25起，死亡17人。其中，道路交通领域事故20起，死亡12人；工矿商贸领域事故5起，死亡5人。未发生生产经营性火灾死亡事故，未发生较大及以上死亡事故，安全生产形势平稳可控。

安全生产监督管理系统开展监督检查4710家次，查处一般事故隐患472个，查处重大事故隐患2个，完成2个区级挂牌隐患整改，实际监控重大危险源4处。立案处罚112起，罚款237万余元。其中，事前处罚立案95起、罚款50万余元。事故处罚17起，罚款187万余元。受理、查处23起群众举报的安全生产隐患和违法行为。

办理危险化学品经营许可100家、易制毒备案22家、应急预案备案137家、剧毒品使用安评报告备案1家。梳理行政审批事项14项，全部实现“最多跑一次”。

围绕新《中华人民共和国安全生产法》和《浙江省安全生产条例》等开展安全生产法律法规宣传。组织各领域、行业开展“职业健康宣传周”“安全生产月”等活动。以企业需求为导向，组织开展安全生产培训班45期，培训企业主要负责人2498人、专（兼）职安全管理人员3232人、特种作业人员624人、其他从业人员10.4万人，超额完成市局下达的各类人员年度培训量。按照县（市、区）级安全生产宣教基地建设要求，启动镇（乡）街道、园区基地建设。以企业实际需求为导向，探索安全生产社会化服务新模式。推行由业主房东委托中介机构负责房屋消防安全生产管理，落实安全生产主体责任。完善安全生产专家库建设，聘任首批安全生产和职业卫生专家31人，为企业安全风险诊断、监管执法提供技术支持。推广智慧式用电安全隐患监管系统、独立式烟感报警器、建筑工程安全监督远程监控系统等技术装备应用，加强用电安全、消防安全和建筑施工现场安全。

【社会公共事业安全监管】 2017年，海曙区社会公共事业安全监管以教育、卫生计生、民政领域为重点。区教育局开展消防安全、校车安全、校园及周边治安综合治理专项整治，发现安全隐患600余处，整改率达98%。区卫生计生局组织系统开展安全生产隐患自查自治，完善内部危化品储存使用规范，强化瓶装液化石油气和医用氧气瓶安全管理，排查发现各类安全隐患57处，书面通报36处，整改57处。区民政局以养老机构、殡仪馆、避灾点等单位为主要对象，检查机构单位53家次，发现消防设施隐患15项，整改15项，通过执行“一机构一改”制度，确保隐患整改落实到位。

【安监移动执法装备启用】 2017年6月22日，安全监督检查移动执法装备投入使用。区安监局安排资金20余万元，通过采购、研发及后续完善，在全区范围内投入使用。执法装备具有现场开具行政执法文书，查阅法律法规和安全生产标准、规章及常规检查执法项目列表等功能，实现与市局现有行政执法信息系统数据连接，实现信息交换与共享。

【瓶装液化石油气经营隐患排查】 2017年8月，区安监局联合各镇（乡）街道安监所及城管中队，排摸检查辖区内瓶装液化石油气供应点。检查发现个别供应点燃气经营许可证到期未审批新许可证，检查人员告知供应点负责人申请新许可证，并要求属地街道对检查结果进行备案。

【蔺草行业安全生产检查】 2017年9月，区安监局开展蔺草企业安全生产检查。重点督察企业在改善工作环境方面投入、员工培训、职业健康告知、安全警示标识等情况，督促用人单位落实主体责任，确保工作现场危害因素不超过国家规定标准。蔺草行业是“六类行业”（冶金行业、有色行业、建材行业、机械行业、轻工行业、纺织行业）职业病危害专项治理重点对象，每年9月是蔺草企业生产旺季。

【省消防安全暗访组到望春街道调研】 2017年9月，省消防安全暗访组到望春街道水岸心境社区进行高层建筑消防安全管理调研。调研组了解社区物业消防安全工作进展，询问固定消防设施、微型消防站建设、社区楼长制等情况，实地检查社区微型消防站和社区内消防通道情况，随后开展1分钟消防服穿戴等现场实战演练。

（陶　琳）

行政审批管理和公共资源交易管理

【概况】2017年，区行政服务中心受理各类审批服务事项31.75万件，按期办结率达100%。公共资源交易中心实现交易1071宗，成交金额71.8亿万元，节约资金3.89亿元。其中，完成政府采购941宗，成交金额29.93亿元；工程建设110宗，成交金额41.18亿元；其他交易项目20宗，成交金额0.7亿元。

各级交易平台完成交易项目1454宗，交易额88.94亿元。其中，区级平台完成交易项目1033宗，同比增长92.36%；交易额83.67亿元，增长96.29%。镇（乡）街道交易平台完成交易项目421宗，交易额5.27亿元，节约资金4003万元。

【审批事项“一窗受理”】2017年，区行政审批管理中心推进审批流程受理与办理分离，即事项综合“一窗受理”，实现部门集合办公，“前台综合受理、后台分类审批，统一窗口出件”。8月29日，首先在社会事务区实践“一窗受理”，由区审管办3名工作人员在窗口综合受理功能区内12个部门207项事项。12月4日，将原有5个功能区合并为商事登记、社会事务、基建投资3个功能区，按照社会事务区模式对商事登记区进行窗口调整。社会事务区从原有14个窗口14名工作人员压缩到8个窗口8名工作人员，办理时间缩短10~15个工作日。

【全省首创审批考级制】2017年，区行政服务中心在全省首创审批考级制，解决行政服务中心窗口受理“通才”问题。聘请各审批部门业务骨干为导师，通过“导师带徒制”分功能区培训窗口人员，涉及19个部门519项审批事项业务，至是年底，培训首批窗口受理“全科医生”34人。出台《技能等级考核管理办法》，将业务受理技能分成5个等级，每一轮培训后进行一次审批业务知识和实操技能考试，由各审批部门和审管办组成技能等级评审小组，进行“职称”评定，获得等级证书后方可上岗。将工作人员培训、考试及等级评定结果与个人绩效考核联系挂钩，对培训效果不理想、表现不佳者及时调整岗位。通过动态调整，避免工作人员一考永逸、学习懈怠等问题，确保业务技能保持高水准。审批考级制获得省委书记车俊、常务副省长冯飞批示和肯定。

【“三员”代办服务队伍建立】2017年，海曙区建立“代办员+辅导员+协调员”模式的“三员”代办服务队伍，即镇（乡）街道指定代办员、审批职能指定业务骨干为辅导员、审管办相关人员为协调员。为13个重点项目提供审批代办服务。在市级重点项目——环球广电二期项目中代办服务队伍为项目提供预先指导，制定模拟审批方案，理出审批清单和所需材料，使项目在取得土地后完成相关公示及审批转换，尽早开工建设；横街镇代办员服务推进华茂科技园二期、东海集团等项目审批，协助施工许可证领取、墙体绿化问题解决。

【区招标投标监督管理中心成立】2017年12月，区建设工程招标投标管理办公室由区住建局划转至区公共资源交易管理办公室，更名为区招标投标监督管理中心。监管中心受区住建局、区交通局、区发改局等10个部门委托，对各行业和产业项目招标投标活动集中监督管理，并接受委托行政主管部门监督。

（孙　颖）

相关链接：

“1+15+X”的规划修编体系：“1”指海曙区国民经济和社会发展第十三个五年规划纲要，“15”指教育事业、智慧城区、卫生计生事业等15个重点专项规划，“X”指若干个专项规划。

案头二次分析：市税务局向海曙税务部门推送有税收风险疑点的企业，包括可能存在风险的具体指标。海曙地税部门通过细化指标，在疑点基础上再深入分析。

“1+4+6”税费优惠政策：“1”指简并增值税税率政策，增值税税率由四档变为三档，按13%税率征收的货物降为按11%征收；“4”指扩大享受企业所得税优惠小微企业范围、提高科技型中小企业研发费用税前加计扣除比例、开展创业投资企业和天使投资个人有关税收政策试点、推广商业健康保险个人所得税税前扣除试点4项新增所得税减税政策；“6”指物流企业大宗商品仓储设施城镇土地使用税优惠政策、对有线电视收费免征增值税、金融机构农户小额贷款利息收入免征增值税、重点群体创业就业扣减增值税、退役士兵创业就业扣减增值税6项延续减税政策。

国务院六项减税政策：继续推进营改增、简化增值税率结构；扩大享受企业所得税优惠的小型微利企业范围；提高科技型中小企业研发费用税前加计扣除比例；创投企业抵扣应纳税所得额优惠；将商业健康保险个人所得税税前扣除试点政策推至全国；部分税收优惠政策延长至2019年底。

区行政审批管理中心事项综合“一窗受理”窗口

人力资源和社会保障

综　述

【概况】 2017年，海曙区城镇新增就业2.61万人，城镇失业人员再就业1.37万人，就业困难人员实现就业3468人。扶持大学生创业实体2055家，新增大学生创业600人，发放创业担保贷款7521万元。精准实施社保扩面，户籍人口养老保险参保率达96.38%；医疗保险参保率达99.38%，社保卡累计发卡量突破42万张。完善欠薪源头治理、预防处置机制，发布《关于进一步构建和谐劳动关系的实施意见》，开展"双爱"（企业关爱职工，职工热爱企业）评比表彰，出台5项欠薪治理长效机制，启动"无欠薪海曙"十大整治行动，开展"仲裁案件质量提升年"活动。引进全国首个军民融合高端制造产业孵化平台——宁波中星中东欧新材料研究院及"中国—芬兰人才技术交流合作平台"。区人才开发广场建设完成，举办系列品牌活动。以"百创汇海""匠心汇海"为品牌，发布实施人才新政，启动新一轮技能人才提升行动，举办各类活动30余场，其中市级以上10余场。规范人事队伍管理，完成5357名机关事业人员划转、工资待遇及参保接转工作。

（冯汝洁　王　祯）

9月19日，海曙区召开建设"无欠薪海曙"行动动员大会

人才工作

【概况】 2017年，配合起草海曙区"中国制造2025"政策意见，起草"百创汇海计划"人才政策，改革完善职称管理体制，出台《海曙区人才工作专项资金管理办法（一）》，对入选"百创汇海计划"人才和团队给予的资助通过考核进行分期拨付，对引进"海外工程师"企业实行年薪资助。设立行政审批窗口，实施外国人到华工作"两证整合"（外国专家证和外国人就业证），为到区就业创业外国人提供服务。成立全市首个技能人才培养服务联盟，整合10余个职能部门、16家培训单位，推出首批207个培训服务项目。新增"3315计划"B类创业团队、"3315计划"C类创业团队各1个，10人获评市级"海外工程师"，20人获评市级"领军拔尖人才"，2家获评"服务人才先进单位"，2人获评"服务人才先进个人"。新增省级企业博士后工作站3家、企业技能人才评价示范基地8家、市级大学生创业创新园1家。

【宁波中星中东欧新材料研究院成立】 参见"海曙区人民政府"类目"重要活动"分目。

【芬兰萨塔昆塔大区访问海曙区】 2017年3月20—22日，芬兰萨塔昆塔大区代表团一行11人到海曙区访问。21日，中芬双方举行合作洽谈会，中国国际人才交流协会办公室主任夏兵、中国国际人才交流协会办公室"千人计划"外专项目专项办联络部部长曾超、中国国际人才交流协会办公室欧洲部副部长蔡锐，市外专局副局长蔡捷敏，区委常委何慧刚，区人社局局长陶宁、党组书记余解等出席洽谈会。双方在上年合作框架上商谈有关合作平台落地具体事宜，关于如何推进互利合作、明确平台落地时间表及实施方式进行商讨。

【市智能制造业人力资源服务供需对接会在海曙召开】 2017年9月8日，宁波市智能制造人力资源服务供需对接会在海曙区举办。市人社局副局长周永全，区委常委、常务副区长谭国洪和区人社局局长余解等出席活动。活动吸引100家智能制造企业、45家人力资源服务机构及多家高校、职业技术院校参加。活动现场，达成45对合作意向，并达成多项重大人力资源服务协议，包括宁波人力资源服务行业协会与市智能制造协会签订战略合作框架协议等。对接会采用网络同步直播形式，在线观看直播人数超过2400人。

【浙江省—哈尔滨市人才招聘会】 2017年11月9—11日，区人社局组织辖区重点企业和博士后工作站企业赴黑龙江省哈尔滨市，15家重点企业参加浙江省—哈尔滨市人才招聘会，11家博士后工作站企业参加博士后工作站建设合作对接洽谈会。15家企业推出岗位87个，收到简历300余份，82人达成初步就业意向，现场招录13人。11家博士后工作站企业与哈尔滨工业大学等高校关于科研合作、项目对接和博士后引进等方面进行交流探讨，部分企业与高校达成初步合作意向。

【海曙区与芬兰萨塔昆塔大区合作洽谈会】 2017年12月9日，海曙区与芬兰萨塔昆塔大区合作洽谈会召开。区委副书记、区长褚孟形，区委常委、常务副区长谭国洪，副区长薄慧敏及各有关部门领导与芬兰萨塔昆塔区区长阿罗海尼拉（Asko Aro）率领的9人代表团就合作平台实质化运作进行交流。洽谈会讨论产生“中国—芬兰人才技术交流合作平台”名誉委员会名单和执行委员会名单，双方共同确定委员会运行机制及平台运作后的第一个签约项目。此次到访是芬兰萨塔昆塔大区政府代表团第二次访问海曙区，作为芬兰重要的创新行业、自动化与智能机器人研发聚集区，海曙区借助芬兰引进高端人才和智力优势，为辖区产业转型升级、破解技术难题提供智力保障。

（冯汝洁　王　祯）

9月29日，2017年宁波市“技能之星”出口跨境电商职业技能电视大赛颁奖典礼在海曙区举行

就业创业

【概况】 2017年，海曙区开展“春风行动”“就业援助月”活动，走访困难人员553户，帮助就业困难人员实现就业人数247人，帮助就业困难人员享受各项就业促进政策2256人次。发放社保补贴、灵活就业补贴等就业补贴逾1.46亿元，惠及5583家企业、5.29万名群众；发放创业者社保补贴、创业带动就业岗位补贴等451.57万元，惠及创业者342人次，带动就业人数820人。举办2017年中国宁波青年大学生创业大赛互联网云生活行业赛总决赛、区首届大学生创业园创业故事演讲比赛，举办市首届“技能之星”出口跨境电商职业技能大赛等6场职业技能大赛，成立全市首个技能人才培养服务联盟，开展各类技能服务对接600余次，技能扶贫工作3场。累计培训各类技能人才1.26万人，其中高技能人才4216人、创业人才1171人、农村“电商”1746人。

【市家庭服务人才就业创业集市暨海曙区“就业创业帮”众创汇】 2017年2月11日，宁波市家庭服务人才就业创业集市暨海曙区“就业创业帮”众创汇在市人力资源大厦举行。两天的集市聚集15家优秀家政企业、月子中心和500余名保姆、月嫂，约30%的雇主初步选定服务项目，现场签订合同32份。

表3　2017年宁波市海曙区大中专毕业生就业实践基地名单

序号	企业名称	序号	企业名称
1	宁波公路市政设计有限公司	6	宁波荣耀置业有限公司威斯汀酒店
2	宁波东新建筑有限公司	7	宁波正信检测科技有限公司
3	君禾泵业股份有限公司	8	中国人寿财产保险股份有限公司宁波市分公司
4	宁波杉杉新材料科技有限公司	9	宁波市鄞州雪利曼电子仪表有限公司
5	宁波海曙爱康国宾医疗门诊部有限公司	10	宁波宏建物业服务有限公司

【2017中国宁波青年大学生创业大赛互联网云生活行业赛总决赛在海曙举行】 2017年9月4日，2017中国宁波青年大学生创业大赛互联网云生活行业赛总决赛在海曙区举办。历经报名、初赛、分赛区选拔赛、半决赛，"智能百变鞋""青松MSS云安全平台""驴营地"等16个项目参加总决赛。大赛组委会邀请国内高校、创业联盟、孵化基地、企业、投资机构代表组成评委团，评选出金奖5个、银奖5个、铜奖5个。区委常委、常务副区长谭国洪，市就业管理服务局局长钱义林，区人社局局长余解等出席活动。

【市"技能之星"出口跨境电商职业技能电视大赛颁奖典礼在海曙举行】 2017年9月29日，2017年宁波市"技能之星"出口跨境电商职业技能电视大赛颁奖典礼在海曙区举行。16个项目参赛，选出获奖选手36人，评选宁波市首个跨境电商行业"技能之星"和"首席工人"。同时举行海曙区技能人才培养服务联盟成立仪式和特邀嘉宾跨境电商分享会，市人社局副局长王效民，区委常委、常务副区长谭国洪，区人社局局长余解等出席活动。

【海蓝宝众创社区入选省级示范基地】 2017年12月26日，省人社厅发布第三批省级创业孵化示范基地名单，海曙区海蓝宝众创社区入选，成为全区首个省级创业孵化示范基地，也是全市入选的唯一一个大学生创业园。

（冯汝洁　王　祯）

社会保障

【概况】 2017年，海曙区调整基本养老保险待遇享受人员3.18万人，调整后企业退休人员平均月养老金上浮至3031元，城乡居保人员基础养老金水平提高至230元/月；被征地人员养老保障待遇水平分别提高到710元/月、760元/月和810元/月。城镇职工医疗保险参保19.78万人，城乡居民医保在保22.59万人。

查处定点医疗机构13家，追回违规医保基金35.25万元，查处定点零售药店5家，追回违规费用6.3万元。查处参保人违规工伤使用医保卡6人，追回基金损失12.3万元。医保医师一次性扣除全年积分2人次，7名医保医师扣除2~9分不等。

【异地就医联网结算启动】 2017年6月，按照省、市对推进医保信息联网、实现异地就医住院费用直接结算工作的任务部署，区人社局依托浙江省异地就医业务管理系统，对符合条件的参保人进行信息采集和系统录入，共采集、录入已办理异地居住和转诊手续的参保人信息3651人。

【"一卡在手，智慧生活"系列活动】 2017年6—9月，区人社局组织"一卡在手，智慧生活"系列现场活动，通过进大型企业、进高校社区、进街道社区、进辖区医院等多途径，全面铺开社保卡宣传。累计举办活动8场，发放宣传资料2900余册，完成现场社保卡金融账户激活450余人次。

【社保卡业务转移】 2017年7月，区人社局召开社保卡业务转移协调会，与中国银行、建设银行、农业银行等7家合作银行进行协商。9月，在鄞州银行集士港支行进行业务转移工作前期试点运营；12月，社保卡业务完成向合作银行平稳转移，社保卡申领、变更等各类业务可至全大市社保卡关联银行指定网点办理，实现"就近跑一次"。

【社保基金专项检查】 2017年9—12月，社保基金监督部门安排社保基金监督检查11次，其中现场监督9次、非现场监督2次，涉及8个镇（乡）街道和4个经办机构，重点检查内控管理机制建设、社保基金收支管理运行情况。发出检查报告14份，提出意见52条，追回相关社保基金11.98万元。

【长期护理保险试点启动】 2017年12月，根据《宁波市长期护理保险制度试点方案的通知》要求，海曙区启动长期护理保险制度试点工作。逐步建立长期护理保险定点管理机制，对保险服务机构实行定点协议管理，明确权利义务；约定服务范围与内容、服务标准、收费价格和结算方式等具体业务内容。

（冯汝洁　王　祯）

劳动关系

【概况】 2017年，海曙区完成321家企业特殊工时制审批，其中不定时工作制170家、综合工时制298

6月9日，区人社局在宁波第二技师学院举办"一卡在手·智慧生活"社保卡金融激活现场服务活动

家。企业集体合同备案48家，工资协议备案40家。受理劳动保障监察投诉举报案件351件，按时结案率达100%。对全区456家用人单位实施专项检查，日常巡查企业1.35万家；对2.34万家企业进行劳动用工书面审查，实施工资报备408家，纠正和查处违反劳动保障法律、法规或规章行为286起。召开第三届海曙区劳动争议诉裁联席会议，劳动人事争议仲裁庭获评省级示范仲裁庭，全年处理劳动人事争议案件565件，年度案件结案率达92.8%。入选全省首批17个"无欠薪试点县(市、区)"，在全省劳动保障监察系统推广群体性欠薪预警信息系统，清理整顿人力资源市场秩序工作连续2年被人社部通报表彰。

【海曙区入选"无欠薪区"试点】 2017年7月31日，浙江省政府办公厅印发《关于深入开展"浙江无欠薪"行动的通知》，海曙区被列为全省17个"无欠薪县(市、区)"试点之一。9月19日，海曙区召开建设"无欠薪海曙"行动动员大会进行工作动员部署，区委常委、常务副区长谭国洪出席会议并讲话，区人社局局长余解及区防范处置企业拖欠工资工作领导小组成员单位相关负责人出席。

【"双爱"示范企业、示范职工评选表彰活动】 2017年8月17日，海曙区"双爱"示范企业、"双爱"示范职工评选表彰暨典型事迹交流会在三生(中国)健康产业有限公司举行，各镇(乡)街道协调劳动关系三方领导、劳动和社会事务管理社保站负责人、社会保障和公共就业服务中心专职副主任及区"双爱"示范企业负责人和"双爱"示范职工130余人参加会议。帅特龙集团、狮丹努集团等5家企业被授予市级"双爱"示范企业，鼓楼街道商圈服务中心、望春街道和段塘街道被授予市级"双爱"示范乡镇、街道(园区)。

【建设"无欠薪海曙"行动专项督察】 2017年10月17—23日，区防范处置企业拖欠工资工作领导小组对各镇(乡)街道开展建设"无欠薪海曙"行动专项督察。领导小组副主任陈春刚带队，分组分片包干，采取听汇报、看资料、实地查、走企业结合方式，对督察单位行动方案、领导小组办公室实体化办公落实情况、企业和在建施工项目工资支付情况等11个项目进行检查。检查18家企业和18个在建工程建设项目，发现问题隐患4个。

【建设"无欠薪海曙"行动推进会】 2017年12月7日，海曙区集中17个镇(乡)街道和有关部门召开建设"无欠薪海曙"行动推进会，对行动进行再动员、再部署。区防范处置企业拖欠工资工作领导小组办公室对省"无欠薪考核"验收标准补充规定及评分细则作详细说明，集士港镇、区教育局作交流发言。区委常委、常务副区长谭国洪出席会议并讲话。

(冯汝洁　王　祯)

人事管理

【概况】 2017年，海曙区组织开展公务员招录和镇(乡)街道事业单位人员招聘等大型招考3次，指导教育、卫生计生等部门人员招聘6次。启动行政区划调整人员划转工作，接转鄞州区5357名(含区管干部)干部，其中公务员、参公人员1222人，事业人员4135人。

完成新海曙区公务员晋级及事业人员正常晋升薪级工资工作，完成区划调整人事解冻后各类单位、职务、岗位变动人员的工资待遇兑现工作。制定完善科级干部管理办法，适应新形势下人事工作政策，调整优化事业单位岗位设置相关政策。指导区级各部门维护更新公务员信息数据库、录入新划转人员信息1200余人次，调整补充人员信息3000余条。推进机关事业单位养老保险制度改革，全区1.05万名在职人员、5664名退休人员进入省机关事业养老保险业务系统。完成634名退休人员待遇重新核定工作。完成第一批99家机关事业单位改革基金清算。

【法官、检察官工资制度改革】 2017年3月，根据省、市关于深化司法体制改革要求，实施法官、检察官、司法辅助人员、司法行政人员工资制度改革。联合区财政局、人民法院、人民检察院做好摸底调研，妥善处理各方面问题，完成员额内法官33人、检察官22人基本工资套改确定等工作。

【科级干部综合素质提升培训班】 2017年8月3日，海曙区科级干部综合素质提升培训班在浙江大学开班，全区48家单位48名科级干部参加培训。此次

8月3日，海曙区科级干部综合素质提升培训班在浙江大学开班

培训是区划调整后组织的科级干部培训，科级干部包括原海曙、原江东、原鄞州三区，通过理论培训、实践操作、讨论交流，增进学员沟通联系，凝聚“同是海曙人、同干海曙事”发展共识。

（冯汝洁　王　祯）

流动人口服务管理

【概况】 2017年，海曙区有在册流动人口55.03万人。按性别分，男性30万人、女性25.03万人；按年龄分，16周岁以下6.61万人、16~60周岁46.62万人、60周岁以上1.8万人；按学历分，本科及以上学历1.44万人、大专2.26万人、高中（中专、中技、技工学校）5.47万人、初中及以下45.86万人。

推进新型居住证制度和量化积分管理工作被列入年度全区深化改革重点工作，编印宣传手册25万册，向居住证持证人发送短信13万条。排查出违反消防安全要求的出租房4.23万间、违反出租房消防安全及第228号令的群租房屋2922间、公寓楼6454间、车棚1911间、车库652间。把1891家企业、99家房产中介和52家旅馆式管理的公寓楼纳入信息系统，采集人口数据7.7万条。全区出租房屋、建筑工地、用工单位及街面店铺流动人口登记率和信息准确率、出租房屋登记率均达95%以上。

满周岁流动儿童“五苗”（卡介苗、脊灰疫苗、百白破三联疫苗、麻疹疫苗和乙肝疫苗）全程接种率达95%，0~6岁流动儿童保健覆盖率达85%。完成梅园社区、迎风社区国家流动人口动态监测。受理流动人口公租房申请，36户外来务工家庭享受公租房政策，为全国“优秀农民工”配租公租房。流动人口注册成人高中双证制学员613人，毕业775人。举办“新市民大课堂”25次，惠及近2000名新市民。

【新型居住证制度推行】 2017年3月，海曙区印发《宁波市海曙区人民政府办公室关于推行新型居住证制度的通知》《关于投资创业、引进人才、有特殊技能、有特殊贡献者和我区经济社会急需人才申领居住证的暂行规定》，推行新型居住证制度。在宁波市行政区域范围内连续居住满6个月以上、现居住在海曙区并在居住地申报居住登记的流动人口，具备合法稳定就业、合法稳定住所、连续就读3个条件之一，即可依法申领“浙江省居住证”。连续居住时间自申报居住登记之日始计算，在宁波市行政区域范围内改变居住地并在10日内办理变更居住登记手续的，可累计计算。至是年底，3.96万流动人口申领新型居住证。

海曙区流动人口量化积分申评系统

【流动人口量化积分管理】 2017年7月，海曙区印发《宁波市海曙区人民政府办公室关于印发海曙区流动人口量化积分申评暂行办法的通知》，在全市率先开发全程网上申评流动人口量化积分平台。8月，平台试运行。在海曙区行政范围内居住、持有效“浙江省居住证”的流动人口为参评对象，积分包括基础分、动态分、负面分三部分。

【齐小军当选省人大代表】 2017年12月，全国“优秀农民工”齐小军被推选为浙江省第十三届人民代表大会代表，成为宁波市出席省人代会唯一的农民工代表。齐小军，男，陕西籍，市亚太酒店物业恒隆中心管理处保安主管。他组建“巾帼泊车”服务队，每天在上班高峰期为大楼业主义务泊车，带领保安队伍抗台救灾、见义勇为事迹多次受到当地街道和派出所表扬。

（陈　颖）

12月，全国“优秀农民工”齐小军被推选为浙江省第十三届人民代表大会代表，左为齐小军

①

②

③

④

⑤

⑥

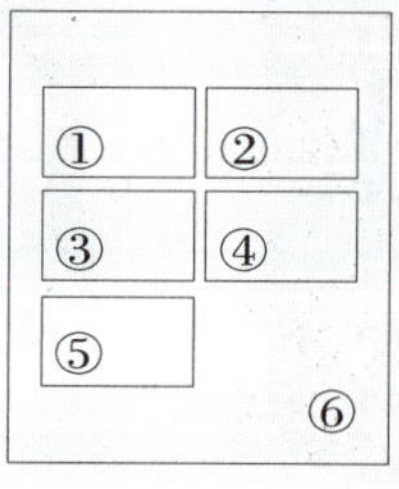

① 嘉乐国际服务产业园（专家服务基地）
② 海蓝宝众创社区
③ 896创新园
④ 海曙区留学人员创业园
⑤ 宁波智能制造技术研究院
⑥ 海曙区人才开发广场

科　技

综　述

【概况】2017年，海曙区新技术产业增加值为56.38亿元，同比增长18.6%，对全区规模以上工业产业增加值的贡献率为27.1%。新认定高新技术企业14家，总数达115家。专利申请和授权量分别为4139件和3298件，其中最能代表创新能力的发明专利申请量和授权量分别为1495件和469件，授权发明专利占比提高到31.3%，专利质量提升。科技成果转移转化加速，技术交易额突破4.8亿元。

【全区综合科技政策培训会】2017年4月14日，区科技局组织召开全区综合科技政策培训会，辖区内全部高新技术企业、拟新申报企业和各类科技型企业166家266人参加。培训会结合国家及省、市高新技术企业认定管理工作会精神，解读2016年新修订的《高新技术企业认定管理办法》《高新技术企业认定管理工作指引》，对2017年高新技术企业申报认定、政策要点及核心指标解读等进行讲解。会议邀请区国税、海曙地税局对企业研究开发费用税前加计扣除、高新技术企业税收政策、科技型企业日常财务管理及科技统计等问题进行解答。

【科技专项资金管理办法出台】2017年10月，区科技局出台《海曙区科技服务业与农业（社会发展）科技专项资金管理办法》，加大对农业科技项目支持力度。对列入区级“星创天地”平台的企业进行年度绩效评估，结果为优的给予最高20万元补助，最多支持两年；列入市、省、国家级资质（资格）的企业，区级经费分别补足30万元、40万元、50万元。列入区级农业科技创新重点项目，根据项目实际安排补助经费，原则上一般不超过项目总投入的40%，最高不超过50万元；对列入区级农业科技创新一般项目，根据项目实际安排补助经费，原则上一般不超过项目总投入的40%，最高不超过20万元。

【小微企业科技政策宣讲会】2017年11月17日，海曙区举办2017中小微企业科技政策宣讲会，150余家科技型中小微企业负责人参加。区科技局、区统计局解读最新修订和编制的科技政策，介绍科技统计工作，并现场为企业答疑。

（潘梦婷）

9月23日，狮丹努集团俞建勇院士工作站建站授牌

科技创新

【概况】2017年，完成海曙区科技创新“十三五”规划编制。根据海曙区委、区政府《关于推进“中国制造2025”工作的若干政策意见》《海曙区推进“中国制造2025”工作实施方案》，结合海曙区科技创新工作现状，完成科技创新“十三五”规划编制。

对现有科技政策进行修订，初步

形成1个管理办法——《海曙区科技项目管理办法》和《海曙区高新技术产业发展专项资金管理办法》等7个专项管理办法在内的"1+X"科技创新，开展各类科技政策培训20余场次，参加人数近2000人次。

有院士工作站5家，同比增长66.7%。有国家级企业技术中心1家，新增省级企业研究院2家，总数达7家，增长40%；新申报市级企业研究院4家，总数达5家。新申报省级工程中心2家，总数达34家；新申报市级工程（技术）中心10家，总数达71家；新认定区级工程中心18家。有区级及以上研发机构的企业263家。

发挥区院士服务中心作用，帮助企业与院士团队共建院士工作站，创建狮丹努集团、金鸡强磁公司两家市级院士工作站，鼓励龙头企业建设引领行业发展的企业研究院，引导规模以上企业普遍设立研发机构，作为企业技术开发、成果转化、人才引进的"主阵地"。鼓励企业加大研发投入。设立企业研发经费投入专项，推动企业享受研发投入"加计扣除"政策，对年度研发经费占销售收入比例和研发经费同比增长金额达到一定标准的企业，给予专项奖励。实施政府统一购买科技服务模式，扩大"创新券"使用范围和规模，为科技型小微企业减轻研发资金投入压力，共兑现创新券86.3万元，惠及企业14家。

围绕"365"产业体系，拓展军民融合技术、先进制造领域科技人才引进渠道，走访北京、重庆、西安、深圳及部分在宁波的科研院校。对接沈宇易博士等6个海外高层次人才项目，持续跟进宁波超算研究院、生物湾科技有限公司等多个人才团队，探索海外人才联络站建设工作。探索高层次人才培育制度，通过国家、市、区级各类科技计划项目支助及科技技术奖评选，其中宁波检验检疫科学技术研究院院长陈先锋获2016年度市"科技创新特别奖"，宁波华缘新材料股份有限公司董事长张宵华入围省"万人计划"创新创业人才答辩。

财政科技资金逐步从直接资助转向间接资助，产生乘数放大效应。扩大政府出资的"风险池基金"，最多可提供2.4亿元优惠利率的融资支持。自10月始，区内2家科技银行为3家企业提供科技金融"风险池基金"贷款1500万元。

新认定创新型初创企业117家，总数达793家；22家企业获评省级"高成长创新型企业"，总数达32家；新认定14家高新技术企业，总数达115家，初步形成创新型初创企业、科技型中小企业、高成长创新型企业和国家高新技术企业的企业梯队发展格局。

【三生（中国）公司与江南大学签约共建企业研究中心】 2017年6月1日，区内企业——三生（中国）健康产业有限公司与江南大学签约共建

表4　　2017年海曙区获评省级"高成长创新型企业"名单

序号	企业名称	成立时间	镇（乡）街道	认定年度（年）
1	浙江麦浪电气股份有限公司	2010年5月	古林镇	2017
2	浙江三龙环保科技有限公司	2013年8月	洞桥	2017
3	宁波新睦新材料有限公司	2014年10月	古林镇	2017
4	宁波新思创机电科技股份有限公司	2012年3月	洞桥	2017
5	宁波新甬城数控自动化设备有限公司	2012年12月	石碶街道	2017
6	宁波市汉侨电子科技有限公司	2013年10月	望春工业园区	2017
7	宁波天康生物科技有限公司	2009年5月	古林镇	2017
8	宁波共盛电气科技有限公司	2011年3月	洞桥	2017
9	宁波艾康机电有限公司	2011年5月	古林镇	2017
10	宁波市博祥新材料科技有限公司	2011年3月	古林镇	2017
11	宁波吉鹿力德驱动技术有限公司	2014年12月	望春工业园区	2017
12	宁波普林斯电机有限公司	2013年3月	古林镇	2017
13	宁波卡维自动化科技有限公司	2013年6月	集士港	2017
14	宁波奥丞生物科技有限公司	2009年2月	望春工业园区	2017
15	宁波丽成超级树脂有限公司	2011年11月	望春工业园区	2017
16	宁波立羊真空器皿有限公司	2012年6月	望春工业园区	2017
17	宁波翔鹰厨房设备工程有限公司	2010年10月	石碶街道	2017
18	宁波艾森光电科技有限公司	2015年5月	洞桥	2017
19	宁波中甬汽车部件有限公司	2008年1月	洞桥	2017
20	宁波东西芳家纺用品设计有限公司	2010年6月	古林镇	2017
21	浙江宏健康复科技发展有限公司	2012年10月	石碶街道	2017
22	宁波市奥迪斯丹厨房设备有限公司	2009年7月	望春工业园区	2017

6月1日，三生（中国）健康产业有限公司与江南大学签约共建生物健康化妆品研究中心

生物健康化妆品研究中心，双方依托各自的市场和科研优势，共同开发具有国内外领先水平的日化新产品。江南大学具有全国一流轻工学科水平，合作能促进相关科技成果向海曙区转移转化，为产业转型升级提供支撑引领作用。

【望春众创空间获评省、市级众创空间】 2017年7月，望春众创空间获评市级专业化众创空间，成为海曙区首个被纳入市级科技企业孵化器管理服务体系的专业化众创空间。10月，望春众创空间入选省级众创空间名单。望春众创空间由宁波春华科技创业服务有限公司建设，以建设“资源共享、优势互补、协助共赢的创业服务联合体”为理念，以智能升级、智力集聚、机制创新为主要特征。

【“创客157”创业创新园入选国家级试点】 参见“邮电信息”类目“信息产业”分目。

（潘梦婷）

知识产权保护

【概况】 2017年，区科技局建设全过程专业化的知识产权服务体系，实施发明专利增量提质工程。依托诚源专利事务所等知识产权中介服务机构，帮助企业挖掘专利源，为企业提供专利申请、查新、保护及知识产权贯标等精准服务，优化区域专利结构。新增国家级“知识产权优势企业”2家，总数达5家；6家企业通过省级“专利示范企业”复核，总数达17家，有市级“专利示范企业”12家。在第19届中国专利奖评选中，宁波市阳光汽车配件有限公司选送的“汽车遮阳板的包覆方法以及包覆装置”（ZL201110057993.2）获“中国专利优秀奖”；在市第13届发明创新大赛中，申报发明创新奖24项、设计创新奖6项，6项发明获奖。其中，“玻璃纤维增强聚丙烯纤维复合材料的制备方法”（ZL201110163021.1）获发明金奖，“高性能锂离子电池多孔薄膜硅基负极材料及其制备方法”（ZL201210127121.3）等4个项目获发明优秀奖，“削笔器（XBQ9799）”（ZL201630029515.4）获设计优秀奖。

【专利权质押贷款推出】 2017年8月，海曙区推进专利权质押工作。至是年底，3家企业通过向金融机构质押专利权，质押金额达1亿元。其中，宁波杉工智能安全科技股份有限公司以10余项发明专利和20余项实用新型专利，获得杭州银行400万元专利权质押贷款。另有2家企业享受到中国银行专利权质押贷款服务，质押金额7500万元。

（潘梦婷）

科技项目与科技成果

【概况】 2017年，海曙区参与宁波“国家科技成果转移转化示范区”建设，探索科技成果转移转化“海曙路径”，完善科技大市场线上运作及实体化运行模式，探索建立“政产学研金介用”结合的区域科技成果转化体系。与清华大学、浙江大学、中国科学院材

表5　2017年海曙区新认定国家级“知识产权优势企业”名单

1	宁波立华制药有限公司	国家级
2	宁波市阳光汽车配件有限公司	国家级

表6　2017年海曙区新认定省级“专利示范企业”名单

1	宁波思明汽车科技股份有限公司	省级
2	宁波环球娃娃婴童用品股份有限公司	省级

表7　2017年海曙区专利申请、授权情况一览表

专利申请量（个）				专利授权量（个）			
总量	发明	实用新型	外观设计	总量	发明	实用新型	外观设计
4139	1495	1623	1021	2824	469	1022	1333

料所等50余所重点高校院所建立战略合作，完善企业、专家、项目动态数据库，实现企业、高等院校和科研机构在实际应用层面有效结合。以企业为主导的“产学研”结合机制，发挥企业在成果转化中作用，支持企业与科研院所组建技术研发平台和产业技术创新战略联盟，联合承担重大科技任务。挖掘并收集企业技术难题40余项，牵线企业与院校科技合作项目15个。

开展“中国制造2025”精准服务企业“百日行动”、“科技惠企”专项行动、“科技服务月”活动。开展2017年区科技创新贡献奖评选，评选做出突出贡献的严国元、傅建中。健全项目跟踪落实制度，优化服务流程，推进高层次人才项目落户，与15个高层次人才项目和团队展开洽谈。

表8　2017年海曙区市级以上“双创”平台名单

序号	名　称	运营单位	备案（认定）类别	级别
1	宁波海曙恩科科技创业园	宁波恩科投资有限公司	科技企业孵化器	国家级
2	望春众创空间	宁波春华科技创业服务有限公司	众创空间	国家级
3	“创客157”创业创新园	宁波意吾启投资有限公司	众创空间	市级
4	海中金创业园	海中金有限公司	众创空间	市级
5	宁波恩科创新工场	宁波恩科投资有限公司	众创空间	市级
6	宁波节能环保科创园	宁波黔力合节能环保科技发展有限公司	创客服务中心	市级

【新建2个区级科技信贷风险池】 2017年9月4日，海曙区扩大原有科技信贷风险池放款规模，与中国银行海曙支行、中国人保海曙支公司合作新建2个区级科技信贷风险池，并正式投入运行。风险池放贷总规模由原先的5000万元增至2.4亿元。

【1家公司获评国家级科技孵化器】 2017年12月8日，科技部火炬中心公布2017年拟确定国家级科技孵化器企业名单，浙江省9家单位入列，宁波恩科投资有限公司成为全市唯一新增的国家级科技孵化器，海曙区内国家级孵化器实现“零突破”。

（潘梦婷）

科普工作

【概况】 2017年，区科协加强科普宣传阵地建设。“海曙科普”微信公众号提升改版，更名为“创新海曙”，每周推送2次。开展2017年“全国科普日”暨趣暑期之“我发现”线上征文大赛，发挥“互联网+科普”作用。科普宣传阵地形成科普微信、科普微博、科普短信、科普报、科普网站“五位一体”模式。

推进青少年科普场所建设，改建海曙外国语学校科技馆，增加体验式科普场所；鄞江镇燕玲小学新建学生果蔬科普教育基地；清风社区新建中老年养生科普馆。北郊社区节水节能科普体验馆获评市级“优秀基层科普场馆”，南苑科普一条街投入使用。新建标准科普画廊7个，维修科普画廊6个。组织开展科普画廊专项治理，排查区内162个科普画廊、1097块展板。推进“科普e站”建设，泰安社区建成全区首家“科普e站”。

实施“千场万人”智能手机知识普及工程，设立3个培训点，培训中老年人智能手机基本操作、热门软件应用等，惠及1000余人。开展科普“五个一百”活动，组织专家、科普志愿者等进农村、进社区、进校园、进企业、进机关开展科普活动，开设科普讲座41场，受众逾6000人次。5个科普项目、2个村会结队项目获市科协2017年度立项资助，资助金额22万元。望春街道清风社区张铭入选2017年市级“十佳科普达人”。

海曙中心小学机器人队在Botball国际机器人大赛中国公开赛获一等奖及卓越工程奖。在“DFRobot杯”第五届全国中小学机器人教学暨创客教育展评活动中，广济中心小学潘渝文“酒驾劝阻装置”项目获特等奖。第31届省青少年科技创新大赛中，镇明中心小学“隧道口灯光自动控制器”、“公交礼让安全警示器”2个项目均获二等奖。第14届省中小学智能机器人比赛中，高桥镇中学获初中组“WER能力挑战赛”“篮球机器人”2个项目一等奖。第14届省青少年电脑机器人竞赛中，石碶街道宸卿小学获小学组“机器人足球”一等奖。省第三届体育大会中，集士港镇中心小学获车辆模型“遥控车桌球赛”项目第一名，集士港镇中学获得航空模型“线操纵特技”项目第三名。4月，中国语言智能研究中心与广济中心小学达成试点合作意向。

【科普图书配送活动】 2017年，区科协投入15万元购入7000余册科普图书，配送至章水镇中心小学、横街镇中心小学、海曙区中心小学和信谊小学，其中五分之三科普图书配送给章水镇和横街镇。这是海曙区自2014年开展科普图书配送活动以来首次进校园，鼓励区科技教育特色学校开展学生科普教育活动。

【“科技活动周”活动】 2017年5月21日，2017年海曙区“科技活动周”

暨“5•30”首个全国“科技工作者日”系列活动在银亿时代广场举行。活动以“科技强市、创新圆梦”为主题，由区科技局、区科协联合宁波尚善口腔医院、宁波次元未来科技有限公司、宁波节能环保科创园、月湖街道科学技术协会协共同举办，推出口腔义诊、节能环保展、VR（虚拟实境）体验等科普活动。现场有500余人参加。

【“全国科普日”活动】 2017年9月24日，海曙区2017年“全国科普日”活动在高鑫广场举行，500余人参加活动。活动以“创新驱动发展，科学破除愚昧”为主题，组织科普知识问答互动、创意雪花片、长卷科普绘、益智解锁、扫码抽奖5项活动。

（潘梦婷）

宁波节能环保科创园

【概况】 2017年，宁波节能环保科创园新入驻企业30家，实现产值1.41亿元，同比增长8.5%；上缴税收313万元，增长8%。园区入驻企业产值上百万元的企业有12家，上2000万元的企业3家。其中，宁波市重你意节能科技有限公司（简称“重你意公司”）完成产值6132万元、宁波菱联节能科技有限公司（简称“菱联公司”）完成1789万元、广州三孚新材料科技股份有限公司（简称“广州三孚公司”）宁波分公司完成1591万，分列园区前三名。园区纳税前五名企业分别为广州三孚公司宁波分公司、菱联公司、宁波科正工程技术服务有限公司（简称“科正公司”）、宁波黔力合节能环保科技发展有限公司（简称“黔力合公司”）、宁波市彦棋真医疗设备科技有限公司。

节能环保“双创”服务中心升级，功能包含节能环保产品电子商务交易、节能环保技术（产品）展示、创业创客空间、园区跨界服务平台，引进上海、宁波等地专业金融、法务、会计、企业管理咨询机构，服务园区企业、大学生及社会创客。11月，通过海曙区创客服务中心复审。

推荐园区企业参加全国、省、市各项创业大赛，其中，宁波知春人环保科技有限公司（简称“知春人公司”）“在线水体生态修复技术”项目参加2017“创客中国”温州创新创业大赛，入围50强；宁波广联润节能环保科技有限公司参加大学生“创业新秀”评选活动申报。“双创”中心协助宁波广联润节能环保科技有限公司、宁波峰慧电子科技有限公司（简称“峰慧公司”）、宁波丽驰光电科技有限公司、宁波运通新材料科技股份有限公司、宁波市甬盛不锈钢有限公司等园区企业申报市级“节能、节水技术（产品）推广导向目录”。为宁波市大树节能科技有限公司（简称“大树公司”）、知春人公司、宁波甬能电子商务有限公司、宁波市海曙区金鸣环保科技有限公司、重你意公司、黔力合公司入库“科技型中小微企业”备案做好链接工作。帮助重你意公司、黔力合公司对接市科技信贷工作组及其他金融信贷服务，争取信贷资金200万元。协助宁波安信中保网络科技有限公司“IPV6网络安全信息”项目参展中国智慧城市技术与应用产品博览会（简称“智博会”），项目被列入市“军民融合技术与产品推介目录”。

园区企业拥有知识产权22项，包括知春人公司“一种低扬程大流量液体输送装置”的研发专利、大树公司“一种地面型导光管安装结构”实用新型专利、峰慧公司“排插”外观设计专利、宁波汉邦新能源科技有限公司“一种LED吸顶灯”实用新型专利等。科正公司获得省一级消防检测、维修、保养资质；黔力合公司拥有“面向节能环保产业公共服务平台”的计算机著作权。

参加团区委节能公益集市活动、2017中国宁波青年大学生创业大赛互联网云生活行业赛总决赛、区科技金融工作推进会等公益活动。组织企业参加管理会计与企业价值创造、区综合科技政策培训会、望春工业园区智能经济人才项目对接洽谈会、“智慧城市”专题培训、镇（乡）街道基层平台创业工作座谈及培训会等各类培训，并赴上海绿地•众创空间、3Q空间等企业、中国（杭州）跨境电子商务综合试验区考察。

【“光伏第一村”项目宣传】 2017年5月，宁波节能环保科创园协助宁波光年太阳能科技发展有限公司在龙观乡李岙村以“探秘最美传奇太阳村”节能环保为主题，进行“光伏第一村”项目宣传，宣传光伏用电性能和作用。龙观乡李岙村是全国第一个集光、电、建筑于一体、修建村集体电站、采用居民用电免费模式的光伏村。企业建设的人光伏展览实践基地吸引全市中小学生、市民游览参观。

【“全装修背景下的绿色建材解决方案”论坛】 2017年5月19日，宁波节能环保科创园与清华大学设计研究院联合举办“全装修背景下的绿色建材解决方案”论坛。浙江省各设计院的100余名建筑设计师、20余家房地产企业、60余家绿色建筑材料生产企业负责人参加。

【科创园“节能环保大篷车”活动】 2017年6—7月，宁波节能环保科创园成立“节能环保大篷车”党员志愿者服务队，走进镇（乡）街道开展活动。“大篷车”在集士港镇杉井奥特莱斯广场启动，走进商贸广场、公园、社区、集贸市场、公交站点、幼儿园和酒店等单位，以节能环保产品“路演”，节能环保展板展示，环保袋、节能小册子发放等形式开展宣传活动。期间举行活动20场，参与居民4万余人，为16户居民提供上门安装服务。

（张春燕）

资料链接：

企业研发费用加计扣除：促进企业加大研发投入，提高自主创新能力，加快产业结构调整的税收优惠政策。

科技创新券：是以政府购买服务的方式支持科技型中小微企业和创客（或创客团队）开展创新活动的一种手段，是推动科技服务需求方和供给方有效对接的一种途径。

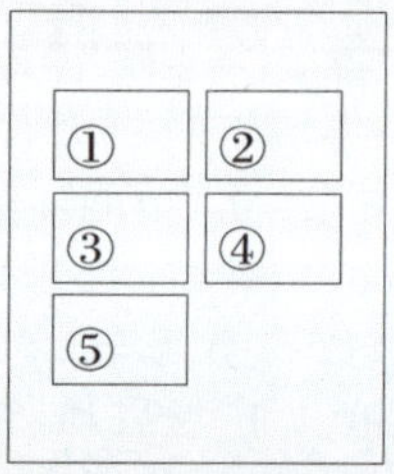

①② 集仕芯谷电子商务产业园
③ 宁波海创园杉杉科创基地
④ 宁波海创园恩科基地
⑤ 宁波海创园春华基地

教　育

综　述

【概况】 2017年，海曙区有中小学64所，在校中小学生7.49万人。义务段入学率、中小学巩固率均达100%，初中升入高中段比例达100%，三残儿童（智残、体残、肢残）入学率达100%。有幼儿园119所，在园幼儿3.28万人，普惠性幼儿园招生覆盖率达86.59%。在编教职工4695人，其中专任教师4608人。全区教育系统拥有享受国务院特殊津贴专家1人、正高级职称6人、省特级教师10人、市名教师、市学科骨干68人。

安排校舍维修等基建项目79个，总投入4.5亿元，重点向薄弱学校倾斜。樟村中学、海曙外国语学校五江湾校区、章水中心小学、石碶实验小学、布政幼儿园、丰馨苑幼儿园、宝韵海悦幼儿园和宁波市第二幼儿园五江湾园区8所校（园）全新投入使用。段塘学校扩建项目、新芝幼儿园重建项目开工建设。东恩中学东方校区整体迁入本部，李兴贵中学装修完成并投用。尹江岸小学迁址，办学条件改善。行政区划调整后，新海曙教育推进全区城乡教育一体化发展，推行集团化办学。

学校A级食堂“五常法管理”实施率达100%，实现“阳光厨房”覆盖率87%以上，新增食堂快速检测实验室23家。全年未发生校园重大安全责任事故。

【教育工作会议】 2017年1月20日，海曙区2017年教育工作会议在古林中学召开。会议回顾总结2016年教育工作，重点部署推进城乡教育一体化发展，并表彰2016年海曙区教育系统先进个人和单位。此次会议是行政区划调整后海曙区教育系统校级领导干部的第一次大会。

【佐藤学到海曙区讲学】 2017年3月4日，国际著名教育家、日本学习院大学教授、东京大学名誉教授佐藤学到海曙区，为全区近千名教师作关于“学习共同体”专题报告。佐藤学在全球率先将“学习共同体”构想引入教育改革实践，强调学校需要真正改变，唯有从学校内部发生改革。佐藤学还走进海曙外国语学校课堂看“微共体”课堂改革实效。

【中小学生田径运动会】 2017年5月17—19日，海曙区小学生田径运动会在东恩中学举行，全区39个代表团621名运动员参加62个小项比赛，6人破8项区记录。9月25—26日，海曙区中学生田径运动会在市实验学校举行，18个代表团251名运动员参加60个小项比赛，2人破2项区纪录，4人6次达国家二级运动员标准。

【教师节表彰大会】 2017年9月7日，海曙区举行“凝心聚力 融合共进”第33个教师节庆祝表彰大会。大会表彰省“师德楷模”、市“十佳班主任”、首届市“名班主任”、市第七批“名教师”、市“王宽诚育才奖”、市“百优班

宁波市海曙外国语学校青林湾校区

9月7日，海曙区举行“凝心聚力 融合共进”第33个教师节庆祝表彰大会

主任”、第三届区“美德教师”、区优秀班主任（德育导师）、区优秀教育工作者、区优秀教师等369人，区委书记孙黎明为省“师德楷模”获奖者颁奖。

【家庭教育品牌推出】 2017年9月16日，海曙区在宁波市率先推出家庭教育品牌——“海贝”计划。依托“慧育”大家谈、“爱馨”送温情、“普惠”联家校、“养正”承家风4个子项目，建设学校、家庭、社会相结合的教育生态共同体，用通过3年时间，实现海曙区家庭教育标准化、课程化、制度化和特色化的“四化”要求，使海曙家庭教育品牌辐射到全社会。

【鄞江镇中心小学获评国家级称号】 2017年12月27日，鄞江镇中心小学被教育部评为第二批全国“中小学中华优秀文化艺术传承学校”。学校重点培育泥雕、甬剧、书法3项传统文化，其中甬剧由市甬剧研究传习中心负责传承指导。甬剧团每周两次向学生授课，除普及甬剧相关知识外，还进行唱腔、台步等甬剧基本功训练。

（范平海）

学前教育

【概况】 2017年，海曙区有省一级幼儿园25所、省二级幼儿园55所、省三级幼儿园43所，幼儿园等级覆盖率达95.05%。制订第三轮学前教育提升行动计划，推进“教师专业发展共同体建设”“园长课程领导力提升”和“园本教研特色项目培育”三大工程，推动幼儿园“上等级”建设，引导幼儿园优质发展。承办全国幼儿园课程建设高峰论坛、全省发展学前教育第三轮行动计划和幼儿园改革部署培训会，幼儿园“园本课程建设”的区域经验向全国、全省推广，区幼儿园课程建设组编撰出版的《儿童立场视野下的幼儿园课程构建》成为全国幼儿园课程建设参考书籍。

【全国幼儿园课程建设高峰论坛在海曙举行】 2017年6月14—16日，由南京师范大学教育科学院和海曙区政府联合举办2017年全国幼儿园课程建设高峰论坛，全国600余名学前教育专家及幼教工作者参加，探讨适合儿童的学前教育课程模式，海曙区幼儿园课程建设的“海曙经验”向全国推广，获得《中国教育报》、《中国教师报》、“浙江新闻”客户端等20余家媒体关注。

【首批幼儿园教育集团成立】 2017年10月26日，海曙区首批幼儿园教育集团成立仪式举行，宁波市第一幼儿园、宁波市第二幼儿园、宁波市闻裕顺幼儿园和海曙区启文幼儿园4所省一级（市六星级）幼儿园作为首批教育集团龙头学校接受授牌。

【全省发展学前教育第三轮行动计划和幼儿园课程改革部署培训会在海曙举行】 2017年12月20—21日，全省发展学前教育第三轮行动计划和幼儿园课程改革部署培训会在海曙区举行。全省各市、县（市、区）教育局分管学前教育领导和处（科）室负责人及教研室负责人近300人参加培训。省教育厅、市教育局等相关领导参加，副区长陈早挺致辞欢迎。各地就学前教育发展及课改典型经验进行交流，宁波市海曙区、绍兴市、舟山市、杭州市西湖区、金华兰溪市、温州市瓯海区、湖州市德清县六地教育局负责人交流各自经验。培训会收到中国学前教育研究会理事长虞永平教授《致“浙江省发展学前教育第三轮行动计划和幼儿园课程改革部署培训会”与会老师们的一封信》，对浙江省幼儿园课程改革提出建议。

（范平海）

义务教育

【概况】 2017年，海曙区制定实施《海曙区中小学生品格教育指导纲要（试行）》，从不同年龄阶段学生身心发展特点出发，确定小学低段、高段和初中段重点培养的12种品格素养，建设“中小学纵向衔接、学校家庭社会横向沟通、与中华传统美德相承接”的品格教育实施体系，得到《中国教育报》《浙江教育报》等各类媒体关注。

推动落实《海曙区深化义务教育课程改革工作推进方案》等有关课程与教学改革的指导性意见，建立基础课和拓展课有机统一的课程体系，满足不同年龄段学生学习需求。加强与教育部基础教育课程教材发展中心合作，推动“基础教育课程改革实验区”建设，开展“月湖之约”课堂教学展示品牌活动。

率先在全市建立以综合素质为核心的“阳光六色花”学生素质评价机制，通过多维度评价促进学生全面、有个性成长，做法得到市级推广。举办以“阳光下成长”为主题的海曙区中小学文体节活动，包括合唱、书法、绘画、头脑OM（奥林匹克）、科技创新、校园足球等10余项。7所学校分别获评国家级、省级青少年校园足球特色学校。33个作品在市教育系统第15届艺术节获一等奖，7个作品在省中小学生艺术节获一等奖，其中爱菊艺校获省级优秀组织奖。区学生合唱艺术团获第六届全国童声合唱节冠军，区学生舞蹈艺术团获中国青少年文化艺术节舞蹈比赛一等奖，儿童歌舞剧《阿拉丁神灯》获全国青少年儿童剧展演金奖第一名。鄞江镇中心小学获评全国文化艺术传承学校，爱菊艺术学校获评省艺术教育实验学校。

【首批中小学教育集团组建】 2017年3月23日，海曙区组建首批5个区级义务教育阶段学校教育集团，共18所学校参与，涵盖西片区9个镇（乡）街道。分别是海曙中心小学、新芝小学、古林镇薛家小学、集士港镇广德湖小学组成的海曙中心小学教育集团；广济中心小学、华天小学、横街镇中心小学、高桥镇望春小学组成的广济中心小学教育集团；镇明中心小学、尹江岸小学、鄞江镇中心小学、章水镇中心小学组成的镇明中心小学教育集团；市实验小学、中原小学、洞桥镇中心小学、石碶街道实验小学组成的宁波市实验小学教育集团；市实验学校、龙观乡中心学校组成的宁波市实验学校教育集团。

【“中国新样态学校联盟实验区”项目启动】 2017年4月13日，作为全国首批18个新样态学校联盟实验区之一，海曙区启动“中国新样态学校联盟实验区”项目。市实验幼儿园、市实验小学、东恩中学等16所学校被批准为首批联盟项目实验学校。项目旨在通过探索，让教育回归本真，让学校发展呈现新样态。

【区学生合唱艺术团获冠军】 2017年7月23—26日，第六届中国童声合唱节在广东省肇庆市举办，合唱节由中国合唱协会主办，是国内最高水平、最权威的童声合唱比赛。在45个参赛团队中，海曙区学生合唱艺术团获冠军，指导老师方红军获优秀指挥奖。

【区学生舞蹈艺术团获奖】 2017年8月11—17日，中国青少年宫文化艺术节在济南举办，全国21个省（直辖市、自治区）的39支队伍1300余名青少年参加。海曙区学生舞蹈团原创作品《垃拉啦》获舞蹈一等奖、最佳创编节目、优秀组织单位、优秀教师奖和优秀小演员奖5项大奖。

【“微共体”协同学习项目获奖】 2017年11月23—24日，全国首届基础教育改革创新实验区课改优秀项目展示活动中，区外国语学校“微共体”协同学习项目获评优秀创新奖。“微共体”协同学习是指学生、教师和家长在一定组建原则指导下，自主或选择合作同伴组成相互协作的学习团队。

（范平海）

3月23日，海曙中心小学教育集团挂牌

民办教育

【概况】 2017年，海曙区加强对区属民办教育培训机构规范管理、严格审批。召开由民办学校法人、校长参加的民办教育工作会议，组织区属民办教育机构负责人参加两年一次的校（园）长上岗培训，进行相关业务知识、民办教育法律法规学习。执行按年度办学许可证年检制度，年检结果在区教育局网站上向社会公示。推进民办学校信息公开，录入办学信息，将区属民办教育机构基础信息、教师信息、开设课程、收费标准在市民办教育网学校查询平台公示，接受社会监督。处理各类投诉，做好民办教育机构信访、投诉建档，把民办教育机构投诉情况跟办学许可证年检结果挂钩。建立健全“双随机”抽查监管制度，新审批民办教育培训机构25家，查处非法办学机构25家。

接收从原鄞州区划转的民办教育机构82家（民办全日制学校12家、幼儿园52家、培训机构18家）。通过实地调研、填报学校办学情况登记表，梳理79家（另有3家培训机构待注销）机构办学信息，建立一校一档，实施换证、审核、备案，并根据民办教育相关法规条例，补缴风险保证金545万元。

【非法办学情况查处】 2017年1月、7月，区教育局联合市教育局、区市场监管局、区民政局、海曙消防大队等部门，成立区非法违规办学行为联合检查整治工作小组，检查区内非法违规举办文化课程辅导培训班、托管班和部分已审批、登记的培训机构。走访天一豪景写字楼、世纪广场、青林湾商业中心、恒隆中心等片区内多家经区教育局审批的教育机构，突击检查学校办学规范、广告真实性、在职教师兼课及消防等情况。现场还查处多家未经主管部门审批、擅自开展教育培训活动的机构。开展常规性检查，查处25家非法办学机构，约谈多家非法办学机构法人。

【教育审批“最多跑一次”改革】 参见“专记”类目“‘最多跑一次’改革”分目。

【民办教育办学许可证年检】 2017年5月，区教育局对全区16所全日制民办学校、75所民办幼儿园、85所民办培训学校进行2016年度民办教育办学许可证年检，2016年6月30日后成立的26家单位免检。165所学校合格、基本合格7所、不合格3所、1所学校被撤销。

（范平海）

社区教育

【概况】 2017年，海曙区推进成人（社区）教育建设，构建终身教育体系。海曙区获评2016年“全国全民终身学习活动周成功组织奖”、省级“示范学习型城市”，2个街道（镇）获评2017年全国“社区教育示范街道（乡镇）”，区社区学院获评全国首批“城乡社区教育特色学校”，11个社区（村）获评全国“农村优秀学习型村居”，张雪琴社区教育导师工作室入选首批省级社区教育导师工作室，挂牌成立3所市标准化老年教育学校。

【海曙区获评首批省“示范学习型城市”】 2017年3月，省教育厅公布浙江省“示范学习型城市”名单，海曙区入围，成为全省首批19个城市之一。海曙区构建的“社区教育10分钟服务圈”，使居民走出家门10分钟即可享受知识培训、生活保健、体育锻炼、健康教育、休闲娱乐“五位一体”的社区教育学习新模式。

【区社区学院获评国家级特色学校】

2017年11月，全国首批城乡社区教育特色学校评选结果公布，区社区学院以“星级家政员培训”特色项目成为60家入围单位之一。“星级家政员”培训于2005年推出，对家政服务员实行分类分级培训，涉及清洁卫生、母婴护理、护工、家政管理等。区社区学院强化实习实训，编写有地方特色的培训教材，并开展评星定级活动。至是年底，培训“星级家政员”近5000人，学院3次获评全国“家庭服务业先进培训单位”、全国“家庭服务业先进服务单位”等称号。

海曙区社区教育导师张雪琴（后排右一）和她的学员们

【全民终身学习活动周】 2017年12月2日，2017年海曙区“全民终身学习活动周”活动开幕式举行。全区17个镇（乡）街道展出各自教育特色项目和教育成果，包括书画、摄影、手工艺品等。活动现场，表彰古林镇、江厦街道获评2017年全国“社区教育示范街道（乡镇）”，章水镇李家坑村、望春街道广安社区等11个社区（村）获评全国“农村优秀学习型村居”，并挂牌成立海曙区社区学院、章水镇成人文化技术学校、集士港镇成人文化技术学校3所市标准化老年教育学校。

（范平海）

特殊教育

【概况】 2017年，海曙区起草第二轮特殊教育提升计划。以“智障孩子未来社区中的生活”为核心，让学生走出校园，融入社区，以公园、超市、医院、茶馆等为学习场所，实现学校、社区互动，进行融合式教学，被国内外专家誉为特殊教育“中国样本”。举办海曙特殊教育三十年暨达敏学校三十年办学成果展示活动，在信谊小学设立“卫星班”，完成基础建设。

【参加国际特殊奥林匹克训练营】 2017年5月20—24日，达敏学校教师章海燕（指导老师）、学生倪佳妍（特奥运动员），宁波大学徐灵钢（融合伙伴）赴温州参加SOEA（国际特殊奥林匹克东亚区）融合青少年领导力训练营。训练营由国际特殊奥林匹克东亚区主办，温州市特殊教育学校和温州医科大学承办。来自中国北京、上海、香港、台湾等地及韩国、蒙古等国的18个代表团参加。训练营为期4天，通过推进“普特融合”，传递志愿服务精神，搭建国际化交流平台。

【达敏学校“慢节奏”洗车房揭牌】 2017年9月27日，达敏学校“慢节奏”洗车房揭牌。洗车房由宁波宁兴控股股份有限公司捐赠，专门用于学校职高班学生就业实践操作。达敏学校副校长周旭东在揭牌仪式上授予宁兴控股股份公司感谢牌，市慈善总会颁发捐赠证书。

【海曙特殊教育三十年暨达敏学校三十年办学成果展示活动】 2017年11月22—23日，区政府、区教育局、达敏学校联合举办海曙特殊教育三十年暨达敏学校三十年办学成果展示活动，全国16个省（直辖市）50个地区近300名特殊教育工作者参加活动。22日在宁波富邦大酒店举行开幕式，区政府聘任园山繁树、肖非、许家成、刘全礼、裴虹等专家为海曙区特殊教育顾问，欣捷投资控股集团有限公司、宁波天河水生态科技股份有限公司共同出资建立总金额为60万元的“欣河”特殊教育研究基金，用于区特殊教育科学研究和教学研究。随后的教学观摩活动在达敏学校进行，观摩7节不同形式的课堂教学，日本筑波大学教授圆山繁树、浙江工业大学教授徐云等进行点评。北京师范大学教授邓猛、北京联合大学教授刘全礼分别作专题讲座。

【融合教育试点学校开设】 2017年12月，区特殊教育资源中心在信谊小学开设海曙区第一所融合教育试点学校——“卫星班”。“卫星班”是特殊教育学校附设在普通学校、为有特殊教育需要的学生设立的班级，促进特殊教育学生逐步走向融合教育。“卫星班”由达敏学校负责建设、选派师资。经过半年筹备，正式开课。

（范平海）

教师队伍建设

【概况】 2017年，海曙区有省特级教师10人、正高级教师6人、市“名师”25人，7名教师入选市“领军与拔尖人才”第一、第二、第三层次培养人选。推进骨干教师“8321工程”，建立名校（园）长工作室3个、名师工作室18个、优秀少先队辅导员工作室1个，学员150余人，通过不同层级带徒，提高全区教师队伍整体素质。

开展区第七批“名教师”评选，重点向农村教师倾斜，评选区名师27人，其中农村学校教师12人。同步实施1~3年教龄教师培养规划，推进新教师异校培养制度。出台《海曙区乡村教师支持计划（2017—2020）实施办法》，在编制配备、校长教师交流、职称评定等给予支持，建成一支数量充足、素质优良、结构合理、甘于奉献的乡村教师队伍。

116人参与城乡校际交流，通过普通教师、骨干教师和学校领导参与城乡学校之间、城区中心学校与完全小学之间、乡镇中心学校与乡镇完全小学之间交流，使师资在年龄结构、职称结构和骨干结构上得到优化调整，平衡城乡教育资源。依托“海曙教育发布”微信公众号，开设“最美教育人”专栏，宣传优秀党员、优秀班主任和优秀教师。

表9　2017年海曙区教师获得荣誉一览表

序号	教师姓名	所在单位	获得荣誉
1	焦亚唯	宁波市东恩中学	浙江省第五届“师德先进个人”
2	杨永泰	海曙区镇明中心小学	宁波市第29届“王宽诚育才奖”
3	车益明	海曙区高桥镇望春小学	宁波市第29届“王宽诚育才奖”
4	张　雨	宁波市闻裕顺幼儿园	宁波市第29届“王宽诚育才奖”
5	殷胜儿	宁波市实验学校	宁波市第29届“王宽诚育才奖”
6	刘桂蓉	鄞州区教研室	宁波市第29届“王宽诚育才奖”
7	俞　东	海曙外国语学校	宁波市第七批“名教师”
8	董　敏	海曙区教研室	宁波市第七批“名教师”
9	殷志女	宁波市第十五中学	宁波市第七批“名教师”
10	邱　薇	宁波市实验小学	宁波市第七批“名教师”
11	沈技峰	宁波市实验小学	宁波市第七批“名教师”
12	娄丹娜	海曙区莲桥第幼儿园	宁波市第七批“名教师”
13	李　尔	市级机关第二幼儿园	宁波市第七批“名教师”
14	茅燕琴	宁波市实验小学	首届宁波市“名班主任”
15	焦亚唯	宁波市东恩中学	宁波市“十佳班主任”

【第六期师德实践基地开班】 2017年4月5日，海曙区第六期师德实践基地开班仪式在达敏学校举行，海曙区新招聘的44名中小学教师接受入职第一堂师德课教育。

【教师、校长交流机制制定】 2017年6月12日，区教育局出台《关于进一步加强义务教育学校教师校长交流工作的实施意见》《海曙区义务教育学校教师校长交流工作实施方案（2017—2019）》，建立健全教师校长交流期间有关编制人事管理、待遇工作生活保障、评优评先等保障机制。落实专项经费，给予交流期间教师每学年4000~14000元奖励，统一全区各级各类名优教师（班主任）的任期管理和待遇标准。全年交流校长、教师116人。

【第三届“海曙美德教师”评选】 2017年9月7日，由区委宣传部、区文明办、区教育局联合推出的第三届“海曙美德教师”评选活动启动。从全区基层学校中层层选拔，董文勤等10名教师获“海曙美德教师”称号，陈萍等10名教师获提名奖。

（范平海）

①

②

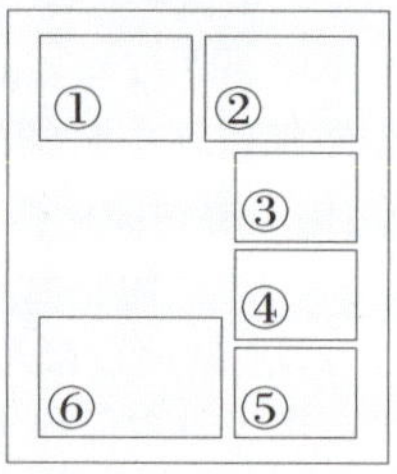

③

①2月13日，高塘小学举办“开学第一课”活动

②4月9日，鄞江中心小学“甬剧进校园”活动举行开班仪式

③4月20日，中原小学军训成果检验

④5月18—19日，宁波市头脑OM校间挑战赛在区青少年宫举行

⑤5月19日，石碶街道海曙国骅东方幼儿园举办“剿灭劣Ⅴ类水，铺开绿色新画卷，共创绿色家园”现场大地画创作活动

⑥8月8日，海曙区学生合唱团演唱会举行

④

⑥

⑤

文化·新闻

公共文化

【概况】 2017年，海曙区完成“十三五”文化发展专项规划修编，提出建成“宁波文化气质窗口区”“历史文化名城核心区”“文化融合发展引领区”目标。梳理中心城区和西片区政策差异，重新梳理制定公共文化惠民政策体系、民办博物馆扶持办法、历史文化保护利用及文化产业扶持等政策体系。推动文化馆体制机制改革。牵头召开文创产业发展联席会议、“扫黄打非”和文化市场管理年度工作会议，举办公共文化、群众体育等专业培训班。

启动“幸福海曙”文化惠民工程，组织开展“免费观影季”“精彩演出季”“全民阅读季”三大系列活动。举办第二届宁波国际微电影节。与市演艺集团共同组建宁波市话剧团（挂牌“海曙区话剧中心”）。制定“书香海曙”建设方案，举办2017年“书香海曙”全民阅读季活动，包括各类阅读推广活动100余场，在2017博鳌全民阅读高峰论坛中交流发言，介绍“书香海曙”建设经验。

【“书香海曙”全民阅读季活动】 参见“中国共产党海曙区委员会”类目“宣传工作”分目。

【“幸福海曙”文化惠民工程】 2017年6月15日，2017“幸福海曙”文化惠民工程启动。海曙区按“政府购买、市场运作、群众受惠”运作模式，安排经费237.25万元，各镇（乡）街道根据居民实际需求，进行点单式购买节目，组织开展“免费观影季”“精彩演出季”和“全民阅读季”三大系列活动2000余场。其中“免费观影季”播放电影1758场次；“精彩演出季”即举办区第三届“市民艺术季”活动，包括首届原创舞蹈会演、首届原创音乐类作品会演、全区排舞大赛；“全民阅读季”举办真人图书馆“开卷8分钟”“萤火虫”换书大会、第二届“小海狸”亲子阅读嘉年华等活动，受益群众20万余人次。《中国文化报》对此项工作进行专题报道。

【第二届宁波国际微电影节】 2017年11月20日，第二届宁波国际微电影节颁奖典礼暨闭幕式在海曙举行。电影节征集到来自英国、法国、德国、美国、日本等30个国家和中国北京、上海、广州、江苏、新疆及台湾、香港等20余个省、直辖市和地区共709部作品。最终，《祭海》获得“网络电影最佳导演奖”，《醉美人生》获“微电影最佳编剧奖”，《光荣使命》获“网络电影最佳编剧奖”等8项提名奖。

【区话剧中心成立】 2017年12月18日，海曙区与市演艺集团共同组建的宁波市话剧团（海曙区话剧中心）成立，聘请知名青年导演李伯男为艺术总监。区话剧中心前身是阿拉话剧社，2014年初组建，有演员近20人。

4月22日，2017“小海狸”亲子阅读嘉年华活动在区文体中心启动

曾编排《新编小红帽》《新编皇帝的新装》《灵珠之魔法师》等十余部课本剧和儿童剧，编写的宁波市首部原创话剧《大江东去》获省第13届精神文明建设“五个一工程”奖。

（刘洋洋）

文化产业

【概况】 2017年，海曙区有文创企业8892家，其中制造业、批发零售业、服务业类企业分别为1283家、2050家、4688家。限额以上企业营业收入322.87亿元，限额以上文创企业中，制造业、批零业、服务业实现增加值17.87亿元、7.07亿元、38.59亿元。有各级文创园区13个，数量、规模位列全市第一。有各级博物馆18家，其中国有博物馆5家、行业博物馆2家、非国有博物馆11家。博物馆面积5.4万余平方米，馆藏藏品近2万件，博物馆组织展览、教育等文化活动386场，参观人数近50万人次。

出台《宁波市海曙区人民政府办公室关于扶持文化（体育）产业发展的若干政策意见》。宁波大慈文化传播有限公司的《布袋小和尚》第二季获评省第27届电视“牡丹奖”（电视剧、电视动画片）优秀作品奖。1844•和义艺术生活中心被评为市级“文化创意产业园区”，“创客157”创业创新园、南塘老街文创产业园、万盛文创园被评定为市级“培育文创产业园区”。“中华老字号”、市级非物质文化遗产传承项目——赵大有宁式糕点博物馆开业；宁波居家博物园通过市级二星非国有博物馆复评，王升大粮油博物馆、黄古林草编博物馆通过市级一星非国有博物馆复评。统筹利用市级文物保护点——花果园庙，引入宁波八行文化陈列馆项目。宁波三联书店•筑蹊生活、西西弗书店•宁波天一广场店相继开业。

【宁波三联书店·筑蹊生活开业】 2017年5月26日，宁波三联书店·筑蹊生活在1844·和义艺术生活中心营业。书店面积3000余平方米，除经营图书外，同时也是文化分享平台，提供全国首个无线耳机剧场、宁波首个黑科技发布平台、首个电影文化走廊、首个生活美学体验中心等设施。书店创新生活场景式服务，融合线上与线下服务，为读者提供全新文化体验。

【赵大有宁式糕点博物馆开馆】 2017年6月25日，赵大有宁式糕点博物馆在宁波古玩城开馆，成为高桥镇第五个民间博物馆。博物馆共3层，总建筑面积5760平方米。博物馆介绍宁式糕点历史与发展过程，展出藏品近千件，博物馆陈列面积约2000平方米，以文字图片结合、场景模拟、互动体验等布展形式，展示宁式糕点文化传承、制作工艺，馆内展出清代、民国期间“赵大有”糕点制作生产工具与“赵大有”创业者生活用品300余件，另外提供顾客体验、购物等服务。

张苍水故居

【宁波八行文化陈列馆开馆】 2017年11月12日，宁波八行文化陈列馆开馆仪式暨南宋四明史氏先祖画像、传记展在月湖景区举行。八行文化陈列馆原为花果园庙，是市级文物保护点，建筑面积215平方米，始建于宋代，现存建筑建于清乾隆四十六年（1781年），相传原为史浩宅第中庙园，是月湖畔尚存与南宋史氏有关的建筑。八行文化陈列馆研究、展示、传播、推广南宋四明史氏历史文化资源，传承和发扬“孝、友、睦、姻、任、恤、中、和”八种行为的“八行”文化精髓。

（虞　洋）

文物和文化遗产保护

【概况】 2017年，海曙区有文物保护单位（点）353处，其中全国重点文物保护单位8处、省级文物保护单位16处、市县级文物保护单位109处、文物保护点220处。永丰库遗址环境整治工程、宁波鼓楼修缮整治工程及董孝子庙迁移保护工程均于年底前开工。指导、审核延庆寺大殿修缮工程、观宗寺二期扩建工程及月湖西区15处文保房修缮项目。召开年度全区文物安全工作会议，签订《文物安全工作责任书》。完善业余文保员名录，全区有业余（责任）文保员230人，组织文保员考察城区文保单位。举办海上丝绸之路专题讲座，宣传历史文化遗产保护理念。

【文物建筑安全巡查】 2017年3月22—23日，市文物保护管理所、区文物管理所联合对海曙区域内部分文物建筑开展安全巡查。巡查对象包括全国重点文物保护单位——林宅、白云庄、钱业会馆，省级文物保护单位——张苍水故居、伏跗室、翁文灏故居。巡查组通过市不可移动文物安全管理平台，结合实地情况检查文物建筑安全情况现状。通过平台下发安全隐患整改意见，督促落实整改。

【文物安全工作会议】 2017年4月，2017年度海曙区文物安全工作会议召开，市、区两级文物主管部门相关领导、各镇（乡）街道分管领导、文化站长及区管重要文物建筑使用（管理）单位负责人参加。会上，区文物主管部门和各镇（乡）街道、文物使用单位代表签订《文物安全工作责任书》，明确管理保护职责，落实安全责任制。

【永丰库遗址环境整治工程启动】 2017年11月21日，永丰库遗址环境整治工程启动。根据“海上丝绸之路申遗”要求，海曙区调整、细化永丰库遗址环境整治工程方案，以考古发掘为依据，提炼仓储遗址价值和信息，突出阐释遗产价值。

【“海上丝绸之路与海曙”专题讲座】 2017年11月30日，区文物部门为业余（责任）文保员举办“海上丝绸之路与海曙”专题讲座。活动特别邀请2008年“全国文化遗产保护贡献奖”获得者杨古城为80余名业余（责任）文保员作题为《海上丝路与海曙》的专题讲座，介绍三江口的“道元禅师入宋”碑、江厦公园来远亭、市舶司遗址等历史遗迹。

【中山路沿线文物建筑修缮】 2017年，海曙区借助中山路沿线景观提升工程，推进沿线文物建筑——鼓楼、范宅保护修缮工程。范宅从文物建筑保护、广告店招规范、整合完善城市标识系统、优化文物景观等角度进行整治；鼓楼以现存建筑维修加固为主，局部修补城墙墙体、楼阁，实现结构坚固、外貌古朴要求。范宅于3月启动修缮，7月竣工并通过验收；鼓楼修缮项目于12月启动。

（章之润）

图　书

【概况】 2017年，海曙区图书馆接待读者200万人次（含分馆），图书借还8.17万人次、71.68万册次。建成图书流动站198家（含西片区46家），根据流动点实际需要不定期配送图书，送书2万余册。举办各类读者活动150余场，“小海狸”亲子故事会、海曙讲堂、真人图书馆等活动成为图书馆固定活动项目。

永丰库遗址

【2017“小海狸”亲子阅读嘉年华】 参见“民主党派·工商联·群众团体”类目“海曙区妇女联合会”分目。

【“世界读书日”活动】 2017年4月23日，“图书馆之夜”——2017年“书香海曙”全民阅读季启动仪式暨“世界读书日”宁波读书人分享大会在鼓楼举行。活动邀请通过海选产生的8名爱书人为读者作“开卷8分钟”演讲，分享阅读故事。参与活动读者达1000余人。

【天一阁·月湖景区24小时自助图书馆开放】 2017年12月，天一阁·月湖景区24小时自助图书馆向公众开放，这是继天一广场、高鑫广场、鼓楼、区青少年宫后第六家街头自助图书馆，也是全区首家在景区开设的自助图书馆。

【筑香图书馆开放】 2017年12月27日，位于白果巷1号的24小时“城市书房”——筑香图书馆对公众开放。筑香图书馆是由企业全资创建的24小时公益图书馆，馆舍面积300余平方米，有阅览座位50余个，馆藏图书约1.5万册、各类报刊20余种。书馆采用智能化管理系统，无人值守，读者可以自助办证、自助借还书。

（张　晴）

文化市场监管

【概况】 2017年，海曙区开展“扫黄打非净网”“扫黄打非清源”“扫黄打非护苗”“扫黄打非秋风”等专项行动。出动执法人员1627人次，检查场所2233家，查处案件36件。开展联合执法行动21次，取缔“黑网吧”23家，查缴电脑主机132台、显示器93台，发现安全隐患抄告消防部门3次。引导城乡网吧转变经营模式、建立诉调对接机制等创新工作被《宁波日报》等媒体报道。

区文化执法大队自主研发区文化市场区、镇（乡）街道、村（社区）三级监管网络，涵盖日常检查录入、专项行动录入、文化市场信息上报、违规行为信息推送、年度文化市场管理工作自动化考核、日常检查与案件统计全息图表展示、场所信息全地图展示等相关功能。至是年底，系统调试运行，100余名监督员领证上岗，实现镇（乡）、村（社区）监管全覆盖。

组织召开区文化市场安全生产暨平安文化市场表彰工作会议，部署文化市场人员密集场所安全生产和“平安文化市场”创建工作，提高经营单位安全生产管理主体责任意识。召集各成员单位负责人、各街道分管领导和文化站长召开海曙区“扫黄打非”和文化市场管理工作会议。试点安装智慧式电气线路运行安全隐患监管服务系统，通过“互联网+云端+高科技”24小时实时监控场所电气线路运行状况。编印《海曙区文化市场安全生产工作手册》，涉及安全生产法律法规、组织架构、责任状、日常检查记录等内容，下发到各个文化市场经营单位。

【“黑网吧”整治】 2017年，海曙区文化执法大队联合海曙公安分局、海曙消防大队、镇（乡）街道组成联合执法队伍，对西片区9个镇（乡）街道进行“黑网吧”拉网式排查，开展联合执法行动21次，取缔23家“黑网吧”，查缴电脑主机132台、显示器93台。建立网格巡查制度，发挥网格作用，加强日常巡查监管，巩固专项行动成果。

【文化市场安全生产暨“平安文化市场”表彰工作会议】 2017年4月1日，区文广新局组织召开区文化市场安全生产暨“平安文化市场”表彰工作会议。网吧、娱乐、演出场所、电影院等经营单位200余位业主，市文化市场行政执法总队，区综治办，区文明办，区安监局，海曙公安分局等参加会议。会议对年度市、区两级“平安文化经营场所”进行表彰，区文广新局与文化经营单位签订安全生产责任书。

【“绿书签”宣传活动】 2017年6月15日，区“扫黄打非”办走进海曙中心小学，开展以“拒绝盗版，远离有害出版物，多读书读好书”为主题的“绿书签”宣传活动。区文化市场行政执法大队张贴活动海报、放置展板，向学生介绍非法出版物鉴别常识和“绿色阅读”、文明上网理念。现场发放“绿书签”500余张，200余名学生在印有“多读书读好书，远离有害出版物”的横幅上签名，宣誓承诺“拒绝盗版，远离有害出版物，多读书读好书”。

【省文化厅调研海曙文化市场基层监管平台】 2017年7月12日，省文化厅文化市场管理处到海曙区调研工作，考察区文化市场两级监管平台。平台监管镇（乡）街道、村（社区）两级网络，重点完善第一级监管功能，把区级文化市场综合执法力量与镇（乡）街道监管力量对接，落实网格巡查制度，监管农村文化市场。

【网吧屏保图片规范】 2017年8月，区文广新局联合区文明办，对全区126家网吧1.02万台电脑显示屏统一更换背景和屏保图片，设置为“文明城市”创建、社会主义核心价值观、未成年人保护等宣传标语及公共安全温馨提示等。

【全区文化市场人员密集场所消防安全工作会议暨消防安全演练现场会】 2017年8月30日，区文化执法大队在云海宾馆举办全区文化市场人员密集场所消防安全工作会议暨消防安全演练现场会。区文广新局、海曙消防大队、区安监局及全区娱乐、演出场所、电影院负责人、安全联络员等91人参加会议。与会人员现场观摩娱乐场所内防火疏散演练，并学习消防灭火器械使用。

【区著作权纠纷诉调对接中心成立】 2017年9月28日，区文广新局联合区人民法院、区文化经营行业管理协会，成立著作权纠纷诉调对接中心。中心下设两个调解工作室，一个设在区文化行业协会，由区文化行业协会指定专人负责工作室日常管理；一个设在区人民法院调解中心，由法院调解中心及知识产权庭指定专人负责工作室日常工作。诉调对接中心发挥文化执法、行业协调、司法诉讼等职能优势，成为著作权纠纷的“一站式”解决服务平台。

（仇璐娜）

新　闻

【概况】 2017年，“海曙新闻”电视节目开播，围绕区委、区政府中心工作开展新闻采访报道。播出时间为每周一、三、五。自3月1日开播以来，播出135期、各类新闻981条。

【新媒体建设】 2017年，海曙新闻网更新稿件8000余条，其中原创稿件4200余条，完善新闻电子版，实现“掌上读报”，每周定期发布报纸、电视信息等，做到报纸与电视、网媒互通。“海曙发布”官方微博累计发布信息7000余条，完成宣传要求1000余条，新增音频、视频等功能性技术手段，丰富单条新闻报道展示形式；新增“办事大厅”“量化积分”等栏目，便于市民办件查件、查阅流动人口量化积分申评等。在“一直播”平台开设“海曙新闻”直播号，联动“海曙发布”官方微博，实现即时直播报道。

【《海曙新闻》报刊】 2017年1月1日，《海曙通信》更名为《海曙新闻》，由原来的每周一期增刊至每周两期，从每周五出刊变为每周三、周六出刊，全年刊登新闻稿件4000余篇，配合上级部门各项工作任务，完成宣传报道要求2000余条。推出“深化五水共治•剿灭劣Ⅴ类水”“全力打好小城镇环境综合整治攻坚战”“行进海曙•精彩故事”“‘三改一拆’进行时”“攻坚‘三大行动’高质量建设国内一流强区”“改革攻坚勇探索•聚焦‘最多跑一次’改革”“中国制造•海曙实践2025”“大脚板走一线•小分队破难题”等专栏。围绕区委、区政府中心工作，重点策划报道海曙区第九次党代会、海曙区十一届人大一次会议、海曙区政协五届一次会议、全区经济工作会议等重大活动，并进行专版宣传报道。

（李玉飞）

相关链接：

IP合作开发：指把拥有或代理的商标、品牌和形象等以合同形式授予给IP元素需求方使用的行为。

“六个五”精品献礼工程：浙江省新闻出版广电局2017年实施全省影视出版“六个五”精品献礼工程。“六个五”：图书、电影、电视剧、动画片、纪录片和数字网络作品六个门类。5个作品：到2021年，围绕重大时间节点，至少策划推出优秀图书、优秀电影、优秀电视剧、优秀动画片、优秀纪录片和优秀数字网络作品各5部。

体　育

综　述

【概况】 2017年，海曙区重点推进城乡体育事业融合。延伸体育工作基层基础，与规划部门沟通对接，完善西片区镇（乡）街道群众健身体育基础设施规划，实现体育设施全域布点、全域覆盖。建好体育协会网络，加强对各单项体育协会支持指导。建立区体育局、镇（乡）街道、村（社区）三级工作队伍网络，确保体育工作落实到人。加强教练员等体育专业技术人才队伍建设，逐步解决落户、编制等政策问题，开展“名教练工作室”评选。以“体育+旅游”为重点，探索鄞江攀岩运动休闲小镇建设。促进“体教结合”，重点培育田径、乒乓球等竞技体育特色项目。培育生产经营型体育产业，扶植体育运动俱乐部等休闲体育产业和各类衍生产业链，促进体育运动项目走向市场。

【“体医融合”试点】 2017年4月1日，白云街道社区卫生服务站作为省“体医融合”试点单位，针对社区居民启动体质测定工作。检测场地位于服务中心五楼，设立健康管理登记室、体测室一、体测室二，面积约80平方米。测试项目包括体成分、骨密度、心肺耐力、肺活量、握力和柔韧性6项。至是年底，累计测试1000余人。11月24日，省体育局到白云街道社区卫生服务中心调研“体医融合”试点工作。

鄞江攀岩公园

【国民体质监测活动】 2017年12月，海曙区组织开展为期4天的国民体质监测活动。监测由区国民体质监测中心负责，按照城镇和乡镇，根据经济发展水平，确定鼓楼街道、石碶街道和高桥镇为抽样点，从3个镇（乡）街道中整群抽样幼儿（3~6周岁）580人、青年人（20~39周岁）300人、中年人（40~59周岁）300人和老年人（60~69周岁）200人。幼儿测试网球掷远、10米折返跑、走平衡木等8个项目，青年人测试纵跳、俯卧撑、一分钟仰卧起坐等11个项目，中年人测试台阶测试、坐位体前屈、闭眼单脚站立等8个项目，老年人测试肺活量、握力、选择反应时等7个项目。通过4天监测，完成1360人体质监测任务。

（傅　展）

体育设施建设

【概况】 2017年，海曙区有体育运动设施1582处，总计115万平方米，人均运动场地面积1.27平方米。市社会体育指导中心、市老年体育活动中心及市第二少体校（重竞技训练基地）位于辖区内，区级建有区文体中心。结合市级民生实事工程等项目，推动全区体育运动设施场所建设，建成全民健身广场2个、体育休闲公园2个、笼式足球场2个和小康体育村提升工程13个。

【市老年体育活动中心启用】 2017年3月28日，宁波市全民建设重点设施——市老年体育活动中心启用。中心地处海曙区沁园街336号，总用地面积2.89公顷，地上总建筑面积1.17万平方米，集健身、比赛、培训、娱乐、休闲运动、健康研究等功能于一体。

【宁波重竞技训练基地消防安全演习】 2017年4月27日，宁波重竞技训练基地开展消防安全演习。中午12时30分，全体运动员从宿舍烟雾弥漫的模拟场景中快速、有序撤退。在工作人员指挥下，300余名运动员用湿毛巾掩住口鼻，在指定时间内到达集合地点。演习后，鄞江消防中队向基地师生讲解火灾自救逃生注意事项，并指导灭火器等消防器材使用方法。

（傅　展）

竞技体育

【概况】 2017年，区体育局组队参加9项市青少年体育比赛，获得52金、59银、48铜，获乒乓球、田径、网球、自行车4个单项团体总分第一名和市青少年体育比赛团体总分第二名。

与区教育局协作，推动各校根据自身实际情况建设“一学校一特色”。调整完善市、区传统学校和训练点布局，建有市级训练点4所、市级体育传统项目学校16所、区级业余体育训练点19所。

【区柔力球队获全运会金奖】 2017年7月1—5日，第13届全运会群体项目柔力球比赛在天津市滨海新区举行，来自全国各省、自治区、直辖市共17支代表队参加。海曙区柔力球队代表浙江省组队参赛，获花式集体套路团体金奖（第八名），施春玉、吕美燕获花式双人自编套路金奖（第七名）。

【市首届休闲皮划艇比赛在古林举行】 2017年7月8日，宁波市首届休闲皮划艇邀请赛暨古林镇助力“五水共治”启动仪式在古林镇举行，百名皮划艇选手在西洋港河展开竞技。比赛设置1000米精英组单双人、300米精英组单双人、300米乡镇组单双人和青年组、家庭组等8个项目，参赛者年龄从6岁到50岁。车雨恒分别以5分16秒、1分45秒的成绩获得1000米单人艇和300米单人艇两项冠军，陆海章、崔红卫获1000米双人艇冠军，刘磊、俞楠获300米双人艇冠军，周文凯获300米青年组冠军，王俊获300米家庭组冠军。

【区健身球队获省老运会团体第一】 2017年9月12—14日，省第七届老运会健身球操比赛在温州市体育中心举行，全省各市老年体协共15支男女代表队参加。海曙区健身球队代表宁波市参加比赛，规定套路《采茶舞》获女子组团体第一名，励蓓君获个人项目第二名。

【区首届乒乓球比赛】 2017年11月10—11日，由区体育局、体育总会主办，高桥镇、区乒乓球协会承办的海曙区首届乒乓球比赛在区乒协球馆举行。古林镇、石碶街道等16支代表队128名男女运动员参加男女混合团体及男、女单打3个项目比赛。横街镇代表队获得混合团体冠军，高桥镇代表队、古林镇代表队分别获亚军和季军，何磊、王春玲分别获男子单打冠军、女子单打冠军。

【海曙选手获亚洲杯木球锦标赛冠军】 2017年11月2—8日，由亚洲木球总会、国家体育总局主办的第十届亚洲杯木球锦标赛在广东省河源市举行，来自亚洲各国、各地区的300余名选手参加比赛，横街镇中学教师黎亿峰及学生俞立峰、胡庆榜通过选拔，分别入选国家木球队和青少年国家木球队参赛。比赛设置球道赛和杆数赛两种赛制14个小项，中国队分别获得男子团体球道赛冠军、女子团体球道赛季军和女子团体杆数赛季军，其中黎亿峰以绝对优势获得女子个人杆数赛冠军，创造中国女子在该项目上个人最好成绩。

11月25日，“高桥杯”首届海曙区机关足球比赛举行，图为高桥镇队对阵石碶街道队

【区第二届中小学生围棋团体赛暨围棋棋王赛】 2017年11月18日，海曙区第二届“太学眼科杯”中小学生围棋团体赛暨围棋棋王赛在信谊小学举行，13所中小学、3家俱乐部的256名学生参赛。雅戈尔中学、镇明中心小学、赵伟达围棋俱乐部分获中学组、小学组、俱乐部组团体第一；清风棋院沈之杨、镇明中心小学曹轶乐分获高段组、低

段组棋王。此次比赛是区划调整后海曙区首次举办的围棋团体赛和棋王赛。

（傅 展）

群众体育

【概况】 2017年，海曙区有注册体育社团17个，包括区体育总会和16个单项体育协会。其中，AAAA级体育社团1家（区老年体育协会），AA级1家（区棋类协会），A级6家。

海曙区主办、承办、协办各类群体赛事活动70余项，影响较大的有“醉美樱花”女子半程马拉松赛、首届“爱在梁祝”马拉松嘉年华、区首届登山大会、“打虎杯”环杭州湾男子篮球对抗赛及机关足球比赛、乡镇街道篮球、乒乓球联赛等。

【区老年体协成立30周年暨先进表彰会】 2017年11月8日，海曙区召开老年人体育协会成立30周年暨先进表彰大会。市老年体协和区四套班子领导出席活动，受到表彰的老年体育荣誉奖、贡献奖和优秀辅导站（员）获得者等先进集体和先进个人代表130余人参加。大会现场首发由区老体协编印的《海曙老年体育30年》。

【2017中国·宁波“四明问秋”国际越野赛】 2017年11月25日，2017中国·宁波“四明问秋”国际越野赛在章水镇杜岙村举行，12个国家438名选手参赛。比赛分17千米体验组和30千米专业组两个组别。赛道路线的80%由四明山古道组成，其中30千米组路线累计爬升高度达2036米。赛道沿线可欣赏“丹山赤水”、李家坑古村、茅镬古树群等风景。

【“送体育下乡”活动】 2017年12月5日，市老年体协、区老年体协联合到龙观乡大路村开展“送体育下乡”活动。市老体协向大路村捐赠体育活动经费2万元，区老体协捐赠体育活动资金1万元和兜球2套、健身球1箱。区、乡老年体育团队和村文体团队进行健身球操、单人双人柔力球、健身秧歌、舞蹈等健身项目展示，区老体协还携骨科、内科、中医科专家提供现场义诊服务。

12月5日，市老年体协、区老年体协联合到龙观乡大路村开展“送体育下乡”活动

【海曙区获评“全国健身球操之乡”】 2017年12月6日，中国老年人体协下发《关于命名第三批“全国健身球操之乡”的通知》，海曙区成为宁波市首获“全国健身球操之乡”称号的县（市、区）。区老体协推广、普及健身球操，举办各种老年人健身球操规定和自选套路比赛交流和展示活动，每年保证举行1~2次骨干培训，邀请国家级裁判和资深教练指导，并派骨干赴各镇（乡）街道进行教学辅导，健身球操运动员人数不断增加。

（傅 展）

体育产业

【概况】 2017年，海曙区有体育产业法人单位4373家，占全区法人单位的13.4%。其中，属于纯体育产业单位家数149家，占比全部体育产业单位的3.4%，其余皆为经营业态中部分属于体育产业的单位。有规模以上体育产业单位468家，实现增加值近5亿元，其中服务业单位217家、制造业单位157家、批发零售业单位94家。

区体育局组织辖区11家代表性体育产业单位参加市首届体育产业博览会。申报上级体育产业扶持引导资金，开展产业基地、示范项目创评，7家企业列入省、市体育产业发展资金入库项目，累计获得扶持资金247万元，宁波腾隆户外用品公司（简称“腾隆公司”）创评省级“体育用品制造业示范企业”。

【羽航体育公司入驻月湖金汇小镇】 2017年2月，宁波市羽航体育发展有限公司（简称“羽航体育公司”）入驻月湖金汇小镇。羽航体育公司是一家从事体育金融及文化的新金融企业，经营羽毛球、乒乓球、足球、篮球、网球等运动项目，在海曙区建有羽航体育运动馆。企业入驻后，自主研发运动应用软件——“Sports”App和具有自主知识产权的无纸化裁判端系统，实现与线下实体场馆互动。

【参展中国（宁波）体育产业博览会】 2017年11月24日，首届中国（宁波）体育产业博览会开幕，区体育局组织羽航体育公司、宁波开沃精工渔具有限公司等11家区属体育产业企业参加，涉及场馆设施、体育器材、户外运动、运动服饰、体育休闲、体育旅游、健身培训等多个领域。参展企业实现展会交易额100余万元。

（傅 展）

①

⑤

②

④

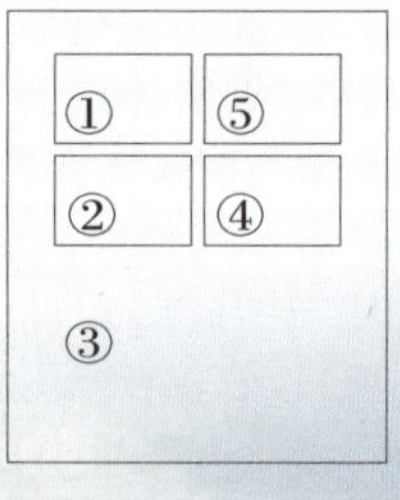

① 4月16日，“醉美樱花”穿越四明山心自行车赛在章水镇举行

② 5月21日，宁波市全民健身公益技能培训跆拳道项目海曙站活动举行

③ 6月18日，庆祝海曙区老年人体育协会成立30周年“海曙之春·舞比幸福”健身大赛在梁祝公园举行

④ 7月8日，宁波市首届休闲皮划艇邀请赛暨古林镇助力“五水共治”启动仪式在古林镇举行

⑤ 11月25日，2017中国·宁波“四明问秋”国际越野赛在章水镇开跑

③

卫生·计划生育

综　述

【概况】 2017年，海曙区有各级各类医疗卫生机构424家。其中，区级专业公共卫生机构3家，区级综合性公立医院2家，区级公立中医医院、口腔医院各1家，社会办医院14家，社区卫生服务中心8家，乡镇卫生院7家。每千常住人口执业（助理）医师数5.9人，每千常住人口注册护士数4.2人，全区医院门诊、急诊病人1030万人次。卫生计划生育事业经费4.4亿万元。2017年，人均预期寿命83.13岁。

表10　　2017年海曙区区属医疗卫生计划生育单位名单

序　号	单　位
1	宁波市海曙区卫生监督所
2	宁波市海曙区疾病预防控制中心
3	宁波市海曙区妇幼保健计划生育服务中心
4	宁波市海曙区第二医院
5	宁波市海曙区第三医院
6	宁波市海曙区古林镇卫生院
7	宁波市海曙区高桥镇卫生院
8	宁波市海曙区横街镇卫生院
9	宁波市海曙区鄞江中心卫生院
10	宁波市海曙区洞桥镇卫生院
11	宁波市海曙区章水镇卫生院
12	宁波市海曙区龙观乡卫生院
13	宁波市海曙区石碶街道社区卫生服务中心
14	宁波市海曙区月湖街道社区卫生服务中心
15	宁波市海曙区西门望春社区卫生服务中心
16	宁波市海曙区江厦街道社区卫生服务中心
17	宁波市海曙区南门街道社区卫生服务中心
18	宁波市海曙区鼓楼街道社区卫生服务中心
19	宁波市海曙区白云街道社区卫生服务中心
20	宁波市海曙区段塘街道社区卫生服务中心
21	宁波市海曙区口腔医院
22	宁波市海曙区中医医院

【“智慧医疗”管理】 2017年，区卫生计生局完成区域医疗卫生信息化平台业务数据融合，实现区域内卫生资源共享和业务协作。完成门诊电子病历、“健康海曙”微信公众号、区域医疗财务管理等项目。推进“云医院”的“孕+”和“护+”便民服务，基层“云诊室”实现全区覆盖。医疗卫生单位全部接入市双向转诊平台和市公众健康服务平台，实现优质医疗资源互联互通。推进医疗卫生单位信息安全等级保护，部署集中式杀毒软件及网络安全隔离设备。

【卫生计生工作会议】 2017年2月23日，海曙区2017年卫生计生工作会议召开。区人大常委会副主任孙铭龙、副区长陈早挺等出席，区卫生计生局、各镇（乡）街道计生专职干部，各社会办医疗机构主要负责人等140人参加会议。会议总结回顾2016年卫生计生工作成绩，安排部署2017年各项工作目标任务，并表彰2016年先进集体和个人。

【“健康海曙”·中国医师节活动】 2017年6月26日，区卫生计生系统举行“健康海曙”·中国医师节活动，全区卫生计生系统优秀医务工作者代表和各相关单位代表1000余人参加。会议表彰区“名医（名中医）”10人、市“南丁格尔式”护理工作者1人、市“护理先进工作者”4人和区“五星级家庭医生”17人。

【区慈善总会卫生和计划生育分会成立】 2018年10月26日，区慈善总会卫生和计划生育分会成立。区慈善总

表 11　2017 年海曙区社会办医疗机构（医院以上）名单

序　号	单　位
1	宁波德威斯妇产医院
2	海曙送子鸟医院
3	宁波博视眼科医院
4	宁波眼病中心医院
5	海曙友好医院
6	海曙天一医院
7	宁波珈禾整形专科医院
8	宁波皮肤病专科医院
9	宁波口岸医院
10	海曙中医乳腺病专科医院
11	海曙华美妇女专科医院
12	海曙欧亚男科医院
13	宁波口腔医院
14	宁波三环医院
15	海曙康复医院

会会长王黎明为分会授牌，并为新当选的分会会长张文莲、副会长柴筱燕、秘书长杨燕芬发放聘书。区卫生计生局副局长柴筱燕作分会筹建工作报告，并宣读《海曙区卫生和计划生育局“四叶草”慈善基金及管理使用办法（试行）》。

【首家区级综合性公立医院组建】 2017年12月26日，海曙区首家区级综合性公立医院——海曙区第二医院开业。区卫生计生局与市第一医院签署合作框架协议，由市第一医院全面托管区第二医院，并增加“宁波市第一医院海曙分院”为第二名称。市第一医院派遣15名管理骨干与20余名专家团队，实现同质化管理。医院设临床科室34个、医技科室12个，妇产科、口腔科、皮肤科、肛肠科、中医科、消化内科、骨科等为重点发展科室。

（杨燕芬）

疾病防控

【概况】 2017年，海曙区报告各类法定传染病19种5395例，报告总发病率为595.99/10万，同比下降34.34%。其中，甲类传染病无病例报告，乙类传染病13种1280例，丙类传染病6种4115例。甲、乙类法定报告传染病发病率141.40/10万，上升20.13%，死亡7例；丙类传染病发病率454.59/10万，下降29.40%，无死亡病例。

强化肺结核规范管理、定点门诊的指导和联系，实施中盖结核病三期项目，报告肺结核疑似病例1894例，登记肺结核病人531例。建设城乡一体化食源性疾病监测系统，在探索腹泻病人监测报病基础上，增加食物中毒自动提醒报告功能，新增社区人员补充调查流程。

【国家级“艾滋病综合防治示范区”建设】 2017年，区卫生系统继续推进第三轮国家级“艾滋病综合防治示范区建设”。探索精准防治方法，新拓展男性60岁以上、社区戒毒者两类人员进行艾滋病监测，监测各类人群34.70万余人次，占全区常住人口比例的38.34%。同时，完成性病就诊者HIV检测和在线培训、考试评估两个系统研发。

【章水镇卫生院登革热防控讲座】 2017年9月，章水镇卫生院开展“登革热防控与蚊媒监测”知识讲座，全院医务人员及部分群众参加。讲座从登革热传播、蚊媒监测及蚊媒防制三方面介绍登革热病毒。其间，章水镇卫生院到章水镇各村指导村民，对屋内杂物区及卫生死角、垃圾桶、绿化盆景、积水处等易生蚊虫区域进行消杀。

【横街镇卫生院禽流感诊治学习】 2017年12月，横街镇卫生院组织全体医务人员学习人感染H7N9禽流感诊治知识。副院长邵成斌讲课，介绍人感染H7N9禽流感原因及流程，强调诊疗过程中咨询与病死禽接触史，与普通流感区别诊断，做到“早发现、早诊断、早隔离、早治疗”。全体医务人员学习H7N9禽流感临床特点、诊断与鉴别诊断等。

（唐旭盼）

10月26日，海曙区慈善总会卫生和计划生育分会成立

卫生监督

【概况】2017年，区卫生监督所监督检查公共场所2520家次，抽检11家住宿、14家理发美容、8家沐浴场所公共用品，监测饮用水生产经营单位13家次、游泳场所60家次，完成1576家公共场所量化分级评定。立案105起，其中涉及医疗卫生35起、公共场所卫生70起，做出行政处罚决定105起，罚没款24.25万元，移交公安追究刑事责任1起。

办理各类卫生计生行政许可2883件。其中，医护人员执业注册变更1619件、医疗机构设置执业许可（含变更）379件，公共场所卫生许可变更592件，再生育审批48例，母婴保健技术服务许可140件，放射诊疗许可14件，医疗机构使用麻醉药品核准1件，医疗广告（西医）核准81件等。所有许可件均在规定时间内办结，无行政复议、仲裁、诉讼案件。核对梳理卫生计生部门“最多跑一次”行政权力事项底数63项，全部实现“最多跑一次”。

【宁波国际微电影节活动卫生保障】2017年1月首届宁波国际微电影节期间，区卫生监督部门重点监管接待酒店——宁波华侨豪生大酒店的公共场所卫生情况。出动执法人员4人，检查包括接待酒店场所内集中空调监督抽检，二次供水监督抽检，顾客用品清洗、消毒、保洁，产品进货索证，游泳池监督检查等。

【生活美容场所卫生监督专项检查】2017年4月，区卫生监督部门以楼宇、主要路段（区域）的生活美容场所及综合性美容美发场所为重点，开展为期一个月的生活美容场所非法开展医疗美容专项检查。主要检查是否存在擅自开展医疗美容行为、卫生许可证年检复核、卫生信誉度等级公示、上岗从业人员持有健康证和顾客用品用具清洗、消毒、保洁等情况，对检查发现问题依法处理。

【游泳场所“双随机”抽检】2017年7月，区卫生监督部门对区内开放的28家游泳场所进行卫生监督检查和水质抽检，完成游泳场所“双随机”抽检任务。重点检查各游泳场所卫生管理制度、卫生设施设备、水质消毒措施、从业人员健康状况、游泳者健康承诺制度推行等情况。现场抽检泳池水样，快速检查游泳池水和浸脚池水余氯含量，总体情况良好。同时把池水送实验室检测，检验池水细菌总数、大肠菌群、尿素、浑浊度、pH值等指标。

8月，区卫生监督部门到乡镇卫生监督协管工作站指导农村饮水卫生监督巡查

【农村饮水卫生监督指导】2017年8月，区卫生监督部门组织人员到乡镇卫生监督协管工作站指导农村饮水卫生监督巡查。海曙区农村独立水站主要分布在横街镇、鄞江镇、章水镇、龙观乡。执法人员实地查看设计日供水100立方米以上的农村独立水站，检查水源类别、过滤设施、消毒设施及运行情况，现场对饮水消毒剂常规指标进行快速检测，采集水样送疾控中心实验室检测微生物等指标。

（张　征）

妇幼保健

【概况】2017年，海曙区实现孕产妇管理率97.44%、3岁以下儿童保健系统管理率为97.40%、孕产妇签约服务率为97.9%、0~6岁儿童签约服务率为73.51%。孕早期建册率达92.47%，产前筛查率达97.45%，产后访视率达98.38%；新生儿听力筛查率达99.83%，新生儿疾病筛查率达99.21%。孕产妇自然分娩率为55.27%，围产儿死亡率为3.52‰，孕产妇死亡及新生儿破伤风发生为零，五岁以下儿童死亡率为4.42‰。

基本公共卫生妇幼惠民项目提供免费产前检查1.3万人次、儿童体检1.99万人次、DDST（丹佛发育筛查）检查1.49万人次、6个月体弱儿童筛查3313人次，免费金额169.68万元。新生儿疾病筛查2288名新生儿，产前筛查1866名孕妇，免费金额58.61万元。对4486名30月龄以下儿童进行孤独症筛查，5名可疑儿童转至上级医院，其中3例确诊为孤独症患者，另2例继续随访监测。全区城乡妇女免费“两癌”（宫颈癌和乳腺癌）筛查1.05万人，确诊宫颈癌前病变11人、乳腺癌1人。婚前医学检查3078任，婚检率达97.65%，2663人享受国家免费孕前优生健康检查。

【市妇儿医院获评“国家级出生缺陷干预救助基地”】2017年9月12日，市妇儿医院被获评“国家级出生缺陷干预救助基地”，成为浙东地区唯一一家获评医院。市妇儿医院每年产前筛查与新生儿筛查近17万人次，整合宁波市产前筛查与诊断实验室、新生儿疾病筛查实验室、出生缺陷防控实验室，组建成立全市唯一的出生缺陷防控中心。

（唐旭盼）

计划生育

【概况】 2017年，海曙区户籍人口出生5535人，其中“两孩率”为43.16%，同比上升7.21%。人口自然增长率为1.91‰。常住人口性别比为109.85。全面落实二孩生育政策，开展国家生育意愿调查，推行生育登记服务制度，实施计划生育“最多跑一次”改革。

推进公共场所母婴设施配置标准化建设，建成各类母婴设施35家。严厉查处“两非”（非医学需要的胎儿性别鉴定、非医学需要的人工终止妊娠）案件，建立终止妊娠手术信息通报制度，加强出生人口性别比治理。开展流动人口健康服务年活动，实施省级“流动人口健康示范单位”创建。拓展青春健康教育项目，有“青春健康学校”项目点9个、家长培训项目点1个，开展培训296次，惠及7623人次，开展咨询服务3053人次，发放宣传品8960份。

落实计划生育奖励奖扶政策，奖扶对象1.89万人、特扶对象1408人，累计发放奖励扶助金3428.2万元。实施计划生育特殊家庭一次性补助及依法收养子女、辅助生育补助政策。完善计划生育特殊家庭档案信息库，建立联系人制度，推行家庭医生免费签约，开辟就医就诊绿色通道服务。

表12　2017年海曙区计划生育基本情况一览表

计量单位：人

有生育条件的妇女	142988
已婚育龄妇女	108223
采取各种节育措施情况	95947
领独生子女证	39306

开展计划生育特殊家庭帮扶，217户对象家庭接受服务并与项目组结对，29户家庭得到生活照料服务，47户家庭享受政府购买家政服务。为414名项目对象和105名特殊家庭第三代子女购买人身意外保险。

【全国生育状况调查】 2017年，海曙区组织开展2017年全国生育状况抽样调查。调查抽选南门街道、鄞江镇、龙观乡、集士港镇4个镇（乡）街道8个村（居委会）作为监测点，160名户籍人口（流动人口）成为入户调查对象。最终，调查组审核个人问卷160份，提交8份村（居委会）问卷。

【省计生协培训班到海曙区参观】 2017年7月5日，由省计生协基层工作部部长王建设带队，全省计生特殊家庭帮扶工作培训班100余位代表分两批到海曙区计划生育特殊家庭“关爱隐形翅膀助远行”项目点参观。项目实施以“平等尊重、去标签化、精细帮扶、助人自助”为帮扶理念，多角度、多层次帮助辖区计划生育特殊家庭实现生活、精神双提升，30户家庭达到预期效果。

9月28日，国家卫计委携媒体到集士港镇社会事务服务中心计生服务窗口调研计划生育服务管理改革亮点工作

【媒体报道区计生服务改革亮点】 2017年9月28日，央视网、中国网、《精神文明报》、《健康报》、《浙江日报》、“浙江在线”等20余家中央及省、市媒体到集士港镇，实地采访集士港镇社会事务服务中心计生办证窗口，报道海曙区计划生育服务管理的改革亮点。海曙区是全市最早推出再生育审批管理平台的县（市、区），平台集无纸流转、并联审批、自动匹配、进度提醒和分析预警五大功能，实现再生育网上审批，最快3个工作日完成。

（褚婷婷）

医疗管理

【概况】 2017年，海曙区在巩固中心城区医联体框架基础上，分片扩充以市第一医院为牵头单位的石碶街道、洞桥镇、鄞江镇、龙观乡、章水镇医联体和以市第二医院为牵头单位的集士港镇、高桥镇、古林镇、横街镇医联体，并根据“一院一策”方案，推进医联体建设。医联体专家门诊人次5.2万人次、双向转诊8230人次、提供远程影像诊断14.48万人次，远程心电疑难会诊1904例次。

针对横街镇、龙观乡、章水镇3个山区乡镇，推进高山巡回医疗，引入社会办医资源，组织眼科、中医科等专家每周赴偏远镇乡开展医疗服务，缓解当地医疗资源匮乏现状。完善区质控中心建设，健全监管、指导职能，强化医疗质量管理。新建区急救站，做好与市急救中心及鄞州区急救站对接工作，完善新海曙区域“120”急救网络体系建设。

开展医疗机构医院感染管理专项督察、医疗废弃物专项督察、国家基本药物制度实施情况专项检查、重点医疗机构医疗安全督察、医疗机构依法执业守护健康专项检查、民营医疗机构专项监督检查、实验室生物安全检查等各类督察10余次。各基层单位开展“处方点评”“院感控制”等医疗质量管理活动，落实医疗质量核心制度。引入现代化管理模式，在基层医疗机构推进“6S”管理（整理“seiri”、整顿“seiton”、清扫“seiso”、清洁“seiketsu”、素养“shitsuke”、安全“safety”），促进服务质量精细化。通过“互联网+”等手段开展“改善群众就医体验”活动。

【基层医疗管理】 2017年，海曙区推进家庭医生签约服务，全区505名家庭医生与15.28万名居民签约，在签率达24.51%，续签率62.03%。其中，重点人群在签总数为13.42万人，在签率达70.73%。继续实施国家基本公共卫生服务项目，综合达标率为90.59%，城乡居民健康档案建档率为92.04%。高血压和糖尿病规范管理率分别为63.31%、63.00%，控制率分别为62.29%、59.30%。持续提升基层医疗机构服务能力，西门望春社区卫生服务中心获2017年全国“百强社区卫生服务中心”“优质服务示范社区卫生服务中心”。全区143家社区卫生服务站，市级五星站31家、四星站24家、三星站79家，星级站创建率达93.71%。创建星级全科门诊17家，其中五星级10家；创建星级中医药门诊15家，其中五星级5家；创建星级健康管理中心9家，其中五星级4家。全科门诊、中医药门诊和健康管理中心星级化建设完成率分别达100%、88.24%和52.94%。

【中医中药管理】 2017年，海曙区中医药基本公共卫生服务提供0~3岁儿童服务1.75万人，服务65岁以上老年人5.64万人，服务率分别为84.93%和58.77%。基层医疗卫生机构中医药服务量达214.09万人次，占总服务量的30.97%。改造提升中医综合服务区，17家街道社区卫生服务中心、乡镇卫生院均建立中医特色鲜明、富有中医文化底蕴的中医综合服务区。开展中医药适宜技术示范点建设，推广中医药适宜技术，尤其是常见病、多发病中医药适宜技术推广，以全科医生、乡村医生为培训重点，分两批次开展包括毫针技术治疗肩凝症、悬灸技术调理亚健康、撮痧技术治疗中暑、穴位敷贴技术治疗哮喘病等10项中医适宜技术培训，培训人员130余人次。开展《中华人民共和国中医药法》宣传月活动，通过组织专题培训、知识竞赛、义诊、宣传大讲堂、学法有感、电台宣传等形式宣传中医医疗知识。

【区中医院对口支援洞桥镇卫生院】 2017年2月，区中医院与洞桥镇卫生院签约对口支援协议，区中医院派相关专家每周到洞桥镇卫生院坐诊，并为洞桥镇卫生院提供中医药专业技术人才轮岗培训。此次对口支援是海曙区优质医疗资源下沉试点，满足农村患者在家门口看专家的需求，也帮助提高乡镇医疗卫生服务水平。

【章水镇卫生院高山巡回医疗队获奖】 2017年12月3日，海曙区“12•5”国际志愿者日暨2017志愿服务先进表彰会上，章水镇卫生院高山巡回医疗队获评“最佳志愿服务团队”和“最佳志愿服务项目”。章水镇卫生院高山巡回医疗队于2010年11月组建，每月定期上山送医，满足章水镇高山群众基本医疗需求，医疗范围达10个自然村，医务人员10人，医疗车行程超过3.5万千米，建立健康档案3396份，免费测量血压及血糖1万余人次，提供免费医学咨询8560余人次，发放健康宣传资料5600份，提供医疗讲座200余场。

（司徒碧波　唐旭盼）

爱国卫生运动

【概况】 2017年3月，海曙区组织开展以环境卫生综合整治、传染病防控为重点的春季爱国卫生运动。4月，以“为了人民的健康——65年的历史与展望”为主题，组织开展第29个“爱国卫生月”活动及爱国卫生运动65周年纪念活动。5月，以“无烟•健康•发展”为主题，组织开展第30个“世界无烟日”活动。9月，组织开展“清洁家园、灭蚊防病”专项爱国卫生运动。

新创建市级“卫生先进单位”4家、区级“卫生先进单位”7家，新创省级“无烟单位”2家、市级“无烟单位”12家，申报复查的各级单位均通过评审。开展2017年度健康素养监测调查，居民健康素养水平达21.1%。

推进小城镇环境综合整治“卫生乡镇”创建专项行动，横街镇、洞桥镇、石碶街道创建省“卫生镇（街道）”，集士港镇、章水镇、月湖街道通过省“卫生镇（街道）”复评，南门街道、白云街道、段塘街道均通过市“卫生镇（街道）”复评。在全市率先开展常见病媒生物抗药性监测和预防控制上门指导服务。

【公共场所控烟工作督察】 2017年6月，市卫生监督所会联合区卫生监督所督察宁波汽车南站、市第一医院控烟工作情况。督察人员实地查看车站售票大厅、候车室、下客通道和医院挂号大厅、就诊处、外科手术家属等候区。要求两家单位在控烟工作总体良好基础上，健全管理制度，在醒目处增设“禁止吸烟”标志，加大对《宁波市文明行为促进条例》宣传力度，配强专（兼）职人员劝导吸烟者进。

【高桥镇卫生院爱国卫生义诊活动】 2017年9月8日，高桥镇卫生院在藕缆桥康乐养老院举行爱国卫生义诊活动。活动现场设置常见病、慢性病咨询，初步筛查，医学常识普及等内容。发挥卫生院中医药特色优势，增设中医咨询项目，由中医专家讲授健康生活常识。义诊活动持续3个小时，服务50余人，发放宣传资料6种200余份。

（唐旭盼）

卫生改革

【概况】 2017年，海曙区制定出台《海曙区深化医药卫生体制改革先行先试实施方案》，确定综合医疗改革重点任务。

【医保管理体系改革】 2017年，海曙区启动长期护理保险试点工作。推进异地就医联网直接结算，依托省异地就医业务管理系统，对符合条件的参保人进行信息采集和录入。至是年底，采集和录入已办理异地居住和转诊手续的参保人3651人。申报3家基层医疗机构作为异地医保结算试点单位。区卫生计生局、区医保办及区市场监督管理局协商建立三方联合巡查机制，加大对“两定”机构（定点医疗机构和定点零售药店）违规行为稽查。

【公立医院综合改革】 2017年7月31日始，海曙区实行医疗服务价格改革，合理控制医疗费用增长。区妇保院、区中医院及区口腔医院执行调整后的公立医疗机构儿童医疗服务项目价格和部分医疗服务检验项目价格。由区人社局牵头，区财政局、区卫生计生局联合制定《海曙区公立医院薪酬制度改革实施意见》。

【药品（耗材）采购供应保障机制改革】 2017年9月18日始，海曙区公立医疗机构执行市公立医疗机构共同体消化系统用药集中采购成交结果，10月31日始停止采购使用未成交产品。11月1日始，全区各公立医疗机构执行省医疗机构神经外科等4类医用耗材集中采购（第一阶段）中标结果，并通过省药械采购平台进行网上采购。

（司徒碧波）

健康教育

【概况】 2017年，海曙区开展健康支持性环境建设，10家单位通过验收。开展重点卫生防病调查，总体知晓率达84.4%，35岁以上调查人群血压、血糖知晓率分别为74.2%、54.8%。区疾控中心组织选送18件参赛作品参加“2017中国健康科普大赛”、浙江省第二届“泰茂杯”结核病防治优秀科普作品大赛等。

【区中医院健康咨询活动】 2017年9月15日，首届中国（宁波）国际健康养老服务业博览会在宁波国际会展中心举行。区中医院派出2名医师开展医疗健康咨询服务，并布展宣传中医相关疾病预防保健知识，现场发放宣传册100余册，咨询服务100余人。

【区结核病防治科普作品获奖】 2017年10月14日，省防痨协会主办的浙江省第二届“泰茂杯”结核病防治优秀科普作品大赛举行表彰活动，由区疾控中心推荐选送的5件作品获奖，分别是：江厦街道社区卫生服务中心《结核病专用药盒》获三等奖；区疾控中心《天一健康在线结核病防治专栏（新媒体）》《注意排查结核病（美术）》，石碶街道社区卫生服务中心《手绘结核（视频）》，月湖街道社区卫生服务中心《耐多药肺结核患者须知（折页）》4个作品获优秀奖。区疾控中心获得优秀宣传组织奖。

（唐旭盼）

无偿献血

【概况】 2017年，海曙区无偿献血5320人次，累计献血量达1486升，单次献血300毫升以上累计总量101.9万毫升，占总量的68.6%。大中专院校献血1340人次，献血34.89万毫升；特殊季节献血36.77万毫升。机采血小板331人次，累计采集442个治疗单位，新招募机采志愿者37人。

建立团体献血单位名库31家，整理收集辖区200人以上的大中型企事业团体单位信息31家。建立来自政府机关、卫生系统、企事业单位等5支无偿献血应急流动血库保障队伍500余人，成为海曙区应急用血重要保障。

【李金宝获评省“最美无偿献血志愿者”】 2017年4月20日，浙江省首届十大“最美无偿献血志愿者”颁奖仪式举行，区房管处工作人员李金宝获“最美无偿献血志愿者”称号。李金宝自1997年7月始第一次无偿献血，20余年来坚持每年献全血2次、成分血6次，献血总量达4.5万毫升，相当于全身血液置换近9次。2012年被市政府授予“无偿献血甬江杯”奖章，被卫生部、中华红十字总会和总后勤部联合授予全国“无偿献血奉献奖（银奖、金奖）”。

【宁波天一爱心献血屋启用】 2017年9月12日，宁波天一爱心献血屋启用。献血屋位于天一广场2号门，每日开放时间为9：30—16：30，内设有填表区、体检区、初筛区、采血区、等候区等，启用当天10时至14时，49人在献血屋献血，献血量1.5万毫升。

（司徒碧波）

天一爱心献血屋

社会生活

人民生活

【概况】 2017年，海曙区城镇居民人均可支配收入59482元，增加4355元，同比增长7.9%，扣除物价因素，实际增长6%，是全国的1.63倍。农村居民人均可支配收入32743元，增长7.9%，扣除物价因素，实际增长6.0%，是全国的2.44倍。海曙区城乡收入比为1.82：1。

城镇居民人均生活消费支出36036元，增长4.8%，恩格尔系数为28.0%，下降0.6个百分点。农村居民人均生活消费支出21163元，增长5.3%，恩格尔系数为38.1%，上升1个百分点。

【城镇居民人均可支配收入】 2017年，海曙区城镇居民人均工资性收入36393元，同比增长7.4%，拉动城镇居民人均可支配收入增长4.6个百分点，占城镇居民人均可支配收入的61.2%；人均经营净收入7191元，增长10.8%，拉动城镇居民人均可支配收入增长1.3个百分点，占城镇居民人均可支配收入的12.1%；人均财产净收入7577元，增长4.1%，拉动城镇居民人均可支配收入增长0.5个百分点，占城镇居民人均可支配收入的12.7%；人均转移净收入8321元，增长11.2%，拉动城镇居民人均可支配收入增长1.5个百分点，占城镇居民人均可支配收入的14.0%。可支配收入的构成发生变化，工资性收入占比下降0.2个百分点，增幅下降0.2个百分点；经营净收入占比上升0.3个百分点，增幅上升12.4个百分点；财产净收入和转移净收入增幅分别下降2.6和7.7个百分点。

【农村居民人均可支配收入】 2017年，海曙区农村居民人均工资性收入23464元，同比增长7.8%，拉动农村居民人均可支配收入增长5.6个百分点，占农村居民人均可支配收入的71.7%；人均经营净收入4336元，增长3.5%，拉动农村居民人均可支配收入增长0.5个百分点，占农村居民人均可支配收入的13.2%；人均财产净收入1507元，增长8.5%，拉动农村居民人均可支配收入增长0.4个百分点，占农村居民人均可支配收入的4.6%；人均转移净收入3436元，增长14.5%，拉动农村居民人均可支配收入增长1.4个百分点，占农村居民人均可支配收入的10.5%。

表13 2012—2017年海曙区城镇居民人均可支配收入及增长速度一览表

年　份	城镇居民人均可支配收入（元）	增长速度 %
2012年	39251	11.3
2013年	43215	10.1
2014年	47190	9.2
2015年	51201	8.5
2016年	55127	7.7
2017年	59482	7.9

【城镇居民消费支出】 2017年，海曙区城镇居民人均消费支出36036元，同比增长4.8%。其中，食品烟酒支出10107元，增长2.7%；居住支出7927元，增长5.9%，分别占城镇居民人均消费支出的比重为28.0%和22.0%，食品烟酒支出和居住支出仍是城镇居民消费支出中最大的两个组成部分，分别拉动消费支出增长0.8和1.3个百分点；交通通信支出6030元，增长16.5%，拉动消费支出增长2.5个百分点；教育文化娱乐支出5114元，增长5.2%，拉动消费支出增长0.7个百分点。每百户家庭拥有汽车51辆，增长4.1%；拥有移动电话233部，增长2.2%，移动电话中可以接入互联网的有148部，增长4.2%；拥有计算机108台，增长0.9%。

【农村居民消费支出】 2017年，海曙区农村居民人均消费支出21163元，同比增长5.3%。其中，食品烟酒支出8067元，增长8.3%，拉动消费支出增长3.1个百分点；居住支出3547元，下降1.7%；食品烟酒支出和居住支出是农村居民消费支出中最大的两个组成部分，占农村居民人均消费支出的比重分别为38.1%和16.8%；交通通信支出2936元，下降8.5%；教育文化娱乐支出1931元，增长5.4%，拉动消费支出增长0.5个百分点。每百户家庭拥有汽车32辆，增长6.7%；拥有移动电话219部，增长2.3%，移动电话中可以接入互联网的有124部，增长6.0%；拥有计算机58台，下降1.7%。

（陈　娜）

民政工作

【概况】 2017年，海曙区新增社会组织129家，其中社会团体18家、民办非企业111家。累计有社会组织634家，其中社会团体136家、民办非企业单位498家。取得社会工作者职业水平证书637人次。新登记民办社会工作服务机构3家，增加社会工作岗位6个。有城乡低保对象3024户3895人，低保边缘家庭1544户2448人，“三无”对象（市区内无家可归、无依无靠、无生活来源的孤寡老人、残疾人、未成年人、精神病人）61人、“五保”人员（对丧失劳动能力和生活没有依靠的老、弱、孤、寡、残的农民实行保吃、保穿、保住、保医、保葬服务）175人、困境儿童276人。办理结婚4402对、离婚1863对。

出台《海曙区医疗救助实施办法》《海曙区临时救助实施办法》，拓展救助对象范围，细化社会救助标准，上调救助资金人均占比。向城乡低保对象发放低保金3271.33万元。元旦、春节期间，开展“解难、帮困、送温暖”活动，走访慰问困难群众5877户，发放慰问金938.9万元。发放临时救助资金771.18万元、医疗救助资金1333.1万元、司法救助资金3万元。提高孤儿和困境儿童基本生活保障标准，由每人每月1204元调整为每人每月1683元。

增加农村籍60周岁以上退役士兵180人，累计发放抚恤补助金538.69万元、一次性死亡抚恤金420.77万元、在职伤残军人抚恤金234.70万元、两参人员（参战退役人员及参加核试验退役人员）生活补助396.87万元、重点优抚对象生活补助金909.87万元。为50户烈属发放慰问金4.7万元。为现役481名义务兵家庭发放家庭优待金1603.68万元。接收安置2016年秋冬季退役士兵232人，发放一次性经济补助1118.34万元，退役人员职业教育技能培训率达100%。春节期间开展走访慰问活动，发放慰问金159万元。

11月10日，区民政局在市公益街开展“爱在优抚”活动

将避灾安置场所规范化建设列入民生攻坚项目，下拨福彩公益金50万元，用于各镇（乡）街道避灾安置场所建设。推广全区公共巨灾保险机制，加强村（社区）巨灾信息员队伍建设，规范自然灾害和公共事件信息报送流程。创建全国综合减灾示范村2个，省综合减灾示范社区2个。

开办社工“能人”培训班，选拔20名优秀社工，举办7期专题培训。从历年征集的1000余篇社会工作案例中精选30篇，整理刊印《2013—2016社会工作案例集》。借助区公益组织孵化园平台，建成民办社工机构孵化基地，有7家社工机构入驻，涉及社区、青少年、社会工作评估与培训等领域。其中，之江社会工作服务评估与研究中心首次承接省级研究课题，获省民政厅立项。之江社会工作服务评估与研究中心“石碶街道糖尿病人社区支持示范项目”和义社工师事务所“社会策划模式下的社区社会工作发展促进项目”获市级社区社会工作项目立项。

区司法局购买的社区矫正项目继续推进教育和社区服务相结合的矫正模式，实施2724人次集中教育和2558人次社区服务，无人再犯罪。由省司法局牵头、专注青少年社区服刑人员帮教帮扶工作的“关心桥驿站”在区社会工作协会挂牌，首批确定服务对象25人，开展活动2次、教育2次、个案服务20余人次。

【“爱在优抚”活动】 2017年，海曙区开展“爱在优抚”主题活动。通过访谈、调研，评估优抚对象需求、优抚工作现状，分析优抚对象共性需求，提供集中服务。举办大型公益集市活动10场，涉及便民服务、公益咨询、互动体验、公益产品展销4类28项内容，服务5000余人次。发挥城区社会组织较成熟优势，引导专业社会组织向西片区镇（乡）街道输送优质服务，组织城区20余家社会组织、3家社区社会工作室、志愿者600余人次到鄞江镇、古林镇、龙观乡等9个镇（乡）街道开展多次专场活动，优化优抚服务资源配置，实现资源互通共享。

【区涉毒人员社会融入项目获市级立项】 2017年，海曙区“笑迎未来”涉毒人员社会融入项目获2017年度市民政局“专业社会工作机构参与社区社会工作服务”立项支持。项目首次把社会工作服务拓展至涉毒领域，至是年底，项目完成10个涉毒人员个案、2组涉毒人员家属支持小组和1组涉毒人员群体融入。

【王剑侯调研海曙民政工作】 2017年7月20日，省民政厅党组书记、厅长王剑侯调研海曙区民政工作。王剑侯实地考察望春街道清风社区、区社会组织服务中心、区社会组织孵化园、市公益一条街，听取海曙区培育社会组织、助残服务、公益服务和“智慧养老”服务等情况，对海曙区民政工作予以肯定。

【《海曙区惠民殡葬政策实施办法》出台】 2017年10月，海曙区出台实施《海曙区惠民殡葬政策实施办法》。明确享受惠民殡葬政策对象、免费项目、所需材料及申请程序等。至是年底，2017年度全区惠民殡葬经费核对及结算工作完成。

【2村获评全国“综合减灾示范社区”】 2017年12月，洞桥镇三李村、石碶街道西杨村获2017年度全国“综合减灾示范社区”称号。至是年底，海曙区建成国家级综合“减灾示范社区”22个、省级“减灾示范社区”17个、市级“综合减灾示范社区”70个。

（王彦禎）

基层民主自治和社区建设

【概况】 2017年，海曙区有社区98个、行政村167个、城镇居委会5个，社区专职工作者840人。498名社工取得社会工作职业资格证书，持证率达64.3%，群众满意度测评平均得分为92.2分。新招聘社工49人，涉及8个街道和3个镇。社区正职每年累计培训时间不少于56学时，其他社区专职工作者不少于40学时。开展新上岗社工培训、全区全体社工轮训、社会工作资格证书考前培训和各类主题培训。

出台《关于进一步加强城乡社区协商的实施意见》，对涉及居民切身利益的实际问题开展“广泛协商、广纳群言、广集民智”。根据《关于加强和完善城乡社区治理的意见》，推进村务、居务全过程公开，强化监督检查。发挥村规民约、社区公约作用，畅通居民民主参与社区事务治理渠道。核拨配套建设品牌社区资金319万元。推进“一街道一品牌、一社区一特色”的品牌社区建设，建成柳锦社区、北郊社区等17个品牌社区。

【“和谐社区”建设满意度调查】 2017年，区民政局完善社区满意度调查问卷设置和模式设计，主要测评指标覆盖社区生活各方面。委托第三方专业机构对城区8个街道66个社区2600个网格采用大样本入户问卷调查方式，进行“和谐社区”建设满意度随机调查，反映社区居民实际需求。测评结果平均分达92.2分。

【村（居）委会换届选举完成】 2017年，海曙区167个应换届村、92个应换届居委会全部完成村（居）委会换届选举。其中，村委会自荐直选率达91%，居委会直接选举率达100%；128个村实现一次换届完成，39个村另行选举，居委会全部一次换届完成。

【首个片区型社会组织孵化平台揭牌】 2017年6月，望春街道清风社会服务与发展中心揭牌仪式在清风大楼举行，占地0.17公顷的清风中心提供专业服务、居民自治服务及社区公共服务三大服务，以社区、社会组织和社会工作专业人才“三社”联动实现居民自治，引进社区参与行动服务中心、众合调解中心等3家成熟型社会组织。位于中心五楼的“清风创益巢”是中心的特色品牌，也是街区级社会组织孵化平台。

【区基层民主协商案例获省级优秀奖】 2017年8月，第四届浙江省公共管理创新案例评选结果公布，海曙区“‘开放空间’创新基层民主协商”案例获优秀奖。海曙区在社区设立居民议事厅，探索建立“海曙区协商民主地方标准”。让基层社会治理从“政府主导、小众参与”转变为“多元共治、全民参与”，逐步解决社区乱停车、绿化种菜等不文明现象，推进垃圾分类、“五水共治”、平安建设等工作，实现居民自治。

（王好洁　王彦禎）

10月25日，海曙区举办“社区治理与社区服务项目化管理”专题培训

地名工作

【概况】 2017年，海曙区完成与周边县（市、区）行政区域界线勘定，首次编印新版海曙区行政区划图。开展路名标志牌整治调研，编制门牌项目

4月20日，海余线界桩更换

57个，编设门牌1483块、楼幢牌332块，出具地名证明116份。编撰《中华人民共和国地名词典》和《浙江省标准地名词典》中的海曙区地名词条28条。

【行政区域界线勘定】 2017年，海曙区完成行政区划调整后与周边县（市、区）行政区域界线勘定。界线分别为海奉线（全长48.74千米、实地埋设界桩1颗）、海余线（全长77.01千米、实地埋设界桩4颗）、海北线（全长25.96千米、实地埋设界桩2颗）、鄞海线（全长21.89千米、水线无界桩）。其中，海北线勘界工作由海曙区牵头；原有的海鄞线注销，废止的4个界桩统一交由市档案馆保管。

【新版行政区划图编印】 2017年2月，新版《宁波市海曙区行政区划图》出版。地图准确标注和展示海曙区政区分布、综合交通、医疗设施、旅游景区等地理信息要素，提供权威、系统、准确的行政区划和地名信息。新版区划图首次印制1000张。

（郑　豪　王彦祯）

老龄工作

【概况】 2017年，海曙区有60周岁以上人口15.85万人，占户籍人口数的25.3%，其中80周岁以上2.43万人，占老年人口的15.3%，百岁老人46人。有养老机构34家、养老床位4814张。有居家养老服务机构262个，其中区域性居家养老服务中心6个。区老龄办获评"全省先进老龄工作单位"，广安养怡院等获评省"敬老养老助老活动先进集体"。

发放区级高龄津贴补助1646.88万元，惠及2万余名老人。继续免费安装老年人"一键通"电话机，累计审核、发放120台。办理老年优待证9023张。对高龄独居（空巢）困难、失能老人由政府购买上门服务，对烈属、伤残军人、失独老年家庭等由政府购买"81890"加盟企业的自选式服务，对无子女或子女不在宁波的独居老年人由政府购买探望服务，各类购买服务对象超过4100人。

出台《关于开展全区养老机构消防安全专项整治工作的通知》，推进全区养老机构消防安全专项整治，27家养老机构基本完成改造，完成率达69%。开展居家养老服务机构等级评定，获评AAA级居家养老服务机构9家、AA级107家、A级114家。举办养老护理员培训班，进行养老护理理论学习与操作实践，2014—2017年累计培训205人次。

构建区、镇（乡）街道、村（社区）三级养老服务体系，逐年新增、改（扩）建一批居家养老服务中心、居家养老服务站，推进"10分钟养老服务圈"建设，实现镇（乡）街道和村（社）两级居家养老服务设施全覆盖。

推动"智慧养老"服务开发与运用。以广安智慧养老服务中心为枢纽，承担养老需求信息对接、智能化养老产品展示、居家适老化设施体验、区域性居家养老服务四大功能。整合全区67个居家养老站点、500余支志愿服务团队、10个为老服务公益社会组织、16家服务企业资源，实现全区养老服务一体化运作。推出"甬城智慧养老"App、"甬城智慧养老"电视机顶盒、"56805680"热线电话，整合日间照料、家政护理、餐饮配送等各类养老服务供给资源，实现个人、社区、机构与养老服务供应商有效对接。

提升区老年大学教学软硬件设备，征订《实用保健》《清歌漫漫》《体质与养生》《四季花卉家庭栽培》4套省老年电大教材1.05万本（西片区老年电大春季班教材未计算在内），分发到各教学点。一次性下拨13.2万元市、区两级办学补助经费，解决基层教学点日常运作经费不足问题。

【养老机构消防整治专项行动】 2017年，由区政府牵头、各有关部门联合开展养老机构消防整治专项行动。39家养老机构纳入整改范围，其中15家完成消防验收、备案，7家机构通过第三方评估机构完成消防安全评估，关停不符合消防改造条件的机构6家。

【嵌入式社区微型养老院试点】 2017年4月，海曙区在汪弄社区微型养老院——安健逸馨养怡院试点嵌入式社区微型养老院。嵌入式养老院是指利用社区中闲置公共建设配套设施，通过引入社会资源，实现老人"在家门口养老"，缓解主城区养老难题。安健逸馨养怡院有床位36张，有25位老人居住，每位老人收费每月3000元。

【全市首家养老服务评估中心成立】 2017年6月，海曙区成立养老服务评估中心。中心成员由临床、心理、康复等医生及康复咨询师、社工和护士组成，负责对区内老人生活能力、养老机构星级、居家养老机构功能和残障人士进行级别评估，是全市首家养老服务评估中心。至是年底，中心对35家养老机构启动常规评估、星级评定和质量监督，促进养老机构规范化运作。

【“甬城智慧养老”服务平台上线】 2017年9月21日，海曙区“甬城智慧养老”服务平台上线。平台由区民政局联合区慈善总会，委托杭州益读网络科技有限公司、区广安智慧养老服务中心，与中国移动海曙分公司进行战略合作，利用物联网、云计算、大数据等现代信息技术建立。涵盖生活照料、家政保洁、健康护理、文体娱乐等10余项服务，建立老年人、家庭成员、街道社区、各类社会组织和服务机构多方联动机制，实现政府、机构、社区与居民间养老信息和资源互通共享。首批300位老年人享受智能化养老服务。

【“全国敬老月”活动】 2017年10月“全国敬老月”期间，海曙区围绕“关爱老年人，欢庆十九大”主题，开展公益宣传、走访慰问、为老服务、文体娱乐等活动。区四套班子领导分组走访慰问百岁老人、养老机构和居家养老服务站，为61名老人代表送去每人1000元慰问金及物品；对困难老人开展重阳节“助老济困送温暖”活动，出资17.5万元对350名生活困难的孤、寡、残老人发放每人500元困难补助。各镇（乡）街道、村（社区）慰问90~99岁、60~89岁老人，各类慰问活动覆盖全区所有老年人。区级财政向各镇（乡）街道、养老服务机构下拨“全国敬老月”活动补助经费29.45万元，鼓励开展老年文体活动。

（吴　超　王彦祯）

10月26日，宁波经济广播“经广午间道”栏目访谈海曙区“智慧养老”工作

民族工作

【概况】 2017年，海曙区内有少数民族49个，少数民族群众3.8万人，其中多为流动少数民族人口。区民族团结促会立探索建立“构建微组织、打造微窗口、畅通微热线、打造微平台、点亮微心愿”的“五微”工作法，协助提升汪弄社区“五微”建设平台，推荐郑家小学为省级“民族团结进步宣传教育基地”，与丽水少数民族地区结对帮扶工作获省级表彰。

【宜昌市伍家岗区委统战部到海曙区考察】 2017年4月18日，湖北省宜昌市伍家岗区委统战部到西门街道汪弄社区考察城市民族工作。考察组参观考察宁波清真寺并座谈交流民族团结促进会建设、民族工作进清真寺进社区等城市民族工作情况，听取汪弄社区关于创新“五微”工作法、和谐民族关系构建的城市民族工作汇报，实地察看社区办公场所、民族文化馆和社区居家养老服务中心。

【区民族团结促进会理事会】 2017年11月9日，区民族团结促进会召开理事会，会长马富强主持，区民族团结促进会全体理事和部分市民族团结进步促进会海曙代表参加。会议传达学习中共十九大会议概况、报告形成过程和基本框架，强调要高举爱国主义、社会主义旗帜，把握“大团结、大联合”主题，贯彻党的民族政策，深化民族团结进步教育，加强各民族交往交流交融。会议部署区民族团结促进会换届工作。

【区民族团结促进会第二次代表会议】 2017年12月26日，海曙区召开民族团结促进会第二次代表会议。会议审议通过第一届理事会工作报告，选举产生第二届区民族团结促进会领导班子，马富强当选会长。全区各民族代表88人参加，副区长王六芳出席会议并讲话。

（马囡囡）

宗教事务

【概况】 2017年，海曙区实施伊斯兰教古尔邦节定点宰牲，完成宗教领域公共视频监控安装联网，开展宗教活动场所统一社会信用代码赋码和宗教活动场所登记证换发工作。成立区基督教两协会——区基督教三自爱国运动委员会、区基督教协会，区佛协、区民族团结促进会完成增补和换届。举办全区宗教界人士培训班、首届国法与教规“微讲堂”、首届汉传佛教讲经交流会。完成姚丰地块福德禅寺迁建。

在宗教场所宣传国家宪法、法律、法规和政策，下发新修订《宗教事务条例》《新修订宗教事务条例释义》《抵制邪教十个怎么办》等资料，实现普法宣传栏在宗教场所全覆盖。弘扬民间信仰优秀文化，鄞江镇它山庙会列入省非物质文化遗产名录，高桥镇梁圣君庙的梁祝传说列入市非物质文化遗产名录，古林镇太岁殿冬耕节等民俗文化活动受到社会关注。

【民间信仰活动场所登记】 2017年，区民宗局根据宁波市区划调整后海曙区新情况开展民间信仰活动场所登记编号工作。确认全区有各类民间信仰场所237家。其中，类佛教场所101家，涉及房屋征迁、消防安全问题的场所4家，面积较小无人管理的场所27家。至是年底，完成民间信仰活动场所登记编号32家，初步登记录入67家，发现不符合条件、需整改场所12家。

【清真寺古尔邦节首次定点宰牲】 2017年，在区民宗局、区农林水局、海曙公安分局、月湖街道、洞桥镇、海曙交警大队、月湖清真寺等单位配合保障下，海曙区完成伊斯兰教古尔邦节（又称“宰牲节”，伊斯兰教传统节日活动之一）300余只羊转运和定点宰牲工作。这是首次将宰牲活动转移到洞桥镇方兴屠宰场举行，改变以往清真寺节日宰牲活动均在寺外空地举行的情况。

【宗教领域安全工作会议】 2017年3月27日，区民宗局召开全区宗教领域安全工作会议，各宗教活动场所负责人和各镇（乡）街道民宗工作专管员90余人参加。会议部署2017年宗教领域安全、行政审批、宗教文化建设、普法宣传、宗教团体换届等重点工作。区民宗局与70个宗教活动场所分别签订《海曙区宗教领域2017年度安全目标管理责任书》和《海曙区宗教领域2017年消防安全目标管理责任书》，与17个镇（乡）街道签订《海曙区镇（乡）街道民族宗教工作属地管理目标责任书》。

【首届国法与教规“微讲堂”】 2017年7月6日，区民宗局在龙观乡青云山庄举办首届国法与教规“微讲堂”，海曙区佛教、基督教、天主教、伊斯兰教四大宗教代表以“国法与教规”为主题进行演讲。各镇（乡）街道民宗工作专管员、各宗教活动场所负责人、区佛协全体工作人员90余人参加活动。

【佛教慈善基金建立】 2017年7月，区佛教协会与区慈善总会签订协议，共同建立500万元佛教慈善基金。基金由区佛教协会发起，各佛教活动场所认捐。总规模为500万元，本金留在区佛教协会，以留本捐息（按5%增值率）方式，每年捐资25万元给区慈善总会。基金定向用于区户籍人口贫寒家庭助困和佛教协会会员单位僧人、居士困难扶助及佛教公益事业扶持。区慈善总会专款专用，每年通报善款使用情况。

【区基督教两协会成立】 2017年12月14日，区基督教三自爱国运动委员会、区基督教协会成立暨第一次代表会议召开。会议选举产生第一届区基督教三自爱国运动委员会和区基督教协会领导班子，高建伟、李静德分别当选主席、会长。全区91名基督教界代表参加，市民宗局党组副局长周悦德、副区长孙伟出席会议并讲话。

（马囡囡）

12月14日，海曙区基督教协会成立暨第一次代表会议召开

慈善公益

【概况】 2017年，海曙区做好新划入镇（乡）街道慈善救助政策与原海曙区政策接轨工作。完成区慈善总会换届选举。分批分层次在17个镇（乡）街道开展慈善“一日捐”调研。完善慈善分会建设，新成立卫生和计划生育分会。慈善募集资金4521.4万元，创历史新高。其中，新划入9个镇（乡）街道募集总额1475.7万元；原海曙城区募集总额2771.9万元，同比增加241%。建立慈善基金246个，基金总规模达4.46亿元；基金到位2774.4万元。社区慈善基金实现全覆盖，村级慈善基金覆盖率达70%。

制订《关于开展“慈善宣传月”活动的实施方案》，落实专项活动经费。开展《中华人民共和国慈善法》基层宣传，在镇（乡）街道、小区宣传橱窗和墙门、广场等公共场所开展宣传。开展慈善业务专题培训，发放宣传资料，编印和发放《慈善法》简读本、《海曙慈善指南》等5000余份，发放公益伞1000把。组织慈善小故事征文活动，并改编成文艺节目，组织慈善摄影作品评比活动。举办各种慈善服务和公益演出，“红烛”义工大队、“圆梦”义工大队和“爱心乡音”艺术团在6家敬老院、5个社区（村）等场所组织公益服务和演出12场次。

【慈善救助】 2017年，区慈善总会累计支出慈善资金2871.6万元，救助2.42万人次，救助总支出创历史新高。救助工作实现普惠性救助与精准救助结合，在新救助办法未出台前，新划入的9个镇（乡）街道和原8个街道各自实行老政策，新办法出台后，统一实行新救助政策。救助与慰问结合，对特殊对象（“三老”人员、百岁老人等），既提出优先救助原则，

3月18日，海曙区慈善书画拍卖会在华珍门艺术馆举行

又有常年固定慰问。救助与献爱心活动结合，联合有关爱心企业，对困难群体实行个性化救助和普惠性慰问。宁波宏德实业投资公司出资201万元，为海曙老城区困难群体赠送阿胶、“维他谷”等保健品；与宏健康复科技有限公司联动，共同出资35万元，为15家敬老院配发康复器材；与宁波博视眼科医院联动，共同出资60万元，为辖区困难眼疾患者提供免费和优惠治疗。“输血型”与“造血型”救助结合，重点扶持5家扶贫基地：古林镇粮能粮机粮食生产扶贫基地、章水镇低坪村古法手工皂扶贫基地、集士港镇华丰粮机专业合作社、洞桥镇宁波甬博金农业开发有限公司、石碶街道庄圆扶贫基地。

【慈善义工活动】 2017年，海曙区开展各类慈善义工活动265次，服务受助对象5000余人次，义工参加服务1500余人次，累计服务时间2524小时。“圆梦”义工大队把每月19日定为活动日，提供10~15个慈善服务项目，承接市计生协和市妇联两个公益项目。“红烛”义工大队以养老机构、社区居家养老、残障日托中心、特教中心等为活动阵地，开展扶老、助残、敬老服务活动及关心下一代工作，获2016年度优秀团队和区“最佳志愿服务团队”称号，负责人黄爱萍获评市“最美志愿者”称号。“红霞”艺术分队和“乡音”艺术分队编排甬剧、越剧、快板、小品等20余个特色节目，送戏到敬老院、社区（村）。“乡音”艺术团编排的《慈善有了法》《四个媳妇接婆婆》等宣传戏曲受到群众欢迎。

【慈善书画拍卖会】 2017年3月18日，区慈善总会在华珍门艺术馆举行慈善书画拍卖会。宁波书画名家陆爱国、李羡唐、林绍灵等参与活动，94岁画家、美术教育家刘文选送来国画《富贵平安》，台州商会会长、中刁集团董事长陈春明购买50幅国内名家书画作品，捐赠作为竞拍作品。海曙区近百家企业家参加竞拍，82幅作品获拍成功，筹得善款41.38万元。

【区慈善总会三届一次会员代表大会】 2017年5月11日，区慈善总会三届一次会员代表大会暨表彰大会召开。会议审议通过区慈善总会第二届理事会工作报告、财务收支情况报告和《海曙区慈善总会章程》，选举新一届区慈善总会，选举理事会会长1人、副会长4人、秘书长1人（副会长兼任）、理事80人、监事4人。会议表彰18名“慈善楷模”、15名“慈善之星”、22个慈善工作先进集体、18名慈善工作先进个人。

【慈善工作培训会】 2017年6月8日，海曙区慈善工作培训会在龙观乡召开。区慈善总会全体人员，各慈善分会领导、工作人员等57人参加。会议解读海曙区新的“十大救助政策”，在网上进行操作演示。石碶街道、古林镇作为慈善工作先进单位，古林镇慈善分会副会长任明芳作为先进个人作交流发言。此次会议是区慈善总会换届选举后首次召开的全区性工作培训会议。

【新的慈善救助工作实施意见出台】 2017年7月，区慈善总会印发《开展“十大”慈善救助工作的实施意见》。与原有“救助工作实施办法”相比，此方案覆盖面更广，低保边缘范围由原来的150%扩延至200%，把符合条件的外来务工人员列入救助范围，部分公益项目超出海曙辖区；救助种类更多，确定“十大”救助项目22种救助类型，覆盖各类困难群体；救助力度大幅提高，普通大病最高救助从1万元提高到3万元，白血病需要骨髓移植的最高可获救助15万元；程序更加规范，所有救助项目必须在救助平台申报并公示。

【区慈善艺术团成立】 2017年7月8日，海曙区成立慈善艺术团。聘请王锦文、薄孝波、陈民宪等文艺专家担任顾问，艺术团吸收和聘请70余名热心公益事业的专业演员和文艺爱好者。艺术团编排和演出各类文艺节目，至是年底，演出2场，1700余名观众观看演出。

（徐孟雷）

关心下一代工作

【概况】 2017年，区关心下一代工作委员会开展“三爱”（爱学习、爱劳动、爱祖国）教育、党史国史教育、孝德教育、法制教育及“迎接中共十九大”、建军90周年等主题社会实践活动。各镇（乡）街道举办各类教育活动1041场（次），受教育青少年2.46万人次。各镇（乡）街道、社区举办“假日学校”95个，接收青少年1.2万人，开展各类教育活动327次，发放各种宣传资料1.52万册，“银发”志愿者参与人数1585人。

7月18日，海曙区20余名“银发”志愿者与60余名西片区青少年参加“闻天一书香 融入海曙文化”活动

以建设“五老”（老党员、老专家、老教师、老战士、老模范）骨干队伍为切入点，探索关心下一代工作“四化型”（队伍组合联谊化、团队管理社团化、工作运行项目化、服务开展专业化）发展模式。形成“关工委+协会+专业化工作室”组织运行体制，实现工作职能从行政管理型向统筹服务型转变。新建“银发”影像制作工作室、“银发”心理健康指导工作室，为青少年服务的专业工作室增至12个，3个镇（乡）街道建立“银发”志愿者分会（工作站）。选定青少年服务政府购买项目，实施关爱青少年项目26个，获得项目资金30.86万元。接待14批省内外关工委到海曙区交流研讨。

推进关心下一代工作城乡区域融合，到新划入镇（乡）街道开展调研。在有条件的镇（乡）街道建立“银发”志愿者协会分会，有条件的工作室向镇（乡）街道延伸，建立工作分站。暑假期间，组织开展“闻天一书香，解海曙文化，大手牵小手，融入大海曙”游天一阁活动，举行海曙区“爱我祖国 圆梦中华”小学生朗读大赛，洞桥镇和月湖街道关工委联合组织“一湖一桥”活动，推进城乡关工委联动。

【关工委主题教育活动】 2017年，各镇（乡）街道关工委和各“银发”工作室以“迎接中共十九大召开”和纪念建军90周年为主题开展教育活动。“银发”护航工作室编印《解放宁波部队的英模故事》，制作《迎接十九大知识竞赛》《纪念建军九十周年知识竞赛》等青少年主题教育课件，分发到城区各街道、社区。各街道、学校开展教育讲座8次。其中，白云街道关工委为辖区学生组织开展建军90周年系列活动，通过看电影、读书日、讲座等活动开展“三爱”教育；鼓楼街道关工委组织辖区20余名学生赴宁波军分区司令部参加“雄英少年进军营”活动；南门街道关工委举办“红色文化之红歌朗诵”活动；洞桥镇关工委组成“五老”辅导队伍，开设“迎接中共十九大”、洞桥名人故事讲座、越剧教唱、剪纸、绘画、书法等活动；望春街道关工委邀请抗日老兵为学生开展“铭记历史 勿忘国耻”爱国主义讲座；江厦街道关工委在辖区青少年中开展“革命电影展播周”“红色电影观后感征文比赛”等活动。

【智障青少年义教服务公益项目启动】 2017年，由“银发”红烛爱心工作室实施的海曙区“智障青少年义教服务公益项目”启动。项目依托“馨之园”助残中心，为未成年残疾人开设“同一片蓝天”暑期班，教学国学朗读、手工美术、表演声乐等。至是年底，服务残障青少年19人。

（徐凡芝）

物业管理

【概况】 2017年，海曙区有物业项目374个，管理面积2360万平方米。其中，老城区物业项目232个，涵盖162个住宅小区、70个非住宅项目；新划入镇（乡）街道物业项目142个，涵盖140个住宅小区、2个非住宅项目。有注册物业服务企业55家。

13个小区获评市级“魅力小区（楼宇）”，20人获评“美丽物业人”。推进“阳光财务”公示，全区217个物业项目整体公示率达99%，72个老小区完成网上财务公示。君尚城二期等9个新建物业项目完成验收，星悦中心等20个项目的前期物业管理招投标相关工作完成。

加强物业管理协调，组织多元调解活动22次，调解纠纷52起。全程参与万豪中心等17个项目重大物业纠纷协调，协调处理10个小区物业退管及8个物业公司选聘事宜。处理各类信访及“智慧城管”案件1640件。推进物业管理治安防范创星级工作，联合区委政法委、海曙公安分局启动物业项目治安防范考核标准修改。全区231个物业项目参加评选，新增8个物业项目，评选出“无刑案小区（楼宇）”74个，占参评总数的32%，为历年最高，发案总数同比下降12%。6月，物业系统开展“安全生产月”活动，对建筑幕墙、消防措施、防汛防台三方面集中开展安全隐患排查。组织物业民兵队伍参与区人武部整组点验及反恐组训活动，组织物业公司开展军事体验日活动。

【城乡物业融合管理】 2017年，区物业管理部门统筹管理新划入的西片区物业项目。实地调研后，梳理城区和西片区物业管理职权差异事项及资金划转问题。建立西片区各物业项目经理信用档案，指导做好前期物业管理项目招投标工作。首次将西片区镇（乡）街道和物业项目纳入物业综治创星级活动评比，督促西片区物业项目规范开展“阳光财务”公示。配合市住建委做好物业行业信用体系、物业

6月20日，9名物业民兵参加区人武部整组点验及反恐组训活动

管理前期招投标等政策重新修订。关注农村拆迁安置小区物业管理，参与录制宁波电视台“农村拆迁安置小区的物业管理”专题节目。

【业委会成立（换届）】 2017年，海曙区30个物业项目完成业委会成立（换届）工作。召开社区居委会、业委会、物业三方议事会议155次，对小区物业服务合同商讨、公共资金审计、共用设备设施改造、新物业选聘等问题进行座谈讨论，促进三方共同参与小区管理，提高业主自治能力。

【小区公共账户建立】 2017年，海曙区推进小区公共账户建立。开设小区公共账户88个，流转资金409万元，用于小区房屋维修、电梯养护、监控维护更新及绿化养护等方面。

（冯　珊）

81890公共服务

【概况】 2017年，81890求助服务中心有职员67人，开通电话热线23条，实行24小时服务。设有中国81890服务网站，日均点击量达2万余人次。拥有加盟企业878家，社会组织4000余家，志愿者200余万人。中心有81890呼叫平台、失物招领中心、老年人应急呼叫系统等83个服务功能。

为市民解决求助事项93.92万件，结案率达100%，满意率99.87%；日均接听量2573件，增加259件。其中，咨询类占总求助量的72.49 %，服务类占总求助量的16.05%，事务类占总求助量的0.17%。求医订号8.73万件、市民卡业务9.88万件、妇联热线76件、志愿服务平台884件。“81890”官方微博求助1264件、微信公众号求助1146件。“81890”网站点击量达5604余万人次。

5月，“81890”参与“宁波•市民通”App平台合作。完成“81890”16周年满意度调查工作。9月，第六医院81890门诊预约挂号服务平台正式启动。11月，建立81890志愿服务中心新疆库车分中心，建立宁波市志愿者协会注册管理专门工作委员会，市81890志愿服务中心承担市志愿者协会注册管理工作。“81890”微信功能增至五大内容35个小版块，推送微信公众号85次，7.45万人次阅读。至是年底，“微服务”上线单位118家，服务人员220余人，处理微信公众号求助2702件，市民通过微信下单237件。接待全国各地学习考察团91批次，35批次1500余名全国各地的党校干部培训班到“81890”现场学习。

新吸纳加盟企业65家，注销企业64家，变更企业资料82次，年审企业316家，核实非年检企业信息203家。研制“微服务”中“汽车救援”方案。组织座谈会9次，加盟企业参加325家次。培训星级家政从业人员575人，符合标准512人，组织近30名加盟企业人员举办家用电器维修培训。完善加盟单位信用评价体系，并试行。开启“81890”征信体系量化工程，制订出台《“81890”征信体系考核办法》。

81890志愿服务平台完成志愿信息对接3.9万人次，招募志愿者5.97万人次，活动2396次，服务计时25.89万小时，新增志愿团队263支，新增注册志愿者23.18万人，在全市建立集组织、协调、统筹、实施功能为一体的志愿服务驿站12个；组织开展市大学生首届“81890杯”公益海报设计大赛、“81890杯”志愿团队文化创建评比大赛；组织开展“甬•志愿”大篷车城西行活动，到西片区7个镇（乡）街道开展大型志愿服务活动。举办“‘81890’便民服务日”活动，117家会员单位和600余位志愿者参与，为市民免费或低偿提供服务1850人次，减免金额10余万元。

表14　81890下属协会、俱乐部组织一览表

组织名称
宁波市海曙区81890服务业协会
宁波市海曙区81890志愿者协会
宁波市81890光明俱乐部
宁波81890常青藤俱乐部
宁波81890鹊桥会
宁波市81890志愿服务中心

【“81890”下属协会活动】 2017年，81890光明俱乐部组织开展第九届盲人春游节等活动7次，盲人会员参加活动538人次。光明电影院组织播放电影7场，盲人会员586人次参加活动。社会各界志愿者队伍50余支参与服务，其中市出租车协会的16个车队371辆出租车提供接送服务。

81890常青藤俱乐部有会员人数为557人，新增会员65人，为癌症肿

8月17日，“甬·志愿”大篷车活动走进章水镇

瘤患者提供医疗咨询、沟通交流、娱乐活动等18场次，会员参与1481人次，义工服务305人次，其中专家18人次。

81890鹊桥会新增注册会员2800余人，“红娘”志愿者为会员牵线3300余人次，志愿服务近6900小时。开展各类相亲活动6次，参加人数1500余人次，志愿者参与服务170人次，其中义工红娘90人次，促成40余对。鹊桥会网站非会员浏览近2400次，会员登录查询近2600次，受理会员自助相亲申请220余次。

81890爱心超市接收群众、企业等捐赠衣物、家电、生活用品等484件，现金1.59万元；捐出衣物、家电、生活用品等463件，现金5400元。

“心声沟通”联谊俱乐部有会员2872人，志愿者13人。

【“甬·志愿”公益大篷车城西行活动】 2017年8月中旬，由区委组织部、区委宣传部、团区委、81890求助服务中心联合推出的“甬•志愿”公益大篷车城西行活动结束。公益大篷车活动自2016年12月在集士港镇率先举行，每月携20个公益便民内容前往新划入海曙区的9个镇（乡）街道，为辖区居民送服务。活动得到70余支志愿团队30余个公益项目支持，惠及3000余人次。

【“81890”成立16周年便民服务活动】 2017年8月18日，81890求助服务中心在轨道交通1号线鼓楼站东鼓道举办成立16周年便民服务活动暨首届“阿拉好保姆”评选发布会。60余位“81890”加盟企业代表、合作单位代表、志愿者代表参加。发布会通报表彰海曙大众社区服务有限公司等15家加盟单位获“十六年同舟奖”，并宣布首届“阿拉好保姆”评选结果，为10位“阿拉好保姆”颁奖。

【《推进81890诚信体系建设的合作备忘录》签约】 2017年10月26日，市社会信用体系建设合作备忘录签约仪式在市政府会议中心举行。市信用宁波建设领导小组办公室、区政府办公室、市信息中心（宁波市信用中心）和宁波81890求助服务中心4家单位共同签署《推进81890诚信体系建设的合作备忘录》，实现信息资源共建共享。

【宁波·库车志愿服务站建立】 2017年11月10日，新疆库车县第二中学宁波教育援疆纪念馆建立宁波·库车志愿服务站，作为两地长期开展志愿服务工作交流、项目合作的对接平台。志愿服务站是市81890志愿服务中心服务模式的输出和延伸，架起甬疆两地志愿服务工作交流与合作桥梁。

【区81890服务业协会第三届五次会员代表大会】 2017年12月18日，区81890服务业协会第三届五次会员代表大会召开，220余家会员单位参加。会议同意原会长严峻辞去会长职务，严洪海当选新会长；修改并表决通过协会章程部分条款；大会表彰浙江共业律师事务所等6家“公益服务先进单位”和海曙大众社区服务有限公司等72家“便民服务先进单位”，邀请“2017中国生活服务业年度人物”马志军作题为“大社区生活服务业——新形势下建构新家政”的讲座。

（吴　君）

11月10日，新疆库车县第二中学宁波教育援疆纪念馆建立宁波·库车志愿服务站

乡镇·街道

集士港镇

【概况】 集士港镇位于海曙区西北，东北邻高桥镇，南毗古林镇，西南依横街镇，西北与余姚市接壤，镇域面积47.1平方千米。辖19个行政村、3个社区和2个渔业社，总户数17201户，总人口8.08万人，其中户籍人口4.43万人。

2017年，实现地区生产总值45.4亿元，同比增长5.4%。财政总收入6.6亿元，增长8.9%，其中一般公共预算收入3.6亿元，负增长8.7%。粮食播种面积1467公顷，粮食总产量1.04万吨，土地流转面积1236.5公顷，土地流转率达89.7%。规模以上工业企业实现总产值54.5亿元、主营业务收入54.1亿元、利润总额2.3亿元，分别增长1.6%、-0.9%、-26.8%。固定资产投资32.8亿元，增长60.7%。限额以上商贸业销售额40.8亿元，增长22.9%。限额以上社会消费品零售额35.3亿元，增长38.0%。杉井奥特莱斯广场年营业额17.4亿元，杉杉永达国际汽车城年营业额16.8亿元，城西新天地广场试运营，绿岛商业地块西区完成方案设计。君禾泵业公司在上海证券交易所A股主板上市。金鸡强磁公司、宁波甬嘉变压器有限公司分别设立院士工作站。

碧桂园幸福里小区、碧桂园碧玥府小区、荣安桃花源小区等商业住宅小区推进建设，绿岛3号地块完成出让。房地产开发投入23.2亿元。董家桥C地块、广昇新村、横港新村一期、丰成新村一期、岳童新村一期A地块5个小区交付，四明山新村竣工，董家桥新村B地块、井亭3号地块建设继续推进，完成建新面积15.3万平方米。白岳变电站工程竣工。广蔺路建成通车，广盛路完成改建，云林路贯通工程完成50%工程量，栎高线改造工程完成前期工程。完成四明山村、新后屠桥村、双银村等村的农村公路建设。实施省“小城镇环境综合整治达标镇”创建。镇中心农贸市场创建为三星级集贸市场。完成河道清淤疏浚20千米，完成污水管网建设19.5千米，全市首个水体调活工程投入运行，中塘河剿劣区控断面点和16个劣V类小微水体全部销号。

集士港镇中学扩建工程启动前期工程，广德湖小学加入海曙中心小学教育集团，集士港镇中心小学获评全国“青少年校园足球特色学校”，集士港镇成人学校被评为市级“特色示范成人学校”，“乐学集士港”老年课堂获评省“终身学习品牌项目”。创建成为省“书香城镇”、市“公共文化示范区”，通过省“文化强镇”评审。举办“善满集士港”乡村大舞台、第三届广德湖文化体育节、第四届全民读书节。承办省群星书法骨干培训班、市第三届健身健美锦标赛。举办各类演出103场。新建文化礼堂2个，承办全区文化礼堂建设工作推进会。《等风来》《广德湖畔，半山区下》2部村宣传片制作完成。镇卫生院确立为海曙区第三医院。通过全国“文明镇”和省“卫生镇”复评，启动国家级“卫生镇”创建，通过市病媒生物控制水平达标验收。区行政服务中心集士港分中心挂牌启用。居民医保参保率达98.9%，户籍养老参保率达95.9%。

表15 2017年集士港镇各行政村基本情况一览表

行政村	面积（平方千米）	户数（户）	人口数（人）	集体经济总收入（万元）	集体经济总费用（万元）	集体经济净收入（万元）	总资产（万元）
集士港村	1.03	683	1632	248.78	268.85	−20.07	1495.44
元禾村	0.82	543	1483	202.09	159.58	42.51	2665.23
董家桥村	2.23	765	2251	472.59	746.03	−273.44	4146.61
祝家桥村	2.25	1340	3572	400.43	395.19	5.24	3243.68
杨家村	1.73	649	1951	854.26	881.58	−27.32	10176.04
丰成村	2.02	748	1979	458.15	2684.07	−2225.92	40403.04

续表15

行政村	面积（平方千米）	户数（户）	人口数（人）	集体经济总收入（万元）	集体经济总费用（万元）	集体经济净收入（万元）	总资产（万元）
横港村	2.13	466	1578	332.79	265.57	67.22	2468.26
卖面桥村	2.32	996	2766	394.61	451.92	−57.31	2567.79
西陆村	1.43	408	1066	197.45	249.85	−52.4	1015.25
翁家桥村	1.92	525	1400	263.38	589.83	−326.45	2058.4
湖山村	3.03	670	1786	458.34	431.91	26.43	3792.25
四明山村	4.72	497	1303	424.22	173.62	250.6	4708.09
深溪村	4.83	622	1482	536.21	769.18	−232.97	1054.17
双银村	2.42	406	1134	303.81	304.93	−1.12	1919.99
山下庄村	4.23	542	1454	1748.7	909.3	839.4	4352.25
万众村	3.72	744	3110	456.65	428.66	27.99	7564.17
新后屠桥村	3.13	780	2145	268.43	566.05	−297.62	862.69
岳童村	3.42	667	1684	675.31	638.61	36.7	7331.66
广昇村	1.62	685	1828	330.58	420.58	−90	1594.66

说明：表格中数据为调查数

【区行政服务中心集士港分中心启用】 2017年4月18日，海曙区行政服务中心集士港分中心挂牌启用。分中心位于集士港镇菖蒲路92号，拥有1500平方米办事大厅，564.2平方米办公用房，有窗口服务工作人员50余人，设置基建投资、商事登记、公安事务和社会事务4个区域44个服务窗口，启动“一窗式受理”服务。

【“善满集士港”乡村大舞台】 2017年4月23日，“善满集士港”乡村大舞台启动仪式在集士港镇市民广场举行。乡村大舞台每2周举办1场演出，全镇各村（社区）以“一村一台戏”形式参加，部分村合作共演，节目由村民自编自演。至是年底，共演出18场。12月28日，闭幕式暨颁奖晚会在广德湖剧院举行。

【君禾泵业公司上市】 2017年7月3日，君禾泵业股份有限公司在上海证券交易所A股主板挂牌上市，股票简称：君禾股份；股票代码：603617。公司成立于2003年4月，是一家以研发制造家用水泵为主的高新技术企业，总公司及下属子公司员工千余人，拥有现代化标准厂房10万平方米，形成四大系列年产200万台家用水泵生产能力，公司先后通过各类国际产品认证和ISO9001、ISO14001等管理体系认证。

7月3日，君禾泵业股份有限公司在上海证券交易所A股主板挂牌上市

【全市首个水体调活工程运行】 2017年7月11日，集士港镇区水体调活工程投入运作。工程总投入450万元，在名仕丽庭河、风棚碶河、镇南河3处点位建设液压升降拦河坝调水泵站，通过泵站抽水、拦河坝挡水形成水位差，推动镇区水体定向流动，增强河网水体的流动性，缓解高温缺水时期河道水体易发绿、浑浊等现象。此工程为全市首个水体调活工程。

【集士港镇再评全国“文明镇”】 2017年11月17日，经中央精神文明建设指导委员会确认，集士港镇继续保留全国“文明镇”称号。集士港镇于2014年创建为全国“文明镇”，2017年新创2个省级“文明村”和4个市级“文明村”。

【第14届中国电工钢学术年会在集士港召开】 2017年12月21—22日，第

14届中国电工钢学术年会在集士港镇召开。会议由中国金属学会电工钢分会主办，宁波银亿集团有限公司、宁波甬嘉变压器有限公司协办，来自国内电工钢产、学、研、用单位280名企业负责人和科技人员参会。会议围绕“绿色、环保、节能、高效、智能”主题开展学术交流，收到取向电工钢、无取向电工钢、表面涂层、检测技术等多个专业或领域论文56篇。原国务院三峡办司长李秦，中国电器工业协会副理事长刘杰，中国金属学会学术部主任丁波，中国金属学会电工钢分会委员、国家硅钢工程技术研究中心常务副主任曹阳参加会议。

（袁浩杰）

古林镇

【概况】 古林镇地处海曙区西南部，东临望春街道、白云街道、段塘街道，北靠高桥镇、集士港镇、横街镇，西傍鄞江镇，南望石碶街道和洞桥镇，镇域面积47平方千米。下辖23个行政村、2个居委会、2个渔业社、5个社区，户籍人口6万余人，在册流动人口约11万人。境内拥有宁波客运中心、宁波栎社国际机场等重要交通枢纽及杭甬高速、绕城高速、甬金高速、轨道交通2号线等出口站点。

2017年，实现地区生产总值69.48亿元，一般公共预算收入4.93亿元，商品销售总额65.93亿元，固定资产投资38.6亿元。完成蜃蛟片区733.3公顷

表16　　2017年古林镇各行政村（社区）基本情况一览表

行政村（社区）	面积（平方千米）	户数（户）	人口数（人）	集体经济总收入（万元）	集体经济总支出（万元）	集体经济净收入（万元）	总资产（万元）
西洋港村	2.5	692	2538	372.9	194.4	178.5	3213.5
葑里村	2.5	902	2300	613.7	243.4	370.3	3653.1
古林村	1.6	700	1754	404.4	306.7	97.7	10454.8
施家村	1.1	460	1206	393.8	179.1	214.7	4641
俞家村	1.3	646	1630	827.9	343.1	484.8	8404.3
郭夏村	1	424	1134	639.7	217.6	422.1	4426.5
鹅颈村	1.1	673	1760	1404.7	310.6	1094.1	15827.3
戴家社区	1.3	871	2305	2889.7	304.4	2585.3	6236.9
布政村	1.6	869	2286	753.6	210.6	543	4812.1
葑水港村	1.8	506	1334	1284	235.3	1048.7	13398.4
张家潭村	3.5	997	2675	1384	316.4	1067.6	22160.5
宋严王村	1.2	601	1633	1096.4	275.2	821.2	4986.3
陈横楼村	1	432	1193	1357.6	300.8	1056.8	23873.4
藕池村	1	475	1295	2107.1	420.4	1686.7	16038.7
礼嘉桥村	1.7	872	2113	2742.2	675.7	2066.5	38770.2
薛家村	2.8	1629	4630	2904.2	561.9	2342.3	18813.4
包家村	1.6	732	2042	3096.5	213.9	2882.6	36258.7
蜃蛟村	2.2	959	2446	275	208.2	66.8	1264.7
前虞村	3.2	879	2240	173.5	110.6	62.9	582.6
共任村	3.5	975	2493	406.7	123.8	282.9	2800.1
仲一村	1.8	618	1620	827.3	300.5	526.8	7631.4
龙三村	2.3	615	1554	304.1	144.6	159.5	890.6
茂新村	1.6	641	1742	449.9	428.1	21.8	3609.5
三星村	2.3	580	1472	411.3	237.8	173.5	2098.5

说明：表格中数据为调查数

土地流转，发展高效生态农业。扶持发展“一村一品”项目，建设七彩贝林稻米示范基地和水稻种植数字化技术集成示范基地，完成相关农业基础设施建设前期准备工作。成立镇农合联。推动藕池工业区旧厂房改造升级，引进阿思科力高科技生物有限公司等项目，助推“顺丰速运”建设。

实施南新塘河、蜃蛟街河等10条河道的生态修复工程，疏浚河道18千米，清淤17万立方米。新建污水管道4千米，国家级“卫生镇”复评成功。拆旧3.6万平方米，新村在建工程涉及4700余套70余万平方米。推进古林镇卫生院布政分院工程。启动宁波栎社机场三期拆迁安置2号地块工程，规划建筑面积4.8万平方米，工程预算投资1.5亿元。“三改一拆”累计拆违28万平方米，完成目标任务的140%，总量位居全区前列。完成“两路两侧”专项整治3个省级任务点整改，宁波西高速进出口创建为省级“美丽高速”进出口，推进机场三期拆迁清零工作，环城南路西延、轨道交通5号线等项目拆迁前期准备工作启动。

走访失业人员366人，开发公益性岗位33个。办理各类保险16万余人，本地户籍养老保险参保率达96.3%。发放各类社保补贴2081家，申办社保卡5726张。完成被征地养老保障转基本养老保险190人，扶持大学生创业157人。完成劳动保障书面审查2297家，办理简易工伤认定30件。受理群众投诉举报和劳动争议案件165件，农民工工资清欠率达100%。扶助大病救助、民政临时救助、困难户等1100余人次。“慈善一日捐”募集善款336万余元，开设居家养老服务20个村。

薛家小学加盟海曙中心小学教育集团，布政幼儿园、宝韵海悦幼儿园投入使用，蜃蛟幼儿园新建工程进入筹备阶段。安排村级健康教育讲座30次，兴园社区创建为区级卫生先进单位。招募320名志愿者进行无偿献血，全镇基层妇联“会改联”工作基本完成。新增享受奖励扶助政策对象570人，其中特别扶助9人。重点慰问技术生育失独家庭29户。

蜃蛟村、葑水港村完成省级“文明村”复查，落实茂新村申报工作。提高7家村级文化礼堂运行质量，指导俞家村、龙三村文化礼堂建设。举办米食文化节、春（冬）耕开犁节、“席乡之春”艺术节、区首届休闲皮划艇邀请赛暨古林镇助力“五水共治”启动仪式等品牌项目。蜃蛟村文化礼堂入选全省100个“优秀文化新地标”。黄公林庙（古林记忆馆）完成布展。

签订社会治安综合治理、安全生产等责任书2000余份。蜃蛟村创建为市级“民主法治示范村”，藕池村、张家潭村通过省级“民主法治村”复检。调处民事纠纷499件，案件调处率达100%，调处成功率达100%。网格队伍开展走访巡查1.7万次，办结网格事件5400余件。完成全国“文明城市”创建迎检和中央环保督察保障工作。

落实安全生产责任，开展安全生产、公寓楼等执法检查1300余家次，发放安全生产整改指令书等执法文书150余份。完成企业安全生产社会化服务260家。建立镇级消防工作站，指导4家社区微型消防站建设，组织消防演练5次。办理居住证7167人，参加量化积分申评139人。组织开展安全生产宣传讲座5次，举办企业安全生产培训班5期，培训1300余人。

【古林镇卫生院获国家级授牌】 2017年1月6日，国家卫生计生委召开2017年全国基层卫生工作会议。会议对2015—2016年度群众满意的6家乡镇卫生院基层医院授牌，古林镇卫生院凭借家庭医生工作中“私人订制”特色入选。古林镇卫生院是省责任医生签约培训示范基地、市首批家庭医生工作试点单位。

【古林镇中心小学“创意蘑菇团队”夺冠】 2017年4月，古林镇中心小学“创意蘑菇团队”在中央电视台少儿栏目“看我72变之创意少年”第四季中获得全国总冠军。6月，学校成立创意团队，参加2017年“CCTV全国中小学生创意大赛”，进入全国四强，王西泽被授予“最佳成本核算师”称号。

【崇本堂义学被发现】 2017年4月21日，宁波最早、最大的教育遗存建筑——崇本堂义学在古林镇古林村新屋自然村被发现。这处历史遗存是浙东地区少有的传统民居与教育建筑同存一体的教育建筑，比1844年设立的中国最早女子学校——宁波女塾早37年，它的发现推进宁波教育建筑遗存历史。

【古林镇获评全国“农村优秀学习型乡镇”】 2017年6月，中国成人教育协会农村成人教育专业委员会与教育部社区教育培训中心联合开展全国第四批农村优秀学习型组织评选。古林镇获评全国“农村优秀学习型乡镇”。古林镇增加投入，兴建各类社区图书室、村级文化礼堂；每年10—11月，开展

崇本堂义学原址

古林镇“全民终身学习宣传周”大型广场活动；推进“学习型组织家庭”评选，29个行政村（社区）被评为区“学习型行政村（社区）”，59家单位（企业）被评为区“学习型组织”，2855户家庭被评为区“学习型家庭”。

【市首届休闲皮划艇比赛在古林举行】 剧滑“体育”类目“竞技体育”分目。

【古林镇获评全国“社区教育示范乡镇”】 2017年12月，古林镇获评全国“社区教育示范乡镇”。古林镇投入620余万改建成人教育学校，开放乡土爱国主义教育基地，设立黄古林草编博物馆、茂新村御史廉政讲堂2个爱国主义基地，满足社区成员多样化学习需求。初步建成社区教育基地网络，开放社区教育资源。

（周盛杰）

高桥镇

【概况】 高桥镇位于宁波市西门户，东靠望春街道，南连古林镇、集士港镇、横街镇，西接余姚市大隐镇，北枕姚江，与江北区隔江相望，镇域面积53平方千米。下辖20个行政村、1个渔业社、5个社区，总人口超过15万人，户籍人口5.5万人。

2017年，实现国内生产总值66亿元、财政总收入8.59亿元、社会固定资产投资63.1亿元。实现工业总产值107.7亿元、农业总收入4.37亿元，农民人均收入3.28万元。规模以上工业产、销、利分别为77.7亿元、74.1亿元和4.1亿元，规模以上工业增加值16.3亿元，规模以下工业增加值8亿元。50家5000万元以上企业完成产值61.4亿元，占规模以上工业总产值的79%，爱柯迪股份有限公司在主板上市。20家高新技术企业实

表17　　2017年高桥镇各行政村（渔业社、社区）基本情况一览表

行政村（渔业社、社区）	面积（平方千米）	户数（户）	户籍数（人）	集体经济总收入（万元）	集体经济总支出（万元）	总资产（万元）
宋家漕村	1.70	820	2127	958	518	48578
藕缆桥村	0.70	411	1124	910	497	7418
新庄村	1.20	539	1408	343	436	4011
古庵村	2.20	995	2626	1361	937	20007
联升村	1.10	539	1464	90	145	47994
秀丰村	2.10	890	2343	438	762	4751
新联村	1.80	716	2113	2425	3820	3498
蒲家村	1.80	617	1844	657	532	14757
长乐村	1.10	1124	2737	1161	5007	47703
合心村	1.20	552	1529	409	538	4365
望江村	3.30	1147	3010	2318	1049	5064
梁祝村	1.80	809	2135	2329	807	5521
芦港村	2.30	1164	3100	3312	1218	23428
高峰村	1.40	638	1770	1253	357	61011
高桥村	3.40	1350	3903	699	602	11833
江南村	3.90	1220	3389	955	802	45467
石塘村	2.60	825	2372	308	591	3961
岐阳村	4.70	884	2261	866	638	10587
岐湖村	6.90	848	2243	602	940	5107
民乐村	4.90	594	1538	766	524	17881
渔业社	—	80	177	373	419	766
长居社区	—	976	2226	—	—	—
高居社区	—	1100	2820	—	—	—
紫薇社区	—	478	1164	—	—	—
学院社区	—	497	1565	—	—	—

说明：表格中数据为调查数

9月19日，高桥镇承办宁波市“我最喜爱的习总书记的一句话”主题宣讲决赛

现产值30.3亿元，占规模以上工业总产值的39%。“高新技术企业”复评9家、新申报1家，申报区级以上工程技术中心5家，申报市“科技进步奖”、市“科技创新奖”2家。第三产业服务业实现限额以上商品销售额41.3亿元，服务业投资15.2亿元。梁祝文化园客流量达50万人次，“梁祝天地”楼盘整体招商率达80%，薇拉宫邸婚庆会馆、大摄汇拍摄基地等品牌影响力扩大。推进岐阳新材料产业园区建设，其中1家企业投产，3家企业厂房竣工验收。镇商会大厦完成抽签分房。总投资1.9亿元的文体中心、市民广场项目完成前期选址及立项。浙海商业广场开业。流转土地总面积1182.8公顷，占全镇耕地总面积的87.6%，实现统一发包1039.5公顷，6.67公顷以上种粮大户17户。成立镇级农民合作经济组织联合会，会员56家，其中农民专业合作社13家。推进12个村的农村承包土地确权登记，农户签约率达77.8%。全国第三次农业普查完成，完成270万千克粮食订单任务。

推进姚江堤防、桃源湾出水厂水管、环城南路西延、西洪大桥及连接线、薛家路等重点工程建设。姚江堤防工程累计完成总工程量的92%。区居家养老区块完成拆迁。投资2500万元的电力岐阳变电站排管工程完工。望童北路工程完成拆迁签约，总投资近1.6亿元的学院路（望童路至联丰中路）工程和新丰路二期工程完成选址，由区政府负责实施。汇贤路、蒲秀路、甬梁线至下凉亭道路、甬梁线至东周道路等完工，占地1.3公顷的新丰公园基本完工。推进民乐村等5个村的新村建设及3个安置小区建设，其中峰锦丽庭、上施家园、横河家园完成抽签分房；民乐新村三期A、B地块完成分房，芦港村大龄青年房抽签分房完成。18条劣Ⅴ类河销号，整治、疏浚河道21.93千米，完成110千米污水管网CCTV（管道检测机器人技术）检测，建成8.94千米污水管网工程，5个村农村生活污水治理完成；完成投资490万元的马浦河等7条河道水质提升工程、投资1300余万元的中山西路北侧街景改造、投资400万元的2处河道护岸及1处桥梁工程。西塘河水环境综合整治景观绿化工程获评省“优秀园林工程”。累计完成“三改一拆”31.4万平方米，拆除农棚田舍6050平方米，关闭畜牧场所2家，收集回收农资废弃物27.6吨。整治低、小、散行业14家，清理无证摊贩、占道经营5489家，处理各类焚烧1114处，查获渣土车辆785辆，张贴“违停提醒单”2120张，整治废品回收站445家、“僵尸车”479辆。完成3个省级、8个市级“卫生村”复评。开展公共安全检查10760家，实施执法检查企业420家，创建“职业卫生示范企业”3家、“职业卫生合格企业”8家；累计开展消防检查9176家次，安装烟感器1.4多万只，关停1栋存在严重消防安全隐患的公寓楼。

完成4所学校塑胶跑道、6所校园外立面改造，中心小学电力提升和污水管网建设，投资约600万元的望春小学综合楼工程和宋家漕小学食堂改造工程进场施工。24个村（社区）完成“会改联”，承办市级基层妇联组织改革现场会。民乐村红十字服务站成为2017年全区唯一市“红十字博爱家园”，并通过中期评估。中心幼儿园创建为“优生、优育、优教”省级示范点。新增养老服务站2家。推进“最多跑一次”“一窗受理、集成服务”改革，举办4场大型招聘会，办理公共服务事项16710件，调处劳动争议、纠纷、工伤等390起，完成23家企业劳动和谐指数调查，开展企业清欠专项排查2244家次，发放就业创业社保补贴1480万元，累计发放各类困难补助612万元。

高桥镇创建为市级首批“非遗特色小镇”，市级非遗项目——赵大有宁式糕点博物馆开馆，万盛文创园开园，并入选市“一人一艺”基地及市级“培育文创产业园区”。举办“高桥会·汇高桥”系列活动及摄影作品巡展，开展“最美家庭”“最美高桥人”等评比及“好家风”教育宣讲活动，开展“全民阅读·心悦书香”“个性涂鸦·助力剿劣”“幸福高桥演出季”等文艺活动，承办宁波市“我最喜爱的习总书记的一句话”主题宣讲决赛。建成村级文化礼堂9家，全镇有文艺团50余个，芦港村创建为国家级“书香社区”。

【“高桥会·汇高桥”系列活动】 2017年3—4月底，高桥镇举办“高桥会·汇高桥”系列活动，以民俗文化节庆品牌为核心，结合现代文化元素，分成5个板块：各村、社区、渔业社、文化产业等单位组队展演，参与“非遗汇”；耕泽石刻博物馆、梁祝文化园、宁波古玩城、居家博物园、王升大博物馆、万盛文创园等各旅游景点、文化产业参与“旅游汇”；市小百花艺术团、镇戏曲爱好者等参与“文艺汇”；南塘老街特色商铺等合作参与“商贸汇”；市社科院、镇人民政府、市发展战略研究会、梁祝文化产业园合作并邀请相关领域专家参与“思想汇”。其中，1200余人组成33支表演方队进行展演的“2017浙东高桥会”民间文化巡游活动，时隔70年，再现有800余年历史的“浙东高桥会”盛景，6家媒体进行网络直播，总点击量达70万人次。

【高桥镇获评市“非遗特色小镇”】 2017年5月3日，高桥镇凭借“梁祝传说”获评首批市“非遗（非物质文化遗产）特色小镇”。高桥镇建有梁祝爱情主题公园、中国梁祝文化博物馆，有“中国梁祝文化之乡”称号，并成立中国梁祝文化研究会。高桥镇内保存着始建于东晋的梁祝合冢墓、梁山伯庙等历史遗迹，被誉为梁祝传说发源地。

【万盛文创园开园】 2017年5月26日，海曙区最大的艺术创作基地——万盛文创园开园。年底，文创园入选市级“培育文创产业园区”。万盛文创园位于高桥镇望童路，占地0.8公顷，有3幢主体建筑，前身为万盛集团旧厂房。2016年4月，万盛集团投入300余万元，把厂区改造成集艺术创作、展览、培训和展示于一体的文创园。文创园内除创作交流外，举办写生、画展、沙龙、公益拍卖等活动，并吸引微电影制作、皮具设计、工业设计等领域的公司和个人入驻，每周二、周日下午开设免费成人美术培训课。

【芦港村入选全国“书香社区”】 2017年10月，高桥镇芦港村获评全国“书香社区”称号。芦港村新建文化礼堂，内有芦港图书馆，建筑面积约300平方米，纸质藏书5230册，提供免费Wi-Fi。馆内借阅图书、到馆阅览和参加读书活动达1.2万人次，年到馆率达385%。芦港村根据居民需求，成立未成年人阅读队伍——“春泥阅读队”。与区社科院结对成立“德馨社院”，每年安排6~7次讲座，普及科学文化知识。

【赵大有宁式糕点博物馆开馆】 参见“文化·新闻”类目“文化产业”分目。

【高桥镇商会大厦落成】 2017年11月17日，高桥镇商会大厦落成，现场举行分房抽签仪式，42家企业参加。高桥镇商会大厦位于新丰路东侧，通途西路与汇贤路之间，毗邻梁祝地铁站，总建筑面积7.81万平方米，由22层和25层的2幢大楼组成，集聚总部经济、文化创意等特色产业。

（舒　沁）

横街镇

【概况】 横街镇位于海曙区西部，东北依集士港镇，南接古林镇、鄞江镇，西南连章水镇，北邻余姚市，镇域面积121.7万平方千米。下辖28个行政村、2个居委会。在册常住人口4.2万人，暂住人口1.2万人。

表18　　2017年横街镇各行政村基本情况一览表

行政村	面积（平方千米）	户数（户）	人口数（人）	集体经济总收入（万元）	集体经济总费用（万元）	总资产（万元）
东村	1.51	427	1058	303	210	12774
凤岙村	5.44	426	1062	182	125	863
梅梁桥村	3.49	261	648	176	174	1190
水家村	101	330	838	466	405	3057
万华村	3.34	881	2231	363	485	3111
桃源村	2.72	561	1365	530	426	21151
应山村	3.3	437	1200	406	466	980
横街村	0.75	189	480	79	43	1133
凤林村	1.44	290	738	139	198	1464
林村	1.89	322	766	299	204	3164
盛家村	2.64	347	844	405	299	1022
溪下村	3.65	583	1584	162	157	2931
上阵村	2.5	577	1465	206	274	1526
半山村	3.95	726	1906	103	113	1631
雷庄村	3.66	441	1119	166	141	9036
芝溪岙村	1.99	226	585	521	120	7915
芝岭村	3.1	267	703	323	294	961
毛岙村	4.41	372	907	546	346	2136
新洞山村	1.76	194	507	69	97	3357
大雷村	8.55	1083	2727	169	223	951

续表18

行政村	面 积（平方千米）	户数（户）	人口数（人）	集体经济总收入（万元）	集体经济总费用（万元）	总资产（万元）
凤凰村	5.19	716	1887	224	279	390
云洲村	7.77	1047	2666	97	128	408
竹丝岚村	4.84	515	1402	379	69	1551
惠民村	3.38	509	1257	104	523	710
乌岩村	6.89	938	2292	213	189	708
朱敏村	2.12	1056	2797	210	147	2347
爱中村	3.02	763	1845	115	138	584
爱岭村	4.25	568	1405	137	134	751

说明：表格中数据为调查数

2017年，实现地区生产总值29.65亿元，同比增长4.2%；一般公共预算收入2.82亿元，增长26.1%。落实早、中、晚稻种植面积1000公顷、153万千克，推广调入优质良种2.1万千克。开展珍贵树种造林抚育14.67公顷，新建2条竹林机耕路。推选5家基地申报“都市农业示范区”项目库。全镇规模以上企业实现工业总产值31.05亿元、销售30.16亿元、利润0.79亿元。完成全社会固定投资7.67亿元，增长27.82%。11家企业申报区节能改造项目，8家企业参加市“创新型初创企业”备案，15家企业纳入“专精特新企业”培育库。

挂牌出让上阵1号商住地块，成交价3.02亿元，是全镇第一个城镇商住项目。完成新村建设整片建新6.96万平方米。原电影院停车场、供销社停车场新建，缓解镇区内停车压力。全镇294处C、D级危房复查鉴定完成，其中18处低保户C级危房腾空，完成解危。累计拆违13.1万平方米，新洞山村、盛家村等6个村通过市级“卫生村”复评。处置高速高炮广告牌12处，清理主干道两侧问题点位36处。集中查处镇域内油烟、噪音扰民的15家夜宵摊。开展“清爽行动”12次，清运垃圾1.8万吨。3条小微水体劣V类水全面销号并完成验收，王家漕河和老沙港河清淤工程完工；铺设镇级污水总管管网4.3千米，集中处理农资包装废弃物33.9吨，强制拆除违规坟墓30起。

完善就业创业服务平台，组织职工培训480人次。社保参保5.31万人。完成劳动监察109次，监察企业415家，补签劳动合同375份。组织开展安全生产培训527人次，检查企业279家，责令整改隐患876处，处罚违法企业1家。镇小学教学楼和镇中学图书综合楼修缮工程基本完成。全镇67名学生考入普高，升学率达43.8%。组织380人参加义务献血，采血5.1万毫升。老年人体检5850人，妇女病体检3008人。建成竹丝岚村、乌岩村等4个村级文化礼堂。组织“天天演”等文化惠民演出110场次，放映电影256场次。创建成为省级“卫生镇”，进入省“旅游风情小镇”培育名单。

【“竹农下山”竹生活文旅节】 2017年4月8日，横街镇举办“竹农下山”竹生活文旅节。活动历时1个月，分成“墨香”竹海、“善行”竹海、“舌尖”竹海、“魅力”竹海等系列，举办“常青爱心”送爱到竹乡、山区古道推介会、红色文化体验之旅等活动。横街镇竹笋年产量达1.2万余吨，但因产业结构单一，竹农收入不高。文旅节重点塑造当地竹笋品牌，培育“竹笋文化”，推介优质“黄泥拱”毛笋及竹类工艺品。

【东海集团海外工厂获“浙江制造”认证】 参见“综合经济管理”类目“市场监督管理”分目“质量技术监督管理”次二级分目。

【横街镇入选省“旅游风情小镇”】 2017年8月，横街镇入选首批浙江省“旅游风情小镇”培育名单。横街镇是“中国竹笋之乡”“桃源之乡”，被评为国家级“生态乡镇”。通过环境整治、资源整合和农产品升级改造，依托浙东大竹海景区、四明山居度假村、红色古

4月8日，横街镇“竹农下山”竹生活文旅节开幕

道等景点，规划发展为“现代农业+休闲旅游”的市郊名镇。

【《乳名》获全国“十佳散文奖”】 2017年12月，横街镇中学教师易新琴的《乳名》获2017年度中国散文年会“十佳散文奖”。易新琴笔名一心，中国散文学会会员，作品刊登于《人民日报》《新民晚报》《海外文摘》《散文选刊》等报刊及各类网络平台，是《人民日报》海外版欧洲刊“一心散文”专栏签约作家及《宁波日报》“甬派”“皓哥读书”的专栏作家。

（刘　飞）

鄞江镇全陆茶场

鄞江镇

【概况】 鄞江镇地处海曙区西南部、四明山东麓，东接洞桥镇、古林镇，西邻章水镇、龙观乡，南接奉化区江口街道、萧王庙街道，北依横街镇，镇域面积63.9平方千米，建成区面积5平方千米。下辖12个行政村、1个居民会，户籍人口2.6万人，流动人口1万人。

2017年，实现地区生产总值19.58亿元，同比增长6.4%；完成财政总收入2.56亿元，增长7%；完成固定资产投资8.9亿元，增长1.9%。现代农业质效提升，完成农业综合开发300公顷、高标准基本农田提升工程200公顷。建岙溪三期治理工程、清源溪引排水工程和水毁修复等水利工程及南塘河、樟溪河等4条河道疏浚工程完工。四明山“产业转型科技示范区”概念性规划完成，郭斌锦鲤场销售额3500万元。高产优质粮食品种种子订购1.4万千克，开展农业专业技能培训64人次，农残检测480批次。完成全国第三次农业普查。规模以上工业产、销、利分别实现22.18亿元、21.75亿元和1.3亿元，增长17.09%、15.26%、10.37%。引进“浙商回归”资金7600万元，实际引进市外内资6100万元；增加外资企业1家，实到外资305万美元；外贸出口值1.5亿元，增长24.3%。完成工业固定资产投资3.2亿元，其中3000万元以上技改项目5个、1000万元以上技改项目12个。全镇有规模以上企业31家，形成“百威英博”啤酒、“它山堰”白茶、“清源”杨梅、“郭斌”锦鲤等多个品牌。宁波吉象塑胶科技股份有限公司成为全镇第一家上市企业，宁波路润冷却器制造有限公司成为省“创新型示范中小企业”。创建省、市级“专利示范企业”2家，授权专利65个，创建区级工程中心3家，引进各类人才191人，实现科技研发投入3863万元，增长5%。小微企业上规模升级培育12家，培育新增规模以上工业企业5家、限额以上贸易企业1家。以古镇保护开发为核心，开展省级特色小镇创建，通过省“旅游风情小镇”评审。服务业三产固定资产投资4.8亿元，实现限额以上商贸业销售额3.9亿元，增长25%；限额以上社会消费品零售额0.52亿元，增长5%。

以整理改建、全拆全建、异地迁建等模式，推进“美丽新农村”建设。7个行政村建成新村住宅1276套，拆旧3.4万平方米，复垦13.33公顷土地。完成小城镇环境综合整治规划、线乱拉治理规划和四明路、鄞横线改造提升设计。列入小城镇环境综合整治的24个项目，开工建设23个，完成项目12个，累计投入1.2亿元。完成原邮政所、四明小区、供销社厂房等房屋拆除，拆迁面积约1万平方米；完成郎官第、岗山岭西路北侧等6个地块“阳光征迁”手续办理。下浦畈道路拆迁地块签约18户，签约率达75%；四明公所、光溪东路典当弄公房基本完成腾退清理，腾退10户。集中居住区A地块工程全部结顶，拆迁临时安置房建设工程完成。总建筑面积3.5万平方米的镇核心区拆迁安置2号地块二期开工建设。小学1号桥、古镇北入口景观工程、它山观景平台、岗山岭路北侧景观公园等工程竣工。实施建岙茶场至寻芝岭古道等6条农网公路建设。统筹推进新村住宅建设，占地3.47公顷的金陆新村和占地0.87公顷的凤凰新村二期交付使用。完成清源村庭院改造，累计改造133户，启动禅岩自然村二期联户自建。完成建岙砖瓦厂复垦项目6000平方米。光溪东路、岗山岭路联户自建完成原拆原建改造93户。鄞江镇被评为省“美丽乡村示范镇”。

4个劣Ⅴ类小微水体完成整治，拆除沿河地笼450只、阻止乱倾倒等破坏水质行为20起。集中式污水管网三期Ⅰ、Ⅱ标段和明州大道污水连接项目等5个农村生活污水处理提升工程完成；投资3600万元的大桥、沿山农村生活污水处理工程基本完成。排查全镇9000户房屋，腾空D级危房60户。拆除旧房约15万平方米。石潭河、娃娃鱼养殖场等违章建筑依法拆除，“基本无违建镇”创建通过市级验收。拆除原临时夜宵城，新建“啤酒龙虾广场”，引导镇区夜宵经营户规范经营。创新城镇综合管理模式，专项整治跨门、占道经营75起，取缔无证摊贩、游街商贩300余个。

推进“最多跑一次”改革，梳理权力清单130项，对17项重点群众办

表 19　　2017年鄞江镇各行政村基本情况一览表

行政村	户数（户）	总人口数（人）	集体经济总收入（万元）	集体经济总支出（万元）	总资产（万元）
清源村	4294	1012	173	201	2908
金陆村	378	959	308	303	12626
芸峰村	414	1026	225	208	1075
悬慈村	1158	2737	374	381	2904
它山堰村	746	1750	642	313	5762
鄞江村	665	1708	140	218	1552
光溪村	919	2222	954	948	7242
东兴村	645	1610	787	393	13343
建岙村	993	2485	415	518	3232
大桥村	433	1011	180	261	3591
梅园村	505	1285	410	358	4556
沿山村	276	800	280	368	1255

说明：表格中数据为调查数

事服务业务绘制流程图。提供就业岗位1285个，达成意向282人；增加创业16人，发放创业无息贷款245万元。接待维权咨询50余人次，受理劳资纠纷案件13起，兑现农民工欠薪162万元。完善社会救助体系，发放各类救助补助金610万元。拆除违章建坟12座。12个行政村完成村委会换届，推广“村民说事”制度。成立社会治理综合指挥室，实施重大事项社会稳定风险评估体系。开展安全培训12次，覆盖250余家企事业单位。健全农村“三资管理”实施意见、公共交易等制度，完成招投标项目45个，项目预算金额3108万元，中标价2794万元，节约资金314万元。

启动市级“美丽乡村”精品线建设。开展“乡愁文化”“水利文化”“府治文化”等文化建设，鄞江“三月三”“六月六”“十月十”庙会成为宁波最具影响力的民俗文化品牌，并成为省级非物质文化遗产项目。承办第23届亚洲攀岩锦标赛，半程马拉松比赛等。以啤酒、小龙虾等为旅游招牌，吸引游客60万人次。梅园革命史迹陈列室成为全市开放式组织生活基地。提升校园文化与家风家训教育融合，在全镇中小学进行“家文化”主题宣讲；引进甬剧传承基地。配合完成市创“国家卫生城市”复评迎检，指导各村创建省“卫生村”和市、区“最洁美村庄”。累计在市、区新闻媒体发布鄞江素材112条，播出鄞江新闻17条。制定实施文体工作奖励政策，开展“周日文化”活动37次，举办群众性文艺演出36场，节庆日活动10次。

光溪东路立面改造后景观

【鄞江“三月三”庙会】 2017年3月25—26日，鄞江“三月三”庙会举行。庙会以“庙（妙）在鄞江”为主线，集祭祀祈福与“妙解庙会”于一体，设主会场和多个分会场。主会场位于镇域核心区，沿环遗德庙—它山堰—枫林古道—鄞江陈列馆—鄞江廊桥—养正堂一线，沿途有大头娃娃、马灯、舞龙等民俗表演，并设走枫林古道、清修岭古道，非遗集市，庙会祭祀，赏析折子戏，诗会等9项活动；分会场设在金陆村白茶基地、鸿溪山庄和南塘老街等，举行寻茶、赏风车和推介展示等活动。

【鄞江镇中心小学获评国家级称号】 参见“教育”类目“综述”分目。

【原鄞江镇政府地块拆除】 2017年4月11日，鄞江镇四明路与光溪西路交叉口（原鄞江镇政府）地块拆除，拆除建筑面积9000余平方米。地块拆除后，规划建设为鄞江古镇北入口。

【鄞江镇入选省“旅游风情小镇”】 2017年8月，鄞江镇入选首批浙江省“旅游风情小镇”培育名单。鄞江镇以“风情古镇、山水小城”为总体定位，以“水文化”“石文化”和“庙会文化”为重点，挖掘、传承、利用古水利工程、与水相关产业、古民居、旧遗址保护和人文景观，规划建设为风景优美、特色鲜明、功能完善、国内知名的山水风情特色小镇。

【它山观景平台开放】 2017年9月，它山观景平台对外试开放。观景平台共3层，总高9.45米，位于它山堰公园东北半山腰上，近景为它山堰、它山岛、它山庙和鄞江，中景为鄞江历史街区和鄞江桥，远景为宁波（国家）攀岩公园、邵家滩和鄞江镇区。

【鄞江镇获评省“美丽乡村示范乡镇”】 2017年12月，2017年度浙江省“美丽乡村示范乡镇”名单公布，鄞江镇成为海曙区唯一入选的乡镇。鄞江镇拥有狮子山的晋代古墓葬群、郎官第古建筑群、它山堰等名胜古迹。2017年，以古镇保护开发为核心，完成小城镇环境综合整治、线乱拉治理和四明路、鄞横线改造提升设计，拆迁面积约1万平方米；完成南塘河、清源溪河道整治，启动鄞江流域整治工程；东兴村、清源村、金陆村等核心区域的新村面貌得到极大改善。

（马中龙）

鄞江镇晴江岸风光

洞桥镇

【概况】 洞桥镇位于海曙区南部，东连石碶街道，西临鄞江镇，北靠古林镇，南接奉化区江口街道。区域面积31.27平方千米。下辖20个行政村和1个社区，总户数9480户，户籍人口2.2万人，外来人口2.12万人。

2017年，实现地区生产总值29.08亿元，同比增长7.9%。实现财政总收入4.17亿元，增长17.4%。实现农林牧渔总产值2.16亿元，完成各类粮食种植面积1233公顷。增加土地流转面积193.3公顷，土地流转总面积1202.2公顷，占耕地面积的94.2%，规模经营面积911.7公顷。粮食生产连续保持市、区领先，单季晚稻示范方亩产748.6千克，获全市“高产攻关”第二名。举办粮食高产技术培训3期、新品种观摩会1期，参训学员180人次。新建小型水利工程3个，总投资120万元的树桥村“一事一议”项目竣工。完成9.93公顷农田改造提升，新增大中型农机具11台。开展惠农服务，农业政策性保险投保1109户，投保金额3326.9万元。推行秸秆综合

表20　2017年洞桥镇各行政村（社区）基本情况一览表

行政村（社区）	面积（平方千米）	户数（户）	人口数（人）	集体经济总收入（万元）	集体经济总费用（万元）	集体经济净收入（万元）	总资产（万元）
王家桥村	1.8	617	1523	4117	168	3949	5074
沙港村	1.9	690	1701	313	148	165	33449
上水碶村	1	301	738	209	115	94	3525
洞桥村	2.6	572	1354	155	121	34	5347
石臼庙村	2.5	323	752	191	81	110	1856
程家村	1.7	303	763	130	65	65	2475
李家村	1.3	259	688	98	41	57	2677
孙王村	1.2	277	676	249	39	210	1047
上凌村	1.1	244	616	130	88	42	1519
周公宅村	0.9	273	651	231	69	162	2698

续表20

行政村（社区）	面 积（平方千米）	户数（户）	人口数（人）	集体经济总收入（万元）	集体经济总费用（万元）	集体经济净收入（万元）	总资产（万元）
树桥村	1.8	484	1170	188	140	48	2494
张家垫村	1.8	471	1108	148	78	70	5345
前王村	1	293	707	215	78	137	2073
鱼山头村	2.3	473	1178	508	123	385	5506
三李村	1.7	326	847	285	178	107	6977
宣裴村	2.9	534	1277	588	185	403	7343
蕙江村	1.3	410	952	412	55	357	3157
百梁桥村	2.3	581	1364	275	82	193	5499
罗家漕村	1.01	189	430	163	106	57	836
潘家耷村	1.18	348	878	109	115	-6	3551
明苑社区	0.2	1512	2735	159	164	-5	23

说明：表格中数据为调查数

利用新模式，利用率达95.7%。实现工业总产值86.22亿元，其中78家规模以上工业企业分别实现产值63.3亿元、销售60.9亿元、利润5.1亿元，同比分别增长7.4%、6.6%和28.4%。实现高新技术行业产值38.7亿元，增长16.4%，占规模以上工业总产值的61.1%。企业研发投入占GDP比重为6.5%。完成社会固定资产投资15.5亿元，增长34.1%。其中，工业投资9.9亿元，增长34.1%；服务业投资5.58亿元，增长34.1%。限额以上商品销售额7.8亿元，增长26.6%。实现大市外实到内资2.2亿元，完成考核任务的147.6%。“浙商回归”实到资金2.2亿元，完成考核任务的147.9%，实到外资129万美元。宁波金锐机械有限公司在宁波股权交易中心创新板挂牌。新增各类授权专利152项，引进博士20人、硕士19人。完成3个市“3315”创业创新团队、1个省创业创新领军型人才团队和1个国家级博士项目的申报，“工业智能制造技术及智能装备研发设计”项目团队获得市“3315计划”B类团队奖项。

改善镇域生态环境，创建为省“卫生镇”。完成垃圾中转站等设施建设管理工作，投入154万元改善公厕条件，试点推广垃圾分类。开展“三改一拆”“五水共治”等专项整治，拆除违章建筑15.2万平方米，完成市“基本无违建乡镇”创建。疏浚河道11.34千米，剿灭劣Ⅴ类水体8个，集中回收农资包装废弃物25.93吨，处理病死动物797头，完成17个村的农村生活污水治理工程。

新村建设整片建新5.46万平方米，拆旧2.65万平方米。洞桥银城广场开业，洞桥中心老年乐园、洞桥镇环卫站等新建工程获立项批复。投资700万元的沙港新村谢山路工程投入使用。总建筑面积7.4万平方米的沙港新村四期主体结顶；三李村整体改建型新村二期项目48套自建房屋完成安置，96套联户自建房开工建设；总投资7.7亿元的宣裴新村建设地块完成桩基建设。

受理各类劳资纠纷27起，调解各种工伤事故20起，涉及金额187.17万元。做好钦寸水库移民安置后的生产、生活和子女就学等相关工作，投入90万元落实村道建设。发放各类慈善救助金350.7万元，惠及5000余人次，投入160余万元改善镇敬老院消防设施。总投资360万元的镇中心小学运动场地改造工程完工并投入使用。上水碶村等3个村创建市“卫生村”，镇卫生院创建成为全国“群众满意乡镇卫生院”。完成镇图书馆装修工程和王家桥村文化礼堂建设，沙港村文化礼堂获评全市唯一省“示范文化新地标”。举办第二届全祖望文化节、“喜迎十九大

9月22日，洞桥镇智能制造创新中心建设启动仪式举行

共筑洞桥梦”洞桥镇草根民星艺术团综艺专场、“音为梦响”洞桥镇首届企业职工歌手大赛等大型文体活动。

【洞桥镇首届企业职工歌手大赛】2017年4月24日，“音为梦响”洞桥镇首届企业职工歌手大赛决赛在洞桥工业园区举行。经过初赛、复赛角逐，13位选手进入决赛，宁波市升星彩印包装厂（洞桥）的杨常斌夺冠。决赛期间还举行爱心奖牌授牌仪式，表彰港商江黎鋆代表莱特海威科技有限公司捐助洞桥镇百梁卫生服务站10万元，用于医疗设备添置。

【银城广场开业】2017年5月，宁波洞桥银城广场开业。广场位于鄞城大道1261号，是海曙西南片区首个城市“一站式”购物综合体。总投资近1亿元，建筑面积1.5万平方米，引进“上影影城”“上岛咖啡”等品牌。

【宁波生活垃圾焚烧发电厂运行】2017年6月23日，宁波生活垃圾焚烧发电厂点火运行。项目于2016年1月开建，用地面积8.27公顷，投资14.2亿元，日处理垃圾量2250吨，为全国垃圾焚烧发电项目的标杆工程，是财政部第二批PPP示范项目，获2017年“中国循环经济最佳实践奖”。项目前期的“‘邻避’变‘邻利’”工作经验被省政府作为示范案例，在全省推广。

【洞桥镇智能制造创新中心建设启动】2017年9月22日，洞桥镇智能制造创新中心建设启动仪式举行。中心是洞桥镇推进“智能制造特色小镇”建设的重点，作为宁波智研院牵头运营的核心载体，通过形成先进制造技术从基础研究到应用研究、再到商品化和规模化生产的创新链条，解决实验室产品实现产业化的阻碍，为洞桥镇乃至全市制造企业提供先进制造技术和应用示范。

【第二届全祖望文化节】2017年9月27日，由洞桥镇政府主办、沙港村协办的第二届全祖望文化节开幕式暨“史学大柱全祖望”中秋诗词会在洞桥镇沙港村全祖望故居举行。文化节以“传承”为主题，包括开幕式、“史学大柱全祖望”中秋诗词会、“全祖望学术思想与当下现实意义”高峰文化论坛、“与千年古桥——百梁之约”书画作品展、“江南水乡 桥韵古今”魅眼看洞“桥”、全祖望故事会、寻找“祖望之源”文化之旅、闭幕式等活动。活动从9月27日持续到10月20日，数万名群众参与。

4月24日，“音为梦响”洞桥镇首届企业职工歌手大赛决赛举行

【草根民星艺术团综艺专场】2017年11月9日，“喜迎十九大 共筑洞桥梦”洞桥镇草根民星艺术团综艺专场在洞桥镇影剧院内举办，晚会演出16个节目，1200余名群众到场观看。洞桥草根民星艺术团成立于当年7月，下设16支分队，有文艺成员42人。

（谢　魁）

章水镇

【概况】章水镇位于海曙区西南端，东北接鄞江镇、横街镇，东南接龙观乡，西南依奉化区，西北靠余姚市，镇域面积146平方千米。下辖20个行政村、1个居委会，总户数1.04万户，户籍人口2.6万余人。

2017年，实现地区生产总值7.86亿元，其中第一产业占16.1%，第二产业占30.5%，第三产业占53.4%。实现财政总收入7808万元，同比增长8.02%。形成五大农业块状经济，其中贝母种植面积280公顷，银杏153.33公顷，杖锡樱花、红枫566.67公顷，茶叶基地规模保持在400公顷左右。开展天胜农牧公司“现代生态循环示范基地”建设，年产无公害蔬果350吨，新注册商标3件。推广赤水高山云雾茶、低坪手工皂等自有品牌。新申报4项农业科技项目，天胜农牧公司被评为市“农业龙头企业”。持续改进贝母无硫加工技术，年度贝母销售额3000万元。推进土地承包经营权流转，实现土地流转面积176.67公顷。完成6015户村民土地确权，村民签字率达85%。实现工业总产值6.72亿元，其中规模以上工业企业产销利分别达4.16亿元、3.94亿元、0.48亿元，规模以下工业企业总产值2.56亿元。完成进出口总额7326万元，完成区指标的122.8%。引导宁波通达电器开关厂、宁波大隆机器制造有限公司开展企业转制。淘汰“低、小、散”企业2家，强制关停1家。新引进内资企业、外资企业各1家，引进内资2000万元、“浙商回归”资金2000万元、外资310万美元，实现章水镇内外资“零突破”。

小城镇环境综合整治中，总投资1.4亿元的21个子项目基本完成，被列为年度“小城镇环境综合整治行动”省级样板。5.7千米道路实现柏油全覆盖。主干道高压线路、低压线路、综合管线全线下埋。荷梁线道路两侧总面积6万平方米的土地绿化完成。

表 21　　2017 章水镇各行政村基本情况一览表

行政村	面积（平方千米）	户数（户）	人口数（人）	集体经济总收入（万元）	集体经济总费用（万元）	总资产（万元）
章溪村	3.13	597	1297	158.92	176.37	672.27
郑家村	5.31	1067	2391	515.01	392.74	6511.94
樟村村	5.43	1334	2870	155.08	240.95	937.49
崔岙村	5.83	723	1593	50.41	233.27	765.89
朱梅村	4.16	730	1568	70.08	112.95	478.59
许岩村	4.09	647	1406	115.31	131.29	240.29
蜜岩村	7.02	734	1608	115.51	114.16	800.32
童皎村	9.23	488	1088	98.7	137.87	693.48
大皎村	10.23	485	1009	56.95	102.11	3703.11
杜岙村	7.32	595	1306	157.34	225.3	802.27
梅陇村	4.56	539	1193	63.17	130.69	375.89
宇岩下村	3.67	256	547	37.84	77.46	421.3
赤水村	6.76	337	738	276.32	192.05	593.4
茅镬村	1.88	140	319	128.32	118.79	652.16
低坪村	2.67	175	330	98.07	79.48	626.34
箭峰村	2.98	147	330	70.1	82.91	3679.92
杖锡村	4.98	491	1072	31.09	144.45	1071.44
李家坑村	4.05	372	750	445.22	1016.82	4259.18
燕麻村	6.49	285	644	61.45	86.42	312.57
里梅村	4.83	273	639	74.64	124.14	471.53

说明：表格中数据为调查数

拆迁村民90户，完成政策处理1100余户。

举办宁波市四明山旅游节暨11届四明山（杖锡）樱花节，承办2017中国·宁波“四明问秋”国际越野赛。李家坑村获“中国美丽休闲乡村”称号，创建“AAA级旅游景区村庄”。发行《阿拉旅游·最红章水》专刊。开展杜岙村、童皎村“A级旅游景区村庄”创建。加大与宁波市旅游投资发展有限公司合作，李家坑高品质民宿——乡叙·樟溪谷开业。推进蜜岩古村景观提升项目、李家坑村口景观提升及沿溪步行街改造工程等项目。

章水镇新景

通过内聚外迁形式安置村民643户。低坪村上横自然村土地复垦竣工验收。赤水村年年墩自然村、杖锡村沙罗方自然村和瓦屋自然村138户完成土地面积丈量、核对。赤水村百步阶自然村95套安置房主体工程结顶。杖锡村化龙庄自然村17套住宅基本完工。

做好“最多跑一次”工作整合，镇公共事务服务中心设置综合服务窗口7个。全镇1.29万人参加医保。“慈善一日捐”募集善款91万元。被征地养老保障金和城乡居民养老保障金领取对象分别新增12人和260人，总人数为565人和5013人。发放符合大病救助标准234人次，金额136.8万元；临时救助66人次，金额47.55万余元；为71名重点优抚、参战退役对象发放各类救助金42.09万余元；为1261名高龄老人发放高龄津贴41.51万余元。组织协助220家用人单位完成新的社保基数申报。完成4336名镇企业退休人员身份认定。镇残联换届工作完成。调解有效劳动纠纷投诉5起。里梅村、童皎村、赤水村、李家坑村、杜岙村、低坪村、燕麻村7个行政村饮用水提升工程及水毁修复工程基本完成。

【李家坑村获评国家级称号】 2017年，章水镇李家坑村经过地方推荐、专家审核和网上公示等程序，获评2017年度“中国美丽休闲乡村”。这是李家坑村继入围第三批“中国传统村落”名录和全国“美丽宜居示范村”后，又一次获得国家级称号。

【宁波四明山旅游节暨11届四明山（杖锡）樱花节】 2017年4月16日，2017宁波四明山旅游节暨11届四明山（杖锡）樱花节开幕式在章水镇文体中心举行。旅游节利用四明山自然和人文资源，开展五大主干旅游节事活动及相关春季活动，包括“樱花女子”半程马拉松比赛、“醉美樱花”穿越四明山心自行车赛、樱花论坛、蟹坑岭古道寻芳、四〇一洞天系列活动、杖锡樱花园游园活动。

【《章水镇志》编纂启动】 2017年7月8日，《章水镇志》编纂启动。全书设计16篇58章187节（含5个专记），约120万字。计划到2019年底完成初稿，2020年完成出版。此部镇志是章水建镇以来最重大的文化系统工程。

【天胜农牧公司获评市“农业龙头企业”】 2017年9月，天胜农牧公司被评为市“农业龙头企业”，成为全区唯一一家入围的农业企业。农场位于章水镇高山地区，有60余公顷粮食种植和66.67公顷蔬菜、禽类生产基地，出产蔬菜、水果、稻米、畜禽、淡水鱼、食用菌6类200余种产品。农业生产融合“互联网+”、体验式旅游、养生美食、健康养老及农业研发于一体，是农业部“现代生态农业示范基地”之一。

章水镇杖锡樱花园

【樟村中学、镇中心小学新校区启用】 2017年9月8日，章水镇樟村中学、中心小学新校区启用。两个新校总占地面积约6公顷，总建筑面积3万余平方米，成为镇内高标准、现代化、功能完善的中小学校。启用仪式现场还举行“奖优扶贫基金”捐赠仪式，爱心企业为章水镇教育捐赠15万元教育基金。

（孙　赟）

龙观乡

【概况】 龙观乡位于海曙区西南部，东临鄞江镇，南连奉化区，西北靠章水镇，乡域面积73平方千米。下辖10个行政村和1个居委会，总户数4801户，户籍人口1.12万人。

2017年，实现地区生产总值11.99亿元，同比增长5.1%；完成财政总收入5077万元；一般公共预算收入2740万元。全乡规模以上工业企业实现工业增加值增速6.9%，固定资产投资3.5亿元，完成工业投入3495万元。实现进出口总额1.13亿元，完成限额以上商贸业销售1.5亿元，完成限额以上社会消费品零售总额961万元，增长38.1%。实际利用外资200万美元、大市外内资资金1000万元，“浙商回归”实到资金1671万元。

发展现代农业，汇亨果蔬精品园300亩水蜜桃实现量产，宁波五龙潭有机茶园研发生产绿茶、红茶、花茶等多品种，“明州红”获市第三届红茶评比金奖；新培育桂花品种2个，开发6种桂花类特色农产品。

开展小城镇环境综合整治，《龙观乡小城镇综合整治规划方案》获评省优秀方案。新建“龙文化”牌楼，建成以龙兴路为主轴的“特色风情街”。建成以中溪河为主线，总长约1.5千米的中溪河风景小道。投入150万元实施环卫保洁外包，实行垃圾定时定点收集清运，投入30万元推进垃圾分类。投入120万元探索城镇管理服务外包新模式。落实街长制、路长制，增设停车场3个。统一规划设计道路标志标线、交通信号灯、隔离护栏、视频监控、停车区域等道路交通基础设施，查处“车乱开”违法行为。集镇区“线乱拉”治理专项规划完成。龙兴路全线完成综合管线“上改下”，推进桓村线路整治。

全域促进乡村旅游多元化发展，投资5000万美元的半山伴水度假村项目一期工程结顶；精品民宿——龙观禅那、向阳舍相继开业，获评市“特色民宿客栈”。五龙潭景区三期引进江苏百顺旅游公司，开发青云峡漂流项目，暑期3个月实现游客6.2万人次。与万汇集团签署观龙潭度假酒店3000万美元投资的意向协议。举办五

表 22　2017 年龙观乡各行政村（居委会）基本情况一览表

行政村（居委会）	面积（平方千米）	户数（户）	人口数（人）	集体经济总收入（万元）	集体经济总费（万元）	总资产（万元）
金溪村	1.90	401	995	240.2	74.1	807.9
后隆村	6.10	874	2110	195.3	162.9	5148.8
龙谷村	17.50	607	1453	73.3	149.5	3919.3
桓村村	5.90	615	1619	623	91.1	10991.7
龙溪村	15.20	510	1171	655.5	90.4	672.3
龙峰村	9.80	269	625	115.8	122.1	2336.6
大路村	4.10	324	776	100.5	82	6684.7
山下村	2.50	198	510	680.3	248.5	10784.6
李岙村	3.60	248	596	410.8	53.1	8947
雪岙村	6.40	341	769	293.7	47.2	1154.3
居委会	0.09	414	588	46.9	46.9	28

说明：表格中数据为调查数

龙潭山水文化旅游节、宁波十峰登山大联动暨2017海曙区登山大会。实现游客人数36万人次，旅游收入3000万元。李岙村、龙谷村、龙峰村分别通过省AAA、AA、A级"旅游村庄"达标验收考核。

扶持小微企业，提供担保贴息贷款100万元。建成全区首条"文明示范精品线"，新建农村文化礼堂1个。完成宁波实验学校教育集团龙观乡中心学校挂牌，投资400余万元对中心学校及中心幼儿园实施改建。

【民宿"龙观禅那"营业】 2017年6月，龙观乡"龙观禅那"精品民宿营业。民宿位于龙溪村南坑自然村，定位为"善意之美"主题民宿，以浙东传统山水民居风格为基础，结合乡土民俗与文化，融合现代旅游生活元素。民宿有客房20间，设有茶室、禅室、书吧等。双休日入住率逾80%。

【五龙潭山水文化旅游节】 参见"旅游"类目"五龙潭风景区"分目。

【2017宁波·龙观"桂香满陇"文化旅游节】 2017年10月9日，2017宁波·龙观第七届"桂香满陇"文化旅游节暨喜迎中共十九大综艺晚会在龙观乡李岙村桂花观光园举行。活动邀请宁波本土演员沈姿颖、杨松、张红坤与本地14支业余文艺团队登台，演出舞蹈、小品、戏曲、武术等节目。旅游节至10月底结束，其间还举办赏桂游园等，1000余人参加活动。

实现光伏全覆盖的龙观乡李岙村

【李岙村实现光伏全覆盖】 2017年12月，李岙村的光伏工程二期正式并入国家电网，成为全国首个唯一实现光伏全覆盖的村庄。二期光伏工程投资600万元，在全村安装600余千瓦的分布式光伏电站，采用光电建筑一体化建设模式，用光伏陶瓷瓦片替代传统瓦片发电，瓦片具备隔热防水功能。龙观乡光伏一期工程于2015年12月实现并网，每年可发电60余万千瓦时，每户村民每月享受50千瓦时免费用电，村集体经济每年可获益60余万元。

（卢江丽）

石碶街道

【概况】 石碶街道位于海曙区东南部，东临奉化江，与鄞州区钟公庙街道相对，西邻古林镇，南接奉化区，北邻段塘街道，区域面积34平方千米，建成区9.3平方千米。下辖15个行政村、6个社区和1个渔业社，有常住人口5.1万人，外来人口登记在册8.5万余人。

2017年，实现地区生产总值112.7亿元，同比增长13.9%；完成财政总收入21.6亿元，增长21.2%。78家规模以上工业企业完成总产值257.6亿元、销售收入241.9亿元、利润总额8.8亿元，分别增长9.7%、6.3%和2.2%。完成固定资产投资44.6亿元，其中工业投资9.6亿元，减少2%。招商引资实际到位外资3000万美元、实际引进内资2.14亿元、引进“浙商回归”资金3.43亿元。

机场三期扩建工程红线部分实现清零。新桥带动拆迁项目有集体住宅89户，面积1.28万平方米，签约82户；S214省道改建工程集体住宅清零，国有土地征收部分完成16户企业签约和拆除，剩余7户住宅户依法启动征迁程序；轨道交通5号线工程涉及8家企业征拆，完成其中1家。塘西村新村建设B、C地块完成中间结构验收，横涨村新村工程下水碶完成主体工程。协调住房困难大龄青年、无房户抽签分房与办证工作，启动办理第一批房屋产权证分配。街道安置房建设项目进入收尾阶段，万隆花苑小区完成第一次安置抽签。机场A地块基本完工，进入竣工验收阶段。建庄5号地块地下室基本完成。

石碶实验小学于9月1日投入使用，并加盟宁波市实验小学教育集团。海曙区第二医院（市第一医院海曙分院）落户石碶街道，于12月26日开业。石碶派出所附属大楼于10月底投入使用。冯家公交场站、塘西中路、益智路及学校假期维修项目均按期完成建设。建庄临时菜场基本完工，完成菜场招租招标，进行二次装修。富田南侧路于9月底开工。

投入资金700余万元，完成南新塘河生态修复及10个小微水体生态修复。拆除南新塘河后仓、冯家段河岸违章建筑5000平方米；建设生态墙体500米，面积2000平方米；对后仓段2千米河岸实施绿化。市控制断面于7月14日通过省治水办销号验收，成为区内首个销号的断面。投入518余万元实施南塘河、南新塘河、象鉴港河等近18千米河道清淤，累计搬运底泥19万立方米。

新建成的石碶实验小学

推进小城镇环境综合整治，11项工程开工，整治塘西中路等交通要道“线乱拉、车乱停”现象。排查3.07万户危旧房屋，D级危房全部腾空，面积1348.95平方米。腾空C级危房69户，面积4215.34平方米；维修加固13户，维修面积1096.25平方米。“三改一拆”累计完成违法建筑拆除23.86万平方米，完成年度目标的119.3%。

社险基数申报率达98.3%，完成区行政服务中心考核目标。城乡居民保险参保3249人，被征地保险参保2668人。完成1.03万名退休人员退休认证工作。办理城镇灵活就业社保补贴4102人次，办理被征地人员社保补贴4466人次，办理创业小额贷款23家，金额665万元。组织开展大型招聘会，参会企业73家，达成就业意向250人。受理欠薪投诉、举报29起，涉及劳动者人数207人，涉及金额134.86万元，处理劳动争议仲裁案件103件，开展“无欠薪”专项行动。民政医疗救助62人，临时救助91人，慈善临时救助1072人。为3949人次老人提供政府购买居家养老服务。

中心幼儿园设立省“名师工作室”——李江美工作室，定期开展教学教研活动。启动“海之梦”暑期中小学生社会实践活动。创建省“卫生街道”，对21家单位进行创建、复评指导，新增省“卫生村”1家。家庭医生签约1.44万人，建立居民健康档案10.66万份，为3700余名适龄妇女开展免费“两癌筛查”，301对待孕夫妇进行优生检测。新增奖扶对象500人，征收社会抚养费23.69万元。完成义务献血任务，采血5.94万毫升。完成基层行政村“会改联”及社区、街道妇联换届。

表23　2017年石碶街道各行政村（社区）基本情况一览表

行政村（社区）	面积（平方千米）	户数（户）	人口数（人）	集体经济总收入（万元）	集体经济总费用（万元）	总资产（万元）
石碶村	1.50	1037	2885	1191	76	8770
塘西村	1.50	843	2185	2230	176	27269
雅渡村	1.60	858	2272	717	78	8773
冯家村	1.20	925	2528	130	62	4204

续表23

行政村（社区）	面积（平方千米）	户数（户）	人口数（人）	集体经济总收入（万元）	集体经济总费用（万元）	总资产（万元）
后仓村	1.50	713	1746	233	77	2641
黄隘村	1.60	602	1598	349	58	16175
联丰村	1.50	536	1294	373	69	7816
星光村	1.30	1071	2606	681	93	5698
栎社村	1.50	1173	2685	258	88	2789
汪家村	1.80	809	2085	360	88	5778
东杨村	2.10	659	1623	245	88	1516
横涨村	2.50	1122	2641	921	143	5121
西杨村	2.10	746	1773	147	84	1430
上王村	2.50	584	1425	224	116	1518
车何渡村	2.60	879	2165	406	92	4418
建庄社区	1.50	615	1624	1043	63	10118
石碶社区	—	3029	7517	—	—	—
东方社区	—	1826	4923	—	—	—
新区社区	—	1744	461	—	—	—
丽洲社区	—	532	1585	—	—	—
锦丽社区	—	105	254	—	—	—

说明：表格中数据为调查数

【石碶街道基层组织换届选举】 2017年3月，石碶街道对辖区内20个村、社区组织集中换届选举。3月下旬，街道召开动员大会，对换届工作人员进行业务培训；期间多次召开专题会，听取工作汇报；成立由联村干部组成的村级组织换届领导小组。至5月底，换届工作完成。

【塘西中路集中整治】 2017年3月，石碶街道对塘西中路进行集中整治。实施1.21千米空中线缆“入地”，拆除各类违法搭建1000余平方米，设置地面分流标识，增加停车位，管理沿街店铺乱搭乱建、占道经营等问题。历时2个月，整治完成。

【石碶街道商会年会】 2017年3月31日，石碶街道商会年会暨MAYOR品牌发布会在雅戈尔集团举行，雅戈尔集团董事长李如成介绍MAYOR品牌发展历史，现场安排量体、定制服装、试衣、公关照拍摄等活动。MAYOR品牌是雅戈尔集团通过与多家国际顶级面料商建立战略合作联盟，以“全球顶级面料、顶级工艺、高性价比”为目标设立的中国自主高端男装品牌。

【石碶实验小学揭牌】 2017年6月21日，石碶实验小学举行揭牌仪式。小学是新建的6年制公办小学，投资1亿余元，占地面积3.8公顷，建筑面积2.28万平方米。按省一类标准配备校园设施设备，建有“智慧校园”系统。9月1日，雅戈尔希望小学、康龙小学、横涨小学3所完全小学并入石碶实验小学，下设21个教学班，有学生700余人、教师40余人。石碶实验小学同步加入宁波市实验小学教育集团。

【锦丽社区揭牌】 2017年10月10日，石碶街道锦丽社区举行揭牌仪式。社区所辖范围东起万泉路，南接鄞州大道，西至雅源南路，北到万兴路。社区占地39.13公顷，下辖锦源里、左岸尚苑2个小区，规划总户数2779户，其中左岸尚苑254户为户籍代管。

【沈光文诞辰405周年纪念活动】 参见“海曙区人民政府”类目“对台工作”分目。

（史微微）

月湖街道

【概况】 月湖街道地处宁波市中心，东起解放南路，西至长春路，南邻灵桥路三市路口，北依中山路，地域面积2.07平方千米。下辖7个社区，总户数9787户，总人口2.55万人。

2017年，实现地区生产总值58.47亿元，同比增长5.1%。财政总收入4.43亿元，增长15.2%；一般公共预算收入2.23亿元，增长9.7%。引进企业445家，注册资金189.94亿元。引进大市外资金92.82亿元，实到资金8.62亿元；“浙商回归”资金3.63亿元；实际到位外资1082万美元。依托月湖金汇小镇平台政策优势，重点引进股权投资、私募基金、

11月，月湖街道县学社区进行雨污分流改造

金融中介等新金融产业，中信建投证券、万联证券、永安期货、民生银行私人银行等金融机构陆续入驻，“天堂硅谷”“清控”“建银国际”“北控水务”等知名基金公司先后落户，累计入驻企业398家，注册资金418.26亿元。月湖金汇小镇被列入省第三批特色小镇创建名单。

全省首个湖泊治理PPP项目——月湖水生态综合整治实施，全湖累计排水40万立方米，清淤面积10万平方米，淤泥总量5万余立方米。推进居民小区雨污分流实现全覆盖，街道通过“污水零直排区”创建验收，平桥社区菱池小区通过省“节水型小区”年度验收。紫金梅园小区二期23号实施破墙开门房屋封门整治，集中复绿780平方米。妥善处理灵桥路49—53号外墙立面临时消危，配合完成轨道交通4号线（兴宁桥站）住宅征收工作。推进高塘四村危旧房改造项目，涉及征收户1234户。天一阁·月湖景区“国家AAAAA级旅游景区”创建通过国家旅游局检查。实施“道路清爽”行动“亮颜”行动。

调处物管矛盾纠纷11起，成功率达100%。规范专项维修资金使用，组织开展屋顶补漏、下水道疏通等维修21起，使用维修资金4.6万元。提升房屋安全网格化管理水平，消除平桥小区、县学小区、梅园小区因装饰条年久风化脱落引发的安全隐患，投入资金10余万元。

推进“最多跑一次”改革，行政服务实现一窗受理、集成服务。办理失业人员登记326人，为2515人次发放失业救济金351.54万元；办理灵活就业登记45人，为1402人次办理社保代理业务。慰问独生子女死亡、伤残家庭66户、困难家庭4户，发放慰问金、慰问品2.5万余元。受理立案调解劳动争议案件5件，调解5件，涉及劳动者5人，金额13万元，调解率达100%。13个社会组织项目纳入区公益创投项目，获创投资金8.05万元。试行社区社会组织认购民生服务机制，制定《社会组织参与民生服务事项项目化操作暂行办法》，15个项目被社会组织承接，涉及公益服务、社区治理、文化活动等多个领域。完成社区居委会换届选举，参选率达85.3%，选举产生新一届社区居委会成员45人。提拔社工4人，24名社工考取社工师、助理社工师，38人次获得三级婚姻家庭咨询师和三级心理咨询师资格证书。成立区文联月湖街道分会，“月湖小导游志愿者”项目获评区终身学习品牌项目。

【月湖街道雨污分流改造】 2017年，月湖街道对10个小区进行雨污分流改造，内容涉及小区化粪池实施系统清理、管道专项清淤疏通、破损老化管道维修更换、阳台落水等生活用水接入污水管，对居民私接、混接的管道从源头上进行截断处理，并引流至污水管。工程涉及路面修复1万平方米，改造管道5000米，投入资金1280万元。

【月湖街道基层组织换届】 2017年3月，月湖街道启动社区换届选举，5个社区参加。辖区有选民1.75万人，参选选民1.49万人，参选率达85.3%。选举产生新一届社区居委会成员45

表24　　2017年月湖街道各社区基本情况一览表

社区	面积（平方千米）	户数（户）	户籍人口数（人）
太阳社区	0.46	1113	2724
平桥社区	0.13	1741	4143
迎凤社区	0.11	1456	4119
梅园社区	0.25	1835	4941
县学社区	0.24	2009	5936
天一社区	0.26	1133	2458（基本为拆迁空挂户）
桂井社区	0.12	500	1166（实际186户，其余为拆迁空挂户）

说明：表格中数据为调查数

人。其中，选出主任5人、委员40人；党员37人，占比82.2%；大专以上学历29人，占比64.4%；平均年龄50.1岁。4月初，街道6个社区党组织完成换届，党员参与率达93.5%，选出社区党委委员42人。其中，大专以上文化21人，同比增加7%；女性委员32人，增加7%；最年轻的30岁。

【月湖水生态环境综合治理】 参见“专记”类目““五水共治”专项行动”分目。

【月湖街道护城河水生态治理】 2017年5月22日，月湖街道护城河清淤工程开工。工程投入500万元，开展清淤、水生态修复、绿化养护等项目。实际清淤5万立方米，街道对护城河上680平方米浮岛、2170平方米浮水植物、6610平方米岸上绿化、898盆垂直绿化进行养护管理。实施的水生态提升维护项目通过微孔曝气技术及景观喷水机、水生植物浮岛等设施改善水环境，逐步修复提高水体自净能力。同时，街道以人工巡查、建立监督平台等方式，严查沿河违章建筑，处置非法排污、设障、侵占水域岸线等行为，实现河道动态监管。

（李　菲）

西门街道

【概况】 西门街道位于海曙区东北部，东沿北斗河、北郊路；南起中山西路；西至萧甬铁路，与望春街道毗邻；北至蔡江河，与江北区接壤；辖区面积3.5平方千米。下辖13个社区，户籍人口5.8万人，实际居住人口7.8万人。

2017年，实现地区生产总值34.76亿元，同比增长4.6%。实现财政总收入2.79亿元，增长3.7%；一般公共预算收入1.43亿元，增长4.1%。实现税收2.79亿元，增长3.7%。引进各类企业276家，注册资金16.14亿元，增长160%。大市外注册资金5.35亿元，增长67.7%；实际利用外资首次突破100万美元，达116.18万美元。“MasterCam”“美克美家”等高端品牌

西门街道“两新”领域党建阵地——智慧谷·锋领驿站

入驻。固定资产投资突破7500万元。为356家企业发放“稳增促调”专项补助资金，走访百家重点税源企业，协调解决税收、融资等问题30余件。

高塘二村12弄危旧房改造项目启动签约，签约134户，签订货币协议92户，签约率达92.41%。制定《西门街道关于开展全面剿灭劣V类水体实施方案》。发放“五水共治”宣传品2000余份，西河花园小区创建为“节水型小区”，完成137个排口的地图标注。完成高塘恒春小区、龙柏花园雨污分流改造，疏通汪弄小区地下管网。“三改一拆”拆违2000平方米。开展垃圾分类宣传活动86次，垃圾分类小区达75%，参与户数1.42万户，参与率达73%，清运生活垃圾547车次590吨。完成钱东、胜丰小区、翠柏一里、西门派出所等处停车位改造。改造高塘三村大门岗，更换翠柏一里小区消防通道破损大门，小区51弄安装监控，西河花园安装楼道灯。

开展“两学一做”学习教育常态化制度化活动，通过“喜马拉雅”App“听见”专栏开办线上党课，线下建立5个基层“学‘习’园地”，开展创客党员夜学、党务工作者“周三课堂”，创设“强鹰学堂”，开展培训8期，提供菜单培训15次。新建“两新”领域党建阵地——“智慧谷·锋领驿站”，完成7家落后党支部整转，实现街道二星级及以下基层党组织清零。开展街道5类12项“大脚板走一线，小分队破难题”专项行动。建立社区“居民说事”制度。建立党员干部服务基层“4+1”机制和信访接待“1+1”机制。志愿服务党员参与一线破难、应急抢险、环境治理等1565人次。举办“晒赛组织生活”优秀案例征集评选活动，其中“相约主题党日，携手砥砺奋进”案例入围市“迎接十九大、锋领港城扬帆行”精品课件。

办理市、区交办各类信访件69件，办结率逾98%。调处各类纠纷案件375起，成功374起，涉案金额294余万元。制定《西门街道胜丰社区社会治安重点地区及突出问题整治方案》，新增监控摄像头14个、停车位241个。组织各类平安宣传活动130余次，悬挂横幅60幅，张贴宣传册5000份。安全生产大检查检查单位316家次，整改隐患500余处。对159家餐饮单位开展燃气安全专项检查，发放2000余份消防安全告知书，整治各类违规情况183处。

13个社区组织完成换届选举，选举产生新一届居委会成员107人。在全区率先试点智慧化养老平台，5个居家养老站点完成建设，改建面积658平方米，涉及资金40余万元。至是年底，街道有AAA级区域性居家养老服务中心1家、AA级居家养老服务站2家、A级居家养老服务站3家。推行“一窗受理、集成服务”窗口办事模

表 25　　2017 年西门街道各社区基本情况一览表

社区	面积（平方千米）	户数（户）	户籍人口数（人）
北郊社区	0.32	2538	4890
龙柏社区	0.06	867	1894
文化社区	0.21	1876	3845
胜丰社区	0.35	3144	7860
翠中社区	0.08	1760	3500
翠南社区	0.07	1150	1922
钱东社区	0.06	1581	3435
永丰社区	0.12	1688	3636
新高社区	0.09	1706	3743
新芝社区	0.34	4224	5721
汪弄社区	0.35	4950	13869
柳庄社区	0.07	1293	3220
芝红社区	0.15	2363	5326

说明：表格中数据为调查数

式。成立区文学艺术界联合会西门街道分会，召开第一次会员大会。申报全区首家“一人一艺”胡朝霞书法工作室普及点，组织书画赏析等公益培训20余场，惠及群众1000余人。红绸舞蹈队获评市“优秀基层业余文艺团队”。

【西安团市委考察北郊社区】 2017年2月23号，西安团市委到西门街道北郊社区考察共青团工作，宁波团市委农村部部长何翔、海曙团区委副书记尹涛等陪同。考察团实地查看北郊社区青少年综合服务站的线下实体阵地，听取街道和社区关于团建工作汇报，对街道“基层青少年综合服务平台整体化推进”项目、棚改工作民生纪实——《西门记忆》、社区青少年品牌活动室和志愿者团队工作等给予肯定。

【城市社区党组织换届试点】 2017年3月26日，西门街道胜丰社区召开社区党组织换届大会。现场以无记名投票的方式差额选举新一届社区党委专职委员7人、纪委委员3人，等额选举社区党委兼职委员2人，成为海曙区首家完成城市社区党组织换届工作的社区。根据区委组织部要求，胜丰社区成为全区城市社区换届选举试点单位，2月初，社区党委部署换届选举相关工作。制定实施方案，成立工作领导小组，开展走访调研，落实街道党工委与候选人谈话制度，发出203份《致社区党员的一封信》，排摸到会党员人数。

【郑奋获“最美禁毒人”提名奖】 2017年6月26日，浙江省第三届“最美禁毒人”揭晓仪式在省人民大会堂举行，西门街道禁毒社工郑奋获“最美禁毒人”提名奖，成为全区唯一、也是全市唯一以专职禁毒社工身份获奖的候选人。郑奋在西门街道担任“6·26”禁毒工作站负责人、包案社工，帮扶40余名吸毒者脱毒。

【《西门街道志》编纂推进】 2017年7月21日，西门街道召开《西门街道志》编纂工作推进会，动员部署志书编纂工作。《西门街道志》是街道成立以来编写的首部志书，由街道党政班子成员组成编纂委员会。全书设8编40

8月7日，西门街道“台之家”联谊会成立

章，预估字数30万字。计划于2018年3月完成初稿，9月前出版发行。

【西门街道“台之家”联谊会成立】2017年8月7日，西门街道“台之家”联谊会成立。选举产生第一届理事会成员，设理事7人，18名台胞台属代表参加成立仪式。联谊会在北郊社区建立“台之家”活动场所，不定期邀请台胞台属、赴台学生及家长开展座谈、联谊活动，了解台胞台属实际需要，征集赴台学生及家长意见建议。

【MasterCam软件公司到海曙区考察】2017年8月19日，MasterCam软件公司美方代表王可、总经理丁正飞到宁波工程学院翠柏路校区实地考察，并洽谈MasterCam（中国）先进制造研发中心项目。公司代表参观工程学院先进制造业平台，了解平台整体运作、硬件设施及场地情况。随后，与海曙区政府召开项目落地洽谈会，副区长金昕等人听取公司总部及研发中心项目总体介绍，欢迎项目在海曙区落地发展。

【吴顺江调研汪弄社区城市民族工作】2017年10月30日，省人大常委会委员吴顺江到西门街道汪弄社区开展城市民族工作调研。考察团实地参观街道民族文化馆，参观民族活动厅、展示厅、议事厅、“心灵驿站”4个功能室，在随后召开的城市民族工作座谈会上听取街道关于城市民族工作创新“五微”工作法介绍。考察团对西门街道、汪弄社区对推进城市民族工作的探索和成效表示肯定，要求街道把握新时代民族工作主题，将民族工作融入街道工作。

【西门街道基层支部规范化建设培训班】2017年11月13—14日，西门街道举办“学习贯彻中共十九大精神暨基层支部规范化建设”培训班。13个社区及“两新”党组织的106名基层支部书记、党务工作者听取市委党校黄立丰题为《新时代开启伟大新征程——认真学习贯彻中共十九大精神》的专题讲座。培训班还邀请区委组织部党员服务中心副主任陈声扬开展支部党务工作实务培训课程，各基层党支部书记关于支部规范化建设进行讨论和交流。

（王　倩）

江厦街道

【概况】江厦街道地处宁波市最繁华的商贸商务核心区，东濒奉化江，与鄞州区相对，西邻解放南路，与月湖街道相邻，南至兴宁桥西，北靠中山东路。区域面积1.43平方千米。下辖4个社区和天一、城隍庙2个商圈。户籍人口近1.6万人。

2017年，实现地区生产总值88.39亿元。实现财政总收入7.35亿元，其中一般公共预算收入3.57亿元。引进企业532家，注册资金27.81亿元。实现税收7.35亿元，同比增长10%。针对20万元以上税收企业，成立“企业走访中坚队”，开展“一对一”服务，走访企业226家，走访率达100%，为企业解决问题180余个。开展打击非法金融活动专项行动，排查宁波世贸中心大厦、宁波中国人寿大厦、宁波环球中心等33座楼宇在册企业1861家。

建立街道社会治理综合指挥室。推进“可视社区”建设，先后在辖区主要路口、监控盲点架设高标准摄像头61个，实现“天眼”全覆盖和24小时全天候监控。调解民间纠纷688起，涉及金额499.6万元。检查生产经营单位284家，落实整改各类安全隐患96个。建立健全与辖区17家企业的消防联勤联防体系，在全区率先实现市区微型消防站全覆盖，天之海大厦、灵桥广场等重点隐患单位实现摘牌。完成全区试点的“污水零直排”项目，改造4个社区11个住宅小区149幢楼宇的路面雨污管道，铺设管道10.15千米，路面恢复1.75万平方米。完成首批2个垃圾房试点改造。

推行“最多跑一次”改革，实现“一窗受理，集成服务”。完成“爱民梯升级工程2.0”等9个民生实事项目，办理助医、助困、助残等各类救助298人次，慰问困难家庭211户，发放慰问金32.05万元，开发就业岗位4922个。

开通街道微信公众号“魅力江厦”。完成社区“两委”（社区共产党员支部委员会、社区居民委员会）及居监会换届选举工作，选举产生新一届社区两委班子成员56人、居监会成员14人。组织作风建设检查48次，查处问题1起，办理辖区党员违纪违法案件3件，办结2件。

【老庙区域治安“摘牌”】2017年2月，市级挂牌社会治安整治区域——江厦街道老庙区域实现摘牌。江厦街道在治安管理难度大的点位建设动态视频监控5处，组建专职巡防队伍60人，走访商户41家，区域内务

7月26日，宁波颐高数码市场搬迁

表 26　　2017 年江厦街道各社区基本情况一览表

社区	面积(平方千米)	户数(户)	户籍人口数(人)
郡庙社区	0.20	1421	2700
天封社区	0.28	2400	4300
莲桥社区	0.26	1025	2021
新街社区	0.56	4764	7169

说明:表格中数据为调查数

工人员暂住登记率提高至90%。开展街面整治行动,拆除灯箱50余块、地铁周边废弃电线杆2根,查处各类违法停车200余起。在城隍庙商业社区设立社区微型消防站,开展沿街经营性合用场所燃气安全及食品安全整治,检查企业25家,发现并现场整改安全隐患20处,取缔无证小作坊加工点1处,采购独立烟感报警器500个。开展"平安广场"宣传,分发禁毒、反恐、公共安全等资料1000余份,组织消防志愿者参与理论培训、实战演练。

【天一商圈工会联合会获评省级示范工会】 2017年7月10日,天一商圈工会联合会入选省首批"百家示范基层工会",成为全区入围2家之一。天一商圈工会联合会成立于2009年,是全市首家商圈工会。成立"工创家+1号",设有"来吧"娘家客服区、"聚吧"职工沙龙区、"约吧"联谊交友区、"书吧"职工悦读区、"母婴吧"职场妈妈专区、"健康吧"职工体检区等,并成立"手公益社团""青年读书会"等备案职工"自组织"17个。

【宁波颐高数码市场搬迁】 2017年7月26—30日,宁波颐高数码市场搬迁,市场200余户经营户均搬离。市场位于宁波富茂大厦裙楼一楼、二楼,有铺位185个,经营面积8200平方米。宁波恒一甬乐商业广场开发有限公司于2013年4月收购富茂大厦后,重新布局业态,要求于2017年7月底前腾空市场。江厦街道针对部分经营户合同未到期、诉求分歧大等群体性涉稳因素,以"源头化解、以民为本、强化疏导、依法处置"为原则介入处理,实现搬迁过程中经营户"零滋事、零闭门"。

【全市首个居民自治住宅乘客电梯改造项目】 2017年8月1日,全市首个居民自治住宅乘客电梯改造项目完工。项目为狮子街95弄、129弄的住宅电梯,涉及597户业主,原有电梯因年久失修、故障频发等原因暂停使用。社区工作人员召开业委会、物业、社区"三方会议",通过民主协商,4月启用电梯专项维修基金实施改造。成立由社工、业委会、物业、志愿者等组成的电梯运营管理小组和电梯资金管理小组,出台《电梯承运守则》《电梯日常管理制度》等细则,聘请5名公益性岗位人员专门维护电梯秩序。业主每人每年缴纳50元有偿乘坐费,或购买"爱民梯·通行卡",资金用于支付电费、日常维护保养和后期维护等。社区便民服务中心设置咨询窗口和通行卡售卖窗口,方便个别出租户购卡;对于低保家庭和残障人士,只收取工本费或免收乘坐费。

【江厦街道第五届"商居文化"艺术节】 2017年10月30日,江厦街道第五届"商居文化"艺术节暨"江厦领跑者"表彰晚会在濠河公园举办。晚会以"不忘初心跟党走、携手共筑中国梦"为主题,表彰街道"最美家庭"、优秀基层文体团队和优秀社会组织,现场演出古典舞、戏曲联唱、时装秀、小品、拉丁舞等文艺节目,吸引千余名观众参加。

【江厦街道获评全国"社区教育示范乡镇"】 2017年12月8日,江厦街道获评全国"社区教育示范街道"。江厦街道成立社区教育协调委员会,以"江厦健康教育论坛"为平台,建设老年人健康教育科普、青少年非物质文化传承、失业职工技能培训等社区教育特色品牌,基本实现区域内全民教育和终身教育全覆盖。

(何佳媛)

南门街道

【概况】 南门街道地处宁波市中心城区,东临长春路护城河,与灵桥路交界;南濒奉化江;西至柳汀立交桥,北至中山西路。区域面积4.14平方千米。下辖11个社区和1个商圈。实有人口6.5万余人,其中户籍人口4.6万人。

2017年,实现地区生产总值44.1亿元(不含金融和房地产),同比增长2.5%。实现财政总收入3.63亿元,增长4.7%;一般公共预算收入1.9亿元。

实现限额以上商品销售额243.43亿元,增长15.5%。大市外实到资金5亿元,"浙商回归"实到资金6.29亿元,实际利用外资2019.4万美元。完成固定资产投资25.7亿元,服务重大项目11个。开发"两区三城"(鄞奉路滨江商务居住区和铁路宁波站综合服务区,星悦城、江湾城、中都商务城三大综合体)。

"四个平台"打通服务"最后一千米",至是年底,平台上线率、登录率均达100%,上报事件4162起,实现关闭率100%。处理各级转办和本级登记网上信访事件103件128人次,化解率达100%;接待信访人员18批。完成辖区10条河道剿劣任务。协调启文路157弄等4处停车场458个停车位改造。咏归HS09-05-06、原朝阳新村等地块完成出让。

梳理"最多跑一次"改革涉及的57项公共服务事项,建立"五跑模式""十分钟工作法",为居民代跑代办1527件,为民减跑建档案服务1554次;培养"全能"窗口人员,一次办结

5月27日，南门街道红起社区红十字会志愿者开展“粽情蜜意浓，巧手送端午”活动

率提高至94.7%，临时救助345人次，累计金额55.11万元。医疗救助7768人次，累计金额79.84万元。开展特色招聘咨询活动8场次，介绍职业1342人次，帮扶132名大学生创业，发放市创业担保贷款840万元。新建朝阳社区居家养老站点，周江岸、车站社区居家养老站点通过AA级评定。郎官社区引进第三方专业机构——宁波安健家政服务公司，成为全区首个正式签约的第三方社会专业养老机构。

老宁波文化食俗馆、宁波国际旅游文化中心、城南书院、涌绣堂茶楼等文化产业在南塘老街落户。街道在南塘老街开展“天天说、周周演、月月展”好戏连台活动，参与鼓楼步行街“欢乐广场 幸福海曙”演出展示活动120场。培育发展万安社区夕阳红舞蹈队、爱乐民乐队、知青文工团，迎春社区余双莲戏曲工作室，尹江岸社区睦邻情舞蹈队、珍艺戏曲队，柳锦社区锦绣群众艺术团等60余支文体团队。成立区文联南门分会，培训业余文艺骨干35次，在全区首届镇（乡）街道创作歌曲比赛获金奖，创作舞蹈比赛获银奖，广场舞比赛中获铜奖。

【宁波站区域党群服务中心成立】 2017年6月，宁波站区域党群服务中心成立。中心面积1170平方米，服务中心党委下属“两新”组织联合支部、建筑设计院、华展设计院、温州商会等大小党支部28个，有在册党员414人。中心内设党群服务中心、志愿文化展示区、志愿服务培训中心、公益众创空间等功能室，有汽车南站3561服务班、妇儿医院“关爱妇孺”、“阿拉帮帮你行”等8个志愿服务团队。至是年底，累计开展“让红色之光照亮孩子星空”“红心放飞·喜迎十九大”“公益巴士”等党群志愿服务活动87次，接待省、市各级参观团182批次，获评区第二批“开放式组织生活基地”。

【何凤瑛获评全国“模范人民调解员”】 2017年6月，全国人民调解工作会议在北京召开，南门街道调解员何凤瑛获评全国“模范人民调解员”。何凤瑛于2011年成立海曙区首个以个人命名的人民调解专业工作室——“何阿姨和好屋”，接待群众2500余人次，调解各类纠纷1100余起，为群众挽回经济损失200余万元，服务满意率达98%，何凤瑛多次获评省、市先进称号。

【社会专业养老机构进驻郎官社区】

2017年10月，郎官社区引进第三方专业机构——宁波安健家政服务公司，成为南门街道首个引进社会专业养老机构开展居家养老服务的社区。郎官社区有60岁以上老人1827人，其中80周岁以上423人，有独居

表 27　　2017年南门街道各社区基本情况一览表

社区	社区管理面积（平方千米）	户数（户）	户籍人口数（人）
尹江岸社区	0.7	4357	7611
周江岸社区	0.3	2239	3729
红起社区	0.24	1556	2151
澄浪社区	0.37	2064	3404
朝阳社区	0.12	1691	3406
车站社区	0.21	1096	2480
马园社区	0.25	3307	4346
迎春社区	0.18	3194	3223
郎官社区	0.23	4143	6985
柳锦社区	0.22	1504	3506
万安社区	0.32	3342	5407

说明：表格中数据为调查数，不包括铁路宁波站区域1千米

老人205人、“空巢老人”311户。第三方养老机构提供送菜到家、陪看医生、代配药品、上门帮助行动不便老人洗澡等服务。

【“三八”集市整治】 参见“城乡建设与管理”类目“城市管理”分目。

（王谢雪）

鼓楼街道

【概况】 鼓楼街道位于宁波市中心，东临三江口，西至望京路，南接中山路，北濒余姚江。区域面积1.6平方千米，下辖5个社区、1个商圈服务中心，有户籍人口2.4万人。辖区拥有鼓楼沿历史文化街区、秀水街历史文化街区、伏跗室永寿街历史文化街区、中山公园、督学府、伏跗室等文化名胜古迹及120处不可移动文物。

2017年，实现地区生产总值60.7亿元，同比增长7.2%；财政总收入4.2亿元，增长12.6%；限额以上商品销售额233.8亿元，增长17.1%；规模以上营利性服务业营业收入13.4亿元，增长34.3%；规模以上文化企业营业收入10.4亿元，增长18.7%。引进各类企业466家，实际利用外资3648.6万美元、“浙商回归”资金3.55亿元、大市外实到资金4.44亿元。赴上海、杭州等地招商，重点引进“瑞洋地产”“千方科技”“爱建证券”“三联书店”等一批优质企业。开展精准服务企业“百日行动”，专项制定“大脚掌联企”工作方案，走访各类企业400余家，收集汇总企业各类问题百余个。辖区企业“华昌汽车金融服务平台”“1844梦中心”2个项目在2017年浙洽会海曙分团活动现场签约，总投资分别为外资5000万美元和内资15亿元人民币，成为全区镇（乡）街道中参会客商最多、签约项目最多、投资额最高的街道。

党员3000余人次通过“锋领汇”平台参加“微党课”、知识竞赛等学习活动；1000余人次参与“党章学堂”、红色教育基地学习；开展“一员双岗”锋领行动，创“党员先锋岗”；在职党员1000余人次参加“剿灭劣V类水”“三改一拆”“联社、进企、破难”“最多跑一次”等重点工作；在“两学一做”践行基地，党员3100人次参与志愿服务与“微心愿”认领；在街道建立“甬·志愿”服务驿站，各服务站点与团队累计开展志愿服务200余次，惠及9000余人次。开展支部书记专题培训7次，党委间组织召开“头雁论坛”交流学习3次，外出交流参观学习5次，支部间结对开展组织活动6次，整体提升支部带头人队伍素质。5个社区党组织申报开展的“金种子基金”项目获得区经费资助。

巩固“三改一拆”成效，完成拆违面积932平方米。辖区11幢危旧房屋列入棚户区改造项目。协助实施中山路、解放路改造工程。国医小区、开明小区、屠园小区、呼童小区、和义路145号片区、解放北路74弄34号片区的雨污分流改造工程完成。非物业小区保洁服务外包项目实施招标。引入第三方参与，启动智能化垃圾分类试点项目。开展4次“拉网式”大排查大整治，排查单位（店铺）700余家次，完成82处安全隐患整改。先后4次在鼓楼历史文化街区举办安全生产宣传咨询活动，设立宣传站，举办宣传板报展示，发放公共安全相关科普资料、专业书籍、宣传图册等。

鼓楼街道孝闻社区新改建垃圾房

开展各项民生保障工作，发放春节慰问金29.05万元，关注重视弱势居民，发放低保金100.93万元、医疗救助金12.17万元、民政临时救助金14.21万元，发放残疾人困难生活补贴40.75万元、残疾人重度护理补贴128.06万元，对230户廉租住房保障户进行年审。失业登记266人，灵活就业登记32人。办理灵活就业等各类补贴1827人次，发放金额681万元。开发公益性岗位79个。开展特色招聘咨询活动5次，为111家用工单位发布岗位信息1071个，职业介绍1649人，实现再就业630人，新增就业1287人。为13名创业者提供320万元小额担保贷款。办理创业者社保补贴19家，金额15.64万元，创业带动就业补贴12家26人，金额5.2万元。新增大学生创业实名登记65家，帮扶大学生创业企业数133家。代办退休168人，接收档案168份。办理城乡居民医保参保1280人，做好三轮车及残疾车平台人员管理，生活费发放238人次，金额25.10万元，办理退休19人，两金自负收缴61人，金额21.32万元。受理欠薪投诉案件30起，涉案人员33人，涉案金额6.01万元，结案率100%。持续推进“和谐互助型社区”品牌社区建设，深化“公益24集市”“百岁粥坊”“倾听十分钟”“社区故事会”等公益项目，增设“朴门生态园”等新项目，实施“社区活动大家谈”“社区平安我参与”基层民主协商标准化操作。

弘扬鼓楼历史文化内涵，开展“我们的节日”文体活动90余场。开展“老墙门故事会”“阿拉宁波广场故

表 28　　2017 年鼓楼街道各社区基本情况一览表

社区	面积（平方千米）	户数（户）	人口数（人）
文昌社区	0.12	2638	7044
苍水社区	0.64	1418	3629
秀水社区	0.22	2285	5603
孝闻社区	0.23	1637	5200
中山社区	0.35	3551	1400

说明：表格中数据为调查数

事会”“千年宁波·鼓楼足记”“鼓楼沿非遗传承人技艺展示”和“幸福鼓楼文艺展演”等品牌活动。开设“驿动夕阳 银发课堂”“社区青少年俱乐部假日学校”等特色品牌课堂70余场次。街道有苍水怡然书画社、文昌文韵歌队、秀水舞蹈队、中山永寿彩霞舞蹈队、孝闻闻乐甬剧团等品牌文艺队伍35支，有文艺骨干600余人，涵盖声乐、舞蹈、健身、戏曲、摄影等。举行“喜庆十九大，不忘初心，共筑中国梦”文艺会演，开展“海小社会实践课程”12期，把甬剧、编织文化、宁波老话、宁波童谣等非遗文化知识送进学校。

【全市首个垃圾房新改建工程启动】 2017年6月19日，鼓楼街道文昌社区中宪小区垃圾房新改建工程启动。鼓楼街道将文昌、孝闻、中山、秀水、苍水5个社区的15个垃圾房列入年度垃圾房新改建工程计划。其中，文昌社区孝闻街73弄垃圾房为新建工程，其余均为改建工程。新改建垃圾房面积212.9平方米，由世界银行贷款补助。新改建工程改变现有垃圾房设施老旧、标志模糊不清问题，统一规划用料材质、通风除臭功能等，增设工具间、设备间，安装除臭消毒设备、语音播报或LED显示屏。

【“就近跑一次”全域通办模式实施】 2017年8月，鼓楼街道作为全区“最多跑一次”改革试点单位，率先实施“就近跑一次”全域通办模式。街道有灵活就业居民900余人，人数多、办理需求大。为提高灵活就业社保补贴办理服务效率，在下辖5个社区便民服务窗口增设“就近跑一次”办事专窗，居民可自助选择就近的街道服务大厅或任一社区办事专窗办理业务。

【首家电子化工商登记企业落户】 2017年9月，由鼓楼街道引进的宁波海曙项贝进出口有限公司通过“浙江省工商全程电子化登记平台”领取营业执照，成为区内首家通过平台完成企业名称核定、工商登记、执照办理的企业。鼓楼街道全程提供“一条龙”服务，把“就近跑一次”全域通办模式扩展至经济领域，帮助企业申请人实现足不出户办理营业执照。

【鼓楼随园智汇坊开业】 2017年11月23日，全市首家嵌入式养老服务中心——鼓楼随园智汇坊开业。项目由鼓楼街道与浙江随园养老发展有限公司合作建设，位于文昌街61弄1—3号、文昌街57-4边，建筑面积870平方米，是全市首个集24小时护理、日间照料、康复护理和社区养老推送服务为一体的嵌入式养老服务中心。至此，鼓楼街道建成5个社区“随园之家”养老服务站，形成“一中心五站点”养老服务格局，成为全市首个实现第三方养老机构全覆盖的街道。

（姚焕杰）

白云街道

【概况】 白云街道位于宁波市中心城区，东接萧甬铁路；南至苍松路、气象路，距杭甬高速公路入口处仅2千米；西临后西塘河支流——龙尾河、前河，接机场公路至气象路口，距宁波栎社国际机场6千米；北沿西塘河，与市主干道中山西路隔河相望，辖区面积约3.3平方千米。下辖11个社区，总人口约6.2万人。

2017年，实现地区生产总值32.67亿元，同比增长15.1%。完成财政总收入4.05亿元，增长18.8%，位列18个镇（乡）街道、园区第四；一般

3月21日，“宁波市有害垃圾收集启动日”活动在白云街道玫瑰苑小区举行

公共预算收入2.04亿元，增长14.7%。引进企业777家，增加34.2%；注册资金总额34.16亿元，增加86.76%。调整招商引税奖励办法，招商从“招大”逐步向引进市外实到资金、“浙商回归”资金转变，通过以商引商、平台招商、“走出去”招商等多种途径，引进“宏图三胞”“东方财富证券”等一批优质税源企业。宁波节能环保科创园及“虚拟园区”——宁波保能网入驻企业32家；“启运86”微电影文化产业园入驻企业20家；科技治水园入驻“天河水生态”“荧锋市政”等优质企业20余家。组织开展精准服务企业“百日行动”，累计发放“稳增促调”专项资金等各类补助2500余万元；走访企业320家次，重点企业走访率达100%。发挥白云商会作用，开展企业家联谊会、分行业交流会及赴嘉善学习考察等活动20余次。

基层党组织“整片建强、整街提升”工作持续推进。开展“党建在一线，书记带头干”锋领行动，完成11个基层书记领衔项目。对基层支部建设开展各类督察6次，召开问题分析会12次，完善“三会一课”、固定组织生活日、党费收缴等党员管理制度。链式党建工作室前丰站启用，委派党建工作联络员，指导属地化非公企业党组织规范化建设，成立“益动空间”社会组织联盟，整合社会组织党建指导员队伍。组织开展“白云最强音”中共十九大精神宣传学习，组织党章党规学习、“朗读者”活动等100余次，教育党员6000余人次。完成社区党组织换届，开展“云雁工程”，组织换届专题培训、党员规范发展经验分享等实践交流学习10余次。接受区经济责任审计和区委巡察，开展正风肃纪、社区小微权力规范化检查9次，通报批评和诫勉谈话各2人次。街道侨联换届，开展各类走访、慰问、座谈等活动140余次。

开展“五水共治”“剿灭劣V类水”，创建“污水零直排”街道，率先引入第三方专业力量对辖区13条河道开展剿劣排查，排查“四小行业”517家，改接污水管7家，完成牡丹小区及周江岸路15弄雨污分流改造和长漕河、文台河河道疏浚。拆除违法建筑10处，面积1062.7平方米。整治联丰菜场周边及联丰路、宝善路、蓝天路、丽园北路等重点区域和路段，疏导跨门占道店面2.16万摊次，查扣无证摊点200余个、烧烤店50余家，抄告违停车辆1万余辆次。在安丰社区引入全市首个垃圾分类智能化、社会化运作试点项目，在安丰社区、安泰社区建立垃圾分类宣教点，联丰玫瑰苑小区创建市“垃圾分类示范居住小区”，街道获评全区唯一的垃圾分类工作先进集体。

成立区文联白云街道分会，下设歌咏、舞蹈、书画、综艺等7个文学艺术协会。推进“凡人民星”艺术团发展，组织开展建党96周年大型文艺活动、“家门口文化”活动等传统文化、广场文化、社区文化、商圈文化活动30余场次，举办各类文体培训、科普讲座80余次，惠及群众6000余人次。

完成“一窗受理、集成服务”公共事务服务窗口改革，实现通办通结36个服务事项，梳理“最多跑一次”服务事项57项。慰问补助困难家庭305户，发放慰问金46万元；组织开展大型专场招聘会2场，125名失业人员实现再就业；募集慈善捐款215万元。建成使用安丰社区、丽雅社区便民服务中心，完成云丰社区办公用房提升、安泰社区旧物改造室建设。白云庄社区居家养老试点市场化运作。在全区率先完成社区居委会、居监会换届。3个社区完成年度区级“品牌社区”创建，其中安丰社区获得50万元专项资金补助。推行社区“幸福清单”，完成“转角遇到爱”“公益墙绘”等“幸福实事”1200余件，新成立联北社区乐善公益等社会组织9家，申报市级公益创投项目2个、市妇联政府购买服务项目1个、区级公益创投项目18个。

梳理调整原有110个网格，建立网格工作事项清单，出台全科网格考核奖励试行办法及社会治理信息采集“以奖代补”实施办法，各网格上线率、活跃度均达100%，每网格月均有效出勤20次。排查调处矛盾纠纷212起，调处成功209起，调处率和调处成功率分别达100%和98.5%；受理各类信访件70件，办结69件，办结率达98.5%。完成第二届社会治理奖评选，

表29　　2017年白云街道各社区基本情况一览表

社区名称	面积（平方千米）	户数（户）	人口数（人）
联南社区	0.15	2358	5890
联北社区	0.11	2472	6300
云丰社区	0.27	2854	7523
安丰社区	0.39	3373	9186
白云庄社区	0.20	2669	6673
云乐社区	0.25	3106	8696
牡丹社区	0.73	3021	8280
安泰社区	0.11	1832	5162
宝善社区	0.54	2784	6929
南雅社区	0.08	1573	3932
丽雅社区	0.25	3727	3700

说明：表格中数据为调查数

5月26日，白云街道举行街道链式党建工作室前丰站运营暨水滴联盟成立仪式

9家单位及26名个人获得表彰。加强消防、食品加工、烟花爆竹、特种设备等重点行业领域安全监管，与1018家单位签订公共安全责任书，对170余家小餐饮店开展消防安全巡查，完成第二批500个独立式烟感报警器安装。实施群租房常态化巡察机制，清退周江岸路97弄51号、安福公寓、白云商务楼等群租房19户。

【白云街道链式党建工作室前丰站运营】 2017年5月26日，白云街道在宁波市科技治水园区内举行街道链式党建工作室前丰站运营暨水滴联盟成立仪式。团区委领导、街道领导、社区书记等80余人参加成立仪式。街道办事处主任段谟法为党建工作室前丰站授牌。工作站位于前丰街80号宁波市科技治水园区内。利用互联网技术，打破以往社区行政区域和传统作息时间限制，将服务范围覆盖至整个白云社区，为辖区居民、企业、商圈提供更灵活、更智慧的便民服务，实现在党建引领下的辖区民生服务全覆盖。

【全市首个垃圾分类智能化社会化运作试点】 参见“城乡建设与管理”类目“市容管理”分目。

【市“智慧消防”现场分会在白云街道召开】 2017年7月20日，宁波市火灾防控基层基础推进会暨智慧消防建设现场会召开，与会人员到白云街道实地参观“智慧消防”运用情况。白云街道介绍“推行智能防控提升消防社会化水平”相关经验，街道依托市基层社会服务管理综合信息系统，整合综治工作平台、市场监管平台、综合执法平台、便民服务平台4个平台信息，实现各职能部门对火灾隐患联动处置。

【白云公园品质提升工程】 2017年9月，白云公园品质提升工程开工。工程西接环城西路，东邻文台河，改造面积3.5万平方米，计划总投资282.35万元。改造包括绿化品质提升及健身设施改建。移植及整理园区内原有茶梅、杜鹃、竹子等苗木2700余平方米，新增零星健身设施，修复园内水车，修复和改造破损园路、停车场、景观小品构筑物。

（黄颖萍）

望春街道

【概况】 望春街道地处海曙中心区西部，东面沿铁路与西门街道和江北区文教街道相邻；南面位于机场路以东，与白云街道相邻；西以西塘河为界，与高桥镇接壤；北临姚江，与江北区洪塘街道隔岸相望。市区主干道中山西路、通途路、环城西路、机场路呈“井”字形贯穿其中，街道面积8.95平方千米，下辖14个城市社区和12个股份经济合作社，常住人口4.8万人，总服务人口逾13万人。

2017年，实现地区生产总值34.89亿元，同比增长17.5%，在全区17个镇（乡）街道中位列第一。实现税收3.95亿元，增长10.7%；一般公共预算收入2.19亿元，增长13.1%。街道获评省“无邪教街道”，水岸心境社区被评为全国“无邪教社区”示范点。广安社区获全国“农村优秀学习型村（社区）”、省“节水型居民小区”、省“节水型居民小区”称号。

依托银润豪景、恒茂电商大厦、众创空间等电子商务地域优势及宁波高鑫广场等综合性商业广场资源，加强招商力度。引进企业455家，注册资金32.88亿元，增长57.8%。其中，500万元以上124家，注册资金29.5亿元。启动海曙第六空间家居广场装修和招商，推进金茂悦、中梁壹号院、恒威海上花院等房地产项目及真和电商总部大楼、恒厚总部大楼、新京总部项目。开展精准服务企业“百日行动”，解决企业问题24个；申报40家企业“都市工业”补助、53家电商企业补助和296家企业“稳增促调”资金补助，累计补助资金1325.88万元。

推进“拆迁攻坚清零”行动，澄波华庭小区抽取房屋1218套，完成率达98%；丽象佳苑抽取房屋1341套，完成率达99%。推进“三改一拆”，拆除各类违法建筑39处，面积2.07万平方米，拆违完成率居全区第一，14个社区均通过“无违建社区”验收。实施“劣V类水剿灭”专项行动，辖区内9条劣V类小微水体均通过销号验收。推广垃圾分类2.05万户。做好春城花园小区雨污分流改造，完成永和居易小区省“节水型居民小区”创建。集中整治徐家漕社区、信谊社区、肉禽蛋批发市场等区域。

完成居民委员会、股份经济合作社换届，选举产生新一届居委会成员101人，推进股份经济合作社有序退出。投入资金保障169.3万元，推进清风社区“青少年梦之坊”、徐家漕社区“多方参与，温馨聚力”居家养老等社区服务品牌建设。签约公益创投项目16项，推动街道各类社会组织递进式发展，成立全区首家区域性社会组织服务机构——春风群社会组织服务中心，发挥“清风创益巢”示范效应。街道“慈善一日捐”募集善款130余万元。实施“最多跑一次”“一窗受理，集成服务”改革，街道社保站获评市“巾帼文明示范岗”称号。居家养老服务引入社会企业，进驻城区西部区域居家养老服务中心。清风文化中心投入运营，组织开展节庆会演等活动30余场次，惠及群众2万余人。天一家园社区、泰安社区、水岸心境社区完成省“民主法治社区”复评，组织开展“护航十九大”等“法律六进”活动。做好人民调解，处理各类纠纷213起，调解成功率达100%，涉及金额126万元。

依托街道党校、微型党课、“道德讲堂”等平台开展专家讲学、集体议学活动。分类制定社区、股份经济合作社、“两新”企业支部规范化建设标准，推出组织生活“5+X”计划，将开展一次主题党日、一次党费交纳、一次思想汇报、一次谈心谈话和一次建言献策作为每月每个支部的5项“规定动作”，全街道107个支部开展志愿服务、学习研讨、场馆参观等主题党日活动近2000次。建成“清风社会组织红色联盟”、广泽“一驿多室”网络、青林湾诚信商户等党建品牌。划分设置126个网格和党小组，建立健全信息收集上报、协调处理、监督反馈等机制，113名街道干部和4000余位网格党员开展一线服务。推广“居民说事”，探索“四步工作法”——“说、议、办、评”，各社区召开说事会23场，解决各类难题68件。规范运行股份经济合作社“小微权力审批管理平台”。引进中国工程院院士秦裕琨领衔的宁波国电龙高科环境工程技术公司，并入选市“3315”创业团队。

表30　2017年望春街道各社区基本情况一览表

社区	面积（平方千米）	户数（户）	户籍人口数（人）
泰安社区	0.99	1369	3545
天一家园社区	1	1633	4456
西成社区	1.322	1387	3383
徐家漕社区	1.12517	1484	3347
春城社区	0.44	988	2474
信谊社区	0.592	896	2142
新星社区	0.771	1876	4936
青林湾社区	0.646	2516	7480
后塘河社区	1.10069	637	1576
水岸心境社区	0.695	1393	4108
清风社区	1 7	2136	5973
广安社区	0.614	526	1451
广泽社区	0.578	315	760
五江口社区	1.323	682	1785

说明：表格中数据为调查数

【职工文化活动中心进驻区众创空间】 参见“民主党派·工商联·群众团体”类目“海曙区总工会”分目。

【五江湾小区开通公交线路】 2017年7月1日，由望童北路发往市第一医院的52路公交车通车，望春街道五江湾小区开通公交车。五江湾小区是大型拆迁安置小区，有拆迁居民4469户，主要由月湖街道、南门街道、段塘街道和高塘新村拆迁区域的居民组成，以60周岁以上老年人为主。小区交付后，附近无公交车，居民出行不便。经社区多方协调，52路公交车开通，开设17个站点，在五江口社区设五江湾小区和范江岸路望童路口两个站点，途经高鑫广场、西门口、鼓楼、第一医院等，缓解居民出行需求。

【宁波国电龙高科环境工程技术公司落户】 2017年7月13日，宁波国电龙高科环境工程技术公司落户望春街道，成为望春街道首例招商引资与“招才引智”并行的实践成果。宁波国电龙高科环境工程技术公司是由中国工程院院士、博士生导师、博士、博士后等组成的成员团队。公司引进期间，街道向创业团队负责人提供政策介绍、项目申报指导、低息融资、免费借用办公场所等一系列企业、人才组团式服务。历经2年，公司落户望春街道，10月，入选市“3315”计划创业团队。

【丽象佳苑小区安置房抽签定位】 2017年8月25—29日，望春街道原甬丰村、震丰村旧村改造项目——丽象佳苑小区安置房1334套房屋完成抽签定位，抽签定位率达99.6%。11月，小区结算交付，现场交付1326套，结算交付率达99.4%。

【首个区域性社会组织服务中心成立】 2017年9月8日，望春街道成立全区首个区域性社会组织服务中心——春风群社会组织服务中心。召开第一届理事会，“春风群”5个社区社会组织代表参加会议。会议审议通过《宁波市海曙区望春街道春风群社会组织服务中心章程（草案）》，通过第

7月1日，公交车52路五江湾小区站开通

一届理事会名单。会议明确服务中心主要工作任务为孵化、培育和管理街区社会组织；开展公益活动，提供社会服务；提供政策咨询、培训、交流学习等服务，承担政府委托事项等。

【中央组织部理论研讨会考察组调研海曙党建工作】 2017年9月18日，中共中央组织部“党建引领城市基层治理创新”理论研讨会考察组到新星商圈党群服务中心调研“党建引领商圈创新”工作开展情况。考察组由全国党建研究会顾问、中央党校原常务副校长虞云耀带队，听取新星商圈基本情况、党建服务亮点工作介绍，了解党建在商圈治理创新中的作用和海曙区“锋领e家”二期系统使用情况，充分肯定新星商圈“党建引领商圈治理”的创新实践。

（张虹霞）

段塘街道

【概况】 段塘街道东濒奉化江；南达杭甬高速，与石碶街道相接；西至通达路，与古林镇接壤；北与白云、南门街道相连，总面积5.97平方千米。下辖3个股份经济合作社，10个社区，总人口5.24万人，其中户籍人口3.52万人，流动人口1.72万人。

2017年，实现地区生产总值47.3亿元，同比增长5.7%。实现税收9.11亿元，增长31.1%，税收总额和增幅均位列全区各镇（乡）街道第二；一般公共预算收入4.57亿元，增长28.5%。大市外实到资金和“浙商回归”到位资金均为6.53亿元，完成目标任务的186.5%。引进企业484家，注册资金31.53亿元，增长31%。宁波太平鸟时尚服饰股份有限公司在上海证券交易所上市，宁波亿林节水科技股份有限公司在“新三板”挂牌。宁波市政工程建设集团股份有限公司入驻南塘新街总部大楼。世纪盛业大酒店楼宇改造工程启动。粮丰股份经济合作社清退工作基本完成。街道通过“企情通”平台为企业解决问题68件。

推进党建“1号工程”，建立“党情观测”“党性评审”“党务帮办”“红领增能”“支书月学”等一批示范特色品牌。开展社区党建和社区建设标准化建设，涵盖党员发展和教育管理、志愿服务、党内民主、基层治理等16个项目。成立段塘街道“两新”组织党务工作者协会，有副会长单位7家、协会会员单位21家，党组织覆盖率达95.5%。完成9个社区党组织换届工作，选出新一届社区党组织书记9人，平均年龄41岁，全部为大专以上学历。选出社区党组织班子成员104人，60周岁及以下60人，占总数的57.7%；大专以上学历42人，占总数的40.4%。召开街道第八次妇女代表大会，选举产生由19名委员组成的段塘街道妇联第八届执行委员会。街道获年度党建目标责任制考核优秀。

段塘村旧村改造项目签约搬迁住宅28户，剩余35户。拆除违章建筑10.65万平方米，超额完成任务，重点拆除顺德路汽配市场、段塘西路原花鸟市场等重难点违章建筑，创建为市“无违建街道”。完成芝兰堰路、鄞奉路、环城南路与环城西路交叉口等南环高架沿线区域环境整改，清理垃圾20余吨。段塘村安置房建设完成招投标，北宸府项目首开区4栋楼结顶。“华润置地”藕池地块项目完成6栋楼，地下工程完成60%。投入20万元进行垃圾清运、打围墙、补种绿化和河长公示牌制作。长漕河、吴家漕河、半江河、秦家漕河、翁家漕河5条劣V类小微水体全部销号。除无物业的小区外，垃圾分类覆盖率实现100%，1.6万余户家庭实施垃圾分类。

完成7个社区居委会换届，产生新的居委会成员59人，其中党员40人，占总数的67.8%，平均年龄54.7岁。推进“最多跑一次”改革，实现12个事项“最多跑一次”。推进“一窗受理、集成服务”改革，实现36个服务事项一窗受理。构建和谐劳动关系，获评市首批“双爱示范街道”。促进再就业2194人，发放自主创业小额贷款295万元。发放低保金162.5万元、救助金13.1万元，提供民政临时救助105户19.7万元。发放困难残疾人生活补贴56万元、重度残疾人护理补贴152.2万元。募集慈善“一日捐”慈善资金157.5万元。在丽景社区居家养老站点试点，引入第三方专业服务机构为困难群体提供服务。推进“四个平台”和全科网格建设，把辖区划分成78个网格，投入20余万元建设综合指挥中心，通过信息系统处置3524条社会治理信息。引入安全生产“服务外包”机制，由宁波市海曙黄埔消防器材有限公司提供专业化服务，对辖区16个无物业管理的小区消火栓进行维护治理，在沿街店铺安装500个独立式烟感报警器。

成立区文联段塘街道分会。组织开展元宵、端午、国庆等文艺会演40余场次。丽园社区陈爱国获得第五届市“道德模范”提名奖。引进文化企业53家，注册资金2.4亿元。宁波896创新园入驻企业40余家。

表 31 2017 年段塘街道各社区基本情况一览表

社区	面积(平方千米)	户数(户)	户籍人口数(人)
丽景社区	0.49	508	1154
南都社区	0.27	1899	5211
新典社区	0.77	2393	6197
南塘社区	0.15	2143	5507
华兴社区	0.23	1181	3162
洞桥社区	0.83	842	1880
小漕社区	0.58	1201	3058
南苑社区	0.23	3507	10000
雄镇社区	0.84	1802	4505
丽园社区	1.58	895	2203

说明:表格中数据为调查数

【北辰公司鄞奉项目开工】 2017年3月21日,北京北辰实业股份有限公司(简称“北辰公司”)宁波鄞奉项目开工奠基。北辰公司鄞奉项目所在片区为段塘街道核心区域,西临南塘河,东临鄞奉路。项目定位为商业、居住和文化休闲兼备的滨水复合功能区,占地4.7公顷,总建筑面积18.9万平方米。

【南门汽配市场违章建筑拆除】 2017年4月18日,位于顺德路汽配市场汽修区内的7000余平方米违章建筑拆除。汽修区内违法搭建7130平方米简易房,涉及经营户56户。街道制定拆除预案,联合区城管局、区城管局公安保障大队、海曙规划分局、区市场监管局等对违章建筑实施拆除。

【“工匠创新工作室”现场会】 2017年7月13日,段塘街道召开“工匠创新工作室”现场会,重点建设宁波福特继电器有限公司、狮丹努集团、太平鸟集团有限公司等8家“工匠创新工作室”。通过工作室,以师徒结对方式开展技术攻关、改造、协作及发明的“传帮带”,培养一批爱岗敬业、业务精通、创新钻研的知识型、技术型、专家型人才,成为培育高端匠人的孵化平台。

【社区党建和社区建设推进会暨党性考评中心揭牌仪式】 2017年7月17日,段塘街道举行社区党建和社区建设推进会暨党性考评中心揭牌仪式,3名街道班子领导与6名社区后备干部进行师徒结对。活动邀请奉化市奥迪斯丹党支部书记、原南门街道澄浪社区党委书记戴凤娥担任9名社区书记荣誉导师。党性考评中心成立后启动党性测评,通过组建“一站一中心”,构建集支部建设和党员管理于一体的工作体系,推动全面从严治党。

【全国总工会财务调研组考察段塘街道】 2017年9月19日,全国总工会财务部调研组考察段塘街道总工会,听取街道发展历程和街道工会财务管理情况,并关于社会化工会工作者队伍建设问题、区域行业联合工会运行及工会财务工作等展开讨论。

【“青春建功·中共十九大”之“科长提质”论坛】 2017年12月12日,段塘街道团工委联合南门街道团工委举办“青春建功·中共十九大”之“科长提质”论坛活动。活动分为“资深科长的分享”“年轻科长的心声”、现场点评等环节。“科长提质”论坛通过组团才能才艺大比武等活动,提高街道青年科级干部写作、表达、思考能力,实现青年科级干部线上线下互动。段塘街道、南门街道20余名正、副科长参加活动。

(唐　锋)

资料链接:

控制断面:为了解水环境水污染程度及其变化情况的断面。为评价监测河段两岸污染源对水体水质影响而设置。

4月18日,南门汽配城违章建筑拆除

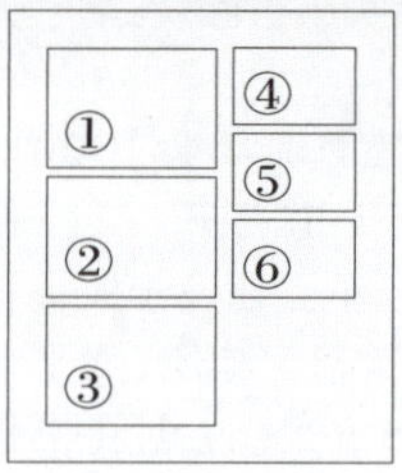

①3—4月,高桥镇举办"高桥会·汇高桥"系列活动

②3月25日,鄞江"三月三"庙会在它山堰畔开锣

③4月2日,拾春季"回味老底子"民俗体验活动在鼓楼沿举行

④4月28日,古林镇举办"席乡之春"文艺晚会

⑤6月9日,五龙潭山水文化旅游节开幕

⑥11月9日,"喜迎十九大 共筑洞桥梦"洞桥镇草根民星艺术团综艺专场举办

人　物

海曙区各级劳模先进

【王理顺】 男，汉族，1968年8月生，浙江宁波人。2017年全国“五一劳动奖章”获得者，享受省“劳动模范”待遇。1985年12月参加环卫工作，现为海曙区环境卫生服务中心车队修理班班长。从事环卫汽修行业30余年，从学徒到师傅，从技术带头人到修理班班长，改装8吨垃圾清运车辆的空气增压器，保证车辆使用周期，带头掌握新型电控柴油环卫车辆的修理技术，带动环卫机修革新，取得国家核发的中级、高级和技师专业修理技术职称。以“王理顺工作室”为平台，组织各项业务讲座和业务培训，加强岗位培训和技术练兵。以“传、帮、带”方式，培养和提高徒弟维修专业技能，练就一人多岗本领。他的班组多次获评年度或单项先进集体，2010年获市“建设系统技能型班组”，2011年获评区“工人先锋号”。

【刘建丽】 女，汉族，1979年2月生，浙江宁海人。2017年省“五一劳动奖章”获得者，享受市“劳动模范”待遇。现任海曙区广安养怡院院长兼支部书记。刘建丽从事养老工作17年，勤奋努力，既精通医护业务，又关心行业发

展形势。凭借对养老业务的熟悉和满腔热情，大胆创新，在提高养老院综合素质、创建爱心服务、开展康复治疗特色服务和完善内部管理等方面均创出显著成绩。同时，在创建居家养老服务，医养结合，推进养老机构医、养、护一体化服务管理模式的探索等方面均有出色业绩，成为行业领跑者。新建成的广安养怡院被评为省四星级养老机构、省“医养结合试点单位”、市“十佳养老机构”、省“百家知名养老机构”、全国“爱心护理工程建设基地”。

【闫占峰】 男，汉族，1975年8月生，河南新郑人。市“‘五水共治’立功竞赛建设功臣”，享受市“劳动模范”待遇。现任区“五水共治”办综合组组长。闫占峰组织开展城区河道水体污染现状与污染源调查解析，实施水环境质量调查评价，完成《城区水环境综合整治规划方案》文本编制和规划图册；加强与各级协调联系，带头完善制度规定，指导督促各单位完成任务；组织月湖基础材料调查和现场踏勘，完成招标工作；组织宣传周、宣传月活动，邀请各界和市民代表查看治水工地、治水效果，在部分地铁站点投放治水公益广告等，宣传“五水共治”工作。在2016年2月24日《宁波日报》发表专版文章——《海曙全民共襄治水 共享生态红利》，介绍海曙区治水经验。

【华骋珅】 男，汉族，1980年3月生，浙江江山人。市“‘三改一拆’立功竞赛建设功臣”，享受市“劳动模范”劳模待遇。在“三改一拆”工作综合协调、日常管理、监督落实、宣传报道等方面成绩显著。经常性深入镇（乡）街道和村（社区），了解工作实情，协调解决工作难点、热点问题；研究城市规划、建设、管理的各项法律法规和“三改一拆”工作政策，参与《海曙区违法建筑分类处置管理办法》《逾期临时建筑补办办法》和《海曙区新增违法建筑责任追究办法》等规范性文件起草；指导开展“一幢一档”“一宅一档”排查摸底，总结“三改一拆”和“无违建”创建经验、做法，向镇（乡）街道、村（社区）一线进行“面对面”推广、“手把手”指导。

【朱正一】 男，汉族，1979年1月生，浙江宁波人。2017年市“五一劳动奖章”获得者，享受区“劳动模范”待遇。现任西门望春社区卫生服务中心主治医师、文化站站长。朱正一联合居委

会义工组建社区巡诊团队，为残疾人及“空巢”老人提供家庭康复及送医送药上门服务。2013年海曙区试点“城市癌症早诊早治”项目，朱正一通过组织义诊率先完成前期任务，完成癌症筛查任务，获评2013—2014年度区“城市癌症早诊早治项目先进个人”、区“优秀卫生工作者”称号。开展家庭医生签约服务以来，充分利用双向转诊平台，转诊数量达到西门街道社区卫生服务中心总量的三分之一，签约量及续签率始终领先。2015年，在市基层卫生技能比武中获个人综合一等奖，清创缝合单项第一，获市“技术能手”称号，参加宁波代表团，在省决赛中取得团体第一。2016年，参加基层卫生岗位练兵和技能竞赛团体项目，获省“卫生技术标兵”称号，并代表浙江省参加国家级比赛，获得三等奖。

【曹晓鹏】 男，汉族，1978年5月生，江西九江人。2017年市“五一劳动奖章”获得者，享受区“劳动模范”待遇。现任宁波帅特龙集团有限公司设计部部长，从事汽车内饰功能件的结构设计。曹晓鹏个人累计获得发明专利6项、实用新型专利55项、外观设计专利4项，给公司带来巨大经济利益，社会效益显著。由曹晓鹏主持的“具有触控功能的智能杯托卷帘”项目申报2016年市“科技进步奖”，并申报发明专利。从业20年来，直接参与或间接参与设计完成并投产的项目239项。

【李红伟】 男，汉族，1966年3月生，浙江宁波人。2017年市“五一劳动奖章”获得者，享受区“劳动模范”待遇。现任章水镇李家坑村村支书兼村联合工会主席。李红伟长期在农村基

层工作，自2010年12月到李家坑村担任党支部书记，团结带领村党支部，充分挖掘李家坑得天独厚的山水风光、自然生态环境和历史文化人文景观，做好新村建设与古村文化旅游开发。把李家坑村从“后进村”发展成为经济发展、环境优美、社会和谐、民风淳朴的“先进村”。李家坑村先后获省“特色旅游村”、省“卫生村”、“中国传统古村落”、省“特色村”、省“历史文化名村”、省“美丽宜居示范村”、国家级“美丽宜居示范村”、省“美丽乡村精品村”等称号。李红伟个人获评省“千名好支书”。

【严国元】 男，汉族，1960年1月生，浙江宁波人。2017年市“五一劳动奖章”获得者，享受区“劳动模范”待遇。现任宁波星箭航天机械有限公司董事长、党支部书记。在他的带领下，星箭航天公司从原来生产教学器材的小厂发展成为专业为军工科研、生产配套的民营高新技术企业，长期为总装备部各试验基地、第二炮兵、海军、空军部队、军工科研院所等国防科研生产单位及部队提供优质产品和服务。是国家科技部创新基金、“863计划”承担单位。被国防科工委授予“国防科技工业协作配套先进单位”，严国元被国防科工委授予“国防科技工业协作配套先进个人”。严国元热心社会公益事业，积极履行社会职能，每年为“母亲爱心基金”捐款5万元，累计捐款100万元。

【罗志刚】 男，汉族，1972年4月生，浙江宁波人。2017年市“五一劳动奖章”获得者，享受区“劳动模范”待遇。现任新中物业管理（中国）有限公司宁波分公司工程部主管兼工会主席。罗志刚积极学习专业知识，分析研究

设备结构，把掌握的知识技能应用到设备维护中。提供优质服务，以兢兢业业的态度服务业主，服务质量有口皆碑。

【周和成】 男，汉族，1972年10月生，浙江宁波人。2017年市“五一劳动奖章”获得者，享受区“劳动模范”待遇。现任宁波亿林节水科技股份有限公司技术总监。周和成多年来从事工程技术设计开发和技术管理工作，带领公司技术研发人员进行产品科技创新，以国际市场发展需求为设计开发目标，把控产品质量，做到出货产品质量“零缺陷”。公司年度销售额从原来的200余万元增长到1.3亿元以上，近三年企业税收以每年25%以上速度稳步递增。他带领团队设计的“SUNNED电子定时器装置研发与产业化”项目获2014年度市“科技进步三等奖”，“一体化节能节水型灌溉定时控制器产业化”项目入选2015年度“国家火炬计划”项目，8年内完成近千款灌溉控制器、园林工具的设计开发。公司获评国家级“高新技术企业”，先后申报3项市级农业科技攻关项目。

（区总工会、区委党史研究室）

首届十大“海曙工匠”

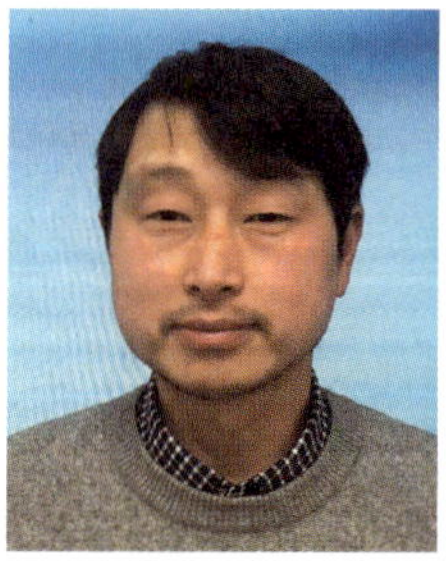

【郑杰】 男，汉族，1981年10月生，浙江宁波人。现任宁波市福特继电器有限公司技术主管。郑杰屡次在产品和技术方面进行创新，帮助提高劳动生产率并减少消

耗，为企业技术转型、提高产品附加值作出贡献。2017年，郑杰利用周末时间不断进行研究、测试，设计出一条全新生产线，把每小时生产能力提高到原有生产线的2倍，人员减少30%，为公司增产增效打下基础。

【张益均】 男，汉族，1980年8月生，浙江宁波人。现任宁波市凹凸重工有限公司质检部长。从一线技术工人到电工班班长，从设备主管再到质监部部长兼研发人员，张益均始终坚持学习，通过各种途径汲取知识，提高技术水平。20年间，先后获得5项专利，多次参与全自动液压垃圾抓斗桥式起重机、世界首台ATQW无齿起重机、国家首台套ATQ5T-100吨轻量化起重机、浙江省首台700吨通用门式起重机等新型起重机设备的研发、调试、检测和检验，是凹凸重工公司的工匠代表。

【戴初发】 男，汉族，1976年11月生，浙江衢州人。现任宁波市阳光汽车配件有限公司副总经理。戴初发扎根汽车配件技术研发15年，主导或参与完成的各类企业技术研发项目达57项，专利授权185项。近年来致力于研发汽车环保技术，由其主导完成的多个项目先后获评省、市“科学技术奖”、“中国专利奖”、市“发明创新大赛金奖”。

【张顺苗】 男，汉族，1968年12月，安徽淮南人。现任宁波市子涵职业培训学校校长、宁波市健康保健协会会长。从事中医推拿、针灸临床、保健按摩职业培训20余年，先后获市“首席工人”、市“技能大师”、区“民间优才”等，成立“张顺苗技能大师工作室”，对治疗颈椎病、肩周炎、腰腿痛、各关节病等有独到之处。开办全市首家保健按摩职业培训学校，培养5000余名保健推拿按摩从业人员。义务培训3期60余名修脚师义工、80余名保健按摩师义工，为市福利院培训50余名拔罐刮痧师义工。长期为几户困难残疾人义务推拿针灸康复治疗。

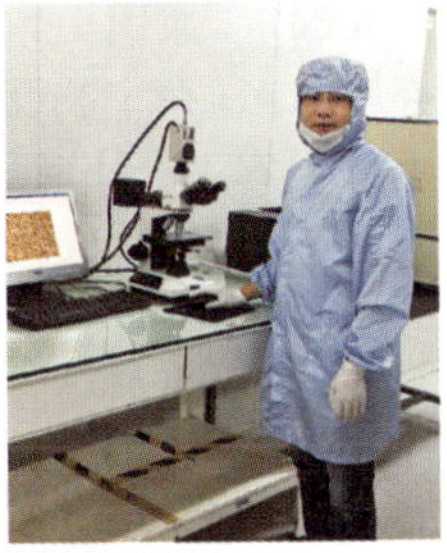

【刘伟】 男，汉族，1980年7月生，河南信阳人。现任宁波市尤利卡太阳能科技发展有限公司研发中心主任。刘伟致力于晶体硅太阳能电池新工艺研发，引入无网结网版印刷技术，实现大规模量产，使晶体硅太阳电池印刷发生革命性改变，成为行业楷模。并研究新的原辅料特性，择优引入公司，降低生产成本，推进原辅料国产化、生产设备国产化进程，使得光伏行业整体制造成本降低，累计获得专利授权16项。

【杜晓雷】 男，汉族，1971年4月生，浙江宁波人。现任宁波永耀电力投资集团有限公司技术总工。自入职以来，杜晓雷主持研发科技项目，新胜自主品牌充电桩、新胜电管家TRMS在线监测系统、“NBXS-6001配电站所终端”和配电环境控制装置等创新性项目，使企业在能耗管理和保障设备安全运作方面达到省内领先水平，填补国内低压配电站智能化管理空白，在宁波市场上占据绝对优势。

【郑敏华】 男，汉族，1969年5月生，浙江宁波人。现任宁波市海曙大众家电维修部总经理。郑敏华从事家用电器维修、无线电装调工作31年，31年间零投诉。帮助企业进行多项技改，提高生产效率，申请专利多达十余项。传授理论知识和维修技能给学徒和工友，带出徒弟几十人，遍布宁波各大维修单位。

【贾福怀】 男，汉族，1963年1月生，山西运城人。现任宁波御坊堂生物科技有限公司副总经理。贾福怀主要从事生物医药健康产品研究与开发及功能性食品安全和质量控制等科研及管理工作。主持省级高新技术企业研究开发中心日常工作，发表研究论文12篇，授权发明专利8项，实用新型专利2项。主持和参与国家“十三五”重点研发计划子课题“新型肠道微生态调节剂及营养健康食品创制及产业化”项目，主持市级发明专利产业化项目——“防治支气管哮喘、降血糖、健脾益肾的中药制剂及其制备方法应用及产业化”，项目通过验收，实现产业化，连续多年销售额超亿元。主持建设公司生产车间技术改造项目，使公司获评“长三角营养保健行业技术示范工厂”。

【孙立军】 女，汉族，1967年8月生，浙江宁波人。现任海曙区绿化办副主任。国家级高级园艺技师、插花技师和绿化技师，浙江省职业技术鉴定工种唯一的插花和花卉园艺高级考评员，中国首批高级插花讲师，浙江省“插花艺术大师”。曾主持和义路绿化升级改造、灵桥路绿化升级和居住区绿化升级改造等项目60余个，获得“全国绿化奖章”。在园林

绿化领域发表论文10篇，主持编写《2006宁波中国插花艺术大赛暨首届宁波花卉园艺博览会作品集》，担任《浙派插花》副主编。成立“绿艺之家”和志愿服务工作室，为广大市民提供帮助指导。

【梁文海】 男，汉族，1963年1月生，江西南昌人。现任宁波市海丽职业培训学校校长。梁文海获得国家级和省级美容美发大奖赛奖杯、获市“首席工人”称号。从事美容美发教学，编写美容美发教材，“9步修剪法”获得同行认同。培养高级美发技师70余人，其中高级美发技师15人，省“技术能手”、省“美发大师”6人，市“首席工人”4人。受聘为浙江省纺织服装学院特聘教师。

文中人物

【沈光文】（1612—1688）男，字文开，号斯庵，出生于古林镇栎社村，被誉为“台湾文化初祖”。明朝天启七年（1627年），考中秀才。崇祯三年（1630年），中浙江乡试副榜。清朝顺治三年（1646年），清兵攻陷绍兴，沈光文随南明鲁王朱以海入闽，在金门诸岛部署抗清，后相继任兵部职方郎中、太仆寺少卿等职务。1652年，移家去泉州时，忽遇飓风，漂至台湾岛，自此蛰居孤岛36年。荷兰在台湾推行殖民地文化，进行荷文教育。自1660年始，沈光文尝试以汉文教授子弟，传播中华文化。清朝康熙二十七年（1688年），沈光文卒于诸罗，葬于台南善化里东堡。在台期间，著有《台湾舆图考》1卷、《草木杂记》1卷、《流寓考》1卷、《台湾赋》1卷、《文开诗文集》3卷。

【王宇高】（1897—1984）男，又名裕高，字式墉，宁波奉化人。1925年秋在宁波设诊所。1927年任宁波中医学研究会（后改名宁波中医协会）主任，主编《中医新刊》。1929年参加全国中医药团体代表大会，被选为全国中医药联合总会执行委员。1931年受聘为中央国医馆编审。1935年在宁波创办开明学馆，以中医学与古文学授徒。1937年与吴涵秋、庄云庐、钟一桂等创办宁波国医专门学校。1939年加入中国国民党，并担任军事委员会委员长侍从室编纂员、教育部中医教育专门委员会委员等职。1945年任国民政府文官处编审，兼国史馆协修。1949年初弃政从医，在宁波设诊所。1956年加入中国农工民主党。同年8月，在杭州浙江中医药研究所先后任内科研究室、文献室等科室负责人、《浙江中医杂志》编审委员。著有《珠岩斋文初稿》《宋儒学案》《珠岩斋医话》《本草问答》《蒋中正总统五记》等。

【谭建荣】 男，1954年10月出生于浙江省湖州市，机械工程专家，中国工程院院士，浙江大学“求是学者”特聘教授、博士生导师，机械工程学系主任。1987年在华中科技大学获工学硕士学位，后在浙江大学数学系获理学博士学位，1994年获得“国家杰出青年科学基金”，2007年当选中国工程院院士。谭建荣主要从事机械设计及理论、计算机辅助设计与图形学、数字化设计与制造等领域的研究。2017年，谭建荣领衔的浙江大学院士团队落户海曙区洞桥镇，成立宁波市智能制造技术研究院。

【陈霞娜】 女，1965年出生于宁波，宁波市公交总公司36路公交车驾驶员，全国“劳动模范”、2017年当选宁波市中共十九大代表。1993年6月，陈霞娜进入宁波公交公司担任售票员。1997年成为驾驶员安全驾驶里程数超50万千米。多年来，陈霞娜自掏腰包，夏天给照顾专座铺上凉席坐垫，冬天换上棉坐垫，车上设有“便民箱”，放置一次性雨披、矿泉水、晕车药、藿香正气水、纸巾等。2010年，独创公交服务“五心”服务法：对待老年乘客热情“细心”、对待儿童乘客爱护“关心”、对待特殊乘客照顾“爱心”、对待外来乘客真诚“耐心”、对待普通乘客和气“贴心”，成为全市公交系统行业理念。

【蒋兆悦】 男，1989年4月出生于浙江省杭州市，浙江师范大学兼职教授，中国青年文物鉴赏家、收藏家，中国博物馆协会会员，香港华人收藏家学会执行董事，浙江省民间收藏家学会会长，国家高级文物鉴定估价师。是“世界上捐赠文物最多的人”吉尼斯世界纪录创造者。获“最美浙江人2012青春领袖”提名奖，第11届杭州市“青年英才”，杭州市“青年文明号最美号长”。2010年7月，捐赠2.14万件档案、文物给杭州市档案馆，并在该馆设立“蒋兆悦档案实物陈列馆”。2011年2月至2012年9月，捐赠价值1300万元文物，创办中策（奖状、烹饪艺术、财会）博物馆，开全国职教先河。

【闻儒根】（1920—2002）男，出生于鄞县樟村（今海曙区章水镇）。15岁时前往上海百老汇路恒大祥五金店当学徒。1940年，回到宁波继承“闻裕顺烟纸店”。1949年解放初期，前往广州谋生。1950年，到香港寻找出路，并了解到钟表在香港是出口大生意，决定改行经营钟表。1953年起，闻儒根专营钟表，因为人厚道，做生意讲究道德，买卖公道，从不失信，生意日渐兴隆。60年代，成立永联行贸易有限公司，自任董事长。由于经营有方，管理得法，业务发展迅速，生产规模日渐扩大。并在钟表王国瑞士和日本设生产据点，以方便原料供应，主要销售点设在日本及中国香港、台湾。80年代，成为香港钟表业巨贾，永联行贸易有限公司发展为在瑞士、日本及中国台湾都拥有分支机构的庞大企业集团。1982年，回故乡探亲的闻儒根捐资30万元，兴建樟村中学3000平方米的绍麟图书实验大楼、章水镇卫生院绍麟住院楼。1985年1月，捐赠35万元港币助建四眼碶小学，捐助教学楼被命名为“闻儒根教学楼”。

（区委党史研究室）

附　录

文件选编

海曙区户籍制度改革实施方案

根据《国务院关于进一步推进户籍制度改革的意见》（国发〔2014〕25号）《浙江省人民政府关于进一步推进户籍制度改革的实施意见》（浙政发〔2015〕42号）和《宁波市人民政府关于进一步推进户籍制度改革的实施意见》（甬政发〔2016〕43号）文件精神，为完善城乡发展一体化体制机制，推进城乡统筹发展，现制定本实施方案：

一、总体要求

（一）指导思想

以邓小平理论、“三个代表”重要思想、科学发展观为指导，深入贯彻落实中共十八大、十八届三中、四中、五中、六中全会和总书记习近平系列重要讲话精神，坚持以“四个全面”战略为统领，以“八八战略”为总纲，加快城乡资源要素合理流动，促进人口合理布局和规范转移，加快形成我区经济社会发展一体化新格局。

（二）基本原则

——坚持积极稳妥、科学规划。充分考虑我区经济社会发展实际，积极稳妥谋划城乡人口迁移规划和户籍制度改革实施意见。

——坚持以人为本、保障权益。充分考虑城乡居民合法权益，尊重城乡居民自主定居意愿，依法保障农业转移人口及其他常住人口的合法权益。

——坚持因地制宜、分类实施。充分考虑我区经济社会发展水平、城市综合承载能力和提供基本公共服务的能力，实施因地而异、分类有序的差别化落户政策。

——坚持统筹配套、协调推进。统筹推进户籍制度和基本公共服务均等化，不断扩大教育、就业、救助、养老、医疗、住房保障等城镇基本公共服务覆盖面。

（三）发展目标

进一步调整户口迁移政策，统一城乡户口登记制度，完善居住证制度，稳步推进义务教育、就业服务、社会保障、基本医疗和公共卫生、公共文化、环境保护等城镇基本公共服务覆盖全部常住人口。到2020年，基本建立与高水平全面建成小康社会相适应，有效支撑社会管理和公共服务，依法保障公民权利，以人为本、科学高效、规范有序的新型户籍制度，加快城乡资源要素合理流动，促进我区人口合理布局和规范转移，加快形成我区经济社会发展一体化新格局。

二、进一步调整户口迁移政策

（一）合理确定城乡落户政策，按照有合法稳定住所（含租赁）人员、有合法稳定就业人员、引进人才、投资人员、有突出贡献人员、亲属投靠人员、本区域范围内人员等类别，分别设定进一步放宽的住所条件、就业类型、投资规模、学历（职称、技能）等级、居住年限和按照国家规定参加城镇社会保险年限等具体落户标准。符合条件的本人及其共同居住生活的配偶、未成年子女（包括无生活来源的未婚子女）、老年父母，可以在我区申请登记常住户口。

（二）完善积分落户制度。根据《宁波市外来务工人员积分落户实施办法》，综合考虑文化程度、专业技能、连续居住年限、工作年限、参加城镇社会保险年限以及社会贡献等动态方面因素，建立持有“浙江省居住证”流动人口的综合积分体系，按照辖区综合承载能力，调整和完善现有积分落户指标体系和申评办法，吸引优秀外来务工人员落户。

（三）在梳理现行户籍政策基础上，以合法稳定住所和合法稳定就业为基本条件，适度调整城区落户条件。

以上合法稳定住所（含租赁）和合法稳定就业的具体范围，人才的认定、投资规模、突出贡献的具体标准以及参加社会保险的具体年限等在实施细则中作具体解释。

三、建立城乡统一户口登记制度

（一）在全区范围内取消农业、非农业等户口类型，统一登记为居民户口，体现户籍制度的人口登记管理功能。停止办理户口“农转非”，户口登记不再标注户口性质；对现有居民户口簿不要求统一更换，但对群众主动申请的，要予以更换。

（二）建立与统一城乡户口登记制度相适应的教育、卫生计生、就业、社保、住房、土地及人口统计等制度。

四、完善居住证制度

把流动人口管理服务纳入国民经济和社会发展规划，不断扩大公共服务范围，逐步实现基本公共服务由户籍人口向常住人口拓展，优质公共服务向优秀人员倾斜。按照“全员登记、依规领证、凭证服务、量化供给”的原则，进一步完善流动人口居住证制度，建立积分制管理服务办法。根据《浙江省流动人口居住登记条例》要求，合理制定符合现实需求的流动人口管理服务和政策待遇，切实发挥居住证制度在调节人口增长、优化人口结构、提升人口素质等方面的杠杆作用。

五、健全人口信息管理制度

建立健全实际居住人口登记制度，完善人口动态采集更新机制，提升人口基础信息采集率、准确率。加强人口数据统计分析，为政府决策提供参考依据。公安机关要严格落实公民如实申报户口和责任追究制度，认真开展户口清理整顿工作，彻底纠正户口管理中的“错、重、假、漏”问题，确保户口和公民身份号码准确性、唯一性、权威性，为全面深化改革，建设社会诚信体系打下坚实基础。

六、保障农业转移人口及其他常住人口合法权益

（一）加快推进农村土地确权、登记、颁证工作，依法保障农民的土地承包经营权和宅基地使用权；有序推进农村集体经济组织产权制度改革；逐步建立农村产权流转交易市场，推动农村产权流转公开、公正、规范运行；不得以退出承包经营权、宅基地使用权、集体收益分配权作为农民进城落户的条件。

（二）保障农业转移人口及其他常住人口随迁子女平等享有义务教育权利；将随迁子女义务教育纳入政府教育发展规划和财政保障范畴；逐步完善并落实随迁子女在流入地接受普惠性学前教育等政策。

（三）健全城乡劳动者平等就业制度，完善就业失业和失业登记制度，促进公共就业服务均等化；加大职业培训力度，促进农业转移人口就地就近转移就业；加强创业体系建设，落实各项就业创业扶持政策，鼓励自主创业。

（四）整合城乡居民基本医疗保险制度，加快实施统一的城乡医疗救助制度。要完善以低保制度为基础的社会救助体系，实现城乡社会救助统筹发展。进城镇落户的农民，其本人可继续执行原农村居民的计划生育政策。

（五）进城镇落户的农民，享有和城镇居民同等住房救助和住房保障；未在城镇落户的农业转移人口，按照合法稳定就业和合法稳定住所、参加社会保险年限、连续居住年限等条件，逐步纳入城镇住房保障体系，保障农业转移人口基本住房需求。

（六）实现城乡居民基本养老保险制度全覆盖基础上，逐步提高养老保障水平；推进城乡养老服务设施建设，健全社会养老服务体系；加强城乡基层医疗卫生机构建设，提升社区卫生服务能力。

七、加强组织领导和工作保障

（一）高度重视，加强领导。户籍管理制度是一项社会管理基础性制度，户籍制度改革工作事关人民群众切身利益、经济平稳较快发展和社会和谐稳定。全区各部门要从顾大局和讲政治的高度，切实把思想和行动统一到区委、区政府的决策部署上来，加强领导、周密部署，明确分工、落实责任，严肃纪律、强化监督。成立区户籍制度改革工作领导小组，由区政府常务副区长任组长，海曙公安分局局长任副组长，相关职能部门分管负责人为成员。领导小组下设办公室，办公室设在公安分局。领导小组负责统筹协调全区户籍制度改革工作。领导小组办公室负责全区户籍制度改革具体组织实施工作。

（二）统一部署，扎实推进。各部门要根据本实施意见，统筹考虑，因地制宜，对现行与户籍制度相关政策规定进行全面梳理，对照调整、及时完善，抓紧贯彻，积极推进政策的立、改、废工作。各成员单位要按照职责分工，加快制定或推动出台教育、就业、救助、养老、医疗、住房保障等方面的配套政策，落实经费保障。

（三）各负其责，密切协作。公安机关负责做好户口登记、管理、迁移等具体组织实施工作。人力社保部门负责城乡居民养老保险、医疗保险、失业保险及就业培训等方面工作。卫生计生、民政、教育等相关部门要依据各自职能，制定相关配套政策或实施办法。

（四）强化宣传，合理引导。各部门要采取多种形式，通过多种渠道广泛宣传户籍制度改革的重大意义、相关内容和具体实施办法。要密切关注社会反响的舆论动态，做好信息收集，及时掌握户籍制度改革动态，强化社会舆论引导，全力争取广大干部群众的支持、参与和配合，为我区户籍制度改革创造良好的社会舆论环境。

（五）加强督察，落实责任。户籍制度改革工作政策性、纪律性强。各部门要不折不扣地贯彻执行好各项工作要求，认真履职，确保圆满完成我区户籍制度改革工作。户籍管理制度改革工作领导小组办公室要建立督导机制，加大检查、指导力度，对执行过程中出现的工作不力、行动滞后、拖沓推诿的单位和个人，要按规定问责。

——摘自《宁波市海曙区人民政府关于印发海曙区户籍制度改革实施方案的通知》（海政发〔2017〕3号）

海曙区流动人口量化积分申评暂行办法

为贯彻落实户籍制度改革精神，建立和完善“全员登记、依规领证、凭证服务、量化供给”的流动人口服务管理新机制，实现优质公共服务资源的有序供给，根据《浙江省流动人口居住登记条例》《宁波市人民政府办公厅关于印发宁波市流动人口量化积分申评办法（暂行）的通知》（甬政办发〔2017〕18号）、《宁波市海曙区人民政府关于印发海曙区户籍制度改革实施方案的通知》（海政发〔2017〕3号）和《宁波市海曙区人民政府办公室关于推行新型居住证制度的通知》（海政办发〔2017〕7号）等精神，按照权利义务对等、保障基本权益、积分梯度服务的原则，制定本办法。

一、申评对象

在本区行政区域范围内居住并持有效“浙江省居住证”的流动人口（以下简称持证人）。

为提高申评效率，优化申评服务，持证人家庭可参考量化积分指标，就高选择一名持证人参加量化积分申评，积分应用对象为量化积分申评家庭。

二、申评途径

持证人可自愿通过以下两种途径参加量化积分申评：

1.通过（移动）互联网终端向网上平台提出申评，并按规定提交相关证明材料；

2.向居住地所属镇（乡）、街道提出申评，并按规定提交相关证明材料。

三、量化积分指标体系

量化积分指标体系分基础计分项目、动态加分项目、负面扣分项目。基础计分项目主要反映积分申评人基本情况、综合表现和社会贡献，分值自动转入下年度。动态加分项目主要反映年度动态表现，分值每年清零重新计分。负面扣分项目主要反映积分申评人自年1月1日起违法违规方面的负面计分，分值自动转入下年度，每项扣分记录保持5年。具体量化积分指标详见附件。

四、运作模式

区流动人口服务管理工作领导小组办公室负责全区流动人口量化积分申评平台的建设、运行与维护，量化积分申评工作的综合协调和督促检查。各成员单位按照职责分工，做好量化指标的审核计分、监督管理和举报投诉受理等工作。

（一）申请受理

建立流动人口量化积分管理网上综合服务平台，引导持证人通过（移动）互联网终端参加量化积分申评和提交所需证明材料。同时，各镇（乡）、街道应设立积分申请受理服务窗口，并逐步向流动人口相对集中的村（社区）延伸，确定专人负责受理。

（二）审核计（加）分

逐步推进我区现有信息化平台及其数据资源的整合利用，努力创造条件优先应用系统计（加）分。“系统审核”类项目通过数据比对或数据拷贝的方式实现系统计（加）分，“依证明材料审核”类项目通过审核部门（单位）对持证人提交的积分申请证明材料复印件（图片）进行审核计（加）分，“实地审核”类项目须由审核部门（单位）实地审核加分。“系统核查”类项目由审核部门（单位）通过系统比对、举报核实等方式审核扣分。

（三）主体赋分

流动人口服务管理领导小组成员单位、镇（乡）、街道、村（社区）、用人单位等，在建立健全公正、公平、公开的赋分制度（应明确赋分规则和赋分形式）基础上，可通过申请取得赋分主体资格。

（四）积分动态更新

建立持证人积分动态更新机制，“系统审核”“实地审核”和“系统核查”类项目由系统定期更新或由相关审核（赋分）主体在每年11月30日前完成不定期计（赋）分，“依证明材料审核”类项目须由持证人通过申评途径提交补充证明材料，由审核部门（单位）审核计（加）分，未按要求提交的不予计（加）分。

（五）积分查询与复核

持证人参加量化积分申评后，可通过平台实时查询审核计（加）分动态（含分项积分），对申评分值有异议的，可向分项计（加）分单位或积分平台提出复核申请，审核单位应在10个工作日内反馈复核结果。

（六）积分通报与公开

每年12月份，通过平台向持证申评人和积分应用单位通报截至当年11月30日持证申评人积分分值（简称“年度积分”），并通过适当方式公开。

（七）账户冻结

当持证人不符合申评对象条件或负面扣分项目符合账户冻结情形的，积分账户系统冻结。

（八）投诉举报

畅通投诉举报渠道，接受社会监督，对申评人填写不实信息、提供不实证明材料和相关工作人员未依法依规履行职责等行为，均可通过网上模块或专线电话进行投诉或举报。

五、积分应用

积分应用按照“一人参评、家庭应用”的原则实施，持证申评人家庭凭量化积分享有积分制公共服务和便利、积分落户等机会，具体办法由积分应用单位制定实施并向社会公布。积分制义务教育、公共租赁住房配租和积分落户原则上应用年度积分。

（一）积分制公共服务和便利

在保障持证人享受居住地基本公共服务和便利的基础上，根据本区公共财力、资源承载能力、经济社会发展状况、流动人口预期等实际，整合公共资源，梳理公共服务和便利项目，按照“优者优待”的原则，优先将义务教育、公共租赁住房配租等纳入积分应用范畴，并建立健全与积分量化评价相挂钩的公共服务和便利供给机制。

（二）积分落户

积分落户仅适用于城区，是指区人民政府驻地及所辖镇（街道）的实际建设连接到的居民委员会和其他区域，一般指设立城市居民委员会的地方。

本区的积分落户年度指标由市有关部门统一下达，由我区结合实际确定落户分值线，并于每年12月底前向社会公布。凡未达到法定退休年龄、无刑事犯罪记录、按规定缴纳社会保险、有合法稳定住所且实际居住的持证人，达到本区落户分值线的，均可自愿申请登记常住户口。我区在积分落户年度指标内按量化积分确定落户对象。

六、责任追究

（一）量化积分申评人应如实填写申评信息和提交相关证明材料，并对所提供材料的合法性、真实性作出书面（电子）承诺。如发现伪造、提供虚假材料，取消其当年及以后5年内的申评资格；已经取得相应待遇的，应予以取消。

（二）赋分主体要规范操作、公开公正。赋分中存在伪造、提供虚假证明或违规操作的，一经查实，取消其赋分资格；相关赋分对象已经取得相应待遇的，予以取消。

（三）审核计（加）分部门（单位）应依法履行职责。对量化积分申评中存在徇私舞弊、滥用职权、泄露他人个人隐私等行为的，依法依纪追究相关人员责任。

本办法自年8月20日起施行。

——摘自《海曙区流动人口量化积分申评暂行办法》（海政办发〔2017〕79号）

海曙区医疗救助实施办法

为进一步完善我区社会救助体系，加强医疗救助工作，更好地解决困难群众看病就医问题，根据《宁波市医疗救助办法》（宁波市政府令第139号）、《关于进一步加强医疗救助工作的意见》（甬政发〔2013〕120号）和《关于完善医疗救助制度的有关补充通知（甬民发〔2015〕63号）的有关规定，结合我区实际，制定本实施办法。

第一章　总　则

第一条　医疗救助原则。发扬人道主义精神，救助困难家庭；实行政府资助、社会捐赠与个人负担相结合；坚持医疗救助水平与我区经济社会发展水平相适应。

第二条　医疗救助对象。凡持有本区常住户籍的下列困难人员，均可以从本地政府获得医疗救助：

（一）城镇无生活来源，无劳动能力，无法定赡养人、扶养人或抚养人的居民（以下简称“三无人员”）和农村无法定扶养人或者虽有法定扶养人但扶养人无扶养能力，本人属无劳动能力、无生活来源的老年人、残疾人和未成年人（以下简称“五保对象”）；

（二）县、区（市）级以上人民政府确认的见义勇为者；

（三）享受最低生活保障待遇的家庭成员；

（四）原精减职工享受定期定量补助人员；

（五）享受国家抚恤补助的烈士遗属、因公牺牲军人遗属、病故军人遗属、在乡复员军人、七级及以下残疾军人、带病回乡退伍军人及参战参核军队退役人员；

（六）农村建国前入党的老党员、老游击队员、老交通员（以下简称“三老人员”）；

（七）家庭月人均收入在本区最低生活保障标准150%以内的低收入家庭成员；

（八）发生《艾滋病机会性感染病种名录》所列病种的艾滋病病毒感染者和病人；

（九）持有原《重度残疾人救助证》的残疾人；

（十）持有原《残疾人基本生活保障证》的残疾人；

（十一）家庭年总收入扣除当年家庭成员个人负担的医疗费用总支出后，家庭人均月收入低于本区同期最低生活保障标准的1.5倍，且家庭财产状况符合本区最低生活保障家庭认定标准的城乡居民家庭成员；

（十二）家庭人均收入低于区最低工资标准以内人员，且家庭财产状况符合本区最低生活保障家庭认定标准的城乡居民家庭成员；

（十三）宁波市人民政府和海曙区人民政府确定的其他帮扶对象。

第三条 医疗救助标准。本办法所称的基本医疗费用，是指在《浙江省基本医疗保险、工伤保险和生育保险药品目录》和《浙江省基本医疗保险医疗服务项目目录》范围内的城镇职工基本医疗保险的医疗费用、城镇居民基本医疗保险的医疗费用、新型农村合作医疗政策范围内的医疗费用。有效医疗救助费用是指基本医疗费用，扣除各类医疗保险已报支部分，或单位报销、经济赔偿及有关部门的救济补助款之后的费用。给予分层分类救助（类别重复的按就高标准计算，不重复计算）。

（一）住院救助

1.医疗救助对象（前述第1-9类对象）住院治疗所产生的基本医疗费用，经基本医疗保险、大病保险补偿及其他各类补助后，个人负担基本医疗费用按70%的标准给予救助，全年累计救助不超过80000元（含住院和门诊费用）。

2.前述第10、11类对象其住院治疗所产生的基本医疗费用，经基本医疗保险、大病保险补偿及其他各类补助后，个人负担基本医疗费用按60%的标准给予救助，全年累计救助不超过80000元（含住院和门诊费用）。

3.前述第12类对象其住院治疗所产生的基本医疗费用，经基本医疗保险、大病保险补偿及其他各类补助后，个人负担基本医疗费用按50%的标准给予救助，全年累计救助不超过80000元（含住院和门诊费用）。

（二）门诊救助

1.患重特大疾病及《宁波市医疗救助办法》规定的特殊病种疾病的医疗救助对象（前述第1-11类对象），其门诊治疗所产生的基本医疗费用，视同住院基本医疗费用按70%的标准给予救助，医疗救助对象（前述第12类对象），其门诊治疗所产生的基本医疗费用，视同住院基本医疗费用按50%的标准给予救助。重特大疾病包括长期或重性精神病、癫痫、尿毒症、Ⅰ型糖尿病、糖尿病并发严重心脑肾病变、恶性肿瘤、重大组织和器官移植、急性心肌梗死、心脏疾病造成心功能衰竭二级以上、心脏组织缺损、失代偿期肝硬化、乳腺癌、宫颈癌、耐多药肺结核、艾滋病机会性感染、肺癌、食道癌、胃癌、结肠癌、直肠癌、白血病、儿童白血病、儿童先天性心脏病、再生障碍性贫血、血友病、红斑狼疮、脑梗死、耐多药肺结核、肺结核病辅助治疗（国家免费抗结核病药物治疗除外）、甲亢、儿童孤独症、唇腭裂等。

2.患前款规定以外疾病的医疗救助对象，其门诊治疗所产生的基本医疗费用，经基本医疗保险、大病保险补偿及其他各类补助后，个人负担基本医疗费用按照住院救助比例予以救助，全年累计救助不超过500元。其中，参加城镇职工基本医疗保险的救助对象须经城镇职工基本医疗保险医疗费综合减负后，再按以上标准给予救助。

（三）特殊对象医疗救助

1.三无人员和五保对象就医，其基本医疗费用经基本医疗保险补偿后，不足部分由医疗救助资金予以全额救助。

2.区级以上人民政府确认的见义勇为者，因见义勇为行为负伤住院、门诊及康复治疗，个人负担的医疗费用给予全额救助。

3.享受最低生活保障待遇且符合计划生育规定的孕产妇女，在人力资源与社会保障部门确定的基本医疗保险定点医疗机构和新型农村合作医疗经办机构确定的新型农村合作医疗定点医疗机构分娩，一次性给予900元的救助。

4.医疗救助对象中的重度残疾人员，通过康复治疗和评估能够改善其生活自理能力的，康复治疗个人负担医疗费用按50%的标准给予救助，全年累计救助不超过3000元。

5.儿童白血病和先天性心脏病医疗救助按照省卫生厅等五部门《关于印发浙江省提高儿童白血病和先天性心脏病医疗保障水平实施方案（试行）的通知》（浙卫发〔2011〕119号）和宁波市卫生局、宁波市民政局《关于贯彻省卫生厅、省民政厅开展提高农村儿童白血病和先天性心脏病医疗保障水平试点工作意见及实施方案的通知》（甬卫发〔2010〕158号）规定执行。

6.戈谢病、渐冻症、苯丙酮尿症等罕见病的医疗救助（专项救助）按照宁波市人力资源和社会保障局、宁波市民政局、宁波市财政局和宁波市卫生和计划生育委员会等四部门《关于落实浙江省人社厅等四部门加强罕见病医疗保障工作有关事项的通知》(甬人社发〔2016〕72号)规定执行。

第四条 医疗救助的资金。医疗救助资金的筹集实行政府专项资金和社会筹集相结合,按照"总量控制,统筹兼顾"的原则,由区民政局建立医疗救助资金专户,单独核算。区财政每年将所需医疗救助资金列入财政预算;上述资金如遇不足,区财政追加预算。

第二章 申请审批程序

第五条 申请。医疗救助实行属地管理,申请人在年度内向所在镇(乡)人民政府、街道办事处提出书面申请,填写医疗救助申请(审批)表,并如实提供以下书面材料:

(一)申请对象的家庭经济状况及收入证明(收入核定参照低保有关规定);

(二)必要的病史材料和医疗诊断书;

(三)已支付的医疗费用(另附医疗费用清单复印件);

(四)参加城镇职工基本医疗保险、城镇居民基本医疗保险、新型农村合作医疗按照规定领取(或已报销)的补助凭证、综合减负及大病医疗救助证明;

(五)社会互助帮困情况证明以及其他有关材料。

第六条 审核。各镇(乡)人民政府、街道办事处收到齐全的申请材料后,应及时对申请人的有关情况进行调查核实和家庭经济状况核查,视情况组织民主评议,并在申请人居住的村(社区)公示7天。根据需要,可以采取入户调查,邻里访问以及信函索证等方式,也可委托村(居)民委员会,对申请人的医疗支出和家庭经济状况等有关材料进行调查核实。对符合条件的,在申请(审批)表中填写医疗支出金额,城镇职工基本医疗保险、城镇居民基本医疗保险、新型农村合作医疗保险按规定已领取的补助金额以及有关部门救济补助情况,并在20个工作日内送区民政局公示,公示结束后应于5个工作日内作出审批决定。

医疗救助金3000元(含)以下的,由各镇(乡)人民政府、街道办事处审核审批发放,报区民政局备案;3000元以上的,经区民政局审批后,由各镇(乡)人民政府、街道办事处发放。

第七条 审批。区民政局对上报的申请(审批)表和相关材料进行复查审核。符合医疗救助条件的,在15个工作日内将批准意见通知各镇(乡)人民政府、街道办事处,委托村(居)民委员会对准予医疗救助的对象进行公示。不符合医疗救助的,将有关材料退回各镇(乡)人民政府、街道办事处,由各镇(乡)人民政府、街道办事处通知村(居)民委员会及申请者本人,并说明理由。

第三章 救助服务和实施

第八条 医疗救助的资金一般以社会化发放进行,在特殊情况下也可以采用现金补助的方式。

第九条 城镇职工基本医疗保险、城镇居民基本医疗保险、新型农村合作医疗保险定点医疗机构以及区卫生、民政部门选定的医疗机构,负责本区医疗救助服务。完善医疗救助即时结报管理平台,及时将定点医疗机构纳入即时结报系统定点服务机构范围,规范即时结报工作流程,加快推进医疗救助与城镇居民基本医疗保险、城镇职工基本医疗保险、新型农村合作医疗同时结报的"一站式"服务,进一步提高医疗救助效率。

第十条 医疗救助对象需转诊非定点医疗机构就医的,经定点医疗机构同意,可按照基本医疗保险转诊规定办理,其基本医疗费用,经基本医疗保险、大病保险补偿及其他各类补助后,再由民政部门给予医疗救助。

第十一条 各有关部门要积极探索加强医疗救助、基本医疗保险、大病医疗保险、补充医疗保险等医疗保障制度之间的衔接,更好地发挥各项医疗保障制度的协同互补作用和医疗救助的托底作用,有效缓解困难群众医疗负担。对于实施医疗救助后个人负担医疗费用仍然过高而难以承担的医疗救助对象,或不属于医疗救助对象范围的因患重特大疾病导致家庭基本生活困难的其他困难家庭,要通过临时救助、慈善援助等多种渠道给予救助和帮扶,切实解决重特大疾病患者家庭因病致贫、因病返贫问题。

第十二条 下列情形发生的医疗费用不享受医疗救助:

(一)城镇职工基本医疗保险、城镇居民基本医疗保险、新型农村合作医疗保险规定的药品目录、诊疗项目和医疗服务设施标准支付范围外的费用;

(二)因自杀自残、打架斗殴、吸毒、赌博等造成的医疗费用;

(三)因交通事故、医疗事故、工伤事故所发生的医疗费用以及其他赔付责任人应予支付的医疗费用;

(四)未经许可在非定点医疗机构就医的费用;

(五)其他不符合本办法规定救助条件的医疗费用。

第四章 法律责任

第十三条 医疗救助管理机构、定点医疗机构和医务人员、医疗救助对象,必须接受社会和群众的监督。

第十四条 城镇职工基本医疗保险、城镇居民基本医疗保险、新型农村合作医疗保险的定点医疗机构和区卫生、民政部门选定的医疗机构,以及有关医务、工作人员,在医疗诊断、治疗、处方等环节中有滥用职权、弄虚作假、徇私舞弊等行为的，由卫生、劳动保障、民政等行政部门按相关法律规定进行处理；构成犯罪的，依法追究刑事责任。

第十五条 医疗救助对象应如实提供相关申报材料，发现有弄虚作假行为的，由民政部门追回冒领的医疗救助金，情节严重的，按有关规定进行处罚；构成犯罪的，依法追究刑事责任。

第十六条 因侵占、挪用、贪污医疗救助资金，造成医疗救助资金流失的单位要追究责任，对责任人要严肃处理；造成损失的，应予赔偿；构成犯罪的，依法追究刑事责任。

第五章 附 则

第十七条 本办法自2017年9月1日起施行。

——摘自《宁波市海曙区人民政府办公室关于印发海曙区医疗救助实施办法的通知》（海政办发〔2017〕128号）

海曙区政府购买居家养老服务实施办法

为规范政府购买居家养老服务工作，培育养老服务市场，切实提高养老服务质量，不断满足老年人多样化服务需求，进一步促进我区居家养老服务持续、有效和更高标准开展，根据《宁波市政府购买养老服务实施办法》文件精神，结合我区实际，制定本办法。

一、政府购买服务对象范围

享受购买服务对象为海曙区户籍且居住在海曙的60周岁（含）以上老年人，具体分类如下：

（一）城镇社区

一类服务对象。75周岁及以上的，持有最低生活保障证、扶助证、医疗救助证或因病致贫、生活不能自理的老年人。

二类服务对象。符合下列条件之一：1.分散供养的“三无”老人；2.60周岁以上独居烈属；3.60周岁以上六等以上伤残军人；4.百岁老人；5.曾获得市级以上劳模称号的中度、重度失能或仅与残疾子女生活的老人；6.60周岁以上困难的独居、空巢老年人或中度、重度失能老年人；7.夫妻双方年龄之和满130周岁且双方均年满60周年的失独家庭，或年龄满65周岁的丧偶、离异的失独老人。

三类服务对象。无子女或子女均不在宁波居住的老年人。

（二）农村社区

一类服务对象。符合下列全部条件：经济困难家庭老年人，指持有最低生活保障证或各类固定补助在低保标准200%以内；子女不同村居住，或无子女或子女无赡养能力（子女智障、残疾、重病等）；生活自理有困难。

二类服务对象。符合下列全部条件：各类固定补贴虽在低保标准200%以上，但经济仍比较困难的老年人；子女不同村居住，或无子女或子女无赡养能力（子女智障、残疾、重病等）；生活自理有困难。

二、服务标准、服务内容及形式

根据“政府搭台、社会参与、市场运作、服务外包”的原则，由专业化的居家养老服务单位或培育为老服务组织为享受政府购买服务的老年人提供服务。

（一）城镇社区

服务标准：一类服务对象，每月服务30小时，其中上门固定服务15小时，自选服务15小时或按等价标准提供服务；二类服务对象，每月上门固定服务5小时，自选服务5小时或按等价标准提供服务；三类服务对象，每日探望一次。

服务内容：为一类、二类服务对象提供生活照料、家政服务、康复护理、情感陪护、助医助行等服务；为三类服务对象提供探望服务，掌握其基本生活安全状况，帮助检查家里用电、用气、用水等安全隐患，了解基本需求等。

服务形式：一类服务，可由服务单位指派服务员按时固定上门服务，或由服务对象使用手机App、网络、电话等形式，通过“甬城智慧养老服务平台”自行选择服务项目；二类服务，全部通过“甬城智慧养老服务平台”，由服务对象自行选择服务项目。西片区城镇社区原享受标准不变，2018年起新增加人员按此服务标准执行。

（二）农村社区

服务标准：一类服务对象每月服务10小时；二类服务对象每月服务5小时。

服务内容及形式：每月按核定的服务时间，为服务对象提供生活照料、家政服务、康复护理、情感陪护、助医助行等服务；也可以按标准发放等价服务卡、券，由服务对象使用手机App、网络、电话等方式，通过“甬城智慧养老服务平台”自行预约服务。

三、承接服务主体

对第一、二类服务，要纳入政府采购管理，按相关规定进行项目采购，选定服务承接主体。承接服务主体，应依法在市场监督管理部门或民政部门登记，具备开展居家养老服务（或相关服务）的资质和专业能力。

对第三类服务，镇乡（街道）负责实施，可以培育为老服务组织或选择有资质的专业服务机构提供服务，按每位服务对象500元/年标准，在政府购买居家养老服务经费中列支经费。

四、购买服务程序

对第一、二类服务承接主体的选定，按以下程序进行项目采购：

（一）信息公布。经区财政局审核同意后，区民政局通过政府采购网、部门网站等媒体向社会公布购买服务相关信息。

（二）项目采购。按照政府采购法律法规和规章制度规定，统一纳入政府采购管理，根据政府购买养老服务项目的采购需求特点，采用公开招标的形式，确定若干家承接主体入围，建立服务承接主体入围库。

（三）签订合同。固定上门类服务，由区民政局会商镇乡（街道）后，在服务承接主体入围名单中，选定一家承接主体。由所在镇（乡）、街道与承接主体签订《政府购买居家养老服务协议》（以下简称《协议》，明确所购买服务的范围、标准、数量、质量要求，以及服务期限、资金支付方式、双方权利义务和违约责任等。

（四）组织实施。《协议》签订生效实施后，承接主体按《协议》明确的购买服务内容、要求和约定，在规定时限实施和落实。

（五）验收结算。承接主体实施《协议》约定的服务事项后，购买主体应及时组织对履约情况进行检查验收，并根据约定，严格按照国库集中支付管理有关规定和执行进度支付款项。

（六）采购时限。购买服务项目每两年采购一次，要求于上一年11月底前完成采购事项。

（七）采购价格。政府购买居家养老服务采购价格，城镇社区按宁波市非全日制最低小时工资标准的1.5倍予以采购，农村社区按1.3倍予以采购。

五、绩效评价

建立政府购买服务绩效评价机制，成立区民政局、镇（乡）、街道和第三方组成的综合性评审组进行绩效评价，也可邀请第三方评价机构进行绩效评价，或审计机构进行审计。评价、审计要注重购买服务项目数量、质量和资金使用绩效考评，同时还要重视对养老服务满意度的测评，将绩效评价结果及时向社会公布，并作为政府向社会力量购买养老服务项目、预算和选择承接主体的重要参考依据。

六、资金结算

（一）政府购买养老服务所需资金，按照预算管理要求，由区财政预算统筹安排。对于新增的购买养老服务项目，区财政局要在合理设定养老服务项目和科学测算标准的基础上，列入财政预算。

（二）购买服务经费由区民政局按季度向"甬城智慧养老服务平台"运行公司和各镇（乡）、街道予以拨付，由"甬城智慧养老服务平台"运行公司和各镇（乡）、街道与承接主体予以费用结算。前三个季度可以提前预拨，第四季度经费可以待12月份服务人数结算后再予以拨付。

（三）要严格执行相关财政财务管理规定，确保政府购买服务资金规范管理和使用，不得截留、挪用和滞留资金。

（四）承接主体应当健全财务报告制度，按规定要求，由具有合法资质的注册会计师对财务报告进行审计。

（五）按照"保本、微利"的原则，综合物价、工资、税费等因素，合理确定政府购买养老服务支付标准。购买服务项目标准原则上根据项目、对象及人数，由区财政局会同区民政局明确标准。

七、监督管理

（一）区财政局、民政局要切实加强对政府购买养老服务的监督管理，完善事前、事中和事后监管体系，严格购买程序和项目管理，督导承接主体完善内部管理机制，健全财务制度，严格履行约定，确保服务数量、质量和效果。

（二）区民政局对政府购买养老服务资金数额较大、服务对象较多、影响面较广的项目，应委托第三方独立审计机构进行审计，并出具审计报告。

（三）要建立健全政府统一领导、财政牵头、民政等职能部门协同、社会广泛参与的政府购买居家养老服务工作机制，定期研究政府购买服务的重要事项，及时发现、研究和解决工作中出现的问题。同时，充分利用各种宣传媒体，广泛宣传政府购买养老服务工作的重要意义及政策措施，充分调动社会力量积极参与养老服务工作，为推进工作营造良好的舆论氛围。

八、其他

本办法从2018年1月1日起施行，原《海曙区政府购买居家养老服务拓面方案》（海政办〔2008〕50号）、原《海曙区政府购买居家养老服务拓面实施细则》（海民〔2012〕25号）同时废止。

——摘自《海曙区政府购买居家养老服务实施办法》（海政办发〔2017〕130号）

海曙区临时救助实施办法

第一章 总 则

第一条 为进一步完善临时救助工作制度，有效及时解决城乡居民临时性、突发性生活困，切实保障困难居民的基本生活，维护和促进社会稳定，根据《国务院关于全面建立临时救助制度的通知》（国发〔2014〕47号），浙江省民政厅、省财政厅《关于进一步完善临时救助制度的通知》（浙民助〔2014〕238号），宁波市人民政府办公厅《关于贯彻落实社会救助暂行办法的意见》（甬政办发〔2015〕50号）和宁波市民政局、宁波市财政局《关于进一步健全完善临时救助制度的通知》（甬民发〔2015〕60号）文件精神，结合本区实际，制定本实施办法。

第二条 本办法所称临时救助，是指政府对遭遇突发事件、意外伤害、重大疾病或其他特殊原因导致基本生活陷入困境，其他社会救助制度暂时无法覆盖或救助之后基本生活暂时仍有严重困难的家庭或个人给予的应急性、过渡性的非定期和非定量的救助。

第三条 临时救助遵循下列基本原则：

（一）坚持应救尽救，及时救助原则；

（二）坚持公开公平和分层分类救助原则；

（三）坚持适度救，量力而行原则；

（四）与其他社会保障制度相衔接原则；

（五）坚持政府救助、社会帮扶和家庭保障相结合原则。

第二章 部门职责

第四条 临时救助工作由区民政局、镇（乡）人民政府、街道办事处两级管理，区民政局、镇（乡）人民政府、街道办事处和村（居）民委员会三级服务，及时掌握困难家庭情况，实施“主动帮扶、分类救助、逐户量化、标准有别”。

区民政局是实施临时救助的主管部门，负责临时救助的审批工作，按一定比例将临时救助资金下拨各镇（乡）人民政府、街道办事处，并负责指导和检查临时救助资金的使用情况。

区财政局负责临时救助资金的年度预算安排，并设立临时救助专项资金科目，确保足额到位。

区审计局负责监督审计临时救助资金的使用和管理及绩效评估。

区人力社保局、区教育局、区司法局、区卫生计生局、区住建局、区总工会、区妇联、区慈善总会等部门和单位在各自职责范围内做好困难家庭的临时帮扶和救助工作。

镇（乡）人民政府、街道办事处负责小额临时救助的审核审批和日常管理，将审核审批情况及时录入区社会救助信息平台，并定期上报专项资金使用情况。

村（居）民委员会协助区民政局、镇（乡）人民政府、街道办事处，做好主动发现、代理申请、调查核实、民主评议、张榜公示等临时救助相关工作。

第三章 救助对象

第五条 临时救助对象包括：

（一）户籍在海曙区范围内的符合下列条件之一的居民家庭：

1.因火灾、交通事故、意外伤害等意外事件，或者家庭成员突发重大疾病等原因，导致基本生活暂时出现严重困难的家庭；

2.因生活必需支出突然增加超出家庭承受能力，导致基本生活暂时出现严重困难的最低生活保障家庭和最低生活保障边缘家庭；

3.因遭遇火灾、交通事故、突发重大疾病或其他特殊困难，暂时无法得到家庭支持，导致基本生活陷入困境的本地户籍人员；

（二）持有我区公安部门签发的有效期内的“浙江省居住证”，并在当地工作、生活期间，因特殊原因导致基本生活暂时出现严重困难的非本地户籍人员；

（三）区人民政府规定的其他遭遇特殊困难的家庭或人员。

因自然灾害、公共卫生、社会安全等突发公共事件，需要开展紧急转移安置和基本生活救助，以及生活无着的流浪、乞讨人员救助，按照有关政策规定执行。

对不持有“浙江省居住证”的非本地户籍人员，可以按生活无着人员救助管理有关规定提供救助。

第六条 有下列情形之一的，不予实施临时救助：

（一）不说明致困原因的；

（二）不配合审核、审批管理机关按规定进行家庭经济状况核对的；

（三）隐瞒家庭经济状况，出具虚假证明的；

（四）以同一事由重复申请临时救助，无正当理由的；

（五）区政府认定的其他不予救助的人员。

第四章　救助内容

第七条　根据不同的家庭困难情况，以保障救助对象基本生活为目标，针对救助对象的困难类型和困难程度，分类型、分层次、分时限确定临时救助标准。每户每年临时救助一般不超过两次，实行一事一审批。

（一）因家庭成员遭遇火灾、交通事故等意外事件，在扣除各种赔偿、保险、救助补助资金（含道路交通事故社会救助基金）后负担仍然较重，导致基本生活出现困难的，视家庭困难程度，一次性给予宁波市最低生活保标准6倍以下的助困临时救助；基本生活出现严重困难的，可酌情提高临时救助金额。具体情形如下：

1.人身意外伤害救助。家庭成员遭遇车祸、溺水、触电、雷击等人身意外伤害，在获得各种赔偿、保险、救助等资金后，家庭负担仍然较重，基本生活难以维持的，给予30000元以内的人身意外伤害救助。

2.突发灾害救助。因火灾等突发性意外事件，造成家庭财产重大损失，在获得各种赔偿、保险、救助等资金后，家庭基本生活仍然难以维持的，给予20000元以内的突发灾害救助。因房屋倒塌无处居住的，参照自然灾害倒损房屋补助标准发放修建房屋补助。

（二）助困：对因其他原因造成生活出现暂时困难的家庭和人员，视家庭困难程度，一次性给予宁波市最低生活保障标准6倍以下的临时救助，或采取发放物品、食品等方式予以救助；对因患大病等特殊原因导致生活必需支出超出家庭承受能力，实际生活低于宁波市最低生活保障标准的因病致贫家庭，按宁波最低生活保障标准给予不超过12个月的基本生活救助。

（三）助学：对低保、低保边缘户家庭生活困难，无法顺利完成学业，且没有享受慈善、残联、总工会等部门结对帮扶、助学和未免学费的在校学生，按学年给予助学救助。其中：全日制高等院校本科及以上每学年10000元；全日制高等院校大专每学年8000元；在校高中生按学年给予5000元以下的助学救助。

（四）助医：本区户籍的家庭成员中有患重大疾病，在扣除各种医疗保险（含保险理赔）、医疗救助和其他社会帮困救助资金后，按下列情况酌情给予医疗临时救助。

1.最低生活保障家庭、最低生活保障边缘户家庭、特困持证人员、贫困重度残疾人家庭、困境儿童，支付大额医疗费后导致基本生活出现困难的，视家庭困难程度，给予宁波市最低生活保障标准6倍以下的医疗临时救助；导致基本生活出现特别困难的，酌情按个人实际支出医疗费用的50%以内给予医疗临时救助，但全年累计医疗临时救助额度一般控制在50000元以内。

2.申请人提出申请前12个月的家庭人均月收入不超过宁波市最低工资标准，同时家庭成员名下财产状况符合当地最低生活保障家庭认定标准的申请对象，按个人实际支付医疗费，视家庭困难程度，一次性给予当地最低生活保障标准6倍以下的医疗临时救助；个人实际支付医疗费超过上年度家庭总收入的，导致基本生活出现特别困难的按个人实际支付医疗费，视家困难程度，一次性给予实际支出医疗费用30%以内给予医疗临时救助，全年不超过50000元。

（五）符合条件的海曙区户籍人员，因特殊原因导致基本生活暂时出现严重困难的，根据困难程度酌情给予救助。

第五章　申请（审批）程序

第八条　临时救助的申请程序。临时救助申请分为申请对象申请和管理审批机构主动发现代为申请两类。

（一）申请对象申请。凡认为符合救助条件的辖区居民家庭或个人均可以向户籍所在地（非本地户籍人员向“浙江省居住证”签发地）镇（乡）人民政府、街道办事处设立的社会救助服务窗口或村（社区）便民服务中心设立的代办服务窗口提出书面申请，填写“临时救助申请审批表”，无正当理由，镇（乡）人民政府、街道办事处不得拒绝受理，村（社区）不得拒绝代办服务。受申请人委托，村（社区）或其他单位、个人可以代为提出临时救助申请。

（二）主动发现受理。镇（乡）人民政府、街道办事处、村（社区）对遭遇突发事件、意外事故、罹患重病等特殊情况的辖区居民及时核实，帮助有困难家庭或者个人提出救助申请。区民政局、镇（乡）人民政府、街道办事处在发现或接到有关部门、社会组织、公民个人报告相关救助线索后，应主动核查情况；对于符合临时救助条件的，应协助其申请救助并受理。

第九条　临时救助申请所需材料。申请对象在提交申请时，应当填写申请表及家庭经济状况核查授权书〔委托村（居）民委员会代理提交申请的，需提供委托书〕，除应当提供居民户口簿、浙江省居住证、家庭成员收入证明、身份证原件和复印件外，还应当根据不同情况提供下列材料：

（一）疾病原因申请救助，应提供病情诊断证明、原始病历、正式医疗收费凭证等有关票据（原始票据被有关机构留存的，应当出具由该机关加盖印章的票据复印件），各类报销凭证、其他社会救助机构救助情况和社会捐赠等相关材料。

（二）火灾原因申请救助，应提供区公安消防部门出具的火灾情况等相关说明。

（三）因意外伤害原因申请救助，应提供本人人身意外伤害或事故处理证明等有关证明材料。

（四）就学原因申请救助，应提供就学证明或《学生证》。

（五）死亡原因申请救助的，应出具火化证明。

（六）其他应提供的证明和书面材料。

第十条 临时救助的一般程序：

镇（乡）人民政府、街道办事处收到齐全的申请材料后，应在4个工作日内对申请人的有关情况进行调查核实和家庭经济状况核查，视情况组织民主评议，并在申请人居住的社区公示7天。公示期间有异议的，镇（乡）人民政府、街道办事处应当进行核实，并在3个工作日内提出复核意见；无异议的，公示结束后应于3个工作日内作出审批决定。对申请临时救助的非本地户籍居民，可以请求户籍所在地的县、区（市）民政部门对申请人的有关情况和家庭经济状况进行调查核实。

救助金额3000元（含）以下的，由镇（乡）人民政府、街道办事处审核审批发放，报区民政部门备案；3000元以上的，经区民政部门审批后，由镇（乡）人民政府、街道办事处发放。

对不符合条件的，不予批准，并在3个工作日内书面向申请人说明理由；符合条件的，由各镇（乡）人民政府、街道办事处按规定发放临时救助金，并每月将救助情况汇总后报区民政局备案。

第十一条 临时救助的紧急程序：

对于情况紧急、需立即救助以防止造成无法挽回的损失或无法改变的严重后果的，镇（乡）街道应先行救助，确保救助资金在24小时内到位，紧急情况解除后，按规定补齐审核审批手续。

第十二条 镇（乡）人民政府、街道办事处处、区民政局应建立相应的临时救助档案，加强临时救助信息化管理，规范操作。

第六章 救助资金的筹措与管理

第十三条 临时救助资金以政府投入为主导，社会资金投入为补充，通过公共财政投入、福利彩票公益金安排、慈善帮扶、社会捐助等方式，多渠道筹措临时救助资金。区财政局要将社会救助资金纳入预算，加大社会救助资金投入，确保社会救助制度有效落实。各镇（乡）人民政府、街道办事处按区划拨经费安排相应的配套资金。引导和支持社会组织、企事业单位、居民群众为开展临时救助工作捐助款物。

第十四条 加强临时救助资金的规范管理，筹集的资金全额纳入社会救助专项资金科目，专项管理、专款专用。临时救助金一般通过银行实行社会化发放。必要时，可直接发放现金，确保救助金足额、及时发放到救助对象手中。

第十五条 各镇（乡）人民政府、街道办事处确定专人负责临时救助日常管理工，防止随意救助和其他不规范救助现象发生。

第七章 法律责任

第十六条 对采用虚报或隐瞒实情、伪造证明材料等手段骗取、冒领救助款的，由审批机关取消其临时救助资格，并追回领取的救助款。情节严重，构成犯罪的，依法追究刑事责任。该家庭不诚信记录备案存档。

第十七条 管理审批机关工作人员玩忽职守、徇私舞弊或者滥用职权，违规办理临时救助的，由所在单位或者上级主管部门给予行政处分；构成犯罪的，依法追究刑事责任。

第八章 附 则

第十八条 本办法自2017年9月1日起施行，原《海曙区临时救助实施办法》（海政办〔2015〕82号）同时废止。

——摘自《宁波市海曙区人民政府办公室关于印发海曙区临时救助实施办法的通知》（海政办发〔2017〕129号）

海曙区乡村教师支持计划（2017—2020年）实施办法

为认真贯彻《国务院办公厅关于印发乡村教师支持计划（2015—2020年）的通知》（国办发〔2015〕43号）、《浙江省人民政府办公厅关于印发浙江省乡村教师支持计划（2015—2020年）实施办法的通知》（浙政办发〔2016〕2号）和《宁波市人民政府办公厅关于印发宁波市乡村教师支持计划（2016—2020年）实施办法的通知》（甬政办发〔2016〕162号）精神，切实加强我区乡村教师（包括在全区镇乡、村学校工作的在职在编教师）队伍建设，制定本实施办法。

一、工作目标

到2020年，乡村学校优质教师来源得到多渠道扩充，资源配置得到明显优化和改善，教育教学能力水平显著提升，职业吸引力明显增强，逐步形成乡村教师“擅其术、尽其能、乐其业”的局面，努力造就一支数量充足、素质优良、结构合理、甘于奉献的乡村教师队伍，为乡村学生提供更为优质的教育服务，为海曙教育实现持续高水平均衡发展提供坚强有力的师资保障。

二、主要举措

（一）建立完善长效机制，加强师德建设

1.健全师德教育制度。建立健全乡村教师政治理论学习制度，增强思想政治工作的针对性和实效性。切实加强乡村学校党建工作，充分发挥基层党组织政治核心作用。强化立德树人的责任意识，开展多种形式的师德教育，把教师职业理想、职业道德、法治教育和心理健康教育等融入职前培养、准入、职后培训和管理的全过程。

2.完善表彰奖励制度。及时发现、培育和宣传乡村教师师德建设的典型做法和立德树人的典型人物，营造学标杆、创标杆的良好氛围。适时开展乡村教师教书育人事迹展示活动，全面展示乡村教师风采。为在乡村学校任教年限累计满30年的正式在编教师，颁发“乡村学校从教30年教师荣誉证书”。在各级各类涉及教师的评选表彰活动中，向乡村教师倾斜。

3.严格师德考核制度。把师德建设情况纳入乡村学校发展性评价、学校目标管理考核和校长绩效考核的重要指标，并作为学校评特色、上等级的重要内容。建立完善师德建设年度检查制度，及时发现和查处违反师德规范的行为。完善教师考核和退出机制，师德考核不合格者年度考核评定为不合格，在教师资格定期注册、职务（职称）评审、岗位聘用、评优评先和名师骨干、特级教师推荐评选等环节实行一票否决，并视情节严重情况，按相关文件规定处理。

（二）拓宽招人用人渠道，优化人员结构

4.提高乡村学校用编标准。落实《宁波市中小学教职工编制标准指导意见》（甬编办发〔2015〕22号），实施城乡统一的中小学教职工编制标准。区教育局在核定的编制总额内，按照班额、生源等情况统筹分配各校教职工编制，通过编制调剂等方式，使乡村学校编制配备标准在原有基础上提高。要在合理规划学校布局的基础上，加强乡村学校人员配备，解决乡村学校教师结构性短缺问题，确保乡村学校开足开齐国家规定课程。严禁在有合格教师来源的情况下“有编不补”，严禁聘用一年以上代课教师，严禁任何部门和单位以任何理由、任何形式占用或变相占用乡村中小学教职工编制。

5.完善乡村学校教师补充机制。区教育局要统筹规划教师招聘工作，结合乡村学校实际，实施乡村教师岗位“定校”“定岗”专项招聘，确保乡村学校教师招聘成功。在省统一组织下，按照规定实施乡村教师定向培训计划，畅通毕业生定向到乡村学校的任教通道。学校间要加强师资信息沟通，鼓励教师在本镇乡或邻近镇乡内就近进行余缺调剂，保障边远乡村学校教师能得到及时补充。鼓励支持特级教师、高级职称教师到乡村学校支教讲学。退休或已完成交流任务的城区学校特级教师、市区名师、市区骨干及高级职称教师，到乡村学校支教1学年及以上的，每人每年给予2万元的工作经费（主要用于交通差旅费用和购买意外保险等，该经费从教师交流专项经费中列支）。

6.促进教师校长双向交流。通过教师职称评审、教师岗位聘任制度改革以及集团化办学、教师支教等途径，全面落实与完善义务教育学校校长、教师交流制度，重点推动城区学校骨干教师到农村学校交流任教。符合交流条件的校长原则上均要进行交流，骨干教师每学年参与交流的比例既不低于符合交流条件的骨干教师总数的15%又不低于交流教师总数的20%。根据交流工作需要，在教职工岗位结构比例内，预留一定的中高级岗位，专项用于评聘交流的校长和骨干教师。对于交流工作完成出色的教师在评聘高一级职称时在同等条件下予以优先推荐。按照上级要求，积极探索义务教育教师队伍“区管校聘”管理体制改革，加强区域内义务教育教师的统筹管理，打破教师交流轮岗的管理体制障碍。按照省统一部署，积极试行校长职级制，促进校长交流和校长专业化建设。逐步取消中小学校行政级别，由区教育局统一管理和任命校长，合理划分校长职级，将农村学校校长任职经历纳入校长职级评价体系。

（三）改善工作生活条件，健全保障机制

7.保障乡村教师福利待遇。按照《关于实行农村教师任教津贴的通知》（甬人薪〔2008〕12号）和《关于建立农村特岗教师津贴的通知》（甬人社发〔2014〕225号）等文件精神，落实好农村教师任教津贴、山区边远地区教学津贴、农村特岗教师津贴和乡镇工作补贴制度，另为乡村教师按每人每月300元发放乡村教师津贴，并对地理位置偏远、条件艰苦的乡村学校教师有所倾斜。保障乡村教师依法享受相关医疗待遇，按照每人每年不低于900元的标准保障乡村教师享受一次免费常规体检，该经费从学校生均公用经费中列支。鼓励和引导社会力量建立专项基金，对长期在乡村学校任教的优秀教师给予物质奖励。

8.帮助解决乡村教师实际困难。切实解决边远艰苦地区乡村学校教师周转宿舍问题。按规定将符合条件的乡村教师住房纳入当地住房保障范围，统筹予以解决。进一步完善乡村教师重大疾病救助制度和乡村特困教师救助制度，逐步建立乡村教师心理档案。充分发挥乡村学校工会、团组织、妇委会等的作用，因地制宜安排乡村教师休养，开展乡村单身大龄青年教师交友、婚恋等活动。

（四）完善教师职评政策，保障专业成长

9.合理调控教师岗位结构比例。区域内城乡学校教师岗位结构比例保持总体平衡，并适当向乡村学校倾斜。中小学校副高级专业技术岗位结构比例控制标准，按初中30%，小学10%，幼儿园5%的控制标准在区域内进行调控。

10.实施乡村教师职称（职务）评聘倾斜政策。坚持育人为本、德育为先，注重师德素养、教育教学工作业绩和教育教学一线实践经历，在评聘职称（职务）方面充分体现乡村教师的特点，原则上乡村教师职称评审的通过率不低于城区学校。对在乡村学校任教时间较长的教师，在评聘高一级职称（职务）时给予适当倾斜照顾，其中，在乡村学校任教10年及以上且考核特别优秀的乡村教师，可提前一年申报评聘中学高级教师职称（职务）。在乡村学校任教5年及以上的乡村教师评聘职称（职务）时，对课题和论文不作刚性要求。为鼓励乡村教师一专多能，对承担2门及以上学科教学任务的乡村教师，允许按全科学科申报晋升职称。

（五）加强培养培训工作，促进能力提升

11.完善乡村教师专业发展培训制度。充分关注乡村教师专业发展需求，引导乡村教师制定个人专业发展规划。精心设计培训内容和方法，逐步探索针对新手期、成长期、成熟期等不同发展阶段教师的分层分类培训制度。整合教科、教研、师训、装备等机构的资源，因地制宜开展网络研修、送教下乡、送研上门、校本研修等多种形式的教科研训活动，增强乡村教师专业发展的积极性与实效性。鼓励乡村教师在职学习深造，提高学历层次。立足于乡村校（园）长专业发展的新需求，推动培训机会下移，使培训资源和机会进一步均衡化。

12.实施乡村教师（校长）专业发展支持计划。改革乡村教师培养模式，选拔部分乡村学校骨干教师，实施名师骨干带徒计划。每年组织部分乡村教师，开展乡村教师访名校计划。推进名师联片指导计划，以骨干带全员提高乡村教师专业发展水平。适时组织优秀乡村教师参加境外培训。开展新教师规范化顶岗培养计划，推进乡村学校新任教师在区级教师发展学校顶岗培养1-3年后再回聘任单位工作的培训模式。按区域内义务段学校数1/10左右的数量加强区级教师发展学校建设，强化政策配套和区域统筹。全面实施乡村教师信息技术应用能力提升工程，切实提高乡村教师“互联网+”背景下应用现代信息技术开展学科教学实践与创新的能力。设立乡村校（园）长专题培训项目，实施乡村校（园）长“春笋”培训培养计划，全面提升学校管理者的管理能力。在区名校长、名师、骨干、教坛新秀推荐评比中，向乡村教师倾斜。

三、组织实施

（一）明确责任主体。相关镇乡（街道）要把实施工作列入重要议事日程，实行一把手负责制，细化任务分工，分解责任，切实将计划落到实处；各相关部门要密切配合、形成合力，区教育局要加强对乡村教师队伍建设的统筹管理、规划和指导；区发改局、区财政局、区编委办、区人力社保局等部门要按照职责分工主动履职，密切配合，切实承担责任。

（二）加强经费保障。要积极调整财政支出结构，加大投入力度，大力支持乡村教师队伍建设，把乡村教师队伍建设作为新增财政预算的投入重点之一，尤其要确保乡村教师工资待遇各项政策措施的落实到位。按规定提取教职工工资总额的3%、中小学校日常公用经费总额的10%，用于教师培训，做到专款专用。要切实用好每一笔经费，提高资金使用效益，促进教育资源均衡配置。要严格财政纪律，规范经费使用，加强经费管理，坚决杜绝截留、克扣、虚报、冒领等违纪违法行为的发生。

（三）开展督导检查。区政府将把实施乡村教师支持计划的情况纳入对相关部门、镇乡（街道）工作目标考核，加强监管。区人民政府教育督导室要牵头做好乡村教师支持计划实施情况的专项督导，及时通报督导情况并适时公布，推动各项政策措施的落实。对实施不到位、成效不明显的，要追究相关负责人的领导责任。

本办法自2018年1月1日起施行。

——摘自《宁波市海曙区人民政府办公室关于印发海曙区乡村教师支持计划（2017—2020年）实施办法的通知》（海政办发〔2017〕161号）

进一步完善城乡义务教育经费保障机制的通知

一、主要内容

（一）完善城乡义务教育“两免一补”政策。对城乡义务教育学生免除学杂费、免费提供教科书，并对家庭经济困难寄宿生补助生活费（统称“两免一补”）。国家规定课程和地方课程教科书及作业本所需资金由区财政承担。对在公办义务段学校就读的寄宿生免除住宿费。

（二）统一城乡义务教育学校生均公用经费基准定额。区财政局、区教育局统一确定全区义务教育学校生均公用经费基准定额。适当提高寄宿制学校、规模较小学校的生均公用经费定额。

（三）巩固完善义务教育学校校舍安全保障长效机制。根据义务教育阶段公办中小学在校人数和在用校舍面积、使用年限、单位造价等因素，建立区、镇（乡、街道）两级中小学校舍维修改造专项基金，专门用于中小学校舍维修改造项目，该基金实行单独核算，专款专用，并每年列入教育预算。

（四）巩固落实城乡义务教育教师工资政策。按照《中华人民共和国教师法》要求，将中小学教师合理收入纳入各级财政预算，纳入财政统一发放范围，确保义务教育学校教师的平均工资水平不低于当地公务员的平均工资水平，并进一步推进中小学教师养老、医疗、失业保险等社会保障制度改革，不断改善中小学教师的工作和生活条件。

（五）建立城乡义务教育一体化改革发展长效机制。根据《国务院关于统筹推进县域内城乡义务教育一体化改革发展的若干意见》(国发〔2016〕40号)精神，加快推进区域内城乡义务教育学校建设标准统一、教师编制标准统一、生均公用经费基准定额统一、基本装备配置标准统一和“两免一补”政策城乡全覆盖等工作。

(六)建立民办义务教育学校补助制度。对城乡义务教育民办学校学生按规定标准免除学杂费、免费提供教科书、并对家庭经济困难寄宿生补助生活费。免除学杂费标准按教育部、财政部确定的生均公用经费基准定额标准执行。区财政对城乡义务教育民办学校的教师工资、社会保障费、生均公用经费进行适当补助，其中生均公用经费补助标准为教育部、财政部确定的基准定额。

二、实施步骤

(一)“十三五”期间，公办义务段学校生均公用经费增加300元，即从2018年起，每年增加100元，到2020年，小学生均公用经费达到1500元，初中生均公用经费达到1800元。落实对寄宿制学校按照寄宿生年生均200元标准增加公用经费补助；对农村地区规模不足300人的学校，按300人核定公用经费；特殊教育学校生均公用经费按同级学校生均公用经费最低标准的10倍予以安排。

(二)对城乡家庭经济困难寄宿生给予生活费补助。家庭经济困难寄宿生的认定标准参照帮困助学相关文件。按小学生每人每天10元、初中生每人每天15元、年在校250天标准，生均每年分别给予2500元和3750元的补助。

(三)义务教育公用经费所需资金由区、镇(乡、街道)两级财政共同分担。区直属义务段学校由区级财政全额负担，镇(乡、街道)学校由区、镇(乡、街道)两级财政按比例分担，分担比例根据镇(乡、街道)财政体制确定。义务段民办教育专项补助资金、家庭经济困难寄宿生生活费补助资金全额由区财政承担。我区城乡义务教育经费保障机制的相关政策措施，将根据区财政体制调整和义务教育发展过程中出现的新情况和新问题，适时予以完善。

三、组织保障

(一)加强组织领导，强化统筹协调。按照义务教育“以县为主”的管理体制，健全组织机构，落实主体责任，注重统筹协调，扎实做好本区域内义务教育经费的保障工作。

(二)优化教育布局，强化信息服务。结合人口流动规律、趋势和区域发展规划，科学合理布局义务段学校。加大义务教育基础信息管理工作力度，保证学生学籍信息、学校基本情况、教师信息等数据真实准确，切实提高信息服务水平与质量。

(三)狠抓资金落实，强化绩效管理。按照经费分担责任，足额落实应承担的资金，并确保及时足额拨付到位。加强区域内教育经费的统筹安排，保障规模较小学校正常运转。加强义务教育学校预算管理，细化预算编制、硬化预算执行、强化预算监督。规范义务教育学校财务管理，创新管理理念，将绩效预算贯穿经费使用管理全过程，切实提高经费使用效益。

(四)推进信息公开，强化监督检查。加大信息公开力度，将义务教育经费投入情况向本级人民代表大会报告，并向社会公布，接受社会监督。加强对义务教育经费保障机制资金使用管理、学校收费等情况的监督检查。

(五)加大宣传力度，营造良好氛围。要高度重视城乡义务教育经费保障机制的宣传工作，利用各种宣传媒体，采取多种方式，向社会进行广泛深入的宣传，使党和政府的惠民政策家喻户晓、深入人心，确保城乡义务教育经费保障机制相关的各项工作落实到位。

本通知自印发之日起执行。以往规定与本通知规定不一致的，按本通知规定执行。

——摘自《海曙区教育局、海曙区财政局关于进一步完善城乡义务教育经费保障机制的通知》(海教〔2017〕43号)

关于进一步加强人民调解协议司法确认工作实施意见(试行)

为充分发挥人民调解司法确认在调处矛盾、化解纠纷中的重要作用，实现人民调解和司法确认有效对接，特制定本实施意见。

第一条 人民调解协议司法确认，是指人民法院根据双方当事人的申请对人民调解协议的效力进行审查，并决定是否予以确认的诉讼活动。

第二条 经人民调解委员会调解达成的具有民事权利义务内容的调解协议，当事人认为有必要的，可以申请人民法院司法确认，但有下列情形之一的，人民法院不予受理：

(一)确认和解除婚姻关系、收养关系、身份关系的；

(二)调解协议内容不明确且无法补正的；

(三)调解协议不具有可执行内容或者无法执行的；

（四）调解协议的争议标的超过300万元的；
（五）其他不宜由人民法院受理和确认的。
第三条 当事人申请确认调解协议的，由主持调解的人民调解委员会所在地基层人民法院或者它派出的法庭管辖。
人民法院在立案前委派人民调解委员会调解并达成调解协议，当事人申请司法确认的，由委派的人民法院管辖。
第四条 人民法院受理司法确认案件，应当符合下列条件：
（一）各方当事人的身份明确；
（二）有明确的确认请求；
（三）各方当事人共同提出申请；
（四）确认申请在调解协议生效之日起三十日内提出；
（五）纠纷属于民事诉讼受案范围且属于接受申请人民法院管辖的。
第五条 当事人申请司法确认的，人民调解员应当告知当事人向人民法院提交以下材料：
（一）司法确认申请书。口头提出申请的，由人民法院记入笔录，当事人签字确认；
（二）人民调解协议书原件；
（三）当事人身份证明、资格证明；
（四）与调解协议相关的财产权利证明；
（五）当事人的送达地址、电话号码等联系方式；
（六）各方当事人共同签署的承诺书。承诺书应当载明以下内容：①各方当事人出于解决纠纷的目的自愿达成协议，没有恶意串通、规避法律的行为；②如果因为该协议内容而给他人造成损害的，愿意承担相应的民事责任和其他法律责任。

当事人委托第三人或者人民调解委员会代为提出司法确认申请，应当说明合理理由，并出具由委托人签名或者盖章的授权委托书。

第六条 人民法院收到当事人司法确认申请后，经审查，认为符合受理条件的，应当在三日内受理，并向当事人送达受理通知书；认为不符合受理条件的，应当在三日内向当事人送达不予受理通知书。

各方当事人同时到人民法院申请司法确认的，人民法院可以当即受理并作出是否确认的决定。

第七条 人民法院一般应当自受理司法确认申请之日起十五日内作出是否确认的决定。因特殊情况需要延长的，经本院院长批准，可以延长十日。

第八条 人民法院审查人民调解协议，可以书面审查；也可以通知各方当事人同时到场，当面询问当事人；必要时可听取相关调解员的情况说明。

第九条 人民法院在审查中，认为当事人的陈述或者提供的证明材料不充分、不完备或者有疑义的，可以要求当事人补充陈述或者补充证明材料。当事人无正当理由拒不接受询问或者未按时补充的，可以按撤回司法确认申请处理。

人民法院在审查中，认为当事人可能存在恶意串通，意图采用虚构法律关系、捏造案件事实等方式获取非法利益的情形的，应当要求当事人到庭接受询问或者提供相应证明材料。当事人无正当理由未到庭或者未按时提供材料的，可以按撤回司法确认申请处理。

补充证明材料的时间由人民法院根据案件情况自行确定，一般不超过七天，不计入审查期限。

第十条 案件审查过程中，发现调解协议内容存在计算错误、文意不明等瑕疵的，经双方当事人同意，在不改变权利义务基本内容前提下，人民法院可以对调解协议内容进行补正，相关情况应当记入笔录，由当事人签字确认。

第十一条 在人民法院作出是否确认的决定前，一方或者双方当事人撤回司法确认申请的，人民法院应当准许，出具终结确认程序通知书。

第十二条 具有下列情形之一的，人民法院不予确认调解协议效力：
（一）违背当事人真实意思表示的；
（二）违反法律、行政法规强制性规定的；
（三）侵害国家利益、社会公共利益或者第三人合法权益的；
（四）损害社会公序良俗的；
（五）以合法形式掩盖非法目的的；
（六）存在可变更、可撤销情形且当事人行使变更权、撤销权的；
（七）内容不明确，无法补正或者当事人拒绝补正的；
（八）其他不能进行司法确认的情形。

如发现调解协议部分不宜确认的，应当征询双方当事人的意见。双方当事人同意部分确认的，可以仅就适宜确认的部分进行确认。当事人不同意部分确认的，人民法院不予确认。

第十三条 经审查，认为调解协议符合确认条件的，人民法院应当作出确认决定书。决定不确认调解协议效力的，应当作出不予确认决定书。

第十四条 司法确认决定书一经作出即发生法律效力。人民法院应当在决定书作出后三日内向当事人和人民调解委员会送达。

第十五条 人民法院依法作出确认决定后，一方当事人拒绝履行或者未全部履行的，对方当事人可以根据《中华人民共和国人民调解法》第三十三条第二款、《中华人民共和国民事诉讼法》第二百一十二条第二款向作出确认决定的人民法院申请强制执行。

第十六条 人民法院办理人民调解协议司法确认案件，不收取费用。本意见自下发之日起执行。

——摘自《关于进一步加强人民调解协议司法确认工作的通知》（甬海司〔2017〕22号）

海曙区盐业体制改革实施方案

为贯彻落实《国务院关于印发盐业体制改革方案的通知》（国发〔2016〕25号）《浙江省人民政府关于印发浙江省盐业体制改革实施方案的通知》（浙政发〔2016〕49号）和《宁波市人民政府关于印发宁波市盐业体制改革实施方案的通知》（甬政发〔2017〕47号）要求，推进我区盐业体制改革，制定本实施方案。

一、总体思路

全面贯彻落实党中央、国务院和省、市关于盐业体制改革的决策部署，遵循“突出食盐安全、释放市场活力、注重统筹兼顾、坚持依法治盐”的基本原则，以确保食盐供应安全和质量安全为核心，巩固完善食盐专营，创新管理方式，健全食盐储备，严格市场监管，加快推进盐业体制机制改革，建立公平竞争、监管到位的市场环境，全面提升我区盐业综合管理水平。

二、主要任务

（一）坚决落实食盐专营制度

1.落实食盐定点生产和批发环节专营制度。我区现无食盐生产、批发企业，根据市政府控制食盐定点生产企业、批发企业数量要求，原则上不再申报新增食盐定点生产企业和食盐批发企业，其他各类商品流通企业和个体工商户不得从事食盐批发。

2.落实食盐生产批发区域管理制度。落实食盐生产定点企业跨省经营和食盐批发企业省内跨区经营的规定，配合做好有关企业经营资质的申报审批工作。

（二）建立健全食盐安全保障体系

1.加强食盐批发信用体系建设。区盐业主管机构要按照《食盐定点生产企业和食盐批发企业信用管理办法》，建立全区食盐定点批发企业及其负责人和高管人员信用记录，纳入国家统一的社会信用体系。要依托公共信用信息平台，依法公示信用信息，对拟进入我区食盐批发领域的社会资本，在准入前公示有关信息，并每年定期公示企业及其负责人的有关信息。对有违法失信行为的企业和个人，要加大监管力度，依法实施联合惩戒；对行为后果严重且影响食盐安全的，要依法采取行业禁入和退出等措施。

2.加强科学补碘工作。有效拓宽碘盐供应渠道，确保我区合格碘盐覆盖率在90%以上，确保各类人群的碘营养维持在适宜水平，同时满足特定人群对非碘盐的消费需求。积极做好科学补碘宣传教育，特别是要提高孕妇、儿童等重点人群的科学补碘意识。依照我省确定的食盐加碘标准，组织开展碘缺乏病监测，公布区域人群的碘营养状况。要根据不同区域的实际需求，适时调整相关政策，指导群众科学补碘。

3.加强食盐储备体系建设。依托市级资源，逐步建立由政府储备和企业社会责任储备组成的全社会食盐储备体系，在政府财政预算中安排资金对食盐储备给予贷款贴息、管理费支出等支持，确保正常用盐供应，防止食盐市场供应短缺和企业囤积居奇。

4.加强应急机制建设。盐业主管机构要会同有关部门制定食盐供应应急预案，并向区政府应急管理部门备案。要密切监测食盐市场动态，定期抽查企业食盐储备情况，紧急突发情况下，按照应急预案规定，及时采取投放政府储备、调运企业社会责任储备等措施，并做好舆情引导，确保食盐市场稳定。

5.加强制贩假盐专项治理。坚持依法治理、标本兼治，加强食盐安全监管，对本区食盐流通、使用全过程安全严格管理，依法严厉打击涉及伪劣食盐的违法行为，防止工业盐及不合格食盐腌制蔬菜危害群众身体健康，切实消除食盐安全的风险和隐患，有效规范和净化食盐市场。加快实施《盐产品标识管理办法》，确保工业盐、畜牧用盐、渔业用盐等非食用盐有明确标识。加快建设全区食盐电子追溯体系，实现食盐来源可追溯、流向可查询、风险可防范、责任可追究。

（三）加快推进盐业管理综合改革

1.改革食盐专业化监管体制。区经信局是区政府盐业主管机构，主管全区盐业工作，负责制定盐业产业政策，保证盐业行业发展稳定。区市场监管局负责全区食盐质量安全管理与监督执法。各有关部门要配备和加强管理人员、执法监管人员，切实强化食盐安全监管能力。盐业主管机构与公安、司法、市场监管、卫生计生等部门要各司其职、密切协作，依法加强食盐安全监管能力。在改革过渡期内，新的监管体制没有建成之前，监管工作只能加强，不能削弱。

2.改革食盐政府定价机制。放开食盐批发和零售价格，由企业根据生产经营成本、食盐品质、市场供求状况等因素自主确定。价格主管部门要加强对食盐零售价格的市场监测，配合盐业主管机构采取措施，及时采取投放储备等有效措施，保持价格稳定。特殊情况下可依法采取价格干预或其他紧急措施，防止辖区普通食盐价格异常波动。

3.改革工业盐运销管理。切实执行放开工业盐运销管制的要求，严格落实浙江省工业盐管理相关规定。工业盐销售企业要建立、保存完整的销售记录，严格防止工业盐流入食盐市场。环保部门要依法加强工业盐使用企业的环境管理工作；市场监管部门要依法查处虚假广告和侵权假冒行为，加强工业盐产品质量监管，依法查处不合格产品。

三、工作要求

（一）加强组织领导。在区委全面深化改革领导小组的指导下，成立由区政府分管领导任组长，区级有关部门负责人为成员的区盐业体制改革领导小组，协调解决盐业体制改革重大问题，领导小组办公室设在区经信局。尽快建立相应领导和工作机制，明确职责任务，形成工作合力。

（二）落实工作责任。充分发挥区盐业体制改革领导小组的统筹协调作用，建立协作联动机制，形成监管合力。区级有关部门要按照方案要求，细化工作分工，切实履行职责。结合实际制定具体工作方案，明确各有关部门的监管责任，认真做好维护盐业市场秩序，全面落实改革各项任务。要密切关注食盐市场，加强宣传盐业机制体制改革的必要性和食用合格碘盐的重要性，正确引导社会舆论，确保盐业体制改革平稳有序推进，确保食盐安全和市场稳定。加强工作指导和统筹协调，做好督促检查和效果评估，对改革中出现的新问题及时研究提出解决办法，重大问题及时向区政府报告。

（三）健全相关制度。根据国家有关的盐业法律、法规和地方性法规及政策的修订情况，建立健全符合我区实际的配套实施细则。落实食盐批发企业规范政策，抓紧研究制定食盐储备和应急机制，市场监管和价格监测、干预等政策措施，完善相关制度，促进盐业健康发展。

（四）有序推进改革。区编委办、财政局要尽快制定全区盐业体制改革涉及的机构设置、职责调整等办法并落实到位，切实加强财政经费保障。年12月31日前，全区新的食盐专业化监管体制全面建立并有效运行。在过渡期内，各有关部门要密切配合，严格按照有关文件和本方案要求，大力加强食盐市场监管，防止出现监管空档期，确保我区食盐质量、供应安全和市场稳定。

本方案自发布之日起施行。

——摘自《海曙区盐业体制改革实施方案》（海政发〔2017〕55号）

海曙区科学技术奖励办法

第一章　总　则

第一条　为了鼓励科学技术创新，激发广大科技人员的创造性，推动科学技术转化为现实生产力，促进科学技术进步和社会经济发展，根据《国家科学技术奖励条例》《浙江省科学技术奖励办法》和《宁波市科学技术奖励办法》，结合本区实际，制定本办法。

第二条　区人民政府设立海曙区科学技术奖（以下简称区科学技术奖），奖励在本区科学技术活动中作出突出贡献的单位和个人。

第三条　区科学技术奖的推荐、评审和授奖实行公开、公平、公正、择优原则。

第四条　区科学技术行政部门主管本区科学技术奖励工作。

第二章　奖项设置

第五条区科学技术奖分设科技创新贡献奖、科学技术进步奖，每年评奖一次，由区人民政府授予奖励证书和奖金。

第六条区科学技术奖奖项的设置及奖励：

（一）区科技创新贡献奖。授奖人数每次不超过2名，每人奖励20万元。

（二）区科学技术进步奖。设一等奖、二等奖、三等奖三个奖别；其中每次授予一等奖不超过2项，每项奖励10万元；每次授予二等奖不超过3项，每项奖励5万元；每次授予三等奖不超过5项，每项奖励3万元。

区科学技术进步奖由我区多个单位联合申报的，奖励总额不变，其奖金分配比例由联合申报单位按贡献大小自行商定。

第七条 对我区单位获得市级及以上科学技术奖的配套奖励：

（一）由我区推荐，获市科学技术进步奖的，分别给予一等奖30万元、二等奖10万元、三等奖5万元的配套奖励。

（二）由我区推荐，获省科学技术进步奖的，分别给予一等奖50万元、二等奖20万元、三等奖10万元的配套奖励。

（三）获国家科学技术进步奖的，且该项目主要完成单位中，由我区单位作为第一完成单位的，获一等奖及以上的奖励300万元，获二等奖的奖励100万元。

如该项目的主要完成单位中，我区单位为第二、第三完成单位且直接参与项目的，则根据参与单位在该项目完成中贡献大小，由科技主管部门提出奖励建议，提交区人民政府批准。

（四）由我区推荐，区内多个单位联合申报的，各奖别配套奖励总额不变，其奖金分配比例由联合申报单位按贡献大小自行商定。

（五）同一项目分别获得区、市、省和国家级科学技术进步奖的，其配套奖励实行就高补差。

（六）配套奖励仅颁给项目完成单位，对项目完成人不再奖励。

第三章 评奖条件与申报要求

第八条 我区企事业单位的负责人及一线科技人员具备以下条件之一的，可推荐为区科技创新贡献奖候选人：

（一）关心、支持我区科技创新活动，积极营造科技创新氛围，大力推进科技创新工作，引进科研机构和人才，为推动区域科技进步作出突出贡献的；

（二）参与完成重大或重点科技项目，并多次获得市级以上科学技术奖励（指国家自然科学奖、技术发明奖、科学技术进步奖，省科学技术奖和市科学技术进步奖），项目实施产业化后产生了重大经济效益或社会效益；

（三）在科技创新活动中取得重大技术发明和自主知识产权，其中近3年内获得产业化价值较高的国内外发明专利，投入生产后明显提升了产品技术含量和市场竞争力，并对带动该行业或产业的发展将产生重大影响；

（四）在实施科技成果转化和高新技术产业化过程中，牵头解决了重大科技项目的关键技术难题，引起了该领域技术的跨越发展，并创造了巨大的经济效益或社会效益。

第九条 具备下列条件之一的，可推荐为区科学技术进步奖候选项目：

（一）在当代科学技术前沿取得重大突破或在科学技术发展中有重大成就；在自然科学领域的基础研究或应用研究活动中作出重要贡献，研究成果应用后取得明显经济效益或社会效益，对于经济建设和社会发展具有重大价值；

（二）在运用科学技术知识做出的产品（包括各种仪器、设备、器材、工具、零部件、计算机软件以及生物新品种等）、工艺（包括工业、农业、医疗卫生和安全等领域的各种技术方法）、材料（包括用各种技术方法获得的新物质）及其系统（指产品、工艺、材料的技术综合，不包括仅依赖个人经验与技能、技巧又不可重复实现的技术）等方面有重大技术发明，并创造显著经济效益或社会效益；

（三）在实施技术开发、社会公益、国家安全、重大工程等项目中，应用推广先进科技成果，并创造显著经济效益或社会效益；

（四）在有关战略、政策、规划、评价、预测、科技立法及管理科学、决策科学等软科学研究中作出创造性贡献，并经实践证明取得显著成效。

第十条 存在知识产权纠纷或完成单位、完成人员署名纠纷的项目和涉及国防、国家安全的专用项目不在区科学技术进步奖推荐之列。对已获得过上级奖励的同一项目，不得参与区级项目的申报和评选。

第十一条 区科学技术奖候选人、候选项目可由下列单位和人员推荐：

（一）区政府各部门、直属机构；

（二）各镇乡、街道、产业园区管委会；

（三）经区科学技术行政部门认定的符合资格条件的其他单位；

（四）国内相关专业技术领域2名以上（含2名）高级职称的专家联名推荐。

第十二条 区科学技术奖申报材料：

（一）区科技创新贡献奖申报材料：

1.完成的重大项目和获得的科技奖励证书；

2.自主知识产权证书（授权发明专利证书、软件著作权证书等）；

3.引进共建的研发机构和科技合作项目；

4.经济效益证明；

5.公开发表的代表性论文及专著以及其他证明；

6.创新产品的专业检测报告，特殊行业创新产品的审批文件等；

7.三年（含）以上单位岗位工作经历和劳动用工关系证明材料；

8.其他（评价被推荐人的其他证明材料）。

（二）区科学技术进步奖申报材料：

1.区科学技术进步奖推荐表；

2.成果登记证书；

3.项目结题（验收、鉴定）证书；

4.检验或检测报告；

5.享有自主知识产权证明文件（包括专利证书、权利要求书、软件著作权登记证书等）；

6.涉及动植物新品种、新药、医疗器材、食品饮料添加剂、化妆美容品、消防器材、锅炉压力容器、兽药、疫苗及生物制品、饲料添加剂及预混料、基因工程技术和产品等国家有特殊管理要求的，应提交审批、审定证明文件等；

7.查新报告；

8.经济效益证明原件（加盖项目第一完成单位财务专用章）或专项审计报告；

9.应用证明或被采纳的评价证明；

10.重大综合性基本建设工程项目的竣工验收证明文件等；

11.其他佐证材料（论文等）；

12.承诺书。

第四章 评审程序

第十三条 区科学技术行政部门聘请有关专家成立区科学技术奖评审委员会（以下简称评审委员会），其主要职责是：

（一）对科学技术奖推荐（申报）项目进行评审；

（二）为区科学技术奖奖励工作提供其他咨询意见。

第十四条 评审委员会应当按照区科学技术行政部门制定的科学技术奖评价体系，以记名打分的方式进行评审。

第十五条 评审委员会在完成区科学技术奖推荐（申报）项目的评审后，应向区科学技术行政部门提交包括得分高低排序的评审结果。区科学技术行政部门根据评审委员会提交的评审结果，提出区科学技术奖候选项目（候选人）初步名单及奖励等级。

第十六条 区科学技术行政部门提出的科学技术奖候选项目（候选人）初步名单及奖励等级，报上级审核后进行公示。对公示期间提出的异议由区科学技术行政部门进行调查核实。

第十七条 拟奖励项目（候选人）由区科学技术行政部门报请区人民政府批准。

第五章 奖励监督与违纪处理

第十八条 评审委员会委员应当对评审情况以及项目的技术内容严格保密，与被推荐的区科学技术奖候选人或项目完成人有近亲属关系或有直接利害关系的，应当回避。

第十九条 被推荐的区科学技术奖候选单位和候选人应当向区科学技术行政部门提交无侵犯他人知识产权的承诺书。剽窃、侵夺他人科技成果或以其他不正当手段骗取区科学技术奖的，由区科学技术行政部门报区人民政府批准后撤销奖励，追回奖励证书和奖金；属国家工作人员的，由区科学技术行政部门提请其主管部门依法给予行政处分；构成犯罪的，依法追究刑事责任。

第二十条 为他人提供虚假材料、证明，协助他人骗取区科学技术奖的，由区科学技术行政部门通报批评；对推荐单位，可以暂停或取消其推荐资格；对负有直接责任的主管人员和其他直接责任人员，依法追究法律责任。

第二十一条 参与区科学技术奖评审活动的评审委员和其他国家工作人员，在评审活动中有下列情形之一的，应当终止其参与区科学技术奖评审活动，并根据情节轻重，依法给予行政处分；构成犯罪的，依法追究刑事责任：

（一）收受贿赂；

（二）弄虚作假、徇私舞弊；

（三）违反有关评审制度；

（四）影响公正评审或破坏评审制度的其他行为。

第六章 附 则

第二十二条 本办法自2018年1月8日起施行。原《海曙区科学技术奖励办法》（海政〔2015〕8号）同时废止。

——摘自《海曙区科学技术奖励办法》（海政发〔2017〕85号）

统计资料

表 32　　2016—2017 年海曙区社会总产出

计量单位：亿元

指标名称	按当年价格计算的绝对数		按不变价格计算		
	2017年	2016年	2017年	2016年	以上年为100的速度 %
总产出	3822.82	3482.63	3668.20	3481.15	105.4
农、林、牧、渔业	21.86	23.29	21.44	22.36	95.9
农、林、牧、渔服务业	0.70	0.64	0.69	0.63	108.9
工业	1541.41	1603.82	1571.87	1633.11	96.2
制造业	1172.68	1251.73	1195.61	1274.45	93.8
电力、燃气及水的生产和供应业	366.71	349.78	374.19	356.31	105.0
建筑业	485.95	407.38	453.12	411.07	110.2
批发和零售业	256.04	232.61	253.26	228.50	110.8
批发业	134.70	113.79	133.23	111.78	119.2
零售业	121.34	118.82	120.02	116.72	102.8
交通运输、仓储和邮政业	507.68	354.99	423.06	342.90	123.4
住宿和餐饮业	68.81	55.12	55.26	53.75	102.8
住宿业	16.64	15.31	15.13	15.40	98.2
餐饮业	52.16	39.81	40.12	38.35	104.6
信息传输、软件和信息技术服务业	86.27	44.63	71.89	44.63	161.1
金融业	207.57	191.24	203.50	189.72	107.3
房地产业	198.81	124.97	180.73	118.89	152.0
租赁和商务服务业	156.68	142.42	155.83	140.04	111.3
科学研究和技术服务业	51.59	47.69	50.64	46.69	108.4
水利、环境和公共设施管理业	7.01	7.06	6.89	6.91	99.6
居民服务、修理和其他服务业	9.42	16.06	9.15	15.79	58.0
教育	42.49	38.29	40.09	37.50	106.9
卫生和社会工作	76.05	69.77	71.74	68.34	105.0
文化、体育和娱乐业	18.25	46.46	17.71	45.68	38.8
公共管理、社会保障和社会组织	86.95	76.83	82.03	75.25	109.0
第一产业	21.16	22.65	20.75	21.73	95.5
第二产业	2027.36	2011.15	2024.98	2044.14	99.1
第三产业	1774.31	1448.83	1622.47	1415.28	114.6

表 33　　2017 年海曙区农村基本情况

计量单位:个、万户、万人

指标名称	2017 年	指标名称	2017 年
农村基层组织		农村社会基础设施	
乡镇政府	9	自来水受益村数	167
镇政府	8	通汽车村数	167
乡政府	1	通邮村数	167
农村住户数、人口		通电话村数	167
农村住户数	14.4	通电村数	167
农村人口	37.5	—	—

注:农村居委会住户数、人口数包括农村社区居委会住户数、人口数

表 34　　2016—2017 年海曙区农林牧副渔业分项产值

计量单位:万元

指标名称	2016 年	2017 年	指标名称	2016 年	2017 年
合计	230255	213136	林业产值	10107	10530
农业产值	183113	178946	人造林木生长	186	1859
其中:副产品产值	429	454	林产品	3883	4771
粮食作物	9435	20586	竹木采运	5726	3900
谷物	8420	16985	采集野生植物	312	—
豆类	489	830	牧业产值	23307	9605
薯类	526	2771	牲畜	14800	7993
油类	1061	1058	家禽饲养	2881	1012
棉花	35	25	活的畜禽产品	4965	423
甘蔗	212	92	捕猎野兽野禽	120	111
中草药材	20525	22469	其他动物饲养	541	66
蔬菜	56608	50327	渔业产值	7298	7064
花卉园艺	10360	7437	海水产品	843	—
茶、桑、水果、坚果	59870	52977	淡水产品	6455	7064
其他农作物	25007	23975	农林牧渔服务业产值	6430	6991

表 35　　海曙区历年规模以上工业企业主要产品总量

指标名称	计量单位	2012 年	2013 年	2014 年	2015 年	2016 年	2017 年
饮料酒	千升	20955	20311	14192	10204	176530	177036
白酒	千升	1172	960	862	472	304	224
黄酒	千升	19168	18843	13291	9733	16948	13872
印染布	万米	—	—	—	—	1261	1402
服装	万件	2426	3152	3620	3069	31567	20484
梭织服装	万件	311	300	306	295	5725	4502
西服及西服套装	万件	—	—	—	—	538	548
衬衫	万件	—	—	—	—	2698	2100

续表35

指标名称	计量单位	2012年	2013年	2014年	2015年	2016年	2017年
针织服装	万件	2115	2852	3314	2774	25842	15982
塑料制品	吨	4550	5902	3924	3519	90827	40855
日用塑料制品	吨	620	1799	460	441	53629	15586
金属切削机床	台	1053	—	—	—	736	713
原电池及原电池组	万只	14149	17541	13538	11419	18614	—
家用洗衣机	台	1303019	1384389	1371534	—	668221	170719
电力电容器	千乏	1376370	1179555	1164315	1476615	837465	832530
光学仪器	台	145221	183398	210556	178954	148611	159958

表36　海曙区规模以上工业企业主要经济指标

指标名称	企业单位数（个）	亏损企业（个）	工业总产值（万元）	工业销售产值（万元）	资产总计（万元）
总计	649	109	108663030	105883806	105554128
按登记注册类型分					
国有企业	2	—	35957771	35957771	12819455
集体企业	1	—	40948	32597	38462
股份合作企业	3	1	108829	108164	156830
有限责任公司	51	9	14819740	13947892	27461813
股份有限公司	22	3	4799784	4713326	6876576
私营企业	464	74	29622833	28755803	24819495
其他企业					
港、澳、台商投资公司	52	12	17494288	16750041	28338195
外商投资企业公司	54	10	5818837	5618212	5043302
按控股情况分					
国有控股企业	6	—	37969894	37969894	16384932
集体控股企业	9	—	1140501	1091779	882544
私人控股企业	536	88	42867889	41724825	43680524
港澳台控股企业	38	9	13538912	12781158	24155501
外商控股企业	40	6	3767204	3655377	3628669
其他控股企业	20	6	9378630	8660773	16821958
按轻重工业分					
轻工业	330	70	37860016	36043434	55690608
重工业	319	39	70803014	69840372	49863520
按规模分					
大型企业	6	—	45210743	44388944	32506609
中型企业	67	5	25581523	24596754	34973017
小型企业	565	102	37515151	36541847	36853608
微型企业	11	2	355613	356261	1220894

续表36

指标名称	企业单位数（个）	亏损企业（个）	工业总产值（万元）	工业销售产值（万元）	资产总计（万元）
按企业规模（主营业务收入）分					
2000万~3000万	178	37	4578087	4451764	4263719
3000万~5000万	180	35	7167576	7033106	6012020
5000万~1亿	153	22	10783895	10512532	10283558
1亿~5亿	113	11	22266860	21609700	23715062
5亿~10亿	11	—	7497040	7333772	10098857
10亿~50亿	9	—	20391145	18965730	38403101
100亿及以上	1	—	35927827	35927827	12563966
按行业类型分					
采掘业	3	—	202267	191167	437445
非金属矿采选业	3	—	202267	191167	437445
制造业	639	108	70363507	67597229	87991173
农副食品加工业	5	—	634964	633796	598511
食品制造业	5	—	495728	484421	518968
酒、饮料和精制茶制造业	3	—	352110	351719	534117
纺织业	13	3	1261018	1257483	887100
纺织服装、服饰业	115	22	17100318	15515225	33792108
皮革、毛皮、羽毛及其制品和制鞋业	5	—	251548	238240	145482
木材加工和木、竹、藤、棕、草制品业	7	2	331061	315326	363548
家具制造业	10	4	568703	557058	390238
造纸和纸制品业	8	2	3729181	3713804	7151226
印刷和记录媒介复制业	13	3	2221911	2229843	2515657
文教、工美、体育和娱乐用品制造业	23	2	2105278	2091835	2293716
化学原料和化学制品制造业	13	—	1232841	1191833	2137249
医药制造业	3	1	2221162	2219277	1575346
橡胶和塑料制品业	39	8	1975982	1953303	1218376
非金属矿物制品业	23	5	3123647	3041116	4581654
黑色金属冶炼和压延加工业	6	2	529783	521892	473226
有色金属冶炼和压延加工业	4	—	540716	483723	387209
金属制品业	47	3	2609682	2544258	2012818
通用设备制造业	70	7	4805242	4622648	4040640
专用设备制造业	24	2	2003406	1962046	2302638
汽车制造业	49	10	4857814	4631801	5390451
铁路、船舶、航空航天和其他运输设备制造业	9	2	267912	260845	320763
电气机械和器材制造业	76	21	6757595	6569746	6136046
计算机、通信和其他电子设备制造业	43	4	7832126	7769984	5623874
仪器仪表制造业	19	3	2202053	2137146	2300608
其他制造业	7	2	351726	298861	299604
电力、燃气及水的生产和供应业	7	1	38097256	38095410	17125510
电力、热力生产和供应业	5	1	36360363	36358517	14090682
燃气生产和供应业	2	—	1736893	1736893	3034828

表 37　　2017 年海曙区进出口统计情况

计量单位：万美元、%

指标名称	2017年		同比增长
	绝对值	构成比重	
进出口总额	6529582	100.0	13.8
出口额	5529518	100.0	8.2
按贸易方式分：			
一般贸易	5418645	98.0	8.0
加工贸易	96804	1.8	18.7
按企业性质分：			
流通企业	3635764	65.8	6.2
生产企业	1893574	34.2	12.3
进口额	1000064	100.0	58.5
按贸易方式分：			
一般贸易	933234	93.3	63.1
加工贸易	25374	2.5	33.2
按企业性质分：			
流通企业	726734	72.7	62.2
生产企业	273330	27.3	49.4

注：此表数据由区商务局提供

表 38　　2017 年海曙区出口主要市场情况

计量单位：万美元、%

指标名称	2017年		同比增长
	绝对值	构成比重	
出口	5529518	100.0	8.2
亚洲	1323435	23.9	3.5
非洲	283838	5.1	2.0
欧洲	1821712	32.9	7.4
拉丁美洲	473926	8.6	19.0
北美洲	1340737	24.2	11.7
大洋洲	285866	5.2	11.4
欧盟	1627287	29.4	7.9
东盟	347033	6.3	13.3
金砖国家	351269	6.4	11.3
中东	296063	5.4	-7.0
主要国家（地区）：			
美国	1215182	22.0	11.6
日本	298632	5.4	5.7

续表 38

指标名称	2017年		同比增长
	绝对值	构成比重	
东盟	347033	6.3	13.3
英国	313510	5.7	2.7
德国	309749	5.6	5.7
澳大利亚	247155	4.5	11.8
法国	175063	3.2	13.5
荷兰	173809	3.1	15.1
俄罗斯	130967	2.4	3.6
意大利	130761	2.4	7.0

注：此表数据由区商务局提供

表 39　　2017 年海曙区进口主要市场情况

计量单位：万美元、%

指标名称	2017年		同比增长
	绝对值	构成比重	
进口	1000064	100.0	58.5
亚洲	417944	41.8	61.2
非洲	19779	2.0	26.2
欧洲	199016	19.9	67.2
拉丁美洲	103748	10.4	13.6
北美洲	126056	12.6	27.2
大洋洲	133519	13.4	186.4
欧盟	140172	14.0	59.7
东盟	94153	9.4	112.6
金砖国家	113291	11.3	71.0
中东	68105	6.8	87.6
主要国家（地区）：			
美国	1215182	22.0	11.6
日本	298632	5.4	5.7
澳大利亚	347033	6.3	13.3
韩国	313510	5.7	2.7
东盟	309749	5.6	5.7
台湾	247155	4.5	11.8
意大利	175063	3.2	13.5
马来西亚	173809	3.1	15.1
德国	130967	2.4	3.6
沙特阿拉伯	130761	2.4	7.0

注：此表数据由区商务局提供

表 40　　2017 年海曙区规模以上行政事业单位主要经济指标

计量单位：万元

指标名称	单位家数	期末资产	固定资产原价	本年收入合计	财政拨款	事业收入	经营收入	本年支出合计	工资福利支出	商品和服务支出	取暖费（降温费）	劳务费
总计	293	3899157	1633674	1971015	1029284	791042	36656	1932661	654020	668969	742	58215
按登记注册类型分												
国有	236	3322829	1496379	1893978	1021466	759097	16041	1862091	636472	635840	726	55928
集体	9	11319	2207	8268	899	3340		7927	2501	5169	13	498
股份合作	2	18355	3637	5593	—	—	5228	5184	1023	2476	—	—
联营	1	78	106	225	48	—	177	211	124	—	—	—
股份有限	1	1552	1492	1444	—	1166	—	1173	915	215	—	46
私营	2	5832	5654	4951	40	4911	—	4448	3071	1377	—	1313
其他	42	539193	124200	56557	6832	22529	15210	51628	9914	23892	3	429
按国民经济行业分												
交通运输、仓储和邮政业	1	14245	16221	2934	—	2934	—	7477	4211	2225	—	2
信息传输、软件和信息技术服务业	1	140	136	224	224	—	—	223	65	148	—	40
房地产业	—	—	—	—	—	—	—	—	—	—	—	—
租赁和商务服务业	10	115757	54127	21315	3153	2121	10097	14801	4271	9129	3	965
科学研究和技术服务业	21	231603	116452	67878	44230	14588	4929	62749	21135	30349	—	4274
水利、环境和公共设施管理业	15	208187	45797	90085	62650	17441	8848	88695	22687	21262	—	6653
居民服务、修理和其他服务业	2	1534	1533	1057	1006	51	—	1092	509	337	—	111
教育	92	1476726	507633	397936	247608	138458	214	377500	191581	103242	72	17638
卫生和社会工作	39	703837	533463	700396	102683	580149	2275	696614	239759	319928	657	7217
文化、体育和娱乐业	13	100041	36533	30519	25354	4898	—	29990	7808	11973	—	1620
公共管理、社会保障和社会组织	99	1047087	321780	658672	542377	30402	10294	653522	161996	170377	10	19694

表 41　　2017 年海曙区规模以上其他服务业企业主要经济指标

计量单位：万元

指标名称	企业个数（个）	年初存货	流动资产合计	应收账款	存货	资产总计	营业收入合计	主营业务收入	营业成本合计	主营业务成本	营业税金及附加	主营业务税金及附加
总计	480	135171	8074179	459919	2150866	97395584	11563560	11518126	9764976	9741159	54176	53122
按国民经济行业分												
交通运输、仓储和邮政业	158	11059	694479	296554	11903	1286670	2491875	2476095	2338286	2330136	2832	2682
其中：邮政业	6	2587	99283	52896	4255	175784	307494	301093	289203	288094	837	837

续表 41

指标名称	企业个数(个)	年初存货	流动资产合计	应收账款	存货	资产总计	营业收入合计	主营业务收入	营业成本合计	主营业务成本	营业税金及附加	主营业务税金及附加
信息传输、软件和信息技术服务业	29	10991	146021	58739	11220	856635	541179	539819	349067	348372	2748	2746
金融业	37	—	805760	25498	—	85592729	7379641	7379641	6235045	6235045	36607	36605
房地产业	42	213	206262	6763	292	283876	162601	153813	115538	108107	1329	1323
租赁和商务服务业	110	106593	5870719	19149	2117164	8696006	654224	649202	555162	551580	7577	6845
科学研究和技术服务业	44	2798	199235	42576	2658	252653	177867	176066	82183	81718	1532	1380
水利、环境和公共设施管理业	5	1258	25445	3445	3364	77835	15146	14980	11725	11725	199	199
居民服务、修理和其他服务业	19	607	6231	1725	774	8143	17009	16223	12074	11681	122	120
教育	7	20	3483	69	30	4120	7534	7534	2972	2972	31	31
卫生和社会工作	12	1582	17851	2119	1644	30778	56353	55732	28059	27915	23	20
文化、体育和娱乐业	17	50	98693	3282	1817	306139	60131	49021	34865	31908	1176	1171

表 42

2017 年海曙区银行业主要经济指标

计量单位:万元

指标名称	总计	登记注册类型				按控股情况分组		
		国有企业	股份有限公司	港澳台商投资企业	外商投资企业	国有控股	港澳台商控股	外商控股
企业个数(个)	12	1	8	1	1	9	1	1
亏损企业(个)	4	—	3	—	—	3	—	—
货币资金	522013	5378	516347	—	62	521725	—	62
短期投资(净额)	—	—	—	—	—	—	—	—
固定资产原价	822669	15081	806372	213	807	821452	213	807
本年折旧	41174	571	40580	13	1	41151	13	1
资产总计	81312657	2274103	77944656	256938	803057	80218759	256938	803057
负债合计	80968837	2246398	77665286	246546	786229	79911684	246546	786229
所有者权益合计	343821	27706	279369	10392	16829	307075	10392	16829
营业收入	5554654	123869	5411107	8004	10400	5534975	8004	10400
利息收入	3092565	100385	2985554	4085	1348	3085939	4085	1348
金融机构往来收入	1901460	22823	1866389	3344	8834	1889212	3344	8834
手续费及佣金收入	510974	590	509740	459	173	510330	459	173
租赁收益	58	58	—	—	—	58	—	—

续表42

指标名称	总计	登记注册类型				按控股情况分组		
		国有企业	股份有限公司	港澳台商投资企业	外商投资企业	国有控股	港澳台商控股	外商控股
投资收益	7149	—	7149	—	—	7149	—	—
公允价值变动收益	-714	—	-710	—	-4	-710	—	-4
汇兑收益	7891	12	7658	69	152	7670	69	152
其他营业收入	35271	—	35327	47	-103	35327	47	-103
营业支出	5062126	96462	4948913	6218	8910	5045374	6218	8910
利息支出	1125562	5588	1116545	2401	382	1122133	2401	382
居民储蓄利息支出	271835	—	271064	7	291	271064	7	291
金融机构往来支出	2232257	82923	2138677	3011	7598	2221600	3011	7598
手续费及佣金支出	26998	21	27077	1	-114	27098	1	-114
业务及管理费	562289	6372	553226	774	1023	559598	774	1023
住房公积金和住房补贴	32822	416	32297	23	58	32713	23	58
工会经费	3990	64	3921	5	—	3985	5	—
劳动、失业、养老、医疗保险费	61965	992	60851	54	14	61843	54	14
税金	3366	—	3361	4	—	3361	4	—
差旅费	1694	205	1467	4	6	1672	4	6
会议费	589	146	439	—	—	585	—	—
营业税金及附加	31105	487	30573	31	10	31060	31	10
资产减值损失	878052	—	878023	—	11	878023	—	11
其他营业支出	205864	1072	204792	—	—	205864	—	—
当年提取准备金	165980	—	165980	—	—	165980	—	—
营业利润	492527	27407	462194	1786	1490	489601	1786	1490
营业外收支差	15888	299	15501	8	6	15800	8	6
利润总额	508416	27706	477695	1794	1496	505401	1794	1496
应交所得税	79900	—	79900	—	—	79900	—	—
净利润	428516	27706	397796	1794	1496	425501	1794	1496
从业人员平均人数(人)	14706	181	14443	16	22	14624	16	22
应付工资总额	253255	9096	242671	349	444	251767	349	444
应付福利费总额	51152	—	50951	85	85	50951	85	85
实缴各项税金之和	135575	3575	131602	352	45	135177	352	45
期末各类理财产品余额	7626446	—	7527977	85599	12870	7527977	85599	12870
人民币存款余额	69318670	605652	68535128	113092	40817	69140780	113092	40817
人民币贷款余额	73898004	2259650	71506417	69108	33439	73766067	69108	33439

续表42

指标名称	总计	登记注册类型				按控股情况分组		
		国有企业	股份有限公司	港澳台商投资企业	外商投资企业	国有控股	港澳台商控股	外商控股
中间业务收入	529923	602	528611	527	171	529213	527	171
补：应交增值税	157397	3088	153949	270	91	157036	270	91

表43　　2017年海曙区保险业主要经济指标

计量单位：万元

指标名称	总计	登记注册类型			行业		
		有限责任公司	股份有限公司	外商投资企业	人身保险	人寿保险	财产保险
企业个数（个）	15	3	10	2	9	9	6
货币资金	10971	6613	4176	182	6861	6861	4110
短期投资（净额）	—	—	—	—	—	—	—
固定资产原价	96161	13124	78155	4882	25842	25842	70319
累计折旧	5182	775	3656	752	2012	2012	3170
资产总计	3952346	1103259	2676909	172178	3713780	3713780	238566
负债合计	4773885	1445819	3110961	217106	4526538	4526538	247347
所有者权益合计	−821539	−342559	−434053	−44927	−812758	−812758	−8781
营业收入	1807376	396508	1283202	127666	1087678	1087678	719698
已赚保费	1778013	386881	1264079	127053	1062178	1062178	715834
保险业务收入	1897621	392068	1377628	127925	1070874	1070874	826747
分保费收入	—	—	—	—	—	—	—
减：分出保费	103455	2806	100293	356	5707	5707	97748
提取未到期责任准备金	16154	2381	13257	516	2989	2989	13165
投资收益	4468	3546	747	175	4428	4428	40
公允价值变动收益	—	—	—	—	—	—	—
汇兑收益	−443	2	−445	—	−57	−57	−386
其他营业收入	25338	6080	18821	437	21128	21128	4210
营业支出	1964750	458028	1364561	142161	1302261	1302261	662490
退保支出	202178	124979	57633	19566	202178	202178	—
赔款及给付支出	703123	108888	572285	21950	213667	213667	489456
减：摊回赔付支出	53993	1347	52303	343	3840	3840	50153
提取保险责任准备金	642673	128739	429521	84413	606853	606853	35820
减:摊回保险责任准备金	−6601	−90	−6548	37	−626	−626	−5975
保单红利支出	44655	19176	23718	1762	44655	44655	—
分保费用	—	—	—	—	—	—	—

续表43

指标名称	总计	登记注册类型			行业		
		有限责任公司	股份有限公司	外商投资企业	人身保险	人寿保险	财产保险
营业税金及附加	5325	343	4952	30	540	540	4785
手续费佣金支出	190182	39368	143567	7247	118493	118493	71689
业务及管理费	200645	27914	166407	6324	69815	69815	130830
住房公积金和住房补贴	5361	788	4373	199	1796	1796	3566
工会经费	1654	282	1304	68	610	610	1044
劳动、失业、养老、医疗保险费	9531	2115	7092	324	4141	4141	5390
税金	241	7	234	—	—	—	241
差旅费	1218	143	1024	50	877	877	341
会议费	2379	823	1445	111	2055	2055	324
公杂费	2602	500	2051	50	2132	2132	470
减：摊回分保费用	29604	543	28983	78	1028	1028	28576
其他营业支出	52526	10423	40776	1328	50302	50302	2225
资产减值损失	439	-2	442	—	—	—	439
营业利润	-157375	-61520	-81359	-14495	-214583	-214583	57209
营业外收支差	3065	3547	-472	-11	3606	3606	-541
利润总额	-153974	-57973	-81495	-14506	-210977	-210977	57003
应交所得税	3399	2030	1369	—	1936	1936	1463
净利润	-157373	-60002	-82865	-14506	-212913	-212913	55540
从业人员平均人数（人）	23705	6928	16209	568	19105	19105	4600
应付工资总额	160902	16345	136107	8449	94572	94572	66329
应付福利费总额	10262	2871	6257	1134	4294	4294	5968
应交增值税	92547	1573	90884	91	3256	3256	89291
实缴各项税金之和	150088	9861	139157	1069	27536	27536	122552

表44　2017年海曙区城镇以上单位从业人员职工素质情况

计量单位：人

指标名称	单位从业人员文化程度	大学本科及以上	大专	中专及高中	初中及以下	单位从业人员中人才资源	单位从业人员中经营管理人员	单位从业人员中专业技术人员	高级专业技术人员	中级专业技术人员
总计（不含私营企业）	201306	64751	38157	56591	41807	137200	23723	59480	5144	12385
其中：国有控股	55354	21916	14692	14221	4525	43716	5715	26692	483	2696
按隶属关系分										
中央	31254	16214	7545	6236	1259	24698	3163	10420	229	1643
省.自治区.直辖市	3085	1831	602	392	260	1560	258	1132	318	401
地区	55589	24448	12014	11862	7265	41294	5068	28753	3134	5572

续表44

指标名称	单位从业人员文化程度	大学本科及以上	大专	中专及高中	初中及以下	单位从业人员中人才资源	单位从业人员中经营管理人员	单位从业人员中专业技术人员	高级专业技术人员	中级专业技术人员
县及县以下	22639	11307	4195	2551	4586	17164	2107	8464	858	2958
其他	88739	10951	13801	35550	28437	52484	13127	10711	605	1811
按企业.事业.机关分										
企业	158553	35538	30879	53520	38616	100348	19963	37081	967	4435
其中:地方	129170	21050	23449	47296	37375	77520	16904	26896	810	2881
事业	31431	21467	4734	2381	2849	26662	3488	21789	4137	7816
其中:地方	31008	21131	4673	2373	2831	26240	3384	21554	4065	7727
机关	10062	7248	2188	467	159	9591	—	293	27	89
其中:地方	8614	5858	2134	463	159	8143	—	293	27	89
民间非营利组织	567	256	122	82	107	285	58	217	9	41
其他	693	242	234	141	76	314	214	100	4	4
按国民经济行业分										
农林牧渔业	9	5	4	—	—	9	9	—	—	—
制造业	52192	4114	6841	19050	22187	31026	8517	4791	148	600
电力、热力、燃气及水生产和供应业	2646	1585	576	390	95	2265	433	421	85	173
建筑业	12459	896	807	9497	1259	11360	605	1524	166	419
批发和零售业	19043	4226	4747	4413	5657	5025	2930	1299	63	336
交通运输、仓储和邮政业	9145	2262	3519	2011	1353	5067	1015	662	24	178
住宿和餐饮业	4024	188	905	1558	1373	1378	547	431	11	85
信息传输、软件和信息技术服务业	2857	1227	923	612	95	2283	368	750	23	289
金融业	35813	16026	8023	11425	339	31225	2919	23653	53	1447
房地产业	6007	742	841	1672	2752	2102	1250	566	55	109
租赁和商务服务业	11479	3115	3068	2387	2909	6558	1024	1578	157	418
科学研究和技术服务业	2565	1844	358	137	226	2410	414	1691	514	595
水利、环境和公共设施管理业	2484	475	295	301	1413	1187	484	320	37	136
居民服务、修理和其他服务业	476	39	87	107	243	106	31	19	1	3
教育	13948	10535	1482	979	952	11221	1403	9472	1809	4207
卫生和社会工作	12619	8085	2901	1129	504	11889	618	10858	1850	2926
文化、体育和娱乐业	1753	1167	270	230	86	1465	294	923	109	278
公共管理、社会保障和社会组织	11787	8220	2510	693	364	10624	862	522	39	186

表 45

2017 年海曙区普通中学、小学办学情况

指标名称	计量单位	2017年		指标名称	计量单位	2017年	
		普通中学	小 学			普通中学	小 学
学校数	所	22	41	生活用房	平方米	112113	95047
学校占地面积	平方米	846506	771889	其他用房	平方米	99565	132424
校舍建筑面积	平方米	469827	526022	体育运动场（馆）面积达标校数	所	22	41
教学及辅助用房	平方米	212770	261642	体育场（馆）面积	平方米	33939	34813
其中：普通教室	平方米	118663	188179	体育器械配备达标校数	所	22	41
实验室	平方米	32131	11016	音乐器材配备达标校数	所	22	41
图书室	平方米	17576	14141	美术器材配备达标校数	所	22	41
微机室	平方米	8637	11119	理科实验仪器配备达标校数	所	22	41
语音室	平方米	1824	2373	建立校园网校数	所	22	41
行政办公用房	平方米	45378	36910	校园计算机数	台	7430	9965
其中：教师办公室	平方米	27607	23045	校园图书数	册	1282400	1496321

注：此表数据由区教育局提供

表 46

2017 年海曙区区域卫生事业基本情况

计量单位：人

指标名称	机构数（个）	人员数	卫生技术人员	执业医师	执业助理医师	注册护士	药师（士）	技师（士）	检验技师（士）	其他人员	其他技术人员	管理人员	工勤人员	万元以上设备（台）
总计	96	12524	10557	3762	256	4101	622	609	452	1207	353	660	954	12105
一、医院	22	9015	7737	2642	134	3373	359	378	241	851	157	451	670	8986
综合医院	5	5003	4264	1350	123	1904	163	253	151	471	77	209	453	4995
中医医院	3	1051	955	389	4	343	113	46	26	60	38	26	32	759
专科医院	14	2961	2518	903	7	1126	83	79	64	320	42	216	185	3232
口腔医院	2	303	225	86	2	93	5	3	—	36	6	26	46	404
妇产(科)医院	3	2214	2012	713	2	923	50	59	50	265	23	116	63	2559
二、社区卫生服务中心	8	1306	1122	460	39	313	134	59	49	117	54	31	99	1025
三、乡镇卫生院	7	827	718	269	65	163	65	38	34	118	27	39	43	756
四、门诊部	46	808	591	265	16	191	58	29	23	32	36	75	106	—
五、疾病预防控制中心（防疫站）	2	193	126	70	—	7	—	47	47	2	31	31	5	596
六、妇幼保健院(所、站)	1	67	48	27	2	8	4	6	6	1	5	3	11	35

续表46

指标名称	机构数(个)	人员数	卫生技术人员	执业医师	执业助理医师	注册护士	药师(士)	技师(士)	检验技师(士)	其他人员	其他技术人员	管理人员	工勤人员	万元以上设备(台)
七、采供血机构	1	131	99	20	—	37	—	33	33	9	12	5	15	426
八、卫生监督所	2	89	71	—	—	—	—	—	—	71	3	11	4	46
九、其他卫生机构	7	88	45	9	—	9	2	19	19	6	28	14	1	235

注:此表数据由区卫计局提供

表47　　2017年海曙区区属卫生事业基本情况

计量单位:人

指标名称	机构数(个)	人员数	卫生技术人员	执业医师	执业助理医师	注册护士	药师(士)	技师(士)	检验技师(士)	其他人员	其他技术人员	管理人员	工勤人员	万元以上设备(台)
总计	81	4500	3586	1419	146	1059	363	207	173	392	168	275	471	3191
一、医院	17	1405	1050	382	24	381	102	60	46	101	37	114	204	1317
综合医院	2	348	301	106	14	93	29	22	18	37	14	2	31	449
中医医院	2	157	134	57	3	20	35	10	7	9	4	4	15	79
专科医院	13	900	615	219	7	268	38	28	21	55	19	108	158	789
口腔医院	2	303	225	86	2	93	5	3	—	36	6	26	46	404
妇产(科)医院	2	153	109	29	2	65	5	8	7	—	—	8	36	116
二、社区卫生服务中心	8	1306	1122	460	39	313	134	59	49	117	54	31	99	1025
三、乡镇卫生院	7	827	718	269	65	163	65	38	34	118	27	39	43	756
四、门诊部	46	808	591	265	16	191	58	29	23	32	36	75	106	—
五、疾病预防控制中心(防疫站)	1	49	35	16	—	3	—	15	15	1	6	3	5	51
六、妇幼保健院(所、站)	1	67	48	27	2	8	4	6	6	1	5	3	11	35
七、卫生监督所	1	38	22	—	—	—	—	—	—	22	3	10	3	7

注:此表数据由区卫计局提供

表48　　2017年海曙区社会救济与捐赠工作情况

指标名称	2017年	指标名称	2017年
城镇居民最低生活保障线人数(人)	3895	期末老年人口数(人)	158478
城市居民最低生活保障家庭数(户)	1578	按年龄分	
城镇低保资金全年计划支出(万元)	3271	1.60~64岁老年人口数	53279
社区服务中心数量	92	2.65~79岁老年人口数	80948
		3.80~99岁老年人口数	24205
		4.100岁及以上老年人口数	46

注:此表数据由区民政局提供

表 49

2017 年海曙区旅游情况

指标名称	计量单位	2017年	指标名称	计量单位	2017年
接待过夜境外旅游者人数	人	124354	接待国内旅游人数		
外国人	人	107201	国内旅游人数	万人次	1487
台湾同胞	人	6206	饭店		
香港同胞	人	10720	星级饭店	家	22
澳门同胞	人	227	营业总收入	万元	83120
接待过夜境外旅游者人天数	人天	187685	床位数	张	5887
外国人	人天	163449	房间数	间	3532
台湾同胞	人天	9763	出租率	%	1
香港同胞	人天	14187	平均房价	元/间天	387
澳门同胞	人天	286	旅行社		
旅游收入			国内社	家	54
国际旅游收入	万美元	3922	国际社	家	4
国内旅游收入	亿元	214	全区旅游景区门票总收入	万元	6255

注：此表数据由区文广新局提供

表 50

2017 年海曙区体育事业基本情况

指标名称	计量单位	2017年	指标名称	计量单位	2017年
一、举办运动会和群体活动情况			4.参加街道体育活动人次	人次	56973
1.举办县级及以上运动会次数	次	1	5.举办群众性体育活动次数	次	34
其中：体育系统举办	次	1	二、《国家体育锻炼标准》施行情况		
2.参加县级及以上运动会人次	人次	2560	1.实施学校总数	所	68
其中：体育系统举办	人次	2560	2.有传统项目布局的学校数	所	37
3.举办街道体育活动次数	次	63			

注：此表数据由区体育局提供

表 51

2017 年海曙区市政工程情况

指标名称	计量单位	2017年	指标名称	计量单位	2017年
年末区管道路长度	公里	194	年末区管城市下水道长度	公里	242
年末区管道路面积	万平方米	264	年末拥有桥梁数	座	116

表 52

2017 年海曙区园林绿化情况

指标名称	计量单位	2017年	指标名称	计量单位	2017年
年末城区园林绿化总面积	公顷	983	年末辖区内公园个数	个	23
年末绿化覆盖面积	公顷	1082	年末辖区内公园面积	公顷	143.14
年末绿化覆盖率	%	21.44	年末苗圃面积	公顷	24.42

注：此表数据由区综合行政执法局（城市管理局）提供

索　引

说　明

1.索引采用主题分析法编制。设有主题词索引、图照表索引2种，其中图照表索引包括正文中出现的随文照片、表格及示意图，示意图用“（图）”标明，表格用“（表）”标明，未注明的为随文照片。

2.标引词依据首字汉语拼音字母顺序排列，首字相同的按第二字音序排列，以下依次类推。标引词后的阿拉伯数字表示内容所在的页码或参见页码，数字后的英文字母a、b、c分别表示内容所在的左栏、中栏和右栏。

3.类目、分目作索引的款目用黑体字表明。

4.标引词后的第二个页码起，表示该索引参见内容所在。空两字起排的款目为上一主题的“附见”。部分内容有交叉的款目在索引中重复出现，以便检索。

主题词索引

数字

A

B

C

D

E

F

G

I

J

K

R

S

W

X

图照表索引

数字

A

B

C

D

E

W

X

Y

Z